Gesetz
zum
Schutz der Warenbezeichnungen

erläutert von

Dr. Arnold Seligsohn,
Justizrat in Berlin.

Dritte Auflage

bearbeitet in Gemeinschaft mit

Martin Seligsohn,
Justizrat in Berlin.

Berlin und Leipzig 1925.
Walter de Gruyter & Co.
vormals G. J. Göschen'sche Verlagshandlung — J. Guttentag, Verlagsbuchhandlung Georg Reimer — Karl J. Trübner — Veit & Comp.

Roßberg'sche Buchdruckerei in Leipzig

Inhalt.

Durch § 3 des Reichsgesetzes vom 31. 3. 25, betr. den Beitritt des Reichs zu dem Madrider Abkommen II ist der Text der §§ 14, 15 des WarZG. und des § 22 des UWG. geändert (vgl. S. 386); die Änderungen sind aber bis jetzt (Mai 1925) noch nicht in Kraft getreten.

Zitate.

Abel = Abel System des österreichischen Markenrechts 1908.
Adler = Adler System des österreichischen Markenrechts 1909.
Allfeld = Allfeld Kommentar zu den Gesetzen über das gewerbliche Urheberrecht 1904.
Freund-Magnus = Gesetz zum Schutz der Warenbezeichnungen 1909.
Jüngel-Magnus I = Das deutsche Warenzeichenrecht Teil I: Die internationalen Verträge 1924.
Kent = Kent Das Reichsgesetz zum Schutz der Warenbezeichnungen 1897.
Kohler = Kohler Warenzeichenrecht 1910.
Kohler-Festgabe = Studien zur Förderung des gewerblichen Rechtsschutzes. Josef Kohler als Festgabe zum 60. Geburtstag zugeeignet von deutschen Praktikern 1909.
Osterrieth = Osterrieth Lehrbuch des gewerblichen Rechtsschutzes 1908.
Rosenthal = Rosenthal Reichsgesetz gegen den unlauteren Wettbewerb, 5. Aufl. 1922.

Abkürzungen.

„Anschluß" = der Anschluß des Deutschen Reichs an die Internationale Union. Berlin 1902.
BGB. = Bürgerliches Gesetzbuch.
Bl. = Blatt für Patent-, Muster- und Zeichenwesen.
Bolze = Bolze Die Praxis des Reichsgerichts in Zivilsachen.
DJZ. = Deutsche Juristen-Zeitung.
FV. = Friedensvertrag von Versailles.
Geschäftstätigkeit des PA. = Die Geschäftstätigkeit des Kaiserlichen Patentamts in den Jahren 1891 bis 1900. Berlin 1902.
GewRschutz = Gewerblicher Rechtsschutz und Urheberrecht, Zeitschrift 1896 ff.
GVG. = Gerichtsverfassungsgesetz.
HGB. = Handelsgesetzbuch.
JMBl. = Justiz-Ministerial-Blatt.
IndustrieR. = Zeitschrift für Industrierecht.
JW. = Juristische Wochenschrift.
KG. = Kammergericht.
KO. = Konkursordnung.
LG. = Landgericht.
MarkschWettbew. = Markenschutz und Wettbewerb.
Mitt. v. V. = Mitteilungen vom Verband Deutscher Patentanwälte.
OHG. = Reichsoberhandelsgericht.
OLG. = Oberlandesgericht.
PA. = Reichspatentamt.
RG. = Reichsgericht.
RGSt. = Entscheidungen des Reichsgerichts in Strafsachen.
RGBl. = Reichsgesetzblatt.
StGB. = Strafgesetzbuch.
StPO. = Strafprozeßordnung.
ZPO. = Zivilprozeßordnung.

Gesetz zum Schutze der Warenbezeichnungen.

In der Fassung der Bkm. v. 7. Dezember 1923
(RGBl. II S. 445).

§ 1. Wer in seinem Geschäftsbetriebe zur Unterscheidung seiner Waren von den Waren anderer eines Warenzeichens sich bedienen will, kann dieses Zeichen zur Eintragung in die Zeichenrolle anmelden.

§ 2. Die Zeichenrolle wird bei dem Patentamt geführt. Die Anmeldung eines Warenzeichens hat schriftlich bei dem Patentamt zu erfolgen. Jeder Anmeldung muß die Bezeichnung des Geschäftsbetriebs, in welchem das Zeichen verwendet werden soll, ein Verzeichnis der Waren, für welche es bestimmt ist, sowie eine deutliche Darstellung und, soweit erforderlich, eine Beschreibung des Zeichens beigefügt sein.

Das Patentamt erläßt Bestimmungen über die sonstigen Erfordernisse der Anmeldung.

Bei der Anmeldung jedes Zeichens ist eine Anmeldegebühr und für jede Klasse oder Unterklasse der in der Anlage beigefügten Warenklasseneinteilung, für die der Schutz begehrt wird, eine Klassengebühr nach Maßgabe des Tarifs zu entrichten. Werden in einer Anmeldung mehr als zwanzig Klassen oder Unterklassen in Anspruch genommen, so ist für die über zwanzig hinausgehende Zahl von Klassen oder Unterklassen eine Gebühr nicht zu zahlen.

Führt die Anmeldung aus einem Grunde nicht zur Eintragung, der für alle angemeldeten Waren ohne Unterschied der in Anspruch genommenen Klassen oder Unterklassen zutrifft, so wird die für mehr als eine Klasse oder Unterklasse gezahlte Gebühr erstattet. Diese Vorschrift findet keine Anwendung, wenn die Eintragung wegen Übereinstimmung des angemeldeten Zeichens mit einem für dieselben oder gleichartige Waren früher angemeldeten Zeichen versagt wird.

Bei jeder Erneuerung der Anmeldung ist eine Erneuerungsgebühr und für jede Klasse oder Unterklasse, für welche die Erneuerung begehrt wird, eine Klassengebühr nach Maßgabe des Tarifs zu entrichten. Satz 2 des Abs. 3 gilt entsprechend.

Die amtliche Festsetzung der Anzahl der durch eine Anmeldung betroffenen Klassen und Unterklassen ist unanfechtbar.

Die Reichsregierung kann mit Zustimmung des Reichsrats die Warenklasseneinteilung ändern.

§ 3. Die Zeichenrolle soll enthalten:

1. den Zeitpunkt des Einganges der Anmeldung;
2. die nach § 2 Abs. 1 der Anmeldung beizufügenden Angaben;
3. Namen und Wohnort des Zeicheninhabers und seines etwaigen Vertreters sowie Änderungen in der Person, im Namen oder im Wohnort des Inhabers oder des Vertreters;
4. den Zeitpunkt einer Erneuerung der Anmeldung;
5. den Zeitpunkt der Löschung des Zeichens.

Die Einsicht der Zeichenrolle steht jedermann frei.

Jede Eintragung, soweit sie nicht nur die im Abs. 1 Nr. 3 bezeichneten Änderungen betrifft, und jede Löschung wird vom Patentamt in regelmäßig erscheinenden Übersichten veröffentlicht (Warenzeichenblatt).

§ 4. Die Eintragung in die Rolle ist zu versagen für Freizeichen sowie für Warenzeichen,

1. welche ausschließlich in Zahlen, Buchstaben oder solchen Wörtern bestehen, die Angaben über Art, Zeit und Ort der Herstellung, über die Beschaffenheit, über die Bestimmung, über Preis-, Mengen- oder Gewichtsverhältnisse der Ware enthalten;
2. welche Staatswappen oder sonstige staatliche Hoheitszeichen oder Wappen eines inländischen Ortes, eines inländischen Gemeinde- oder weiteren Kommunalverbandes enthalten;
3. welche Ärgernis erregende Darstellungen oder solche Angaben enthalten, die ersichtlich den tatsächlichen Verhältnissen nicht entsprechen und die Gefahr einer Täuschung begründen.

Die Vorschrift der Nr. 2 findet keine Anwendung, wenn der Anmelder befugt ist, das Wappen oder Hoheitszeichen in dem Warenzeichen zu führen.

Zeichen, welche gelöscht sind, dürfen für die Waren, für welche sie eingetragen waren, oder für gleichartige Waren zugunsten eines anderen als des letzten Inhabers erst nach Ablauf von zwei Jahren seit dem Tage der Löschung von neuem eingetragen werden.

§ 5. Erachtet das Patentamt, daß ein zur Anmeldung gebrachtes Warenzeichen mit einem anderen, für dieselben oder für gleichartige Waren auf Grund des Gesetzes über Markenschutz vom 30. November 1874 (Reichsgesetzbl. S. 143) oder auf Grund des gegenwärtigen Gesetzes früher angemeldeten Zeichen übereinstimmt, so macht es dem Inhaber dieses Zeichens hiervon Mitteilung. Erhebt derselbe nicht innerhalb eines Monats nach der Zustellung Widerspruch gegen die Eintragung des neu angemeldeten Zeichens, so ist das Zeichen einzutragen. Im anderen Falle entscheidet das Patentamt durch Beschluß, ob die Zeichen übereinstimmen. Hinsichtlich der durch eine Anhörung oder eine Beweisaufnahme verursachten Kosten gilt § 25 Abs. 2 des Patentgesetzes entsprechend.

Aus dem Unterbleiben der im ersten Absatz vorgesehenen Mitteilung erwächst ein Ersatzanspruch nicht.

§ 6. Wird durch den Beschluß (§ 5 Abs. 1) die Übereinstimmung der Zeichen verneint, so ist das neuangemeldete Zeichen einzutragen.

Wird durch den Beschluß die Übereinstimmung der Zeichen festgestellt, so ist die Eintragung zu versagen. Sofern der Anmelder geltend machen will, daß ihm, ungeachtet der durch die Entscheidung des Patentamts festgestellten Übereinstimmung, ein Anspruch auf die Eintragung zustehe, hat er diesen Anspruch im Wege der Klage gegenüber dem Widersprechenden zur Anerkennung zu bringen. Die Eintragung auf Grund einer zu seinen Gunsten ergehenden Entscheidung wird unter dem Zeitpunkt der ursprünglichen Anmeldung bewirkt.

§ 6a. Für jedes Zeichen ist vor der Eintragung eine Eintragungsgebühr nach Maßgabe des Tarifs und zur Deckung der durch die vorgeschriebenen Veröffentlichungen (§ 3 Abs. 3) entstehenden Kosten ein Druckkostenbeitrag zu entrichten. Die Höhe des Beitrags wird nach Stufen berechnet, die das Patentamt nach dem Umfang der Veröffentlichungen allgemein festsetzt. Die Berechnung ist unanfechtbar.

§ 7. Das durch die Anmeldung oder Eintragung eines Warenzeichens begründete Recht geht auf die Erben über und kann durch Vertrag oder durch Verfügung von Todes wegen auf andere übertragen werden. Das Recht kann jedoch nur mit dem Geschäftsbetriebe, zu welchem das Warenzeichen gehört, auf einen anderen übergehen. Der Übergang wird auf Antrag des Rechtsnachfolgers in der Zeichenrolle vermerkt, sofern die Einwilligung des Berechtigten in beweisender Form beigebracht wird. Ist der Berechtigte verstorben, so ist der Nachweis der Rechtsnachfolge zu führen.

Solange der Übergang in der Zeichenrolle nicht vermerkt ist, kann der Rechtsnachfolger sein Recht aus der Eintragung des Warenzeichens nicht geltend machen.

Verfügungen und Beschlüsse des Patentamts, welche einer Zustellung an den Inhaber des Zeichens bedürfen, sind stets an den eingetragenen Inhaber zu richten. Ergibt sich, daß derselbe verstorben ist, so kann das Patentamt nach seinem Ermessen die Zustellung als bewirkt ansehen oder zum Zwecke der Zustellung an die Erben deren Ermittlung veranlassen.

§ 8. Auf Antrag des Inhabers wird das Zeichen jederzeit in der Rolle gelöscht.

Von Amts wegen erfolgt die Löschung:

1. wenn seit der Anmeldung des Zeichens oder seit ihrer Erneuerung zehn Jahre verflossen sind;
2. wenn die Eintragung des Zeichens hätte versagt werden müssen. Wird von einem Dritten aus diesem Grunde die Löschung beantragt, so ist gleichzeitig eine Gebühr nach Maßgabe des Tarifs zu entrichten; sie kann, falls der Antrag für berechtigt befunden wird, erstattet werden.

Soll die Löschung ohne Antrag des Inhabers erfolgen, so gibt das Patentamt diesem zuvor Nachricht. Widerspricht er innerhalb eines Monats nach der Zustellung nicht, so erfolgt die Löschung. Widerspricht er, so faßt das Patentamt Beschluß. Ist die Löschung von einem Dritten beantragt, so gilt hinsichtlich der durch eine Anhörung oder eine Beweisaufnahme verursachten Kosten § 25 Abs. 2 des Patentgesetzes entsprechend.

Soll infolge Ablaufs der zehnjährigen Frist die Löschung erfolgen, so ist von ihr abzusehen, wenn der Inhaber des Zeichens bis zum Ablauf eines Monats nach der Zustellung unter Zahlung der tarifmäßigen Nachholungsgebühr neben der Erneuerungs- und Klassengebühr (§ 2 Abs. 5) die Erneuerung der Anmeldung nachholt; die Erneuerung gilt dann als an dem Tage des Ablaufs der früheren Frist geschehen.

§ 9. Ein Dritter kann die Löschung eines Warenzeichens beantragen:

1. wenn das Zeichen für ihn auf Grund einer früheren Anmeldung für dieselben oder für gleichartige Waren in der Zeichenrolle oder in den nach Maßgabe des Gesetzes über den Markenschutz vom 30. November 1874 geführten Zeichenregistern eingetragen steht;
2. wenn der Geschäftsbetrieb, zu welchem das Warenzeichen gehört, von dem eingetragenen Inhaber nicht mehr fortgesetzt wird;
3. wenn Umstände vorliegen, aus denen sich ergibt, daß der Inhalt des Warenzeichens den tatsächlichen Verhältnissen nicht entspricht und die Gefahr einer Täuschung begründet.

Hat ein nach dem Gesetz über Markenschutz vom 30. November 1874 von der Eintragung ausgeschlossenes Warenzeichen bis zum Erlasse des gegenwärtigen Gesetzes innerhalb beteiligter Verkehrskreise als Kennzeichen der Waren eines bestimmten Geschäftsbetriebs gegolten, so kann der Inhaber des letzteren, falls das Zeichen nach Maßgabe des gegenwärtigen Gesetzes für einen anderen in die Zeichenrolle eingetragen wird, bis zum 1. Oktober 1895 die Löschung beantragen. Wird dem Antrag stattgegeben, so darf das Zeichen für den Antragsteller schon vor Ablauf der im § 4 Abs. 2 bestimmten Frist in die Zeichenrolle eingetragen werden.

Der Antrag auf Löschung ist im Wege der Klage geltend zu machen und gegen den eingetragenen Inhaber oder, wenn dieser gestorben, gegen dessen Erben zu richten.

Hat vor oder nach Erhebung der Klage ein Übergang des Warenzeichens auf einen anderen stattgefunden, so ist die Entscheidung in Ansehung der Sache auch gegen den Rechtsnachfolger wirksam und vollstreckbar. Auf die Befugnis des Rechtsnachfolgers, in den Rechtsstreit einzutreten, finden die Bestimmungen der §§ 66 bis 69 und 76 der Zivilprozeßordnung entsprechende Anwendung.

In den Fällen des Abs. 1 Nr. 2 kann der Antrag auf Löschung zunächst bei dem Patentamt angebracht werden. Das Patentamt gibt dem als Inhaber des Warenzeichens Eingetragenen davon Nachricht. Widerspricht derselbe innerhalb eines Monats nach der Zustellung nicht, so erfolgt die Löschung. Widerspricht er, so wird dem Antragsteller anheimgegeben, den Anspruch auf Löschung im Wege der Klage zu verfolgen.

§ 10. Anmeldungen von Warenzeichen, Anträge auf Übertragung und Widersprüche gegen die Löschung derselben werden in dem für Patentangelegenheiten maßgebenden Verfahren durch Vorbescheid und Beschluß erledigt. In den Fällen des § 5 Abs. 1 wird ein Vorbescheid nicht erlassen.

Gegen den Beschluß, durch welchen ein Antrag zurückgewiesen wird, kann der Antragsteller, und gegen den Beschluß, durch welchen Widerspruchs ungeachtet die Löschung angeordnet wird, der Inhaber des Zeichens innerhalb eines Monats nach der Zustellung bei dem Patentamt Beschwerde einlegen.

Zustellungen, welche die Eintragung, die Übertragung oder die Löschung eines Warenzeichens betreffen, erfolgen mittels eingeschriebenen Briefes. Kann eine Zustellung im Inland nicht erfolgen, so wird sie durch Aufgabe zur Post nach Maßgabe der §§ 175, 213 der Zivilprozeßordnung bewirkt.

§ 11. Das Patentamt ist verpflichtet, auf Ersuchen der Gerichte über Fragen, welche eingetragene Warenzeichen betreffen, Gutachten abzugeben, sofern in dem gerichtlichen Verfahren voneinander abweichende Gutachten mehrerer Sachverständigen vorliegen.

§ 12. Die Eintragung eines Warenzeichens hat die Wirkung, daß dem Eingetragenen ausschließlich das Recht zusteht, Waren der angemeldeten Art oder deren Verpackung oder Umhüllung mit dem Warenzeichen zu versehen, die so bezeichneten Waren in Verkehr zu setzen sowie auf Ankündigungen, Preislisten, Geschäftsbriefen, Empfehlungen, Rechnungen oder dergleichen das Zeichen anzubringen.

Im Falle der Löschung können für die Zeit, in welcher ein Rechtsgrund für die Löschung früher bereits vorgelegen hat, Rechte aus der Eintragung nicht mehr geltend gemacht werden.

§ 13. Durch die Eintragung eines Warenzeichens wird niemand gehindert, seinen Namen, seine Firma, seine Wohnung sowie Angaben über Art, Zeit und Ort der Herstellung, über die Beschaffenheit, über die Bestimmung, über Preis-, Mengen- oder Gewichtsverhältnisse von Waren, sei es auch in abgekürzter Gestalt, auf Waren, auf deren Verpackung oder Umhüllung anzubringen und derartige Angaben im Geschäftsverkehr zu gebrauchen.

§ 14. Wer wissentlich oder aus grober Fahrlässigkeit Waren oder deren Verpackung oder Umhüllung, oder Ankündigungen, Preislisten, Geschäftsbriefe, Empfehlungen, Rechnungen oder dergleichen mit dem Namen oder der Firma eines andern oder mit einem nach Maßgabe dieses Gesetzes geschützten Warenzeichen widerrechtlich versieht oder dergleichen widerrechtlich gekennzeichnete Waren in Verkehr bringt oder feilhält, ist dem Verletzten zur Entschädigung verpflichtet.

Hat er die Handlung wissentlich begangen, so wird er außerdem mit Geldstrafe oder mit Gefängnis bis zu sechs Monaten bestraft. Die Strafverfolgung tritt nur auf Antrag ein. Die Zurücknahme des Antrags ist zulässig.

§ 15. Wer zum Zwecke der Täuschung in Handel und Verkehr Waren oder deren Verpackung oder Umhüllung, oder Ankündigungen, Preislisten, Geschäftsbriefe, Empfehlungen, Rechnungen oder dergleichen mit einer Ausstattung, welche innerhalb beteiligter Verkehrskreise als Kennzeichen gleichartiger Waren eines andern gilt, ohne dessen Genehmigung versieht, oder wer zu dem gleichen Zwecke derartig gekennzeichnete Waren in Verkehr bringt oder feilhält, ist dem Verletzten zur Entschädigung verpflichtet und wird mit Geldstrafe oder mit Gefängnis bis zu drei Monaten bestraft. Die Strafverfolgung tritt nur auf Antrag ein. Die Zurücknahme des Antrags ist zulässig.

§ 16. Wer Waren oder deren Verpackung oder Umhüllung oder Ankündigungen, Preislisten, Geschäftsbriefe, Empfehlungen, Rechnungen oder dergleichen fälschlich mit einem Staatswappen oder mit dem Namen oder Wappen eines Ortes, eines Gemeinde- oder weiteren Kommunalverbandes zu dem Zwecke versieht, über Beschaffenheit und Wert der Waren einen Irrtum zu erregen, oder wer zu dem gleichen Zwecke derartig bezeichnete Waren in Verkehr bringt oder feilhält, wird mit Geldstrafe oder mit Gefängnis bis zu sechs Monaten bestraft.

Die Verwendung von Namen, welche nach Handelsgebrauch zur Benennung gewisser Waren dienen, ohne deren Herkunft bezeichnen zu sollen, fällt unter diese Bestimmung nicht.

§ 17. Ausländische Waren, welche mit einer deutschen Firma und Ortsbezeichnung oder mit einem in die Zeichenrolle eingetragenen Warenzeichen widerrechtlich versehen sind, unterliegen bei ihrem Eingang nach Deutschland zur Einfuhr oder Durchfuhr auf Antrag des Verletzten und gegen Sicherheitsleistung der Beschlagnahme und Einziehung. Die Beschlagnahme erfolgt durch die Zoll- und Steuerbehörden, die Festsetzung der Einziehung durch Strafbescheid der Verwaltungsbehörden (§ 459 der Strafprozeßordnung).

§ 18. Statt jeder aus diesem Gesetze entspringenden Entschädigung kann auf Verlangen des Beschädigten neben der Strafe auf eine an ihn zu erlegende Buße erkannt werden. Für diese Buße haften die zu derselben Verurteilten als Gesamtschuldner.

Eine erkannte Buße schließt die Geltendmachung eines weiteren Entschädigungsanspruchs aus.

§ 19. Erfolgt eine Verurteilung auf Grund der §§ 14 bis 16, 18, so ist bezüglich der im Besitze des Verurteilten befindlichen Gegenstände auf Beseitigung der widerrechtlichen Kennzeichnung, oder, wenn die Beseitigung in anderer Weise nicht möglich ist, auf Vernichtung der damit versehenen Gegenstände zu erkennen.

Erfolgt die Verurteilung im Strafverfahren, so ist in den Fällen der §§ 14 und 15 dem Verletzten die Befugnis zuzusprechen, die Verurteilung auf Kosten des Verurteilten öffentlich bekanntzumachen. Die Art der Bekanntmachung sowie die Frist zu derselben ist in dem Urteil zu bestimmen.

§ 20. Die Anwendung der Bestimmungen dieses Gesetzes wird durch Abweichungen nicht ausgeschlossen, mit denen fremde Namen, Firmen, Zeichen, Wappen und sonstige Kennzeichnungen von Waren wiedergegeben werden, sofern ungeachtet dieser Abweichungen die Gefahr einer Verwechselung im Verkehr vorliegt.

§ 21. In bürgerlichen Rechtsstreitigkeiten, in welchen durch Klage oder Widerklage ein Anspruch auf Grund dieses Gesetzes geltend gemacht ist, wird die Verhandlung und Entscheidung letzter Instanz im Sinne des § 8 des Einführungsgesetzes zum Gerichtsverfassungsgesetze dem Reichsgericht zugewiesen.

§ 22. Wenn deutsche Waren im Ausland bei der Einfuhr oder Durchfuhr der Verpflichtung unterliegen, eine Bezeichnung zu tragen, welche ihre deutsche Herkunft erkennen läßt, oder wenn dieselben bei der Zollabfertigung in Beziehung auf die Warenbezeichnungen ungünstiger als die Waren anderer Länder behandelt werden, so ist der Reichsrat ermächtigt, den fremden Waren bei ihrem Eingang nach Deutschland zur Einfuhr oder Durchfuhr eine entsprechende Auflage zu machen, und anzuordnen, daß für den Fall der Zuwiderhandlung die Beschlagnahme und Einziehung der Waren erfolge. Die Beschlagnahme erfolgt durch die Zoll- und Steuerbehörden, die Festsetzung der Einziehung durch Strafbescheid der Verwaltungsbehörden (§ 459 der Strafprozeßordnung).

§ 23. Wer im Inland eine Niederlassung nicht besitzt, hat auf den Schutz dieses Gesetzes nur Anspruch, wenn in dem Staate, in welchem seine Niederlassung sich befindet, nach einer im Reichsgesetzblatt enthaltenen Bekanntmachung deutsche Warenbezeichnungen in gleichem Umfang wie inländische Warenbezeichnungen zum gesetzlichen Schutze zugelassen werden.

Der Anspruch auf Schutz eines Warenzeichens und das durch die Eintragung begründete Recht können nur durch einen im Inland bestellten Vertreter geltend gemacht werden. Der letztere ist zur Vertretung in dem nach Maßgabe dieses Gesetzes vor dem Patentamt stattfindenden Verfahren sowie in den das Zeichen betreffenden bürgerlichen Rechtsstreitigkeiten und zur Stellung von Strafanträgen befugt. Für die das Zeichen betreffenden Klagen gegen den eingetragenen Inhaber ist das Gericht zuständig, in dessen Bezirk der Vertreter seinen Wohnsitz hat, in dessen Ermangelung das Gericht, in dessen Bezirk das Patentamt seinen Sitz hat.

Wer ein ausländisches Warenzeichen zur Anmeldung bringt, hat damit den Nachweis zu verbinden, daß er in dem Staate, in welchem seine Niederlassung sich befindet, für dieses Zeichen den Markenschutz nachgesucht und erhalten hat. Die Eintragung ist, soweit nicht Staatsverträge ein anderes bestimmen, nur dann zulässig, wenn das Zeichen den Anforderungen dieses Gesetzes entspricht.

§ 24. Auf die in Gemäßheit des Gesetzes über Markenschutz vom 30. November 1874 in die Zeichenregister eingetragenen Warenzeichen finden bis zum 1. Oktober 1898 die Bestimmungen jenes Gesetzes noch ferner Anwendung. Die Zeichen können bis zum 1. Oktober 1898 jederzeit zur Eintragung in die Zeichenrolle nach Maßgabe des gegenwärtigen Gesetzes angemeldet werden und unterliegen alsdann dessen Bestimmungen. Die Eintragung darf nicht versagt werden hinsichtlich derjenigen Zeichen, welche auf Grund eines älteren landesgesetzlichen Schutzes in die Zeichenregister eingetragen worden sind. Die Eintragung geschieht unentgeltlich und unter dem Zeitpunkt der ersten Anmeldung. Über den Inhalt der ersten Eintragung ist ein Zeugnis der bisherigen Registerbehörde beizubringen.

Mit der Eintragung in die Zeichenrolle oder, sofern eine solche nicht erfolgt ist, mit dem 1. Oktober 1898, erlischt der den Warenzeichen bis dahin gewährte Schutz.

§ 24a. Rechtsfähige Verbände, die gewerbliche Zwecke verfolgen, können, auch wenn sie einen auf Herstellung oder Vertrieb von Waren gerichteten Geschäftsbetrieb nicht besitzen, Warenzeichen anmelden, die in den Geschäftsbetrieben ihrer Mitglieder zur Kennzeichnung der Waren dienen sollen (Verbandszeichen).

Die juristischen Personen des öffentlichen Rechtes stehen den bezeichneten Verbänden gleich.

Auf die Verbandszeichen finden die Vorschriften über Warenzeichen Anwendung, soweit nicht in §§ 24a bis 24h ein anderes bestimmt ist.

§ 24b. Der Anmeldung des Verbandszeichens muß eine Zeichensatzung beigefügt sein, die über Namen, Sitz, Zweck und Vertretung des Verbandes, über den Kreis der zur Benutzung des Zeichens Berechtigten, die Bedingungen der Benutzung und die Rechte und Pflichten der Beteiligten im Falle der Verletzung des Zeichens Auskunft gibt. Spätere Änderungen sind dem Patentamt mitzuteilen. Die Einsicht der Satzung steht jedermann frei.

§ 24c. Über die Einrichtung der Rolle für die Verbandszeichen trifft das Patentamt Bestimmung.

§ 24d. Das durch die Anmeldung oder Eintragung des Verbandszeichens begründete Recht kann als solches nicht auf einen anderen übertragen werden.

§ 24e. Ein Dritter kann unbeschadet der Vorschriften im § 9 Nr. 1, 3 die Löschung des Verbandszeichens beantragen,

1. wenn der Verband, für den das Zeichen eingetragen ist, nicht mehr besteht;

2. wenn der Verband duldet, daß das Zeichen in einer den allgemeinen Verbandszwecken oder der Zeichensatzung widersprechenden Weise benutzt wird. Als eine solche mißbräuchliche Benutzung ist es anzusehen, wenn die Überlassung der Benutzung des Zeichens an andere zu einer Irreführung des Verkehrs Anlaß gibt.

In den Fällen der Nr. 1 findet § 9 Abs. 5 Anwendung.

§ 24f. Der Anspruch des Verbandes auf Entschädigung wegen unbefugter Benutzung des Verbandszeichens (§ 14) umfaßt auch den einem Mitglied erwachsenen Schaden.

§ 24g. Wird dem Patentamt nachgewiesen, daß ein eingetragenes Warenzeichen bis zum Inkrafttreten dieses Gesetzes von einem Verband als Verbandszeichen geführt wurde, so ist das Zeichen auf Antrag des Verbandes als Verbandszeichen in der Rolle umzuschreiben. Der Antrag muß innerhalb eines Jahres seit dem Inkrafttreten dieses Gesetzes gestellt werden und den für die Anmeldung eines Verbandszeichens bestehenden Vorschriften entsprechen. Mit dem Eingang des Antrags beginnt die Frist für die Erneuerung des Zeichens.

§ 24h. Die Vorschriften über Verbandszeichen finden auf ausländische Verbandszeichen nur dann Anwendung, wenn nach einer im Reichsgesetzblatt enthaltenen Bekanntmachung die Gegenseitigkeit verbürgt ist.

§ 25. Die zur Ausführung dieses Gesetzes erforderlichen Bestimmungen über die Einrichtung und den Geschäftsgang des Patentamts sowie über das Verfahren vor demselben werden durch Verordnung des Reichspräsidenten unter Zustimmung des Reichsrats getroffen.

Warenklasseneinteilung.

Klasse

1. Ackerbau-, Forstwirtschafts-, Gärtnerei- und Tierzuchterzeugnisse, Ausbeute von Fischfang und Jagd.
2. Arzneimittel, chemische Produkte für medizinische und hygienische Zwecke, pharmazeutische Drogen und Präparate, Pflaster, Verbandstoffe, Tier- und Pflanzenvertilgungsmittel, Desinfektionsmittel, Konservierungsmittel für Lebensmittel.

3a. Kopfbedeckungen, Friseurarbeiten, Putz, künstliche Blumen.
b. Schuhwaren.
c. Strumpfwaren, Trikotagen.
d. Bekleidungsstücke, Leib-, Tisch- und Bettwäsche, Korsetts, Krawatten, Hosenträger, Handschuhe.

Klasse

4. Beleuchtungs-, Heizungs-, Koch-, Kühl-, Trocken- und Ventilationsapparate und -geräte, Wasserleitungs-, Bade- und Klosettanlagen.

5. Borsten, Bürstenwaren, Pinsel, Kämme, Schwämme, Toilettegeräte, Putzmaterial, Stahlspäne.

6. Chemische Produkte für industrielle, wissenschaftliche und photographische Zwecke, Feuerlöschmittel, Härte- und Lötmittel, Abdruckmasse für zahnärztliche Zwecke, Zahnfüllmittel, mineralische Rohprodukte.

7. Dichtungs- und Packungsmaterialien, Wärmeschutz- und Isoliermittel, Asbestfabrikate.

8. Düngemittel.

9a. Rohe und teilweise bearbeitete unedle Metalle.

b. Messerschmiedewaren, Werkzeuge, Sensen, Sicheln, Hieb- und Stichwaffen.

c. Nadeln, Fischangeln.

d. Hufeisen, Hufnägel.

e. Emallierte und verzinnte Waren.

f. Eisenbahn-Oberbaumaterial, Kleineisenwaren, Schlosser- und Schmiedearbeiten, Schlösser, Beschläge, Drahtwaren, Blechwaren, Anker, Ketten, Stahlkugeln, Reit- und Fahrgeschirrbeschläge, Rüstungen, Glocken, Schlittschuhe, Haken und Ösen, Geldschränke und Kassetten, mechanisch bearbeitete Fassonmetallteile, gewalzte und gegossene Bauteile, Maschinenguß.

10. Land-, Luft- und Wasserfahrzeuge, Automobile, Fahrräder, Automobil- und Fahrradzubehör, Fahrzeugteile.

11. Farbstoffe, Farben, Blattmetalle.

12. Felle, Häute, Därme, Leder, Pelzwaren.

13. Firnisse, Lacke, Beizen, Harze, Klebstoffe, Wichse, Lederputz- und Lederkonservierungsmittel, Appretur- und Gerbmittel, Bohnermasse.

14. Garne, Seilerwaren, Netze, Drahtseile.

15. Gespinstfasern, Polstermaterial, Packmaterial.

16a. Bier.

b. Weine, Spirituosen.

c. Mineralwässer, alkoholfreie Getränke, Brunnen- und Badesalze.

17. Edelmetalle, Gold-, Silber-, Nickel- und Aluminiumwaren, Waren aus Neusilber, Britannia und ähnlichen Metalllegierungen, echte und unechte Schmucksachen, leonische Waren, Christbaumschmuck.

18. Gummi, Gummiersatzstoffe und Waren daraus für technische Zwecke.

Klasse

19. Schirme, Stöcke, Reisegeräte.

20a. Brennmaterialien.

b. Wachs, Leuchtstoffe, technische Öle und Fette, Schmiermittel, Benzin.

c. Kerzen, Nachtlichte, Dochte.

21. Waren aus Holz, Knochen, Kork, Horn, Schildpatt, Fischbein, Elfenbein, Perlmutter, Bernstein, Meerschaum, Zelluloid und ähnlichen Stoffen, Drechsler-, Schnitz- und Flechtwaren, Bilderrahmen, Figuren für Konfektions- und Friseurzwecke.

22a. Ärztliche, gesundheitliche, Rettungs- und Feuerlösch-Apparate, -Instrumente und -Geräte, Bandagen, künstliche Gliedmaßen, Augen, Zähne.

b. Physikalische, chemische, optische, geodätische, nautische, elektrotechnische, Wäge-, Signal-, Kontroll- und photographische Apparate, -Instrumente und -Geräte, Meßinstrumente.

23. Maschinen, Maschinenteile, Treibriemen, Schläuche, Automaten, Haus- und Küchengeräte, Stall-, Garten- und landwirtschaftliche Geräte.

24. Möbel, Spiegel, Polsterwaren, Tapezierdekorationsmaterialien, Betten, Särge.

25. Musikinstrumente, deren Teile und Saiten.

26a. Fleisch- und Fischwaren, Fleischextrakte, Konserven, Gemüse, Obst, Fruchtsäfte, Gelees.

b. Eier, Milch, Butter, Käse, Margarine, Speiseöle und Fette.

c. Kaffee, Kaffeesurrogate, Tee, Zucker, Sirup, Honig, Mehl und Vorkost, Teigwaren, Gewürze, Saucen, Essig, Senf, Kochsalz.

d. Kakao, Schokolade, Zuckerwaren, Back- und Konditorwaren, Hefe, Backpulver.

e. Diätetische Nährmittel, Malz, Futtermittel, Eis.

27. Papier, Pappe, Karton, Papier- und Pappwaren, Roh- und Halbstoffe zur Papierfabrikation, Tapeten.

28. Photographische und Druckereierzeugnisse, Spielkarten, Schilder, Buchstaben, Druckstöcke, Kunstgegenstände.

29. Porzellan, Ton, Glas, Glimmer und Waren daraus.

30. Posamentierwaren, Bänder, Besatzartikel, Knöpfe, Spitzen, Stickereien.

31. Sattler-, Riemer-, Täschner- und Lederwaren.

32. Schreib-, Zeichen-, Mal- und Modellierwaren, Billard- und Signierkreide, Bureau- und Kontorgeräte (ausgenommen Möbel, Lehrmittel).

33. Schußwaffen.

34. Parfümerien, kosmetische Mittel, ätherische Öle, Seifen, Wasch- und Bleichmittel, Stärke und Stärkepräparate, Farbzusätze

Klasse

zur Wäsche, Fleckenentfernungsmittel, Rostschutzmittel, Putz- und Poliermittel (ausgenommen für Leder), Schleifmittel.

35. Spielwaren, Turn- und Sportgeräte.

36. Sprengstoffe, Zündwaren, Zündhölzer, Feuerwerkskörper, Geschosse, Munition.

37. Steine, Kunststeine, Zement, Kalk, Kies, Gips, Pech, Asphalt, Teer, Holzkonservierungsmittel, Rohrgewebe, Dachpappen, transportable Häuser, Schornsteine, Baumaterialien.

38. Rohtabak, Tabakfabrikate, Zigarettenpapier.

39. Teppiche, Matten, Linoleum, Wachstuch, Decken, Vorhänge, Fahnen, Zelte, Segel, Säcke.

40. Uhren und Uhrteile.

41. Web- und Wirkstoffe, Filz.

Gesetz gegen den unlauteren Wettbewerb.

Vom 7. Juni 1909 (RGBl. 1909 S. 499).

§ 1. Wer im geschäftlichen Verkehre zu Zwecken des Wettbewerbes Handlungen vornimmt, die gegen die guten Sitten verstoßen, kann auf Unterlassung und Schadensersatz in Anspruch genommen werden.

§ 2. Unter Waren im Sinne dieses Gesetzes sind auch landwirtschaftliche Erzeugnisse, unter gewerblichen Leistungen und Interessen auch landwirtschaftliche zu verstehen.

§ 3. Wer in öffentlichen Bekanntmachungen oder in Mitteilungen, die für einen größeren Kreis von Personen bestimmt sind, über geschäftliche Verhältnisse, insbesondere über die Beschaffenheit, den Ursprung, die Herstellungsart oder die Preisbemessung von Waren oder gewerblichen Leistungen, über die Art des Bezuges oder die Bezugsquelle von Waren, über den Besitz von Auszeichnungen, über den Anlaß oder den Zweck des Verkaufs oder über die Menge der Vorräte unrichtige Angaben macht, die geeignet sind, den Anschein eines besonders günstigen Angebots hervorzurufen, kann auf Unterlassung der unrichtigen Angaben in Anspruch genommen werden.

§ 4. Wer in der Absicht, den Anschein eines besonders günstigen Angebots hervorzurufen, in öffentlichen Bekanntmachungen oder in Mitteilungen, die für einen größeren Kreis von Personen bestimmt sind, über geschäftliche Verhältnisse, insbesondere über die Beschaffenheit, den Ursprung, die Herstellungsart oder die Preisbemessung von Waren oder gewerblichen Leistungen, über die Art des Bezugs oder die Bezugsquelle von Waren, über den Besitz von Auszeichnungen, über den Anlaß oder den Zweck des Verkaufs oder über die Menge der Vorräte wissentlich unwahre und zur Irreführung geeignete Angaben macht, wird mit Gefängnis bis zu einem Jahre und mit Geldstrafe bis zu fünftausend Mark oder mit einer dieser Strafen bestraft.

Werden die im Abs. 1 bezeichneten unrichtigen Angaben in einem geschäftlichen Betriebe von einem Angestellten oder Beauftragten gemacht, so ist der Inhaber oder Leiter des Betriebs neben dem Angestellten oder Beauftragten strafbar, wenn die Handlung mit seinem Wissen geschah.

§ 5. Die Verwendung von Namen, die im geschäftlichen Verkehre zur Benennung gewisser Waren oder gewerblicher Leistungen dienen, ohne deren Herkunft bezeichnen zu sollen, fällt nicht unter die Vorschriften der §§ 3, 4.

Im Sinne der Vorschriften der §§ 3, 4 sind den dort bezeichneten Angaben bildliche Darstellungen und sonstige Veranstaltungen gleichzuachten, die darauf berechnet und geeignet sind, solche Angaben zu ersetzen.

§ 6. Wird in öffentlichen Bekanntmachungen oder in Mitteilungen, die für einen größeren Kreis von Personen bestimmt sind, der Verkauf von Waren angekündigt, die aus einer Konkursmasse stammen, aber nicht mehr zum Bestande der Konkursmasse gehören, so ist dabei jede Bezugnahme auf die Herkunft der Waren aus einer Konkursmasse verboten.

Zuwiderhandlungen gegen diese Vorschrift werden mit Geldstrafe bis zu einhundertfünfzig Mark oder mit Haft bestraft.

§ 7. Wer in öffentlichen Bekanntmachungen oder in Mitteilungen, die für einen größeren Kreis von Personen bestimmt sind, den Verkauf von Waren unter der Bezeichnung eines Ausverkaufs ankündigt, ist gehalten, in der Ankündigung den Grund anzugeben, der zu dem Ausverkauf Anlaß gegeben hat.

Durch die höhere Verwaltungsbehörde kann nach Anhörung der zuständigen gesetzlichen Gewerbe- und Handelsvertretungen für die Ankündigung bestimmter Arten von Ausverkäufen angeordnet werden, daß zuvor bei der von ihr zu bezeichnenden Stelle Anzeige über den Grund des Ausverkaufs und den Zeitpunkt seines Beginns zu erstatten sowie ein Verzeichnis der auszuverkaufenden Waren einzureichen ist. Die Einsicht der Verzeichnisse ist jedem gestattet.

§ 8. Mit Gefängnis bis zu einem Jahre und mit Geldstrafe bis zu fünftausend Mark oder mit einer dieser Strafen wird bestraft, wer im Falle der Ankündigung eines Ausverkaufs Waren zum Verkaufe stellt, die nur für den Zweck des Ausverkaufs herbeigeschafft worden sind (sogenanntes Vorschieben oder Nachschieben von Waren).

§ 9. Der Ankündigung eines Ausverkaufs im Sinne des § 7 Abs. 2 und des § 8 steht jede sonstige Ankündigung gleich, welche den Verkauf von Waren wegen Beendigung des Geschäftsbetriebs, Aufgabe einer einzelnen Warengattung oder Räumung eines bestimmten Warenvorrats aus dem vorhandenen Bestande betrifft.

Auf Saison- und Inventurausverkäufe, die in der Ankündigung als solche bezeichnet werden und im ordentlichen Geschäftsverkehr üblich sind, finden die Vorschriften der §§ 7 und 8 keine Anwendung. Über Zahl, Zeit und Dauer der üblichen Saison- und Inventurausverkäufe kann die höhere Verwaltungsbehörde nach Anhörung der zuständigen gesetzlichen Gewerbe- und Handelsvertretungen Bestimmungen treffen.

§ 10. Mit Geldstrafe bis zu einhundertfünfzig Mark oder mit Haft wird bestraft:

1. wer der Vorschrift des § 7 Abs. 1 zuwider es unterläßt, in der Ankündigung eines Ausverkaufs den Grund anzugeben, der zu dem Ausverkauf Anlaß gegeben hat;
2. wer den auf Grund des § 7 Abs. 2 erlassenen Anordnungen zuwiderhandelt oder bei Befolgung dieser Anordnungen unrichtige Angaben macht;
3. wer den von der höheren Verwaltungsbehörde auf Grund des § 9 Abs. 2 Satz 2 getroffenen Bestimmungen zuwiderhandelt.

§ 11. Durch Beschluß des Bundesrats kann festgesetzt werden, daß bestimmte Waren im Einzelverkehre nur in vorgeschriebenen Einheiten der Zahl, des Maßes oder des Gewichts oder mit einer auf der Ware oder ihrer Aufmachung anzubringenden Angabe über Zahl, Maß, Gewicht, über den Ort der Erzeugung oder den Ort der Herkunft der Ware gewerbsmäßig verkauft oder feilgehalten werden dürfen.

Für den Einzelverkehr mit Bier in Flaschen oder Krügen kann die Angabe des Inhalts unter Festsetzung angemessener Fehlergrenzen vorgeschrieben werden.

Die durch Beschluß des Bundesrats getroffenen Bestimmungen sind durch das Reichs-Gesetzblatt zu veröffentlichen und dem Reichstage sogleich oder bei seinem nächsten Zusammentritte vorzulegen.

Zuwiderhandlungen gegen die Bestimmungen des Bundesrats werden mit Geldstrafe bis zu einhundertfünfzig Mark oder mit Haft bestraft.

§ 12. Mit Gefängnis bis zu einem Jahre und mit Geldstrafe bis zu fünftausend Mark oder mit einer dieser Strafen wird, soweit nicht nach anderen Bestimmungen eine schwerere Strafe verwirkt wird, bestraft, wer im geschäftlichen Verkehre zu Zwecken des Wettbewerbes dem Angestellten oder Beauftragten eines geschäftlichen Betriebs Geschenke oder andere Vorteile anbietet, verspricht oder gewährt, um durch unlauteres Verhalten des Angestellten oder Beauftragten bei dem Bezuge von Waren oder gewerblichen Leistungen eine Bevorzugung für sich oder einen Dritten zu erlangen.

Die gleiche Strafe trifft den Angestellten oder Beauftragten eines geschäftlichen Betriebs, der im geschäftlichen Verkehre Geschenke oder andere Vorteile fordert, sich versprechen läßt oder annimmt, damit er durch unlauteres Verhalten einem anderen bei dem Bezuge von Waren oder gewerblichen Leistungen im Wettbewerb eine Bevorzugung verschaffe.

Im Urteil ist zu erklären, daß das Empfangene oder sein Wert dem Staate verfallen sei.

§ 13. In den Fällen der §§ 1, 3 kann der Anspruch auf Unterlassung von jedem Gewerbetreibenden, der Waren oder Leistungen gleicher oder verwandter Art herstellt oder in den geschäftlichen Verkehr bringt, oder von Verbänden zur Förderung gewerblicher Interessen geltend gemacht werden, soweit die Verbände als solche in bürgerlichen Rechtsstreitigkeiten klagen können. Auch können diese Gewerbetreibenden und Verbände denjenigen, welcher den §§ 6, 8, 10, 11, 12 zuwiderhandelt, auf Unterlassung in Anspruch nehmen.

Zum Ersatze des durch die Zuwiderhandlung entstehenden Schadens ist verpflichtet:

1. wer im Falle des § 3 die Unrichtigkeit der von ihm gemachten Angaben kannte oder kennen mußte. Gegen Redakteure, Verleger, Drucker oder Verbreiter von periodischen Druckschriften kann der Anspruch auf Schadensersatz nur geltend gemacht werden, wenn sie die Unrichtigkeit der Angaben kannten;
2. wer gegen die §§ 6, 8, 10, 11, 12 vorsätzlich oder fahrlässig verstößt.

Werden in einem geschäftlichen Betriebe Handlungen, die nach §§ 1, 3, 6, 8, 10, 11, 12 unzulässig sind, von einem Angestellten oder Beauftragten vorgenommen, so ist der Unterlassungsanspruch auch gegen den Inhaber des Betriebs begründet.

14. Wer zu Zwecken des Wettbewerbes über das Erwerbsgeschäft eines anderen, über die Person des Inhabers oder Leiters des Geschäfts, über die Waren oder gewerblichen Leistungen eines anderen Tatsachen behauptet oder verbreitet, die geeignet sind, den Betrieb des Geschäfts oder den Kredit des Inhabers zu schädigen, ist, sofern die Tatsachen nicht erweislich wahr sind, dem Verletzten zum Ersatze des entstandenen Schadens verpflichtet. Der Verletzte kann auch den Anspruch geltend machen, daß die Behauptung oder Verbreitung der Tatsachen unterbleibe.

Handelt es sich um vertrauliche Mitteilungen und hat der Mitteilende oder der Empfänger der Mitteilung an ihr ein berechtigtes Interesse, so ist der Anspruch auf Unterlassung nur zulässig, wenn die Tatsachen der Wahrheit zuwider behauptet oder verbreitet sind. Der Anspruch auf Schadensersatz kann nur geltend gemacht werden, wenn der Mitteilende die Unrichtigkeit der Tatsachen kannte oder kennen mußte.

Die Vorschrift des § 13 Abs. 3 findet entsprechende Anwendung.

§ 15. Wer wider besseres Wissen über das Erwerbsgeschäft eines anderen, über die Person des Inhabers oder Leiters des Geschäfts, über die Waren oder gewerblichen Leistungen eines anderen Tatsachen der Wahrheit zuwider behauptet oder verbreitet, die geeignet sind, den Betrieb des Geschäfts zu schädigen, wird mit Gefängnis bis zu einem Jahre und mit Geldstrafe bis zu fünftausend Mark oder mit einer dieser Strafen bestraft.

Werden die im Abs. 1 bezeichneten Tatsachen in einem geschäftlichen Betriebe von einem Angestellten oder Beauftragten behauptet oder verbreitet, so ist der Inhaber des Betriebs neben dem Angestellten oder Beauftragten strafbar, wenn die Handlung mit seinem Wissen geschah.

§ 16. Wer im geschäftlichen Verkehr einen Namen, eine Firma oder die besondere Bezeichnung eines Erwerbsgeschäfts, eines gewerblichen Unternehmens oder einer Druckschrift in einer Weise benutzt, welche geeignet ist, Verwechselungen mit dem Namen, der Firma oder der besonderen Bezeichnung hervorzurufen, deren sich ein anderer befugterweise bedient, kann von diesem auf Unterlassung der Benutzung in Anspruch genommen werden.

Der Benutzende ist dem Verletzten zum Ersatze des Schadens verpflichtet, wenn er wußte oder wissen mußte, daß die mißbräuchliche Art der Benutzung geeignet war, Verwechselungen hervorzurufen.

Der besonderen Bezeichnung eines Erwerbsgeschäfts stehen solche Geschäftsabzeichen und sonstigen zur Unterscheidung des Geschäfts von anderen Geschäften bestimmten Einrichtungen gleich, welche innerhalb beteiligter Verkehrskreise als Kennzeichen des Erwerbsgeschäfts gelten. Auf den Schutz von Warenzeichen und Ausstattungen (§§ 1, 15 des Gesetzes zum Schutze der Warenbezeichnungen vom 12. Mai 1894, Reichs-Gesetzbl. S. 441) finden diese Vorschriften keine Anwendung.

Die Vorschrift des § 13 Abs. 3 findet entsprechende Anwendung.

§ 17. Mit Gefängnis bis zu einem Jahre und mit Geldstrafe bis zu fünftausend Mark oder mit einer dieser Strafen wird bestraft, wer als Angestellter, Arbeiter oder Lehrling eines Geschäftsbetriebs Geschäfts- oder Betriebsgeheimnisse, die ihm vermöge des Dienstverhältnisses anvertraut oder sonst zugänglich geworden sind, während der Geltungsdauer des Dienstverhältnisses unbefugt an andere zu Zwecken des Wettbewerbes oder in der Absicht, dem Inhaber des Geschäftsbetriebs Schaden zuzufügen, mitteilt.

Gleiche Strafe trifft denjenigen, welcher Geschäfts- oder Betriebsgeheimnisse, deren Kenntnis er durch eine der im Abs. 1 bezeichneten Mitteilungen oder durch eine gegen das Gesetz oder die guten Sitten verstoßende eigene Handlung erlangt hat, zu Zwecken des Wettbewerbes unbefugt verwertet oder an andere mitteilt.

§ 18. Mit Gefängnis bis zu einem Jahre und mit Geldstrafe bis zu fünftausend Mark oder mit einer dieser Strafen wird bestraft, wer die ihm im geschäftlichen Verkehr anvertrauten Vorlagen oder Vorschriften technischer Art, insbesondere Zeichnungen, Modelle, Schablonen, Schnitte, Rezepte, zu Zwecken des Wettbewerbes unbefugt verwertet oder an andere mitteilt.

§ 19. Zuwiderhandlungen gegen die Vorschriften der §§ 17, 18 verpflichten außerdem zum Ersatze des entstandenen Schadens. Mehrere Verpflichtete haften als Gesamtschuldner.

§ 20. Wer zu Zwecken des Wettbewerbes es unternimmt, einen anderen zu einer Zuwiderhandlung gegen die Vorschriften des § 17 Abs. 1, § 18 zu bestimmen, wird mit Gefängnis bis zu neun Monaten und mit Geldstrafe bis zu zweitausend Mark oder mit einer dieser Strafen bestraft.

§ 21. Die in diesem Gesetze bezeichneten Ansprüche auf Unterlassung oder Schadensersatz verjähren in sechs Monaten von dem Zeitpunkt an, in welchem der Anspruchsberechtigte von der Handlung und von der Person des Verpflichteten Kenntnis erlangt, ohne Rücksicht auf diese Kenntnis in drei Jahren von der Begehung der Handlung an.

Für die Ansprüche auf Schadensersatz beginnt der Lauf der Verjährung nicht vor dem Zeitpunkt, in welchem ein Schaden entstanden ist.

§ 22. Die Strafverfolgung tritt mit Ausnahme der in den §§ 6, 10, 11 bezeichneten Fälle nur auf Antrag ein. In den Fällen der §§ 4, 8, 12 hat das Recht, den Strafantrag zu stellen, jeder der im § 13 Abs. 1 bezeichneten Gewerbetreibenden und Verbände.

Die Zurücknahme des Antrags ist zulässig.

Strafbare Handlungen, deren Verfolgung nur auf Antrag eintritt, können von den zum Strafantrage Berechtigten im Wege der Privatklage verfolgt werden, ohne daß es einer vorgängigen Anrufung der Staatsanwaltschaft bedarf. Die öffentliche Klage wird von der Staatsanwaltschaft nur dann erhoben, wenn dies im öffentlichen Interesse liegt.

Geschieht die Verfolgung im Wege der Privatklage, so sind die Schöffengerichte zuständig.

§ 23. Wird in den Fällen der §§ 4, 6, 8, 12 auf Strafe erkannt, so kann angeordnet werden, daß die Verurteilung auf Kosten des Schuldigen öffentlich bekanntzumachen sei.

Wird in den Fällen des § 15 auf Strafe erkannt, so ist zugleich dem Verletzten die Befugnis zuzusprechen, die Verurteilung innerhalb bestimmter Frist auf Kosten des Verurteilten öffentlich bekanntzumachen.

Auf Antrag des freigesprochenen Angeschuldigten kann das Gericht die öffentliche Bekanntmachung der Freisprechung anordnen; die Staatskasse trägt die Kosten, insofern sie nicht dem Anzeigenden oder dem Privatkläger auferlegt worden sind.

Ist auf Grund einer der Vorschriften dieses Gesetzes auf Unterlassung Klage erhoben, so kann in dem Urteile der obsiegenden Partei die Befugnis zugesprochen werden, den verfügenden Teil des Urteils innerhalb bestimmter Frist auf Kosten der unterliegenden Partei öffentlich bekanntzumachen.

Die Art der Bekanntmachung ist im Urteil zu bestimmen.

§ 24. Für Klagen auf Grund dieses Gesetzes ist ausschließlich zuständig das Gericht, in dessen Bezirke der Beklagte seine gewerbliche Niederlassung oder in Ermangelung einer solchen seinen Wohnsitz hat. Für Personen, die im Inlande weder eine gewerbliche Niederlassung noch einen Wohnsitz haben, ist ausschließlich zuständig das Gericht des inländischen Aufenthaltsorts oder, wenn ein solcher nicht bekannt ist, das Gericht, in dessen Bezirke die Handlung begangen ist.

§ 25. Zur Sicherung der in diesem Gesetze bezeichneten Ansprüche auf Unterlassung können einstweilige Verfügungen erlassen werden, auch wenn die in den §§ 935, 940 der Zivilprozeßordnung bezeichneten Voraussetzungen nicht zutreffen. Zuständig ist auch das Amtsgericht, in dessen Bezirke die den Anspruch begründende Handlung begangen ist; im übrigen finden die Vorschriften des § 942 Zivilprozeßordnung Anwendung.

§ 26. Neben einer nach Maßgabe dieses Gesetzes verhängten Strafe kann auf Verlangen des Verletzten auf eine an ihn zu erlegende Buße bis zum Betrage von zehntausend Mark erkannt werden. Für diese Buße haften die dazu Verurteilten als Gesamtschuldner. Eine erkannte Buße schließt die Geltendmachung eines weiteren Entschädigungsanspruchs aus.

§ 27. Bürgerliche Rechtsstreitigkeiten, in welchen durch die Klage ein Anspruch auf Grund dieses Gesetzes geltend gemacht wird, gehören, sofern in erster Instanz die Landgerichte zuständig sind, vor die Kammern für Handelssachen.

In bürgerlichen Rechtsstreitigkeiten, in welchen durch Klage oder Widerklage ein Anspruch auf Grund dieses Gesetzes geltend gemacht ist, wird die Verhandlung und Entscheidung letzter Instanz im Sinne des § 8 des Einführungsgesetzes zum Gerichtsverfassungsgesetze dem Reichsgerichte zugewiesen.

§ 28. Wer im Inland eine Hauptniederlassung nicht besitzt, hat auf den Schutz dieses Gesetzes nur insoweit Anspruch, als in dem Staate, in welchem seine Hauptniederlassung sich befindet, nach einer im Reichs-Gesetzblatt enthaltenen Bekanntmachung deutsche Gewerbetreibende einen entsprechenden Schutz genießen

§ 29. Welche Behörden in jedem Bundesstaat unter der Bezeichnung höhere Verwaltungsbehörde im Sinne dieses Gesetzes zu verstehen sind, wird von der Zentralbehörde des Bundesstaats bestimmt.

§ 30. Dieses Gesetz tritt am 1. Oktober 1909 in Kraft.

Mit diesem Zeitpunkte tritt das Gesetz zur Bekämpfung des unlauteren Wettbewerbes vom 27. Mai 1896 (Reichs-Gesetzbl. S. 145) außer Kraft.

Entstehungsgeschichte des Gesetzes zum Schutze der Warenbezeichnungen.

Nachdem die Reichsregierung wiederholt das Bedürfnis einer Revision des Markenschutzgesetzes vom 30. November 1874 anerkannt hatte, ließ sie im Reichsamt des Innern einen Gesetzentwurf ausarbeiten. Der Entwurf wurde am 24. August 1892 in Nr. 199 des Reichsanzeigers veröffentlicht, um die Beteiligten durch diese Veröffentlichung zu Äußerungen über den Entwurf zu veranlassen. Er wurde dann in mehreren Punkten abgeändert, am 9. März 1893 dem Reichstage vorgelegt. Am 20. April 1893 fand daselbst die erste Beratung statt, die mit der Verweisung der Vorlage an eine Kommission endete. Dieselbe beriet den Entwurf in erster Lesung, an der Vollendung der zweiten Lesung wurde sie durch die Auflösung des Reichstags gehindert.

Dem neuen Reichstage legte der Reichskanzler unter dem 25. November 1893 den Entwurf in etwas abgeänderter Form wieder vor. Die erste Beratung fand am 25. Januar 1894 statt, der Entwurf wurde am Schlusse derselben einer Kommission von 14 Mitgliedern überwiesen. Die zu diesem Zwecke gewählte XII. Kommission erledigte die ihr gestellte Aufgabe durch zweimalige Beratung des Entwurfs; Berichterstatter war der Abgeordnete Schmidt (Elberfeld).

Der Bericht der Kommission datiert vom 11. April 1894; schon am 16. April 1894 fand die zweite, am 19. April die dritte Lesung im Reichstage statt.

Nachdem der Bundesrat seine Zustimmung erteilt hatte, wurde das Gesetz zum Schutz der Warenbezeichnungen vom 12. Mai 1894 im Reichsgesetzblatt (S. 441) veröffentlicht. Es trat am 1. Oktober 1894 in Kraft. Das Gesetz wurde mehrfach abgeändert und dann in seinem neuen Wortlaut durch Bekanntmachung des Reichsministers der Justiz vom 7. Dezember 1923 (RGBl. II S. 445 im Bl. 23, 166) veröffentlicht.

Gesetz zum Schutze der Warenbezeichnungen.

§ 1.

Wer in seinem Geschäftsbetriebe zur Unterscheidung seiner § 1
Waren von den Waren anderer eines Warenzeichens sich be- 1
dienen will, kann dieses Zeichen zur Eintragung in die Zeichenrolle anmelden.

§ 1.

1. Sondergesetz.

A. Person des Anmelders.

2. Geschäftsfähigkeit.
2a. Mehrere Anmelder.
3. In- oder Ausländer.
4. Juristische Person, Gesellschaft.

B. Absicht des Anmelders.

5. Ernstlichkeit der Absicht.
6. Geschäftsbetrieb.
7. Waren.
8. Verhältnis des Anmelders zur Ware.
9. Unterscheidung.

C. Gegenstand der Anmeldung.

10. Zeichen.
11. Wortzeichen.
12. Name, Etikett, Medaille, Schriftwerk.
13. Rechte Dritter.
14. Mehrere Zeichen.
15. Kollektivzeichen.
16. Kombiniertes Zeichen.

D. Anmeldung.

17. Bedeutung der Anmeldung.
18. Zeichenrolle.

1. Das Warenzeichenrecht ist ein besonderer Teil des Wettbewerbsrechts, das im ganzen im RGes. vom 7. Juni 1909 und außerdem im § 826 BGB. geregelt ist. Es will den Wettbewerb, soweit er durch Warenbezeichnungen begangen wird, besonders behandeln und war auch zeitlich früher da als das Wettbewerbsgesetz. Nach allgemeinen Grundsätzen geht das Zeichenrecht im Zweifel als lex specialis und wegen seines zusammenfassenden Charakters anderen Gesetzen auf seinem Anwendungsgebiete vor. Es berühren sich aber die Normen des BGB., des Urheberrechts und des Wettbewerbsrechts vielfach mit denen des vorliegenden Gesetzes, und es wird dann mitunter fraglich, welche Bestimmung den Vorrang hat. Nach dieser Richtung ist anerkannt, daß ein Handeln wider die guten Sitten niemals durch die formellen Bestimmungen des Zeichengesetzes zu rechtfertigen ist. Davon wird an den einzelnen Stellen des näheren gehandelt vgl. N. 13 unten; N. 1 zu § 9; N. 20 zu § 14. **Sondergesetz.**

Das Gesetz ist ein Reichsgesetz. Nach Art. 7 Ziff. 1 der Reichsverfassung ist die Gesetzgebung auf dem Gebiete des bürgerlichen Rechts dem Reiche überlassen. Da Reichsrecht Landesrecht bricht (Art. 13 a. a. O.), kann, nachdem das Warenbezeichnungsrecht abschließend geordnet ist, eine Gesetzgebung der Länder hier nicht mehr in Frage kommen.

Außer der Reichsgesetzgebung kommen als Rechtsquelle noch die völkerrechtlichen Verträge des Reiches (Pariser Übereinkunft, Madrider Abkommen,

§ 1 Friedensvertrag von Versailles und einige Sonderverträge) in Betracht.
1, 2. 2a, 3 Sie sind unten wiedergegeben und behandelt.

Gute Fingerzeige hinsichtlich des Zeichenwesens überhaupt vom wirtschaftlichen Standpunkte aus gibt Rauter, Das Warenzeichen, Halle 1923.

Geschäftsfähigkeit. 2. Für jede rechtsfähige Person kann ein Zeichen eingetragen werden; nach deutschem Recht ist jeder Mensch, auch Mitglieder religiöser Orden, rechtsfähig. Der Geschäftsunfähige (§ 104 BGB.) kann das Zeichen aber nicht selbst anmelden, da seine Willenserklärungen nach § 105 BGB. nichtig sind und deshalb vom PA. nicht beachtet werden dürfen (PA. im Bl. 02, 204).

In der Geschäftsfähigkeit Beschränkte bedürfen zur Anmeldung der Einwilligung des gesetzlichen Vertreters (§ 107 BGB.; RG. 61, 272; a. M. Riedinger Jurist. Literaturblatt 05, 115), sie müßten denn zum selbständigen Betriebe eines Erwerbsgeschäfts ermächtigt sein (§ 112 BGB.). Der gesetzliche Vertreter kann auch allein anmelden. Bei Bevormundeten ist die Genehmigung des Vormundschaftsgerichts nicht erforderlich. Geschäftsfähig ist auch, wer sich im Konkurs befindet. Er kann deshalb für ein neues Geschäft, das nicht zur Konkursmasse gehört, ein Zeichen anmelden. Anmeldungen, die vor Ausbruch des Konkurses beim PA. erfolgt sind, gehen als Vermögensrechte in die Konkursmasse (RG. im Bl. 07, 168). Wer unter Geschäftsaufsicht steht (RGBl. 16 S. 1363 ff.; 24 S. 51), ist nicht behindert, ein Zeichen für sein Geschäft anzumelden.

Ehefrauen und großjährige Hauskinder sind voll erwerbsfähig, können also auch Zeichen anmelden.

Mehrere Anmelder. 2a. Können mehrere Personen gemeinschaftlich ein Zeichen für einen gemeinsamen Geschäftsbetrieb anmelden? Die Frage ist zu bejahen, sofern die Personengemeinschaft, wie z. B. die offene Handelsgesellschaft, eine Firma besitzt und als selbständiger Träger von Vermögensrechten anerkannt ist. Man wird aber auch, wenn eine gemeinsame Firma fehlt, ein gemeinschaftliches Zeichen mehrerer zulassen, da die Firma nicht Voraussetzung des Zeichenrechts ist und das Gesetz nirgends andeutet, daß das Zeichen nur einer Person zustehen müsse, der § 7 vielmehr einen Übergang des Zeichens auf die mehreren Erben gestattet (ebenso Rauter in GewRschutz. 06, 275 mit Beispielen aus der Rechtsprechung des PA., Abel S. 15, Rhenius S. 8; a. M.: Kent S. 39, Allfeld S. 431). Es können also mehrere Landwirte, die zusammen ein Gut bewirtschaften, für die Butter, die sie auf den Markt schicken, zusammen ein Zeichen anmelden. Über Verbandszeichen für Verbände von Gewerbetreibenden vgl. unter §§ 24a—h.

In- oder Ausländer. 3. Der Anmelder kann ein Deutscher oder ein Ausländer sein. Hat er aber, er mag Deutscher oder Ausländer sein, im Inlande keine Niederlassung, so muß er besondere Vorbedingungen erfüllen (vgl. § 23). Nicht selten werden deshalb die ausländischen Marken im Einverständnis mit dem Ausländer von einem Inländer angemeldet, der die Waren des Ausländers als Agent oder Großabnehmer vertreibt. So hat eine Hamburger Firma sich das Wortzeichen Kyriazi frères eintragen lassen, weil sie die Zigaretten der gleichnamigen ägyptischen Firma vertreibt. Dies ist zulässig: vgl. RG., Strafs. 16, 313. Was wird dann aus dem Zeichen, wenn die geschäftlichen Beziehungen der Beteiligten gelöst werden? Man wird nach Treu und Glauben den Zeicheninhaber für verpflichtet halten, das Zeichen auf Verlangen des Ausländers zu löschen oder die Erklärungen abzugeben, die zur Herbeiführung der Eintragung für ihn oder seinen neuen Vertrauensmann dienen. Das Verhältnis richtet sich im wesentlichen nach den Sätzen über den Auftrag (§§ 662ff. BGB.). § 1 3, 4

4. Nicht bloß physische Personen können Warenzeichen anmelden, sondern auch juristische Personen und solche Gesellschaften, welche ein rechtlich gesondertes Gesellschaftsvermögen und eine vom Gesetz anerkannte besondere Bezeichnung für den Rechtsverkehr besitzen, z. B. offene Handelsgesellschaften, Kommanditgesellschaften, Aktiengesellschaften, eingetragene Genossenschaften, Gesellschaften mit beschränkter Haftung, Gewerkschaften, dagegen nicht Aktiengesellschaften vor ihrer Eintragung (PA. in MarkschWettbew. 17, 181), Gesellschaften bürgerlichen Rechts, denen ein gemeinsamer Betrieb fehlt. Die eingetragenen Vereine des BGB. haben zwar juristische Persönlichkeit, es fehlt ihnen aber für die Regel der wirtschaftliche Geschäftsbetrieb (§ 21, § 43 Abs. 2 BGB.). Bei Stiftungen (§§ 80ff. BGB.) kann ein wirtschaftlicher Geschäftsbetrieb vorhanden sein (man denke z. B. an die Carl Zeiß-Stiftung in Jena), alsdann sind sie auch zeichenberechtigt. **Juristische Person, Gesellschaft.**

Der Reichs- und Landesfiskus, Gemeinden und ausländische Staaten, ja selbst kirchliche Korporationen können ebenfalls in der Zeichenrolle erscheinen, sofern sie gewerbliche Unternehmungen betreiben (z. B. Münchener Hofbräu, Porzellanmanufakturen in Berlin, Dresden oder Sèvres) oder betreiben wollen. Ein ausländischer Staat, der sich ein Zeichen eintragen läßt, unterwirft sich damit auch der deutschen Gerichtsgewalt in bezug auf die das Zeichen betreffenden Streitigkeiten (Kann in JW. 1910, 176). Das muß auch für das patentamtliche Verfahren gelten (Kohler S. 135 Anm. 1). Über Verbandszeichen von juristischen Personen des öffentlichen Rechts s. § 24a.

Gesellschaften oder Vereinigungen, welche vom Gesetz nicht als Träger von Vermögensrechten anerkannt werden, können Zeichenschutz mittelbar dadurch erlangen, daß eine Vertrauensperson für Rechnung der Gesellschaft, aber in eigenem Namen ein Geschäft betreibt und für dieses das Zeichen anmeldet (N. 6). So geschah die Fabrikation des Chartreuse für Rechnung des Klosters La Chartreuse, aber auf den Namen des Père Grézier, später Rey, für den auch die Marken eingetragen waren (Kohler S. 113; ferner ArchBürgR. 28, 207; Fuld in GewRschutz. 07, 334; RGSt. 16, 313ff.). Infolge der französischen Gesetzgebung über die Orden haben diese Chartreuse-Zeichen den Gegenstand lebhafter Streitigkeiten gebildet, die in fast allen Ländern außer Frankreich zu Ungunsten des Liquidators des Ordensvermögens in Frankreich entschieden worden sind. Die Chartreuse-Zeichen stehen daher noch heute auf den Namen des Treuhänders eingetragen (Kohler a. a. O.; RG. 69, 1).

Ein Scheingeschäft liegt bei Eintragung einer Vertrauensperson nicht vor, weil der Geschäftsinhaber sich durch sein Handeln regelrecht nach außen hin verbindlich macht.

Anders ist bei Verbandszeichen zu entscheiden; nachdem diese gesetzlich anerkannt sind, dürfen sie durch einen Treuhänder nicht mehr angemeldet werden. Der Geschäftsbetrieb, dem das Zeichen dienen soll, ist bei Verbandszeichen nicht ein individueller, sondern der sämtlicher beteiligter Mitglieder des Verbandes (PA. in Bl. 15, 44; Jüngel-Magnus I S. 134).

§ 1 5. Aus dem Wortlaut des Gesetzes folgt nicht, daß es Bedingung der Eintragung ist, daß der Anmelder zur Zeit der Anmeldung die Absicht hat, das Zeichen alsbald zu benutzen. Wenn das Gesetz sagt, „wer in seinem Geschäftsbetriebe sich eines Warenzeichens bedienen will, kann dies Zeichen anmelden", so soll damit nur das Wesen des Zeichenrechtes und der Zweck bezeichnet werden, dem dasselbe in der Regel dient. Man kann aber aus dem „bedienen will" nicht ableiten, daß der Anmelder nur dann ein Recht erwirbt, wenn er wirklich die Absicht hat, das Zeichen zu benutzen (vgl. RG. 97, 90 in MarkSchWettbew. 19, 89 und das dort angegebene Schrifttum). Aber es soll das Warenzeichenrecht nur innerhalb der Grenzen des lauteren Wettbewerbes und der guten Sitten ausgeübt werden. Vorratszeichen, die erst später nach Bedarf benutzt werden sollen und vorher eingetragen werden, um alsdann zur Hand zu sein, sind anzuerkennen, jedoch nur soweit, als ein schutzwürdiges Bedürfnis besteht. Dabei ist nach Art und Größe des Betriebes zu bestimmen, ob eine angemessene oder eine übermäßige Beeinträchtigung des freien Wettbewerbes durch das nicht gebrauchte Zeichen vorliegt. Im letzteren Fall ist das Zeichen mit der Löschungsklage angreifbar (RG. 97, 90; RG. in MarkSchWettbew. 20, 108; LG. I Berlin in IndustrieR. 22, 82; M. Seligsohn in MarkSchWettbew. 19, 88; ferner Gerdes in MarkSchWettbew. 19, 131). Es ist hierbei von wesentlicher Bedeutung, ob die Waren, für die der Schutz genommen ist, dem Betriebe fremde sind oder nicht und ob das Bedürfnis zur Benutzung des Zeichens erst neuerdings hervorgetreten ist (RG. in GewRSchutz. 24, 61; RG. 108, 34). Ein Vorgehen gegen derartige ungerechtfertigte Vorratszeichen beim PA. gemäß § 8 Ziff. 2 ist nicht möglich, weil das Unzulässige des Zeichens nicht in der Anmeldung, sondern in der späteren Nichtverwendung des Zeichens liegt.

5

Ernstlichkeit der Absicht.

Nach anderen Regeln wie die Vorratszeichen sind die Schutz- oder Defensivzeichen zu beurteilen. Sie sind nach der Rechtsprechung zulässig, um den Schutz eines anderen Zeichens, das dem Anmelder gehört, nach allen Richtungen gegen Nachahmung sicherzustellen. Auch wenn sie tatsächlich nicht benutzt werden, besteht ein erhebliches Bedürfnis, solche Zeichen zur Deckung des Geltungsbereichs zu besitzen. Schutzzeichen sind wie andere Zeichen zu behandeln und namentlich dem § 20 zu unterstellen (RG. 69, 376; Bl. 99, 88; RG. 97, 302 in MarkSchWettbew. 19, 132; RG. in IndustrieR. 22, 90). Über die Schutzzeichen handelt Salinger in GewRSchutz 16, 99. Geht ein Schutzzeichen über den vernünftig zu bemessenden Zweck der Deckung des Hauptzeichens hinaus, so ist Abhilfe durch eine Löschungsklage gemäß § 826 BGB., § 1 UnlWG. möglich (RG. in Bl. 15, 110). Gegen diese Entscheidung erklären sich Dunkhase in MarkSchWettbew. 14, 286; Salinger in GewRSchutz. 16, 99; Rosenthal in MarkSchWettbew. 18, 94, indem sie hervorheben, daß das Schutzzeichen stets weiter reichen müsse als das Hauptzeichen. Der vom Reichsgericht aufgestellte Grundsatz, dessen Anwendung im einzelnen Fall Schwierigkeiten machen mag, wird dadurch nicht erschüttert (vgl. auch OLG. Köln in GewRSchutz. 08, 181; OLG. Hamm in MarkSchWettbew. 16, 160).

Wird einmal ausnahmsweise ermittelt, daß der Anmelder überhaupt nicht die Absicht hatte, einen Zeichenschutz zu erlangen, sondern daß er feststellen wollte, es liege ein Freizeichen vor, so wäre ein solche Anmeldung nicht zulässig (MarkSchWettbew. 14, 88).

Die Zeicheneintragung darf nicht dazu dienen, um gesetzlich verbotene Zwecke zu verfolgen. Insbesondere darf sie nicht erfolgen, wenn damit zwingende Vorschriften des Zeichengesetzes umgangen werden sollen. Der Ausländer, der in Deutschland keinen Schutz erlangen kann, weil die Gegenseitigkeit nicht verbürgt ist (§ 23), darf nicht einen Inländer als Anmelder vorschieben, der gar nicht die Absicht hat, das Zeichen für sich zu gebrauchen, sondern nur für den nicht Eintragungsberechtigten handeln soll. Anders liegt die Sache, wenn der Anmelder als Agent jenes Ausländers dessen Ware hier vertreibt, denn dann erstreckt sich sein eigener Geschäftsbetrieb auf den Vertrieb der Waren, für die das Zeichen bestimmt ist (RGSt. 16, 312). Auf gleichen Erwägungen beruht die Entscheidung RG. 87, 89 in MarkschWettbew. 15, 53; s. darüber unten N. 8. § 1 5, 6

6. Das Zeichen soll in einem Geschäftsbetriebe Verwendung finden. Der Begriff des Geschäftsbetriebes deckt sich im wesentlichen mit dem Begriffe des Gewerbebetriebes. Es muß eine auf Erwerb gerichtete fortgesetzte Tätigkeit vorliegen, die Waren betrifft und nicht in den Bereich von Kunst und Wissenschaft gehört. Darum kann der Zahnarzt oder der Künstler sich für seine Erzeugnisse (künstliche Zähne, Bilder) nicht Zeichen eintragen lassen. Geschäftsbetrieb.

Der Geschäftsbetrieb hat Waren, die erzeugt, bearbeitet, verarbeitet oder gehandelt werden, zum Gegenstande. Die Verwertung eines Patents oder Warenzeichens durch Lizenzerteilung oder Geschäfte mit Grundstücken sind keine geeignete Grundlage für ein Warenzeichen (RG. 101, 407 im Bl. 21, 145; RG. 109, 73 in GewRschutz 25, 16). Eine Religionsgemeinschaft, die die Herstellung von Verbrauchsgegenständen nur überwacht und selbst keinen Vertrieb von Waren unterhält, kann einen Zeichenschutz nicht erlangen (Bl. 23, 70). Der Geschäftsbetrieb ist eine Einheit und umfaßt keineswegs bloß den Vertrieb der Waren, für die das Zeichen bestimmt ist. Eine Bezugnahme auf die angemeldeten Waren („Herstellung und Vertrieb nachbenannter Waren") ist nicht erlaubt (Bl. 02, 53 und 194). Das PA. verlangt die generelle verkehrsübliche Benennung des Betriebs, z. B. „chemische Fabrik", „Drogenhandlung", „Brauerei" usw. (Bl. 02, 53; 02, 194). „Kaufmännisches Geschäft" genügt bei seiner Farblosigkeit nicht (Bl. 06, 16). Ob ein Geschäftsbetrieb, wie er angegeben ist, wirklich besteht, kann vom PA. in Zweifelsfällen nachgeprüft werden (Bl. 08, S. 214, 274).

Der Geschäftsbetrieb ist ohne Rücksicht auf seine Benennung das, was tatsächlich als Ganzes vorhanden ist. Der Anmelder darf nicht willkürlich einen besonderen Zweig seiner Tätigkeit als einen Geschäftsbetrieb für sich behandeln, wenn in Wirklichkeit keine Trennung stattfindet (PA. im Bl. 96, 184; RG. 51, 263 im Bl. 02, 232). Ebensowenig darf dies das Gericht (unrichtig OLG. Zweibrücken im Bl. 23, 50).

Die Einheitlichkeit des Geschäftsbetriebs bleibt unberührt, wenn auch der Anmelder die Fabrikation oder den Vertrieb der einen oder der anderen Ware einstellt oder nicht beginnt, sofern die Tätigkeit des Anmelders wirtschaftlich betrachtet im wesentlichen eine gleichartige bleibt (PA. im Bl. 01, 44; 08 S. 214 und 274; KG. im Bl. 08, 278). Das ist für Ein- und Ausfuhrgeschäfte wichtig, die nicht immer die sämtlichen angegebenen Waren umfassen, aber sich trotzdem auf sie erstrecken können. Einheitlichkeit.

§ 1 Der Geschäftsbetrieb muß dem Anmelder gehören, d. h. er muß
6 derjenige sein, in dessen Namen die Geschäfte abgeschlossen werden, und der die Rechte und Verpflichtungen aus ihnen überkommt. Demnach haben der Handlungsgehilfe, der Prokurist, der Direktor einer Aktiengesellschaft, der Aktionär, der stille Gesellschafter, der Geschäftsführer oder Gesellschafter einer Gesellschaft m. b. H. usw. als solche keinen Geschäftsbetrieb. Der Sozius einer offenen Handelsgesellschaft oder der persönlich haftende Gesellschafter einer Kommanditgesellschaft können ebenfalls nicht auf Grund dieser Eigenschaft für sich persönlich ein Zeichen anmelden. Wohl aber hat ein Agent ebenso wie jeder Vermittler einen eigenen Geschäftsbetrieb und ist deshalb zeichenberechtigt (RGSt. 16, 312); ebenso der Pächter eines Geschäfts und der Nießbraucher (RG. 38, 80 im Bl. 97, 76). Nicht notwendig ist, daß der Anmelder die Geschäfte für eigene Rechnung betreibt. Es ist also angängig, daß Personen oder Gesellschaften, welche selbst nicht zeichenberechtigt wären, dadurch mittelbar das Zeichenrecht erlangen, daß ein Dritter nach außen für sich, in Wirklichkeit aber für ihre Rechnung das Geschäft betreibt und für dasselbe das Zeichen anmeldet (N. 4).

Ein Gewerbetreibender kann mehrere Geschäftsbetriebe haben. Maßgebend dafür, ob eine Einheit oder Mehrheit des Betriebes stattfindet, ist nicht der Gegenstand des Betriebes: wenn ein Gutsbesitzer eine Brennerei und eine Molkerei, oder wenn ein Kaufmann ein Bank- und ein Getreidegeschäft betreibt, brauchen nicht notwendig zwei Betriebe vorzuliegen. Vielmehr gibt der erkennbare Wille des Gewerbetreibenden den Ausschlag. Derselbe kann zwei gleichartige Betriebe dadurch zu selbständigen Betrieben machen, daß er bei ihnen den Betriebsfonds, die Buchführung, den Geschäftskreis usw. auseinanderhält, umgekehrt kann er durch Vereinigung dieser Momente zwei ungleichartige Betriebe zu einem vereinigen. Der Kaufmann wird seine Absicht dadurch zum Ausdruck bringen, daß er im ersteren Falle zwei verschiedene Firmen, im letzteren nur eine einzige führt (vgl. OHG. 20, 34). Das ist übersehen vom OLG. Zweibrücken im Bl. 23, 50 (s. oben). Der Gewerbetreibende kann sich, wenn er mehrere Betriebe hat, nach seiner Wahl in einem oder in mehreren derselben des gleichen Zeichens bedienen, gleichviel ob die Betriebe gleichartig sind oder nicht; wegen der Anmeldung s. N 4 zu § 2.

Daß unter Geschäftsbetrieb auch der des Landwirts (RG. in Bl. 09, 225; MarkschWettbew. 8, 250), Handwerkers, Steinbruchbesitzers, Gärtners verstanden wird, ist schon oben in N. 1 erwähnt. Das Wort ist im weitesten Sinne aufzufassen.

Mehrere Niederlassungen desselben Betriebes, die durch den einheitlichen Willen des Geschäftsinhabers zusammengehalten sind, bilden zusammen das Geschäft als Ganzes und nicht etwa mehrere Betriebe. Aus der Einheitlichkeit des Geschäftsbetriebes folgt, daß ein Zeichen nicht für ein räumlich abgegrenztes Absatzgebiet (z. B. China) angemeldet werden kann (vgl. PA. im Bl. 96, 184; 97, 103; 98, 217).

Der Anmelder braucht nicht zur Zeit der Anmeldung ein Geschäft zu betreiben. Es steht nichts im Wege, daß jemand, bevor er den Geschäftsbetrieb beginnt, Zeichen, deren er sich in demselben bedienen will, eintragen läßt; vorausgesetzt ist aber, daß der Beginn des Betriebes bevorsteht und nicht lange hinausgeschoben wird (RG. im Bl. 06, 173; RGSt. 48, 419 im

Bl. 15, 15; RG. in GewRschutz 20, 60 in MarkschWettbew. 19, 178; OLG. § 1
Dresden im Bl. 14, 356; Adler S. 51; a. M. Abel S. 20). Ebenso steht 6, 7
eine zeitweilige Einstellung des Betriebes einer Anmeldung nicht entgegen (Bolze 2, 335). Die Praxis des PA. hält die Prüfung für zulässig, ob der angegebene Geschäftsbetrieb bereits besteht oder jedenfalls in Aussicht steht (vgl. Bl. 08 S. 214 und 274; MarkschWettbew. 10, 259; 12, 198; s. auch Rauter in GewRschutz 06, 276). Es sind bei Nichtbestehen eines Geschäftsbetriebes danach die Löschungsklage aus § 9 Ziff. 2 (RG. in GewRschutz 20, 60 in MarkschWettbew. 19, 178) und der Antrag auf Löschung aus § 8 Ziff. 2 möglicherweise nebeneinander gegeben (RGSt. 48, 419 im Bl. 15, 15).

Das Zeichenrecht ist Zubehör des Geschäftsbetriebes, in welchem das Zeichen verwendet werden soll. Dieser Zusammenhang tritt in mehreren Bestimmungen des Gesetzes zutage. Der § 7 Abs. 1 gestattet den Übergang des durch die Anmeldung oder Eintragung des Zeichens begründeten Rechts nur zusammen mit dem Geschäftsbetriebe, zu welchem das Warenzeichen gehört, der § 9 Abs. 1 Nr. 2 gibt jedem Dritten das Recht, die Löschung des Zeichens zu verlangen, wenn der Geschäftsbetrieb, zu welchem das Warenzeichen gehört, von dem eingetragenen Inhaber nicht mehr fortgesetzt wird. Deshalb verlangt auch der § 2 Abs. 1 bei der Anmeldung die Bezeichnung des Geschäftsbetriebes, in welchem das Zeichen verwendet werden soll, und schreibt der § 3 Abs. 1 Nr. 2 die Eintragung dieses Geschäftsbetriebes bei dem betreffenden Zeichen in die Zeichenrolle vor. Das Zeichen bildet aber nicht eine Eigenschaft des Geschäfts, so daß auf sein Fehlen nicht etwa Ansprüche auf Wandlung oder Minderung gestützt werden können (RG. in MarkschWettbew. 10, 187).

Über den Geschäftsbetrieb bei Verbandszeichen s. § 24a.

7. Notwendig ist, daß der Geschäftsbetrieb die Herstellung oder den Absatz von Waren bezweckt. Unter letzteren sind hier körperliche Sachen, die als Tauschobjekte dienen können, zu verstehen (§ 1 HGB.). Als Waren sind auch Gegenstände zu erachten, die nur zur leihweisen oder mietsweisen Benutzung überlassen werden, z. B. die Zähluhren der Elektrizitätswerke, Glühlampen, Normaluhren oder Schuhmaschinen, die gegen Entgelt auf längere Zeit hingegeben werden. Der Anmelder ist nicht frei in der Wahl der Waren. Er ist beschränkt auf Waren des angegebenen Geschäftsbetriebes oder die nach Verkehrsgebrauch zu ihm zugehören (Pflug in GewRschutz 09, 410; PA. im Bl. 08, 195, 274; vgl. auch Rhenius S. 14; Kohler S. 139). Diese können aber auch angemeldet werden. Namentlich Warenhäuser und Exportgeschäfte brauchen nicht den Nachweis zu führen, daß die angemeldeten Waren tatsächlich geführt werden. Dagegen ist es nicht zulässig, Waren, die man nicht führt und in absehbarer Zeit nicht führen will, mit anzumelden. Darüber ist von Fall zu Fall zu entscheiden (MarkschWettbew. 10, 259). Vgl. über Vorratswaren N. 3 zu § 9. Abzulehnen ist die Auffassung, daß man Zeichen für Waren geschützt erhalten könne, die erst die Abnehmer des Zeicheninhabers vertreiben (OLG. Hamburg im Bl. 09, 44). Z. B. kann der Etikettenfabrikant seine Etiketten nicht auch für Zigarren oder Spirituosen anmelden, die seine Kunden mit den Etiketten versehen (a. M. Schloßmacher in GewRschutz 07, 81). Das sind nicht „seine Waren". Dem Zwecke des Gesetzes läuft ein solch uferloser Schutz ebenso zuwider, wie die Ausdehnung des Warenverzeichnisses auf Hilfsartikel des Betriebes

Waren.

§ 1 hierfür PA. im Bl. 07, 236; gegen diese vom PA. selbst nicht aufrechterhaltene
7 (Bl. 10, 141; 11, 198) Praxis mit Recht RG. 101, 372 im Bl. 21, 99; Kohler S. 139; Abel S. 25; Adler S. 64). Gegenstände, die zur Verpackung, Aufbewahrung und Umhüllung der eigentlichen Waren dienen, wie Gefäße und Biergläser bei einer Brauerei, sind nicht die Waren des Betriebes, an die § 1 denkt (RG. a. a. O.). Ein Löschungsurteil, das sich auf die Hauptwaren bezieht, erstreckt sich deshalb auch auf die Hilfsartikel, die etwa eingetragen sind und ein Zubehör bilden (RG. 75, 347 im Bl. 21, 175). Ein Zeichen für Schuhwaren hindert nicht die Eintragung eines Zeichens für Papier, Karton und Pappe, obgleich diese Artikel als Hilfswaren für die Verpackung der Schuhe in Betracht kommen können (RG. 87, 274 im Bl. 16, 25; s. aber Rosenthal S. 127; LG. Chemnitz in MarkschWettbew. 23, 12). Waren sind für den Handwerker, z. B. den Lohnmüller, auch die von ihm bearbeiteten, anderen gehörigen Gegenstände (Rhenius S. 15; a. M. Bl. 01, 194). Daß er nicht ihr Eigentümer ist, ist nicht von Bedeutung s. N. 8. Der Geschäftsbetrieb des Spediteurs kann Packkisten, Körbe und Transportkisten als Waren umfassen, sie sind für ihn keine Hilfsartikel (Bl. 09, 169; vgl. auch für den Frachtführer Bl. 07, 243). Eine maschinelle Wäscherei und eine Färbe- und Reinigungsanstalt ist zeichenberechtigt, weil sie Waren verarbeiten und umgestalten (MarkschWettbew. 9, 176; a. M. Adler S. 60, der überhaupt „Arbeitsgewerbe" vom Schutze ausschließen will, vgl. auch Kohler S. 119). Der Kommissionär und der Agent, die beide regelmäßig Waren vertreiben, sind markenfähig (Adler S. 62). Über Zeichen für Kantinenbetrieb (MarkschWettbew. 12, 104). Wertpapiere sind keine Waren (Abel S. 22), so daß Banken Zeichenrechte nicht erwerben können.

Innerhalb seines Betriebes kann der Anmelder so viele Waren angeben, wie er will, sofern sie nur in den Rahmen des Betriebs fallen können. Der Nachweis der Führung dieser Waren kann bei der Anmeldung nicht verlangt werden (Bl. 08 S. 195, 214 und 274). Wegen der Folgezeit siehe die Erläuterungen zu § 9 Ziff. 2.

Technische oder wissenschaftliche, überhaupt körperliche oder geistige Leistungen sind keine Waren (vgl. z. B. für Inserate Bl. 07, 119). Daher können Ärzte, Rechtsanwälte, Patentanwälte, Schauspieler, Sportgesellschaften, Auskunftsunternehmungen keinen Zeichenschutz erlangen, da sie für die Regel (Osterrieth S. 316) nicht mit dem Umsatz von Waren zu tun haben (PA. im Bl. 96, 64; 97, 243; 97, 259; 04, 346; 12, 151). Ebensowenig steht der Zeichenschutz den Schriftstellern oder Künstlern für ihre Geistesschöpfungen zu. An dem körperlichen Niederschlag der letzteren (Buch, Bild, Statue) lassen sich Zeichenrechte begründen (vgl. RGSt. 36, 199; 39, 93 im Bl. 06, 314; RGSt. 40, 343 im Bl. 08, 46; KG. und RG. in UnlW. 02 S. 59, 92). Sie kommen aber nur dem Buchdrucker, Verleger, Kunsthändler, Inhaber der Erzgießerei, Kunsthandwerker usw. zu, dagegen nicht dem Schriftsteller und dem Künstler (RGSt. 40, 343 im Bl. 08, 46 hält die Nachahmung einer besonderen Ausstattung einer Zeitschrift deshalb dem Verleger gegenüber für unzulässig nach § 15; s. auch RGSt. 40, 343; RG. in GewRschutz 21, 67). Das Gesetz will nur die Geschäftstreibenden schützen, zu diesen gehören Schriftsteller und Künstler nicht. Wenn ihre Geistesschöpfungen auch für andere Waren sein mögen, so kann man doch von ihnen selbst nicht sagen, daß ihre Tätigkeit auf eine fortgesetzte Herstellung von Waren zu Erwerbs-

zwecken gerichtet ist. Wenn letzteres aber zutreffen sollte, wenn z. B. der § 1
Künstler zu einem Kunsthandwerker wird, so steht ihm der Zeichenschutz zu. 7
(Ähnlich Kohler S. 117; s. aber Osterrieth S. 292; anders vielfach die französische Doktrin und Praxis vgl. Pouillet N. 425.)

Zeitungstitel sind dem Schutze durch das Warenzeichengesetz nicht zugänglich. Der Titel ist der Name der Zeitung, den sie führen muß, er weist nicht auf einen bestimmten Geschäftsbetrieb hin. Das Warenzeichen ist ein besonderes Merkzeichen, das der Ware beigegeben werden kann. Titel und Warenzeichen dienen also verschiedenen Zwecken (RGSt. 28, 275 im Bl. 96, 188; RGSt. in JW. 06, 258; RGSt. 40, 343; RG. 40, 19; 44, 99). Zeitungstitel sind wie alle Titel einer Druckschrift durch § 16 des Wettbewerbsgesetzes gegen Nachahmung geschützt. Die Eintragung des Titels als Zeichen kann einer Klage aus § 16 nicht entgegengehalten werden (RG. 44, 99; vgl. auch Ebner in MarkschWettbew. 11, 101). Was von Zeitungstiteln gilt, gilt natürlich auch von Büchertiteln und ähnlichen Bezeichnungen. Das PA. lehnt jetzt in fester Übung die Eintragung von Titeln für Zeitschriften ab (Bl. 22, 131 in MarkschWettbew. 23, 172; dagegen Niebour in MarkschWettbew. 23, 149). Durch die Eintragung für andere Waren wird, wenn solche tatsächlich zu dem Betriebe gehören, Schutz insoweit erlangt, aber die Benutzung des Titels durch Dritte nicht gehindert (Adler S. 85). Über ein Warenzeichen für Telephonbücher s. RGSt. 36, 199 im Bl. 04, 99. Durch diese Grundsätze wird nicht gehindert, daß die Ausstattung einer Zeitschrift durch § 15 gegen Nachahmung geschützt werden kann (RG. in MarkschWettbew. 7, 141).

Unbewegliche Sachen und ihre Teile sind keine Waren (§ 1 HGB.). Die Praxis schließt sie deshalb vom Schutze des Gesetzes aus (PA. im Bl. 96, 186; 02, 193). Schornsteine, Ringöfen und Häuser sind danach in einem Warenverzeichnis nicht zulässig. Soweit die Bestandteile der unbeweglichen Sachen vor dem Einbau Gegenstand eines geschäftlichen Verkehrs sein können, wie Kachelöfen, Klärvorrichtungen, dürfen Marken für sie erworben werden (PA. im Bl. 09, 276; Kohler S. 119).

Die Ware muß geeignet sein, als Gegenstand wirtschaftlichen Verkehrs zu dienen und muß mit fremden Waren in Wettbewerb gelangen können. Dies folgt aus dem Zwecke des Zeichens, zur Unterscheidung der Waren zu dienen (RG. 109, 73 in GewRschutz 25, 16). Sachen, die nur dazu bestimmt sind, in einer anderen völlig aufzugehen, sind nicht als Waren anzusehen, so der Schornstein eines Hauses (vgl. aber RG. in MarkschWettbew. 23, 45), der Glühfaden in der Lampe, eine Flüssigkeit in einem Gemisch. Dagegen sind und bleiben sie Waren, wenn sie auch nach der Vereinigung ihr Wesen beibehalten und erkennbar bleiben (Brenner in der Lampe, Knopf an der Hose, der Erkennungsring der Brieftaube RGSt. 42, 184 im Bl. 09, 221). Für die Zeit vor der Zusammenfügung sind sie unzweifelhaft auch allein Gegenstand des Verkehrs.

Bei solchen Sachen, die überhaupt nicht in den freien Verkehr gelangen, sondern zum sofortigen Verbrauch dienen, wie bei den Speisen des Gastwirts oder Konditors, den Heilstoffen, die in der Apotheke nach besonderer ärztlicher Vorschrift bereitet werden, den im Sanatorium verabfolgten Medikamenten, Ausstattungsgegenständen und Nahrungsmitteln, fehlt ein Bedürfnis des Zeichenschutzes. Sie sind keine Waren (RG. 101, 372 im Bl. 21, 99; RG. 109, 73 in GewRschutz 25, 16; Adler S. 61).

§ 1 7, 8 Naturprodukte (Rosen, Wein, Getreide) sind ebenso wie Tiere (Leonberger Hunde einer bestimmten Züchterei, Pferde eines bestimmten Gestüts oder eines bestimmten Pferdehändlers) Waren im Sinne dieses Gesetzes (Kommissionsbericht S. 2).

Eine Zurückweisung des Warenzeichens darf nicht deshalb erfolgen, weil die Ware, auf der das Zeichen angebracht werden soll, unsittlichen Zwecken dient oder weil ihre Herstellung oder ihr Vertrieb verboten ist (RGSt. in IndustrieR. 3, 59; a. M. Abel S. 24; Adler S. 62 mit Angabe der Literatur); vgl. Art. 7 des Unionvertrages. Monopolwaren schließen den Zeichenschutz noch weniger aus (Adler S. 63; Abel S. 25).

Es bedarf kaum der Erwähnung, daß diejenigen Kennzeichen, durch welche jemand nicht seine Waren, sondern sein Geschäftslokal von anderen unterscheiden will, z. B. Ladenschilder, nicht unter dieses Gesetz fallen (vgl. aber N. 7 zu § 12).

Der § 2 Abs. 1 verlangt bei der Anmeldung eines Zeichens ein Verzeichnis der Waren, für welche es bestimmt ist, dieses Verzeichnis ist nach § 3 Abs. 1 Nr. 2 in die Zeichenrolle einzutragen. Über die Einteilung der Waren in Klassen s. § 2 N. 14.

Verhältnis des Anmelders zur Ware.

8. Was das Verhältnis des Anmelders zu der Ware betrifft, so hat der Ausdruck „seiner Waren" nicht die Bedeutung, daß der Schutz des Zeichens sich nur auf Waren erstrecken soll, welche im Eigentum, Besitz oder Gewahrsam des Anmelders stehen, sondern es wird damit nur der Gegensatz der Waren, die der Anmelder in den Verkehr bringen oder feilhalten will, zu denen, die von anderen Personen in den Verkehr gebracht werden, bezeichnet (RGSt. 16, 312; 23, 25; GewRschutz 93, 117; vgl. auch N. 7 Abs. 1). Daß der Anmelder die Waren, für welche er das Zeichen eintragen läßt, zur Zeit der Anmeldung bereits besitzt, ist nicht notwendig; s. oben N. 5. Wohl aber ist es notwendig, daß ein Verkehr mit der Ware beabsichtigt ist. Dem, welcher nur zu eigenem Verbrauch oder zu sofort folgendem Verbrauch seiner Gäste (RG. 101, 372 im Bl. 21, 99; RG. 109, 73 in GewRschutz 25, 16) produzieren will, steht deshalb der Zeichenschutz nicht zu. Im übrigen können ihn Produzenten (z. B. Landwirte, Gärtner, Bergbautreibende) ebenso erlangen, wie Zwischenhändler, Kommissionäre, Makler oder Exporteure; a. M. Kohler in MarkschWettbew. 10, 197 hinsichtlich der Agenten und Makler.

Das Gesetz unterscheidet nicht zwischen Fabrik- und Handelszeichen, d. h. zwischen dem Zeichen desjenigen, welcher die Ware herstellt, und desjenigen, welcher sie vertreibt. Es kennt nur eine Art von Warenzeichen — und mit Recht. Jene Scheidung ist tatsächlich undurchführbar, da für manche Verkehrszweige die Grenzlinie zwischen der auf die Erzeugung und der auf den Absatz von Waren gerichteten Tätigkeit nicht mit Sicherheit sich würde feststellen lassen. Eine verschiedenartige Regelung der Rechtsbeziehungen bei beiden Zeichen ist überdies innerlich nicht gerechtfertigt. Das Zeichen des Verkäufers bietet häufig, namentlich im internationalen Verkehr, für die Güte der Ware eine ebenso zuverlässige Gewähr, wie das Zeichen des Produzenten und hat daher in gleichem Umfange und unter gleichen Voraussetzungen wie letzteres Anspruch auf Schutz gegen Nachahmung (Kohler S. 116). Unrichtig erscheint es, wenn RG. in JW. 24, 1514 den Satz aufstellt, daß der Zeichenschutz von Exporthäusern nicht zu be-

günstigen ist und deshalb sich neue Händlermarken deutlich von alten Erzeuger- § 1
marken unterscheiden müssen. Das Gesetz stellt beide Arten gleich, die Ver- 8, 9
wechselungsgefahr ist nach gleichen Grundsätzen für beide zu beurteilen, wobei natürlich auf die Abnehmerkreise zu achten ist.

Das Zeichen muß dem Bedürfnis des Anmelders zur Kennzeichnung seiner Waren entsprechen (OLG. Hamburg im Bl. 09, 44). Nicht zulässig ist es deshalb, eine Eintragung nur zu dem Zwecke zu erwirken, um einem Dritten, der solche Waren gar nicht vertreibt, den Zeichenschutz zur Ausschließung anderer auf diesem Gebiete zur Verfügung zu stellen. Das ist ein verbotener Mißbrauch des Zeichenrechts (RG. 87, 89 in MarkschWettbew. 15, 53; OLG. Dresden in IndustrR. 15, 216).

9. Das Warenzeichen soll die Waren des Anmelders von Waren anderer unterscheiden. Folglich fallen alle Zeichen, die einem anderen Zwecke dienen, nicht unter dieses Gesetz. Es werden also durch dasselbe diejenigen Vorschriften nicht berührt, nach denen der Staat einzelne Warenkategorien durch seine Organe prüfen und zum Zeichen der bestandenen Prüfung mit einer gesetzlich bestimmten Marke, sog. Schaumarke, versehen läßt (Beispiele bei Adler S. 77). Ebenso sind staatliche Zeichen, die eine Prämiierung besonderer Leistungen enthalten, z. B. Köhrungszeichen, dem Zeichenrecht nicht zugänglich. Derartige Zeichen sind auch deswegen unfähig, Gegenstand eines Ausschließungsrechts zu werden, weil ihre Verwendung als Warenzeichen leicht Veranlassung zu Täuschungen geben könnte, indem die Abnehmer glauben würden, die staatlich geprüfte und prämiierte Ware zu sehen (PA. im Bl. 01, 44). Durch das Gesetz eines Einzelstaates kann auf diese Weise der Kreis der Warenzeichen nachträglich verengert werden (PA. a. a. O.). Aus ähnlichen Gründen ist das Bild einer Münze, die Kurs hat, oder einer Briefmarke nicht schutzfähig (PA. im Bl. 08, 88; 02, 254). Ferner gehören nicht hierher diejenigen Stempelzeichen, welche bei Gold- und Silbergeräten den Feingehalt derselben anzugeben bestimmt sind (RGes. vom 16. Juli 1884; RGBl. S. 120 und die zu demselben ergangene Ausführungsverordnung vom 7. Jan. 1886, RGBl. S. 1). Bucheignerzeichen (ex libris) haben gleichfalls mit den Zwecken des Warenverkehrs nichts zu tun und sind als Warenzeichen nicht eintragbar (Fromhold DJZ. 06, 679).

Unterscheidung.

Signierungszeichen, die üblicherweise auf die der Beförderung dienende äußere Verpackung gesetzt werden, um die Identität der Ware beim Transport zu sichern, können nicht als Zeichen für solche Waren geschützt werden, die stets in Verpackung versandt werden, namentlich Rohstoffe, weil der Verkehr sie hier als Signierung auffassen würde (PA. im Bl. 01, 281). Dagegen ist ihre Eintragung dann zulässig, wenn die Ware selbst oder ihre Umhüllung mit einer Kennzeichnung versehen werden kann, die nicht als Signierung aufgefaßt wird (PA. im Bl. 00, 278), oder wenn sie sich im Verkehre die Anerkennung als Sondermarken errungen haben (PA. im Bl. 98, 127).

Freizeichen sind keine Warenzeichen, denn sie deuten nicht auf den Ursprung der Ware hin und können die mit ihnen versehenen Waren nicht von gleichartigen unterscheiden (Nr. 2, 3 zu § 4). Vereinigt sich eine Mehrheit von Gewerbetreibenden, um ihre Waren mit demselben Zeichen zu versehen, so geschieht dies oft in der Form des Verbandszeichens (s. unter § 24a—h).

§ 1 Aus der Bestimmung der Zeichen, die Waren eines Gewerbetreibenden
9, 10 von denen der anderen zu unterscheiden, folgt das Recht ihrer ausschließlichen Benutzung. Aber ein Zwang, Zeichen zu führen, besteht in Deutschland nicht (Rauter in GewRschutz 06, 141).

Das Zeichen soll zur Unterscheidung der Waren dienen. Damit ist aber nicht ausgeschlossen, daß mit dem Zeichen daneben noch andere Zwecke verfolgt werden, die damit nichts zu tun haben (RGSt. 42, 184 im Bl. 09, 221: Der Brieftaubenring dient zugleich militärischen Zwecken.)

Zeichen. **10.** Man muß zwischen Warenzeichen und Warenbezeichnung unterscheiden. Warenbezeichnung ist alles, was als Ursprungsangabe mit der Ware in Verbindung gebracht wird. Darunter fallen Warenzeichen, Name und Firma (§ 14) und die Ausstattung (§ 15). Der Titel des Gesetzes lautet deshalb allgemein „Gesetz zum Schutz der Warenbezeichnungen". Zwischen dem allgemeinen Begriff „Warenbezeichnung" und dem engeren Begriff „Warenzeichen" wird im § 23 Abs. 1 und Abs. 2, 3 deutlich geschieden.

Das Warenzeichen bildet eine Unterabteilung der in § 15 erwähnten Ausstattung, welche ein Gewerbetreibender zur Unterscheidung seiner Waren von denen anderer anwendet. Dasjenige, was das Warenzeichen von der sonstigen Ausstattung sondert, ist im Gesetze nicht zum Ausdruck gebracht. Man kann es nur in dem Begriffe des Zeichens finden. Derselbe verlangt, daß es sich nicht um eine charakteristische Eigenschaft der Ware, der Verpackung, des Geschäftspapiers selbst handelt, sondern daß ein besonderes in der Fläche dargestelltes (RGSt. in MarkschWettbew. 14, 335) Merkzeichen in Frage steht, welches mit der Ware, Verpackung usw. in Verbindung gebracht ist. Die eigentümliche Form, Farbe, überhaupt äußere Gestaltung der Ware, Verpackung usw. fällt demnach zwar unter den allgemeinen Begriff der Ausstattung, aber nicht unter den besonderen des Warenzeichens. Es kann also weder die Kugelform der Seife, noch die eigentümliche Flasche des Benediktinerlikörs, noch die eigenartige Verschnürung eines Warenballens, noch die blaue Farbe einer Tüte oder einer Faktura als Warenzeichen eingetragen werden (Kommissionsbericht S. 7, Hauß in Zeitschrift für GewRschutz 93, 371; vgl. RG. 18, 85; unten N. 4 zu § 15). Wohl aber kann ein Zeichen selbst, und zwar Wort wie Bildzeichen, als Ausstattung angesehen werden, solange es nicht eingetragen ist. Es gilt also der Satz, daß jedes Zeichen unter den Begriff der Ausstattung, aber nicht jede Ausstattung unter den Begriff des Zeichens fällt. Wenn auch die Farbe als solche nur dem Ausstattungsschutze zugänglich ist, so hindert das nicht, daß die Farbe ein wesentliches Moment eines Zeichens bildet; vgl. § 20 N. 4a.

Warenzeichen sind also nur solche willkürlich gewählte Zeichen, welche im Geschäftsbetriebe zur Unterscheidung der Waren des Anmelders von den Waren anderer dienen sollen. Jedes Zeichen, welches diesem Zwecke dienen kann, gehört hierher, nicht bloß das figürliche Zeichen, sondern auch das Wortzeichen. Das Zeichen muß seinem Wesen nach an der Ware als etwas Selbständiges erscheinen. Wird es dagegen als technisch notwendiger Bestandteil bei der Herstellung der Ware verwendet, so ist es in der Ware selbst aufgegangen und kann nicht mehr Zeichen sein (RG. 64, 95 im Bl. 07, 15 bz. des Kartenrückens von Pokerkarten, dazu Levy in GewRschutz 07, 84; Kohler Musterrecht S. 73). Alle technisch funktionellen Teile einer Ware,

ebenso alle künstlerischen Ausgestaltungen derselben werden nicht als Marken § 1
vom Verkehr aufgenommen werden (Kohler S. 86). 10

Das Zeichen kann seinen Zweck nur erfüllen, wenn es einen seinem ganzen Umfange nach erkennbaren, ohne lange Prüfung erfaßbaren Inhalt hat. Es muß, wie aus § 20 hervorgeht, geeignet sein, in demjenigen, welcher es im Handel und Verkehr wahrnimmt, unmittelbar einen individuellen Eindruck hervorzurufen und sich seinem Gedächtnis einzuprägen (RG. 18, 85; 22, 93; Bl. 03, 53; 04, 52; Kohler S. 73; Osterrieth S. 293; Adler S. 78; Abel S. 29). Damit ist nicht gesagt, daß dem Käufer sofort auf den ersten Blick das Zeichen ins Auge fallen muß oder daß es besonders deutlich sein muß (Bl. 09 S. 167 und 168). Es steht nichts im Wege, das Zeichen auch an Stellen anzubringen, die erst durch Beseitigung der Verpackung, Entkorkung der Flasche sichtbar werden (RGSt. 25, 18).

Die reichhaltige Rechtsprechung des Patentamts hat dies Erfordernis näher ausgestaltet. Zugrunde gelegt ist dabei mit Recht die Auffassung, welche das Publikum, nicht nur die Kunden des Anmelders (Bl. 20, 26) im Verkehr von dem Zeichen haben wird. Wird es ein besonderes Merkzeichen zu erblicken glauben, so ist die nötige Unterscheidungskraft vorhanden. Andernfalls liegt Schutzunfähigkeit vor. Die Feststellung der Unterscheidungskraft ist von der Frage, ob ein Freizeichen vorliegt, scharf zu trennen. Fehlt dem Zeichen die erstere, so bedarf es gar nicht mehr der Untersuchung, ob dasselbe frei ist (Bl. 04, 53). Die Unterscheidungskraft wird in jedem einzelnen Falle besonders zu untersuchen sein, da sich die Entwicklung für jede Ware verschieden gestalten kann und Gewohnheiten des Verkehrs eine Rolle spielen. Nicht schutzfähig ist die Abbildung der Ware, selbst wenn sie patentiert ist, wichtiger Teile derselben, ihrer Aufmachung oder Verpackung (PA. im Bl. 97, 183; 97, 212; 98, 89; 99, 18; 99, 271; 00, 203; 00, 353; 03, 9; 04, 307; 07, 187). Anders, wenn besonders prägnante Elemente darin vorkommen oder wenn eine besondere im Verkehr anerkannte Ausstattung in Frage steht (Bl. 99, 40; 11, 148). Das Bild einer Teekanne ist für Tee seit langer Zeit geschützt und hat sich durchgesetzt. Das gleiche gilt für die Abbildung einer Weinkaraffe für Tinte (Bl. 05, 204). Deshalb ist ein, um das Ende einer Zigarette zu klebender, ausgezackter Streifen, eine durch besondere lineare Umrahmung ausgezeichnete leere Etikette eingetragen worden (PA. im Bl. 98, 30; s. aber Bl. 08, 325; 14 S. 325 und 326 und wiederum die eigenartige gebogene Linie WZBl. 24, 98). Eine Darstellung der Funktionsweise des zu schützenden Apparates ist abgelehnt (PA. im Bl. 98, 29; 00, 206). In derartigen Bildern erblickt der Verkehr lediglich einen unterrichtenden oder belehrenden Hinweis auf die Ware, aber nicht ein Unterscheidungsmerkmal. Ähnliche Gründe führen dazu, bloßen Medaillen von Ausstellungen den Schutz zu versagen, da sie als Auszeichnungen und nicht als individuelle Unterscheidungsmittel aufgefaßt werden; s. unten N. 12. Längere Zeitungsankündigungen, Gebrauchsanweisungen, Plakate mit einer Fülle von Abbildungen, Abbildungen eines Kalenders sind nicht geeignet, als Zeichen für die Ware zu dienen (PA. im Bl. 97, 209; 03, 176; 04, 43; 04 S. 52 und 53; RG. 22, 93; RGSt. 26, 391; vgl. aber PA. im Bl. 97, 246). Dasselbe gilt von allgemein bekannten Sinnsprüchen und rechtlichen Bezeichnungen, wie Lombard (MarkschWettbew. 15, 244; Bl. 09, 252), patentiert, gesetzlich geschützt, Kreditschutz (Bl. 12, 151) usw. Wohl aber ist eine eigenartige Zu-

§ 1 sammenstellung von Etiketten, Verzierungen wegen ihres besonderen Ein-
10 drucks schutzfähig (PA. im Bl. 98, 126; 07, 162). Streifen auf dem Papier, die abwechselnd weiß und farbig sind, sind ebensowenig einzutragen wie die Abbildung der Ware unter Färbung eines bestimmten Teils (Bl. 02, 163; 03, 9). Das Auge wird sie nicht als etwas Eigentümliches erfassen. Das gleiche gilt von Punkten und Strichen, auch einfache Kreise werden schwerlich bei irgendeiner Ware für ein Ursprungszeichen erachtet werden (Bl. 96, 63; siehe aber RG. 48, 209 im Bl. 01, 268 bezüglich des Striches; ferner Bl. 04, 53 und Adler S. 80). Die Umrißlinie einer Halsetikette ist vom PA. gleichfalls nicht zum Schutze zugelassen worden (Bl. 96, 63).

Worte sind dann nicht schutzfähig, wenn das Publikum in ihnen nichts Unterscheidendes erblickt. Die Auffassung wird hier zu verschiedenen Zeiten verschieden sein. Infolge des Krieges sind Wort- und Bildzeichen, die auf die Zeit- und Kriegsereignisse Bezug haben, im allgemeinen von der Rolle ausgeschlossen worden; das trifft aber nicht zu, wenn in Anlehnung an Kriegsereignisse oder Kriegsstimmungen willkürliche phantasievolle Kombinationen geschaffen sind (Bl. 15, 14, 35, 136, 205; GewRSchutz 15, 268; Fels, Mitt. v. V. 15, 8). Hindenburgwolle und das eiserne Kreuz sind deshalb nicht eingetragen, wohl aber eine fliegende Fahne mit der Inschrift Deutsche Arbeit — deutsche Kraft. Bezeichnungen ganz allgemeiner Art über die Verhältnisse der Ware oder ihres Inhabers, generelle Benennungen, die überaus nahe liegen, sind abgelehnt worden; z. B. „Hochheimer Rot", „Deutscher Reichs-Käse", ebenso das Wort „Kiosk" als Mitteilung über die Verkaufsstätte und „Totenkopf" für Genußmittel als Angabe des giftigen Charakters, Krakowiak als Hinweis auf Krakau (Bl. 95, 307; 96, 16 und 170, 01, 176; 02, 9; siehe ferner Bl. 04, 51; 04, 247; 09, 313). Hierher gehört es, wenn Tendenzworte politischen oder wirtschaftlichen Charakters für eintragungsunfähig erklärt werden, wie die Worte „Trustfeind", „Bier muß billig sein" (PA. im Bl. 98, 128), Hansabund (Bl. 10, 264), Fröbel (Bl. 12, 119). Es erblickt das PA. in dem Worte „Siegel" einen farblosen Hinweis auf das übliche Versehen der Ware mit gewissen Merkmalen (Bl. 02, 193, vgl. auch Bl. 98, 126), in dem Wort Arabeske einen Hinweis auf eine allgemein übliche Verzierung (Bl. 05, 30). Die Zurückweisung des Wortes „Firma-Zigarre" gehört in die gleiche Rubrik (Bl. 97, 243). Eine Zusammenstellung von sieben Firmenabkürzungen kann als Marke nicht gelten, weil sie sich nicht dem Gedächtnisse einprägt (PA. im Bl. 04, 53), wohl aber eine Zusammenstellung von mehreren Ornamenten in besonderem Zusammenhang (Bl. 07, 162).

Das Zeichen, welches in einer figürlichen Darstellung besteht, hat seinem Wesen nach flächenmäßige Gestaltung, da nur Flächengebilde in die Zeichenrolle eingetragen werden können. In diesem Punkte unterscheidet sich das Zeichen von der Ausstattung, die auch plastischen Eigentümlichkeiten der Ware Schutz verleihen kann (RG. 18, 85; RGSt. 26, 391; RGSt. in MarkschWettbew. 14, 335; Adler S. 74; Rhenius S. 5; Kohler S. 72). Aus dem begrifflichen Inhalte des Zeichens folgt, daß durch die Eintragung eines Flaschenbildes nicht Schutz gegen die Nachahmung der plastischen Flaschenform erlangt wird. Die zweckmäßige oder schöne Form der Gegenstände kann überhaupt durch das Zeichenrecht nicht monopolisiert werden; das würde über die Aufgabe des Gesetzes, die Warenbezeichnungen zu schützen, hinausgehen (OLG. Hamburg im Bl. 00, 286; RG. in JW. 01, 825;

RGSt. 34, 275; vgl. auch RG. 40, 65; Kohler S. 86; Adler S. 83). Eine andere Frage ist es, ob nicht das in der Fläche dargestellte Zeichen durch plastische Ausführung wiedergegeben wird. Wenn das Bild eines Elefanten eingetragen ist, so liegt sicherlich in der Anbringung dieses Tieres in Hautrelief auf der Ware oder ihrer Verpackung ein Zeicheneingriff, da hier noch ein Merkzeichen in Rede steht. § 1 10, 11

Es ist zulässig, daß ein Gegenstand, welcher als Kunstwerk, Photographie, Geschmacksmuster schutzfähig oder geschützt ist, als Zeichen angemeldet wird, ebenso wie es nicht ausgeschlossen ist, daß ein geschütztes Warenzeichen nachträglich unter Musterschutz gestellt wird. In dem letzteren Falle ist allerdings die Rechtsbeständigkeit des Musters davon abhängig, daß dieses nicht durch die Eintragung und Veröffentlichung as Zeichen die Eigenschaft der Neuheit verloren hat (KommB. S. 6). Über die Kollision zwischen dem Zeicheninhaber und dem Inhaber des Urheberrechts s. N. 13.

Neu braucht das Zeichen nicht zu sein, weder an sich noch in seiner Eigenschaft als Zeichen. Man kann sowohl ein Zeichen, welches bereits für andere Waren geschützt ist, anmelden, als auch eins, welches früher für dieselben Waren eingetragen war; in letzterem Falle ist nur die Beschränkung des § 4 Abs. 2 zu beachten. Nichts hindert auch, Kunstwerke, Photographien u. dgl. nach Erlöschen des Schutzes zur Zeichenrolle anzumelden. Der freie Gemeingebrauch dieser Gegenstände wird dadurch nicht in unzulässiger Weise beschränkt, daß sie von Dritten zu Bezeichnungszwecken nicht benutzt werden; hinsichtlich der Bildnisse s. unten N. 13.

Der § 4 Abs. 1 schränkt den Begriff des eintragungsfähigen Warenzeichens ein, indem er drei Kategorien von Zeichen die Eintragung versagt. Ferner dürfen Zeichen nicht eingetragen werden, deren Eintragung oder Verwendung durch andere Gesetze verboten ist, z. B. solche, die das Rote Kreuz (N. 19a zu § 4) oder den Deutschen Reichsadler in Form eines Wappenschildes (vgl. Bl. 99, 87) enthalten oder die strafbare Aufforderungen zum Hochverrat in sich schließen u. dgl.

11. Während das Markenschutzgesetz von 1874 Wortmarken ausschloß, so daß jede Marke als Grundlage eine in die Augen fallende Figur haben mußte (RG. 10, 56), hat das vorliegende Gesetz vielfachen Wünschen der Industrie und des Handels entsprechend Wortmarken im allgemeinen zugelassen. (Über Wortzeichen siehe Freund im ArchBürgR. 11, 287; ferner in Kohler-Festgabe S. 351; Kohler in GewRSchutz 97, 6, Industrierechtliche Abhandlungen 1, 75). Seit dem Inkrafttreten des Gesetzes sind zahlreiche Wortmarken von hohem Werte neu geschaffen worden. Früher gebrauchte Wortzeichen haben vielfach erst nach langen Kämpfen Eintragung erlangt und behauptet (z. B. Bénédictine, Salvator). Die Eintragung der Wortzeichen übertrifft seit Jahren an Zahl die der Bildzeichen. **Wortzeichen.**

In einem Punkte unterscheiden sich die Wortzeichen scharf von den Warenzeichen figürlichen Inhalts. Letztere bewähren ihre Unterscheidungskraft mit Hilfe des Gesichtssinnes, ihr Haupteindruck wirkt auf das Auge. Das Wortzeichen ist ebenso für das Auge wie für das Ohr berechnet. Nicht die äußere Form der Buchstaben ist bei dem Wortzeichen das allein Maßgebende, denn diese Darstellung tritt im Verkehr, wo die Ware unter ihrer sprachlichen Bezeichnung ge- und verkauft zu werden pflegt, regelmäßig hinter den Laut- und Klangwert des gesprochenen Wortes zurück. Aus diesen Er-

§ 1 wägungen hat die Praxis den Satz ausgesprochen, daß beim Wortzeichen
11, 12 der Klanglaut ohne weiteres mitgeschützt wird, gleichviel in welchen Typen das Wort dargestellt ist (RG. 42, 15 im Bl. 98, 164; RG. 92, 392; RG. in IndustrR. 22, 92). Das hat zur Folge, daß das Recht der Wortmarke beeinträchtigt wird, wenn jemand durch andere Buchstaben denselben Klanglaut erzielt, z. B. statt „Vaselin" vaséline, anstatt arnaud „Arno" schreibt, selbst wenn die äußerlich ähnlichen Worte einen verschiedenen Sinn haben (PA. im Bl. 04, 18). Man nimmt ferner an, daß bei Worten die Bedeutung regelmäßig mit vom Schutze erfaßt wird, so daß synonyme Ausdrücke (Mohrengarn — Negergarn) einen Eingriff bilden (N. 4 zu § 20). Wer ein Wort als Klanglaut geschützt haben will, braucht dies in der seiner Anmeldung beigefügten Beschreibung nicht zum Ausdruck zu bringen (N. 10 zu § 2). Auch Worte, bei denen die Buchstaben figürlich besonders ausgestaltet sind, werden regelmäßig als Wortzeichen geschützt.

Name, Etikett, Medaillen, Schriftwerk.

12. Den eigenen Namen oder die eigene Firma kann jeder als Zeichen eintragen lassen (a. M. Kohler S. 95; über Personen- und Firmennamen als Warenzeichen Krüger in MarkschWettbew. 9, 283). Dies kann von besonderem Vorteil sein. Die Eintragung erschwert es, daß die Bezeichnungen der Ware durch Name oder Firma vom Verkehr aufgegriffen werden und durch allgemeinen Gebrauch ihres individuellen Gehaltes entkleidet werden (vgl. N. 3 zu § 14). Außerdem reicht nach der Praxis des Reichsgerichts der Schutz des Zeichens hinsichtlich der Warenbezeichnung in mancher Beziehung weiter, wie der Schutz des Namens- oder Firmenrechtes (vgl. N. 13 zu § 14). Der Rechtsschutz wird erleichtert und die Übertragung auf Dritte ermöglicht. Für die Prüfung von Namen oder Firma im Eintragungsverfahren gelten die allgemeinen Grundsätze der §§ 4ff. Früher angemeldete identische Zeichen können entgegenstehen. Ein Name, der Freizeichen oder Beschaffenheitsangabe ist, z. B. Liebig oder Vortrefflich, muß vom PA. abgewiesen werden. Eine Firma „Erste Berliner Bierbrauerei" würde nicht eingetragen werden können (§ 4 Nr. 1). Trotz der Eintragung ist derjenige, welcher denselben Namen oder die gleiche Firma führt, an der Fortführung seines Namens oder seiner Firma nicht gehindert (§ 13). Mit Zustimmung des Berechtigten kann jemand auch einen fremden Namen oder eine fremde Firma als Zeichen anmelden (RG. 55, 241 im Bl. 04, 233). Sofern aber dadurch die Gefahr einer Täuschung begründet wird, hat das PA. die Eintragung zu versagen (N. 25 zu § 4). Der Berechtigte, ohne dessen Zustimmung die Eintragung erfolgt war, kann auf Löschung klagen (vgl. RG. 54, 42; im Bl. 04, 98; RG. 74, 318 im Bl. 17, 50; Rosenthal S. 266; N. 25 zu § 4; N. 1 zu § 9).

Von alters her besteht, besonders bei Künstlern, die Sitte, ihren Namen durch einen Buchstaben oder durch mehrere ineinander verschlungene Buchstaben auszudrücken. Derartige Monogramme können ebenso wie der Name als Marke benutzt werden, wofern sie nur nicht „ausschließlich" in Buchstaben bestehen; s. darüber N. 15, 16 zu § 4. Der Grundsatz des § 13 gilt nicht für Monogramme (N. 3 zu § 13).

Unter Etikett versteht man eine an der Außenseite eines Gegenstandes, namentlich an Gefäßen oder Hüllen angebrachte Angabe über den äußerlich nicht erkennbaren Inhalt derselben (RG. 1, 74 im Bl. 98, 77). Beschränkt sich das Etikett nur auf Angaben über Art, Zeit und Ort der Herstellung, über die Beschaffenheit, über die Bestimmung, über Preis-, Mengen- oder

Gewichtsverhältnisse der Ware, so kann es nach § 4 Abs. 1 Nr. 1 nicht als Warenzeichen eingetragen werden; geht sein Inhalt aber darüber hinaus, so kann Eintragung erfolgen. Die Frage nach der Eintragungsfähigkeit des Etiketts kann also nur nach dem jeweiligen Inhalt desselben entschieden werden (RG.St 14, 59; RG. im Bl. 98, 237; RGSt. 26, 391). Zu beachten ist, daß die eigenartige Zusammenstellung von Verzierungen, die allein nicht schutzfähig sind, ein dem Zeichenschutz zugängliches Bild hervorrufen kann (PA. im Bl. 98, 126; 07, 162). Unter welchen Voraussetzungen das nicht eingetragene Etikett als Ausstattung Schutz genießt, ist in § 15 bestimmt. § 1 12, 13

Medaillen von Ausstellungen können, wenn nicht der Fall des § 4 Abs. 1 Nr. 2 vorliegt, als Teil eines Warenzeichens eingetragen werden (RGSt. 7, 214; Kohler S. 91). Dabei ist allerdings Voraussetzung, daß dem Anmelder die Medaille verliehen worden ist; ist dies nicht der Fall, so liegt der Fall des § 4 Abs. 1 Nr. 3 und § 9 Abs. 1 Nr. 3 vor. Die Eintragung verleiht dem Berechtigten aber keine Befugnisse gegen diejenigen, denen die Medaille ebenfalls verliehen worden ist, denn bei diesen mangelt es beim Gebrauch an der Widerrechtlichkeit. Sie verwenden außerdem die Medaille gar nicht als Zeichen, sondern zur Anzeige der ihnen gewordenen Prämiierung. Der Inhaber des Medaillezeichens kann aber auch nicht auf Grund seines Zeichens gegen diejenigen vorgehen, denen die Medaille nicht verliehen ist und die sie trotzdem führen, denn die Medaille für sich hat keine unterscheidende Kraft, sie wird vom Verkehr nicht als Warenbezeichnung aufgefaßt, sondern lediglich als Auszeichnung. Deshalb kommt hier nur §§ 3, 4 des Wettbewerbsgesetzes in Frage (vgl. auch Adler S. 80; Abel S. 30). Die Eintragung einer bloßen Medaille ohne jede weitere Zutat erscheint auch deshalb nicht zulässig (Rhenius S. 5).

Längere Schrift- und Druckwerke, welche einer charakteristischen Form entbehren, sind keine Warenzeichen, denn sie rufen in demjenigen, welcher sie im Geschäftsverkehr sieht, keinen derart individuellen Eindruck hervor, daß er daraufhin die bezeichnete Ware von anderen gleichartigen unterscheiden könnte (N. 10; vgl. RG. 18, 85; 22, 93). Darunter fallen insbesondere längere Gebrauchsanweisungen, wie sie sich häufig in mehreren Sprachen ohne jede typische Eigentümlichkeit auf Flaschen, Schachteln usw. vorfinden. Wenn aber durch die äußere Anordnung, die Hervorhebung von einzelnen Worten die Stellung von Überschrift und Unterschrift ein charakteristischer Eindruck hervorgerufen wird, so kann ein Schutz gewährt werden (PA. im Bl. 97, 246; 04 S. 52 und 53). Der Eintragung von Wörtern, welche lediglich eine Gebrauchsanweisung enthalten, steht außerdem § 4 Abs. 1 Nr. 1 entgegen. Daß einzelne Worte, die ganz farblos sind, wie z. B. Litera der Eintragung nicht zugänglich sind, ergibt sich aus dem in N. 10 Ausgeführten.

13. Das Zeichen soll nicht in Ausschließungsrechte Dritter eingreifen (Kohler S. 109; Osterrieth S. 306; Adler S. 141; RG. im Bl. 98, 75; 00, 213; 01, 284; RG. 38, 128; 48, 233; 53, 431; vgl. § 9 N. 1). Dies ist im Gesetz zwar nicht ausdrücklich ausgesprochen, folgt aber aus allgemeinen Rechtsgrundsätzen. Dieser Grundsatz liegt z. B. den Vorschriften der §§ 5, 9 Abs. 1 Nr. 1 zugrunde, welche dem Eingriff in ein älteres Zeichenrecht steuern wollen. Daß nicht der Schutz des Publikums zu diesen Vorschriften geführt hat, ersieht man daraus, daß, wenn der ältere Zeicheninhaber Rechte Dritter.

§ 1 nicht widerspricht, das Zeichen eingetragen wird und gegen Anfechtungen
13 geschützt ist. Da es sich um Privatrechte handelt, mit denen das Zeichen nicht im Einklang steht, so hat das PA. im Eintragungsverfahren keine Veranlassung, auf diese Verhältnisse einzugehen, wofern nicht das Zeichen infolge der unzulässigen Gestaltung täuschend wirkt (vgl. Bl. 11, 300; s. auch Finger in GewRschutz 08, 55; Kohler S. 111; Osterrieth S. 313; Hinrichs in MarkschWettbew. 22, 71; a. M. Krüger in MarkschWettbew. 11, 62; Krüger in GewRschutz 08, 91; Bueren in Mitt. v. V. 16, 89; unten N. 25 zu § 4). Mitunter kommt auch in Frage, ob nicht ein Freizeichen vorliegt (Geschäftstätigkeit des PA. S. 238). Den Dritten steht die Klage auf Löschung zu (N. 1 zu § 9).

Über die Kollision mit einem fremden Namen- oder Firmenrecht s. N. 12 zu § 1 und N. 25 zu § 4. Dieselben Grundsätze gelten bei der Anmeldung fremder Familienwappen als Zeichen, nur daß die Strafsanktion des § 14 nicht Platz greift. Wegen der öffentlichen Wappen s. § 4 Abs. 1 Nr. 2.

Bildnisse einer der Zeitgeschichte angehörenden Person sind trotz des § 23 des Kunstschutzgesetzes einzutragen (Bueren in GewRschutz 16, 47; Hinrichs in MarkschWettbew. 22, 71 und die Rechtsprechung des PA.; a. M. anscheinend RG. 74, 308 in Bl. 17, 50; ferner Krüger in GewRschutz 08, 91). Wird ein berechtigtes Interesse des Abgebildeten verletzt, wie in dem Falle des Grafen Zeppelin (RG. 74, 308), so kann dieser auf Löschung im Wege der Klage antragen. Hier sind die Erläuterungsbücher zum Kunstschutzgesetz § 23 heranzuziehen (vgl. auch § 9 N. 1).

Wenn ein Zeichen den auf Grund eines Urheberrechts für einen andern geschützten Gegenstand (z. B. Kunstwerk, Photographie, Geschmacksmuster) wiedergibt (N. 10), so entsteht die Frage, ob dies gestattet ist. Die Urheberrechtsgesetze verbieten durchgehends die unbefugte Herstellung des geschützten Gegenstandes, die in der Absicht der Verbreitung erfolgt, und die Verbreitung der unbefugt hergestellten Exemplare. Damit ist anerkannt, daß dem Urheber das ausschließliche Recht der gewerbsmäßigen Verbreitung zusteht. Dies Recht darf dadurch nicht beeinträchtigt werden, daß das geschützte Muster usw. als Warenzeichen eingetragen wird. Der Eingetragene könnte kraft seiner Eintragung andern verbieten, mit dem Muster die Waren oder deren Verpackung auszuschmücken, und dadurch in die Rechtssphäre des Urhebers eingreifen. Deswegen erscheinen Zeichen, an denen ein Urheberrecht besteht, der freien Okkupation nicht zugänglich, und es ist eine Löschungsklage des Urhebers gegen das Zeichen zulässig (RG. 38, 128 in JW. 97, 139, im Bl. 97, 79; RG. 40, 101 im Bl. 98, 74; Kohler S. 109; Kent in Festgabe für Kohler S. 28ff.; Ephraim in UnlW. 7, 103). Es ist also wenig zweckmäßig, ohne Zustimmung des Autors eines Musters usw. dasselbe als Warenzeichen anzumelden oder anzuwenden. Hat er die Erlaubnis gegeben, so bestehen sein Urheberrecht und des Anmelders Markenrecht nebeneinander: sie werden beide verletzt, wenn ein Dritter das Muster oder Kunstwerk nachbildet und es als Warenzeichen gebraucht. Natürlich kann der Urheber sein Recht dem Anmelder übertragen; ob dies der Fall ist, wenn er in seinem Auftrage das Muster entworfen hat, ist Tatfrage. Über eine Stelle aus Busch als Zeichen (Es ist ein Brauch von alters her, wer Sorgen hat, hat auch Likör) s. OLG. München im Bl. 18, 42.

Umgekehrt findet das kunstgewerbliche Urheberrecht hinsichtlich seiner gewerblichen Ausnutzung eine Schranke an dem früher begründeten, im Widerstreit mit ihm stehenden Zeichenrechte eines andern (RG. 40, 101 im Bl. 98, 74). § 1 13, 14, 15

Gegen schikanöse Anmeldungen muß der Verletzte sich durch Löschungsklage schützen. Er muß nachweisen, daß nur die Absicht der böslichen Schädigung ohne eigenes Interesse des Anmelders vorliegt (RG. 13, 157; 69, 376 im Bl. 09, 37). Der Nachweis wird nur selten gelingen. Nach § 226 BGB. ist alsdann auch ein Einwand gegen eine Eingriffsklage zu gewähren (Cosack Handelsrecht I § 17 Anm. 30; Allfeld S. 558).

Mehrere Zeichen.

14. Es steht jedem frei, mehrere Warenzeichen gleichzeitig oder nacheinander anzumelden.

Der Anmelder kann die verschiedenen Zeichen sowohl für verschiedene Waren, als für dieselben Waren eintragen lassen. Insbesondere kommt letzteres für den Handel nach überseeischen Ländern in Betracht, wo es zweckmäßig sein kann, für eine und dieselbe Ware, je nach deren Bestimmungsorte, verschiedene Zeichen, namentlich verschiedene Bilder zu führen. Aber es steht auch nichts im Wege, daß jemand behufs Verwendung in demselben Lande sich mehrere Zeichen für dieselbe Ware schützen läßt. In diesem Falle kann er alle Zeichen gleichzeitig nebeneinander auf der Ware anbringen und dadurch Nachahmungen noch mehr erschweren, er kann aber auch das eine oder das andere derselben nach seinem Belieben hierzu verwenden. Darauf, ob er bei der Anmeldung die Verwendung der verschiedenen Zeichen in demselben Lande oder in verschiedenen Ländern, ob er damals ihre gleichzeitige oder wahlweise Verwendung beabsichtigte, kommt es nicht an: er ist, wenn er mehrere selbständige Zeichen für dieselbe Ware angemeldet hat, nie gehindert, seine ursprüngliche Absicht bezüglich ihrer Verwendung zu ändern (RGSt. 6, 28; 7, 214). Dagegen ist eine neue Anmeldung erforderlich, wenn jemand ein Zeichen für andere Waren als ursprünglich angemeldet geschützt haben will. Zweckmäßig ist es daher, das Warenverzeichnis, soweit dies zulässig ist (s. oben N. 5), so umfassend wie möglich zu gestalten. Unterlassungen haben sich hier oft nachträglich schwer fühlbar gemacht.

Kollektivzeichen.

15. Von der Anmeldung mehrerer selbständiger Einzelzeichen ist die Anmeldung eines Kollektivzeichens zu unterscheiden. Darunter versteht man den Fall, daß jemand mehrere Zeichen nur in ihrer Zusammenfassung und bei gleichzeitiger Verwendung in ihrer bei der Anmeldung gekennzeichneten Stellung zueinander, also als ein einheitliches Zeichen, geschützt wissen will. Das PA. schlägt für sie (Bl. 08, 273) den Namen Zeichenzusammenstellung vor (s. auch Rauter in GewRSchutz 12, 377).

Von den einzelnen Teilen kann jeder anderen Inhalts, in Form und Art der Anbringung an der Ware verschieden sein. So kommt es z. B. häufig bei Spirituosen in Flaschen vor, daß ein Teil des Zeichens als Etikett auf der Flasche angebracht, ein anderer in die Kapsel eingeprägt und ein dritter in den Korken eingebrannt wird. Es ist nicht notwendig, daß das Kollektivzeichen dem Beschauer der Ware sofort als Gesamtbild entgegentritt, es kann z. B. auf der Vorder- und Rückseite der Ware oder Umhüllung verteilt sein (Kohler S. 75; Rhenius S. 7; Allfeld S. 438; Abel S. 106; PA. in Bl. 07, 162; a. M. Kent S. 21; Osterrieth S. 291; Adler S. 68; RG. 10, 56 läßt die Frage offen, während RGSt. 6, 28 sie anscheinend in unserem Sinne entscheidet).

§ 1 15, 16, 17 Hier sind nicht die Einzelzeichen, sondern nur das Gesamtbild derselben geschützt. Es hängt von demjenigen, welcher mehrere Zeichen anmeldet, ab, ob er jedes einzelne derselben oder nur ihre Gesamtheit geschützt wissen will (vgl. RGSt. im Bl. 4, 36). So konnte beispielsweise Legrand, der Rechtsvorgänger der Société anonyme de la Distillerie de la Bénédictine, als er für den Benediktinerlikör elf Zeichen anmeldete, wählen, ob er für dieselben einzeln oder in ihrer Vereinigung den Schutz haben wollte (RGSt. 6, 28). Die Anmeldung darf aber keinen Zweifel darüber lassen, ob der Anmelder das eine oder das andere will, ob er also die Eintragung eines einzigen Kollektivzeichens oder mehrerer selbständiger Zeichen beantragt. Im ersteren Falle bedarf es nur eines einzigen Gesuchs, im letzteren so vieler, als er Zeichen anmeldet (N. 4 zu § 2), im ersteren Falle ist die Gebühr nur einmal zu bezahlen, während im zweiten sie für jedes einzelne Zeichen zu zahlen ist (§ 2 Abs. 3); mehrere Zeichen sind in der Zeichenrolle unter verschiedenen Nummern, ein Kollektivzeichen ist unter einer Nummer einzutragen (N. 2 zu § 3). Dem Kollektivzeichen ist eine Beschreibung beizugeben, die über die Stellung der Teile Aufschluß gibt (Geschäftstätigkeit des PA. S. 258). Es ist zulässig, daß jemand, der sich ein Kollektivzeichen schützen läßt, außerdem noch die einzelnen Bestandteile desselben als selbständige Zeichen anmeldet. Dagegen kann schwerlich ein Zeichen nur in dem Sinne angemeldet werden, mit einem früheren Zeichen desselben Anmelders ein Ganzes zu bilden, da der Inhalt des früheren selbständigen Zeichens unabänderlich ist und das Kollektivzeichen gemäß § 2 eine einheitliche Anmeldung fordert (Kent S. 26; a. M. Allfeld S. 438).

Kollektivzeichen sind verhältnismäßig selten. Der Schutz der einzelnen Bestandteile als selbständiger Zeichen ist von größerem Vorteile, da er die Verfolgung von Nachahmungen der Einzelheiten erleichtert. Die besondere Anordnung der verschiedenen Zeichen wird schon durch § 15 vor Wiedergabe bewahrt werden. Über die Anwendung des § 20 bei Kollektivzeichen Bl. 08, 273.

Kombiniertes Zeichen. 16. Das Gesetz versagt in § 4 Abs. 1 Nr. 1 solchen Zeichen, welche ausschließlich in Zahlen, Buchstaben oder bestimmten Worten bestehen, die Eintragung. Daraus ergibt sich, daß, wenn die Zeichen außer diesen Bestandteilen noch andere enthalten, sie schutzfähig sind (N. 16 zu § 4). Ebenso sind Freizeichen zwar an sich nicht eintragungsfähig, gleichwohl ist es zulässig, daß ein Freizeichen den Bestandteil eines schutzfähigen Warenzeichens bildet (N. 7 zu § 4). Derart zusammengesetzte Zeichen nennt man kombinierte Zeichen. Man wendet diesen Begriff aber auch auf Zeichen an, die aus mehreren, an sich schutzfähigen, unterscheidbaren Bestandteilen bestehen, gleichviel ob letztere figürlichen oder wörtlichen Inhalt haben. Für den Schutzbereich des Zeichens ist es wesentlich, ob die Bestandteile an sich schutzfähig sind oder nicht (N. 3 zu § 20).

Bedeutung der Anmeldung. 17. Die Anmeldung zur Zeichenrolle ist die Erklärung, daß der Anmelder für ein Zeichen den gesetzlichen Schutz verlangt. Mit ihr entsteht der öffentlichrechtliche Anspruch auf Erteilung des Zeichenrechts. Die Anmeldung ist nicht seine einzige Voraussetzung, vielmehr müssen auch die materiellen Erfordernisse des § 1 vorhanden sein und die Hindernisse der §§ 4, 5 fehlen, damit der Anspruch begründet ist, aber er wird erst durch die Anmeldung und mit ihr vollkommen (N. 1 zu § 7). Infolgedessen gibt unter mehreren Anmeldern desselben Zeichens regelmäßig die Priorität der Anmeldung den Ausschlag, vorausgesetzt, daß die betreffende Anmeldung zur Eintragung des Zeichens führt (N. 2 zu § 5). Das durch die Anmeldung begründete Recht auf das Zeichen ist ein Vermögensrecht, es fällt deshalb in die Konkursmasse und kann Gegenstand von Rechtsgeschäften bilden (N. 1, 6 zu § 7). Das Zeichenrecht selbst entsteht jetzt nicht mehr, wie nach dem Markenschutzgesetz, durch die Anmeldung, sondern erst durch die Eintragung (N. 2 zu § 12), die zehnjährige Dauer des Schutzes läuft aber von der Anmeldung (N. 3 zu § 8). § 1 17, 18

Die Anmeldung ist fakultativ. Es kann jedermann besondere Kennzeichen zur Unterscheidung seiner Waren von denen anderer anwenden, ohne daß er gezwungen ist, sie zur Eintragung anzumelden. Allerdings entbehrt er, wenn er sie nicht eintragen läßt, der Rechte des § 12, und er läuft außerdem Gefahr, daß ein Dritter, welcher diese Kennzeichen für sich eintragen läßt, ihn aus dem Felde schlägt (s. aber RG. 66, 236 im Bl. 07, 244 sowie die Rechtsprechung in N. 1 zu § 9). Das nicht eingetragene Warenzeichen findet als Ausstattung gemäß § 15 oder auf Grund des Wettbewerbsgesetzes Schutz.

Eine Markenpflicht (s. darüber Adler S. 251), d. h. eine Verpflichtung, bei gewissen Waren Marken anzuwenden, ist im Gesetz nicht aufgestellt. Man könnte höchstens die Bekanntmachungen des Bundesrats auf Grund der Verordnung über die äußere Kennzeichnung von Waren vom 18. Mai 1916 (RGBl. S. 380) z. B. die vom 11. Juni 1916 (RGBl. S. 505) sowie die des Reichsministers für Ernährung und Landwirtschaft vom 19. Mai 1922 (RGBl. S. 483) heranziehen, wonach bei gewissen Waren Namen oder Firma und der Ort der Niederlassung, sowie die Bezeichnung der Ware in handelsüblicher Weise anzubringen sind. Bei Schaumweinen bestehen Anordnungen über die örtliche Herkunftsbezeichnung (N. 10 zu § 16).

18. Die Anmeldung erfolgt zur Zeichenrolle; es gibt nur eine Zeichenrolle für ganz Deutschland. Vor diesem Gesetz fand die Eintragung der Zeichen in dem Handelsregister desjenigen Ortes statt, in welchem der Anmelder seine Hauptniederlassung hatte. Die jetzige Zentralisierung hat vor allem den Vorteil, daß sie den beteiligten Kreisen eine zuverlässige Übersicht über die zu Recht bestehenden Zeichen gewährt (N. 4 zu § 3), außerdem ermöglicht sie die Bildung einer einheitlichen Praxis in der Behandlung der mannigfachen, mit der Anmeldung, Eintragung und Löschung von Zeichen zusammenhängenden Fragen. Endlich gestattete die Loslösung der Zeichenrolle vom Handelsregister, den Zeichenschutz auch weiteren Kreisen, als bloß den eingetragenen Kaufleuten zugänglich zu machen (Motive S. 8). **Zeichenrolle.**

Die Zeichenrolle wird beim PA. geführt (N. 1 zu § 2), nähere Bestimmungen über sie trifft der § 3.

§ 2.

Die Zeichenrolle wird bei dem Patentamt geführt. Die Anmeldung eines Warenzeichens hat schriftlich bei dem Patentamt zu erfolgen. Jeder Anmeldung muß die Bezeichnung des Geschäftsbetriebs, in welchem das Zeichen verwendet werden soll, ein Verzeichnis der Waren, für welche es bestimmt ist, § 2

§ 2 sowie eine deutliche Darstellung und, soweit erforderlich, eine Beschreibung des Zeichens beigefügt sein.

Das Patentamt erläßt Bestimmungen über die sonstigen Erfordernisse der Anmeldung.

Bei der Anmeldung jedes Zeichens ist eine Anmeldegebühr und für jede Klasse oder Unterklasse der in der Anlage beigefügten Warenklasseneinteilung, für die der Schutz begehrt wird, eine Klassengebühr nach Maßgabe des Tarifs zu entrichten. Werden in einer Anmeldung mehr als zwanzig Klassen oder Unterklassen in Anspruch genommen, so ist für die über zwanzig hinausgehende Zahl von Klassen oder Unterklassen eine Gebühr nicht zu zahlen.

Führt die Anmeldung aus einem Grunde nicht zur Eintragung, der für alle angemeldeten Waren ohne Unterschied der in Anspruch genommenen Klassen oder Unterklassen zutrifft, so wird die für mehr als eine Klasse oder Unterklasse gezahlte Gebühr erstattet. Diese Vorschrift findet keine Anwendung, wenn die Eintragung wegen Übereinstimmung des angemeldeten Zeichens mit einem für dieselben oder gleichartige Waren früher angemeldeten Zeichen versagt wird.

Bei jeder Erneuerung der Anmeldung ist eine Erneuerungsgebühr und für jede Klasse oder Unterklasse, für welche die Erneuerung begehrt wird, eine Klassengebühr nach Maßgabe des Tarifs zu entrichten. Satz 2 des Abs. 3 gilt entsprechend.

Die amtliche Feststellung der Anzahl der durch eine Anmeldung betroffenen Klassen und Unterklassen ist unanfechtbar.

Die Reichsregierung kann mit Zustimmung des Reichsrats die Warenklasseneinteilung ändern.

Abs. 1, 2 (N. 1—12).

1. Patentamt.
2. Bekanntmachungen des PA.
3—7. Gesuch.
3. Formalien. Vertreter.
3a. Anmelder.
4. Einzelnes Zeichen.
5. Geschäftsbetrieb.
6. Waren.
7. Beispiel.
7a. Priorität. Änderungen der Anmeldung. Rücknahme.
8—12. Anlagen.
8. Anlagen im allgemeinen.
9. Darstellung.
10. Beschreibung.
11. Modelle, Probestücke.
12. Druckstock.

Abs. 3—7.

13. Gebühren.
14. Warenklassen.

Abs. 1, 2. § 2 1, 2

1. Für ganz Deutschland besteht eine einheitliche Zeichenrolle; über die Vorzüge dieser Zentralisierung siehe N. 18 zu § 1. Mit Rücksicht auf die nahen Beziehungen zwischen dem Erfindungsschutz und dem Markenschutz hat man nach dem Vorbilde anderer Kulturstaaten die Verwaltung der Zeichenrolle dem Patentamt übertragen. Das Nähere bestimmt § 1 der Kaiserlichen Verordnung vom 30. Juni 1894: **Patentamt.**

Für die auf Warenzeichen bezüglichen Angelegenheiten wird in dem Patentamt eine besondere Abteilung gebildet, welche die Bezeichnung:

Abteilung für Warenzeichen

führt.

Die Abteilung besteht aus einem rechtskundigen Mitgliede als Vorsitzenden und aus Mitgliedern, welche rechtskundig oder in einem Zweige der Technik sachverständig sind. Die Zuweisung der Mitglieder an die Abteilung erfolgt durch den Reichskanzler.

Im Falle der Verhinderung eines Mitgliedes kann der Präsident des Patentamts einem anderen Mitgliede der Behörde die Vertretung übertragen.

Durch Kaiserliche Verordnung vom 10. Mai 1903 und vom 17. Mai 1906 (RGBl. 1903 S. 218; 1906 S. 474) ist eine zweite und dritte Abteilung gebildet. Die Abteilungen werden als Abteilung I, Abteilung II und Abteilung III für Warenzeichen bezeichnet. Der Reichsminister der Justiz bestimmt, für welche Warenklassen jede der Abteilungen zuständig ist.

Seit der Verordnung vom 9. März 1917 (RGBl. S. 221; Bl. 17, 26) werden die Geschäfte der Abteilungen im wesentlichen von der Prüfungsstelle, d. h. einem technischen Mitgliede der Abteilung wahrgenommen (vgl. N. 1 zu § 10).

Das Patentamt befindet sich in Berlin SW, Gitschinerstraße 97/102.

2. In Ausführung des Abs. 2 hat das Patentamt unter dem 8. Sept. 1922 (Bl. 22, 106) nachstehende Bekanntmachung erlassen: **Bekanntmachungen des PA.**

Bestimmungen über die Anmeldung von Warenzeichen.

Auf Grund des § 2 Abs. 2 WarenZG. werden die nachstehenden Bestimmungen über die Erfordernisse einer Warenzeichenanmeldung erlassen. Sie treten vom 1. Oktober 1922 an die Stelle der Bestimmungen vom 30. April 1920.

§ 1. Die Anmeldung eines Warenzeichens behufs Eintragung in die Zeichenrolle geschieht in der Form eines an das Reichspatentamt zu richtenden, schriftlichen Gesuchs, dem die sonst erforderlichen Stücke als Anlagen beizufügen sind.

Für jedes Zeichen ist eine besondere Anmeldung erforderlich.

§ 2. Das Gesuch muß enthalten:

a) die Angabe des Vor- und Zunamens, bei Frauen außerdem des Familienstandes und des Geburtsnamens, des Wohnorts oder der Hauptniederlassung des Anmelders; bei größeren Städten auch die Angabe von Straße und Hausnummer der Wohnung oder der

§ 2 Hauptniederlassung; bei Verbandszeichen die Angabe des Namens
2 und des Sitzes des Verbandes; bei ausländischen Orten auch die Angabe des Staates und Bezirks. Durch diese Angaben muß jeder Zweifel auch darüber ausgeschlossen sein, ob die Eintragung des Warenzeichens von einzelnen Personen oder von einer Gesellschaft, von dem Inhaber einer Firma auf seinen bürgerlichen Namen oder von einer Firma nachgesucht wird;

b) die Bezeichnung des Geschäftsbetriebes, in dem das Zeichen verwendet werden soll; bei Verbandszeichen fällt diese Angabe weg;
c) den Antrag, daß das Warenzeichen in die Zeichenrolle eingetragen wird;
d) die Aufführung der Anlagen unter Angabe ihrer Nummer und ihres Inhaltes;
e) falls der Anmelder einen Vertreter bestellt hat, die Angabe der Person, der Berufsstellung und des Wohnortes des Vertreters. Als Anlage ist eine Vollmacht beizufügen, die nach § 8 der Verordnung vom 30. Juni 1894 (RGBl. S. 495) und § 28 der Verordnung vom 11. Juli 1891 (RGBl. S. 349) auf eine prozeßfähige, mit ihrem bürgerlichen Namen bezeichnete Person (nicht also z. B. auf eine Firma) auszustellen ist. Eine Beglaubigung der Unterschrift des Anmelders unter der Vollmacht ist auf besonderes Erfordern des Patentamtes beizubringen;
f) falls mehrere Personen ohne Bestellung eines gemeinsamen Vertreters anmelden, die Benennung derjenigen Person, der die amtlichen Verfügungen zugesandt werden sollen;
g) die Unterschrift des Anmelders (der Anmelder) oder des Vertreters.

Anmerkung: Nach den Bestimmungen des Art. II des Gesetzes zur Ausführung der revidierten Pariser Übereinkunft vom 2. Juni 1911 zum Schutz des gewerblichen Eigentums vom 31. März 1913 (RGBl. S. 236ff.) und der Bekanntmachung des Reichskanzlers, betr. die Geltendmachung des im Art. 4 dieser Übereinkunft vorgesehenen Prioritätsrechts, vom 8. April 1913 (RGBl. S. 241) ist die im Art. 4 Abs. d. der Übereinkunft vorgesehene Prioritätserklärung über Zeit und Land der Voranmeldung bei der Anmeldung des Warenzeichens abzugeben; andernfalls wird der Prioritätsanspruch für diese Anmeldung verwirkt.

§ 3. Dem Gesuch ist eine Darstellung des Zeichens in zwölf Ausführungen beizufügen. Eine davon ist auf einem mit Heftrand versehenen halben Bogen anzubringen.

Die Ausführungen müssen sauber und dauerhaft sein und die wesentlichen Bestandteile des Zeichens deutlich erkennen lassen. Wird die Darstellung im Laufe des Verfahrens verändert, so sind vor der Eintragung neue Ausführungen einzureichen, oder es ist zu erklären, daß der Abdruck des Druckstocks als Darstellung gelten soll.

Die Größe der Darstellung darf 33 cm in der Höhe und 25 cm in der Breite nicht übersteigen. Größere Darstellungen, wie Plakate und dgl., werden als Probestücke behandelt. In diesem Falle sind entweder Ausführungen in kleinerem Maßstabe nachzureichen, oder es ist zu erklären, daß der Abdruck des Druckstocks als Darstellung gelten soll.

Die Darstellung darf nur einseitig bedruckt sein. § 2

Bei Zeichen, die ausschließlich in Wörtern bestehen, kann die Bei- 2
fügung der Darstellung durch Aufnahme des Wortes in das Gesuch und die Erklärung ersetzt werden, daß der Abdruck des Druckstocks als Darstellung gelten soll.

§ 4. Das Verzeichnis der Waren, für die das Zeichen bestimmt ist, ist in zwei Ausfertigungen einzureichen. Ist das Verzeichnis von geringem Umfang, so kann es in das Gesuch aufgenommen werden.

§ 5. Die Beschreibung des Zeichens ist, wenn der Anmelder sie für erforderlich hält, oder wenn das Reichspatentamt sie erfordert, dem Gesuch in zwei Ausfertigungen beizufügen.

§ 6. Unter der gleichen Voraussetzung sind Modelle und Probestücke der mit dem Zeichen versehenen Ware sowie Nachbildungen des Zeichens in der Form, wie es im Verkehr verwendet wird, und zwar in einer Ausführung vorzulegen. Gegenstände, die leicht beschädigt[1]) werden können, sind in festen Hüllen einzureichen. Gegenstände von kleinerem Umfange sind auf steifem Papier zu befestigen.

§ 7. Bei Verbandszeichenanmeldungen sind die Zeichensatzung sowie etwaige Nachträge und Änderungen der Zeichensatzung in je zwei Ausfertigungen einzureichen.

§ 8. Zugleich mit der Anmeldung oder auf spätere Aufforderung ist ein für die Vervielfältigung des Zeichens bestimmter Druckstock einzureichen, der das Zeichen in allen wesentlichen Teilen, einschließlich der Inschriften, deutlich und sauber wiedergibt. Auch bei Zeichen, die ausschließlich in Wörtern bestehen, ist ein Druckstock erforderlich.

Der Druckstock muß aus Holz, Zink oder einem anderen zum Drucke geeigneten Stoffe bestehen und eine Druckhöhe von 2,4 cm haben. Es darf nur hartes, glattes, nicht poröses Holz (Zedernholz) benutzt werden. Zu Metallplatten, die mit dem Holz fest verbunden sein müssen, darf kein sprödes, leicht brüchiges Metall verwendet werden. Der zum Festmachen des Metalls auf dem Holze bestimmte Rand darf nicht zu schmal und dünn sein, so daß die zur Befestigung bestimmten Nägel auch noch an anderer Stelle eingeschlagen werden können.

Der Druckstock darf nach Breite und Länge nicht mehr als 10 cm messen.

Der Druckstock muß in allen Fällen aus einem Stück bestehen.

Soll ein Zeichen mehrfach eingetragen werden, so ist für jede Eintragung ein besondrer Druckstock einzureichen.

Auf Antrag kann die Anfertigung des Druckstocks oder die Nachbildung eines schon vorhandenen Druckstocks auf Kosten des Anmelders durch das Reichspatentamt veranlaßt werden.

Ein mittels des Druckstocks gefertigter Abdruck des Zeichens ist in zwei Ausfertigungen beizufügen.

§ 9. Die Anlagen des Gesuchs müssen mit einer ihre Zugehörigkeit zur Anmeldung kennzeichnenden Aufschrift versehen sein. Dasselbe gilt für Modelle, Probestücke, Nachbildungen, Zeichensatzungen und Druckstock.

---

[1]) Für die dauernde Erhaltung der Gegenstände in unversehrtem Zustande übernimmt das Reichspatentamt keine Verantwortung.

§ 2 Schriftstücke, die anderen Personen mitzuteilen sind, oder die mehrere
2 Anmeldungen betreffen, sind in der dazu erforderlichen Zahl von Ausfertigungen einzureichen.

Zu allen Schriftstücken ist dauerhaftes, nicht durchscheinendes weißes Papier, zu Schriftstücken, die Anträge enthalten oder die Unterlagen der Anmeldung selbst betreffen, Papier in der üblichen Seitengröße (zur Zeit 33 cm zu 21 cm) zu verwenden.

Alle Schriftstücke müssen unverwischbar, leicht lesbar sein und dürfen nicht abfärben. Die Schriftzüge müssen in dunkler Farbe ausgeführt sein. Schriftstücke, besonders die mittels der Schreibmaschine hergestellt sind, müssen zwischen den einzelnen Wörtern und Zeilen einen angemessenen Zwischenraum aufweisen.

Allen Schriftstücken, die nicht in deutscher Sprache abgefaßt sind, ist eine von einem öffentlich bestellten Sprachkundigen angefertigte deutsche Übersetzung beizufügen. Die Unterschrift des Übersetzers sowie die Tatsache, daß dieser für derartige Zwecke öffentlich bestellt ist, bedarf auf Anfordern des Reichspatentamts der urkundlichen Beglaubigung.

Diese Vorschrift findet keine Anwendung auf die Prioritätsnachweise gemäß der revidierten Pariser Übereinkunft vom 2. Juni 1911 zum Schutze des gewerblichen Eigentums und auf die Nachweise über das Bestehen des Auslandsschutzes gemäß § 23 Abs. 3 des Gesetzes der Warenbezeichnungen vom 12. Mai 1894. Ob für solche Nachweise eine Übersetzung beizubringen ist, wird im Einzelfalle durch die zuständige Dienststelle bestimmt.

§ 10. Auf den später eingereichten Anmeldestücken ist der Name des Anmelders und das Aktenzeichen anzugeben.

Die Sendungen an das Reichspatentamt müssen kostenfrei eingehen.

Im Anschlusse an die Bekanntmachung hat das PA. am 8. September 1922 *Erläuterungen* veröffentlicht (Bl. 22, 107). Die Erläuterungen sind zwar nicht bindend (*Wirth* in GewRschutz 99, 114), aber es empfiehlt sich, sie zu beachten. Ihr Wortlaut ist folgender:

b) **Bekanntmachung zur Erläuterung der Bestimmungen über die Anmeldung von Warenzeichen.** Vom 8. September 1922.

Durch Bekanntmachung vom heutigen Tage hat das Reichspatentamt neue Bestimmungen über die Anmeldung von Warenzeichen erlassen. Im Anschluß an diese Bestimmungen werden die nachstehenden Erläuterungen herausgegeben, die den Beteiligten einen weiteren Anhalt für die Anfertigung und Einreichung einer Warenzeichenanmeldung darbieten sollen. Sie stellen nicht Vorschriften dar, die zur Vermeidung der Zurückweisung der Anmeldung befolgt werden müssen, sondern nur Ratschläge, deren Befolgung im eigenen Interesse der Beteiligten liegt.

1. Gebühren.

Die Gebühren können unmittelbar bei der Kasse des Reichspatentamts (Berlin SW 61, Gitschinerstraße 97/103) eingezahlt werden. Die Barzahlung ist jedoch *nicht* erwünscht. Vielmehr wird von den Bank- oder Postscheckkontoinhabern Zahlung durch Überweisung erbeten. Die Kasse

hat Reichsbankgirokonto und besitzt das Postscheckkonto Berlin Nr. 2. § 2
Schecks sind zweckmäßig mit dem Vermerk „Nur zur Verrechnung" zu 2
versehen. Nichtkontoinhaber können die Gebühr auf das Postscheckkonto der Kasse mittels Zahlkarte bei jedem Postamt im Gebiet des Deutschen Reichs einzahlen.

In allen Fällen ist der Verwendungszweck des Geldes anzugeben.

Die Beifügung baren Geldes als Anlage der Schriftstücke ist zu vermeiden.

2. Gesuch.

a) Der Geschäftsbetrieb ist mittels einer verkehrsüblichen Bezeichnung (z. B. Spinnerei, Eisenwarenfabrik, Kolonialwarenhandlung) anzugeben.

b) Da mit der Anzahl der angegebenen Waren die Gefahr der Übereinstimmung mit älteren Zeichen und damit die Wahrscheinlichkeit einer Verzögerung der Eintragung wächst, liegt es im eigenen Interesse der Anmelder, das Warenverzeichnis nicht über das praktische Bedürfnis auszudehnen. Das Warenverzeichnis darf nur die in den beteiligten Verkehrskreisen gebräuchlichen Warennamen aufführen. Es wird empfohlen, in dem Warenverzeichnis die Waren nach der gesetzlichen Klasseneinteilung zu ordnen. Dadurch wird für den Anmelder und für das Amt die Feststellung der Zahl der Klassen und Unterklassen und die Berechnung der Klassengebühr wesentlich erleichtert.

c) Falls der Anmelder den Schutz auf Grund des Gesetzes vom 18. März 1904, betreffend den Schutz von Erfindungen, Mustern und Warenzeichen auf Ausstellungen (RGBl. S. 141), in Anspruch nimmt, soll ein entsprechender Antrag in das Gesuch aufgenommen werden.

3. Modelle und Probestücke.

Bei der Einreichung von Modellen und Probestücken ist zu erklären, ob sie im Falle der Entbehrlichkeit zurückgegeben werden sollen oder vernichtet werden können.

Haben Modelle oder Probestücke einen besonderen Wert, so ist in dem Anschreiben hierauf hinzuweisen. Können sie schon durch ein unvorsichtiges Auspacken leicht beschädigt oder durch die Einwirkung von Licht, Feuchtigkeit u. dgl. verdorben werden, so ist die Umhüllung mit der deutlichen Aufschrift zu versehen:

„Ungeöffnet in den Geschäftsgang."

4. Verschiedenes.

a) In allen Schriftstücken sind entbehrliche Fremdwörter zu vermeiden.

b) Schriftsätze, die mehrere Seiten umfassen, sind mit Seitenzahlen zu versehen. In allen Schriftsätzen ist ein ausreichender Heftrand und an der linken Seite ein Raum von mindestens 5 cm Breite für amtliche Vermerke frei zu lassen.

§ 2
2, 3, 3a

c) In allen Eingaben, zu denen Anlagen gehören, insbesondere im Gesuche, sind die Anlagen nach Nummer und Inhalt besonders aufzuzählen.

d) Eingangsbestätigungen werden in der Regel nur über *Anmeldungen*[1]) erteilt, und zwar nur in *einer* Ausfertigung. Die Erteilung der Bestätigung erfolgt nur dann, wenn ein Schriftstück mit folgendem Wortlaut eingesandt wird:

„Ihre Warenzeichenanmeldung vom ....
oder
Die Warenzeichenanmeldung vom ....
auf nachstehendes Warenzeichen: (Darstellung)
ist am .... hier eingegangen und unter dem Aktenzeichen
.... in den Geschäftsgang gegeben worden.“

Wird die Eingangsbestätigung nicht auf der Rückseite einer Postkarte vorbereitet, so ist ein mit der Anschrift des Empfängers versehener Briefumschlag beizufügen.

Über Gebührenbeträge wird nur auf besonderen Antrag des Einzahlers eine Quittung erteilt. Im übrigen wird wegen des Zahlungsverkehrs mit dem Reichspatentamt auf Ziff. 1 verwiesen.

Formalien. Vertreter. 3. Das Gesuch ist *schriftlich* beim PA. einzureichen, kann dort also nicht zu Protokoll erklärt werden. *Telegraphische* Anmeldung reicht aus. Da der § 34 des Patentgesetzes

> In betreff der Geschäftssprache vor dem Patentamt finden die Bestimmungen des Gerichtsverfassungsgesetzes über die Gerichtssprache entsprechende Anwendung. Eingaben, welche nicht in deutscher Sprache abgefaßt sind, werden nicht berücksichtigt.,

auch hier Anwendung findet, so muß das Gesuch in *deutscher* Sprache abgefaßt sein, widrigenfalls es nicht berücksichtigt wird (PA. in Mitt. v. V. 24, 18). Über Übersetzungen s. § 9 der Bestimmungen (N. 2). Eine Person, die nicht im Inlande ihre Niederlassung hat, kann ein Zeichen nur anmelden, wenn sie gleichzeitig im Inlande einen *Vertreter* bestellt; der Vertreter muß für sie die Anmeldung einreichen und unterzeichnen (N. 9 zu § 23); anderen Personen steht es natürlich auch frei, sich eines Vertreters zu bedienen. Der Vertreter muß sich durch eine schriftliche Vollmacht ausweisen. Das Nähere s. in N. 9— 16 zu § 23.

Anmelder. 3a. Der Anmelder hat seinen *Vor- und Zunamen*, eine Frau auch ihren Geburtsnamen, anzugeben. An Stelle des Namens tritt bei den

---

[1]) Außerdem werden auf Verlangen auch über die Einreichung von Schriftsätzen im Laufe des Verfahrens, insbesondere in Fällen, in denen Fristen zu wahren sind, von der Annahmestelle Eingangsbestätigungen erteilt, wenn vorbereitete Bestätigungen vorgelegt werden.

Die Anordnung erstreckt sich auch auf Postsendungen, denen vorbereitete Bestätigungen und gebührenfreie Briefumschläge für die Rücksendung beiliegen.

Die Quittungsleistung geschieht durch Aufdruck des Tagesstempels der Annahmestelle auf die Bestätigung.

firmenführenden Gesellschaften die Firma derselben. Die ständige Praxis des PA. läßt auch Firmen zur Eintragung als Zeicheninhaber zu. Es entspricht dies der Rechtsentwicklung, die dazu geführt hat, daß auch der Einzelkaufmann unter seiner Firma klagen und verklagt werden kann (§ 17 Abs. 2 HGB.). § 2 3a, 4

Sehr zutreffend bemerken aber die Bestimmungen des PA. (N. 2) unter Nr. 2a:

> Durch diese Angaben muß jeder Zweifel auch darüber ausgeschlossen sein, ob die Eintragung des Warenzeichens von einzelnen Personen oder von einer Gesellschaft, von dem Inhaber einer Firma auf seinen bürgerlichen Namen oder von einer Firma nachgesucht wird.

Dieser Grundsatz muß selbstverständlich nicht bloß für die Anmeldung, sondern im Interesse der Rechtssicherheit auch für die Eintragung des Zeichens gelten. Das PA. hat das in neuerer Zeit berücksichtigt. Es trägt bei den Zeichen, die scheinbar auf den Namen einer Einzelperson lauten, aber in Wirklichkeit einer entsprechenden Firma gehören, z. B. Max Schulze, einen Zusatz Fa.-Firma ein. Früher ist dies lange nicht beachtet worden, so daß man bei älteren Zeichen prüfen muß, ob sie zu einer Firma gehören und mit einer solchen etwa übergegangen sind, oder einer einzelnen Person, von der sie mit dem Geschäft besonders übertragen werden müßten, falls eine Rechtsnachfolge vorgekommen ist (vgl. Rhenius S. 8).

Wenn das PA. aus der Anmeldung erkennt, daß eine Firma die Anmelderin ist, so trägt es dieselbe ein, ohne festzustellen, welches Rechtsgebilde hinter der Firma steht, insbesondere ob es die Firma eines Einzelkaufmanns, einer offenen Handelsgesellschaft, einer Kommanditgesellschaft usw. ist. Für das Verfahren vor dem PA. gilt die in die Rolle eingetragene Firma als Name des jeweiligen Firmenberechtigten, und derjenige darf das Zeichenrecht ausüben, der im gegebenen Augenblick als der Firmeninhaber nachgewiesen wird (PA. im Bl. 03, 208; RG. im Bl. 03, 208; RG. 74, 431 im Bl. 11, 173; vgl. N. 8 zu § 7).

Eine ungenaue Bezeichnung des Anmelders und Zeicheninhabers schadet nichts, wenn trotz derselben der wahre Berechtigte festgestellt werden kann (RGSt. 41, 422 im Bl. 08 S. 145 und 303).

4. Da für jedes Zeichen ein besonderes Gesuch erforderlich ist, so muß jemand, welcher mehrere Zeichen anmelden will, eine entsprechende Zahl von Gesuchen einreichen. Ein Kollektivzeichen ist nur ein einziges Zeichen; will der Anmelder aber auch die einzelnen Elemente des Kollektivzeichens sich als selbständige Zeichen schützen lassen, so muß er sie in besonderen Gesuchen anmelden (N. 15 zu § 1). **Einzelnes Zeichen.**

Ein Zeichen kann in demselben Gesuche nur für einen einzigen Geschäftsbetrieb angemeldet werden. Das ergibt sich aus §§ 1, 2, 9 Nr. 2, die einen einzigen Geschäftsbetrieb als Grundlage des Zeichenrechts voraussetzen (a. M. Rhenius S. 15; Osterrieth S. 362). Will ein Gewerbetreibender dasselbe Zeichen in verschiedenen Geschäftsbetrieben verwenden, so muß er es für jeden besonders anmelden. Es liegen dann mehrere voneinander unabhängige Zeichen vor, die in die Zeichenrolle unter verschiedenen Nummern einzutragen sind (N. 6 zu § 1).

§ 2 5, 6 Geschäftsbetrieb. 5. Wegen des **Geschäftsbetriebes** siehe N. 6 zu § 1. Die Bezeichnung desselben geschieht etwa in der Weise, daß der Anmelder erklärt, er wolle das Zeichen in seiner Molkerei, in seinem Viehhandel, in seinem unter der Firma Karl Schulze betriebenen Tuch- und Getreidegeschäft, in seinem Handschuhgeschäft, in seiner Gärtnerei, seinem Ein- und Ausfuhrgeschäft usw. verwenden. In dem dritten Beispiel wird der Anmelder dem PA. auf Verlangen nachweisen müssen, daß das Tuch- und Getreidegeschäft einen einheitlichen Geschäftsbetrieb bildet (N. 6 zu § 1), denn das Zeichen darf nicht in demselben Gesuch für verschiedene Betriebe angemeldet werden (N. 4). Der Geschäftsbetrieb muß in **verkehrsüblicher** Weise bezeichnet werden (N. 6 zu § 1). Mehrere Geschäftsbetriebe können nicht in einer Anmeldung als zusammengehörig behandelt werden, wenn sie in Wirklichkeit nicht eine Einheit bilden. Siehe N. 6 zu § 1.

Waren. 6. Wegen der **Waren** siehe N. 7 zu § 1. Das Gesetz hat „Waren" gesagt, um auszudrücken, daß allgemeine Angaben, wie „Maschinen", „Kurzwaren", „chemische Produkte" nicht zulässig sind (Motive S. 10).

Die Auslegung, welche diese Bestimmung in der Praxis des PA. gefunden hat, ist nicht immer eine gleichförmige gewesen. In der ersten Zeit nach dem Inkrafttreten des Gesetzes ließ das PA. noch Warenbezeichnungen allgemeineren Charakters zu (vgl. Bl. 96, 89). Mehr und mehr ist man dazu übergegangen, zur Klarstellung und Ausdehnung des Schutzbereiches das Warenverzeichnis sehr ausführlich zu gestalten. Jetzt ist durch die Aufstellung des Klassenverzeichnisses (vgl. N. 14) dem Verkehr ein Anhalt für eine zweckmäßige kürzere Fassung des Verzeichnisses gegeben; die Klassengebühren und der Druckkostenbeitrag des § 6a tragen zu der wünschenswerten Vereinfachung des Verzeichnisses bei (s. die Erläuterungen zu 2b), ebenso die Rechtsprechung zu § 9 Ziff. 2, die eine Klage auf Löschung der tatsächlich nicht geführten Ware gewährt.

Für die Waren sind nur solche **Bezeichnungen** zu wählen, die **allgemein verständlich** sind. Das PA. empfiehlt, das Warenverzeichnis nicht auszudehnen und die amtliche Einteilung zu benutzen. Neugebildete Phantasienamen von Waren erscheinen nach dem Zwecke des Warenverzeichnisses nicht als zulässig (vgl. PA. im Bl. 98, 13 und die Erläuterungen zu 2b). Nach der heutigen Rechtsprechung dürfen eingeführte **Warennamen**, die für einen Dritten **geschützt** sind, im Warenverzeichnis nicht gebraucht werden (RG. in GewRSchutz 24, 48 im Bl. 24, 290; anders früher RG. in Bl. 99, 118). **Irreführende** Bezeichnungen, z. B. Heilmittel gegen Gicht und Rheumatismus sind abzulehnen (Bl. 20, 85). Das Warenverzeichnis kann bei Zweideutigkeit und auch sonst auf Grund des angemeldeten Geschäftsbetriebes ausgelegt werden (MarkSchWettbew. 13, 514). Schließt es sich an das amtliche Klassenverzeichnis an, so kann das gleichfalls für das Verständnis von Bedeutung sein (RG. 104, 162 im Bl. 24, 67).

Hilfsartikel des Betriebes, wie Verpackungsmittel, Ankündigungen, Behälter der Ware sind nicht mehr zulässig (RG. 101, 372 im Bl. 21, 99 und in MarkSchWettbew. 21, 130; vgl. auch RG. 75, 347 im Bl. 21, 175; N. 7 zu § 1).

Nicht selten enthalten die Warenverzeichnisse die Angabe bestimmter Waren unter Hinzufügung des Vermerks: „**ohne Ausdehnung auf**" oder „**mit Ausschluß von**" u. dgl. Über die rechtliche Bedeutung dieser Ausdrücke vgl. PA. im Bl. 01, 176; 02, 197. Wegen der Unklarheit, zu der die besprochenen Ausdrücke im Warenverzeichnisse Veranlassung geben, dürften sie besser unterbleiben. Die erstere Bezeichnungsweise („ohne Ausdehnung auf") erscheint auch dem Gesetze nicht entsprechend, das lediglich eine deutliche Angabe der einzelnen Waren ohne Andeutung sonstiger Rechtsverhältnisse verlangt; vgl. Lutter in GewRSchutz. 02, 138; RG. 104, 162). Ist vom PA. bei der Anmeldung der Schutz für bestimmte Waren ausdrücklich abgelehnt worden, so kann die Eintragung auch nicht nachträglich auf diese Waren bezogen werden, selbst wenn sie gleichartig sind (RGSt. in MarkschWettbew. 13, 21; a. M. Adler S. 201); vgl. auch die einen ähnlichen Fall betreffende Entscheidung des PA. im Bl. 10, 240. Dasselbe wird zu gelten haben, wenn von den Gerichten durch Teillöschung bestimmte Waren aus dem Verzeichnisse gestrichen oder sonstige Beschränkungen der Waren eingetragen werden (vgl. N. 1 zu § 8 über Teillöschung). § 2 6, 7

7. Den Inhalt eines Gesuchs möge folgendes Beispiel veranschaulichen: **Beispiel.**

Gesuch
des Kaufmanns Karl Schulze zu Berlin SW,
Friedrichstraße 256 I
vertreten durch den Patentanwalt Fritz Lehmann zu Berlin NW,
Luisenstraße 1
um
Eintragung eines Warenzeichens.

Ich beantrage anliegendes Warenzeichen für den Kaufmann Karl Schulze zu Berlin in die Zeichenrolle einzutragen.

Der Geschäftsbetrieb, in dem das Zeichen gebraucht werden soll, ist eine Likörfabrik und Großdestillation.

Die Waren, für die das Zeichen bestimmt ist, sind Liköre und Fruchtsäfte.

Die Gebühr von 25 Reichsmark wird gleichzeitig mit dieser Anmeldung eingehen.

Ich füge bei

1. eine Darstellung des Zeichens in 12 Ausführungen (Anlage I),
2. eine Beschreibung des Zeichens in 2 Ausfertigungen (Anlage II),
3. eine Vollmacht (Anlage III).

An Berlin, 5. August 1923.

das Reichspatentamt Fritz Lehmann,
Prüfungsstelle Patentanwalt.
hier.

Dieses Gesuch ist in einer Ausfertigung einzureichen.

Über Beschreibung des Zeichens, Modelle, Probestücke, Druckstock s. die Bestimmungen §§ 5—8. Wegen der Gebühren s. N. 13.

Beansprucht der Anmelder ein Prioritätsrecht auf Grund der Pariser Übereinkunft (Unionsvertrag), so ist dies im Gesuch zu begründen (N. 7 zu Art. 4 der Pariser Übereinkunft). Über die Anmeldung kann eine Empfangsbescheinigung erteilt werden (Erläuterungen des PA. in N. 2 unter 4).

§ 2 7a **Priorität. Änderungen der Anmeldung. Rücknahme.**

7a. Durch den Eingang der Anmeldung beim PA. wird die Priorität für das Zeichen begründet. Sie ist namentlich für Löschungsklagen aus § 9 Ziff. 1, aber auch für Löschungsanträge aus § 8 Ziff. 2 wichtig. Auf Grund einer früheren Anmeldung in einem Unionsstaate, wird eine besondere Unionspriorität begründet (Art. 4 Unionsvertrag). Über die Priorität, die im Falle einer Zeichenbenutzung auf Ausstellungen gewährt wird vgl. N. 2 zu § 5. Über die Priorität bei Zeichen, die aus dem Markenregister übertragen sind, s. § 24, bei Umwandlung eines Einzelzeichens in ein Verbandszeichen § 24g. Der Zeitpunkt des Eingangs ist daher von großer Wichtigkeit, weshalb er in der Zeichenrolle eingetragen wird (§ 3 Nr. 1). In Streitfällen haben aber PA. und Gericht selbständig zu ermitteln, wann die Anmeldung eingegangen ist und welche Priorität ihr zukommt (N. 2 zu § 3; RG. 104, 162 im Bl. 24, 67; s. aber PA. in JW. 24, 229; Seligsohn, Patentgesetz N. 6 zu § 2). Ihre Entscheidung hat nur für den einzelnen Fall Bedeutung. Auch die Unionspriorität ist, wenn nötig, festzustellen. So ergibt sich die Frage, welche Voraussetzungen die Anmeldung erfüllen muß, um die Priorität zu begründen. Es kann nicht darauf ankommen, daß eine Anmeldung allen formellen Anforderungen Genüge leistet, welche das Gesetz und die Ausführungsbestimmungen stellen. Es muß ausreichen, wenn die wesentlichen Grundlagen für eine Eintragung erkennbar gegeben sind (vgl. Seligsohn, Patentgesetz N. 3 zu § 2). Infolgedessen genügt es, wenn aus dem Gesuch der Anmelder, die Darstellung des Zeichens und die Waren, für welche es bestimmt ist, zu ersehen sind (Rhenius S. 10). Die Anmeldung muß rechtswirksam sein. Das Gesuch eines Geisteskranken kann ebensowenig die Priorität begründen, wie das eines im Auslande Wohnenden, in dessen Staate nicht die Gegenseitigkeit im Sinne von § 23 Abs. 1 verbürgt ist (vgl. PA. im Bl. 03, 285). Bei einem Auslandszeichen erscheint außerdem die Vollmacht des Vertreters gemäß § 23 notwendig (N. 10 zu § 23), dagegen kann der Nachweis des Schutzes im Auslande (§ 23 Abs. 3) nachgereicht werden, sofern nur zur Zeit der Anmeldung der Schutz bestand. Selbst die Unterschrift des Anmelders ist nicht erforderlich, um die Priorität zu erlangen, es genügt bloße Unterstempelung, sofern nachträglich festgestellt werden kann, daß der Stempel vom Anmelder herrührt. So die mildere Praxis des PA. (Mitt. v. V. 3, 73). Anders die Rechtsprechung der Gerichte (KG. im Bl. 11, 23; RG. 44, 369; 65, 81; RG. in JW. 21, 527). Durch die Bezeichnung des Anmelders wird der Geschäftsbetrieb, zu dem das Zeichen gehört, mit angegeben. Die gleichzeitige Zahlung der Anmeldungsgebühr ist nicht wesentlich, da das Unterlassen der Zahlung nur einen formellen, leicht zu beseitigenden Mangel bildet (N. 13). Gleiches gilt, wenn bei Inlandszeichen die Vollmacht des anmeldenden Patentanwaltes fehlt (PA. im Bl. 99, 220). Fehlen wesentliche Voraussetzungen der Anmeldung und wird der Mangel späterhin beseitigt, so kann die Priorität erst vom Tage der Beseitigung an beansprucht werden.

Im Laufe des Prüfungsverfahrens können Abänderungen der Anmeldung wünschenswert erscheinen; z. B. ein Bestandteil des angemeldeten Zeichens stimmt mit einem früheren Zeichen überein und gefährdet die Eintragung, so daß seine Entfernung notwendig erscheint. Da grundsätzlich für jedes neue Zeichen eine neue Anmeldung erforderlich ist, so läßt das PA. nennenswerte Abänderungen in den wesentlichen Grundlagen nicht zu (Bl.

00, 220; 02, 197). Unzulässig ist es also, wenn die Person des Anmelders nachträglich geändert werden soll, wenn an Stelle der Waren oder des Geschäftsbetriebes, für die das Zeichen bestimmt ist, andere Waren oder ein anderer Geschäftsbetrieb gesetzt werden sollen, es sei denn, daß die später angemeldeten Waren oder der später angegebene Geschäftsbetrieb in der früheren Anmeldung mitenthalten waren. Dann ist eine Einschränkung auch noch im Widerspruchsverfahren des § 5 zulässig (MarkschWettbew. 10, 168). Unzulässig ist es ferner, wenn dem Gesuch später ein anderer rechtlicher Inhalt gegeben wird, so wenn aus der Anmeldung eines neuen Zeichens die Übertragungsanmeldung einer im Zeichenregister bereits eingetragenen Marke gemacht wird (PA. im Bl. 00, 137). Anders ist im umgekehrten Falle zu entscheiden oder, wenn nachträglich eine ältere Priorität auf Grund eines zur Anmeldungszeit bestehenden Staatsvertrages verlangt wird; s. jedoch N. 7 zu Art. 4 der Pariser Übereinkunft. Endlich darf eine Änderung der Darstellung des Zeichens nur in unerheblichen Einzelheiten stattfinden (PA. im Bl. 99, 228; 01, 283; 08, 299; PA. in Mitt. v. Verband 3, 45). Bei ausländischen Zeichen muß die Identität unbedingt gewahrt werden (vgl. über Änderungen Krüger in GewRschutz 08, 263 mit Beispielen aus der Rechtsprechung). Neuerdings scheint die Rechtsprechung des PA. Änderungen in weiterem Maße zuzulassen, und dies sogar nach Einleitung des Widerspruchsverfahrens (Bl. 08, 299; Mitt. v. V. 10, 131). Das ist nicht unbedenklich (vgl. dagegen auch Krüger a. a. O.). Noch weiter geht das PA., indem es nach der Eintragung noch eine nachträgliche Ergänzung des Warenverzeichnisses für zulässig erklärt (JW. 24, 229 im Bl. 24, 64; dagegen mit Recht RG. 104, 162 im Bl. 24, 67 und Kisch in JW. 24, 229 Anm.). § 2 7a

Gleichviel aber, ob das PA. Änderungen zugelassen hat oder nicht, ist die Frage des Prioritätszeitpunktes nach den obigen Grundsätzen selbständig zu untersuchen. Hierbei ist daran festzuhalten, daß nur nebensächliche Änderungen der Zeichendarstellung die Priorität nicht beeinflussen und daß der Ersatz der angemeldeten Waren durch andere von Erheblichkeit ist, wenn die letzteren nicht in den ersteren enthalten sind (vgl. RG. 44, 62, im Bl. 99, 256; RG. in JW. 00, 532, im Bl. 00, 379; RG. in JW. 01, 809). Eine lange nach der Eintragung des Zeichens erfolgte Erweiterung des Warenverzeichnisses kann nicht die alte Priorität genießen (s. oben).

Hält das PA. die nachträgliche Erweiterung der Anmeldung nicht für zulässig, so wird es dem Anmelder aufgeben, eine gebührenpflichtige Neuanmeldung für die auszuscheidenden Teile einzureichen, für die die Priorität des Tages der Erweiterung gewährt werden kann (Rhenius S. 112).

Von den Änderungen im Laufe des Anmeldungsverfahrens ist zu scheiden die Änderung des Zeichens nach seiner Eintragung (N. 2 zu § 3).

Die Anmeldung kann ganz oder teilweise zurückgenommen werden, und zwar durch eine unbedingte, vorbehaltlose Erklärung. Bei gänzlicher Rücknahme werden gewisse Beträge erstattet (Abs. 4). Eine teilweise Rücknahme liegt in einer Beschränkung des Warenverzeichnisses, die häufig erfolgt, um Widersprüche zu beseitigen. Man wird die Wiederaufnahme der ausgeschiedenen Waren in demselben Verfahren gestatten, so lange kein Widerspruch gemäß § 5 erhoben ist, es müßte denn ein ausdrücklicher Verzicht vorliegen (vgl. § 20 Abs. 3 PG.).

§ 2 8, 9 Anlagen im allgemeinen. 8. Als Anlagen des Gesuchs kommen in Betracht: die Darstellung und die Beschreibung des Zeichens, die Modelle und Probestücke der mit dem Zeichen versehenen Ware, die Nachbildungen des Zeichens in der Form, wie es im Verkehre verwendet wird, das Verzeichnis der Waren, für die das Zeichen bestimmt ist, bei Verbandszeichen die Zeichensatzung nebst Nachträgen und der Druckstock. Bei Anmeldungen von Ausländern muß der Nachweis erbracht werden, daß das Zeichen im Heimatsstaate geschützt ist. Zu diesem Zwecke wird ein Zeugnis der fremden Zeichenbehörde beigefügt werden (N. 17 zu § 23).

Von diesen Anlagen ist die Darstellung und die Verbandszeichensatzung stets notwendig, die anderen Anlagen sind dem Ermessen des Anmelders überlassen und nur in besonderen Fällen vorgeschrieben z. B. ein Warenverzeichnis von großem Umfang (§ 4 der Bekanntmachung). Wenn das PA. in einem Falle, wo der Anmelder derartige Anlagen (Beschreibung, Modelle, Probestücke, Nachbildungen, Warenverzeichnis, Druckstock) nicht beigefügt hat, solche für erforderlich erachtet, darf es die Anmeldung nicht zurückweisen, sondern muß dem Anmelder eine Frist zu ihrer Nachbringung stellen.

Alle Anlagen müssen mit einer Aufschrift, die sie als Zubehör der Anmeldung kennzeichnet und mit einer fortlaufenden Nummer versehen sein (§ 2d, 9 der Bekanntmachung). Dies gilt auch für die — freiwillig oder auf Erfordern des Patentamts — eingereichten Nachträge. Letztere haben auch den Namen des Anmelders und das Aktenzeichen zu enthalten (§ 10 der Bekanntmachung). Der Vermerk würde etwa lauten: „Anlage I zu dem Gesuche des N. N. vom 5. August 1903." Bei Modellen und Probestücken ist zu erklären, ob sie später zurückgegeben werden sollen oder vernichtet werden können.

Betreffs der Anlagen und Nachträge verfügt noch § 7 der Kaiserlichen Verordnung vom 30. Juni 1894:

> Über Modelle, Probestücke und sonstige Unterlagen einer Anmeldung trifft, insoweit deren Aufbewahrung nicht mehr für erforderlich erachtet wird, der Präsident des Patentamts im Einvernehmen mit der Abteilung für Warenzeichen Verfügung.

Darstellung. 9. Die Darstellung kann in einer Zeichnung, Photographie oder sonstigen Abbildung des Zeichens bestehen. Nähere Vorschriften über sie gibt der § 3 der patentamtlichen Bestimmungen (N. 2). Regelrecht soll sie 33 cm in der Höhe und 25 cm in der Breite nicht übersteigen. Die nachherige Veröffentlichung des eingetragenen Zeichens soll in einer Größe von höchstens 10 cm in Höhe und Breite erfolgen (§ 8 der Bestimmungen). Die Darstellung muß stets eine lineare sein.

Will der Anmelder sich das Zeichen in einer bestimmten Farbe schützen lassen (über die Bedeutung eines solchen Schutzes siehe N. 4a zu § 20), so muß er entsprechend gefärbte Darstellungen einreichen. Außerdem wird er gut tun, eine Beschreibung beizufügen.

Bei reinen Wortmarken ist die Aufnahme des Wortes in das Gesuch für ausreichend erklärt; gleichzeitig ist die Erklärung abzugeben, daß der Abdruck des Druckstocks als Darstellung gelten soll (§ 3 Abs. 5 der patentamtlichen Bestimmungen). Die Vorschrift kommt bei Wörtern, deren Buchstaben besonders gestaltet sind, nicht zur Anwendung.

Abgesehen von den Wortmarken bildet die Darstellung die Grundlage des Zeichenrechts, auf sie ist bei der Frage nach der Tragweite des Schutzes und demzufolge bei der Frage, ob eine Verletzung des Rechts vorliegt, zurückzugehen. Deshalb ist auf ihre genaue und deutliche Anfertigung die höchste Sorgfalt zu verwenden. Man wird bei ihrer Beurteilung regelmäßig davon auszugehen haben, daß alles, was in sie aufgenommen ist und den Charakter einer absichtlichen Hervorbringung trägt, zum Zeichen gehören soll (RG. 19, 170), daß dagegen Elemente, welche in ihr nicht wiedergegeben sind nach der Absicht des Anmelders an dem Schutze nicht teilnehmen sollen. Wenn die Darstellung sonach auch eine möglichst scharfe und deutliche sein muß, so ist damit nicht gesagt, daß das Zeichen selbst nur deutliche Gebilde enthalten müsse, vielmehr hat in dieser Beziehung der Anmelder freie Wahl (Bl. 08 S. 167 und 168). § 2 9, 10

10. Die Darstellung des Zeichens reicht manchmal nicht aus, um die charakteristischen Merkmale mit Sicherheit erkennen zu lassen. Dazu kommt, daß in gewissen Fällen, insbesondere wenn das Zeichen in die Ware selbst eingedrückt (eingeschlagen, eingebrannt, eingepreßt) wird, dasselbe in der Verbindung mit der Ware einen anderen Eindruck hervorzurufen geeignet ist, als in der bildlichen Darstellung. Diesen Mängeln der Darstellung kann eine **Beschreibung** des Zeichens abhelfen, welche der Anmeldung beigefügt wird (vgl. über die Beschreibung **Krüger** in GewRschutz 11, 101). Die Beschreibung bildet eine Ergänzung des Zeichens, insofern sie ein nicht genügend deutliches Zeichenbild erläutert; dagegen ist sie nicht zu berücksichtigen, soweit sie mit dem eingetragenen Bilde in Widerspruch steht oder etwas enthält, was dem Bilde fremd ist (RG. 48, 209 im Bl. 01, 268). Die Beschreibung ist namentlich ohne Bedeutung, wenn sie nur die subjektive Auffassung des Anmelders über den Inhalt und die Tragweite des Zeichens wiedergibt, da sie damit über den vom Gesetz gewollten Zweck hinausgreift, oder wenn sie mit dem eingetragenen Zeichenbilde oder der Auffassung des Verkehrs von demselben im Widerspruch steht (Bl. 08, 141; RG. 48, 209 im Bl. 01, 268). Nach Eintragung des Zeichens ist weder eine nachträgliche Beschreibung noch eine Ergänzung der vorhandenen Beschreibung zuzulassen (**Krüger** a. a. O. S. 117). Die Beschreibung ist nötigenfalls nach ihrem Zusammenhange auszulegen (MarkSchWettbew. 9, 175). Beschreibung.

Das PA. verlangt eine Beschreibung, wenn Kollektivzeichen angemeldet werden (Geschäftstätigkeit des PA. S. 257; MarkSchWettbew. 9, 175; N. 15 zu § 1). Dagegen ist bei Wortzeichen eine Beschreibung nicht erforderlich, um hervorzuheben, daß auch der Klanglaut geschützt sein soll (N. 11 zu § 1).

Da das Zeichenrecht sich auf die Wiedergabe des Zeichens in jeder Farbe und in allen Größenverhältnissen erstreckt, so sind derartige **Vorbehalte**, wie sie bei französischen Marken oft vorkommen (cette marque est de dimensions et couleurs variables), überflüssig. Nur wenn der Anmelder sich eine **Farbe** oder Farbenzusammenstellung besonders schützen lassen will (N. 4a zu § 20), wird er es in der Beschreibung hervorheben, welche die eingereichte Darstellung in diesem Punkte ergänzen kann, selbst wenn sie ungefärbt ist (RGSt. 33, 90 im Bl. 00, 331).

Die Beschreibung muß in deutscher Sprache abgefaßt sein, sonst wird sie nicht berücksichtigt (N. 3). Sie wird zweckmäßig erst nach der Darstellung angefertigt.

§ 2 Die Beschreibung wird vom PA. nur soweit geprüft, ob sie sich auf das
10, 11, 12 Zeichen bezieht und für dasselbe von Bedeutung ist. Ihre Richtigkeit wird nicht untersucht. Sie wird auch angenommen und in der Rolle vermerkt, wenn ihr Inhalt ein rechtlich unzulässiger ist (Bl. 95, 210). Wenn sie aber erkennen läßt, daß ein gesetzwidriger Gebrauch des Zeichens beabsichtigt sei, so kann das PA. die Eintragung des Zeichens ablehnen (PA. im Bl. 99, 87). Im Gegensatz zur Rechtsprechung und zum Schrifttum will Krüger a. a. O. stets eine Prüfung der Beschreibung nach allen Richtungen durch das PA. vornehmen lassen.

Der Anmelder kann die charakteristischen Bestandteile, auf welche er das Hauptgewicht legt, am Schlusse der Beschreibung in einem Zeichenanspruch zusammenfassen, notwendig ist dies aber nicht. Das PA. trägt weder die Beschreibung, noch ihren Anspruch ein, es verweist nur auf die eingereichte Beschreibung in der Rolle. Die Einsicht der Beschreibung steht jedermann frei. Im Gegensatze zu der eigentlichen Beschreibung sind im Anspruche Bezugnahmen auf die Darstellung zu vermeiden. Von rechtlicher Bedeutung ist der Anspruch nicht, wenn ihm das Zeichen nicht entspricht (Bl. 96, 184; 03, 203; 08, 141; RG. im Bl. 94/95, 278 hinsichtlich ausländischer Marken).

Modelle, Probestücke. 11. Die Einreichung von Modellen und Probestücken der mit dem Zeichen versehenen Waren wird insbesondere dann zur Veranschaulichung des Zeichens erforderlich sein, wenn sich dasselbe in Verbindung mit der Ware anders als auf der Abbildung darstellt (N. 10). Auch Nachbildungen des Zeichens in der Form, wie es im Verkehr verwendet wird, werden mitunter zum besseren Verständnis dienlich sein, z. B. bei besonders großen Zeichen. In diesen Fällen wird im Falle eines Streites zur Vergleichung mit der angeblichen Nachahmung das Probestück oder Modell oder die Nachbildung zusammen mit der Darstellung heranzuziehen sein.

Druckstock. 12. Der Druckstock (cliché), welcher zur Vervielfältigung des Zeichens in dem Warenzeichen-Blatte bestimmt ist, braucht von dem Anmelder nicht mit der Anmeldung, sondern erst dann eingereicht zu werden, nachdem er vom PA. benachrichtigt worden ist, daß die Eintragung des Zeichens in die Rolle erfolgen kann. Er gehört also nicht zu den notwendigen Anlagen des Gesuchs, wohl aber zu den Unterlagen der Anmeldung (N. 8). Selbst nach der Einforderung des Druckstocks kann aber die Anmeldung noch zurückgewiesen werden (PA. im Bl. 97, 254). Auch die Nichteinreichung des Druckstocks kann, wenn der Mangel nicht behoben wird, zur Zurückweisung der Anmeldung führen (Bl. 07, 15). Der Anmelder kann, anstatt den Druckstock selbst anfertigen zu lassen, das PA. ersuchen, auf seine, des Anmelders, Kosten die Anfertigung zu veranlassen; das PA. ist zwar nicht verpflichtet, diesem Antrage stattzugeben — vgl. das „kann" im § 8 Abs. 6 der patentamtlichen Bestimmungen (N. 2) —, wird es aber stets tun, wenn nicht besondere Hinderungsgründe vorliegen. Der Anmelder kann den Antrag gleich bei Einreichung seines Gesuchs stellen. Die Anfertigung durch das PA. pflegt nur wenige Tage in Anspruch zu nehmen. Reicht er den Druckstock selbst ein, so muß er einen mittels desselben gefertigten Abdruck des Zeichens in zwei Ausführungen beifügen.

Auch bei Wortzeichen ist ein Druckstock erforderlich.

Über die Beschaffenheit des Druckstocks s. § 8 Abs. 2—4 der Bestimmungen (N. 2). Er braucht das Zeichen nur in seinen wesentlichen Teilen wiederzugeben (vgl. hierzu PA. in Mitt. v. Verband 4, 45). Gegen die bloße Bemängelung des Druckstocks ist eine Beschwerde nicht gegeben (PA. im Bl. 03, 207). § 2 13

Abs. 3—7.

13. Das Warenzeichengesetz kannte nur eine einmalige Anmeldegebühr **Gebühren.** von 30 Mark, gleichviel für wie viele Waren das Zeichen angemeldet wurde. Infolgedessen wurden die Verzeichnisse der Waren bei den Anmeldungen immer umfangreicher, was die Übersicht sehr erschwerte. Diesen Mißständen tritt das Gesetz vom 27. Juni 1922 (RGBl. II, 619 im Bl. 22, 76) in Art. IV Ziff. 1 entgegen. das jetzt in die Absätze 3—7 des § 2 übergegangen ist. Es verknüpft die bei der Anmeldung und Erneuerung zu zahlenden Gebühren entsprechend früheren Anregungen (MarkschWettbew. 08, 65) mit einer vom PA. aufgestellten Liste von Warenklassen und Unterklassen, die als Anlage zu dem neu gefaßten Text des Warenzeichengesetzes abgedruckt ist (RGBl. 1923 II S. 450). Es sind im ganzen 41 Klassen vorgesehen; einige haben Unterklassen, nämlich die Klassen 3, 9, 16, 20, 22 und 26. Die Warenklassenliste ist S. 10 ff. abgedruckt.

Der Anmelder ist frei in der Wahl der Waren, für die er das Zeichen erlangen will. Das PA. ordnet aber seine Waren in die Klassen und Unterklassen der amtlichen Liste ein. Die Benutzung der amtlichen Aufstellung der verschiedenen Waren hatte schon vorher stattgefunden. Sie wird durch die neue gesetzliche Bestimmung gefördert.

Man unterscheidet Anmelde- und Klassengebühr. Für jede Anmeldung ist eine einmalige Anmeldegebühr von gegenwärtig 15 Reichsmark zu zahlen. Dazu tritt eine Mindestgebühr von gegenwärtig 5 Reichsmark für eine Klasse oder Unterklasse. Je nach der Zahl der Klassen oder Unterklassen, für die Waren angemeldet werden, erhöht sich diese Mindestgebühr, so daß, wenn Waren angegeben werden, die sich auf sechs Klassen oder Unterklassen verteilen, die Klassengebühr sechsmal zu entrichten ist. Die oberste Grenze ist das 20fache der Klassengebühr. Ist für mehr als 20 Klassen oder Unterklassen angemeldet, so braucht also nur der 20fache Betrag entrichtet zu werden. Für die Gebühren ist seit der Verordnung vom 29. November 1923 (Bl. 23, 143) Bezahlung in Goldmark eingeführt. Die Goldmark ist nach der VO. vom 2. Dez. 1924 (RGBl. I S. 775, Bl. 25, 1) durch Reichsmark zu ersetzen. Die Anmeldegebühr beträgt bei Verbandszeichen 100 und die Klassengebühr bei ihnen 15 Reichsmark. Außerdem wird für die Eintragung eine Gebühr von 15 und bei Verbandszeichen von 100 Reichsmark erhoben (vgl. N. 1 zu § 6a). Die Erneuerungsgebühr beträgt 100 und die Klassengebühr bei der Erneuerung 5 Reichsmark, bei Verbandszeichen 500 und 15 Reichsmark (alles dies nach der VO. vom 28. Febr. 1924 im Bl. 24, 45).

Diese Gebühren gehören im nationalökonomischen Sinne nicht zu den Steuern, sondern zu den Gebühren im eigentlichen Sinne, d. h. zu den Abgaben, welche von den einzelnen als besonderes Entgelt eines ihnen von der öffentlichen Gewalt geleisteten bestimmten Dienstes oder einer durch sie dem Staate verursachten Ausgabe zu leisten sind (vgl. Seligsohn Patentgesetz N. 2 zu § 8).

Die Gebühren fließen in die Reichskasse, ihre Zahlung geschieht an

§ 2 die Kasse des PA. Die Einsendung geschieht am zweckmäßigsten mittels
13 Bank- oder Postschecküberweisung, Zahlkarte oder Postanweisung; auf dem Abschnitt ist außer dem Namen des Absenders die Anmeldung möglichst genau anzugeben. Das Bestellgeld ist mitzuentrichten. Das PA. hat Reichsbankgirokonto und Postscheckkonto Nr. 2 Berlin. Es empfiehlt sich bei allen Zahlungen nicht bis zum letzten Termine zu warten, da sich erfahrungsmäßig dadurch leicht Verspätungen und Schwierigkeiten ergeben. Natürlich kann auch in den Kassestunden des Amts bar gezahlt werden, was in Eilfällen ratsam sein wird.

Nach den Bekanntmachungen des PA. vom 12. März und 25. Juni 1917 (Bl. 17, 26; 17, 70) werden folgende Zahlungsformen der Barzahlung gleichgestellt:

1. Der Eingang eines Postschecks bei demjenigen Postscheckamt, bei welchem der Einzahler sein Konto hat, oder beim Postamt zur Bewirkung der Gutschrift auf das Postscheckkonto des PA.

2. Der Eingang eines Bankschecks, Wechsels oder einer sonstigen Anweisung beim PA., sofern die Einlösung innerhalb zehn Tagen nach Eingang erfolgt.

3. Der Eingang des Auftrags zur Gutschrift auf das Reichsbankgirokonto der Kasse des PA. bei der Reichshauptbank, bei einer Reichsbankanstalt oder bei einer Bank, die dem Abrechnungsverkehr der Reichshauptbank oder einer Reichsbankanstalt angeschlossen ist.

Wenn auch diese Bestimmungen zu den Kriegsverordnungen gehören, so sind sie doch auch über den Krieg hinaus in Kraft geblieben.

Über die Einzahlung von Guthaben zur fortlaufenden Verrechnung siehe Bl. 99, 282; 99, 313; wegen des Mindestbetrages der Überweisungen (300 M.) vgl. PA. im Bl. 01, 65.

Erfüllungs- oder Leistungsort für alle Zahlungen, welche an das PA. zu erfolgen haben, ist stets der Sitz des PA., also auch dann, wenn die Zahlung durch die Post oder durch Überweisung auf Girokonto erfolgt. Dies ist nach verschiedenen Richtungen wichtig, insbesondere für die Frage, in welcher Währung zu zahlen ist und welche Feiertage eine Verlängerung der Zahlungsfrist herbeiführen usw.

Die vorstehende Regelung des Leistungsortes ergibt sich aus der Natur des Rechtsverhältnisses (§ 269 BGB.). Außer dem Sitze des PA. könnte nämlich nur noch der Wohnort des Zahlungspflichtigen oder bei Postsendungen der Absendungsort in Frage kommen. Der Wohnort des Zahlungspflichtigen ist ausgeschlossen, weil für die Währung oder die Feiertage unmöglich die in China, Persien oder einem anderen Lande des Erdballs existierenden Rechtsnormen maßgebend sein können; außerdem ist zu erwägen, daß die Zahlung nicht immer durch den Zahlungspflichtigen, sondern auch durch irgendeinen Dritten erfolgen kann.

Gegen den Absendungsort spricht, daß die Willkür des Zahlungspflichtigen dann entscheiden würde. Es könnte z. B. der Preuße, welcher spätestens am 8. September eine Zahlung zu leisten hat, anordnen, daß dieselbe von München aus an das PA. geschickt wird, weil der 8. September in Bayern allgemeiner Feiertag ist und deshalb die Absendung am 9. September noch rechtzeitig sein würde.

Außer den Sonntagen sind nur die in Preußen anerkannten *Feiertage* § 2
vom PA. zu berücksichtigen. Es sind dies der Neujahrstag, der Karfreitag, 13
der Ostermontag, der Pfingstmontag, die beiden Weihnachtstage, der Buß- und Bettag (der Mittwoch vor dem letzten Trinitatistage) und der Himmelfahrtstag. Läuft also eine Zahlungsfrist am preußischen Buß- und Bettage ab, so kann auch ein Nichtpreuße am folgenden Tage die Zahlung leisten, selbst durch Einzahlung des Betrages bei einer im Gebiete des Deutschen Reiches belegenen nichtpreußischen Postanstalt.

Im Gegensatz zu der vorstehenden Ansicht, die in der Literatur fast ausnahmslos gebilligt wird, läßt die *Beschwerdeabteilung des PA.* bei einer Gebührenentrichtung durch Einzahlung bei einer Postanstalt eine Fristverlängerung eintreten, wenn zwar nicht in Berlin, aber am Sitze der Postanstalt ein allgemeiner Feiertag ist (Bl. 08, 204); dagegen *Hüfner* in GewRschutz 08, 344).

Auf Wunsch des Absenders erteilt die Kasse eine *Empfangsbescheinigung*, die Portokosten derselben trägt ihr Empfänger (Erläuterungen des PA. N. 2 unter 4d). Die Zahlung der Anmeldegebühren hat gleichzeitig mit der Einreichung des Gesuchs zu erfolgen. Die Zahlung der Erneuerungsgebühren hat spätestens vor Ablauf der Schutzfrist (§ 8 Nr. 1) zu erfolgen.

Geht die *Anmeldung ohne Gebühren* ein, so fordert das PA. den Anmelder auf, binnen bestimmter Frist den Mangel zu heben. Nach fruchtlosem Ablauf der Frist beschließt es die Abweisung der Anmeldung. Ein Vorbescheid wird jetzt nicht mehr erlassen (N. 1 zu § 10).

Neben diesen Gebühren sind noch die *Eintragungsgebühr* und der *Druckkostenbeitrag* des § 6a zu entrichten, *andere Kosten*, z. B. für die Veröffentlichung, für die Bescheinigung über die Eintragung, für etwaige Aufklärungen durch Beweisaufnahme sind nicht zu zahlen. Alle diese Kosten sind durch jene Gebühren abgegolten.

Wie ist es, wenn die *gezahlten Gebühren* nicht den Warenklassen oder Unterklassen entsprechen, sondern *zu gering* sind? Das kann leicht vorkommen, da der Anmelder über die Einordnung seiner angemeldeten Waren in die Klassen eine irrige Auffassung haben kann. Das PA. wird in diesen Fällen den Anmelder auffordern, entweder die notwendige Mehrzahlung zu leisten oder die Waren zu bezeichnen, auf die die tatsächlich gezahlten Gebühren verrechnet werden sollen. Erklärt der Anmelder sich nicht oder nicht ausreichend, so erfolgt die Abweisung, da das PA. nicht befugt ist, die Entscheidung an Stelle des Anmelders zu treffen. Die fehlende Angabe kann noch in der Beschwerdeinstanz nachgeholt werden.

Die für die Anmeldung einmal gezahlten Gebühren verbleiben dem Reiche. Eine *Erstattung* (vgl. *Niebour* in MarkschWettbew. 24, 61) erfolgt nur dann, wenn eine *einheitliche Abweisung* oder sonstige Erledigung der Anmeldung für alle angemeldeten Waren erfolgt. Bei einer teilweisen Abweisung findet eine Rückzahlung nicht statt. Aus welchen Gründen die Eintragung versagt wird, ist gleichgültig. Es muß aber ein solcher Grund vorliegen, der für alle Waren gleichmäßig zutrifft, z. B. wenn der Anmelder auf die Eintragung verzichtet (a. M. *Niebour* a. a. O.), wenn sie wegen formeller Mängel nicht erfolgt (etwa wegen Nichtzahlung der Eintragungsgebühr oder des Druckkostenbeitrags) oder weil das Zeichen keine Unterscheidungskraft besitzt. Dagegen wird nichts zurückgezahlt, wenn für einen Teil der Waren das Zeichen

§ 2 als Freizeichen und für einen anderen als Beschaffenheitsangabe abgelehnt
13, 14 wird. Ganz ausgeschlossen ist eine Erstattung, wenn ein oder mehrere Widersprüche zur Zurückweisung führen, dies aus dem Grunde, daß das Widerspruchsverfahren das PA. besonders belastet. Wird die Eintragung teils von Amts wegen versagt, weil das Zeichen für einige Waren nicht schutzfähig ist, und zum Teil auf Widerspruch wegen der anderen Waren, so wird gleichfalls nichts erstattet. Zieht der Anmelder das Zeichen vor der Entscheidung über die Widersprüche zurück, so tritt die Erstattungspflicht ein (a. M. Niebour a. a. O.).

Das PA. behält auch im Falle der Erstattung die Anmelde- und eine Klassengebühr und zahlt nur die darüber hinausgehenden Beträge zurück. Die Erstattung erfolgt von Amts wegen ohne Antrag. Wird das Zeichen eingetragen, wenn auch nur für einen beschränkten Kreis von Waren, so wird nichts zurückgezahlt.

Die gleichen Grundsätze gelten für die Erneuerungsgebühren. Diese bezwecken durch die Kosten eine Befreiung der Zeichenrolle von überflüssigen Zeichen von Zeit zu Zeit herbeizuführen. Es ist eine allgemeine Erneuerungsgebühr und außerdem für jede Klasse oder Unterklasse eine besondere Gebühr zu entrichten. Bei der Erneuerung brauchen nicht sämtliche Waren übernommen zu werden; der Zeicheninhaber kann die Erneuerung beschränken, muß aber in jedem Fall für die Warenklassen, die dann noch in Betracht kommen, die Gebühr entrichten. Für mehr als 20 Klassen wird keine Erneueneuerungsgebühr gezahlt. Für eine Klasse muß mindestens gezahlt werden (vgl. im übrigen N. 3 zu § 8). Bei den Erneuerungsgebühren findet eine Rückzahlung nur statt, wenn die Erneuerung nicht erfolgt (Bl. 05, 104).

Warenklassen. 14. Es bestehen gegenwärtig 41 Warenklassen mit einer Reihe von Unterklassen. Man hat versucht, die Waren in diesen zahlreichen Klassen unterzubringen. Die Verteilung der Waren auf die verschiedenen Klassen kann von der Reichsregierung mit Zustimmung des Reichsrats jederzeit geändert werden. Über die Bedenken, die der gegenwärtigen Klasseneinteilung entgegenstehen, vgl. Herzfeld in MarkschWettbew. 22, 105. Das PA. entscheidet unanfechtbar über die Einordnung der Waren des Anmelders oder des Erneuerers in diese 41 Klassen und Unterklassen behufs Bemessung der Gebühren. Ein Rechtsmittel gegen die Bestimmung der Stelle des PA., von welcher die Einordnung ausgeht (Prüfungsstelle, Beschwerdeabteilung) ist nicht gegeben, wohl aber läßt sich bei offenbarem Versehen eine Gegenvorstellung erheben, denn die Stelle kann natürlich ihre eigene Entscheidung jederzeit ändern.

Rechtlich hat die Einteilung der Waren in die Klassen nur für die Gebühren Bedeutung. Aus der Benutzung der amtlichen Einteilung zur Bezeichnung der Waren kann aber im Einzelfalle gefolgert werden, daß de rAnmelder seine Warengattungen ebenso verstehen wollte, wie das amtliche Verzeichnis nach seinem Zusammenhange das ergibt (vgl. RG. 104, 162 im Bl. 24, 67).

§ 3.

§ 3 Die Zeichenrolle soll enthalten:

1. den Zeitpunkt des Einganges der Anmeldung;
2. die nach § 2 Abs. 1 der Anmeldung beizufügenden Angaben;

3. Namen und Wohnort des Zeicheninhabers und seines etwaigen Vertreters sowie Änderungen in der Person, im Namen oder im Wohnort des Inhabers oder des Vertreters; § 3 1
4. den Zeitpunkt einer Erneuerung der Anmeldung;
5. den Zeitpunkt der Löschung des Zeichens.

Die Einsicht der Zeichenrolle steht jedermann frei.

Jede Eintragung, soweit sie nicht nur die im Abs. 1 Nr. 3 bezeichneten Änderungen betrifft, und jede Löschung wird vom Patentamt in regelmäßig erscheinenden Übersichten veröffentlicht (Warenzeichenblatt).

1. Die **Bedeutung der Zeichenrolle** ist eine erheblich andere, als die der gleichfalls vom PA. geführten Patentrolle und Musterrolle (erstere für Patente, letztere für Gebrauchsmuster). Vgl. Schanze, Die Register- und Rolleneinschreibungen auf dem Gebiete des Industrierechts S. 8ff. Bedeutung der Rolle.

Die Zeichenrolle dient zur Eintragung für das Zeichen, dessen Übergang und Löschung. In welchem Verhältnis stehen nun diese Eintragungen zu der Entstehung, Übertragung und Endigung des Zeichenrechts selbst? Wirken sie konstitutiv, so daß sie allein die Rechtswirkung hervorbringen, oder deklarativ, so daß sie den, unabhängig von der Eintragung bewirkten, Rechtserfolg lediglich buchen? Weder das eine noch das andere ist der Fall.

Ohne Eintragung des Zeichens gibt es kein Zeichenrecht. Die Eintragung ist zwar nicht seine einzige Voraussetzung, aber so lange ein Zeichen eingetragen steht, ist es rechtswirksam (N. 2 zu § 12, ebenda die Ausnahmen). Die Eintragung ist auch maßgebend für den Umfang des Schutzes. Auf Waren, die nicht in der Eintragung bezeichnet sind, erstreckt sich der Schutz nicht. Dagegen ist es gleichgültig, ob das Zeichen in einer falschen Warenklasse vermerkt ist (RG. 38, 77 in Bl. 97, 234; RG. 104, 162 im Bl. 24, 67). Es findet eine Ähnlichkeit mit der Musterrolle insofern statt, als die Eintragung in diese zwar auch Voraussetzung für die Entstehung des Musterschutzes ist, aber nicht die einzige; dagegen wird dem eingetragenen Gebrauchsmuster der Rechtsschutz beim Fehlen der übrigen Voraussetzungen versagt (Seligsohn N. 2 zu § 4 des Gebrauchsmustergesetzes). Die Eintragung in die Patentrolle hat gar keine Bedeutung, sie dient nur zur Bekanntmachung (Seligsohn N. 5 zu § 19 des Patentgesetzes).

Der Vermerk des Übergangs in der Rolle ist bei allen drei Rechten ohne Einfluß auf den Erwerb des Rechts. Ohne diesen Vermerk kann aber beim Zeichenrecht der Rechtsnachfolger sein Recht nicht geltend machen (N. 14 zu § 7), während bei den beiden anderen Rechten ohne Vermerk und Ver-

§ 3 öffentlichung der frühere Inhaber „nach Maßgabe dieses Gesetzes“ berechtigt
1, 2 bleibt (Seligsohn Patentgesetz § 19 N. 11, Gebrauchsmustergesetz § 3 N. 6).

Die Löschung des Zeichens bewirkt nicht ein Erlöschen des Zeichenrechts, beides ist voneinander unabhängig. Die Bedeutung der Löschung besteht darin, daß erst mit ihr gestattet ist, das Erloschensein des Zeichenrechts geltend zu machen (N. 10 zu § 12). Die Löschung in der Patentrolle hat nur eine beurkundende Bedeutung. Ebenso im allgemeinen die Löschung in der Musterrolle; anders im Falle des Löschungsurteils (Seligsohn, Gebrauchsmustergesetz § 3 N. 6, § 6 N. 10). Die Löschung in der Zeichenrolle wirkt ex tunc (N. 11 zu § 12), dagegen ist es streitig, ob eine in der Musterrolle infolge eines Löschungsurteils erfolgende Löschung rückwirkende Kraft hat (Seligsohn a. a. O.). Wo die Löschung nur beurkundende Bedeutung hat, kann natürlich von rückwirkender Kraft nicht die Rede sein.

Abs. 1.

Inhalt der Rolle. 2. In die Zeichenrolle werden alle Warenzeichen unter einer fortlaufenden Nummer eingetragen. Es kann leicht vorkommen, daß ein früher angemeldetes Zeichen eine höhere Nummer hat, als ein später angemeldetes, nämlich, wenn sich die Eintragung des ersteren durch Zwischenverfügungen, Widersprüche, Beschaffung des Druckstocks usw. verzögert oder weil eine besondere Priorität z. B. nach der Pariser Übereinkunft in Betracht kommt.

Die Zeichenrolle hat folgende äußere Erscheinung:

Laufende Nr.	Klasse	Aktenzeichen	Namen und Wohnort des Zeicheninhabers und des Vertreters ausländischer Zeicheninhaber.	eingetragen am	erneuert am	gelöscht am	Bemerkungen	Darstellung
			Geschäftsbetrieb, in welchem das Zeichen verwendet werden soll.					
			Zeit der Anmeldung. Beanspruchte Unionspriorität: Land, Zeit.					
			Waren, für welche das Zeichen bestimmt ist.					

Bei den älteren Jahrgängen der Zeichenrolle findet sich noch: „Zeitpunkt und Ort der ersten Anmeldung“, die sich auf die übertragenen Zeichen des § 24 bezieht. Über Verbandszeichen siehe § 24c.

Neben der Zeichenrolle besteht jetzt ein Zeichenregister für die Zeichen, die auf Grund des Madrider Abkommens geschützt sind. Siehe darüber die Anlagen betr. das Madrider Abkommen.

Den Inhalt der Zeichenrolle bestimmt das Gesetz unter fünf Nummern; zu den einzelnen ist zu bemerken:

Zu 1. Es ist der Tag der Anmeldung einzutragen. Wenn das PA. ein Prioritätsrecht auf Grund eines Staatsvertrages anerkannt hat, so wird ein bezüglicher Vermerk in die Rolle eingetragen (Nr. XI der Mitteilung des PA. vom 18. April 1903 im Bl. 03, 128). Kommt eine Ausstellungspriorität nach dem Gesetze vom 18. März 1894 (RGBl. S. 141) in Frage, so wird auch ein Vermerk zu machen sein (Bl. 24, 28). Bei übertragenen Zeichen (§ 24) wird der Tag ihrer ersten Anmeldung, die bei Gericht erfolgt war, eingetragen, bei Einzelzeichen, die in Verbandszeichen umgewandelt sind, gilt ähnliches nach § 24 g. Der Zeitpunkt, in dem die Anmeldung als erfolgt gilt, wird durch § 27 der VO. vom 11. Juli 1891 festgesetzt, der lautet: § 3 2

> Sämtliche eingehende Geschäftssachen werden, ohne Rücksicht auf ihren verschiedenen Inhalt nach der Zeit ihres Eingangs mit einer laufenden Nummer, als Geschäftsnummer und mit dem Datum bezeichnet.
>
> Geschäftssachen, welche während der Dienststunden eingehen, sind alsbald, andere Geschäftssachen bei dem Wiederbeginn der Dienststunden von dem dazu bestimmten Beamten hiernach zu bezeichnen. Wenn die Reihe des Eingangs nicht feststeht, so sind sie nach der Reihe, in welcher sie von dem Beamten übernommen werden, mit der Bezeichnung zu versehen.
>
> Von zwei an demselben Tage an das Patentamt gelangten Geschäftssachen gilt diejenige als später eingegangen, welche die höhere Geschäftsnummer trägt.

Abgabe der Anmeldung bei einem Beamten des PA. außerhalb des Dienstgebäudes und außerhalb der Geschäftszeit ist für den Zeitpunkt des Eingangs ohne Bedeutung (PA. in Mitt. v. Verband 2, 60, s. aber RG. in JW. 04, 211; 05, 52). Der Zeitpunkt der Anmeldung unterliegt der Nachprüfung seitens des PA. und seitens der Gerichte. Er wird durch die Eintragung des Tages in der Rolle nicht unabänderlich bestimmt (PA. im Bl. 03, 222; RG. im Bl. 95, 240; 97, 240; RG. 44, 62 im Bl. 99, 256; RG. in JW. 00, 532 im Bl. 00, 379; ferner Seligsohn, Patentgesetz Nr. 6 zu § 2). Zweifelhaft wird der Zeitpunkt der Priorität namentlich bei Abänderungen der Anmeldung; vgl. Nr. 7a zu § 2.

Zu 2. In jedem Falle sind Geschäftsbetrieb, Warenverzeichnis und Darstellung einzutragen; die Eintragung der letzteren erfolgt, indem eines von den eingereichten Exemplaren der Darstellung in der Rolle befestigt wird. Bei Verbandszeichen fällt der Geschäftsbetrieb fort (§ 2b der Bekanntmachung Nr. 2 zu § 2). Ein Vermerk über Beifügung einer Beschreibung des Zeichens ist einzutragen, wenn der Anmelder eine solche eingereicht hat. („Der Anmeldung ist eine Beschreibung beigefügt.") Die Beschreibung selbst wird nicht eingetragen (Bl. 17, 131). Das gleiche gilt, wenn Modelle oder Probestücke überreicht sind.

Zu 3. Bei firmenberechtigten Gesellschaften ist statt des Namens die Firma, statt des Wohnorts der Sitz einzutragen; bei einem Einzelkaufmann wird der bürgerliche Name oder die Firma eingetragen (Nr. 3a zu § 2). Bei Ausländern, die im Inlande eine Niederlassung haben, wird entsprechend § 23 diese eingetragen (§ 23 Nr. 3). Vertreter des gegenwärtigen Zeicheninhabers werden eingetragen, wenn ihre Bestellung nach § 23 notwendig

§ 3 ist; alsdann ist der Wohnort wegen des Gerichtsstandes (§ 23 Abs. 2) mit ein-
2, 3 zutragen. Der Vertreter eines früheren ausländischen Zeicheninhabers kann nicht nachträglich zur Geltendmachung von Ansprüchen desselben eingetragen werden (Bl. 05, 246). Über die Erfordernisse, von denen die Eintragung des Rechtsnachfolgers abhängt, siehe § 7 Abs. 1.

Zu 4. Über den Zeitpunkt der Erneuerung siehe N. 3 zu § 8.

Zu 5. Einzutragen ist der Tag der Löschung (vgl. § 4 Abs. 2 a. E.).

Irrtümer und offenbare Unrichtigkeiten in den Eintragungen hat das PA. nach Analogie des § 319 ZPO. von Amts wegen zu berichtigen. Eine Abänderung oder Aufhebung des Eintragungsbeschlusses selbst darf aber natürlich nicht in Form einer Berichtigung vorgenommen werden. Das Zeichen ist, wenn es einmal eingetragen ist, in seinem Wesen unabänderlich (PA. im Bl. 97, 234; 03, 236; in Mitt. v. Verband 3, 45, im MarkschWettbew. 17, 87). Ebenso unzulässig erscheint eine nachträgliche Änderung des den Schutzbereich bestimmenden Warenverzeichnisses (Rhenius S. 20; RG. 104, 162 im Bl. 24, 67). Gegen das RG. PA. in JW. 24, 229 im Bl. 24, 64; s. aber Kisch in der Anm. ebenda, der mit Recht dem RG. beitritt. Dagegen ist es angängig, nachträglich den Zeitpunkt der Anmeldung oder die Warenklasse zu ändern, da diese nur deklarative Bedeutung haben (N. 2).

Veränderungen sind in der Rolle an der Stelle zu vermerken, auf die sie sich beziehen. In der Hauptspalte heißt es z. B. „jetziger Wohnsitz des Zeicheninhabers . ." oder „umgeschrieben auf" (bei Abtretung), in der Spalte „gelöscht am" „für Rechentafeln am . . ." (bei einer Teillöschung, wobei die betreffende Warengattung in der Hauptspalte rot unterstrichen wird).

Abs. 2.

Öffentlichkeit. 3. Die Rolle ist öffentlich. Jeder kann sie und ihre Anlagen (Beschreibungen usw.) in den Dienststunden einsehen, ohne irgendein Interesse nachzuweisen. Infolgedessen gibt auch das PA. Anträgen auf Erteilung von Abschriften oder Auszügen aus der Rolle stets statt. Dies ist um so unbedenklicher, als der § 29 der VO. vom 11. Juli 1891, welcher nach § 8 der Kaiserlichen Verordnung vom 30. Juni 1894 auch in Zeichenangelegenheiten Anwendung findet, dem PA. gestattet, sogar von den den bei ihm beruhenden Eingaben und Verhandlungen, soweit die Einsicht in dieselben gesetzlich nicht beschränkt ist, an jedermann Abschriften und Auszüge gegen Einzahlung der Kosten zu erteilen. Die Akten einer abgewiesenen Anmeldung sind dagegen nicht öffentlich. Aus ihnen werden nur nach Ermessen des PA. Abschriften erteilt und in sie Einblick nur gewährt, wenn der Dritte ein erhebliches und begründetes Interesse nachweist (Bl. 08, 142; Mitt. v. Verband 18, 73). An Gerichte und Staatsanwaltschaften sendet das PA. seine Akten über eingetragene Zeichen ohne weiteres, natürlich ohne die für den inneren Dienst bestimmten Aufzeichnungen (Bl. 05, 234). Die Auszüge aus der Zeichenrolle werden auf Wunsch beglaubigt. Wenn eine Auslandsanmeldung beabsichtigt ist, so erhält auf Antrag der Auszug behufs Legalisation die Unterschrift des Präsidenten des PA. Außerdem wird über die erfolgte Eintragung eine Bescheinigung erteilt (§ 6 der Kaiserlichen Verordnung vom 30. Juni 1894). Abschriften dieser Bescheinigung werden nicht erteilt (Präsidialbescheid im Bl. 01, 300).

Abs. 3. § 3

4. Eine Veröffentlichung der Zeichen im Reichsanzeiger findet nicht mehr statt. 4

Bekanntmachungen.

Das Warenzeichen-Blatt, das im Verlage von P. Stankiewiecz in Berlin erscheint, gibt in Monatsheften eine nach den Klassen geordnete Übersicht der neu eingetragenen Zeichen und der sonstigen die Zeichen betreffenden Eintragungen und Löschungen. Die Änderungen in der Person des Inhabers oder Vertreters werden nicht veröffentlicht, sie können nur aus der Rolle ersehen werden.

Die Veröffentlichung hat keine rechtliche Bedeutung (vgl. N. 12 zu § 7).

§ 4.

Die Eintragung in die Rolle ist zu versagen für Freizeichen sowie für Warenzeichen, § 4

1. welche ausschließlich in Zahlen, Buchstaben oder solchen Wörtern bestehen, die Angaben über Art, Zeit und Ort der Herstellung, über die Beschaffenheit, über die Bestimmung, über Preis-, Mengen- oder Gewichtsverhältnisse der Ware enthalten;
2. welche Staatswappen oder sonstige staatliche Hoheitszeichen oder Wappen eines inländischen Ortes, eines inländischen Gemeinde- oder weiteren Kommunalverbandes enthalten;
3. welche Ärgernis erregende Darstellungen oder solche Angaben enthalten, die ersichtlich den tatsächlichen Verhältnissen nicht entsprechen und die Gefahr einer Täuschung begründen.

Die Vorschrift der Nr. 2 findet keine Anwendung, wenn der Anmelder befugt ist, das Wappen oder Hoheitszeichen in dem Warenzeichen zu führen.

Zeichen, welche gelöscht sind, dürfen für die Waren, für welche sie eingetragen waren, oder für gleichartige Waren zugunsten eines anderen als des letzten Inhabers erst nach Ablauf von zwei Jahren seit dem Tage der Löschung von neuem eingetragen werden.

1. Vorprüfung.

Abs. 1 (N. 2—26).

2— 7. Freizeichen.
2. Begriff des Freizeichens.
3a. Allgemeiner freier Gebrauch.
4b. Anschauung des Verkehrs.
5c. Verkehrskreise.
6. Prüfung.
7. Änderungen, Zusätze.
7a. Umbildung eines Freizeichens zum Individualzeichen.

§ 4
2

8—16. Nr. 1.
8. Gemeingebräuchliche Zeichen.
9. Zahlensysteme, Sprachen.
10. Zahlen.
11. Buchstaben
12. Wörter.
13. Unzulässige Wörter.
14. Zulässige Wörter.
15. Kombinationen.
16. Kombinationen mit anderen Bestandteilen.

17—19. Nr. 2.
17. Staatliche Hoheitszeichen.
18. Wappen.
19. Teile des Wappens.
19a. Rotes Kreuz.

20—26. Nr. 3.
20. Wider die guten Sitten.
21. Ärgernis erregende Zeichen.
22. Irreführende Zeichen.
23a. Angaben.
24b. Den tatsächlichen Verhältnissen nicht entsprechend.
25c. Gefahr der Täuschung.
26d. Ersichtlich.

Abs. 2.

26a. Befugnis.

Abs. 3 (N. 27, 28).

27. Grund der Sperrfrist.
28. Inhalt der Sperrfrist.

Vorprüfung. 1. Die Stellung, welche die staatlichen Registrierungsorgane gegenüber einer Anmeldung einnehmen, ist in den einzelnen Staaten verschieden geregelt. In Deutschland gilt das Vorprüfungssystem. Das PA. prüft alle angemeldeten Zeichen darauf, ob sie den formellen und materiellen Erfordernissen des Gesetzes entsprechen, und versagt ihnen, wenn dies nicht der Fall ist, in der Regel von Amts wegen die Eintragung. Bloß wenn das Zeichen ausschließlich in das private Recht eines früheren Anmelders eingreift, versagt das PA. nur auf Widerspruch des Berechtigten, den es von der Anmeldung verständigt, die Eintragung (§§ 5, 6).

Abs. 1 zählt die absoluten Versagungsgründe auf, Abs. 3 gibt einen subjektiv und zeitlich beschränkten Versagungsgrund. Abgesehen von diesen Fällen des § 4 ist die Eintragung in die Rolle selbstverständlich auch abzulehnen, wenn das Zeichen oder der Anmelder nicht den Voraussetzungen entspricht, welche § 1 aufstellt (z. B. längeres Schrift- und Druckwerk ohne charakteristische Form, Geschäftsunfähigkeit; vgl. N. 2, 9, 10, 12 zu § 1), oder wenn die Anmeldung gegen § 23 verstößt oder den in § 2 oder in den Bestimmungen des PA. vom 8. September 1922 gegebenen Vorschriften nicht genügt. Außerdem sind noch durch Spezialgesetze Beschränkungen eingeführt. Hierher gehören: das Gesetz zum Schutze des Genfer Neutralitätszeichens (N. 19a), die Bekanntmachung des Bundesrats zum Schutze eiserner Gedenkstücke der Reichsbank vom 3. Aug. 1916 (RGBl. S. 883; Bl. 16, 91), deren § 7 bestimmt, daß Warenzeichen, die eine Darstellung eines solchen Gedenkstücks oder eine Wiedergabe des auf einem Stücke angebrachten Sinnspruchs enthalten, ohne Zustimmung des Reichsbankdirektoriums nicht in die Zeichenrolle eingetragen werden dürfen.

Verträge, durch die versprochen wird, Waren mit einem bestimmten Warenzeichen zu liefern, sind nicht nichtig, wenn die beabsichtigte Eintragung des Zeichens nicht zu erlangen ist; sie rufen aber Gewährleistungs- oder Schadensersatzansprüche hervor (RG. in DJZ. 03, 549).

Die Entscheidung, ob die Eintragung zu gewähren oder zu versagen ist, wird von einer Verwaltungsbehörde, dem PA., getroffen. Sie hängt aber nicht von der Willkür oder dem Ermessen dieser Behörde ab, denn die Eintragung muß erfolgen, wenn kein Versagungsgrund, und darf nicht erfolgen, wenn ein Versagungsgrund vorliegt. Insofern ist die Entscheidung, ebenso wie die Patenterteilung, kein Verwaltungsakt, sondern ein Akt richterlicher Tätigkeit (vgl. N. 1 zu § 7; Schanze im Archiv für öffentl. Recht 9, 173).

Abs. 1.

§ 4
2
Begriff des Freizeichens.

2. In dem Gesetz findet sich keine Definition des Freizeichens. Infolgedessen haben die Ansichten über die Begriffsmerkmale des Freizeichens geschwankt (vgl. PA. im Bl. 94/95, 95; 96, 360; 97 S. 185 und 247). Jetzt verlangt das PA., daß die Verkehrsentwicklung nicht ganz oder großenteils auf Mißbrauch beruhe, und läßt selbst eine starke Mitbenutzung des Zeichens nicht gelten, wenn der Sonderbesitz des ersten Inhabers noch in einem erheblichen Teil des Verkehrs anerkannt ist.

Diese Praxis, die namentlich in der Salvatorentscheidung im Bl. 99, 325 und in dem Beschluß betr. das Pepsin-Etikett im Bl. 08, 212 ihren Ausdruck gefunden hat, ist zu billigen.

Unter Freizeichen sind zu verstehen: Zeichen, die infolge allgemeinen freien Gebrauchs im Verkehr nicht als individuelle Warenzeichen gelten.

Das Wort Zeichen in der vorstehenden Begriffsbestimmung ist nicht mit Warenzeichen identisch. An und für sich muß allerdings das Zeichen geeignet sein, als Warenzeichen zu dienen. Zeichen, denen an sich schon jede Unterscheidungskraft fehlt (längere Schriftstücke, Medaillen) sind keine Freizeichen. Der Grund, weshalb das Zeichen ungeeignet ist, als Unterscheidungsmerkmal für die Waren der einzelnen Gewerbetreibenden dieser Klasse, d. i. als Warenzeichen, zu dienen (OHG. 25, 68), muß darin liegen, daß es von allen oder doch von sehr vielen dieser Gewerbetreibenden zeichenmäßig benutzt wurde. Das Gesetz stellt im § 4 Satz 1 mit Recht die Freizeichen in Gegensatz zu den Warenzeichen.

Ein eingetragenes Zeichen kann sich zwar in einen freien Warennamen umwandeln (N. 2a zu § 13), aber nicht in ein Freizeichen. Es ist dagegen durch die Eintragung geschützt (RG. 24, 74). Ein ruhiger Besitzstand kann sich gegenüber der Eintragung nicht bilden. Eine kurze Unterbrechung des Schutzes hat nicht zur Folge, daß die vor ihr liegende Eintragungsdauer unberücksichtigt bleibt (PA. im Bl. 4, 27). Dagegen hindert die bloße Anmeldung eines Zeichens noch nicht die Fortentwicklung zum Freizeichen. Dies wird von Bedeutung, wenn die Anmeldung aus irgendwelchen Gründen nicht zur Eintragung führt. Wird das Zeichen eingetragen, dann kommt allerdings der Zeitpunkt der Anmeldung für die Frage der Freizeicheneigenschaft als maßgebend in Betracht (PA. im Bl. 96, 64; nicht ganz zutreffend Rhenius S. 26). Das Freizeichen kann sowohl in einem Worte als in einem Bilde, als in einer Verbindung von beiden bestehen. „Begrifflich ist nicht ausgeschlossen, daß ein Zeichen, welches einen Personennamen oder eine Firma enthält, als Freizeichen im Gebrauche sein kann" (RG. in JW. 85, 298). Es kann insofern in einer gewissen Beziehung zu der Ware stehen, als es die Beschaffenheit oder den Ursprung derselben anzugeben bestimmt ist (rotes Kreuz für Gegenstände, welche mit der Krankenpflege zusammenhängen N. 19a, rauchender Neger für Tabake), es kann aber auch ein Phantasiezeichen sein, dem jede Beziehung auf eine Eigenschaft der Ware fehlt (Komet als Korkbrand für Schaumweine).

Literatur: Meves „Das Freizeichen und seine Bedeutung im Sinne des Gesetzes vom 12. Mai 1894" im Archiv für Strafrecht 43, 1; Rhenius in Zeitschrift für angewandte Chemie 1897 Heft 5/6; Veracius „Illoyale

§ 4 Konkurrenz und Markenschutz" in GewRschutz 3, 237; Allfeld „Individual-
3 und Freizeichen" in JDZ. 99, 124, ferner in GewRschutz 5, 8.

Allgemeiner freier Gebrauch. 3. Wenn ein Freizeichen vorliegen soll, so muß das Zeichen sich im allgemeinen (oder ziemlich allgemeinen: RG. 101, 346 im Bl. 21, 179) freien Gebrauch einer bestimmten Klasse von Gewerbetreibenden befinden.

Ein die Freizeicheneigenschaft fördernder Gebrauch liegt erst dann vor, wenn das Zeichen in den Verkehr, d. h. an die Verbraucher gelangt; vorbereitende Handlungen, wie das Bekleben der Ware mit dem Zeichen, reichen nicht aus (PA. im Bl. 06, 330).

Ob der Gebrauch ein allgemeiner ist, ist nach den Verhältnissen des Einzelfalls zu entscheiden.

Bei Waren, die in großen Mengen gehandelt werden, wird man andere Anforderungen stellen, als bei Waren mit geringem Absatz. Sind nur wenige mächtige Firmen in dem betreffenden Zweige tätig, so wird es für die Annahme eines allgemeinen Gebrauchs schon ausreichen können, wenn diese wenigen dem Publikum die Ware gleichmäßig mit demselben Zeichen darbieten; anders allerdings, wenn überhaupt nur zwei- oder drei Mitgebraucher des Zeichens vorhanden sind (PA. im Bl. 96, 13; 98, 33; 00, 241; 09, 19; 14, 143).

Bei der Feststellung, ob ein allgemeiner freier Gebrauch vorliegt, ist der vor der Anmeldung vom Anmelder selbst ausgeübte Gebrauch als die Freizeichenbildung fördernd mitzurechnen, wofern der Anmelder auf Anerkennung im Verkehr für seinen Besitzstand sich nicht zu berufen vermag (PA. im Bl. 07, 241). Eine freie Benutzung des fremden Zeichens seitens der Mitbenutzer liegt dann nicht vor, wenn sie ihre Befugnis zur Benutzung vom Recht des späteren Anmelders oder von einem gemeinsamen Rechtsvorgänger ableiteten (PA. im Bl. 98, 33; 09, 219).

Es genügt nicht, daß eine gewisse Zahl von Einzelpersonen das Zeichen führt. Den Gegensatz bilden: einzelne bestimmte Individuen und ganze Klassen oder Kategorien als solche (OHG. 20, 353). Das PA. hat nach freiem Ermessen zu entscheiden, ob die Anwendung des Zeichens unter den Angehörigen eines bestimmten Gewerbes oder in einem bestimmten Bezirke so verbreitet ist, daß nicht mehr ein Gebrauch von einzelnen Individuen vorliegt. Wenn französische Firmen vor der Anmeldung Waren mit dem Zeichen nach Deutschland vertrieben haben, so kann ihnen dies zwar ein Recht auf Fortbenutzung des Zeichens gewähren (N. 5 zu § 12), es kann daraus aber nicht ein allgemeiner freier Gebrauch hergeleitet werden (PA. im Bl. 08, 37).

Zu berücksichtigen sind vor allem die Verhältnisse des Inlandes (PA. im Bl. 01, 174). Wenn es sich um Import- oder Exportwaren handelt, wird zwar die Meinung des ausländischen Publikums eine Rolle spielen, und zwar je nach der Stärke und Bedeutung der Ein- oder Ausfuhr (PA. im Bl. 98, 212; 07, 12), aber nie kann die bloße Tatsache, daß eine Marke im Ausland Freizeichen ist, den Zeichenerwerb im Inland hindern (so jetzt mit PA. im Bl. 04, 226 die allgemeine Ansicht; Kohler hat seine abweichende Meinung später aufgegeben, vgl. GewRschutz 09, 105 und sein Warenzeichenrecht S. 108). Vgl. aber Art. 7 der Abkommen mit Österreich-Ungarn und mit Italien (in den Anlagen).

Der Umfang des Gebrauchs muß gegenüber dem des Zeicheninhabers als ein allgemeiner erscheinen. Wenn auch eine berühmte Marke an zahlreichen Orten nachgeahmt wird, so kann trotzdem nur ein geringfügiger Mitgebrauch anzunehmen sein, weil die Hauptquelle der Marke mit ihrem geschlossenen Absatzgebiet überwiegt (PA. im Bl. 99, 325 betr. das Salvatorbierzeichen). § 4 3, 4

Der Gebrauch muß von einer gewissen zeitlichen Dauer gewesen sein. Bei einem Massenartikel genügt eine kürzere Zeitdauer. So erachtete das RG. bei Gasglühlichtstrümpfen eine Frist von 16 Monaten für ausreichend (RG. im Bl. 06, 314), dagegen reichen vier Tage nie aus (PA. im Bl. 06, 330). Eine vorübergehende Benutzung der Marke pflegt im Gedächtnis der Abnehmer ziemlich rasch zu verschwinden. Zeitlich weit auseinander liegende Fälle der Verwendung begründen deshalb keinen allgemeinen Gebrauch, der zur Bildung eines Freizeichens genügt (PA. im Bl. 99, 224).

Endlich muß der Gebrauch ein zeichenmäßiger sein, d. h. auf der Ware, Verpackung, Umhüllung oder auf sonstigen geschäftlichen Urkunden erfolgt sein (N. 8 zu § 12). Die bloße wörtliche Benennung, die Anbringung als Wirtshauszeichen reicht nicht hin, ebensowenig ein Gebrauch des Wortes in wissenschaftlichen Werken, Patentschriften, Pharmakopöen. Häufig wird allerdings ein derartiger Gebrauch zugleich ein Anzeichen für die allgemeine Verbreitung des Zeichens und für seine Eigenschaft als Warenname sein (Adler S. 123; PA. im Bl. 96 S. 14 und 70; 97, 230; 99, 147). Wird ein Bild auf Waren als Verzierung oder zur Signierung, kurz nicht zur „Bezeichnung" benutzt (N. 8 zu § 12), so kann diese Verwendung an sich als eine nichtzeichenmäßige nicht eine Freizeichenbildung bewirken. Wenn aber das Publikum das Bild sowohl als Verzierung als auch als Bezeichnung der Ware auffassen kann, so ist die Benutzung erheblich (PA. im Bl. 99, 221; 02, 51; vgl. RG. im Bl. 99, 118; 00, 290; in den früheren Entscheidungen des PA. im Bl. 97, S. 57 und 162 wird sogar schon die bloße Verwendung eines Bildes als Verzierung für genügend erachtet).

4. Wesentlich ist die Anschauung des Gesamtverkehrs im Zeitpunkt der Anmeldung. Es fragt sich, ob der maßgebende Verkehr das Zeichen für frei ansieht, ohne an einen Sonderbesitz zu denken oder nicht. Ist in einem erheblichen Teile des Publikums die Erinnerung an den ursprünglichen Sonderbesitz noch lebendig, so liegt ein Freizeichen nicht vor. **Anschauung des Verkehrs.**

Deshalb ist zunächst zu prüfen, ob ein ursprünglicher Zeichenbesitz eines einzelnen bestanden hat. Das Zeichen muß als Marke, nicht als Verzierung oder bloß mündlich benutzt sein (PA. im Bl. 97 S. 183 und 247; 98, 129). Es ist nicht gerade notwendig, daß der Inhaber das Zeichen zuerst geschaffen hat; es kann ausreichen, wenn er durch seine geschäftliche Tätigkeit die Konkurrenz so überflügelt hat, daß in einem gegebenen Augenblick die Marke als sein ruhiger Alleinbesitz angesehen werden kann (PA. im Bl. 98, 14; 99, 224; 01, 174). Dieser Zeitpunkt kann auch vor dem Inkrafttreten des alten Markenschutzgesetzes liegen, da auch damals schon die Aneignung fremder Marken durch die guten Sitten verpönt war (RG. 24, 74). Für die Anerkennung eines Individualrechts im Verkehr kann auch der Schutz des Zeichens im Auslande, hauptsächlich im Heimatsstaate, von Bedeutung sein (PA. im Bl. 08, 140).

§ 4 4 Das Zeichen muß innerhalb beteiligter Verkehrskreise sich Anerkennung errungen haben. Die Bedeutung dieses Besitzstandes ist im § 9 Abs. 2, § 15 des Gesetzes anerkannt. Unerheblich ist, ob es sich um eine gesetzlich eintragbare Kennzeichnung handelt. Das ist namentlich für Wortzeichen wichtig, an denen also schon früher ein Individualbesitz möglich war. Die beteiligten Verkehrskreise werden regelmäßig dem Inlande angehören. Es kann aber, insbesondere bei Exportwaren, eine Mitbenutzung im Auslande von Bedeutung sein (N. 3).

Es kommt weiter in Betracht, wie lange sich der ungestörte Besitz erhalten hat und welche Stärke er quantitativ und lokal entfaltet hat. Daher ist zu beachten, ob der Inhaber Reklame durch Flugblätter und durch die Presse gemacht hat, ob er sich durch gerichtliches Vorgehen, durch Eintragung von Marken, die das Individualzeichen enthalten, im Inlande oder durch ausländischen Schutz einigermaßen gegen Nachahmungen gesichert hat (PA. im Bl. 98, 13), ob er durch gerichtliches Vorgehen, durch Warnungen vor Nachahmungen seinen Besitzstand im Gedächtnis erhalten hat (PA. im Bl. 96, 302; 97, 59; 98, 13; 99, 332; 08, 194). Doch muß man in Rücksicht ziehen, daß die Machtmittel des Inhabers vor Inkrafttreten des Zeichengesetzes beschränkt gewesen sind, namentlich bei Wortzeichen. Zweckloses gerichtliches Vorgehen kann nicht gefordert werden (PA. im Bl. 99, 325). Die wenn auch zu Unrecht erfolgte patentamtliche Veröffentlichung des Zeichens als Freizeichen schädigt naturgemäß den Sonderbesitz (PA. im Bl. 08, 194). Von erheblichem Einflusse auf die Verkehrsentwicklung ist auch die Art des Zeichens und seiner Verwendung. Bei Zeichen, die einer beschreibenden Angabe sehr nahe stehen, liegt die Gefahr einer Aneignung durch Dritte nicht fern, weil sie wenig Individuelles enthalten. Dagegen wird ein Personennamen nur sehr schwer zu einem Freizeichen werden, zumal der Anfang der Mitbenutzung fast nie gutgläubig gewesen sein wird; vgl. wegen des Wortes „Singer" PA. in GewRschutz 98, 294; PA. im Bl. 05, 13; Seligsohn in GewRschutz 98, 298.

An der Hand der Feststellungen über die Entstehung und Entwicklung des Individualbesitzes wird man den Umfang des Mitgebrauchs kritisch würdigen und beurteilen können, ob die ursprüngliche Marke beim Publikum noch ausreichend im Gedächtnis haftet, so daß von einem gemeinfreien Gebrauch keine Rede sein kann. Ein Unterschied nach dem Preise darf nicht gemacht werden: ist das Zeichen z. B. für teure importierte Zigarren als Individualmarke anerkannt, so ist eine Freizeicheneigenschaft bezüglich billigerer einheimischer Sorten ausgeschlossen (PA. im Bl. 08, 140). Man wird auch die Art des früheren Mitgebrauches mit dem Gebrauch des Inhabers zu vergleichen haben. Es kann dem Zeicheninhaber nicht schädlich sein, wenn die Mitbenutzung lokal zersplittert ist, nicht geschlossen auftritt, wenn sie verschiedene Waren und nicht eine bestimmte Gattung betrifft (PA. im Bl. 99 S. 145 und 325).

Schließlich ist aus der ganzen Entwicklung vorsichtig ein Schluß auf die heutige Anschauung im Verkehr zu machen. Eine Einstimmigkeit der Auffassung kann nicht verlangt werden, sie ist nicht zu erzielen. Eine gewisse Anerkennung bei seinen Kunden wird der ursprüngliche Zeicheninhaber sich auch dann noch bewahren, wenn der Verkehr im großen und ganzen von ihm nichts mehr weiß. Durch Vergleichung ist festzustellen, ob die Geltung des Individualzeichens immerhin noch einen erheblichen Teil des Verkehrs umfaßt. Im Zweifel ist die Freizeicheneigenschaft zu verneinen.

Verkehrskreise. 5. Die Verkehrskreise, auf deren Anschauung es ankommt, sind selbstverständlich nicht bloß die Konkurrenten, welche das Zeichen sich angeeignet haben oder die Zwischenhändler (RG. 24, 74; PA. im Bl. 97, 247), sondern vor allem die, auf welche das Warenzeichen hauptsächlich zu wirken bestimmt ist. Das sind die Detailhändler und vor allem die Konsumenten der betreffenden Ware. Es wird von Fall zu Fall zu erwägen sein, welche Kreise bei der fraglichen Ware besonders in Betracht zu ziehen sind.

Bevor in den Kreisen der Fabrikanten, Händler, Konsumenten des betreffenden Artikels die Bedeutung des Zeichens als Individualmarke nicht größtenteils erloschen ist, kann von der Bildung eines Freizeichens nicht die Rede sein. Man wird ferner der Behauptung, der früher Berechtigte habe durch die Nichtverfolgung seines Rechts sein Einverständnis mit der allgemeinen Aneignung seines Zeichens an den Tag gelegt, sehr skeptisch entgegentreten. Auch das Interesse der Allgemeinheit, welche durch die oft freibeuterische Inbesitznahme bewährter Warenzeichen geschädigt wird, erheischt es, daß das PA. die behauptete Umwandlung von Individualzeichen in Freizeichen sehr sorgfältig und mißtrauisch nachprüft. Vgl. die entsprechenden Ausführungen über die Umwandlung eines Namens in eine Qualitätsbezeichnung in N. 3 zu § 14.

Prüfung. 6. Nur das PA. hat darüber zu entscheiden, ob ein Freizeichen vorliegt. Dabei ist nur das Zeichen in seiner gegenwärtigen Gestalt zu prüfen. Etwaige historisch zu erklärende Benennungen und die ursprünglichen, aber jetzt verwischten Motive des Zeichens bleiben außer Betracht (PA. im Bl. 99, 224). Die Entscheidung des PA. ist für die Gerichte bindend. Hat es ein Warenzeichen eingetragen, so haben die Gerichte diesem den gesetzlichen Schutz angedeihen zu lassen, ohne in eine Erörterung darüber eintreten zu dürfen, ob jene Eintragung zu Recht erfolgt ist (RG. 38, 77 und 104; RG. 53, 434; RGSt. 28, 277; RGSt. 48, 389 im Bl. 14, 374, woselbst weitere Literatur; RG. 102, 355 im Bl. 21, 229). Ist ein Freizeichen zu Unrecht in die Zeichenrolle eingetragen worden, so kann Abhilfe nur auf dem Wege des § 8 Abs. 2 Nr. 2 erfolgen, indem bei dem PA. in Anregung gebracht wird, ob es von seiner Löschungsbefugnis Gebrauch machen will.

Unzulässig ist im gerichtlichen Verfahren der Einwand des Beklagten oder Angeklagten das von ihm benutzte Zeichen, welches mit einem eingetragenen übereinstimmt oder verwechslungsfähig ist, sei ein Freizeichen oder sei einem Freizeichen zum Verwechseln ähnlich (N. 2 zu § 20).

Die Feststellung des PA. kann nur in bezug auf bestimmte Waren ergehen: absolute Freizeichen gibt es nicht. Infolgedessen kann das Freizeichen für andere Waren als Warenzeichen eingetragen werden. Das gilt selbst für gleichartige Waren. So kann z. B. ein Zeichen für Liköre und Spirituosen, aber nicht für Sprit Freizeichen sein (PA. im Bl. 01, 301), zwar für Zigarren Freizeichen, aber für Zigaretten eintragbar sein (vgl. RG. 102, 355 im Bl. 21, 229). Ausgenommen sind nur die Fälle, wo die Waren einander so nahe verwandt sind, daß im Verkehr zwischen ihnen ein Unterschied hinsichtlich der Freizeicheneigenschaft nicht gemacht werden kann: Bier und Biergefäße (PA. im Bl. 97, 260), Seife und Seifenpulver (Geschäftsbericht des PA. S. 262). Dies gilt insbesondere dann, wenn es sich um zwei Typs derselben Ware handelt, z. B. Singer-Nähmaschinen und Wheeler-Wilson Nähmaschinen (Seligsohn in GewRSchutz 98, 298 im Gegensatz zum PA.

§ 4 6, 7 ebenda 98, 294, welcher Beschluß auch in RG. 56, 164 oben und vom OLG. Braunschweig im Bl. 10, 126 als zeichenrechtlich nicht ganz unbedenklich erklärt wird).

Die vom PA. rechtskräftig festgestellten Freizeichen werden alljährlich im Warenzeichenblatt zur Kenntnis der Beteiligten gebracht, allerdings mit dem Zusatz, daß die Veröffentlichung nur eine annähernde Sicherheit dafür bieten kann, daß die veröffentlichten Zeichen für die dabei vermerkten Waren von jedermann frei gebraucht werden dürfen (vgl. WZBl. 24, 1123).

Änderungen, Zusätze. 7. Wird ein Freizeichen nicht genau in der verkehrsüblichen Gestalt, sondern mit Abänderungen oder Zusätzen angemeldet, so kommt es auf die Erheblichkeit der Abweichungen an. Liegt ungeachtet derselben die Gefahr einer Verwechslung im Verkehr zwischen dem angemeldeten und dem Freizeichen vor, so ist die Eintragung zu versagen, denn § 20 findet auch auf Freizeichen Anwendung (N. 2 zu § 20). Anders ist es, wenn die Abweichungen erheblich sind, wenn insbesondere die Zusätze derart sind, daß sie in das Auge fallen und geeignet sind, in Vereinigung mit dem Freizeichen ein Gesamtbild zu geben, das sich von dem Bilde, welches das Freizeichen für sich allein gewährt, wesentlich unterscheidet. So kann die Kombinierung zweier Freizeichen miteinander ein eintragungsfähiges Zeichen bilden (RG. in JW. 94, 174; RG. in Bl. 08, 219; RG. in MarkschWettbew. 9, 383; 10, 30; PA. im Bl. 96, S. 64 und 68; 98, 258; PA. in MarkschWettbew. 17, 87) . Ebenso kommt es auf den einzelnen Fall bezüglich der Frage on, ob die Hinzufügung von Firma oder Name des Anmelders zu einem Freizeichen die Eintragungsfähigkeit bewirkt (PA. im Bl. 96, 134; 07, 198; MarkschWettbew. 15, 244; 17, 87). Dies wird eher der Fall sein, wenn das Freizeichen aus einem Wort besteht (z. B. Müllers Boonekamp), als wenn es ein Bildzeichen ist.

Kann durch die Übersetzung des Freiworts in eine fremde Sprache ein eintragungsfähiges Zeichen geschaffen werden? Im allgemeinen sind die Grundsätze des § 20 anzuwenden (vgl. N. 4 zu § 20). Aber stets ist die Eigenartigkeit des besonderen Falles zu berücksichtigen, insbesondere die in Betracht kommende Ware, die Bevölkerungskreise, für die die Ware hauptsächlich bestimmt ist, die Länder, nach denen die Ware ausgeführt wird, die Verbreitung der Sprache, der das gewählte Wort angehört, die Bekanntschaft dieser Sprache in dem betr. deutschen Verkehr usw. (vgl. PA. im Bl. 04, 398). Das PA. hat zwar Bachus als Freizeichen angesehen, aber nicht Dionysos (MarkschWettbew. 12, 139), zwar Viktoria, aber nicht Sieg (Bl. 03, 174), zwar Kurfürstlichen Magenbitter, aber nicht Elektorska (Bl. 09, 19). Wesentlich ist auch, ob die Freizeichenbildung das Frühere ist, dem später die Anmeldung in der fremden Sprache nachfolgt, oder ob sich gegenüber einem bereits begründeten Zeichenrecht eine Freizeichenbildung in der fremden Sprache vollzogen haben soll (PA. im Bl. 08, 219).

Ergreift die Freiheit des Wortzeichens auch das entsprechende Bildzeichen und umgekehrt? Bei genauer begrifflicher Identität ist dies zu bejahen (PA. im Bl. 00, 249). Es genügt nicht, daß Bildzeichen in großer Zahl eingetragen sind, um das entsprechende Wort für frei zu erklären (PA. im Bl. 96, 65; 99, 88).

Regelmäßig wird nur ein bestimmtes Zeichen für frei erklärt, nicht ein Zeichenmotiv im allgemeinen (PA. im Bl. 96, 65). Wird das Motiv aber ganz allgemein in verschiedenartiger Ausgestaltung verwendet, so wird es als frei betrachtet und nur den etwaigen besonderen Merkmalen Schutz zugesprochen werden können (PA. im Bl. 96, 64; 98, 31; OLG. Hamm im Bl. 03, 105; RG. im Bl. 03, 210; s. auch PA. im Bl. 03, 174; vgl. auch RG. in MarkschWettbew. 15, 360). § 4 7, 7a, 8, 9

Umbildung eines Freizeichens zum Individualzeichen.

7a. Es ist denkbar, daß ein Freizeichen allmählich seinen Charakter verliert, weil es von einem Gewerbetreibenden zur Sondermarke erhoben wird und die anderweitige Mitbenutzung aufhört. Eine derartige Umbildung vollzieht sich aber nur, wenn im Verkehr im großen und ganzen das Bewußtsein des Sonderrechts zur Anerkennung gebracht wird und die Erinnerung an die frühere Freiheit des Zeichens verschwunden ist. Einstimmigkeit der Anschauung ist zwar nicht zu verlangen, wohl aber muß der überwiegende Teil des Publikums die Neubildung des Individualrechts anerkennen (PA. im Bl. 97, 57; 98, 212; 99, 221; 00, 247; 01, 301).

Nr. 1.

Gemeingebräuchliche Zeichen.

8. Der Grund, weshalb der Gesetzgeber die Zeichen, welche nur in Zahlen, Buchstaben oder in den angegebenen Kategorien von Wörtern bestehen, von der Eintragung ausschließt, besteht darin, daß derartige Zeichen im Gemeingebrauche sich befinden. Letzteren zugunsten einzelner Gewerbetreibender zu beschränken, wird weder durch das Bedürfnis des Verkehrs gefordert, noch könnte es den allgemeinen Interessen gegenüber gerechtfertigt sein.

Literatur: Kohler, „Deskriptivbezeichnung im Markenwesen" in GewRschutz 96, 37; Rhenius in Zeitschrift für angewandte Chemie 1897, Heft 5/6; Loubier, „Deskriptivmarken" im Jahrbuch der internationalen Vereinigung für gewerbl. Rechtsschutz 98, 465; Maillard ebenda S. 439; Rauter in GewRschutz 05, 8.

Zahlensysteme, Sprachen.

9. In bezug auf die Frage, ob nur die der deutschen Sprache und Zahlenkunde angehörigen Zahlen, Buchstaben, Wörter ausgeschlossen sind oder wie weit auch andere Sprachen oder Zahlensysteme in Betracht kommen, kommen die Grundsätze der N. 7 zur Anwendung.

Unter Anwendung dieser Grundsätze hat das PA. z. B. das spanische Wort Hermosa, welches „schön," „gut" bedeutet, für Zigarren nicht eingetragen, weil Länder mit spanischer Sprache Zigarren exportieren (Bl. 96, 185), und ebenso das Wort Puckha, das im Hindostanischen „sehr schön", „sehr gut" bedeutet, für leonische Tressen, Flitter u. dgl. zurückgewiesen, weil diese Waren in starkem Umfange nach Indien eingeführt werden (Geschäftstätigkeit des PA. S. 263). Es hat ferner „Xylolith" für Platten aus Steinholz eingetragen, weil die in der Baukunst übliche Bezeichnung einzelner Bauteile mit Worten griechischen Ursprungs nicht in die Sprache der Fabrikation und des Handels mit Baumaterialien allgemein eingedrungen ist (Bl. 96, 69). Bezüglich der Bezeichnung „Öl" für Bier berücksichtigt es, daß der Ein- und Ausfuhrverkehr in Bier zwischen Deutschland und den skandinavischen Ländern gering ist (Bl. 05, 174). Das Wort exhibition erachtet es als englischen Ausdruck für Ausstellung nicht für eintragbar (Bl. 09, 314). Esperanto legt es — mit Recht — noch nicht die Bedeutung einer modernen Kultursprache bei (MarkschWettbew. 10, 260). Fremdsprachliche Worte, die nur in

§ 4 lokaler oder provinzieller Bedeutung Beschaffenheitsangaben enthalten,
9, 10, 11 hält es für eintragbar (MarkschWettbew. 16, 116). Es kommt nicht darauf an, ob die fremdsprachliche Wendung den Regeln der fremden Sprache genau entspricht, sondern nur, ob sie in deutschen Verkehrskreisen als Beschaffenheitsangabe angesehen wird (Bl. 09, 33). Das Wort Vernix (lateinisch = Firnis) sieht das RG. nicht als Beschaffenheitsangabe an, weil die Kenntnis der lateinischen Bezeichnung in den betr. Verkehrskreisen nicht sehr verbreitet sei (RG. 99, 87).

Zahlen. **10.** Zahlen sind nicht mit Ziffern identisch. Letztere sind nur eine der Darstellungsformen der Zahlen, man kann diese aber auch mit Buchstaben schreiben. Da das Gesetz die Zahlen schlechtweg ausschließt, so ist es unerheblich, ob sie mit Ziffern oder mit Buchstaben geschrieben sind (ebenso Allfeld S. 465; Adler S. 160; a. M. PA. im Bl. 02, 26).

In bezug auf die Eintragungsfähigkeit von Zahlen und Buchstaben (N. 11) hat die Praxis des PA. im Laufe der Zeit sich geändert, zumal seitdem durch die Washingtoner Konferenz Art. 6 UV. eine neue Fassung erhalten hat. Aus der Literatur seien hervorgehoben: Finger in MarkschWettbew. 13, 10; Julius L. Seligsohn in GewRschutz 22, 103; Elster in MarkschWettbew. 22, 35. Nach der heutigen Rechtsauffassung werden Zahlen und Buchstaben als eintragsfähig angesehen, wenn sie eine eigenartige figürliche Ausgestaltung erhalten, so daß sie als Bildzeichen anzusehen sind. Abgesehen davon sind sie dann einzutragen, wenn sie Unterscheidungskraft besitzen, wobei alle Tatumstände, insbesondere die Dauer des Gebrauchs des Zeichens zu berücksichtigen sind. Unter diesem Gesichtspunkt der Anerkennung im Verkehr hat das PA. z. B. für die Vereinigten Gummiwarenfabriken das Zeichen VGF., für die Eau de Cologne-Fabrik Mülhens in Köln das Zeichen 4711 eingetragen, ebenso auch andere an sich nach § 4 Abs. 1 unzulässigen Wortzeichen, wie Elberfelder Farbenfabriken, Deutz Motor (Beschw.-Abt. des PA. im Bl. 22, 28 und namentlich in dem die Löschungsanregung gegen 4711 zurückweisenden Beschluß im Bl. 22, 46).

Buchstaben. **11.** Buchstaben sind Schriftzeichen für die einzelnen Sprachlaute; handelt es sich um Schriftzeichen eines fremden Alphabets, so kommen die Ausführungen in N. 7 entsprechend zur Anwendung.

Ob jemand einen oder mehrere Buchstaben als Zeichen anmeldet, ist gleichgültig, ebenso ob die mehreren Buchstaben einzeln nebeneinander stehen oder miteinander verbunden sind. Zulässig wird das Zeichen erst, wenn die miteinander verbundenen Buchstaben ein Wort bilden. Bei „Wort" darf man hier aber nicht an denjenigen einzelnen Sprachlaut oder denjenigen Verein von Sprachlauten denken, welcher Ausdruck einer Vorstellung oder eines Begriffs ist; denn mit der Vorschrift des § 4 Abs. 1 Nr. 1 sollten insbesondere die sog. Phantasieworte, denen irgendeine Bedeutung nicht inne zu wohnen braucht, als Zeichen zugelassen werden (Motive S. 12). Vielmehr ist hier unter „Wort" eine lautliche Einheit, welche aus mehr als einem Buchstaben besteht, zu verstehen. Es kommt demnach darauf an, ob die mehreren Buchstaben eine lautliche Einheit bilden oder nicht. Ein Zeichen kt oder kbt oder krt ist zurückzuweisen, ein Zeichen kat oder ket oder kot zuzulassen. In der Praxis werden also Worte zugelassen, die sich dem Laute nach als eine Wiedergabe von Buchstaben darstellen, wie Degea, Hapag, Effeff, Zett, Ertee, Bekuh usw. Auch genügt schon das kaufmännische &-Zeichen zwischen mehreren Buchstaben, um die Eintragungsfähigkeit zu bewirken, z. B. E B, B & L, E & C; (vgl. den in N. 10 erwähnten Aufsatz von Seligsohn). Heute werden aber auch reine Buchstabenzeichen eingetragen, wenn sie im Verkehr anerkannt sind; dies wird namentlich bei Initialen des Namens öfter vorkommen (N. 10). § 4 11, 12, 13

Außerdem ist die Darstellung eines Buchstabens oder die Verbindung mehrerer Buchstaben eintragungsfähig, wenn sie in einer ganz besonders charakteristischen Form geschieht (N. 15).

Für Zeichen, die aus phonetisch ausgeschriebenen Buchstaben bestehen, gelten in bezug auf Verwechslungsfähigkeit die allgemeinen Grundsätze des § 20; so stimmen z. B. EKA und EMMKAH, ELKA und ELSA, ELKA und EMKA überein (PA. im Bl. 11, 223).

Wörter. 12. Das Gesetz läßt Zeichen, die ausschließlich in Wörtern bestehen, allgemein zu (N. 11 zu § 1), nur will es solche Wörter, deren sich der Verkehr zur Beschreibung einer Ware bedient, dem allgemeinen Sprachschatze nicht entziehen (N. 13).

Unzulässige Wörter. 13. Bezüglich der von der Eintragung ausgeschlossenen Wörter sei vorweg bemerkt, daß bei fremdsprachigen Wörtern die Ausführungen in N. 7 entsprechende Anwendung finden. Ferner sei auf N. 10 verwiesen, nach der Wörter, die an sich unzulässig wären, eintragbar sind, wenn sie sich im Verkehr als Bezeichnung für die Waren des Anmelders durchgesetzt haben.

Das Gesetz will durch den Ausschluß bestimmter Kategorien von Wörtern nur verhindern, daß jemand solche Wörter, deren Gebrauch der Verkehr nicht entbehren kann, für sich monopolisiert. Maßgebend ist das Bedürfnis des Verkehrs. Daß das Wort vereinzelt in wissenschaftlichen Zeitschriften oder Büchern vorkam, ist nicht ausschlaggebend, es kommt darauf an, welche Wirkung diese Verwendung auf den Verkehr gehabt hat (vgl. auch PA. im Bl. 14, 307 und — gegen diese Entscheidung polemisierend — Wohlgemuth in GewRschutz 15, 17). Unter Umständen ist auch das Verkehrsbedürfnis der absehbaren nächsten Zukunft zu berücksichtigen (PA. im Bl. 12, 204). Das PA. muß prüfen, ob das angemeldete Wort gerade zu den Waren, für welche es nach der Anmeldung bestimmt ist, in einer der vom Gesetz hervorgehobenen näheren Beziehungen (Art, Zeit und Ort der Herstellung, Beschaffenheit usw.) steht. So wird z. B. das Wort „gewebt" als Warenzeichen für Erzeugnisse der Textilindustrie nicht zulässig sein, während es für Spirituosen unbedenklich wäre. Ebenso kann das Wort „Antifebrin" für Spazierstöcke oder eiserne Röhren, aber nicht für pharmazeutische Artikel angemeldet werden. Für Tabakfabrikate hat das PA. „Mosaik" eingetragen (Bl. 12, 204).

Auch neugebildete Worte können unzulässig sein, wenn sie entsprechend der in dem betr. Geschäftszweige üblichen Gepflogenheit gebildet sind (RG. im Bl. 11, 18; PA. im Bl. 08, 276; 12, 19). Bedarf es aber zu ihrer Bildung und ihrem Verständnis eines gewissen Aufwandes von Phantasie, so sind sie eintragungsfähig (PA. im Bl. 14, 51 betr. „Metallatom").

Es ist nicht notwendig, daß das Wort für die bestimmte Ware des Anmelders wirklich Art, Zeit und Ort der Herstellung, Beschaffenheit usw. bezeichnet, es reicht aus, daß der Verkehr es in diesem Sinne auffassen kann (PA. im Bl. 98, 29; 03, 172). In allen diesen Fragen gibt die objektiv festzustellende Anschauung und Gewöhnung des Verkehrs den Ausschlag.

§ 4 Dieser wird z. B. das Wort „Nelson" regelmäßig auf den berühmten See-
13 helden und nicht auf eine Stadt dieses Namens beziehen (PA. im Bl. 00, 205; 01, 282; amerikanisches PA. im Bl. 02, 35).

Die Wörter müssen Angaben über Art, Zeit, Ort usw. enthalten. Das ist nicht der Fall, wenn sie wegen der Anlehnung an gewisse Wortstämme den Hörer oder gar nur den sachkundigen Hörer vermuten lassen, was sie bedeuten könnten (PA. im Bl. 96, 14). Da Angaben über Art usw. unzulässig sind, so ist es andererseits klar, daß es genügt, wenn die Bezeichnung dem Verkehr über Beschaffenheit usw., der Ware nach irgendeiner Richtung, sei es auch nur in einer allgemein gehaltenen Kennzeichnung, Mitteilung macht (PA. im Bl. 01, 174). Auch ganz allgemeine Angaben, die farblos sind und jeder Ware beigegeben werden könnten, z. B. prima, exquisit gehören hierher. Sofern aber die Bezeichnung vom Verkehr mehr als Phanatasie- oder Schlagwort, denn als unmittelbare Beschaffenheitsangabe angesehen wird, wie z. B. „Victoria" oder „Sieg", so ist die Eintragung zulässig (PA. im Bl. 01, 174).

Bei der Frage, ob Übereinstimmung (§ 20) vorliegt, verliert ein beschreibendes Wort diese Eigenschaft nicht dadurch, daß es infolge der Art seiner Anbringung in einem zusammengesetzten Zeichen (Anführungsstriche, isolierte Stellung u. dgl.) als Schlagwort erscheint (PA. im Bl. 05, 128).

Die Unzulässigkeit der Eintragung bezieht sich auf alle Waren, für die nach der Auffassung des Verkehrs die fragliche Angabe als beschreibend (deskriptiv) angesehen werden kann (PA. im Bl. 04, 18) und auf alle Zeichen, die mit dem verpönten im Sinne von § 20 identisch sind (PA. im Bl. 98, 133; 00, 372; 09, 34).

Das PA. veröffentlicht periodisch Zusammenstellungen abgewiesener oder gelöschter Wortzeichen; vgl. Bl. 23 S. 43, 87, 139, 189.

Zu den einzelnen im § 4 unter Nr. 1 aufgeführten Kategorien ist folgendes zu bemerken:

a) Art, Zeit und Ort der Herstellung.

Literatur: Krüger, Zum Eintragungsverbot der „Herkunftsangaben" (insbesondere Flußnamen u. dgl.) in MarkschWettbew. 10, 305; 335 und 371; Becker, Herkunftsangabe und Qualitätsbezeichnung in GewRschutz 22, 117.

Als Angabe über die Art der Herstellung wird beispielsweise das Wort Vakuum für Öle angesehen, weil es auf die Erzeugung im Vakuum hinweist (PA. im Bl. 98, 29).

Für Zeit der Herstellung seien angeführt: Märzenbier, Jahrgang 1815, New Century Caligraph (PA. im Bl. 00, 206); das PA. hat die Eintragung des Wortes „Herbst" für Gaskocher, Beleuchtungskörper u. dgl. abgelehnt (Bl. 07, 121).

Zu den Ortsangaben, die verboten sind, gehören alle Herkunftsangaben, also nicht bloß der Fabrikationsort, sondern auch der Ort der Entstehung oder der Handelsort der Ware. (PA. im Bl. 96, 305; LG. Hamburg in MarkschWettbew. 12, 526). Zu den Ortsangaben gehören zunächst geographische Bezeichnungen, also auch Erdteile, Länder, Provinzen, Gebirge, Berge, Meere, Flüsse, Seen usw.; ferner fallen darunter „Form" für Butter, Käse u. dgl. (PA. im Bl. 00, 395), „zentral" (PA. im Bl. 02, 195), „the

National" (PA. im Bl. 98, 132), dagegen nicht „kontinental" (PA. im Bl. 99 S. 149 und 228). Die Praxis geht aber nicht so weit, alle diese Ortsangaben grundsätzlich von der Eintragung auszuschließen, sondern nur dann, wenn die Ware voraussichtlich mit dieser Ortsangabe in Beziehung gebracht werden wird (PA. im Bl. 96, 138; 98, 200; 99, 220; 00, 373; 02, 52). Infolge dieses unbestimmten Kriteriums ist die Praxis nicht konsequent: Erdteile wurden teils abgelehnt, teils zugelassen (Krüger a. a. O. S. 310), Flußnamen gelten als eintragbar außer dem „Rhein", weil dieses Wort ein zusammenhängendes räumliches Gebiet bezeichnet (PA. im Bl. 01, 248; dazu Krüger a. a. O. S. 337 ff.). Dagegen hält das PA. „Rhein und Ruhr" für eintragsfähig (MarkschWettbew. 13, 79). § 4. 18

Voraussetzung für die Unzulässigkeit ist, daß mehrere Personen ein Interesse daran haben, daß die Ortsangabe auch von ihnen verwendet werden darf. Dies trifft bei Etablissementsnamen nicht zu. Deshalb wurde die Klosterbezeichnung Chartreuse für Liköre eingetragen (PA. im Bl. 96, 302), aber nicht Low Moor für Stabeisen (Bl. 94/95, 309). Ebenso ist bei Mineralquellen, Weinlagenamen u. dgl. zu prüfen, ob ihre Beziehung zu dem Anmelder noch als eine ausschließliche erscheint, d. h. ob sie eine individuelle Herkunftsangabe darstellen oder ob auch andere einen Anspruch auf die Verwendung des Namens für ihre Erzeugnisse haben (PA. im Bl. 96, 305; 99, 47; 04, 49; 09, 142; 09, 186).

Hat die Ortsangabe noch eine andere Bedeutung wie bei den Städten Bismarck, Hindenburg, Paris, Löwen oder bei der Gebirgsbezeichnung Jura, so wird es darauf ankommen, ob die Verbraucher der betr. Ware zu einem erheblichen Teile das Wort als Ortsangabe auffassen werden. Trifft dies zu, so ist die Eintragung unzulässig (PA. im Bl. 07, 120).

Bei geographischen Bezeichnungen, die im Hinblick auf die in Betracht kommende Ware nicht als Herkunftsangabe, sondern als Phantasiebezeichnung verstanden werden wird, ist die Eintragung zulässig. Dies ist z. B. der Fall bei „Libanon" für Schnaps, „Montblanc" für Füllfederhalter. Nicht unbedenklich ist es, wenn das PA. „Orinoco-Jagdkanaster" (Bl. 96, 16), „Trakehner" für Spirituosen (Bl. 97, 233) oder „India" für chemisch-technische Artikel (Bl. 94/95, 310) für eintragbare Phantasiebezeichnungen erklärt; vgl. dagegen für India: PA. im Bl. 00, 355. Bei einer fremdsprachlichen Ortsangabe wird man regelmäßig über die in N. 7 entwickelten Grundsätze hinausgehen können, indem man davon ausgehen kann, daß auch dem, der z. B. die italienische Sprache nicht beherrscht, Städtenamen wie Napoli oder Milano bekannt sind, so daß er sie als Herkunftsangaben auffaßt. Auch die Eintragung einer plattdeutschen Ortsangabe ist unzulässig (PA. im Bl. 12, 16).

Historische Länder- oder Städtenamen, die im Verkehr nicht mehr üblich sind (z. B. „Brennabor" für „Brandenburg"), werden gewöhnlich nicht als Herkunftsangabe angesehen (PA. im Bl. 03, 11). Bei latinisierten Städte- und Ländernamen kommt es darauf an, ob die Konsumenten diese Bezeichnungen (Thuringia, Austria, Styria, Bohemia, Silesia) als Personifikation oder als Herkunftsangabe ansehen werden. Letzteres wird insbesondere der Fall sein, wenn eine besondere Beziehung zwischen der Ware und dem Lande oder der Stadt besteht. Aus diesem Grunde hat das PA. zwar Bohemia für Bier nicht eingetragen (Bl. 05, 233), dagegen die anderen Worte für

§ 4 eintragbar erachtet (Bl. 98, 114; 03, 154; MarkschWettbew. 7, 95; 14, 162);
13 wegen Styria vgl. dagegen RG. im Bl. 98, 113.

Die Frage, ob Ortsnamen mit Zusätzen, wie Alt, Neu, Groß, Ober, Bad usw. schutzfähig sind, wird vom PA. verneint, falls nicht durch diese Zusätze infolge einer literarischen, künstlerischen oder sonstigen Bedeutung der Wortverbindung die Ortsangabe hinter dieser völlig zurücktritt, wie z. B. bei Alt-Heidelberg im Gegensatz zu Alt-Brandenburg (Bl. 14, 53).

b) Beschaffenheit der Ware.

Man muß hier zwei verschiedene Kategorien unterscheiden. Die Worte können unmittelbar eine Beziehung zu der Ware enthalten, d. h. sie sagen nach ihrer sprachlichen Zusammensetzung, namentlich nach dem von alters her üblichen Sprachgebrauch etwas über die Beschaffenheit der Ware aus (RG. im Bl. 00, 217). Es kann aber auch sein, daß ein Ausdruck im Verkehr nur vermöge eines allgemeinen neueren Gebrauches die Beschaffenheit der Ware kennzeichnet (RG. 56, 160; Bl. 06, 226). Der Sprachgebrauch des Verkehrs prägt nicht selten Worte zu sogenannten Qualitätsbezeichnungen dadurch um, daß sie fortgesetzt für alle Waren einer bestimmten Art, ohne Rücksicht auf ihre Herkunft, verwendet werden. Man spricht hier von dem „Warennamen", der zur Benennung der Ware allgemein gebräuchlich und deshalb unentbehrlich ist. Beispiele s. in N. 2a zu § 13, woselbst die Frage, ob ein eingetragenes Zeichen sich zu einem freien Warennamen entwickeln kann, behandelt ist.

Zu den Beschaffenheitsangaben wird nur eine solche Bezeichnung gerechnet, welche die Beschaffenheit direkt bezeichnet und ohne Zuhilfenahme der Phantasie versinnbildlicht (PA. im Bl. 5, 41). Deshalb sind Worte eintragsfähig, bei denen es noch einer Gedankenoperation bedarf, um die Beziehung zur Ware herauszufinden („Mentor" für Schreibmaterialien; „Herkules" für haltbare Gegenstände: PA. im Bl. 03, 154). Die Grenze ist im Einzelfall schwierig zu ziehen. Nach der Praxis werden z. B. Blumennamen für Parfümerien nicht eingetragen, wenn sie bekannte duftende Blumen bezeichnen; andernfalls wird eine Phantasiebezeichnung angenommen (PA. im Bl. 99, 226; 00, 278; 02, 199; 04, 46). „Vitello" (italienisch = Kalb) ist für Margarine geschützt, weil der Verkehr an das Kalbfett nicht leicht denken wird, da dieses kaum je Bestandteil der Margarine ist (PA. im Bl. 03, 152). Als eintragsfähig wurden u. a. vom PA. erachtet: Allegro außer für Musikinstrumente (Bl. 08, 37), Bella Donna für Tabakfabrikate (MarkschWettbew. 13, 40), „Thalysia", das bekannte Kennwort für vegetarische Lebensweise, für Nahrungsmittel (Bl. 09, 292), „das lebende Plakat" für photographische Erzeugnisse, Films und Lichtbilder (Bl. 24, 30), „Heckenrose" für Farbstoffe (Bl. 09, 220, wo gleichzeitig allgemein die Frage erörtert wird, inwieweit Worte, die lediglich einen farbigen Gegenstand bezeichnen, für Farbstoffe eintragbar sind). Dagegen hat es u. a. für nicht eintragsfähig erachtet: „Est" für Wein wegen der italienischen Weinsorte Est-Est-Est (Bl. 09, 313) „Jubiläum" für Waren aller Art, weil es üblich ist, aus Anlaß von Geschäftsjubiläen Waren in besonderer Güte herzustellen (Bl. 05, 127). Felsit für Mineralien (Bl. 15, 107), „Kamel" (als Abkürzung für Kamelhaar) für Treibriemen (Bl. 06, 11), „Radium" für Seifen, Parfümerien u. dgl.

(MarkschWettbew. 8, 314), „Lukullus" für Eßwaren (MarkschWettbew. 10, 195). § 4.
Das PA. veröffentlicht fortlaufend im Bl. die Wortzeichen, die auf Grund 13
von § 1 oder § 4 Nr. 1 von der Eintragung ausgeschlossen worden sind: unter ihnen nehmen die beschreibenden Zeichen einen großen Raum ein.

Zu den Angaben über die Beschaffenheit werden auch Angaben gerechnet, die nicht die Ware selbst, sondern nur ihre äußere Ausstattung, ihre Farbe, Form, Verpackung betreffen (PA. im Bl. 99, 226; 00, 281; 01, 48; 02, 195; 04, 50). Das gilt nicht bloß für äußere Merkmale, die für die Ware geradezu typisch sind, so daß der Verkehr bei der Bezeichnung gleich an die Ware denkt, z. B. Scheibenzwirn, Würfelzucker (vgl. PA. im Bl. 09, 193; 01, 48; 04, 348), sondern auch für allgemeinere Bezeichnungen, wie Pikkolo = klein (Bl. 09, 18), Medio = mittel, halb (Bl. 12, 264). Nach der Praxis des PA. ist das Wort „Gold" wegen seiner Beziehung zur Ausstattung der Ware für eine Reihe von Waren nicht eintragbar (Bl. 96, 140; 98, 92; 99, 147; ferner Sachen K. 697/16b und O. 1751/18 Wz.), insbesondere auch nicht für Kakao und Schokolade (Bl. 18, 63). Dagegen wurde die Löschung von „die erste Gold" abgelehnt (GewRschutz 18, 149).

Einer der Hauptfälle der Beschaffenheitsangabe sind die sogenannten Systembezeichnungen (System Jäger, System Abt, System Alfa), welche aussagen, daß eine Ware oder gewerbliche Leistung übereinstimme mit einer bekannten, oft mit dem Namen des Herstellers bezeichneten Ware oder Leistung (PA. im Bl. 94/95, 318; 96, 66; 97, 263; 04, 175; 07, 188 in sehr ausführlicher Begründung). Eine ähnliche Bedeutung kommt nach ständiger Praxis mit Recht dem Ausdruck „Ersatz" in Verbindung mit der Ware zu, z. B. Ersatz für Bénédictine (Bl. 97, 237; 06, 263; MarkschWettbew. 14, 311); hier kommt noch das Moment der Bestimmungsangabe (s. unten!) hinzu. Solche Bezeichnungen sind auch dann nicht eintragsfähig, wenn der Anmelder seinen eigenen Namen mit dem Worte System oder dgl. verbindet (PA. im Bl. 04, 348). Über die Anwendbarkeit des § 13 auf derartige Bezeichnungen siehe N. 3 zu § 13.

Die eigentlichen Beschaffenheitsangaben können auch neu gebildet sein. Wenn sie nach den Regeln der Sprache den üblichen und im Verkehr verständlichen Hinweis auf die Beschaffenheit oder Zusammensetzung der Ware in sich schließen, sind sie unzulässig (PA. im Bl. 96, 66 und 69; RG. in JW. 02, 33). Eine Sonderstellung nehmen nach der Praxis des PA. die chemischen und pharmazeutischen Zeichen ein. Sie werden vielfach aus bekannten Stämmen gebildet, welche die Zusammensetzung oder Bedeutung der Erzeugnisse angeben. An diese werden Endungen wie „in", „ol", „gen", „al", „on" u. dgl. angehängt (z. B. Migränin, Carboformal, Somaferrol usw.). Es wird vom PA. den Wünschen der beteiligten Industrien gemäß angenommen, daß der Verkehr die Neubildungen nicht als Beschaffenheitsangabe auffaßt, weil er auf die Endungen als unterscheidungskräftig Gewicht zu legen pflegt (PA. im Bl. 96, 141; 02, 10; 03, 173; Diehl und Häuser in GewRschutz 04, 77; s. aber RG. im Bl. 00, 217). Über den Wortzeichenschutz bei Arzneimitteln, auch de lege ferenda, ist eine reiche Literatur vorhanden; vgl. N. 2a zu § 13.

Liegt eine Warenbenennung vor, so ist das Wort nur für diejenigen Waren Beschaffenheitsangabe, die es charakterisiert, so daß es für andere, davon verschiedene, nicht gleichartige Waren eingetragen werden kann (PA.

§ 4 13, 14 im Bl. 02, 230). Der Begriff der Gleichartigkeit wird vom PA. auch hier in entsprechender Anwendung der in N. 6 für Freizeichen gegebenen Ausführungen eingeschränkt (vgl. PA. in Sachen D. 3937/22b).

Zu den Beschaffenheitsangaben zählen auch Worte, die nichts Bestimmtes über die Beschaffenheit aussagen, aber als allgemeine Qualitätsangaben zu betrachten sind, wie prima, fein, extra, wohl auch original (RG. in JW. 02, 223), pompös (PA. im Bl. 94/95, 306), „Natur" (Bl. 07, 165), „Vera" = echte, wahre (Bl. 10, 166).

c) Bestimmung der Waren.

Es genügt nicht jede mögliche oder denkbare Beziehung, sondern nur eine solche, die sich ungezwungen ergibt; die Bestimmungsangabe muß eine ernsthafte sein. Deshalb ist Matrosenzwirn, „Tramway" für Bleistifte, „Railroad" für Seifen eingetragen (PA. im Bl. 98, 13; 00, 284; 02, 229), dagegen Kasinosekt, Volkstabak abgelehnt (PA. im Bl. 94/95, 308; 03, 200), ebenso „Gentleman" für Bleistifte, „Bureaudiener" für Seife (PA. im Bl. 06, 206 und 207), after the dinner für Tabakfabrikate (Mitt. v. Verband 9, 54). Eine Bestimmungsangabe ist nicht anzunehmen, wenn ein eingetragener individueller Warenname, z. B. Grammophon, von seinem Inhaber in Zusammenhang mit den einzelnen Artikeln gebracht wird, für die er geschäftlich verwendet wird, z. B. Grammophonschalldose. Der Individualcharakter des Wortes rechtfertigt hier die spätere Eintragung der Nebenartikel, vorausgesetzt, daß nicht für diese in der Zwischenzeit ein allgemeiner und freier Gebrauch der Bezeichnung stattgefunden hat (PA. im Bl. 04, 426; vgl. auch 04, 44).

Die Bezeichnung „Ersatz" in Verbindung mit einer Ware, z. B. Ersatz für Bénédictine ist sowohl unter dem Gesichtspunkt der Bestimmungs- wie der Beschaffenheitsangabe (siehe oben!) nicht schutzfähig (PA. im Bl. 97, 237; 06, 263; MarkschWettbew. 14, 311).

d) Preis-, Mengen- oder Gewichtsverhältnisse.

Als Beispiele seien angeführt: three shillings hat, Literflasche, Pfundschokolade.

Eine veraltete ausländische Münze hat nicht mehr die Bedeutung einer Preisangabe (PA. im Bl. 98, 262; MarkschWettbew. 9, 397; s. dagegen PA. im Bl. 02, 254).

Zulässige Wörter. **14.** Da die Zulässigkeit der Wörter als Zeichen die Regel bildet, so ist es überflüssig, die zulässigen Wortzeichen in bestimmte Klassen zu zerlegen; alle Wörter, welche nicht unter eine der Kategorien der N. 13 fallen, sind eintragungsfähig. Weil diese Ausnahmen aber von denjenigen Wörtern gebildet werden, welche auf die Ware Bezug haben, so ergibt sich von selbst, daß zur Eintragung hauptsächlich Wörter geeignet sind, die vom Anmelder ganz frei erfunden sind oder doch nur eine leise Anspielung auf die Ware enthalten, oder solche Wörter, die zwar dem allgemeinen Sprachschatze angehören, aber an und für sich ihrem Wortsinne nach zu der betreffenden Ware oder ihren Eigenschaften in keiner Beziehung stehen (N. 12). Aber auch solche Wörter, welche zwar die Ware charakterisieren sollen, bei denen dies aber in allegorischer Weise geschieht, sind eintragungsfähig. Dahin gehören z. B.

Bezeichnungen, wie „Eiskönig" und „Eisvogel" für Schlittschuhe, „Rheingold" oder „Perle der Pfalz" für Weine, „Nordostsee-Bitter" (PA. im Bl. 00, 374), „Herkules" für Zwirn, „Blitz" für Telephonbücher (RGSt. 36, 199), „Exzelsior" (PA. im Bl. 03, 152). Es ist unbedenklich zulässig, daß sich jemand eine Verbindung von mehreren — an sich zulässigen — Wörtern oder einen kurzen Satz eintragen läßt. Man denke an „Dörings Seife mit der Eule", an „Je länger je lieber" (Wz. Bl. 03, 518).

Kombinationen.

15. Durch die Verbindung mehrerer Buchstaben, Zahlen oder zur Eintragung ungeeigneter Wörter miteinander entsteht kein zulässiges Warenzeichen. Hierunter würden beispielsweise fallen: R. H. Berlin; 1, 2, 3, falls diese Zusammensetzungen sich nicht im Verkehr als Hinweis auf eine bestimmte Betriebsstätte durchgesetzt haben (N. 10).

Wenn aber die Kombination in der Art erfolgt, daß durch die Stellung der Zahlen, Buchstaben, Wörter ein individuell-charakteristischer Eindruck hervorgerufen wird, so ist sie eintragungsfähig. Es sind also, falls sonst keine Hinderungsgründe vorliegen, das aus der eigentümlichen Zusammenstellung der vier F bestehende Turnerzeichen, ein aus Buchstaben und Zahlen bestehender größerer Kreis, eine charakteristische Verschlingung mehrerer Buchstaben (Monogramme), rebusartige Buchstabenzusammenstellungen, eine schlagwortartige Verbindung von Buchstaben mit nicht schutzfähigen Wörtern zulässige Warenzeichen (RG. in GoltdArch. 35, 213; PA. im Bl. 96, 185; 04, 226 und die sonstige Praxis). Dagegen kann die bloße Zusammenziehung einer reinen Beschaffenheitsangabe in ein Wort, das dem Klange nach mit ihr übereinstimmt (Cantbendem für Nadeln) kein schutzfähiges Zeichen hervorrufen (PA. im Bl. 97, 243).

Kombinationen mit anderen Bestandteilen.

16. Das Wort „ausschließlich", welches nur in Nr. 1, nicht in Nr. 2 und 3 des § 4 Abs. 1 steht, weist darauf hin, daß die Zeichenrolle für Zahlen, Buchstaben und unzulässige Wörter nicht völlig verschlossen ist. Es legt die Frage nahe, ob das PA. eine Zahl, einen Buchstaben oder ein an sich unzulässiges Wort eintragen muß, wenn dieselben nur mit irgendeinem, wenn auch noch so unbedeutenden Zusatz verbunden werden. Sind also beispielsweise (3), a, „an München" wegen des Kreises, Striches oder wegen des „an" eintragungsfähig? Die Lösung der Frage liegt in einer entsprechenden Anwendung des § 20 (N. 2 zu § 20). Ist der Zusatz so unbedeutend oder so üblich, daß die Gefahr einer Nichtbeachtung desselben im Verkehr vorliegt, so darf das PA. nicht eintragen (vgl. Rauter in GewRSchutz 05, 8, woselbst zahlreiche Entscheidungen zusammengestellt sind). Nach dieser Richtung gilt alles das, was oben in N. 7 für Freizeichen ausgeführt ist. Ist der Zusatz aber erheblich, stellt er insbesondere einen an sich eintragungsfähigen Bestandteil dar, so muß das Zeichen eingetragen werden (PA. im Bl. 96, 172; 96, 185; 97, 263; MarkschWettbew. 12, 669: Dreieck als Umrahmung einer Zahl nicht charakteristisch). Es liegt dann ein Kombinationszeichen vor (N. 16 zu § 1). Hierher gehört es auch, wenn durch eigentümlich angeordnete Buchstaben oder durch sonstige Umstände ein figürlicher Charakter erzielt wird (PA. im Bl. 96, 19).

Die Bedeutung der Kombinationszeichen war vor diesem Gesetze eine sehr große. Wegen des durchgängigen Ausschlusses der Wortzeichen konnte man einen Schutz für Wörter nur dadurch erlangen, daß man sie in Verbindung mit einer figürlichen Darstellung als Warenzeichen anmeldete.

§ 4 Heute kommen diese Zeichen oft zur Anwendung, wenn jemand Wert darauf
16 17, 18 legt, Zahlen, Buchstaben oder — was der Hauptfall sein wird — an sich unzulässige Wörter sich schützen zu lassen. Natürlich braucht er dieselben jetzt nicht mit figürlichen Darstellungen zu kombinieren, er kann sie auch mit Wörtern verbinden. So sind z. B. Spatenbräu München, Hoffscher Malzextrakt, Goldene 110 zulässige Warenzeichen, während München, Malzextrakt, 110 allein nicht eingetragen werden dürfen. Wenn der Inhalt des Kombinationszeichens ersichtlich den tatsächlichen Verhältnissen nicht entspricht und die Gefahr einer Täuschung begründet, in unseren Beispielen also das Bier nicht aus München stammt oder der Malzextrakt ohne Malz hergestellt ist, so ist dem Zeichen nach Nr. 3 des § 4 Abs. 1 die Eintragung zu versagen (N. 25).

Bei derartigen Kombinationszeichen kommen für die Frage der Verwechselungsgefahr die in ihm enthaltenen, nicht schutzfähigen Bestandteile nicht in Betracht, wenn sie nur in einer räumlichen, rein äußerlichen Verbindung zu dem übrigen Inhalte stehen (RGSt. in JW. 91, 239; 00, 447). Durch die bloße Wiedergabe des freien Elements kann aber nie ein Eingriff verübt werden (N. 7 a. E.).

Nr. 2.

Staatliche Hoheitszeichen. 17. § 4 Nr. 2 will verhüten, daß staatliche Hoheitszeichen zum Gegenstande geschäftlicher Ausnutzung gemacht werden. Dieser Gesichtspunkt wird für so wichtig erachtet, daß es hier (anders in Nr. 1) nicht darauf ankommt ob das Hoheitszeichen den ausschließlichen Inhalt des Zeichens ausmacht oder nur einen Bestandteil desselben bildet. Wenn es gegenüber dem Gesamtbilde auch von noch so geringfügiger Bedeutung ist, so macht es doch das Zeichen unfähig zur Eintragung (RGSt. 10, 353).

Durch die nachträgliche Annahme eines Hoheitszeichens können Zeichen, die bereits eingetragen sind, nicht beeinträchtigt werden. Dagegen wirkt es für die Zukunft als Hindernis einer neuen Eintragung (vgl. PA. im Bl. 01, 44). Das hauptsächliche Hoheitszeichen ist das Wappen des Deutschen Reichs oder eines Landes (N. 18, 19); ob letzteres dem In- oder Auslande angehört, ist gleichgültig. Doch gibt es noch andere Hoheitszeichen, z. B. den Reichsadler (RGBl. 19, 1877) oder die Flaggen (RGBl. 21, 483). Die Stempelzeichen, welche den Feingehalt bei Gold- und Silbergeräten angeben (N. 9 zu § 1), gehören nicht hierher.

Wappen. 18. Während bei den Staatswappen kein Unterschied zwischen In- und Ausland gemacht wird, ist dies bei den anderen Wappen der Fall, wahrscheinlich deshalb, weil dem PA. die Kenntnis sämtlicher Orts-, Gemeinde- und Provinzialwappen des Auslandes nicht zugemutet werden kann. In § 16 wird der fälschliche Gebrauch von Wappen auch eines ausländischen Ortes oder Gemeinde- und weiteren Kommunalverbandes unter gewissen Voraussetzungen für strafbar erklärt. Bei Anmeldung solcher Wappen kann § 4 Nr. 3 Anwendung finden, wenn eine Beziehung zu den ausländischen Orten nicht besteht.

Von inländischen Wappen sind außer dem Reichswappen (RGBl. 19, 1877) und den Wappen der Länder noch die Wappen eines Orts, einer Gemeinde und eines weiteren Kommunalverbandes (Kreis, Provinz usw.) nicht eintragungsfähig. Zugelassen sind damit außer den Privatwappen

(LG. Hamburg im Bl. 96, 367) die Wappen oder Abzeichen von Vereinen, § 4
Innungen, Gilden usw.; auch das Haus- und Familienwappen einer herzog- 18
lichen Familie ist eintragbar, wenn es nicht Staatswappen ist (PA. in MarkschWettbew. 12, 105). Werden aber solche im Sonderrecht stehende Wappen ohne Erlaubnis des Berechtigten eingetragen, so wird eine Löschungsklage nach allgemeinen Grundsätzen zu geben sein (N. 1 zu § 9, vgl. auch N. 4 zu § 12 a. E.). Bezüglich des Kaiserlichen Adlers bestimmte ein an den Reichskanzler gerichteter Allerhöchster Erlaß vom 16. März 1872 (RGBl. 72, 90):

> Auf Ihren Bericht vom 9. dieses Monats will ich allen deutschen Fabrikanten den Gebrauch und die Abbildung des Kaiserlichen Adlers in der durch Meinen Erlaß vom 3. August vorigen Jahres unter 2. festgesetzten Form zur Bezeichnung ihrer Waren oder Etiketten hierdurch gestatten und beauftrage Sie, das Weitere hiernach zu veranlassen.

Hierauf erging die Bekanntmachung des Reichskanzlers vom 11. April 1872 (RGBl. 72, 93):

> In Ausführung des Allerhöchsten Erlasses vom 16. März d. J. (Reichsgesetzbl. S. 90) wird hierdurch bestimmt, daß bei Gebrauch und bei Abbildung des Kaiserlichen Adlers zur Bezeichnung von Waren und auf Etiketten die Form eines Wappenschildes ausgeschlossen ist.

Damit war die Benutzung des Kaiserlichen Adlers, außer in Form eines Wappenschildes, für Deutsche, nicht für Ausländer, allgemein gestattet. Man wird vorstehende Bestimmungen jetzt entsprechend auf den Reichsadler anwenden. Das Wort „Fabrikant" im Erlaß muß auf alle Gewerbetreibenden, also auch auf Zwischenhändler, ausgedehnt werden. Mit dieser Zulässigkeit des Gemeingebrauchs stimmt die Untersagung der Eintragung in die Rolle überein, denn diese Eintragung würde dem Anmelder ein Ausschließungsrecht gewähren.

Der § 360 Nr. 7 des Strafgesetzbuchs bestraft mit Geldstrafe bis zu 150 M. oder mit Haft:

> „Wer unbefugt die Abbildung des Kaiserlichen Wappens oder von Wappen eines Bundesfürsten oder von Landeswappen gebraucht."

Diese Vorschrift ist, soweit sie vom Kaiserlichen Wappen oder von Wappen von Bundesfürsten spricht, heute veraltet.

Die Bestimmungen des § 12 BGB. über das Namensrecht finden auf die Verletzung des Wappenrechts entsprechende Anwendung, auch bei Wappen öffentlicher Körperschaften. Darin allein, daß das Ortswappen einer Stadtgemeinde von einem Ortsansässigen auf der Ausstattung einer Ware oder am Schaufenster eines Ladens angebracht wird, sah früher das RG. in der Regel noch keine Verletzung des Wappenrechts, falls der Benutzer sich nicht das Recht anmaßte, das Wappen als eigenes zu führen (RG. 71, 262; Bl. 10, 123; RG. in MarkschWettbew. 11, 435). Diesen Standpunkt hat das RG. aber jetzt aufgegeben, indem es ausführt, daß eine Verletzung des Wappenrechts auch schon dann vorliegen kann, wenn jemand das Wappen seines Wohnorts zur Bezeichnung seines Geschäfts oder seiner Ware benutzt (RG. in MarkschWettbew. 24, 43).

§ 4 Wegen der österreichischen Wappen vgl. Art. 7 des Übereinkommens
19, 19a, 20 mit Österreich-Ungarn, wegen der Behandlung der Marken, welche Wappen enthalten, in der Internationalen Union vgl. Art. 6 des Unionsvertrages nebst Schlußprotokoll; wegen des englischen Staatswappens vgl. PA. im Bl. 96, 174.

Teile des Wappens. 19. Nur dem Wappen als Ganzem in seiner besonderen heraldischen Gestaltung ist die Eintragung versagt. Abweichungen sind gemäß § 20 zu beurteilen (PA. im Bl. 94/95, 275; 96, 173; RG. in MarkschWettbew. 24, 43). Einzelne Motive, Sinnbilder oder Figuren desselben können dagegen als Zeichen verwertet werden. So steht nichts im Wege, daß jemand ein dem schweizerischen oder italienischen Wappenbilde ähnliches Kreuz oder einen dem Reichsadler ähnlichen Adler sich als Warenzeichen schützen läßt (RG. in GoltdArch. 39, 314; PA. im Bl. 96, 175 betreffend Wiedergabe des Wappenmotivs ohne Wappen- oder Siegelform; RGSt. 34, 26 im Bl. 01, 152). Wird dagegen das Wappen als Ganzes in das Warenzeichen aufgenommen, so darf das Zeichen nicht eingetragen werden, sollte es außer dem Wappen auch noch andere hervortretende Bestandteile enthalten (N. 17).

Rotes Kreuz. 19a. Ein fernerer Versagungsgrund ist durch das Reichsgesetz zum Schutz des Genfer Neutralitätszeichens vom 22. März 1902 (RGBl. S. 125; Bl. 02, 134) geschaffen. § 7 desselben bestimmt:

> „Warenzeichen, welche das Rote Kreuz enthalten, sind von der Verkündung des Gesetzes ab von der Eintragung in die Zeichenrolle ausgeschlossen, sofern nicht die Anmeldung vor dem 1. Juli 1901 erfolgt ist.“

Unter dem „Roten Kreuz“ wird das Genfer „Rote Kreuz auf weißem Grunde“ sowie die Worte „Rotes Kreuz“ verstanden (§ 1 des Gesetzes; vgl. PA. im Bl. 04, 227).

Nach § 3 wird die Anwendung der Vorschriften des Gesetzes durch Abweichungen nicht ausgeschlossen, mit denen das Bild oder die Worte wiedergegeben sind, sofern ungeachtet dieser Abweichungen die Gefahr einer Verwechselung vorliegt (PA. im Bl. 04, 348; 05, 30; PA. in MarkschWettbew. 11, 551: das Wortzeichen „Rote Kreuzbandmarke“ nicht eintragungsfähig). In Warenzeichen, die auf Grund einer vor dem 1. Juli 1901 erfolgten Anmeldung eingetragen sind, durfte das „Rote Kreuz“ bis zum 1. Juli 1906 fortgeführt werden (§ 6). Im übrigen ist sein Gebrauch ohne behördliche Erlaubnis verboten und strafbar (§§ 1, 2; Ausnahmen in §§ 5, 6). Eine Löschung der Warenzeichen, die das „Rote Kreuz“ enthalten, ist nicht vorgeschrieben, um den Inhabern die Möglichkeit der Benutzung der Zeichen ohne das „Rote Kreuz“ offen zu lassen. Der Schutz der Zeichen bleibt also bestehen; nur kann natürlich auf die Wiedergabe des Neutralitätszeichens die Behauptung der Verletzung nicht gestützt werden. Das war schon früher regelmäßig nicht möglich, da das Rote Kreuz für Gegenstände, die mit der Krankenpflege zusammenhängen, also für sein Hauptanwendungsgebiet, Freizeichen ist.

Nr. 3.

Wider die guten Sitten. 20. Der innere Grund der Bestimmung des § 4 Nr. 3 ist, daß der Staat seine Organe und Einrichtungen nicht dazu hergeben darf, um Darstellungen, welche den guten Sitten zuwiderlaufen, zu verbreiten.

Zu diesen Darstellungen gehören begrifflich außer den Ärgernis erregenden auch die Zeichen, welche das Publikum irreführen, die marques mensongères. § 4 20, 21,

Aus dem Wortlaut der Bestimmung und der ratio legis folgt, daß es nicht darauf ankommt, ob das Zeichen nur aus der verpönten Angabe oder Darstellung besteht oder noch andere erlaubte Bestandteile enthält. In keinem Falle darf es eingetragen werden, es müßte denn sein, daß die an sich irreführenden Angaben in dem Zeichen selbst in klarer und deutlicher Weise richtiggestellt werden. Darin besteht Übereinstimmung zwischen den Versagungsgründen unter Nr. 2 und 3; vgl. N. 17 und PA. im Bl. 97, 245; 00, 356; 01, 282; 02, 254. Von selbst versteht es sich, daß § 20 auch hier anwendbar ist (PA. im Bl. 98, 28).

Ärgernis erregende Zeichen.

21. Ärgernis erregende Darstellungen. Die Worte sind aus dem § 3 Abs. 2 des Markenschutzgesetzes wörtlich übernommen. Selbstredend schließt das Wort „Darstellungen" jetzt auch Wörter ein, so daß z. B. geschlechtlich anstößige oder beleidigende Wörter nicht Eintragung finden dürfen. Aber nicht bloß in geschlechtlicher, sondern auch in politischer, religiöser, sozialer Hinsicht kann ein Zeichen anstößig sein. Hierunter fallen Warenzeichen, welche Bestrebungen versinnbildlichen, die gegen den Bestand des Reichs gerichtet sind. Es sei an das Urteil des OHG. vom 17. Nov. 1876 erinnert, welches eine Marke mit folgenden Emblemen im Zeichenregister löschen ließ: auf den Farben der französischen Trikolore ein geflammtes, aufrecht stehendes Schwert mit der Wage der Gerechtigkeit am Griff und umgeben von den Buchstaben A. F. L. (Alsace, France, Lorraine). Auch Zeichen, welche den inneren Frieden im Staate oder die Gefühle eines Teiles der Staatsangehörigen zu stören geeignet sind, gehören hierher. Es dürfen ebensowenig Verspottungen der katholischen Reliquienverehrung, wie antisemitische Karikaturen in der Zeichenrolle Aufnahme finden. Deshalb ist St. Marianna für Liköre nicht eingetragen worden, weil der Name einer anscheinenden Heiligen für geistige Getränke nicht, ohne Anstoß zu erregen, benutzt wird (PA. im Bl. 98, 262; s. aber PA. im Bl. 99, 220). Hierher gehört auch der Beschluß der Beschw.-Abt. des PA. vom 3. Okt. 1919, durch den das Wortzeichen „Pogrom" für Tier- und Pflanzenvertilgungsmittel gelöscht wurde. Aus der früheren Praxis des PA. sei erwähnt, daß es die Eintragung von „Anarchist" zurückwies, weil dieses Wort den Gegensatz zu Recht und Ordnung bedeute (MarkschWettbew. 6, 46) und das Wort „Pod" nicht eintrug, weil es der bekannte Spottname des preußischen Ministers von Podbielski war (MarkschWettbew. 6, 60). Auch Zeichen, deren Inhalt gegen Strafgesetze verstößt, gehören hierher (PA. im Bl. 98, 88).

Bedenklich ist die Ansicht eines Strafsenats des RG. zu § 4 Nr. 3: Diese Bestimmung setze voraus, daß das Warenzeichen an sich ärgerniserregende Darstellungen enthält, dagegen habe das PA. nicht zu prüfen, ob durch die Ausübung der in § 12 angeführten Befugnisse Ärgernis erregt oder irgendwie gegen die Gesetze verstoßen werden kann (JW. 08, 575; Bl. 08, 225). Man wird die Grenzen des Prüfungsrechts weiter ziehen müssen, so daß das PA. auch die Gegenstände, für welche das Zeichen verwendet werden soll, in den Kreis seiner Prüfung einzuschließen hat. Präservative und konzeptionshindernde Mittel sind aber nach der Praxis des PA. vom Zeichenschutz nicht ausgeschlossen (PA. in MarkschWettbew. 15 S. 247 und 248; vgl. RG. in Bl. 13, 165).

§ 4
22, 23, 24

Irreführende Zeichen. 22. Ein irreführendes Warenzeichen liegt vor, wenn das Zeichen eine Angabe (N. 23) enthält, welche den tatsächlichen Verhältnissen nicht entspricht (N. 24) und die Gefahr einer Täuschung begründet (N. 25). Diese Voraussetzungen sind nur objektiver Art. Es ist nicht notwendig, daß der Anmelder die Unrichtigkeit der Angabe kannte oder die Absicht der Täuschung hatte; seine bona oder mala fides ist (anders in § 16) unerheblich. Das PA. soll die Eintragung eines solches Zeichens aber nur versagen, wenn die Unrichtigkeit der Angabe „ersichtlich" (N. 26) ist. Hat das PA. das Zeichen, trotzdem alle diese Voraussetzungen vorlagen, eingetragen, so muß es dasselbe gemäß § 8 Abs. 2 Nr. 2 von Amts wegen löschen. Bei den anderen Zeichen, deren Eintragung der § 4 untersagt, kann Abhilfe gegen ihre Eintragung nur im Wege des § 8 Abs. 2 geschaffen werden; bei ihnen hat das PA. allein unter Ausschließung des Rechtswegs über ihre Löschung zu befinden. Dagegen hat bei den irreführenden Warenzeichen noch außerdem jedermann das Recht, gemäß § 9 Abs. 1 Nr. 3 bei den ordentlichen Gerichten auf Löschung zu klagen. Über den Grund und die Tragweite dieser Abweichung s. N. 26.

Angaben. 23. Das Wort Angabe schließt hier auch figürliche Darstellungen ein (PA. im Bl. 94/95, 234, 311). Es ist dasselbe, ob jemand, der auf der Pariser Weltausstellung nicht prämiiert worden ist, in das Warenzeichen die Worte „Goldene Medaille Paris 1900" oder die Medaille selbst aufnimmt.

Eine „Angabe" liegt vor, wenn das Zeichen auch in solchen Personen, welche dasselbe bisher nicht kannten und welche den einschlägigen Handelsverhältnissen fernstehen, eine bestimmte Vorstellung über die obwaltenden tatsächlichen Verhältnisse erweckt. Die Anbringung eines von einem anderen früher benutzten Warenzeichens enthält deshalb noch nicht die „Angabe", daß die Ware von diesem andern herstamme (PA. im Bl. 98, 34; 99, 40). Infolgedessen wird derjenige, welcher ein Zeichen lange Jahre geführt hat und durch die Anmeldung dieses Zeichens seitens eines dritten depossediert wird, nicht ohne weiteres auf Grund des § 4 Nr. 3 und § 9 Nr. 3 Löschung verlangen können. Eine Ausnahme findet nur bei den sog. Qualitätszeichen statt; vgl. das Nähere in N. 4 zu § 9 und N. 2 zu § 12. Deshalb hat das PA. ein für Porzellan usw. eingetragenes Zeichen gelöscht, weil es sich nachträglich herausstellte, daß es das alte berühmte Zeichen der ehemaligen Ludwigsburger Porzellanfabrik war (Bl. 05, 129).

Den tatsächlichen Verhältnissen nicht entsprechend. 24. Den tatsächlichen Verhältnissen nicht entsprechend ist zunächst jede Angabe, welche unrichtig ist. Ob die Unrichtigkeit sich auf die Ware, deren Urheber oder auf welchen Umstand sonst bezieht, ist gleichgültig, ebenso ob die Unrichtigkeit von irgendeiner Bedeutung für den Absatz der Ware ist. Dies alles kommt für die weitere Frage, ob die betreffende Angabe die Gefahr einer Täuschung begründet, in Betracht. Hier ist zunächst nur festzustellen, ob das Zeichen irgendeine objektive Unrichtigkeit enthält; außerhalb des Zeichens liegende Umstände gehören nicht hierher, sind aber bei der Täuschungsgefahr (N. 25) zu berücksichtigen (RG. 54, 126; Bl. 04, 367; RG. im Bl. 04, 22; OLG. Hamburg in MarkschWettbew. 7, 30). Infolgedessen erübrigt sich auch eine weitere Erläuterung, denn jede unrichtige Angabe fällt ausnahmslos hierunter. Als Beispiele seien erwähnt Zeichen, in denen solche Namen, Firmen, Titel, Wappen, Medaillen, Monogramme vorkommen, zu deren Führung der Anmelder nicht befugt ist, der Gebrauch des wesentlichen Bestandteils einer fremden Firma, eines staatlichen Prüfungszeichens, das nicht erteilt ist (PA. im Bl. 98, 93 und 154; 01, 44). Maßgebend ist die Auffassung, die das Publikum von dem Inhalte des Zeichens sich bildet. Daher ist „gesetzlich geschützt" als Inschrift unrichtig, wenn es auf die Ware bezogen wird (PA. im Bl. 00 S. 204 und 376; vgl. Bl. 00, 34). Dagegen ist der Gebrauch des wesentlichen Bestandteils der eigenen Firma als Zeichen mit den tatsächlichen Verhältnissen im Einklange (RG. im Bl. 97, 195). § 4 24, 25

Eine Angabe braucht nicht unrichtig zu sein und kann doch den tatsächlichen Verhältnissen nicht entsprechen. Hierher wird z. B. oft die Aufnahme fremdländischer Ausdrücke in ein von einem Deutschen angemeldetes Warenzeichen gehören, denn da bei uns in Deutschland die Verkehrssprache die deutsche ist, so entspricht ein Warenzeichen, welches Angaben in fremder Sprache enthält, häufig nicht den tatsächlichen Verhältnissen. Doch ist dies cum grano salis zu verstehen. Bei der internationalen Bedeutung des Zeichenrechts ist die Aufschrift in fremder Sprache keineswegs gleichbedeutend mit einer Ursprungsangabe (PA. im Bl. 94/95, 311; 97, 245). Außerdem kommt für die Frage, ob die fremdländische Bezeichnung ein Zeichen von der Eintragung ausschließt, stets noch in Betracht, ob die Wahl der fremden Sprache die Gefahr einer Täuschung begründet.

Gefahr der Täuschung.

25. Die Frage, ob die Angabe die Gefahr einer Täuschung begründet, ist vorzugsweise vom Standpunkte des Konsumenten zu beurteilen. Es kommt also nicht darauf an, ob ein geschäftskundiger Kaufmann getäuscht werden kann, sondern ob ein geschäftlicher Laie, ein Durchschnittskäufer, welcher die Ware in der durch den Geschäftsverkehr bedingten Schnelligkeit besieht und kauft, irregeführt werden kann (PA. im Bl. 94/95, 311; 98, 135; 00, 376; 01, 249; vgl. N. 4 zu § 20). Demgemäß sind, namentlich bei der Klage aus § 9 Abs. 1 Nr. 3, auch außerhalb des Zeichens selbst liegende Umstände, unter denen es im Verkehr in die Erscheinung tritt und gebraucht wird, in Betracht zu ziehen, da sie für die Anschauung der Konsumenten von Bedeutung sein werden (PA. im Bl. 01, 178; RG. 40, 91; 54, 126; RG. im Bl. 99, 89). So hat das RG. z. B., weil auch die Zweckbestimmung der Ware in Betracht kommt, das für Siphons eingetragene Wortzeichen „Urquell" auf die Klage des Bürgerlichen Bräuhauses in Pilsen gelöscht, weil das Publikum in mit Urquell bezeichneten Siphons solche erblicken wird, die das Bier der Klägerin enthalten (RG. 69, 236; Bl. 08, 302). „Kaiserlicher Automobilklub" wurde für Tabakfabrikate nicht eingetragen, weil dadurch zu Unrecht der Anschein hervorgerufen würde, als ob die Waren in dem Klub feilgehalten oder besonders für die Zwecke des Klubs hergestellt würden (PA. im Bl. 08, 212). Die Angabe „Marke Schutztruppe" neben der Darstellung eines Offiziers der Schutztruppe wurde vom PA. nicht für irreführend erachtet, obwohl das Wort „Schutztruppe" für den Anmelder nicht besonders geschützt war (Bl. 05, 246).

Die Tatsache, über welche der Konsument getäuscht werden kann, wird im Zusammenhang mit der Ware stehen müssen (Heimann in MarkschWettbew. 7, 8). Nach dieser Richtung kommen hauptsächlich die unter Nr. 1 des § 4 erwähnten Angaben über Art, Zeit und Ort der Herstellung, über die Beschaffenheit, über die Bestimmung, über Preis-, Mengen- oder Gewichtsverhältnisse der Ware in Betracht. Diese sind aber nach dem in N. 15, 16 Ausgeführten überhaupt nur eintragungsfähig, wenn sie mit anderen Ele-

§ 4 menten zu einem Zeichen verbunden werden. Entsprechen jene Angaben
25 nicht den tatsächlichen Verhältnissen, so werden sie oft die Gefahr einer Täuschung begründen. Aber keineswegs stets.

Ausdrücke wie prima, fein, first u. dgl., pflegen im geschäftlichen Verkehr nicht auf die Goldwage gelegt zu werden; selbst der Konsument weiß, daß sie gemeinhin nicht in des Wortes strenger Bedeutung gebraucht werden — bei ihnen wäre also eine Prüfung des PA., ob die Ware das Prädikat verdient, regelmäßig nicht angebracht. Dagegen würden Wörter, wie „patentiert“, „prämiiert“, „privilegiert“ zu beanstanden sein, bis der Anmelder seine Berechtigung zum Gebrauche derselben dargetan hat; dies gilt insbesondere für Medaillen und ähnliche Auszeichnungen (PA. im Bl. 07, 40).

Auch wenn, wie z. B. bei Arzneimitteln oder chemischen Präparaten, nur das Herstellungsverfahren geschützt ist, ist es zulässig, die Ware als patentiert zu bezeichnen (PA. im Bl. 07, 242, Heimann a. a. O.).

Ausdrücke, die auf einen zeitlich beschränkten Schutz Bezug nehmen, sind aber im allgemeinen als Inhalt eines Zeichens wenig geeignet; nach Ablauf der Schutzfrist erscheint der Hinweis unrichtig und täuschend, so daß § 9 Nr. 3 eingreifen kann (PA. im Bl. 94/95, 99; vgl. Propriété Industrielle 01, 91). Täuschend können Angaben wirken, die im Widerspruch zu gesetzlichen Vorschriften stehen. Hierher gehören z. B. die Vorschriften über die Bezeichnung „Kornbranntwein“ im Branntweinsteuergesetz (PA. im Bl. 11, 46) oder über die Beziehung „Kognak“ im Weingesetz.

Bei den in N. 13 erwähnten Beispielen wird man annehmen können, daß, wenn sie den tatsächlichen Verhältnissen nicht entsprechen, die Gefahr einer Täuschung vorliegt. Allerdings wird die Voraussetzung, daß das Wort gerade zu den Waren, für welche es nach der Anmeldung bestimmt ist, in einer näheren Beziehung stehen muß (N. 13), hier, wo es sich um die Täuschungsgefahr handelt, besonders zu betonen sein. Bezeichnungen wie „Büstenhalter“ für Liköre oder „Gußeisen“ für Wollwaren sind nicht irreführend. Wenn dagegen jemand für Margarine das Wort „Butter“ oder das Bild eines Butterfasses oder einer Kuh (PA. im Bl. 94/95, 234; 00, 397; 09, 315), für baumwollene Stoffe das Wort „Wolle“, für halbseidene das Wort „Seide“ allein oder in Verbindung mit anderen Elementen anmelden wollte, so wäre die Eintragung zu versagen. Eine Biene ist für Wachsarten, die kein Bienenwachs sind, kein geeignetes Zeichen (PA. im Bl. 94/95, 311). Die heutige Praxis des PA. steht allerdings auf einem anderen Standpunkt. So zeigt z. B. fast jedes Heft des Warenzeichenblatts von 1924 Abbildungen von Kühen, während unter den Waren Margarine vorkommt (Warenzeichen 312329, 321371); das Zeichen 321223, das auch für Margarine eingetragen ist, enthält die Inschrift „Allerfeinste Tafelbutter“; das Zeichen 317950, welches u. a. für Margarine eingetragen ist, gibt eine figürliche Darstellung mit der Inschrift „Liethella feinster Butterersatz“, wobei die Worte „Liethella“ und „Butter“ durch fetten Druck besonders hervorgehoben sind. Mögen einzelne dieser Eintragungen durch die jetzigen Klassengebühren mitverursacht sein, so ist es doch bedauerlich, daß Zeichen eingetragen werden, die vor einer gerichtlichen Löschungsklage kaum standhalten würden.

Fingierte Weinbergslagen oder Etablissementsnamen (Rauenthaler Kuckucksloch, Rüdesheimer Adlerturm, Münchener St. Lukas-Bräu, Kreuz-

nacher Doktorberg) führen irre (PA. im Bl. 97, 216; 97, 244; 98, 33; 01, 249; § 4
RG. im Bl. 09, 122). Zusätze, wie „Keine Weinbergslage" beseitigen 25
die Täuschungsgefahr nicht (PA. im Bl. 12, 17). Weinbergslagen werden nach der ständigen Praxis des PA. nur dann als Zeichen eingetragen, wenn sie entweder in das Kataster aufgenommen oder mindestens durch langjährigen Gebrauch zu einer volkstümlichen Bezeichnung geworden sind (MarkschWettbew. 16, 259). Im übrigen vgl. wegen der Benennung von Weinen N. 9, 10 zu § 16.

Bei der Prüfung muß man sich in die Zeit der Anmeldung versetzen, spätere Entwicklungen sind vom PA. nicht zu beachten (anders im Rechtsstreit auf Grund des § 9 Nr. 3; vgl. PA. im Bl. 98, 32); ebensowenig frühere Umstände, welche eine jetzt beseitigte Täuschungsgefahr begründeten (PA. im Bl. 02, 254).

Gegen falsche Herkunftsangaben wird man besonders streng sein müssen; nur wenn sie ganz offensichtlich Phantasiebezeichnungen sind, ist bei ihnen die Gefahr der Täuschung ausgeschlossen. „Parisiana" ist für Schweißblättter mit Recht zurückgewiesen (PA. im Bl. 4, 157). Am gerechtfertigsten ist die Anwendung des § 4 Nr. 3 dann, wenn die Erzeugnisse oder Waren des fraglichen Ortes wegen ihrer Beschaffenheit einen besonders guten Ruf genießen (z. B. Jamaika für Rum, Birmingham für Stahlwaren usw.). Als Beispiele seien angeführt die Worte „Münchener Bräu", „Pilsener Bräu" (PA. im Bl. 98, 135; 00, 356), „Russischer Kümmel", „Moskowiter" für Liköre, „Friedrichsdorfer Zwieback" „Grands vins de Champagne" (PA. im Bl. 98, 259; 00, S. 208 und 209; 03, 9). Irreführende Ländernamen kommen hier (anders im § 16) ebenfalls in Betracht (vgl. „Hie gut Württemberg allwege" PA. im Bl. 8, 27; Bl. 8, 254 bezüglich der englischen Nationaldevise; Bl. 9, 154). Unter diesem Gesichtspunkt ist auch für einen deutschen Uhrenfabrikanten ein Zeichen nicht eintragbar, das in einem wesentlichen Bestandteile dem amtlichen schweizerischen Kontrollstempel für silberne Uhrengehäuse zum Verwechseln gleicht (PA. im Bl. 08, 210). Das Bild des Wiesbadener Kurhauses ist für Erfurter pharmazeutische und kosmetische Präparate nicht zulässig (PA. in Mitt. v. Verband 22, 107). Die Bezeichnung „ägyptische Zigaretten" ist nur zulässig für Zigaretten, die in Ägypten hergestellt sind (Kammergericht in MarkschWettbew. 7, 171); deshalb wurde ein von einer deutschen Fabrik angemeldetes Zeichen, bei dem als Waren „in Deutschland hergestellte ägyptische Zigaretten" angegeben waren, vom PA. nicht eingetragen (Bl. 08, 297). Ein Zeichen wurde gelöscht, weil es den Anschein erweckte, als sei die Saat, welche mit diesem Zeichen in den Handel gebracht wurde, schwedische Saat, während die Saat in Wirklichkeit aus schwedischer Saat in Deutschland gezüchtet wurde (RG. im Bl. 13, 163).

Bezeichnungen in nichtdeutscher Sprache sind bei der internationalen Natur der Zeichen nicht ausgeschlossen (N. 24), bei Exportartikeln kann es sehr zweckmäßig und braucht nicht irreführend zu sein, in das Zeichen Angaben in der Sprache des Landes, für welche die Ware bestimmt ist, aufzunehmen. Die Gefahr der Täuschung liegt nur vor, wenn durch die fremde Sprache zu Unrecht der Schein erweckt wird, daß die Ware aus dem Lande, in welchem diese Sprache herrscht, herstammt. Dies wird insbesondere dann anzunehmen sein, wenn das Land, dessen Sprache entlehnt ist, für die betreffende Ware einen besonderen Ruf genießt (PA. im Bl. 94/95, 311;

§ 4 22, 164). Durch das Bild eines fremden Herrschers wird nicht ohne weiteres
25 die Herkunft der Ware angegeben (PA. im Bl. 97, 104).

Man wird demnach einem Engländer oder Franzosen nie verwehren können, sich englische bzw. französische Wörter schützen zu lassen. Wenn dagegen ein Deutscher oder Franzose für Stahlwaren englische Wörter, ein Engländer oder Italiener für Zigarren spanische Wörter anmelden wollte, so wäre der Anmeldung nicht leicht Folge zu geben. Besonders dann nicht, wenn der Anmelder eine fingierte Firma oder ähnliche Benennung in fremder Sprache schützen lassen will, oder wenn die Vorstellung eines Personennamens dadurch hervorgerufen wird, daß Worte nach Analogie ausländischer Eigennamen gebildet sind. Hier kommen z. B. bei Zigaretten Worte in Betracht, die den Anschein von griechischen, russischen, italienischen, armenischen Namen erwecken (PA. im Bl. 05, 127). Der Bundesrat ist nach § 22 unter gewissen Voraussetzungen befugt, den fremden Waren bei ihrem Eingang nach Deutschland eine Bezeichnung vorzuschreiben, welche ihre Herkunft erkennen läßt; vgl. darüber die Erläuterungen zu § 22. Außerdem vgl. N. 9ff. zu § 16.

Die Gefahr einer Täuschung kann auch in bezug auf die Person des Fabrikanten oder Händlers vorliegen. Das angemeldete Warenzeichen kann den Schein erwecken, daß ein anderer als der Anmelder der Fabrikant oder Händler sei. Dies wird insbesondere dann der Fall sein, wenn ein Zeichen Namen, Firmen, Wappen, Monogramme enthält, zu deren Führung der Anmelder nicht befugt ist, oder wenn jemand seinen Namen, seine Firma usw. mit einem Zusatze, der auf eine andere Person hindeutet, versieht. Nachstehend seien aus der Praxis des PA. einige Grundsätze wiedergegeben, bei deren Anwendung allerdings zu berücksichtigen ist, daß hier immer auf die besonderen Umstände des einzelnen Falles einzugehen ist (PA. im Bl. 04, 228). Bei Worten, die Eigennamen sind und zugleich für den Verkehr noch eine andere Bedeutung haben (z. B. Schütze, Löwe, Schneider), ist anzunehmen, daß sie regelmäßig im letzteren Sinne und nicht als Hinweis auf den Personennamen aufgefaßt werden (PA. im Bl. 01, 282; 01, 302). Im allgemeinen wird man von Täuschungsgefahr nur dann sprechen, wenn der Name, die Firma usw., die auf dem Zeichen steht, eine Beziehung zur Ware hat und ihr zu Unrecht einen besonderen Schein verleiht (PA. im Bl. 97, 246; 01, 50; 02, 231 und 254; 04, 349; 06, 11; ebenso OLG. München und RG. in MarkschWettbew. 15, 321 in einem Falle, wo ein Apotheker den Namen eines bekannten Arztes mit dessen Zustimmung als Zeichen für ein Heilmittel des Deutschen Arzneibuchs aufgenommen hatte. Die bloße Unrichtigkeit braucht noch nicht täuschend zu wirken (anders die frühere Praxis des PA. Bl. 96, 359 und 364, s. aber Bl. 04, 51). Der Umstand, daß möglicherweise das Recht eines andern verletzt wird, genügt nicht, um § 4 Nr. 3 anzuwenden, da das PA. nur die Interessen der Allgemeinheit wahrnehmen und Täuschungen verhüten soll, dagegen nicht über die Berechtigung zu dem Ausschließungsrechte, das begehrt wird, zu befinden hat (PA. im Bl. 03, 155, N. 1 zu § 9). Deswegen braucht auch nicht die Einwilligung des Namensträgers beigebracht, seine Beziehung zur Ware nachgewiesen zu werden, wofern er nicht für den Verkehr bereits mit der Ware in Zusammenhang steht (PA. im Bl. 6, 204; 7, 49; 9, 155; anders PA. im Bl. 6, 203). Erdichtete Personalbezeichnungen, die auf eine wohlbekannte Produktionsstätte hinweisen, sind unzulässig (PA. im Bl. 00, 207; 00, 208).

Verkehrsgebräuchliche Namen sind erlaubt, da sie nicht täuschen; dies gilt insbesondere für Benennungen, die zwar von der Firma abweichen, die aber auf eine bekannte Marke des betr. Gewerbetreibenden (PA. im Bl. 01, 283; 04, 427) oder auf ein der Firma entnommenes Schlagwort (PA. im Bl. 05, 131, Kammergericht im Bl. 05, 135) hinweisen. § 4 25 26

Ein im Handel eingeführter Name eines andern oder eine dem Namen gleichstehende Bezeichnung, darf für Waren, mit denen der Name in Verbindung gebracht wird, nicht von Dritten benutzt werden (PA. im Bl. 98, 93; s. aber 04, 50 und 228). Bedenklich erscheint deshalb die Entscheidung des PA. im Bl. 03, 11, wonach „Brennabor" für Nähmaschinen nicht täuschend wirken soll, obgleich es nicht für die „Brennabor-Fahrrad-Werke" eingetragen ist, an die das große Publikum denken wird, weil es ihre Geschäftsbezeichnung ist (vgl. dagegen PA. im Bl. 00, 204). Anders ist zu entscheiden, wenn die Bezeichnung oder das Schlagwort für ganz anders geartete Waren Verwendung findet, z. B. Benediktiner für Strümpfe, Odol für Maschinen.

Namen historischer Personen oder von Leuten, die nichts mit der Ware zu tun haben, können ohne Täuschungsgefahr gebraucht werden, z. B. „Bürgermeister Dr. Burchard Magnifizenz" für Zigarren (PA. in MarkschWettbew. 11, 550), doch werden die Namensträger dadurch nicht gehindert, auf Grund des § 12 BGB. die Benutzung ihres Namens zu verbieten (N. 1 zu § 9).

Die Grundsätze über fremde Namen finden auf die Wiedergabe fremder Bildnisse entsprechende Anwendung (N. 13 zu § 1).

Ein Warenzeichen kann ferner über Eigenschaften des Anmelders, nicht über seine Identität irreführen. Hier kommt es aber auf die Erheblichkeit der Eigenschaft für den Absatz der Ware an. So wird es meistens gleichgültig sein, wenn der Fabrikant in der Marke etwa seinen Geburtstag oder Geburtsort unrichtig angibt; anders dagegen, wenn er widerrechtlich Preismedaillen oder Hoflieferantentitel annimmt oder ein unrichtiges Gründungsjahr seines Geschäfts nennt (PA. im Bl. 02, 53). Auch dürfte es erheblich sein, wenn jemand, der mit der Herstellung der Ware gar nichts zu tun hat, sich als Fabrikant bezeichnet, z. B. durch eine irreführende Aufnahme der Abbildung eines Fabriketablissements in das Zeichen.

Wenn das angemeldete Warenzeichen in die Rechte Dritter eingreift, so wird es dadurch nicht immer eintragungsfähig, daß der Dritte der Eintragung zustimmt. Denn die Bestimmung des § 4 Abs. 1 Nr. 3 will nicht die Rechte des Dritten schützen, sondern bezweckt den Schutz des konsumierenden Publikums gegen Täuschungen. Irreführende Zeichen verlieren ihren gemeingefährlichen Charakter unter Umständen noch nicht dadurch, daß der Dritte zustimmt (Kohler S. 175). Der § 5 dagegen, welcher auf den Schutz eines Privatrechts abzielt, macht die Versagung der Eintragung von dem Widerspruche des Berechtigten gegen die Eintragung abhängig.

26. „Ersichtlich" bezieht sich sowohl auf die Voraussetzung der Unrichtigkeit (N. 24) als der Täuschungsgefahr (N. 25). Beide Voraussetzungen **Ersichtlich.** müssen ersichtlich sein, sonst soll das PA. die Eintragung nicht versagen. Mit dem „ersichtlich" wollte man ausdrücken, daß das PA. bei der ihm übertragenen Vorprüfung sich nicht auf besonders eingehende Untersuchungen darüber einzulassen hat, ob und inwieweit der Inhalt des Zeichens mit der Wirklichkeit, mit den tatsächlichen Verhältnissen übereinstimmt. Aber

§ 4 die Unrichtigkeit braucht auch nicht gerade auf der Hand zu liegen, sie kann
26, 26a, 27 nähere Feststellungen voraussetzen (PA. im Bl. 96, 91; 99, 40; 02, 231). Im allgemeinen ist die Bedeutung des „ersichtlich" in der Praxis des PA. immer mehr geschwunden, weshalb die älteren Beschlüsse heute nicht mehr zutreffend sind. Ergibt sich später, daß das PA. verhältnismäßig nahe liegende Umstände, die die Täuschungsgefahr begründen, übersehen hat, so hat es gemäß § 8 von Amts wegen das Zeichen zu löschen; vgl. PA. im Bl. 05, 130; 08. 210.

Abs. 2.

Befugnis. **26a.** Durch diese Bestimmung, welche dem Gesetz vom 31. März 1913 (RGBl. S. 236) ihre Entstehung verdankt, ist die frühere Streitfrage, ob die Zustimmung der Staaten, Provinzen usw. einem Dritten die Befugnis verleiht, sich das betr. Wappen oder Hoheitszeichen (N. 17, 18) eintragen zu lassen (PA. im Bl. 94/95, 65; 96, 253; RG. im Bl. 94/95, 211) im bejahenden Sinne beantwortet. Ebenso ist es jetzt nach dem Wortlaut unzweifelhaft, daß die Staaten, Provinzen usw., wenn sie selbst Geschäfte betreiben, ihre Wappen für sich eintragen lassen dürfen.

Die Vorschrift entspricht dem Schlußprotokoll zu Art. 6 des Unionsvertrages.

Abs. 3.

Literatur: Landenberger in ZIndustrR.1, 49 und in MarkschWettbew. 9, 45; Niebour in MarkschWettbew. 7, 37; Duchesne ebenda 9, 8.

Grund der Sperrfrist. **27.** Den Anlaß zu dieser Bestimmung gab die Wahrnehmung, daß in einzelnen Fällen Zeichen, deren rechtzeitige Erneuerung versäumt wurde, in unlauterer Absicht von einem Dritten zur Anmeldung gebracht wurden. Der bekannteste dieser Fälle ist der der Schwarzen Hand, des Warenzeichens der Kaiserlichen Tabakmanufaktur zu Straßburg (siehe die Erkenntnisse bei Kohler, Aus dem Patent- und Industrierecht 1 S. 40ff.; vgl. auch RG. 18, 98ff.). Um solche Vorkommnisse unmöglich zu machen läßt der Abs. 3 des § 4 für die Dauer von zwei Jahren nur zugunsten des Inhabers eines gelöschten Zeichens eine neue Eintragung zu. Diese Bestimmung will dem Mißstande steuern, daß sogleich mit der Löschung der Marke dieselbe für den unlauteren Wettbewerb frei wird, indem sie für eine Zeit, während welcher die Erinnerung an die individuelle Bedeutung der Marke im Publikum noch lebt, verhindert, daß ein Dritter durch Aneignung derselben das Publikum täuscht (Kohler, S. 298, 302; s. ferner Mittler, „Illoyale Konkurrenz und Markenschutz" S. 43ff.). Vornehmlich ist sie aber zum Schutze des Inhabers des gelöschten Zeichens getroffen, deshalb ist ihre Voraussetzung, daß sein Zeichen materielle Zeichenkraft hatte und daß er gutgläubig war. Aus diesen Gründen bringt die Praxis — abgesehen von dem Falle des § 9 Abs. 2 — die Bestimmung nicht zur Anwendung:

1. wenn das gelöschte Zeichen vorher nicht im Verkehr gewesen ist (RG. 97, 99; Bl. 20, 27) oder wenn es aus einem anderen Grunde an der Möglichkeit einer Irreführung fehlt (RG. 100, 3; Bl. 20, 190);

2. bei Widerrechtlichkeit des gelöschten Zeichens gegenüber dem Anmelder (OLG. Dresden im Bl. 14, 379; PA. im Bl. 12, 230), insbesondere im Falle des § 9 Nr. 1;

3. wenn die Löschung des Zeichens wegen Täuschungsgefahr erfolgt war, die dem späteren Anmelder gegenüber nicht vorliegt (PA. im Bl. 12, 230; OLG. Kiel in MarkschWettbew. 16, 64). § 4 27, 28

Dagegen ist es nicht zulässig, die Vorschrift des § 4 Abs. 3 in allen Fällen, in welchen die Löschung von Amts wegen erfolgt war, außer Kraft zu setzen (RG. in JW. 14, 42).

28. Die Bestimmung ist zum Schutze des letzten Inhabers gegeben und schreibt in erster Linie in seinem Interesse eine Amtspflicht des PA. hinsichtlich der Prüfung von Zeichen vor, die nach der Löschung neu angemeldet werden. Da ein gelöschtes Zeichen nicht mehr besteht, gleichviel aus welchem Grunde es gelöscht ist, so handelt es sich nicht um die Wirkung eines noch fortdauernden Zeichenrechts, sondern um ein besonderes gesetzliches Vorrecht des letzten Inhabers (ähnlich und doch anders wie die Begünstigung des § 9 Abs. 2). **Inhalt der Sperrfrist.**

Daraus ergibt sich, daß die Ausübung des Vorrechts von der Willkür des letzten Inhabers abhängt, da es zu seinen „Gunsten" gewährt ist. Das PA. darf mit seiner Zustimmung das Zeichen für einen anderen eintragen (Geschäftstätigkeit des PA. S. 268; Rhenius S. 52, Allfeld S. 491; anders PA. im Bl. 94/95, 66; Kent S. 125; Schmid S. 39, Mittler a. a. O.). War das zweite Zeichen angemeldet worden zu einer Zeit, als das erste noch bestand und hatte der Inhaber des ersten auf die ihm gemäß § 5 gemachte Mitteilung keinen Widerspruch erhoben, so liegt darin, falls vor der Eintragung des zweiten das erste gelöscht wird, noch keine Einwilligung in die Eintragung des zweiten (PA. im Bl. 07, 13).

Die Voraussetzungen der Bestimmung sind nachstehende:

a) Ein gelöschtes Zeichen soll neu eingetragen werden. Es kommt nur darauf an, ob das Zeichen an dem Tage, wo das zweite eingetragen werden soll, gelöscht war; demnach findet die Bestimmung auch Anwendung, wenn die Löschung erst nach der Anmeldung des zweiten Zeichens erfolgte (PA. im Bl. 07, 13). Es kommt unter Umständen darauf an, aus welchem Grunde die Löschung erfolgt war (N. 27). Stimmt das neue Zeichen mit dem gelöschten nicht ganz überein, so kommt § 20 zur Anwendung (PA. im Bl. 07, 140).

b) Das Verbot beschränkt sich nur auf den Fall, wenn das Zeichen für dieselben Waren, für welche es eingetragen war, oder für gleichartige Waren von neuem eingetragen werden soll. Die Waren, für welche das Zeichen eingetragen war, ergeben sich aus der Zeichenrolle (§ 3 Abs. 1 Nr. 2). Wegen der Gleichartigkeit vgl. N. 3a zu § 5 und PA. im Bl. 07, 140.

c) Letzter Inhaber ist zunächst derjenige, welcher zur Zeit des Erlöschens des Zeichenrechts in der Zeichenrolle eingetragen war; er bleibt berechtigt, auch wenn sein Geschäftsbetrieb inzwischen erlischt (PA. im Bl. 07, 140; 09, 35). War der Eingetragene vor diesem Zeitpunkte verstorben oder hatte er vorher unter Lebenden sein durch die Eintragung begründetes Recht auf andere übertragen (§ 7), so treten seine Rechtsnachfolger an seine Stelle (RG. in MarkschWettbew. 14, 220).

Dagegen ist die Vorschrift des § 7 Abs. 2:

> Solange der Übergang in der Zeichenrolle nicht vermerkt ist, kann der Rechtsnachfolger sein Recht aus der Eintragung des Warenzeichens nicht geltend machen,

§ 4 nicht anwendbar, weil es sich hier nicht um die Geltendmachung eines ein-
28 getragenen Zeichens handelt. Man wird weiter annehmen, daß nach dem Erlöschen des Zeichens das Sonderrecht des letzten Inhabers zusammen mit seinem Geschäftsbetriebe auf seine Rechtsnachfolger übergeht. Hat das PA. das Zeichen von neuem eingetragen und erfährt es nachher, daß der neue Eingetragene nicht der letzte Inhaber war, weil er das Recht bereits einem anderen in rechtsgültiger Weise abgetreten hatte, so hat es ebenso, wie wenn es die Sperrfrist überhaupt übersehen hätte, gemäß § 8 Abs. 2 Nr. 2 das neue Zeichen von Amts wegen zu löschen. Wenn die zweijährige Frist, welche von der Löschung des ersten Zeichens läuft, verstrichen ist, so kann der Inhaber des zuletzt gelöschten Zeichens dasselbe von neuem anmelden. — Hatte der letzte Inhaber der Eintragung des neuen Zeichens für einen Dritten zugestimmt, so steht diesem gegen Neuanmeldungen des letzten Inhabers auf Grund des § 5 ein Widerspruchsrecht zu, auch wenn die Neuanmeldungen innerhalb der Sperrfrist erfolgen (PA. im Bl. 07, 40).

d) Die zweijährige Frist beginnt mit dem Tage, der Löschung, also weder mit dem Tage, wo ein Rechtsgrund für die Löschung vorlag (PA. im Bl. 06, 59), noch mit dem Tage, wo die Löschung bekannt gemacht wird. Sie endigt mit dem Tage, welcher durch seine Zahl dem Tage der Löschung entspricht; fehlt dieser Tag in dem betreffenden Jahre (29. Februar), so endigt die Frist mit Ablauf des letzten Tages des entsprechenden Monats (28. Februar). Ist der letzte Tag der Frist ein Sonn- oder Festtag, so endigt sie an dem nächsten Werktag (§§ 188, 193 BGB.).

Anmeldungen, welche während dieser Frist von einem anderen als dem letzten Inhaber eingereicht werden, hat das PA. ebenso zurückzuweisen, wie sonstige Anmeldungen, die dem § 4 widerstreiten. Man darf nicht aus dem Wortlaut, welcher nur die Eintragung während dieser Frist verbietet, folgern, daß es jedermann freisteht, sofort nach einer Löschung das Zeichen wieder anzumelden, und daß das PA. sodann nach Ablauf der Frist die Eintragung vornimmt. Denn da von der früheren Anmeldung die Priorität abhängt (§ 5), so dürfen nur Anmeldungen von eintragungsfähigen Zeichen berücksichtigt werden. Vor Ablauf der Frist ist aber das gelöschte Zeichen für einen anderen als den letzten Inhaber nicht eintragungsfähig. So jetzt auch die Praxis des PA. (Bl. 04, 396; 07, 140).

Im allgemeinen steht die Prüfung der Frage, ob die Voraussetzungen des § 4 Abs. 3 vorliegen und ob eine der in N. 27 erwähnten Ausnahmen zutrifft, dem PA. zu (vgl. PA. im Bl. 07, 186; 09, 35). Nun kann diese Behörde die Ermittlungen, welche zur Feststellung der Ausnahmen dienen, oft nicht oder nur unter Schwierigkeiten selbst vornehmen. Legt der Anmelder dem PA. Urteile vor, in denen die bezüglichen Tatsachen festgestellt sind, so wird das PA. diese, falls nicht ganz besondere Bedenken vorliegen, seiner Beschlußfassung zugrunde legen. Im Notfalle wird das PA. dem Anmelder anheimstellen, die Zustimmung des früheren Zeicheninhabers beizubringen oder gegen ihn auf Einwilligung zu klagen. Zweckmäßig wird der Anmelder des zweiten Zeichens, wenn er gegen das ältere, dessen Inhaber Widerspruch auf Grund des § 5 erhoben hat, eine Löschungsklage aus § 9 Nr. 1—3 anstrengt, gleichzeitig mitbeantragen, daß jener die sofortige Eintragung des angemeldeten Zeichens gestattet und auch für die Zukunft auf die Berücksichtigung der Sperrfrist verzichtet (N. 10 zu § 9). Erfolgt die

Verurteilung nach diesen Anträgen, so ist das PA. ebensowenig befugt, die Sperrfrist zu berücksichtigen, wie wenn der Inhaber des gelöschten Zeichens seine Zustimmung ausdrücklich abgegeben hätte (§ 894 ZPO.). Dasselbe gilt natürlich, wenn die Klage auf Einwilligungserklärung allein erhoben war. § 4 28

§ 5.

Erachtet das Patentamt, daß ein zur Anmeldung gebrachtes Warenzeichen mit einem anderen, für dieselben oder für gleichartige Waren auf Grund des Gesetzes über Markenschutz vom 30. November 1874 (Reichsgesetzbl. S. 143) oder auf Grund des gegenwärtigen Gesetzes früher angemeldeten Zeichen übereinstimmt, so macht es dem Inhaber dieses Zeichens hiervon Mitteilung. Erhebt derselbe nicht innerhalb eines Monats nach der Zustellung Widerspruch gegen die Eintragung des neu angemeldeten Zeichens, so ist das Zeichen einzutragen. Im anderen Falle entscheidet das Patentamt durch Beschluß, ob die Zeichen übereinstimmen. Hinsichtlich der durch eine Anhörung oder eine Beweisaufnahme verursachten Kosten gilt § 25 Abs. 2 des Patentgesetzes entsprechend. § 5 1

Aus dem Unterbleiben der im ersten Absatz vorgesehenen Mitteilung erwächst ein Ersatzanspruch nicht.

Abs. 1.

Charakter der Prüfung.

1. Gemäß dem im Gesetze angenommenen Vorprüfungssystem liegt dem PA. auch die P r ü f u n g auf Ü b e r e i n s t i m m u n g des angemeldeten Zeichens mit einem älteren Zeichen ob. Diese Prüfung hat das PA. von Amts wegen vorzunehmen. Eine Mitwirkung der Allgemeinheit bei der Prüfung — Aufgebot — findet nicht statt (N. 1 zu § 4). Der Inhaber des älteren Zeichens hat kein Recht, sich zu melden; nur wenn das PA. ihn benachrichtigt, kann er der Eintragung widersprechen. Das PA. wird zwar begründeten Anregungen auf Eröffnung des Widerspruchsverfahrens stattzugeben haben (PA. im Bl. 05, 53), gegen eine ablehnende Entscheidung gibt es aber keine Beschwerde (PA. im Bl. 06, 264). Der Inhaber des älteren Zeichens kann — gleichviel ob er Widerspruch erhoben hatte oder nicht — nach der Eintragung vor den ordentlichen Gerichten gemäß § 9 Abs. 1 auf Löschung des Zeichens klagen. Insofern unterliegt die patentamtliche Prüfung einer Nachprüfung der Gerichte.

§ 5 1, 2 Es läßt sich nicht leugnen, daß durch dies System ein gewisser Dualismus in die Praxis hineingetragen worden ist. Die Entscheidungen der ordentlichen Gerichte gehen nicht immer von den nämlichen Gesichtspunkten aus, wie die des PA. (man denke an die Frage, ob Wort und Bild verwechselbar sind), doch ist man bemüht, die Gegensätze tunlichst auszugleichen (PA. im Bl. 03, 13). Ein weiterer Mangel des Systems liegt darin, daß bei der Fülle der Zeichen Mitteilungen gemäß § 5 nicht selten unterlassen werden. Der Inhaber des übergangenen Zeichens wird dadurch der kostenlosen Prüfung seitens des PA. beraubt und muß nötigenfalls auf Löschung klagen. Ferner werden nach Eintragung eines Zeichens bisweilen ähnliche Zeichen für Dritte eingetragen, etwa durch Versehen des PA., wegen eines anderen Warenverzeichnisses oder mit dem Einverständnis des Zeicheninhabers. Diese sog. Zwischenzeichen stehen alsdann der vom ursprünglichen Zeicheninhaber beantragten Eintragung von Ausgestaltungen des ersten Zeichens oder Ausdehnungen auf andere Waren hemmend im Wege, weil sie nach § 5 berücksichtigt werden (PA. im Bl. 96, 307). Trotz aller Bedenken und Mängel halten die Kreise von Handel und Industrie die amtliche Vorprüfung für unerläßlich, man möchte sie nur der größeren Sicherheit halber noch mit einem Aufgebotsverfahren nach Analogie des § 24 PG. kombinieren.

Den eingetragenen Zeichen stehen die auf Grund des Madrider Abkommens in Bern registrierten Zeichen, die in die Rolle nicht eingetragen werden, gleich (vgl. das Abkommen in den Anlagen).

Das PA. wird sich der Prüfung, ob Übereinstimmung vorliegt, erst dann unterziehen, wenn sonst alle Voraussetzungen für die Eintragung vorliegen, so daß es im Falle der Nichtübereinstimmung das Zeichen eintragen will (N. 4).

Die Prüfung erfolgt seit der Verordnung vom 9. März 1917 (RGBl. S. 221; Bl. 17, 26), nicht durch die Abteilung, sondern durch die Prüfungsstelle, d. h. einen Einzelprüfer.

Vgl. zum § 5 Dunkhase in MarkschWettbew. 18, 174.

Übereinstimmung der Zeichen.

2. Übereinstimmung der Zeichen. Es sind nur diejenigen Zeichen zur Prüfung heranzuziehen, welche

a) zur Zeit der Anmeldung des neuen Zeichens bereits angemeldet waren und

b) zur Zeit der Prüfung noch eingetragen stehen.

Daraus ergeben sich nachstehende Folgen.

Zu a. Eingetragene Zeichen hindern die Eintragung des neuen nicht, wenn sie nach diesem angemeldet worden waren (N. 2 zu § 3). Über die Priorität von Anmeldungen, welche an demselben Tage eingelaufen sind, bestimmt § 27 Abs. 3 der VO. vom 11. Juli 1891, welcher nach § 8 der VO. vom 30. Juni 1894 auch in Zeichensachen gilt:

> Von zwei an demselben Tage an das Patentamt gelangten Geschäftssachen gilt diejenige als später eingegangen, welche die höhere Geschäftsnummer trägt.

Bis zum 1. Oktober 1898 kam noch die Priorität der Zeichen in Betracht, die zu den Zeichenregistern angemeldet waren. Über die Priorität bei mehreren landesgesetzlich geschützten oder 1875 bereits anerkannten Marken RG. 61, 112 im Bl. 05, 270. § 5 2

Der Grundsatz, daß die Priorität der Anmeldung beim PA. maßgebend ist, ist durch Staatsverträge welche das Deutsche Reich abgeschlossen hat, durch Art. 4 des Unionsvertrages sowie durch das Madrider Abkommen durchbrochen (s. die Anlagen).

Ein weiterer Prioritätsvorbehalt ist durch das Reichsgesetz vom 18. März 1904, betreffend den Schutz von Erfindungen, Mustern und Warenzeichen auf Ausstellungen (RGBl. S. 141) eingeführt (vgl. Damme in DJZ. 04, 385). Das Gesetz lautet:

> Erfindungen, Gebrauchsmustern, Mustern und Modellen, die auf einer inländischen oder ausländischen Ausstellung zur Schau gestellt werden, sowie Warenzeichen, die auf einer daselbst zur Schau gestellten Ware angebracht sind, wird ein zeitweiliger Schutz in Gemäßheit der nachfolgenden Bestimmungen gewährt.
>
> 1. Durch eine Bekanntmachung des Reichskanzlers im Reichs-Gesetzblatte wird im einzelnen Falle die Ausstellung bestimmt, auf die der zeitweilige Schutz Anwendung findet.
>
> 2. Der zeitweilige Schutz hat die Wirung, daß die Schaustellung oder eine anderweitige spätere Benutzung oder eine spätere Veröffentlichung der Erfindung, des Musters oder des Warenzeichens der Erlangung des gesetzlichen Patent-, Muster- oder Zeichenschutzes nicht entgegenstehen, sofern die Anmeldung zur Erlangung dieses Schutzes von dem Aussteller oder dessen Rechtsnachfolger binnen einer Frist von sechs Monaten nach der Eröffnung der Ausstellung bewirkt wird. Die Anmeldung geht anderen Anmeldungen vor, die nach dem Tage des Beginns der Schaustellung eingereicht worden sind.

Der Anmelder eines Zeichens steht dem Aussteller nach, wenn dieser innerhalb der Frist von sechs Monaten nach der Eröffnung der Ausstellung sein Zeichen zum Schutze einreicht. Das wird selbst dann gelten müssen, wenn der Aussteller das Zeichen schon vorher geführt hat und es hätte anmelden können. Über die Eintragung des Vorbehalts in die Rolle vgl. PA. im Bl. 24, 28.

Die vom PA. im Widerspruchsverfahren angenommene Priorität ist für die Gerichte in einem Löschungs- oder sonstigen Streit nicht bindend (N. 7a zu § 2; RG. in IndustrR. 22, 72).

Zu b. Die Zeichen bleiben unberücksichtigt, welche zur Zeit der Prüfung, bereits gelöscht sind, wenn auch ihre Löschung erst nach der Anmeldung des neuen Zeichens erfolgte (allerdings ist § 4 Abs. 3 zu beachten!). Eine Mitteilung aus § 5 erfolgt nicht. Stimmen Zeichen, welche früher angemeldet sind oder als früher angemeldet gelten (vgl. unter a), aber noch nicht eingetragen sind, mit dem angemeldeten überein, so kann die geschäftliche Behandlung des letzteren so lange ausgesetzt werden, bis es feststeht, ob die frühere Anmeldung zur Eintragung führt. Wird der Widerspruch nicht für begründet gehalten, so hindert aber nichts, ihn sowohl in der ersten Instanz, wie in der Beschwerdeinstanz abzuweisen. Ist er begründet, so kann eine Entscheidung nicht ergehen, bis über die Eintragung

§ 5 2, 3 des Widerspruchszeichens selbst entschieden ist (Rhenius S. 85). Wird das Verfahren bis zur Erledigung der älteren Anmeldung ausgesetzt, so wird eine Beschwerde nicht zugelassen (MarkschWettbew. 15, 395).

Das PA. hat nur zu untersuchen, ob ein früher angemeldetes Zeichen formell existiert. Auf die Rechtsbeständigkeit des Zeichens kommt es nicht an. Der Einwand, daß das entgegengehaltene Zeichen nicht hätte eingetragen werden dürfen, weil es ein älteres Zeichenrecht verletzt oder nicht schutzfähig ist, ist in diesem Verfahren nicht zu beachten (PA. im Bl. 94/95, 122; 98, 36; unrichtig OLG. Dresden im Bl. 00, 253). Es kann ferner nicht geltend gemacht werden, der Anmelder habe sein Zeichen schon vor dem Widersprechenden benutzt (PA. im Bl. 94/95, 312), das Widerspruchszeichen sei ein Freizeichen (PA. im Bl. 98, 36). Dagegen muß das PA. prüfen, ob wesentliche Bestandteile eines Widerspruchszeichens, auf die der Widerspruch gegründet wird, als Freizeichen anzusehen sind, wenn dies der Anmelder einwendet; denn hierbei handelt es sich nicht um die Existenz, sondern um die Tragweite des Widerspruchszeichens (PA. im Bl. 97, 251 und § 4 N. 7). Auch die Behauptung, das angemeldete Zeichen sei wegen Verjährung gegen das Widerspruchszeichen zu schützen, ist unerheblich, da gegenüber einem in das Zeichenregister oder die Zeichenrolle eingetragenen Zeichen Verjährung oder Ersitzung nicht zugelassen ist (OLG. Celle im Bl. 97, 264; OLG. Hamburg in GewRschutz 97, 153). Ebensowenig hat das PA. auf Vereinbarungen, aus denen das Recht zur Eintragung hergeleitet wird, Rücksicht zu nehmen (§ 6 Abs. 2). Macht der Anmelder geltend, daß das Widerspruchszeichen der Löschung unterliege und daß auch die Sperrfrist des § 4 Abs. 3 nicht eingreife, so kann das PA., wenn die Klage erhoben ist und wenn sie aussichtsvoll erscheint, unter analoger Anwendung von § 148 ZPO. das weitere Verfahren aussetzen (PA. im Bl. 98, 158; a. M. Bl. 07, 242, weil auch die Löschung des Zeichens § 4 Abs. 3 nicht beseitige; indessen wird, wenn mit der Löschungsklage auch der Antrag auf Bewilligung der Eintragung verbunden ist, § 4 Abs. 3 ausgeschaltet; s. N. 28 zu § 4).

Bei Entscheidung der Frage, ob das angemeldete Zeichen mit einem in Betracht kommenden übereinstimmt, ist hauptsächlich § 20 zu beachten (s. die Erläuterungen zu § 20). Das PA. verfährt dabei völlig selbständig. Gerichtliche Urteile, die sich über die Identität der Zeichen äußern, haben keinerlei bindende Kraft. Äußerungen des Anmelders, er beanspruche nur für die nicht übereinstimmenden Teile Schutz, er wolle das Zeichen nur für ein räumlich begrenztes Gebiet geltend machen, sind ohne Bedeutung (PA. im Bl. 96, 184; 00, 217).

Übereinstimmung der Waren.

3. Übereinstimmung der Waren. Bei den in die Zeichenrolle eingetragenen Zeichen kommen die Waren in Betracht, für welche das Zeichen nach der Eintragung bestimmt ist; es ist also nicht die Anmeldung, sondern die Eintragung maßgebend (§ 3 N. 1). Bei den in Bern eingetragenen Zeichen des Madrider Abkommens entscheidet die Eintragung in Bern über die geschützten Waren.

Die Waren brauchen nicht identisch zu sein, es genügt Gleichartigkeit. Zeichenkollisionen, die auf andere Weise als durch Identität oder Gleichartigkeit der Waren entstehen, fallen nicht unter § 5 (PA. im Bl. 04, 227; s. N. 8 zu § 12).

3a. Was unter Gleichartigkeit der Waren zu verstehen sei, läßt sich nicht begrifflich scharf bestimmen. Zutreffend ist von den Regierungskommissarien bei der Beratung des Gesetzes hervorgehoben worden, daß das PA. (und im bürgerlichen Rechtsstreit das Gericht) bei Beurteilung der Frage der Gleichartigkeit nicht darauf den Hauptwert zu legen hat, ob die Waren sich durch Herstellung oder Material unterscheiden, sondern darauf, ob die Möglichkeit einer Verwechselung oder Täuschung im Verkehre vorliegt (Kommissionsbericht S. 2, Geschäftstätigkeit des PA. S. 275). Es werden hier der Behörde ähnliche Aufgaben gestellt, wie gemäß § 20 bei der Vergleichung von Zeichen. Man hat zuzusehen, wie sich voraussichtlich im Handel und Wandel die Sache gestaltet, wenn das Zeichen, das für die Ware A geschützt ist, für die Ware B verwendet wird. Stehen die Waren vermöge ihrer wirtschaftlichen Bedeutung und ihrer Verwendung einander nahe, so daß in der Verwendung des gleichen Zeichens ein Hinweis auf die gleiche Herkunftstelle gefunden werden kann und damit die Möglichkeit einer Täuschung im Verkehre gegeben ist, so ist Gleichartigkeit anzunehmen. Dabei ist von der Anschauung der Durchschnittskäufer auszugehen. Die äußere Erscheinung, die innere Beschaffenheit und Zusammensetzung der Ware, ihr Verwendungszweck, der Abnehmerkreis, Art und Ort der Herstellung und des Vertriebes sind Umstände, die dabei eine Rolle spielen (RG. 60, 324 im Bl. 05, 209; RG. 67, 36 im Bl. 08, 146; RG. 72, 146 im Bl. 10, 266; RG. 95, 229 im Bl. 19, 99; RG. St. in JW. 05, 765; in Bl. 00, 208; PA. im Bl. 06, 208; 08, 146). Auf die Verwechselbarkeit der Waren selbst kommt es nicht an (Bl. 05, 129). Weit enger faßt die Gleichartigkeit Niebour in MarkschWettbew. 18, 2; ausschlaggebend sei, ob der Käufer seinen Kaufzweck ganz oder teilweise erreichen kann, wenn er die Ware des Anmelders statt derer des Widersprechenden erwirbt. Diese Auffassung würde in der Praxis zu schwerer Beeinträchtigung der Zeichenrechte führen, wie die unten folgenden Beispiele erweisen. Man denke nur an Tinte und Papier, Seife und Parfüm, Zigarren und Tabak.

§ 5
3a
Gleichartigkeit der Waren.

Die Frage ist in jedem Falle besonders zu beurteilen, historische Entwicklungen und Verkehrsentwicklungen können von Einfluß sein, da die Waren nicht selten Herstellungsart und -ort und Abnehmerkreise ändern (Adler S. 197); die Klasseneinteilung des PA. kommt dagegen nicht in Betracht (PA. im Bl. 04, 246; im Bl. 09, 34 Ersatzstoffe gleichartig mit den echten Waren, in GewRschutz 10, 22 Sprechmaschinen und Musikinstrumente, in MarkschWettbew. 14, 312 bei Sportgeschäften ist die Grenze weiter zu ziehen, s. auch Dunkhase MarkschWettbew. 18, 174). Die Auskünfte der gewerblichen Verbände über die Gleichartigkeit sind von Bedeutung, allein das PA. und Gericht befindet selbständig, wobei es keineswegs nur auf die Anschauung der Gewerbsgenossen, sondern auf die Anschauung des breiten Publikums Rücksicht zu nehmen hat (PA. im Bl. 00, 210).

Die Entscheidung ist häufig nicht leicht zu treffen. Gewisse Erfahrungssätze bieten aber einen Anhalt, um zu ermitteln, wie der Verkehr sich voraussichtlich verhalten wird. Kein Zweifel ist darüber, daß es nicht auf die technische oder chemische Beschaffenheit der Ware ankommt, sondern darauf, wie sich die fertige Ware dem Publikum darstellt (PA. im Bl. 01, 264; im GewRschutz 22, 61 in MarkschWettbew. 20, 32; RG. 67, 36 im Bl. 08, 146). Trotzdem wird oft eine ähnliche Zusammensetzung und Substanz der Ware auf

§ 5 die Verkehrsanschauung Einfluß üben (RG. in MarkschWettbew. 20, 32; RG.
3a in JW. 22, 388). Tinte und Papier, Seife und Parfüm sind gleichartig.

Im allgemeinen werden Waren von ähnlicher Beschaffenheit und Zusammensetzung, von stofflicher und natürlicher Verwandtschaft (RG. in MarkschWettbew. 20, 32), die in denselben Fabriken hergestellt werden, einem ähnlichen Verwendungszwecke dienen und insbesondere in den gleichen Geschäften feilgehalten werden, sich an denselben Abnehmerkreis wenden, für gleichartig erklärt (PA. im Bl. 97, 63; 06, 210; RG. 67, 36; RGSt. in JW. 05, 765; in Bl. 00, 208 mit Beispielen). Das Gewicht dieser Umstände wird noch verstärkt, wenn die Aufmachung der Waren die gleiche ist oder sein kann oder wenn durch die genaue Nachahmung des Zeichens die Gefahr der Täuschung vergrößert erscheint (Dunkhase a. a. O.). Vermöge ihrer wirtschaftlichen Bedeutung und nahen Verwandtschaft sind Zigarren und Tabak (Bl. 96, 17; 00, 239; RG. 102, 355), Kakaopulver und Schokolade (Bl. 99, 251), Stecknadeln, Haarnadeln und Nähnadeln (Bl. 03, 176), Zigarren und Zigaretten (Bl. 03, 176), Farbstoffe und Anstrichfarben (Bl. 11, 16), Maizenamehl und Backhilfsmittel (RG. 67, 37 im Bl. 10, 266), Fruchtkonserven und Gemüsekonserven (RG. 98, 225 im Bl. 20, 111), Ersatzstoffe und echte Waren (Bl. 09, 34), Toiletteseifen und flüssiges Parfüm (Bl. 05, 129), medizinische Seifen und Hefepräparate als Arzneimittel für gleichartig erklärt (RG. in MarkschWettbew. 16, 141). Es sind sogar Zigarettenhülsen und Zigarettenpapier und Zigarren (RG. 102, 355 im Bl. 21, 229), Nähmaschinen und Nähmaschinennadeln (OLG. Braunschweig im Bl. 10, 125), Weine und Spirituosen sowie Bier einerseits und alkoholfreie Getränke andererseits (Bl. 09, 34; 10, 238 = MarkschWettbew. 10, 102; 22, 200). Bier und Spirituosen oder Fruchtsäfte (RG. in MarkschWettbew. 14, 44; a. M. PA. in MarkschWettbew. 8, 168), Tee und Kakao (RG. in MarkschWettbew. 22, 135), Käse und diätetische Präparate für gleichartig erklärt (MarkschWettbew. 14, 162). Essenzen sind sowohl mit kohlensäurehaltigen Getränken als auch mit alkoholfreien Getränken (RG. in Bl. 06, 208; OLG. Dresden in IndustrR. 17, 139), Arzneimittel mit kosmetischen Waren (Mitt. v. Verband 22, 59), Schuhe mit Schuhcreme (RG. in MarkschWettbew. 22, 189) und Gummisohlen (Bl. 24, 375), Desinfektionsmittel und Heilmittel (RG. St. im Bl. 11, 261; MarkschWettbew. 10, 247), Seifen und ätherische Öle (RG. in MarkschWettbew. 23, 43), chemisch-pharmazeutische Präparate und schmerzstillender Balsam (RG. in JW. 21, 270) für gleichartig angesehen worden. Im allgemeinen sind Waren, die unter einen Oberbegriff (z. B. Musikinstrumente) zusammengefaßt werden, für die Gleichartigkeit leichter zu verwenden wie Spezialwaren (wie Zithern, Pauken), deren Bereich naturgemäß kleiner ist (GewRschutz 10, 22). Darum sind wohl Nähnadeln und Werkzeuge unter § 5 zu stellen, aber nicht Nähnadeln und Hämmer oder Messer. Ähnliche Gesichtspunkte erheischen auch die Verstärkung des Schutzes der Waren eines Exportgeschäftes (Dunkhase a. a. O., MarkschWettbew. 14, 312). Daß die eine Warengattung sich als Nebenprodukt und Fertigprodukt zur anderen Warengattung als Rohstoff- und Hauptprodukt verhält, fällt ebenfalls ins Gewicht (RG. in MarkschWettbew. 20, 32; s. aber Mitt. v. Verband 20, 61 hinsichtlich der Gleichartigkeit von Werkzeugen und Werkzeugmaschinen) Man darf aber daraus, daß zwei Warengattungen jede mit einer dritten gleichartig sind, nicht folgern, daß sie auch untereinander gleichartig sind,

vielmehr ist das von Fall zu Fall zu untersuchen (Rhenius S. 81). Ebenso- § 5
wenig genügt es zur Annahme der Gleichartigkeit, daß die Abnehmer aus 3a
anderen Gründen durch das Zeichen irregeführt werden, wenn die sonstigen Voraussetzungen der Gleichartigkeit nicht vorliegen (Bl. 07, 227; Imprägniermittel sind nicht Regenmänteln gleichartig, obgleich dasselbe Zeichen für beide Irrungen zur Folge haben kann, vgl. auch RGSt. 41, 78; RG. 87, 274 im Bl. 16, 25). Ständiger Praxis entspricht es ferner, wenn der ganze Apparat für die Regel mit seinen einzelnen Bestand- und Zubehörteilen für gleichartig erklärt wird (Schreibmaschinen mit Farbbändern, Fahrräder mit Lenkstangen: PA. im Bl. 02, 28; 03, 235; 07, 140; MarkschWettbew. 24, 49). Anders dagegen PA. im Bl. 04, 273, wo es die Ungleichartigkeit von Taschenapotheken und Verbandstoffen ausspricht und in MarkschWettbew. 24, 34 (Saiten mit Tastinstrumenten nicht gleichartig). — Gegenstände, die eine ganz andere Beschaffenheit und Zusammensetzung haben die einem anderen Gebrauchszwecke dienen und sich an einen anderen Kundenkreis wenden, also auch in anderen Geschäften vertrieben werden, sind für nicht gleichartig anzusehen, z. B. Rohstoffe und Fabrikate, namentlich wenn die Herstellung anderswo erfolgt (PA. im Bl. 00, 397; 04, 48; 25, 9; OLG. Hamburg im Bl. 98, 78). Schon dieser letzte Umstand kann allein für die Ungleichartigkeit entscheidend sein (PA. im Bl. 03, 203 betr. Bleistifte und Füllfederhalter). Für nicht gleichartig sind erklärt: Druckknöpfe und Handschuhe (RG. 95, 229 im Bl. 19, 99), Alkohole und Brennspiritus (RG. im Bl. 01, 265; richtiger PA. im Bl. 11, 264 für Gleichartigkeit), Fahrräder und Nähmaschinen (RG. in MarkschWettbew. 12, 345). Käse und kondensierte Milch (Bl. 25, 9), Kaffee und Tee (M. & W. 24, 93), Wein, Spirituosen und Limonaden, Mineralwässer, Fruchtsyrup (MarkschWettbew. 10, 102 im Bl. 10, 238), Weine und Spirituosen (MarkschWettbew. 24, 70), Likör und Limonaden (LG. Naumburg in MarkschWettbew. 13, 162), Malzschokolade und Kakao gegenüber Biskuits (MarkschWettbew. 14, 312), Essenzen und Bier (OLG. Dresden in IndustrieR. 17, 139), Films und photographische Apparate (Mitt. v. Verband 22, 103), Papier und Papiergarngegenstände (Mitt. v. Verband 18, 72), Fleisch- und Fischkonserven gegenüber Frucht- und Gemüsekonserven (Bl. 25, 9). Häufig weiß das Publikum, daß das Zeichen nicht auf den Vertrieb der Ware, sondern auf die Herstellungsstätte oder eine Großhandlung hinweist; dann ist der Umstand für die Gleichartigkeit ohne Bedeutung, daß die Waren in denselben Handlungen zu haben sind (M. & M. 24, 93).

Die Auffassung des Publikums kann durch besondere zeichenrechtliche Entwicklung beeinflußt werden. Sensen und Messerschmiedewaren sind nicht gleichartig, da für Sensen von jeher Spezialzeichen üblich gewesen sind und dies allgemein bekannt ist (PA. im Bl. 00, 211).

In Zweifelsfällen wird zur Annahme der Gleichartigkeit ausreichen müssen, daß die Möglichkeit von Irrungen im Verkehre vorliegt. Die Rechtsprechung neigt deshalb zur Erweiterung des Geltungsbereiches namentlich bei großer Ähnlichkeit von eigenartigen Zeichen und naher Verwandtschaft der Betriebe.

Durch den Umstand, daß ein Zeichen für eine Ware Freizeichen ist, wird die Anwendung der Bestimmungen über Gleichartigkeit der Waren nicht ausgeschlossen. Ist ein Zeichen für Zigaretten eingetragen, so kann auf Löschung des Zeichens auch für Zigarren angetragen werden, ohne daß der Einwand,

§ 5 es sei für Zigarren ein Freizeichen und deshalb liege keine Gleichartigkeit vor,
3a, 4 erheblich wäre (RG. 102, 355 im Bl. 21, 229). Damit steht die Übung des PA. nicht im Einklange, wonach Freizeichen für eine bestimmte Ware trotzdem als Zeichen für eine andere gleichartige Ware, eingetragen werden können (Dunkhase in MarschWettbew. 14, 137). Der in der Gleichartigkeit liegenden Ausdehnung des Schutzbereiches kann entgegen gehalten werden, daß das Zeichen für eine bestimmte Gattung ausdrücklich abgelehnt worden ist, dann kann es nicht nachträglich auf diese Gattung erstreckt werden (RGSt. in MarkschWettbew. 13, 21). Über die Bedeutung des Klassensystems für die Gleichartigkeit, wenn die Waren im Anschluß an dasselbe bezeichnet sind (RG. 104, 162 im IndustrR. 22, 76).

Die Prüfung auf Gleichartigkeit kann durch Zusätze im Warenverzeichnis, wie „unter Ausschluß von", „ohne Ausdehnung auf" nicht beseitigt werden (PA. im Bl. 01, 176; 02, 197; N. 6 zu § 2).

Verfahren. 4. Das weitere Verfahren. Die Prüfung, die durch besondere Einrichtungen beim PA. und geschulte Bureaubeamte erleichtert ist, liegt gegenwärtig der Prüfungsstelle (N. 1a zu § 10) ob, die die Zeichen und Warenverzeichnisse, die in Betracht kommen, durchzusehen hat.

Wenn das PA. eine Übereinstimmung sowohl der Zeichen als der Waren für vorliegend erachtet, so teilt es dies dem Inhaber des älteren Zeichens mit. Beigefügt wird die Abbildung des angemeldeten Zeichens, sowie die sonstigen Angaben über die Anmeldung und über das anscheinend entgegenstehende Zeichen. Diese Mitteilung wird der Regel nach erst erfolgen, wenn sonst gegen die Eintragung keine Bedenken vorliegen; es können aber solche Bedenken noch nachträglich erhoben werden (PA. im Bl. 97, 233; 98, 131). Die Mitteilung ist dem eingetragenen Inhaber (§ 7 Abs. 3) zuzustellen, und zwar regelmäßig durch eingeschriebenen Brief (§ 10 Abs. 3). Ein Vorbescheid wird nicht erlassen (§ 10 Abs. 1; s. auch N. 1 zu § 10). Die Mitteilung aus § 5 kann dem Inhaber des Gegenzeichens nur einmal gemacht werden. Daß dies aber auch bei erheblichen Änderungen, die im angemeldeten Warenverzeichnis nachher vorgenommen werden, gilt, ist nicht anzunehmen (a. M. Bl. 08, 299). Mehrere Interessenten erhalten die Mitteilung der Regel nach gleichzeitig (PA. im Bl. 96, 92). Das PA. hält sich nicht für verpflichtet, sämtliche Zeichen von vornherein heranzuziehen, weil dies eine zu große Belastung der Behörde und der Berechtigten darstellen würde. Es dehnt deshalb den Umfang des Verfahrens soweit aus, als ihm nach der Sachlage angemessen erscheint, und behält sich vor, nach Befinden später, wenn erforderlich, noch weitere Zeichen heranzuziehen (Bl. 06, 264). Vorher oder gleichzeitig ergeht nach der Praxis des PA. an den Anmelder eine Benachrichtigung über die anscheinend entgegenstehenden Zeichen und ihre Inhaber, um ihm Gelegenheit zu geben, sich zu äußern, sich mit den Inhabern der Gegenzeichen in Verbindung zu setzen, oder die Anmeldung zurückzunehmen (Geschäftstätigkeit des PA. S. 245). Die Mitteilung aus § 5 unterbleibt, wenn der Anmelder in beglaubigter Form nachweist, daß der Inhaber des Gegenzeichens in die Eintragung willigt. Der Einwilligung steht ein rechtskräftiges Urteil, welches den Inhaber zu derselben verurteilt (N. 3 zu § 6), gleich. Aus allgemeinen Grundsätzen ergibt sich, daß eine Mitteilung nur an eine dritte, von dem Anmelder verschiedene Person ergehen kann. Bei Identität des Anmelders und des Inhabers des früheren Zeichens ist ein Widerspruchsverfahren nicht denkbar. Dagegen kommt es nicht selten vor, daß der Vertreter der beiden entgegenstehenden Zeichen derselbe ist, dann ist es nicht möglich, daß er die entgegengesetzten Interessen beider wahrnimmt (§ 356 StGB.). § 5 4

Demnächst ist abzuwarten, ob der Inhaber des Gegenzeichens rechtzeitig, d. h. innerhalb eines Monats nach der Zustellung, Widerspruch gegen die Eintragung des neu angemeldeten Zeichens erhebt; ein vor der Zustellung erklärter Widerspruch ist nicht zu berücksichtigen (PA. im Bl. 95, 53), dagegen kann der rechtzeitig erhobene Widerspruch innerhalb der Frist erweitert, auf andere Waren ausgedehnt werden. Die Frist endigt mit dem Ablauf desjenigen Tages, welcher durch seine Zahl dem Tage der Zustellung entspricht; fehlt dieser Tag in dem nächsten Monat, so endigt sie mit dem Ablauf des letzten Tages des Monats. Fällt das Ende der Frist auf einen Sonntag oder allgemeinen Feiertag, so endigt sie mit Ablauf des nächstfolgenden Werktags (§§ 187, 188, 193 BGB.). Der Beginn der Frist wird dadurch nicht gehindert, daß der Zustellungstag ein Sonntag ist (PA. im Bl. 96, 314). Eine bestimmte Form ist für den Widerspruch nicht vorgeschrieben; jede Erklärung, aus welcher zu entnehmen ist, daß der Inhaber mit der Eintragung nicht einverstanden ist, ist als Widerspruch anzusehen. Der Widerspruch wird schriftlich erhoben, telegraphische Einlegung dürfte genügen (§ 127 BGB.). Widerspruch erheben kann nur der eingetragene Zeicheninhaber, es gilt hier wie im Grundbuchrecht die Eintragung als maßgebend. Deshalb erscheint es nicht zutreffend, wenn das PA. an Stelle der Firma F. C., die eingetragen war, die Firma F. C. Gesellschaft m. b. H. zum Widerspruch aufgefordert hat, da die Firma in ihr fortbestehe (Bl. 05, 13). Auch wenn der Zeicheninhaber im Konkurse ist, wird er, da die Eintragung entscheidet, aufgefordert. Da das Zeichen regelmäßig zur Masse gehört, wird der Konkursverwalter unter Nachweisung seiner Bestellung und nicht der Kridar, befugt sein, zu widersprechen. Der Rechtsnachfolger des Zeicheninhabers, auf den noch nicht umgeschrieben ist, kann nicht widersprechen (MarkschWettbew. 10, 288). Hat ein Bevollmächtigter den Widerspruch erhoben, so muß er sich durch eine Vollmacht ausweisen. Bevollmächtigte können nur physische Personen sein (Bl. 03, 202). Ergibt sich, daß die Vollmacht bereits erloschen war, z. B. durch Konkurs des Machtgebers, so ist der Widerspruch unwirksam (Bl. 06, 332). Eine Verlängerung der Monatsfrist für den Widerspruch ist nicht zulässig, da das Gesetz eine solche nicht kennt. Wohl aber kann zur näheren Begründung vom PA. dem Widersprechenden Zeit gegeben werden (PA. im Bl. 95, 209). Ein Widerspruch, der nach Ablauf der Monatsfrist eingeht, kann nicht berücksichtigt werden. Nachträgliche Erweiterungen des Widerspruchs z. B. durch Ausdehnung auf andere Waren bleiben daher wirkungslos (PA. im Bl. 00, 205). Die Auslegung des Widerspruchs erfolgt in freier Weise; eine unrichtige Bezeichnung des Widerspruchszeichens schadet nichts, wenn nur ein Vergreifen im Ausdruck anzunehmen ist (Bl. 09, 187; MarkschWettbew. 15, 395). Der Widerspruch braucht die Warengattungen, gegen die er sich richtet, nicht genau zu bezeichnen, es genügt, wenn gesagt wird, daß er alle Waren betrifft, die den Waren des Widerspruchszeichens gleichartig sind (Mitt. v. Verband 23, 6). Verschlossen ist dem Widerspruch das Gebiet der rein amtlichen Prüfung über die allgemeine Eintragsfähigkeit; Ausführungen

§ 5 über gesetzliche Hinderungsgründe der Eintragung haben kein Recht auf
4 Beachtung (Bl. 06, 60). Er darf nur auf die Zeichen gestützt werden, wegen deren zum Widerspruch aufgefordert ist (Bl. 06, 264), kann sich aber auf ein oder mehrere dieser Zeichen und Waren beschränken (Bl. 09, 187, IndustrR. 09, 215). Der Widerspruch muß deutlich den Willen des Widersprechenden erkennen lassen, daß das Zeichen nicht eingetragen werden soll und ist entsprechend auszulegen (Bl. 01, 176). Deshalb kann er nicht an Bedingungen oder Voraussetzungen geknüpft werden (a. M. anscheinend PA. im Bl. 02, 197). Eine Begründung ist nicht erforderlich und für das PA. nicht maßgebend.

Der rechtzeitig eingelegte Widerspruch kann ganz oder teilweise, z. B. durch Beschränkung auf bestimmte Waren, zurückgenommen werden. Die Zurücknahme muß dem PA. gegenüber erklärt werden. Eine Zurücknahme, die unter einer uneigentlichen Bedingung erfolgt, steht einer unbedingten Zurücknahme gleich. Eine bedingte Zurücknahme ist wirkungslos. Der Widerspruch kann nach seiner Zurücknahme nicht mehr erneuert werden, es sei denn, daß die Erneuerung noch innerhalb der Monatsfrist erfolgt (PA. im Bl. 03, 202). Von der Rücknahme des Widerspruchs ist der Verzicht auf den Widerspruch zu unterscheiden. Ein dem PA. gegenüber erklärter Verzicht beseitigt die Kollision für das PA. und ist unwiderruflich. Anfechtung wegen Irrtums aus § 119 BGB. wird zugelassen (PA. im Bl. 04, 247). Der Verzicht steht auch einer späteren Löschungsklage entgegen, sofern aus der Erklärung nichts anderes erhellt. Die bloße Unterlassung des Widerspruchs kann aber allein einem solchen Verzichte nicht gleichgesetzt werden. Ein Verzicht, der nur unter den Parteien vereinbart ist, kann nicht beachtet werden, da Verträge der Parteien im Widerspruchsverfahren keine Rolle spielen (oben N. 2 und § 6 Abs. 2). Es kann aber zwischen den Parteien rechtsgültig vereinbart werden, daß das Zeichen nur für bestimmte Waren nach der Eintragung gebraucht werden darf, und daraufhin der Widerspruch bedingungslos zurückgenommen werden,. Verzicht und Rücknahme können auch nach ergangenem Beschluß erfolgen, sofern durch Beschwerde die Rechtskraft des Beschlusses verhindert ist (Rhenius S. 85). Wenn nach Rechtskraft des Beschlusses ein Verzicht erklärt wird, so kann dieser Verzicht nicht mehr für diese, sondern höchstens für eine neue Anmeldung wirksam werden. Durch Löschung des Widerspruchszeichens fällt der Widerspruch von selbst fort (N. 2 zu b). Wird die Widerspruchsfrist versäumt, so ist es gleichgültig, aus welchem Grunde dies geschieht. Krankheit oder Tod, selbst unabwendbare Zufälle hindern den Ablauf der Frist nicht. Das Verfahren wird deswegen nicht ausgesetzt. Eine Wiedereinsetzung in den vorigen Stand (Note zu § 10) wegen des Ablaufs der Frist ist nicht zulässig (PA. im Bl. 16, 23; Seligsohn, Patentgesetz N. 8 zu § 24), da die Versäumung der Frist keinen „Rechtsnachteil" zur Folge hat.

Ist Widerspruch erhoben, so bleibt es dem Ermessen des PA. überlassen, ob es dem Anmelder Kenntnis von demselben geben und ihn zur Äußerung auffordern will. Der Anmelder wird gut tun, das PA. zu ersuchen, ihm von Widersprüchen Mitteilung zu machen, wenn er, bevor es entscheidet, seine Bemerkungen einreichen, mit den Widersprechenden zur Beseitigung des Widerspruchs verhandeln oder sein Warenverzeichnis einschränken will (PA. in MarkschWettbew. 10, 168). Doch braucht das PA.

dem Ersuchen nicht stattzugeben (PA. im Bl. 04, 347; 07, 141). Es wird mit Recht gewünscht, daß das PA. auf Antrag die Nachricht gibt (Heinemann, Mitt. v. Verband 7, 39; Wiegand in MarkSchWettbew. 8, 2; Osterrieth S. 366). Hüfner hält das PA. nach § 10 für verpflichtet, dem Anmelder vor der Entscheidung Mitteilung zu machen (IndustrR. 16, 157), § 22 Abs. 2 PatG., auf den er sich dabei stützt, paßt aber nicht auf das Widerspruchsverfahren. Trotzdem wird das PA. guttun, Anträgen auf vorherige Mitteilung stattzugeben. Vielfach gibt das PA. auch ohne weiteres eine entsprechende Nachricht, ohne daß sich aber eine feste Praxis hinausgebildet hat. § 5 4

Mehrere Widersprüche werden gleichzeitig behandelt, wenn nicht im Interesse der Übersichtlichkeit eine getrennte Entscheidung empfehlenswert ist. Das wird sich z. B. empfehlen, wenn Widersprüche auf Grund eingetragener und auf Grund erst angemeldeter, aber noch nicht eingetragener Zeichen zugleich erhoben sind. Wegen der schwebenden Anmeldungen kann eine Trennung hier ratsam sein (s. oben N. 2 zu b). Jeder der mehreren Widersprechenden hat ein selbständiges Recht auf Entscheidung durch Versagung der Eintragung. Daher hindert auch die völlige Ablehnung des Zeichens wegen eines Widerspruchs nicht, daß über den andern Widerspruch befunden wird. Es kann auch dann noch gegen eine den zweiten Widerspruch zurückweisende Entscheidung Beschwerde erhoben werden (Bl. 02, 124), solange die Anmeldung überhaupt noch schwebt, also nicht, wenn der Anmelder die Anmeldung ganz oder teilweise zurücknimmt (Bl. 07, 220; 12, 204). Es steht nichts im Wege, daß ein zweites Widerspruchsverfahren erst eröffnet wird, wenn das erste im Zuge ist oder abgeschlossen ist. Das wird aber nur selten vorkommen.

Wird Widerspruch nicht erhoben, so ist nach dem Gesetze „das Zeichen einzutragen". Nach dem Wortlaute müßte also in jedem Falle die Eintragung erfolgen, sollte auch das PA. inzwischen eingesehen haben, daß das Zeichen ein Freizeichen ist oder eine Ärgernis erregende Darstellung enthält. Das PA. würde danach zu einer Eintragung gezwungen, von der es weiß, daß es sie sofort wieder von Amts wegen löschen muß (§ 8 Abs. 2 Nr. 2). Daher ist richtiger, anzunehmen, daß das PA. auch nach Ablauf der Widerspruchsfrist noch Gründe von neuem erörtern kann, die zur Versagung der Eintragung gemäß § 4 führen können (PA. im Bl. 97, 233; 98, 131; Rhenius S. 82).

Geht rechtzeitig ein Widerspruch ein, so hat die Abteilung, gegenwärtig die Prüfungsstelle (N. 1 zu § 10) zu beschließen, ob eine Übereinstimmung der Zeichen (und der Waren) vorliegt (§§ 3, 4 der VO. vom 30. Juni 1894). Hierbei ist auch zu prüfen, ob das Widerspruchszeichen die Priorität vor dem angemeldeten besitzt, weil es sonst an einer wesentlichen Voraussetzung des Widerspruchsverfahrens fehlen würde. Ein Beschluß muß aber auch ergehen, wenn der Widerspruch verspätet oder von einem Nichtberechtigten eingelegt ist, damit eine Nachprüfung in der Beschwerdeinstanz möglich ist (Rhenius S. 87).

Eine Aussetzung des Verfahrens ist nur aus sachlichen Gründen zulässig, da die Allgemeinheit ein Interesse an der Erledigung zu haben pflegt (PA. im Bl. 98, 158, dagegen Heimann in Mitt. v. Verband .6, 72, der das Interesse des Anmelders bei einer gleichzeitig schwebenden Patentanmeldung berücksichtigt wissen will).

§ 5 Hat der Zeicheninhaber im Inlande keine Niederlassung, so ist
4, 4a die Mitteilung seinem Vertreter zu machen (PA. im Bl. 97, 182); ist keiner bestellt, so geschieht die Mitteilung an den Inhaber direkt, ihre Zustellung wird schon durch Aufgabe zur Post bewirkt (§ 10 Abs. 3). Zu weit geht es, wenn das PA. die Mitteilung beim Mangel eines Vertreters nicht an den im Auslande Wohnenden bewirken will (Geschäftstätigkeit des PA. S. 246). Die Empfangnahme derselben ist keine Geltendmachung des Zeichens gemäß § 23 Abs. 2. Dagegen wird das Zeichen desjenigen, der im Inlande keine Niederlassung hat, nicht beachtet, wenn die Gegenseitigkeit nicht im Sinne von § 23 Abs. 1 verbürgt ist. Der Ausländer, der keinen Vertreter besitzt, muß jedenfalls für baldige Bestellung eines solchen sorgen, sonst wird ihm sein Recht zum Widerspruch praktisch vereitelt (Bl. 95, 53). Dies ist wichtig für alle die Zeichen, die auf Grund des Madrider Abkommens (s. die Anlagen) Schutz genießen. In besonderen Fällen, z. B. bei Tod des Vertreters, von dem der ausländische Zeicheninhaber noch nichts wissen kann, wird das PA. vor der Mitteilung aus § 5 den Zeicheninhaber erst auffordern, einen neuen Vertreter zu bestellen, wodurch unnötige Härten vermieden werden. Ein Widerspruch darf nur berücksichtigt werden, wenn bei Eingang desselben ein Vertreter bestellt ist oder gleichzeitig bestellt wird; er muß durch den Vertreter erhoben werden (PA. im Bl. 95, 99 und N. 9 zu § 23).

Hat der Zeicheninhaber im Inland eine Niederlassung, so erfolgt die Mitteilung nach der Praxis stets unmittelbar an ihn und nicht an einen etwa bestellten Bevollmächtigten.

Kosten. **4a.** Durch das Reichsgesetz vom 27. Juni 1922 (RGBl. II S. 619 im Bl. 22, 76) Art. IV 2 sind für das Widerspruchsverfahren, das nach dem Warenzeichengesetz kostenfrei war, Kostenentscheidungen ermöglicht worden, und zwar nach dem Vorbild des gleichzeitig neugefaßten § 25 Abs. 2 PatG. Dieser Zusatz zu § 5 ist jetzt in das Gesetz bei seiner Neufassung aufgenommen.

§ 25 Abs. 2 PatG. lautet:

„In dem Beschlusse, der über die Erteilung des Patentes gefaßt wird, sind auf Antrag die durch eine Anhörung oder eine Beweisaufnahme verursachten Kosten dem unterliegenden Beteiligten aufzuerlegen; die §§ 92, 95, 96 der Zivilprozeßordnung gelten entsprechend. Über diese Kosten ist auf Antrag auch dann Bestimmung zu treffen, wenn die Anmeldung oder der Einspruch ganz oder teilweise zurückgenommen wird; in solchen Fällen ist der Zurücknehmende als Unterliegender anzusehen. Eine Bestimmung nach Satz 1, 2 kann auch dann getroffen werden, wenn ein Antrag nicht gestellt ist. Die Anfechtung eines Beschlusses nur hinsichtlich des Kostenpunktes ist unzulässig; das gleiche gilt von der Anfechtung eines nur über den Kostenpunkt ergebenden Beschlusses.“

Die Entscheidung über die Kosten betrifft nur die (amtlichen und außeramtlichen) Kosten einer Anhörung oder einer Beweisaufnahme, nicht des sonstigen Verfahrens. Darunter fallen die Reisekosten der Partei zum Termin, die Gebühren der Zeugen und Sachverständigen, die Anwaltskosten, die durch die Vertretung in dem Termin oder bei der Beweisaufnahme verursacht werden. Es empfiehlt sich, wenn ein Termin zur Anhörung oder eine Beweisaufnahme bestimmt wird, den Antrag auf Kostenentscheidung zu stellen. Die Entscheidung ergeht in der Regel auf Antrag eines Beteiligten, doch kann auch ohne Antrag über diese Kosten befunden werden. Nach der Praxis des PA. zu § 26 PatG. Abs. 5 kann eine **Kostenentscheidung** in der Beschwerdeinstanz **nur gleichzeitig** mit dem **Beschlusse** in der **Hauptsache** erfolgen (vgl. Seligsohn, PatG. N. 14 zu § 26). Nach der Fassung des § 25 Abs. 2 muß dasselbe für die erste Instanz gelten, da die Entscheidung „in dem Beschlusse" ergehen soll. Ist die Anmeldung oder der Widerspruch ganz oder teilweise zurückgenommen, so ist, weil hier kein Beschluß zur Hauptsache ergeht, über die Kostenfrage allein zu entscheiden. § 5 4 a, 5

Die Kosten der Anhörung oder der Beweisaufnahme sind dem **Unterliegenden** aufzuerlegen. Das PA. hat also nicht nach freiem Ermessen über sie zu befinden. Als Unterliegender gilt auch der, der die Anmeldung oder den Widerspruch zurücknimmt, gleichviel aus welchem Grunde das geschieht. Einige Bestimmungen der ZPO. sind als anwendbar erklärt, namentlich gilt der Satz von der Kostenteilung des § 92 ZPO., wenn beide Teile teils obsiegen, teils unterliegen.

Der Kostenpunkt ist für sich allein nicht durch ein Rechtsmittel angreifbar; es muß auch in der Hauptsache Beschwerde eingelegt werden. Wird infolge der Zurücknahme von Anmeldung oder Widerspruch nur über die Kosten entschieden, so ist ein Rechtsmittel nicht gegeben.

Geht die Streitsache in die zweite Instanz, so hat die **Beschwerdeabteilung** über die Kosten der ersten Instanz nach den Richtlinien des § 25 zu befinden. Im übrigen gelten für die Kosten des Beschwerdeverfahrens die Grundsätze des § 26 Abs. 5 PG., vgl. darüber N. 2 zu § 10.

Bei der Vertretung durch einen Rechtsanwalt setzt das PA. den Streitwert fest, damit danach die Gebühren berechnet werden können (Bl. 06, 185). Das Verfahren der Kostenerstattung kann erst in Antrag gebracht werden, nachdem der Beschluß über die Kosten rechtskräftig geworden ist. Zuständig ist die Stelle, von der die Kostenentscheidung ausgegangen ist, in den meisten Fällen also die Beschwerdeabteilung. Diese setzt dann, wenn nötig, den Streitwert und die Kosten fest. Eine Kostenfestsetzungsgebühr wird vom PA. nach seiner Praxis nicht bewilligt.

Gegen die Belastung des PA. mit Kostenentscheidungen **Niebour** in MarkschWettbew. 23, 20.

Abs. 2.

Unterlassen der Mitteilung.

5. Dem Zeicheninhaber steht, wenn die Mitteilung (Abs. 1) unterblieben ist, daraus weder gegen das Reich noch gegen dasjenige Mitglied des PA., durch dessen Verschulden die Mitteilung unterblieben ist, ein **Ersatzanspruch** zu. Er kann nur gemäß § 9 Abs. 1 Nr. 1 auf Löschung des Warenzeichens und, wenn er will, gleichzeitig auf Unterlassung der Benutzung (N. 2 zu § 12) klagen. Auch der Eingetragene hat keinen Ersatzanspruch, wenn er durch das Unterlassen der Mitteilung in den Irrtum versetzt wird sein Zeichen sei mit früheren nicht im Widerspruch und dadurch geschädigt wird. Das gleiche gilt von Dritten (**Rhenius** S. 86).

§ 6
1,

§ 6.

Wird durch den Beschluß (§ 5 Abs. 1) die Übereinstimmung der Zeichen verneint, so ist das neuangemeldete Zeichen einzutragen.

Wird durch den Beschluß die Übereinstimmung der Zeichen festgestellt, so ist die Eintragung zu versagen. Sofern der Anmelder geltend machen will, daß ihm, ungeachtet der durch die Entscheidung des Patentamts festgestellten Übereinstimmung, ein Anspruch auf die Eintragung zustehe, hat er diesen Anspruch im Wege der Klage gegenüber dem Widersprechenden zur Anerkennung zu bringen. Die Eintragung auf Grund einer zu seinen Gunsten ergehenden Entscheidung wird unter dem Zeitpunkt der ursprünglichen Anmeldung bewirkt.

Abs. 1.

Beschluß. 1. Der Beschluß ist von der Abteilung, gegenwärtig von der Prüfungsstelle (N. 1a zu § 10) zu fassen. Er geht auf Übereinstimmung und Versagung der Eintragung oder auf Nichtübereinstimmung und Verwerfung des Widerspruchs. Bei teilweiser Übereinstimmung wird die Eintragung nur für die gleichartigen Waren versagt. Die Eintragung erfolgt erst, wenn Rechtskraft eingetreten ist, sofern die Anmeldung dann noch aufrechterhalten wird. Der Beschluß ist mit Gründen zu versehen, schriftlich auszufertigen und dem Anmelder, sowie dem Zeicheninhaber von Amts wegen zuzustellen (§ 5 der VO. vom 30. Juni 1894). Da auch in dem Widerspruche des Zeicheninhabers ein Antrag liegt, nämlich der auf Nichteintragung, so ist nach § 10 Abs. 2, gleichviel wie der Beschluß ausfällt, die Beschwerde zulässig: wird die Übereinstimmung bejaht, steht sie dem Anmelder, wird sie verneint, dem Zeicheninhaber zu (PA. im Bl. 98, 159). Die Beschwerdeabteilung hat in diesem Falle aber nur über den Widerspruch, nicht über die Schutzfähigkeit des Zeichens zu entscheiden (Bl. 07, 142). In diesem Rahmen prüft sie die ganze Entscheidung selbständig nach, sowohl hinsichtlich der Übereinstimmung der Zeichen, als auch hinsichtlich der Gleichartigkeit (Bl. 10, 21; IndustrR. 10, 58). Wenn über mehrere Widersprüche gleichzeitig entschieden wird, so hat jeder Widersprechende ein selbständiges Beschwerderecht; er kann bei Verwerfung seines Widerspruches Beschwerde einlegen, selbst wenn die andern Widersprüche zur Versagung der Eintragung führen (PA. im Bl. 02, 124); vorausgesetzt ist dabei, daß die Anmeldung noch schwebt und nicht etwa ganz oder hinsichtlich der fraglichen Waren zurückgenommen ist (Bl.

07, 220; 12, 204). Dies leidet aber eine Einschränkung, wenn der Versagungsbeschluß rechtskräftig wird, da alsdann die Voraussetzung des Verfahrens, eine schwebende Zeichenanmeldung, fehlt. Über die Beschwerde und Anschlußbeschwerde vgl. im übrigen N. 2 zu § 10. § 6 1, 2

Die Eintragung des Zeichens findet erst statt, nachdem der Beschluß rechtskräftig geworden ist. Das PA. kann auch nach rechtskräftiger Ablehnung des Widerspruchs noch Versagungsgründe geltend machen (Bl. 97, 233, N. 4 zu § 5).

Die Entscheidung des PA. über den Widerspruch hat bindende Kraft für das Eintragungsverfahren selbst und für die Klage nach § 6 Abs. 2 (N. 2). Sonst sind weder Dritte, noch die Gerichte verpflichtet, bei Streitigkeiten den Standpunkt des PA. zugrunde zu legen (RG. 61, 214 im Bl. 05, 295). Die Gerichte können deshalb, auch wenn die Eintragung wegen Übereinstimmung mit einem älteren Zeichen versagt ist, dahin befinden, daß die Benutzung des versagten Zeichens keinen Eingriff in das ältere Recht enthalte. Die Kenntnis von der Entscheidung des PA. im Widerspruchsverfahren kann aber bei der Autorität der Behörde für den bösen Glauben des Zeichenverletzers von Bedeutung sein. An seine Entscheidung im Widerspruchsverfahren ist das PA. selbst nicht einmal gebunden, so daß es bei späterer Wiederholung der Anmeldung von neuem selbständig zu prüfen hat. Der Einwand der rechtskräftig entschiedenen Sache ist nicht gegeben.

Abs. 2.

Klage im Erteilungsverfahren.

2. Wenn der Beschluß die Übereinstimmung feststellt, so muß er gleichzeitig die Eintragung versagen. Ist der Beschluß rechtskräftig, so ist damit zwar die Übereinstimmung — für das Erteilungsverfahren — endgültig festgestellt, nicht aber die Eintragung endgültig versagt, denn das Gesetz gibt dem Anmelder noch eine Klage gegen den Widersprechenden auf Gestattung der Eintragung. In diesem Prozeß darf die Übereinstimmung der Zeichen und die Gleichartigkeit der Waren nicht in Frage gestellt werden, es ist vielmehr Voraussetzung der Klage, daß diese Übereinstimmung besteht (RG. 38, 73 im Bl. 97, 31; RG. 97, 91 — MarkschWettbew. 19, 189 im Bl. 20, 6). Die Klage ist eine Fortsetzung des Erteilungsverfahrens, sie wahrt deshalb dem Anmelder die ursprüngliche Priorität seiner Anmeldung (RG. im Bl. 03, 179; PA. im Bl. 96, 67). Die Klage kann sich darauf stützen, daß trotz der Übereinstimmung der Widerspruch zu Unrecht erfolgt ist, weil der Zeicheninhaber nicht die zeitliche Priorität hatte (RG. 61, 112 im Bl. 05, 270; a. M. Osterrieth S. 321), weil er trotz äußerlicher Berechtigung in Wahrheit nicht der Inhaber des Zeichens ist oder weil er dem Anmelder gegenüber gehalten war, die Eintragung des neuen Zeichens zu gestatten. Letztere Verpflichtung entspringt nur aus einem privatrechtlichen Verhältnisse zwischen den Parteien, z. B. weil der Widersprechende sich verpflichtet hatte, die Eintragung des kollidierenden Zeichens zu gestatten oder weil er dazu auf Grund des § 826 BGB. gehalten ist. Ein aus einem Vertrage entspringendes Privatrecht kann der Anmelder insbesondere mit der Vertragsklage geltend machen. Wenn das Gesetz hier von dem „Anspruch auf Eintragung" spricht, so darf dies nicht zu einer Verwechselung mit dem öffentlichrechtlichen Anspruche auf Eintragung, welcher mit der Anmeldung geltend gemacht wird (N. 1 zu § 7), verleiten.

§ 6 Ein häufiger hierher gehöriger Fall ist der, daß das Widerspruchszeichen
2 mit einer Löschungsklage, namentlich aus § 9, ganz oder teilweise, angegriffen wird und daß gleichzeitig geltend gemacht wird, da der Rechtsgrund zur Löschung schon früher vorgelegen habe, so sei der Widerspruch unberechtigt gewesen und dem Anmelder und Löschungskläger stehe aus diesem Grunde der Anspruch auf Eintragung zu. Mit der Klage wird zur Beseitigung der Sperrfrist des § 4 Abs. 2 von zwei Jahren zugleich zweckmäßig der Antrag auf Einwilligung in die sofortige Eintragung ohne Berücksichtigung der Sperrfrist verbunden. Nach dem Wortlaut des § 6 Abs. 2 Schlußsatz wird allerdings anzunehmen sein, daß in diesem besonderen Falle für die Eintragung des angemeldeten Zeichens eine Sperrfrist wegen der Löschung nicht ein Hindernis bilden kann (OLG. Breslau im Bl. 19, 29), so daß der Antrag hinsichtlich der Sperrfrist mehr als eine Maßnahme der Vorsicht, denn als geboten erscheint. Häufig werden davon abgesehen die Voraussetzungen vorliegen, bei denen von der Sperrfrist abgesehen werden kann, so wenn das Zeichen aus § 9 Ziff. 1 angegriffen wird, oder wenn es für die fraglichen Waren gar nicht verwendet worden ist (§ 9 Ziff. 2) oder wenn es täuschend war (§ 9 Ziff. 3), s. darüber N. 28 zu § 4 (vgl. RG. in JW. 14, 42; im Bl. 13, 390; RG. 97, 97 im Bl. 20, 27). Meldet der zur Löschung Verpflichtete inzwischen noch ein weiteres identisches Zeichen an, so kann der Antrag der Klage auf Zurückziehung dieser Anmeldung, nötigenfalls auf Löschung erweitert werden (RG. in MarkschWettbew. 14, 332). Gegenüber der Klage auf Eintragung wird vom RG. der Einwand zugelassen, daß das Zeichen infolge allgemeiner Benutzung ein freier Warennamen geworden sei und daher nicht für den Kläger geschützt werden könne (RG. 100, 3 im Bl. 20, 190). Die Entscheidung ist nicht unbedenklich, weil es Sache des PA. ist, über die Schutzfähigkeit des Zeichens im weiteren Eintragungsverfahren zu entscheiden.

Die Klage auf Eintragung kann nicht darauf gestützt werden, daß der Anmelder als Vorbenutzer ein Recht auf das Zeichen habe (N. 2, 4 zu § 12; KG. im Bl. 03, 179). Dagegen kann hier eine Löschungsklage des Vorbenutzers gegen das Widerspruchszeichen aus § 1 UWG., § 826 BGB. verbunden mit der Klage aus § 6 Abs. 2 in Frage kommen (s. N. 1 zu § 9). Ein rechtskräftiges Urteil, das den Eingriff des Zeichens in das Recht des Widersprechenden verneint und die Befugnis zum Gebrauche feststellt, kann ebensowenig Grundlage der Klage werden (so in einem besonderen Falle RG. 38, 73 im Bl. 97, 31), da das Recht zur Benutzung sich mit dem ausschließlichen Zeichenrecht selbst keineswegs deckt (RG. im Bl. 99, 274). Daß Name oder Firma keinen Titel zur Eintragung eines mit ihnen übereinstimmenden Zeichens abgeben, darüber vgl. N. 1 zu § 13; RG. im Bl. 00, 213.

Kläger ist der Anmelder oder derjenige, auf welchen der Anspruch auf Eintragung (N. 1 zu § 7) gemäß § 7 Abs. 1 übergegangen ist. Hat er im Inlande keine Niederlassung, so kann er nur klagen, wenn er einen Vertreter bestellt hat (N. 10 zu § 23).

Beklagter ist der Widersprechende bzw. sein Nachfolger im Zeichenrecht. Da die Klage die nachträgliche Beseitigung des Widerspruchs mit rückwirkender Kraft bezweckt, wird sie durch eine Löschung des Gegenzeichens nicht ausgeschlossen (RG. in JW. 14, 42 im Bl. 13, 390).

Zuständig ist je nach der Höhe des Streitgegenstandes das Amts- oder Landgericht, bei letzterem kann der Prozeß vor die Kammer für Handelssachen gebracht werden. Für die örtliche Zuständigkeit kommt, wenn eine Vertragsklage vorliegt, auch § 29 der ZPO. in Betracht. Gelegentlich kann auch § 32 ZPO. bei unerlaubter Handlung des Widersprechenden anwendbar sein. § 6 2, 3

Die Klage ist keine Feststellungs-, sondern eine Leistungsklage. Ihr Antrag geht dahin, den Beklagten zu verurteilen, die Eintragung des Zeichens zu gestatten (oder: den Beklagten zur Zurücknahme des gegen die Anmeldung erhobenen Widerspruchs zu verurteilen). Ist das Zeichen nur für bestimmte Waren nicht eingetragen worden, hinsichtlich deren der Anmelder einen Anspruch auf Eintragung hat, während es schon für andere Waren bewilligt ist, so wird die nachträgliche Eintragung für diese Waren, also eine Erweiterung des Warenverzeichnisses, zu fordern sein. Für die Zwangsvollstreckung ist § 894 der ZPO. zu beachten. Der siegreiche Kläger wird das mit dem Rechtskraftzeugnis versehene Urteil dem PA. überreichen, worauf dieses die Eintragung unter dem Zeitpunkte der ursprünglichen Anmeldung bewirkt. Das PA. untersucht, ob das Urteil auf Grund des § 6 Abs. 2 erlassen ist, denn nur solchen Urteilen, die feststellen, daß zur Zeit der Versagung der Eintragung ein Anspruch auf Eintragung bestand (Bl. 22, 165), ist die eigentümliche Wirkung beigelegt, daß das Anmeldungsverfahren von neuem zu eröffnen ist. Ein Urteil, das den Widerspruch lediglich deshalb für unberechtigt erklärt, da Übereinstimmung der Zeichen nicht vorliege, wird nicht beachtet (PA. im Bl. 96, 67; Rhenius S. 88). Ebensowenig kann ein Urteil, das nur das Zeichen des Widersprechenden löscht, als eine Entscheidung in Betracht gezogen werden, die einen Anspruch auf die Eintragung unter dem alten Datum rechtfertigt; erforderlich ist, daß zur Zeit der Prüfung des PA. ein Anspruch auf Eintragung gegeben war, damals aber wurde das Zeichen mit Recht entgegen gehalten (PA. im Bl. 02, 26). In einem solchen Falle kann der Anmelder sich die Priorität durch einen Antrag auf Aussetzung des Prüfungsverfahrens wahren, wenn das PA. dem Antrage stattgibt.

Durch das Urteil wird nur der Widerspruch, der der Eintragung entgegengestanden hatte, beseitigt. Nach den Ausführungen zu § 5 N. 4 ist das PA. befugt, noch jetzt die Eintragung des Zeichens auf Grund des § 4 zu versagen (s. aber RG. 100, 3 im Bl. 20, 190). Das Prüfungsverfahren wird fortgesetzt, es könnten sogar neue Mitteilungen aus § 5 ergehen. Die Gebühren sind, da es sich um eine Fortsetzung des früheren Verfahrens handelt, nicht etwa nochmals zu zahlen.

Die Klage des § 6 Abs. 2 ist an keine Frist gebunden. Ihre Verjährung richtet sich nach dem zugrunde liegenden Rechtsverhältnisse.

Das Gesetz spricht nur von der „Entscheidung", die zugunsten des Anmelders ergeht. Es leidet keinen Zweifel, daß ein gerichtlicher Vergleich, der im Rechtsstreite geschlossen wird, gleichsteht (Rhenius S. 89), dagegen nicht eine außergerichtliche Abmachung, da diese nach § 6 nicht die Kraft hat, das rechtskräftig beendete Widerspruchsverfahren zu beseitigen.

Von dem Urteil eines preußischen Gerichts ist dem PA. eine Abschrift mitzuteilen (JMBl. 94, 308).

Klage vor Rechtskraft des Versagungsbeschlusses.

3. Wenn jemand ein Zeichen, von dem er weiß, daß es mit einem für dieselben oder gleichartige Waren früher angemeldeten übereinstimmt, dennoch zur Eintragung bringen will, weil der Inhaber des ersten Zeichens ihm die Eintragung zu gestatten hat, so kann er, wenn der eingetragene Inhaber letzteres nicht zugibt, gegen diesen klagend vorgehen (KommB. S. 5).

§ 6 § 6a 3 1 Die Klage kann vor oder nach der Anmeldung und selbst nach begonnenem Widerspruchsverfahren erhoben werden (OLG. Dresden im Bl. 00, 253; OLG. Hamburg im Bl. 09, 323, MarkschWettbew. 9, 34). Sie entspricht in ihren Voraussetzungen der in N. 2 besprochenen, insbesondere müssen die Parteien über die Übereinstimmung der Zeichen und Waren einig sein. Sie ist die Klage aus dem besonderen Rechtsverhältnisse der Parteien; ihr Antrag geht dahin, den Beklagten als Inhaber des Warenzeichens Nr. . . . zu verurteilen, zu gestatten, daß für den Kläger das und das Zeichen für die und die Waren in die Zeichenrolle eingetragen wird, oder (nach erhobenem Widerspruch) den Beklagten zu verurteilen, den auf Grund des Warenzeichens Nr. . . . beim PA. gegen die Anmeldung des Zeichens eingelegten Widerspruch zurückzunehmen. Falls das Zeichen vor Erledigung des Rechtsstreits gelöscht wird, ist zur Beseitigung der Sperrfrist der Antrag auf Bewilligung der sofortigen Eintragung zu erweitern (s. N. 2).

Die Einzelheiten des Verfahrens gestalten sich dadurch anders, daß der Rechtsstreit vor dem Beginn oder jedenfalls vor der Beendigung des Erteilungsverfahrens erhoben wird. Kläger ist derjenige, welcher das Zeichen eingetragen haben will, Beklagter der zur Zeit der Klagezustellung eingetragene Zeicheninhaber; der § 23 Abs. 2 findet auch hier in betreff der Vertretung des Beklagten und der Zuständigkeit Anwendung (N. 13, 15 zu § 23). Der Kläger wird das zu seinen Gunsten ergangene Urteil, mit dem Rechtskraftzeugnis versehen, dem PA. überreichen. Dieses unterläßt dann die in § 5 Abs. 1 vorgeschriebene Mitteilung an den Verurteilten. Wenn Widerspruch schon eingelegt war, so wird der Kläger das Urteil behufs Beseitigung des Widerspruches benutzen. War aber das Zeichen inzwischen in der Rolle auf einen anderen umgeschrieben, so muß zunächst die Vollstreckungsklausel gemäß §§ 727, 325 der ZPO. gegen den Rechtsnachfolger erwirkt werden.

Es empfiehlt sich nicht, mit der Anmeldung bis nach der Entscheidung zu warten, da in der Zwischenzeit Dritte ein entgegenstehendes Zeichen zur Einreichung bringen können, das der Eintragung entgegensteht.

Das Urteil ist dem PA. vom Gericht in Abschrift zu übersenden (s. N. 2a. E.).

§ 6a.

Für jedes Zeichen ist vor der Eintragung eine Eintragungsgebühr nach Maßgabe des Tarifs und zur Deckung der durch die vorgeschriebenen Veröffentlichungen (§ 3 Abs. 3) entstehenden Kosten ein Druckkostenbeitrag zu entrichten. Die Höhe des Beitrags wird nach Stufen berechnet, die das Patentamt nach dem Umfang der Veröffentlichungen allgemein festsetzt. Die Berechnung ist unanfechtbar.

1. Eintragungsgebühr.
2. Druckkostenbeitrag.

Eintragungsgebühr. 1. Nach dem Gesetz vom 9. Juli 1923 über die patentamtlichen Gebühren (RGBl. II S. 297 im Bl. 23, 94) wird vom Patentamt ein Tarif aufgestellt, und nach Bedarf geändert. Die Gebühren werden jetzt in Reichsmark erhoben

(VO. vom 28. Febr. 1924 im Bl. 24, 45 und vom 2. Dez. 1924 im Bl. 25, 1). In dem Tarif ist eine besondere Eintragungsgebühr vorgesehen, die nach § 6a vor der Eintragung zu entrichten ist. Sie beträgt gegenwärtig 15 Reichsmark. Wird diese Gebühr nach Aufforderung nicht gezahlt, und dieser Mangel innerhalb einer vom PA. gesetzten Frist nicht behoben, so erfolgt die Abweisung der Anmeldung. Hiergegen kann Beschwerde eingelegt und durch Nachzahlung der Gebühr der Mangel beseitigt werden. Ist die Anmeldung rechtskräftig abgewiesen, so kann sie durch Nachholung der Zahlung nicht mehr ins Leben treten. Führt die Anmeldung wegen Nichtzahlung der Eintragungsgebühr nicht zum Ziele, so erfolgt die Rückzahlung der für mehr als eine Klasse oder Unterklasse gezahlten Gebühren, wenn die Voraussetzungen des § 2 Abs. 5 vorliegen (vgl. N. 13 zu § 2). § 6a 1, 2

2. Die Veröffentlichungen der eingetragenen Warenzeichen im Warenzeichenblatt verursachen erhebliche Druckkosten. Auch sie hat nach dem Ges. vom 9. Juli 1923 der Anmelder zu tragen. Sie werden nicht im einzelnen Falle besonders berechnet, sondern nach Maßgabe einer allgemeinen Festsetzung eingefordert, die das PA. unter Annahme mehrerer Stufen aufstellt. Es gilt für diese Beträge das oben in N. 1 Gesagte entsprechend. Die Berechnung, die das PA. auf Grund seiner Festsetzung dem Anmelder zugehen läßt, ist nicht anfechtbar. Gegenvorstellungen bei offenbarem Irrtum sind nicht ausgeschlossen. Druckkostenbeitrag.

§ 7.

Das durch die Anmeldung oder Eintragung eines Warenzeichens begründete Recht geht auf die Erben über und kann durch Vertrag oder durch Verfügung von Todes wegen auf andere übertragen werden. Das Recht kann jedoch nur mit dem Geschäftsbetriebe, zu welchem das Warenzeichen gehört, auf einen anderen übergehen. Der Übergang wird auf Antrag des Rechtsnachfolgers in der Zeichenrolle vermerkt, sofern die Einwilligung des Berechtigten in beweisender Form beigebracht wird. Ist der Berechtigte verstorben, so ist der Nachweis der Rechtsnachfolge zu führen. § 7

Solange der Übergang in der Zeichenrolle nicht vermerkt ist, kann der Rechtsnachfolger sein Recht aus der Eintragung des Warenzeichens nicht geltend gemacht.

Verfügungen und Beschlüsse des Patentamts, welche einer Zustellung an den Inhaber des Zeichens bedürfen, sind stets an den eingetragenen Inhaber zu richten. Ergibt sich, daß derselbe verstorben ist, so kann das Patentamt nach seinem Ermessen die Zustellung als bewirkt ansehen oder zum Zwecke der Zustellung an die Erben deren Ermittlung veranlassen.

§ 7
1, 2, 3

Abs. 1.

Anspruch auf Eintragung. 1. Mit „dem durch die Anmeldung eines Warenzeichens begründeten Recht" meint das Gesetz den Anspruch auf Erteilung des Zeichenrechts. Dieser Anspruch entsteht dadurch, daß jemand ein eintragungsfähiges Zeichen in gehöriger Form anmeldet. Er ist publizistischer Natur und entspricht etwa dem Anspruch, den man gegen das Grundbuchamt auf Eintragung eines Rechts im Grundbuch erheben kann. Die Anmeldung allein gibt noch nicht die Grundlage für den Anspruch, sofern die materiellen Voraussetzungen nicht vorliegen oder die formellen Vorschriften nicht beobachtet sind (vgl. auch Seligsohn, PatG. N. 2 zu § 3).

Der Anspruch ist öffentlich-rechtlicher Natur; sein publizistischer Charakter hindert nicht, daß er ein Vermögensrecht des Anmelders ist und privatrechtlichen Verfügungen desselben unterliegt (§ 7 Abs. 1). Er kann nur im Verwaltungswege gemäß § 10 geltend gemacht werden, eine Klage gegen das PA. auf Eintragung gibt es nicht (anders beim privatrechtlichen Anspruch auf Eintragung gegen den Widersprechenden laut § 6 Abs. 2, N. 2 zu § 6).

Zeichenrecht. 2. Das „durch die Eintragung begründete Recht" ist das Zeichenrecht (N. 3 zu § 12). Die Eintragung bildet die Voraussetzung desselben (N. 2 zu § 12).

Übertragbarkeit. 3. Während in den beiden vorigen Noten die originäre Entstehung von Anspruch und Recht behandelt ist, haben wir es in nachstehendem mit dem derivativen Erwerbe beider zu tun. Das Charakteristische eines derartigen Erwerbs besteht darin, daß dem Nachfolger das Recht in demselben Umfange und mit den gleichen Vorzügen und Beschränkungen wie dem Vorgänger zukommt. Ein derivativer Erwerb liegt nicht vor, wenn der Inhaber des Rechts derselbe bleibt und nur seine Ausübung in seinem Namen von einem andern vorgenommen wird, z. B. im Konkurse, bei der Liquidation einer Handelsgesellschaft, bei der Nachlaßpflegschaft; noch weniger, wenn er nur seinen Namen oder seine Firma ändert. Nach der Praxis des PA. wird das für eine Firma eingetragene Zeichen nicht umgeschrieben, wenn der Inhaber der Firma wechselt. Hier liegt in Wirklichkeit ein durch die Beibehaltung der Firma verdeckter derivativer Erwerb vor. Anders bei einer offenen Handelsgesellschaft nach § 130 HGB. Für die Gültigkeit des Übertragungsaktes kommt das deutsche Recht zur Anwendung, da das Zeichen in Deutschland seinen Sitz hat.

Anspruch und Recht sind als Vermögensrechte an sich übertragbar. Die Übertragbarkeit ist aber beschränkt, weil das Zeichenrecht wie der Name oder die Firma dazu dient, die Erkennbarkeit einer bestimmten

Person zu sichern (N. 3 zu § 12). Die Person soll nur in einer bestimmten § 7
Beziehung vor Verwechselung geschützt werden, nämlich in bezug auf die 3
Waren, welche sie in einem bestimmten Geschäftsbetriebe in Verkehr setzt. Es dient also das Zeichen zur Individualisierung nicht der ganzen Persönlichkeit, sondern eines besonderen Geschäftsbetriebes. Deshalb dürfen Anspruch und Recht *nur zusammen mit dem Geschäftsbetriebe*, in welchem laut Anmeldung bzw. Eintragung das Zeichen verwendet werden soll, auf einen anderen übertragen werden; beide bilden eine Art Zubehör dieses Betriebes (N. 6 zu § 1). Das Zeichen ist aber nicht eine *Eigenschaft* des Geschäfts, auf sein Fehlen können daher Gewährleistungsklagen nicht gestützt werden (RG. in GewRschutz 11, 33; MarkschWettbew. 10, 187). Auf denselben Gesichtspunkten beruht die Beschränkung der Veräußerung der Firma (§ 23 des HGB.). Man hat diese Sätze auch auf die Übertragung der Rechte an einem uneingetragen geführten Zeichen anzuwenden. Es handelt sich bei der Vorschrift des § 7 Abs. 1 Satz 2 um eine zwingende Rechtsnorm, die Täuschungen des Publikums über die Quelle, aus der die Ware stammt, verhindern soll. Bei Übertragung des Zeichens ohne den Betrieb liegt deshalb ein rechtlich unwirksamer Akt vor (RG. 51, 263 im Bl. 02, 232; RG. im Bl. 13, 23; KG. in MarkschWettbew. 20, 194). Folglich kann der Erwerber des Zeichens sein Recht nicht geltend machen, da es nur ein Scheinrecht ist; das Zeichenrecht kann auch bei ihm nicht etwa hinterher durch Verknüpfung mit seinem Betriebe zu Kräften kommen (RG. in MarkschWettbew. 14, 332 erklärt dies für zweifelhaft). Es unterliegt vielmehr der Löschung, da der Betrieb fortgefallen ist, der seine wesentliche Voraussetzung ist. Die strenge Rechtsprechung (RG. 56, 369 im Bl. 04, 278; RG. 100, 3 im Bl. 20, 190) erklärt das Zeichen in solchem Falle für rechtsunwirksam und nichtig (vgl. *Osterrieth* S. 347; a. M. *Rhenius* S. 9). Über die Löschungsklage in diesem Falle N. 3 zu § 9. Diese Sätze sollen nach OLG. Colmar in MarkschWettbew. 13, 331 nicht anwendbar sein, wenn jemand ein Zeichen für seinen ernstlich gewollten, aber noch nicht begründeten Geschäftsbetrieb erhalten hat und nun das Zeichen mit dem künftig zu begründenden Betrieb an einen andern abtritt. Dagegen spricht, daß ein solches Zeichen, das ohne Betrieb besteht, nach § 7 gerade nicht übertragbar sein soll.

Ein *Übergang des Geschäftsbetriebes* liegt nicht bloß dann vor, wenn alle Bestandteile des Betriebes, alle Aktiva und Passiva, übergehen (RG. 9, 81; 25, 4; *Bolze* 6, 169). Es können einzelne Bestandteile ausgeschieden werden, seien dies die ausstehenden Forderungen ganz oder zum Teil, oder die Warenvorräte, oder auch die Passiva. Doch muß ein Erwerb im großen und ganzen vorliegen, und zwar so, daß diejenigen Bestandteile des Betriebes übergehen, welche die Fortführung ermöglichen (*Staub* HGB. zu § 22 Anm. 6; RG. 37, 176). Das kann angenommen werden, wenn der größte Teil des Warenlagers mit den für die Weiterführung wichtigsten Geschäftspapieren übertragen wird (KG. in MarkschWettbew. 19, 115), muß dagegen verneint werden, wenn die einzelnen wesentlichen Teile des Geschäftsvermögens gesondert an verschiedene veräußert werden (OLG. Kiel in MarkschWettbew. 16, 64). Es muß im einzelnen Falle erörtert werden, ob solche Bestandteile des Geschäfts vorhanden und übertragen sind, die als genügende Unterlage für den Übergang des Geschäfts anzusehen sind, z. B. wertvolle Geschäftsgeheimnisse, die die Grundlage der Fabrikation bilden,

§ 7 gehen mit der Kundschaft und den sonstigen Beziehungen über. Die Geschäfts-
3 übertragung und die Zeichenabtretung brauchen auch nicht in einem Akte zu geschehen, es muß nur ein gewisser zeitlicher Zusammenhang gegeben sein, so daß man erkennen kann, daß beides zusammen gewollt war (KG. in MarkschWettbew. 12, 256, im Bl. 13, 331). Ist die alte Firma auf den Erwerber übergegangen, so ist dies gemäß der Vorschrift des § 23 HGB. ein Anzeichen dafür, daß ein Übergang des Betriebes stattgefunden hat. Freilich ist zu berücksichtigen, daß der Registerrichter der Regel nach nicht prüft, ob das Handelsgeschäft auf den Erwerber der Firma übergegangen ist. Ist trotz Übergangs der Firma das Geschäft nicht übertragen worden, so ist auch ein Recht auf das Warenzeichen nicht begründet (RG. JW. 04, 99 im Bl. 04, 400).

Aus dem Zusammenhang des Zeichens mit dem Betriebe folgt, daß, wenn der Geschäftsbetrieb auf einen anderen übertragen wird, das Zeichen mit übergeht, falls nichts Gegenteiliges bestimmt wird oder sich aus den Umständen ergibt: Staub HGB. § 22; Kohler S. 150; Osterrieth S. 348; Adler S. 271; RG. im Bl. 13, 330. Es ist für den Rechtserwerb hinsichtlich des Zeichens keine besondere Form zu erfüllen (§§ 413, 398 BGB.), so daß es ohne weiteres mit dem Ganzen des Geschäfts übergeht. Ob auch die Firma beibehalten wird, ist für den Erwerb des Zeichens unerheblich. Der Inhaber eines Geschäfts kann mit demselben die Firma ohne das Warenzeichen und das Zeichen ohne die Firma übertragen. Im letzteren Falle kann die Firma gelöscht werden, ohne daß darunter der Zeichenübergang leidet. Ist in dem Zeichen die Firma enthalten und bei der Geschäftsübertragung die Firma von dem Übergange ausgeschlossen worden, so ist daraus in der Regel zu folgern, daß auch das Zeichen nicht übergehen solle (RG. im Bl. 13, 331; OLG. Hamburg im Bl. 08, 279; in MarkschWettbew. 8, 64). Da die Fortführung der Firma auf die Veräußerung des Geschäfts schließen läßt (§ 23 HGB.) und zum Geschäft auch das Zeichen gehört, so ist bei einem für eine Firma eingetragenen Zeichen anzunehmen, daß es mit der Firma auf den neuen Firmeninhaber übergegangen ist (RG. im Bl. 03, 209). Wird bei einer Veräußerung des Geschäftsbetriebes das Zeichen von der Übertragung ausgeschlossen, so ist jedermann berechtigt, die Löschung des Zeichens von dem eingetragenen Zeicheninhaber zu verlangen (§ 9 Abs. 1 Nr. 2). Derselbe kann aber, falls er einen neuen Geschäftsbetrieb beginnen will, sowohl vor als nach Löschung des Zeichens dasselbe Zeichen von neuem für dieselben Waren anmelden, § 4 Abs. 3 steht ihm selbst nicht entgegen. Eine spätere Übertragung des Zeichens auf den Erwerber des Geschäfts, die nicht in zeitlichem Zusammenhange mit dem Geschäftsübergange steht, kann Rechte nicht begründen, namentlich wenn das Zeichen mit der Löschungsklage bereits angegriffen ist (§ 9 Abs. 4). Im entgegengesetzten Falle wird man annehmen dürfen, daß der Mangel des Zeichens durch die nachträgliche Verbindung desselben mit dem Geschäftsbetriebe, zu dem es gehörte, geheilt ist. In einem Akte brauchen die Geschäfts- und die Zeichenübertragung sich nicht zu vollziehen (KG. in MarkschWettbew. 12, 256, im Bl. 13, 331).

Andere Rechtsgeschäfte und Rechtsverhältnisse, welche den Geschäftsbetrieb zum Gegenstande haben, erstrecken sich ebenfalls auf die Zeichen mit. Dies gilt z. B. für Verpachtung, Verpfändung, Nießbrauch (Kohler S. 150f.; RG. 38, 80 im Bl. 97, 76; s. aber RG. 70, 228; 95, 236, wonach anscheinend

Pfandrechte nicht möglich sind). Soweit in diesen Fällen die Ausnützung des Geschäfts einem anderen überlassen wird, ist auch eine Erlaubnis zur Benutzung der Zeichen anzunehmen, wenngleich Rechte an dem Zeichen selbst nicht begründet werden. Andererseits kann auch bei Verpachtung usw. nicht das Zeichen allein, ohne den Geschäftsbetrieb, das Objekt bilden. § 7 3

Wegen einer teilweisen Übertragung ist folgendes zu bemerken: Das Zeichen ist ein Zubehör nicht der Ware, sondern des Betriebes; folglich kann jemand, der die Fabrikation gewisser Waren aufgibt und einem anderen überläßt, diesem nicht die für diese Waren angemeldeten Zeichen übertragen. Es ist ausgeschlossen, daß jemand den einheitlichen Betrieb, für den er das Zeichen erworben hat, teils überträgt, teils fortsetzt, denn dadurch würde die Einheit zerstört, und es ist nicht denkbar, daß das Zeichen für jeden der Teilbetriebe verdoppelt weiterbesteht (RG. in MarkSchWettbew. 10, 347; RG. 80, 124 im Bl. 13, 23; vgl. auch für die Firma: RG. 56, 187). Mit aller Schärfe betont das PA. im Bl. 13, 331, es sei nur ein Zeichen für einen einheitlichen Geschäftsbetrieb denkbar. Er folgert daraus, daß es nicht zulässig sei, das Zeichen von dem einheitlichen Betriebe, für den es eingetragen sei, loszulösen und mit einem Teile desselben verknüpft auf einen Dritten zu übertragen. Damit setzt sich das PA. in Widerspruch zu der grundlegenden Entscheidung RG. 51, 263 im Bl. 02, 232. Auch das RG. hält eine beliebige örtliche Zerlegung des Zeichens, das zu einer Vervielfachung führt, für unvereinbar mit der Einheitlichkeit des Rechts. Es läßt aber mit Recht zu, daß der bestimmt abgrenzbare Teil (nach Niederlassungen, Betriebsstätten, Waren oder Absatzgebieten), für den tatsächlich das Zeichen benutzt wird, mit dem Zeichen übertragen wird. In Wirklichkeit wird hier durch eine Einschränkung der Angaben der Zeichenrolle, die dem Zeicheninhaber freistehen muß, klargestellt, daß das Zeichen fortan nicht zu dem ganzen Teil, sondern nur zu einem bestimmt begrenzten Teil (z. B. der Zweigniederlassung in X) gehört und mit dieser Einschränkung kann es dann auch abgetreten werden. Damit wird auch dem PA. keine unlösbare Aufgabe zugemutet. Eine entsprechende Einschränkung seines Betriebes kann der Inhaber auch sonst eintragen lassen. Es kann also niemand den Betrieb in der Weise übertragen, daß nachher sowohl er wie der Erwerber die Inhaber desselben Zeichens für dieselben Waren sind. Dagegen ist es zulässig, daß jemand, der einen gemischten Geschäftsbetrieb hat (z. B. Tuch- und Getreidegeschäft), denselben in zwei Betriebe zerlegt und das Tuchgeschäft mit den dazu gehörigen Zeichen überträgt, während er das Getreidegeschäft fortführt. Diejenigen Zeichen, welche für Tuchwaren eingetragen waren, sind dann auf den Erwerber übergegangen; ein Zeichen, welches gleichzeitig für Tuchwaren und für Getreide eingetragen ist, würde dagegen nur mit dem Gesamtgeschäftsbetriebe übergehen können. Ganz dasselbe gilt, wenn der Inhaber des Zeichens das Tuchgeschäft an A und das Getreidegeschäft an B veräußert. Vorstehende Grundsätze sind auch bei der Auseinandersetzung der Mitinhaber desselben Zeichens anwendbar (ebenso Kohler S. 153; Osterrieth S. 347; Rhenius S. 92; Abel S. 140). Nicht gestattet ist dagegen, daß jemand seinen Geschäftsbetrieb und das für den Betrieb eingetragene Zeichenrecht örtlich teilt (RG. 51, 263 im Bl. 02, 232). Das RG. folgert aus der Einheit und Einheitlichkeit des in verschiedenen Staaten eingetragenen Zeichenrechts in diesem Urteil, daß ein Franzose, der in Frankreich und in

§ 7 Deutschland sich dasselbe Zeichen für seinen einheitlichen Betrieb hat schützen
3, 4 lassen, das deutsche Zeichen zusammen mit dem deutschen Teile seines Geschäfts nicht an einen anderen abtreten kann. Einen Fall der Zurückbehaltung des Warenzeichens durch den Veräußerer bei gleichzeitiger Teilung des Betriebes behandelt KG. im Bl. 04, 370.

Die Vorschrift, welche den Übergang eines Zeichens nur zusammen mit dem Geschäftsbetriebe gestattet, kann durch die sog. leere Übertragung (Schima in JBl. 93, 386) leicht umgangen werden. Wenn A dem B sein Zeichen ohne seinen Betrieb veräußern will, so verfahren sie folgendermaßen: B meldet das Zeichen für dieselben Waren an, A bekommt von dem PA. gemäß § 5 eine Mitteilung. Gegen die Eintragung des neuen Zeichens erhebt er keinen Widerspruch und läßt, falls dies verabredet war, nunmehr oder nach bewilligter Eintragung sein eigenes Zeichen löschen. Allerdings hat dieses Manöver den Nachteil, daß B nicht die Priorität des A erhält. Hätte A sein Zeichen vor der Anmeldung des B löschen lassen, so würde § 4 Abs. 3 zur Anwendung kommen. Das Geschäft ist an sich gültig (LG. Elberfeld in JW. 21, 1557; LG. Dresden in GewRschutz 24, 88, wo die rechtlichen Folgen einer solchen Abrede näher geschildert sind; a. M. Marquardt in GewRschutz 22, 57). Rechtlich liegt keine Abtretung des Zeichens vor, sondern eine Neubegründung auf der einen Seite und ein Verzicht auf den Widerspruch und eine Verpflichtung zur Löschung des Kollisionszeichens auf der andern Seite. Nur wirtschaftlich wird ein ähnlicher Erfolg erzielt, wie bei einer Veräußerung des Zeichens. Sollen beide, A und B, das Zeichen weiterführen, so verzichtet A nur auf sein Widerspruchsrecht, ohne sein Zeichen löschen zu lassen. Würde es sich allerdings um ein Zeichen handeln, das im Verkehr eine besondere Anerkennung gefunden hat, so wäre in dem Handeln der beiden Beteiligten etwas Unerlaubtes zu finden, da es auf eine Irreführung des Publikums hinausliefe, wenn ihm das echte Zeichen von anderer Seite für deren Waren dargeboten werden soll. Das wäre ein unzulässiger Mißbrauch des Zeichenrechts (s. darüber unten N. 7), es würde eine wirksame Abrede in diesem Falle nicht denkbar sein.

Freiwillige Übertragung. 4. Die Übertragung kann sowohl unter Lebenden (Kauf, Tausch, Schenkung usw.) als von Todes wegen (Erbgang, Vermächtnis) erfolgen. Geht der Geschäftsbetrieb auf mehrere über (z. B. Miterben), so werden diese Mitinhaber des unteilbaren Zeichenrechts. Eine Auseinandersetzung unter ihnen ist in der Weise möglich, daß einer von ihnen oder ein Dritter das Geschäft nebst Zeichen erwirbt, eine Teilung unter ihnen ist nur unter den in N. 3 entwickelten Voraussetzungen zulässig.

Bei Geschäften unter Lebenden muß man zwischen dem zugrunde liegenden Rechtsgeschäft und der Abtretung des Zeichenrechts selbst unterscheiden. Meist vollzieht sich bei der Formlosigkeit der Abtretung gleichzeitig mit der Übertragung des Betriebes der Übergang des Zeichens. Der Erbe erwirbt das Zeichen ipso iure (§ 1942 BGB.), der Vermächtnisnehmer muß es sich mit dem Betrieb erst übertragen lassen (§ 2174 BGB.).

Keine Übertragung liegt vor, wenn der Berechtigte einen anderen Namen oder eine andere Firma annimmt (§ 3 Ziff. 3), doch empfiehlt es sich, die Änderung in beweisender Form zur Kenntnis des PA. zu bringen und sie eintragen zu lassen (§ 7 Abs. 1 Satz 3).

5. Können der Anspruch auf Eintragung und das Zeichenrecht im Wege der Zwangsvollstreckung gepfändet werden? Beide sind nur zusammen mit dem Geschäftsbetriebe, zu welchem sie gehören, übertragbar (N. 3). Folglich ist ihre Pfändung nur denkbar, wenn gleichzeitig der Geschäftsbetrieb übertragen würde. Eine Pfändung eines Geschäftsbetriebes kennt unser Gesetz nicht (RG. 95, 235). Praktisch ist also die Pfändung eines Zeichens nicht gut denkbar. Für die Form der Pfändung wäre § 857 der ZPO. maßgebend. Allfeld S. 520 hält eine Pfändung des Zeichens für möglich, wenn der Geschäftsbetrieb untrennbar mit einem Objekte der Zwangsvollstreckung verbunden ist, z. B. mit einem Bergwerke, einem Torfgrundstücke. Indessen geht in solchen Fällen der Betrieb nicht als solcher über. Eine Pfändung des Zeichens allein ohne Betrieb ist nicht zulässig (OLG. München in MarkschWettbew. 16, 115). § 7 5, 6, 7 Zwangsvollstreckung.

6. Die Warenzeichen des Gemeinschuldners gehören als Zubehör seines Geschäfts mit zur Konkursmasse, ebenso seine Zeichenanmeldungen, eine Rechtsnachfolge liegt hier nicht vor. Wenn im Konkurse der Verwalter das Geschäft des Gemeinschuldners im ganzen veräußert (§ 134 Nr. 1 KO.), gehen auch die zu demselben gehörigen Warenzeichen sowie der Anspruch auf Erteilung eines solchen mit über. Konkurs.

Das Reichsgericht hat zwar die Befugnis des Verwalters, die Firma des Gemeinschuldners zugleich mit dessen Geschäft zu übertragen, geleugnet (RG. 9, 104; 58, 166; 70, 229). Diese Ansicht darf aber auf Zeichenrecht und -anspruch keineswegs ausgedehnt werden. Es wird allgemein anerkannt, daß dies Vermögensrecht im Konkurse vom Verwalter mit dem Betriebe übertragen werden kann (RG. in JW. 07, 108; im Bl. 07, 168; OLG. Kiel in MarkschWettbew. 16, 64; Kohler S. 150; Osterrieth S. 348). Eine Löschungsklage gegen das Zeichen ist deshalb auch vom Konkursverwalter aufzunehmen (RG. a. a. O.). Dem Konkurse gleich wird eine Konfiskation wirken, die durch Gesetz ausnahmsweise für ein Vermögensganzes ausgesprochen wird, sie kann aber nicht über die Grenzen des Staates wirken, der sie ausspricht (vgl. RG. 69, 1 im Bl. 08, 249 in dem Chartreusefall und Kohler, ArchBürgR. 28, 207). Anders entschied der deutsch-französische Schiedsgerichtshof im Falle Mumm (MarkschWettbew. 22, 11 und dazu Neumeyer ebenda 22, 13). Gleiches gilt für Vermögensbeschlagnahmen, die namentlich in neueren Steuergesetzen vorgesehen sind (vgl. § 326 StPO.; § 353 RAbgO. usw.). Anders ist zu entscheiden, wenn das Gewerbe monopolisiert wird (Kohler S. 151).

7. Wenn der Inhaber des Zeichenrechts jemandem — ohne Übertragung seines Betriebes — die Erlaubnis gibt, das Zeichen zu gebrauchen, so entsteht dadurch nicht, wie bei der patentrechtlichen Lizenz (Seligsohn, PatG. § 6 N. 9), ein Recht des Lizenzträgers an dem Zeichen, vielmehr liegt in einer solchen Erlaubnis nur ein Verzicht des Zeicheninhabers auf Geltendmachung seines Untersagungsrechts, es entstehen nur obligatorische Wirkungen zwischen den Kontrahenten. Die frühere und auch die neuere Rechtsprechung (RG. 44, 71 im Bl. 6, 83; RGSt. in GewRschutz 16, 89; RG. 102, 24 in MarkschWettbew. 21, 19) und das Schrifttum (Salinger in MarkschWettbew. 14, 384; ferner in JW. 21, 1503; Adler in JW. 21, 824; Ruhfus in MarkschWettbew. 20, 125; Starck in Mitt. v. V. 19, 68; Friedrichs in MarkschWettbew. 23, 85; Osterrieth S. 343; Adler S. 298; Lizenz.

§ 7 Abel S. 147) haben den Vertrag allgemein für zulässig erklärt, da es sich
7 um ein Privatrecht des Zeicheninhabers handelt, über das dieser allein verfügen kann (a. M. Kohler S. 153). Indessen findet das Zeichenrecht nach heutiger Auffassung seine Schranken an dem Satze, daß es dem redlichen Geschäftsverkehr dienen muß. Die Tatsache, daß viele und gerade die wertvollsten Zeichen für die Abnehmer mehr bedeuten, als ein bloßes Recht des Herstellers, daß sie ihnen die Herkunft aus einer bestimmten Quelle sichern, und daß es eine Irreführung in sich schließt, wenn die berühmte Marke von einer anderen dem Publikum nicht als Hersteller oder Verbreiter dieser Waren bekannten Stelle geführt wird, darf nicht unberücksichtigt bleiben. Es würde in solcher Verwendung ein Mißbrauch des Zeichenrechts liegen und jeder Wettbewerber könnte dies angreifen, weil die Benutzung des bekannten Zeichens durch einen Dritten bei solcher Sachlage gegen die §§ 1 und 3 UnlWG. verstoßen würde, gleichviel, ob die Waren ebenso gut oder sogar besser sind als die des Zeicheninhabers, da es nicht auf die Beschaffenheit der Waren, sondern auf die Kennzeichnung und ihre Geltung ankommt (RG. 99, 90; Rosenthal N. 59 zu § 1; vgl. auch § 24e Ziff. 2 des Gesetzes, wo die gleiche Einschränkung für Lizenzen von Verbandszeichen gemacht ist; s. auch Specht in Mitt. v. V. 13, 42). Deshalb ist bei Zeichen, die im Verkehr bereits Anerkennung gefunden haben, eine derartige Lizenz nicht als wirksam anzuerkennen, weil sie den Verkehr täuschen würde (RG. 100, 22 im Bl. 20, 194; vgl. auch RG. 85, 30 im Bl. 14, 281); soweit das Zeichen auf ganz andere Waren oder in einem ganz anderen Gebiete erscheint, soweit eine Anerkennung im Verkehr noch nicht erlangt ist, z. B. wenn gleich bei Begründung des Zeichens eine Lizenz gegeben ist, wird man dagegen den Lizenzvertrag als zulässig ansehen können.

Da in einer solchen Erlaubnis nicht die Einräumung eines Rechtes am Zeichen selbst liegt, so werden Dritte dadurch nicht gehindert, gegen die Benutzung des Zeichens vorzugehen, wenn diese in ihre Rechte eingreift, selbst wenn diese Dritten gegenüber dem Lizenzgeber ein schlechteres Recht besitzen sollten (RG. im Bl. 16, 145 in IndustrR. 4, 212; RG. im Bl. 12, 313 in MarkschWettbew. 12, 83).

Hält der Lizenznehmer die Vereinbarungen über die Benutzung des Zeichens nicht, die er mit dem Berechtigten getroffen hat, so ist der Gebrauch des Zeichens widerrechtlich, und es liegt ein Zeicheneingriff vor (RGSt. in JW. 07, 416). Zahlt er die Vergütung nicht ordnungsgemäß, so wird der Berechtigte ihm für die Zukunft die weitere Benutzung des Zeichens regelmäßig untersagen können (RGSt. in JW. 16, 206; in GewRschutz 16, 89; RG. in MarkschWettbew. 10, 255; a. M. Friedrichs MarkschWettbew. 23, 85). Andererseits darf der Zeicheninhaber, wenn die Erlaubnis nicht wirksam ist, so lange er sie nicht widerrufen hat, nicht wegen Verletzung seines Rechts vorgehen. Bis dahin steht ihm seine Einwilligungserklärung jedenfalls entgegen (Kohler S. 153, Adler S. 298). Daß die Erteilung einer Erlaubnis zur Benutzung des Zeichens angefochten werden kann, wenn sie durch arglistiges Verhalten erlangt ist, folgt aus allgemeinen Grundsätzen (RG. im Bl. 98, 237). Die Abmachungen über die Zeichenverwendung können sich auch aus dem Gesamtinhalte eines Vertrages ergeben. Wenn sich ein Fabrikant und ein Kaufmann vereinigen, um eine Ware dauernd unter einem bestimmten neuen Namen zu vertreiben, so müssen beide während des Vertragsverhältnisses zum Gebrauch des Namens befugt sein (s. auch OLG. Königsberg in MarkſchWettbew. 15, 389). Eigenartige hierher gehörige Rechtsbeziehungen entstehen, wenn ein Händler sich seine Ware z. B. Druckknöpfe, mit einer von ihm schon geführten Marke von einem bestimmten Fabrikanten liefern läßt und dieser sich die Marke eintragen läßt (Tischbein in Mitt. v. V. 17, 110). § 7 7

Auch im Warenzeichenrecht spricht man ebenso wie im Patentrecht von einer stillschweigenden Lizenz. Man versteht darunter, daß der Zeicheninhaber Ware, die er selbst mit seinem Zeichen in den Verkehr gebracht hat, nicht im Verkehr wegen des Zeichens angreifen kann. Aus der Veräußerung der Ware mit dem Zeichen folgt, daß das Zeichenrecht hinsichtlich dieser mit dem Zeichen mit dem Willen des Berechtigten versehenen Ware erschöpft ist, so daß es nicht mehr geltend gemacht werden kann (RG. 50, 229 im Bl. 02, 165; RG. 51, 263 im Bl. 02, 232; RG. 103, 359 im Bl. 22, 67). Eine Lizenz ist dies nicht, sondern es folgt aus dem Wesen des Inverkehrbringens. Selbst wenn der Berechtigte seinem Abnehmer vertraglich die Verwendung des Zeichens verbieten wollte, würde dadurch ein dritter Erwerber der echten Ware mit dem Zeichen nicht gehindert werden, die Ware mit dem Zeichen weiter zu geben. Die Abrede hätte nur unter den Beteiligten Wirksamkeit. Da das Zeichenrecht internationaler Natur ist, so beschränkt sich der Geltungsbereich dieser „Lizenz" nicht etwa auf das Land, in dem die Einführung der Ware in den Verkehr zuerst vor sich geht (RG. 51, 263 im Bl. 02, 232), sondern er erstreckt sich auf die ganze Welt. Ob die Befugnis zur Verwendung der Marke gegenüber Zeichen oder sonstigen Bezeichnungen (Namen, Firma) Dritter geltend gemacht werden kann, hängt davon ab, ob das Zeichenrecht von dem Inhaber des fremden Zeichens oder der fremden Bezeichnung anerkannt werden muß (RG. 51, 263). Die Befugnis, die durch das Inverkehrsetzen gewährt wird, kann irgendwelchen Bedingungen oder Einschränkungen nicht unterworfen werden. Mit der Einführung in den Verkehr ist das Recht des Zeicheninhabers hinsichtlich dieser Ware mit dem Zeichen erschöpft. Es kann zwar dem ersten Abnehmer die Verpflichtung auferlegt werden, die Ware nicht unter einem bestimmten Preise oder nur in einer bestimmten Ortschaft oder nur an bestimmte Personen abzusetzen; solche Abreden haben nur unter den Kontrahenten Wirkung, sie haben mit dem Zeichenrecht nichts zu tun, ihre Verletzung begründet daher nur obligatorische Ansprüche und stellt keinen Zeicheneingriff dar (vgl. die oben angegebenen Entscheidungen und RG. 51, 139 im Bl. 02, 180; RG. 63, 394).

Das Inverkehrbringen der Ware mit dem Zeichen bringt für den Abnehmer solcher Waren in entsprechenden Mengen regelmäßig die Befugnis mit sich, das Zeichen auf Ankündigungen, Preislisten, Empfehlungen, Rechnungen oder dergleichen anzubringen (N. 13 zu § 12). Dabei ist aber Voraussetzung, daß in Wirklichkeit angemessene Mengen der Ware mit der echten Bezeichnung bei dem Ankündigenden vorhanden sind oder von ihm jederzeit erlangt werden können, sonst würde eine Irreführung des Publikums dem Zwecke des Gesetzes zuwider hervorgerufen werden. Der Händler, der echte Ware vertreibt, muß sie auch in der üblichen Weise allgemein anbieten können (RGSt. im Bl. 01, 224; vgl. RGSt. 29, 353; RG. in MarkſchWettbew. 24, 81; s. ferner Propriété Industrielle 00, 62). Etwas anderes aber

§ 7 ist es, ob der Erwerber der echten Ware seinerseits das Zeichen auf der
7, 8 Ware neu anbringen lassen darf. Das Anbringen ist ausschließlich dem Zeicheninhaber vorbehalten. Dieses Recht zum Anbringen des Zeichens wird nicht dadurch allein gewährt, daß die Ware vom Zeicheninhaber in den Verkehr eingeführt wird. Nur kann im einzelne Falle ausnahmsweise eine Ermächtigung des Zeicheninhabers angenommen werden, die Marke, wenn sie etwa abgefallen war oder wenn größere Mengen mit dem Zeichen behufs Unterbringung in kleineren Packungen verkauft waren, neu anzubringen. Das Einverständnis des Zeicheninhabers ist nicht zu vermuten, weil er für die Regel durch das Zeichen gerade nur seinerseits die Echtheit der Ware garantieren will (RG. 103, 359 im Bl. 22, 67 und N. 13 zu § 12).

Wenn der Zeichenberechtigte lange Zeit gegen den unberechtigten Gebrauch seines Zeichens nicht eingeschritten ist, so wird man darin noch nicht notwendig einen Verzicht auf das Recht erblicken können (s. aber RG. in MarkschWettbew. 23, 55; RG. in JW. 24, 164). Er wird also für die Zukunft an einem Vorgehen nicht gehindert (OLG. Dresden im Bl. 00, 74). Nur wird wegen seines passiven Verhaltens die anderen häufig der Vorwurf der Wissentlichkeit oder groben Fahrlässigkeit nicht treffen, so daß der Berechtigte gut tun wird, wenn er auf Grund des § 14 gegen sie vorgehen will, sie vorher darauf aufmerksam zu machen, daß er für die Zukunft eine Verletzung seines Rechts nicht mehr gestattet.

Dem Lizenznehmer sowie dem Erwerber einer vom Berechtigten bezeichneten Ware steht, da sie kein dingliches Recht besitzen, nicht der Rechtsschutz zur Seite, welchen das Gesetz dem Zeicheninhaber verleiht (N. 12 zu § 12), dagegen können sie Übergriffe desselben, außer mit der Vertragsklage, auch mit der negativen Feststellungsklage (N. 16 zu § 12) zurückweisen (RG. 44, 71). Eine Vermerkung der Lizenz in der Rolle erfolgt nicht (RG. im Bl. 00, 83).

Derjenige, welchem der Zeichenberechtigte den ausschließlichen Vertrieb seiner Ware für ein bestimmtes Gebiet übertragen hat, erlangt auch nur obligatorische Rechte gegen den Zeicheninhaber.. Er erhält kein Zeichenrecht, wird nicht in die Rolle eingetragen und ist zur Anstellung der aus dem absoluten Recht fließenden negatorischen Klage nicht befugt (RG. 64, 397 im Bl. 07, 142; ebenso RG. 87, 148 für das Namensrecht in GewRSchutz 16, 93). Bei zeichenverletzenden Handlungen, welche sein Gebiet betreffen, ist er nicht der „Verletzte" und deshalb bezüglich derselben zum Strafantrage und zur Entschädigungsklage nicht berechtigt (N. 10, 30 zu § 14; vgl. die eben angegebenen Entscheidungen; a. M. RGSt. 38, 39 im Bl. 05, 251; Kohler S. 177; vgl. jedoch RGSt. 12, 327).

Übergang. 8. Der Übergang wird in der Rolle nur vermerkt, wenn nach der Urkunde Anspruch oder Recht zusammen mit dem Geschäftsbetriebe in der Art übertragen wird, daß der oder die Erwerber, zu denen auch der Veräußerer gehören kann, das Geschäft als Ganzes erlangen. Wenn eine Firma eingetragen ist, so bedarf es bei einem Wechsel in der Person der Firmeninhaber der Eintragung nicht, sofern der Geschäftsbetrieb unter unveränderter Firma fortgesetzt wird; vgl. N. 3a zu § 2. Die Praxis (PA. im Bl. 03, 208; RG. im Bl. 03, 209; RG. 74, 431 im Bl. 11, 173) läßt als Zeichenberechtigten gelten, wer im gegebenen Augenblick als der Firmeninhaber nachgewiesen wird, und verlangt deshalb z. B. keine Umschreibung, wenn eine offene

Handelsgesellschaft eingetragen war und an deren Stelle ein Einzelkaufmann getreten ist, sofern die Firma dieselbe geblieben ist. § 7 8, 9

Infolge dieser Praxis kann es leicht vorkommen, daß eine Eintragung nachträglich hinsichtlich der Person des Berechtigten unrichtig oder — man denke insbesondere an Firmen, die nicht im Handelsregister eingetragen sind — unklar wird; vgl. RGSt. im Bl. 08, 145, wo die „Administration der Kronenquelle" als Zeicheninhaberin die verschiedensten Möglichkeiten offen ließ. In solchen Fällen wird man eine Klage auf Feststellung des wahren Trägers des Zeichenrechts gewähren (RG. in GewRschutz 04, 48 im Bl. 04, 370).

Wird der Wortlaut der Firma oder ihr Sitz geändert, ohne daß eine neue Rechtspersönlichkeit eintritt, so wird die Zeichenrolle berichtigt (§ 3 Ziff. 3). Ein „Übergang" des Zeichens erfolgt in diesen Fällen nicht und § 7 Abs. 2 ist nicht anwendbar (s. N. 4).

9. Die Einwilligung des Berechtigten — des bisher Eingetragenen oder seines allgemeinen Rechtsnachfolgers — in die Eintragung muß in beweisender Form dem PA. überreicht werden. Nach §§ 403, 413 BGB. ist der Berechtigte zur Erteilung einer öffentlich beglaubigten Urkunde über die Übertragung des Zeichens verpflichtet. Der Erwerber braucht seine Erklärung nicht in dieser Form abzugeben. Einwilligung.

Es muß voller Beweis, nicht bloß Glaubhaftmachung der Änderung beigebracht werden; dazu gehört auch die Legitimation der Erklärenden, insbesondere bei Vertretern von juristischen Personen. Dies gilt sowohl für in-, wie für ausländische Urkunden (PA. in MarkschWettbew. 11, 490).

Ist die Übertragung durch eine Privaturkunde erfolgt, so müssen die Unterschriften gerichtlich oder notariell oder, falls die Urkunde im Auslande ausgestellt ist, durch einen Konsul oder Gesandten des Reichs beglaubigt sein (Reichsgesetz vom 1. Mai 1878 in RGBl. S. 89). Ausnahmsweise ist durch Art. 111, 115 des preußischen Gesetzes über die freiwillige Gerichtsbarkeit Beglaubigung durch gewisse andere Beamte in einzelnen westlichen Teilen des preußischen Staates zugelassen; Beglaubigung durch die Polizeibehörde ist nicht genügend (PA. im Bl. 02, 53).

Für die Form von im Auslande vorgenommenen Rechtsgeschäften und Beglaubigungen ist im allgemeinen das Gesetz des Orts maßgebend, wo der Rechtsakt vorgenommen ist. Das amerikanische Affidavit genügt nach der jetzigen Praxis des PA. (anders noch im Bl. 01, 130) nicht zu Eintragungen in die Rolle (Bl. 04, 9; 06, 156). Wegen England vgl. PA. in MarkschWettbew. 11, 490.

Ist die Beglaubigung durch eine ausländische öffentliche Behörde erfolgt, so bedarf es unter Umständen auch des besonderen Nachweises, daß die Behörde nach dem Rechte des betr. Staates für Beglaubigungen zuständig ist. Bei Notaren wird diese Zuständigkeit ohne weiteres unterstellt. Eine Legalisation, die früher vielfach verlangt wurde, gilt jetzt nicht mehr als erforderlich (Dunkhase, Beiträge V, 120). Ausdrücklich abgeschafft war sie für Urkunden, die in Österreich-Ungarn von einem Gericht aufgenommen oder beglaubigt sind, ebenso für Urkunden, welche dort von einem Notar aufgenommen oder beglaubigt siud, falls die Unterschrift des Notars vom Gericht beglaubigt ist (RGBl. 81 S. 4, 253). Über ein ähnliches Abkommen mit der Schweiz s. RGBl. 07, 411; Bl. 07, 203.

§ 7 Wenn trotz des Beglaubigungsvermerks es zweifelhaft bleibt, ob der
9 Erklärende mit dem zur Abgabe der Erklärung Berechtigten identisch ist, wenn also z. B. Vornamen oder Wohnung abweichen, so darf das PA. vor Aufklärung des Widerspruchs die Eintragung nicht vornehmen (PA. im Bl. 00, 300); vgl. auch PA. in MarkschWettbew. 9, 177. Darüber, daß bei Ausländern die Erklärung des Vertreters nicht zur Umschreibung hinreicht, vgl. N. 10 zu § 23.

Für die erste Bestellung eines Vertreters genügt einfache privatschriftliche Form, ebenso für die Anzeige von der Beendigung der Vertretung, wofern damit nicht die Bestellung eines neuen Vertreters verknüpft ist.

Das PA. prüft nur die formelle Legitimation des Erklärenden. Bei einer Handelsgesellschaft muß die Befugnis zur Vertretung durch einen Registerauszug festgestellt werden. Ob der Auszug noch materiell zutrifft, ist nicht zu untersuchen (Bl. 03, 207). Ist die Handelsgesellschaft aufgelöst, so müssen die Liquidatoren oder, wenn solche fehlen, die letzten Inhaber die Urkunde vollziehen und sich ausweisen. Ob bei einer Ehefrau der Mann mitwirken muß, richtet sich nach dem ehelichen Güterrecht. Erhellt nicht klar, daß Vorbehaltsgut vorliegt, so muß der Mann mitwirken (KG. im Bl. 04, 370 in GewRschutz 04, 48).

Der Einwilligung steht ein rechtskräftiges Urteil, durch welches der eingetragene Zeicheninhaber zur Einwilligung in die Umschreibung des Zeichens verurteilt wird, gleich (§ 894 ZPO.).

Was den Inhalt der Einwilligung betrifft, so ist es nur notwendig, daß der Berechtigte erklärt, daß er das Zeichen, das er unter der Nummer der Zeichenrolle genau anführt, auf den anderen überträgt und in die Umschreibung des Zeichens auf den Erwerber willigt. Die Erklärung, daß er auch den Geschäftsbetrieb überträgt, ist nicht erforderlich (PA. im Bl. 94/95, 101; 00, 378; RG. 51, 263 im Bl. 02, 232). Ist in der Einwilligung nur die Übertragung des Geschäftsbetriebes ausgesprochen, ohne daß der Zeichen gedacht ist, so genügt das dem PA. nicht (Bl. 94/95, 101.) Nur wenn für das PA. der Nichtübergang des Betriebes ersichtlich ist, hat es dem Antrage nicht zu entsprechen (PA. im Bl. 98, 260). Doch hält sich jetzt das PA. zu einer Zurückweisung des Umschreibungsantrags in dem letzterwähnten Falle nicht für berechtigt, wenn eine formell gültige Einwilligung vorliegt (Geschäftstätigkeit des PA. S. 282; PA. im Bl. 04, 274).

Sind Geschäft und Zeichen von dem Erwerber sofort weiter übertragen worden, so bedarf es nicht erst der Umschreibung des Rechts auf die Zwischenmänner, sondern sie kann auf den letzten Erwerber erfolgen.

Die Urkunden, auf Grund deren die Umschreibung erfolgt ist (Handelsregisterauszug, Abtretungsurkunde, Testament, Urteil usw.), bleiben bei den Akten des PA. Sie können zurückgegeben werden, wenn der Antragsteller sich erbietet, die Kosten für eine bei den Akten verbleibende beglaubigte Abschrift zu tragen (PA. in Mitt. v. V. 14, 151).

Die Rechtsgültigkeit des Rechtsgeschäfts, auf Grund dessen der Inhaber den Antrag auf Umschreibung gestellt oder die Abtretung erklärt hatte, hat das PA. nicht zu prüfen; es muß, wenn die Bewilligung von dem nach der Rolle formell Legitimierten erklärt ist, die beantragte Umschreibung vornehmen (vgl. PA. im Bl. 04, 274; PA. in MarkschWettbew. 15, 243).

Die Übertragung des Zeichens erfolgt regelrecht zugleich mit dem Vertrag über die Veräußerung des Geschäfts. Welche Stempelvorschriften hierfür maßgebend sind, richtet sich nach den Gesetzen des Vertragsortes. In Preußen kommt für die Veräußerung eines Geschäfts nach dem neu gefaßten Stempelsteuergesetz vom 27. Oktober 1924 (Ges. S. 627) die Tarifstelle 7 zur Anwendung. Der Satz von zwei Drittel Prozent zu b der Tarifstelle 7 ist anwendbar. Die einseitige Erklärung des Veräußerers, daß er das Zeichen mit dem Geschäft abtritt, unterliegt dagegen nur dem Abtretungsstempel von einem Zehntel Prozent des Wertes. Der Mindestbetrag ist jetzt 50 Reichspfennige, bei Abtretungen unschätzbaren Inhalts beträgt der Stempel 5 Reichsmark. Der Abtretungsstempel wird auch nur fällig, wenn Abtretung des Zeichenrechts und einfache Annahme durch Vertrag beurkundet werden, wenn nicht das zugrunde liegende Rechtsgeschäft damit verbunden wird (RG. in JMBl. 13, 453). Dem PA. wird zweckmäßig nur die Abtretung und Annahmeerklärung hinsichtlich des Zeichens unterbreitet, folglich ist nur dieser Abtretungsstempel zu entrichten. § 7 9, 10, 11

Da der Übergang des Zeichenrechts von der wirksam erfolgten Übertragung des Geschäftsbetriebes abhängt, die das PA. nicht untersucht, so begründet die Eintragung des Rechtsnachfolgers nur eine Art Legitimation desselben, die vom Gericht beim Eingriffsstreit oder sonst nachgeprüft werden kann (RG. im Bl. 02, 232; RG. 51, 263; RGSt. in IndustrR. 16 S. 115).

10. Außer der Einwilligung des Berechtigten bedarf es noch des Antrages des Rechtsnachfolgers auf Eintragung des Überganges. Derselbe kann privatschriftlich ohne jede Beglaubigung gestellt werden. Antrag.

Bei Übergang des Zeichens eines Inländers auf einen nicht im Inland Ansässigen ist darzutun, daß die Voraussetzungen des § 23 erfüllt sind. Es muß also die Eintragung des Zeichens im Auslande nachgewiesen und ein Vertreter bestellt werden (PA. im Bl. 00, 378; 01, 248). Der letztere hat den Antrag auf Eintragung zu stellen. Dagegen wird nach der Praxis des PA. bei der Übertragung eines Zeichens von einem Ausländer auf einen anderen Ausländer, auch wenn letzterer einem anderen Staate angehört als ersterer, die Vorlegung eines ausländischen Schutzzeugnisses und der Nachweis der im Ausland erfolgten Umschreibung nicht gefordert (Geschäftstätigkeit des PA. S. 282).

Auch der Antrag kann durch rechtskräftiges Urteil ersetzt werden (§ 894 ZPO.).

§ 7.

11. Wenn der Inhaber des Zeichens oder Anspruchs verstorben ist, wird die Einwilligung durch den Nachweis der Rechtsnachfolge ersetzt. Der Erwerber hat zu diesem Zwecke dem PA. den Erbschein oder die Verfügung von Todes wegen vorzulegen; im letzteren Falle wird das PA. zu entscheiden haben, ob der Nachweis der Rechtsnachfolge geführt ist oder ein Erbschein zu verlangen ist (vgl. § 36 der Grundbuchordnung). Stützt der Erwerber sich auf ein Vermächtnis des Geschäfts nebst Zeichen, so ist nach deutschem Recht die Einwilligung des Erben zur Umschreibung erforderlich (§ 2174 BGB.). Handelt es sich um einen Erbfall im Auslande, so ist nach dortigem Recht zu entscheiden, ob der Vermächtnisnehmer der Einwilligung des Erben bedarf. Analog dem Falle des Todes einer natürlichen Person ist der Fall Tod des Berechtigten.

§ 7 der Fusion zweier Aktiengesellschaften ohne Liquidation (§ 306 HGB.) und
11, 12, 13 der Fall der Umwandlung einer Gesellschaft mit beschränkter Haftung in eine Aktiengesellschaft ohne Liquidation (§§ 80, 81 des Gesetzes vom $\frac{\text{20. April 1892}}{\text{20. Mai 1898}}$ zu behandeln (PA. im Bl. 02, 256). Wandelt sich eine Einzelfirma oder Handelsgesellschaft in eine Aktiengesellschaft oder Gesellschaft mit beschränkter Haftung um, so überträgt sie ihr Geschäft auf die neue Gesellschaft. Hier bedarf es, da ein Rechtsübergang vorliegt, einer Abtretungserklärung des oder der bisherigen Inhaber. Über den Übergang bei einer nicht unzweifelhaften Staatensukzession (Österreich) vgl. RGStr. im Bl. 24, 375.

Abs. 2.

Vermerk. 12. Das Gesetz läßt die volle Wirkung der Übertragung des Zeichenrechts erst eintreten, wenn der Übergang in der Rolle vermerkt ist; eine Bekanntmachung findet nicht statt: § 3 Abs. 3. Der Erwerber weist sich durch einen Rollenauszug Dritten gegenüber aus. Überschreibung erfolgt kostenfrei.

Erwerb des Zeichenrechts. 13. Die Eintragung des Überganges in die Rolle hat keine Bedeutung für den Erwerb des Zeichenrechts (RG. im Bl. 99, 254, JW. 99 S. 545; RGSt. 34, 34, im Bl. 01, 123). Wer dasselbe nebst Geschäftsbetrieb von dem Inhaber zuerst erwirbt, dem gehört es, auch wenn er sich nicht eintragen läßt; der noch eingetragene Veräußerer vermag nach dem Grundsatze nemo plus iuris transferre potest, quam ipse habet keinen Dritten, gleichviel ob dieser bona oder mala fide ist, zum Zeicheninhaber zu machen. Hieran ändert es auch nichts, wenn der Dritte mit Einwilligung des Veräußerers in die Rolle eingetragen wird und demnächst seinerseits das angebliche Zeichenrecht wieder auf einen anderen umschreiben läßt: durch diese Vorgänge wird das Zeichenrecht des ersten Erwerbers nicht zerstört (vgl. Seligsohn, Patentgesetz § 19 N. 12). Der Erwerber kann gegen den Eingetragenen auf Einwilligung in die Umschreibung des Zeichens klagen; hat er obgesiegt, so ersetzt das rechtskräftige Urteil die Einwilligung (N. 9, RG. 69, 1 im Bl. 08, 249). Auch eine einstweilige Verfügung zur Regelung des Schutzes des wahren Berechtigten ist möglich (RG. a. a. O.). In gleicher Weise wird der bloße Übergang des Zeichens nicht beachtet, wenn er rechtsunwirksam ist z. B. wegen Geisteskrankheit, oder weil der Geschäftsbetrieb nicht mitübertragen ist, selbst wenn die Veräußerung ein Auslandszeichen betrifft und im Auslande vorgenommen wird und selbst wenn nach Auslandsrecht die Abtretung des Zeichens allein gestattet ist (RG. 51, 263, im Bl. 02, 232). Der wahre Berechtigte hat gegen den Eingetragenen einen Berichtigungsanspruch nach Analogie von § 894 BGB. (KG. im Bl. 04, 370 in GewRschutz 04, 48). Das PA. kann sich auf eine Prüfung des besseren Rechts nicht einlassen, wenn mehrere Anträge auf Umschreibung vorliegen. Es trägt in die Zeichenrolle den ein, der sich zuerst in ordnungsmäßiger Weise als Rechtsnachfolger ausweist (Bl. 04, 274).

Die Bestimmung des § 12, daß dem Eingetragenen das Zeichenrecht gebührt, steht vorstehendem nicht entgegen. Sie handelt nicht von dem Übergange eines bereits bestehenden Zeichenrechts, sondern von der Entstehung des Rechts in der Person des zuerst Eingetragenen und bestimmt dessen Befugnisse (RG. 51, 263; a. M. Kent S. 157).

14. An die Nichteintragung des Überganges knüpft das Gesetz nicht die Wirkung, daß der Erwerber das Zeichenrecht verliert, sondern nur die, daß er es nicht geltend machen kann. Das Zeichen braucht keineswegs sogleich nach dem Geschäftsübergang umgeschrieben zu werden (RG. 44, 49 im Bl. 99, 254; RGSt. im Bl. 24, 375 in MarkschWettbew. 24, 104). Infolgedessen erlangen Dritte durch die Nichteintragung des Berechtigten nicht die Befugnis, Waren mit dem Zeichen zu versehen oder die bezeichneten Waren in Verkehr zu setzen, sie würden sich dadurch strafbar und entschädigungspflichtig machen. Der Berechtigte könnte aber den Strafantrag erst stellen oder die Entschädigung erst fordern, nachdem er die Umschreibung bewirkt hat (RGSt. 34, 34, im Bl. 01, 123). Formell befugt bleibt in der Zwischenzeit bis zur Umschreibung der bisher Eingetragene: wieweit er durch Eingriffe jetzt noch materiell verletzt wird und deshalb Strafantrag stellen kann, hängt von dem Vertragsverhältnisse zwischen ihm und dem Erwerber ab (RGSt. 34, 34). Ein früher gestellter Strafantrag des Berechtigten gewinnt durch die nachträgliche Umschreibung des Zeichens auf ihn rückwärtshin Wirksamkeit (RGSt. im Bl. 24, 375 in MarkschWettbew. 24, 104). Wegen der fortbestehenden Legitimation des Eingetragenen muß der Rechtsnachfolger die durch oder gegen ihn erfolgten Änderungen des Zeichenrechts selbst gegen sich gelten lassen (§ 9 Abs. 4; vgl. RG. 44, 49, im Bl. 99, 254). Andererseits ist der Berechtigte durch die Nichteintragung nicht gehindert, das Zeichenrecht mit dem Betriebe auf einen anderen zu übertragen, und dieser kann die direkte Umschreibung auf sich bewirken (N. 9 a. E.). Geschieht dies, so kann der Nichteingetragene wegen Verletzungen, die während der Dauer seines Rechts vorgekommen sind, gegen den Verletzer nicht vorgehen, nach allgemeinen Auslegungsregeln wird zu entscheiden sein, ob diese Befugnis auf den neu Eingetragenen übergegangen ist. § 7 14, 15 **Geltendmachung.**

Die Rechte, deren Geltendmachung von der Eintragung abhängt, sind: die negatorische oder die Feststellungsklage zu erheben (N. 13 bis 15 zu § 12), einstweilige Verfügungen wegen Zeichenverletzung zu beantragen (N. 17 zu § 12), die Entschädigungsklage anzustellen und Strafantrag zu stellen (§ 14), Buße zu verlangen (§ 18), Widerspruch gegen die Eintragung eines Zeichens zu erheben (§ 5 Abs. 1, PA. in MarkschWettbew. 10, 288), die Löschung des Zeichens jederzeit zu beantragen (§ 8 Abs. 1), der Löschung eines Zeichens zu widersprechen und wegen derselben Beschwerde einzulegen (§ 8 Abs. 3, § 10 Abs. 2), die Anmeldung des Zeichens zu erneuern (§ 8 Abs. 2 Nr. 1), die Löschungsklage im Falle des § 9 Abs. 1 Nr. 1 zu erheben, Beschlagnahme und Einziehung zu beantragen (§ 17).

Ein fernerer Rechtsnachteil der Nichteintragung ist, daß die Löschungsklage nur gegen den eingetragenen Inhaber gerichtet wird und daß die Entscheidung auf sie auch gegen den Rechtsnachfolger wirksam und vollstreckbar ist, gleichviel ob der Übergang des Zeichens vor oder nach Erhebung der Klage stattgefunden hat (§ 9 Abs. 3 und 4).

Abs. 3.

15. Ebenso wie Abs. 2 droht auch Abs. 3 dem Rechtsnachfolger, der nicht in die Rolle eingetragen ist, einen Nachteil an. Fälle, in denen das Gesetz dem PA. eine Benachrichtigung des Inhabers vorschreibt, sind: Anmeldung eines übereinstimmenden Zeichens (§ 5 Abs. 1), Löschung ohne **Zustellungen.**

§ 7 Antrag des Inhabers (§ 8 Abs. 3), Antrag beim PA. auf Löschung gemäß
15 § 9 Abs. 1 Nr. 2 (§ 9 Abs. 5). Außerdem ist § 5 der Ausführungsverordnung vom 30. Juni 1894 zu berücksichtigen, der für alle Beschlüsse und Entscheidungen Zustellung an alle Beteiligten vorschreibt; zu diesen gehört aber regelmäßig der Zeicheninhaber. So wird in § 10 Abs. 2 des Gesetzes erwähnt, daß ihm der Löschungsbeschluß zuzustellen ist, wenn derselbe ungeachtet seines Widerspruchs ergangen ist.

Über die Form der Zustellung siehe § 10 Abs. 3.

Trotz dem im Schlußsatze dem PA. eingeräumten freien Ermessen wird man es in geeigneten Fällen als nobile officium der Behörde erachten müssen, falls der eingetragene Inhaber verstorben ist, sich regelmäßig die Ermittelung der Erben angelegen sein zu lassen, wenn diesen durch die Nichtbenachrichtigung ein erheblicher Schade erwachsen würde. Ausnahmen sind z. B. gerechtfertigt, wenn Ermittelungen im Auslande stattfinden müßten oder aus anderen Gründen zu umständlich wären. — Dem Tode steht, wenn eine Firma als Inhaber eingetragen ist, das Erlöschen derselben gleich, hier wird die Ermittelung sich auf die Rechtsnachfolger richten. Ist der Aufenthalt des Inhabers des Zeichens unbekannt, so wird eine Zustellung ebenfalls fingiert werden können (Allfeld S. 547).

§ 8.

§ 8 Auf Antrag des Inhabers wird das Zeichen jederzeit in der Rolle gelöscht.

Von Amts wegen erfolgt die Löschung:

1. wenn seit der Anmeldung des Zeichens oder seit ihrer Erneuerung zehn Jahre verflossen sind;
2. wenn die Eintragung des Zeichens hätte versagt werden müssen. Wird von einem Dritten aus diesem Grunde die Löschung beantragt, so ist gleichzeitig eine Gebühr nach Maßgabe des Tarifs zu entrichten; sie kann, falls der Antrag für berechtigt befunden wird, erstattet werden.

Soll die Löschung ohne Antrag des Inhabers erfolgen, so gibt das Patentamt diesem zuvor Nachricht. Widerspricht er innerhalb eines Monats nach der Zustellung nicht, so erfolgt die Löschung. Widerspricht er, so faßt das Patentamt Beschluß. Ist die Löschung von einem Dritten beantragt, so gilt hinsichtlich der durch eine Anhörung oder eine Beweisaufnahme verursachten Kosten § 25 Abs. 2 des Patentgesetzes entsprechend.

Soll infolge Ablaufs der zehnjährigen Frist die Löschung erfolgen, so ist von ihr abzusehen, wenn der Inhaber des

Zeichens bis zum Ablauf eines Monats nach der Zustellung unter Zahlung der tarifmäßigen Nachholungsgebühr neben der Erneuerungs- und Klassengebühr (§ 2 Abs. 5) die Erneuerung der Anmeldung nachholt; die Erneuerung gilt dann als an dem Tage des Ablaufs der früheren Frist geschehen. § 8 1

1. Löschung.
Abs. 1 (N. 2).
2. Antrag.
Abs. 2 (N. 3, 4).
3. Erneuerung.
4. Nachträgliche Löschung.
Abs. 3 (N. 5, 6).
5. Verfahren.
6. Nachholung der Erneuerung.

1. Die §§ 8, 9 handeln von der Löschung des Zeichens: § 8, wenn sie auf Antrag des Inhabers oder von Amts wegen, § 9, wenn sie auf Antrag eines Dritten erfolgt. Die Löschung von Amts wegen hat zu erfolgen, wenn das PA. auf Grund eigener Wahrnehmung oder durch irgendeine Anzeige oder durch „Antrag" eines Dritten von dem Vorliegen eines der in § 8 Nr. 2 aufgeführten Gründe Kenntnis erhält. Nach dem ursprünglichen Wortlaut des Gesetzes war ein Löschungsantrag eines Dritten, der diesem die Stellung einer Partei in dem Löschungsverfahren gegeben hätte, nicht vorgesehen. Man sprach daher nur von einer Löschungsanregung, die das PA. zu eigener selbständiger Untersuchung der Schutzfähigkeit des Zeichens veranlaßte. Mehr und mehr ist dann durch die Rechtsprechung der „Anreger" der Löschung zum Antragsteller geworden und er ist wie eine Partei zu dem Verfahren als Gegner des Zeicheninhabers zugezogen und ihm schließlich auch ein selbständiges Beschwerderecht gegen einen die Löschung ablehnenden Beschluß verliehen worden (vgl. Bl. 01, 151; 05, 105 und 268). Dieser Rechtszustand ist durch das RGes. vom 27. Juni 1922 (RGBl. II S. 619 Art. IV), der in § 8 Abs. 2 Nr. 2 und Abs. 3 den Löschungsantrag ausdrücklich erwähnt, anerkannt worden. Danach kommt dem Antragsteller die Parteistellung zu. Er muß im Verfahren zugezogen, in der mündlichen Verhandlung gehört, zur Akteneinsicht verstattet und auf seinen Antrag schriftlich beschieden werden; ferner hat er das Recht auf Anwesenheit bei der Vernehmung von Zeugen und Sachverständigen, auf Fragestellung hierbei und auf Beschwerde gegen den die Löschung ablehnenden Beschluß (so schon Bl. 05, 105). Der Antragsteller wird seine Schrift zur Begründung der Löschung in zwei Exemplaren unter Einzahlung der tarifmäßigen Gebühr (gegenwärtig 50 Reichsmark, siehe den in den Anlagen abgedruckten Tarif) einzureichen haben. Unterläßt er diese Zahlung, so wird der Antrag als nicht erhoben anzusehen sein. Das würde das PA. natürlich nicht hindern, von Amtswegen die nötigen Feststellungen zu machen, wenn ihm die vorgebrachten Tatsachen erheblich zu sein scheinen. In diesem Falle genießt der Antragsteller aber nicht die Rechte einer Partei. **Löschung.**

Was die Kosten des Löschungsantrages betrifft, so ist zwischen der Antragsgebühr und den durch Anhörung oder Beweisaufnahme entstehenden Kosten zu unterscheiden. Für die Antragsgebühr gilt und zwar sowohl in 1. wie in 2. Instanz das Ermessen des PA., das sie aber in der Regel, wenn die Löschung erfolgt, dem Antragsteller erstatten wird. Wird der Antrag

§ 8 endgültig abgewiesen, so trägt der Antragsteller stets die Gebühr. Bei An-
1 hörung oder Beweisaufnahme gelten für die hierdurch entstandenen Kosten die in N. 4a zu § 5 entwickelten Sätze entsprechend, so daß hier das PA. nicht nach freiem Ermessen, sondern nach § 25 Abs. 2 PG. die Kostenlast regeln muß. Wird der Löschungsantrag ganz oder teilweise zurückgenommen, so ist der Antragsteller als Unterliegender gemäß § 25 PG. anzusehen. Für das Beschwerdeverfahren greift noch ferner § 26 PatG. ein (N. 4a zu § 5, N. 2 zu § 10). Die Entscheidung des PA. über die Löschungsfrage begründet **keine materielle Rechtskraft**, so daß eine Ablehnung der Löschung einem erneuten Antrage derselben oder einer andern Partei nicht im Wege steht (Bl. 09, 315; Bl. 64 in JW. 24, 229; **Voß** in GewRSchutz 08, 259; **Spielmann** in GewRSchutz 15, 217; **Kohler** S. 130, 137; a. M. **Fritz E. Cohn** in GewRSchutz 14, 185, der die zivilrechtliche Löschungsklage des § 9 unrichtig dem trotz des Antrages im wesentlichen amtlichen Löschungsverfahren des § 8 gleichstellt).

Eine **Nebenintervention** im Löschungsverfahren wird nicht für zulässig angesehen (Bl. 22, 46).

Über die rechtliche Bedeutung der Löschung, insbesondere ihr Verhältnis zum Erlöschen des Zeichenrechts siehe N. 10 zu § 12.

Neben der vom Gesetz allein erwähnten gänzlichen Löschung eines Zeichens gibt es auch eine **teilweise Löschung** insofern, als das Zeichen für einige der bei der Anmeldung angegebenen Waren durch teilweise Streichung der Waren des Warenverzeichnisses gelöscht wird und für die übrigen stehen bleibt. Eine teilweise Löschung kann sowohl von Amts wegen als auf Antrag des Inhabers oder eines Dritten erfolgen. Sie wird hauptsächlich vorkommen, wenn für einen Teil der bei der Anmeldung angegebenen Waren das Zeichen bereits vorher für einen anderen angemeldet war (§ 9 Nr. 1). Aber es ist auch denkbar, daß ein Zeichen, welches für verschiedene Waren angemeldet ist, nur bezüglich eines Teiles derselben den tatsächlichen Verhältnissen nicht entspricht und die Gefahr einer Täuschung begründet oder nur für gewisse Waren ein Freizeichen ist (RG. in JW. 03 S. 105, im Bl. 04, 22; RG. in MarkschWettbew. 8. 130), oder für Waren mit angemeldet und eingetragen ist, die im ausländischen Ursprungszeichen nicht mit geschützt waren. Wenn ferner eine Ware im Verzeichnis der Zeichenwaren den Gesetzen nicht entspricht, z. B. Kognak statt Weinbrand (N. 8 zu § 16) aufgeführt ist, so hat das PA. von Amts wegen diese Ware gestrichen (vgl. auch RG. in GewRSchutz 24, 48). Richtiger wäre es hier, das unzulässige Wort durch ein völlig gleichbedeutendes zu ersetzen, was zulässig sein muß. Eine Teillöschung in dem Sinne, daß nur ein Bestandteil des Zeichens gelöscht wird, ist ausgeschlossen: der stehenbleibende Rest würde in Wirklichkeit ein neues Zeichen sein und bedarf deshalb einer neuen Anmeldung (PA. in MarkschWettbew. 9, 397; RG. 74, 308 im Bl. 11, 50). Ebenso unzulässig ist es natürlich, ein Zeichen nachträglich lokal zu beschränken, indem man nur für gewisse Absatzgebiete die Eintragung aufrecht erhält (PA. im Bl. 98, 217; § 12 N. 5). Über **Teillöschung** s. auch N. 3 zu § 9.

Jede Löschung wird gemäß § 3 Abs. 3 im Warenzeichenblatt **veröffentlicht**. Kosten erwachsen dem Inhaber weder durch die Löschung noch durch die Veröffentlichung.

Abs. 1.

§ 8
2, 3
Antrag.

2. Eine bestimmte Form für den Antrag auf Löschung ist nicht vorgeschrieben. Berechtigt ist nur der eingetragene Inhaber (N. 14 zu § 7). Der etwaige Rechtsnachfolger muß sich gleichzeitig als solcher gemäß § 7 ausweisen; bei juristischen Personen und Gesellschaften, sowie bei Anträgen, welche durch einen Vertreter gestellt werden, ist die Legitimation des Antragstellers zu prüfen. Liquidatoren einer Handelsgesellschaft sind durch § 149 HGB. zu dem Antrage ermächtigt, da die Löschung zur Beendigung der laufenden Geschäfte gehört. Der gemäß § 23 Abs. 2 bestellte Vertreter ist zur Stellung des Antrags nicht für befugt zu erachten (N. 10 zu § 23).

Der Antrag des Inhabers kann durch ein rechtskräftiges Urteil ersetzt werden, das ihn auf Grund einer besonders übernommenen Verpflichtung zur Stellung desselben verurteilt (§ 894 ZPO.; a. M. Kipp, die Verurteilung zur Abgabe von Willenserklärungen S. 43; Schanze, industrierechtl. Abhandlungen I S. 30, siehe aber RG. 42, 63).

Bis zur Vollziehung der Löschung kann der Antrag noch zurückgenommen werden (Kent S. 177).

Abs. 2.

Nr. 1.

Erneuerung.

3. Die zehnjährige Frist läuft bei der ersten Eintragung vom Tage der Anmeldung beim Patentamt, selbst wenn eine Auslandspriorität in Frage kommt. Da nun der Zeichenschutz nicht mit der Anmeldung, sondern erst mit der Eintragung des Zeichens beginnt (N. 2 zu § 12), so dauert er, wenn keine Erneuerung stattfindet, nicht volle 10 Jahre. Eine Erneuerung der Anmeldung kann während der Schutzfrist zu jeder Zeit erfolgen. Eine bestimmte Form ist für die Erneuerung (Jungmann die Erneuerung der Warenzeichenanmeldungen GewRschutz 07, 280; Damme Zeitschrift für Handelsrecht 08, 92) nicht vorgeschrieben, es genügt, wenn der eingetragene Zeicheninhaber oder sein bevollmächtigter Vertreter beim PA. schreibt: „Ich erneuere die Anmeldung des Warenzeichens Nr. x" und die Erneuerungsgebühr (§ 2 Abs. 5) einsendet (PA. im Bl. 04, 245) oder diese Erklärung auf dem Postabschnitt abgibt, wobei es aber notwendig ist, daß sie innerhalb der Frist beim PA. eingeht. Wenn bloß die Erklärung der Erneuerung und nicht auch die Gebühr vor Ablauf der Frist eingeht, liegt eine dem Gesetze entsprechende Erneuerung nicht vor. Im Falle der Erneuerung beginnt die neue Frist nicht erst mit dem Ablauf der alten Frist, sondern bereits mit dem Tage, wo die Erneuerung nebst Gebühr bei dem PA. eingeht; vgl. dagegen den Schluß des Abs. 4 (PA. im Bl. 03, 263). Wird die Gebühr nach der Erneuerungserklärung aber noch vor Ablauf der Frist eingezahlt, so ist der Zeitpunkt ihres Eingangs der maßgebende. Der Zeitpunkt der Erneuerung wird in der Zeichenrolle vermerkt (§ 3 Abs. 1 Nr. 4). Eine Hinausschiebung des Zeitpunktes der Erneuerung durch Erklärung des Berechtigten, daß die Erneuerung erst von einem späteren Tage ab gelten soll, ist nicht zulässig (Bl. 05, 114; a. M. Benjamin Industrie 13, 217). Die Erneuerung kann beliebig oft wiederholt werden, so daß dadurch der Rechtsschutz eines Zeichens bis ins Unendliche verlängert werden kann. Die Erneuerung

§ 8 ist nicht Wiederholung der Anmeldung, sie verlangt daher keine nochmalige
3, 4 Prüfung des Zeichens auf seine Schutzfähigkeit. Nicht selten stellte sich bei der Erneuerung heraus, daß gewisse Teile des Zeichens, z. B. das Wort patentiert oder das rote Kreuz oder der Hoflieferantentitel unrichtig geworden sind. Abhilfe kann hier nicht erfolgen, denn Abänderungen des Zeichens sind bei Gelegenheit der Erneuerung ebensowenig zulässig wie sonst (PA. im Bl. 03, 236, § 3 N. 2 a. E.), wohl aber ist eine Einschränkung des Warenverzeichnisses möglich (N. 7a zu § 2). Nach der milden, nicht unbedenklichen Praxis (Jungmann a. a. O. S. 281) soll nicht einmal gefordert werden können, daß der Auslandsschutz nachgewiesen wird, wenn der inländische Zeicheninhaber inzwischen seinen Sitz ins Ausland verlegt hat. Ein Vertreter wird aber zur Erneuerungserklärung nach § 23 bestellt werden müssen. Im Falle der Rechtsnachfolge darf der noch nicht eingetragene Erwerber trotz § 7 die Erneuerung beantragen, er wird dann gleichzeitig in der Rolle als Erwerber vermerkt und muß sich deshalb nach § 7 ausweisen (Jungmann a. a. O.).

Die Frist endigt mit dem Tage, welcher durch seine Zahl dem Anfangstage entspricht; fehlt dieser Tag in dem betreffenden Jahre (29. Februar), so endigt die Frist mit Ablauf des letzten Tages des entsprechenden Monats (28. Februar). Ist der letzte Tag der Frist ein Sonn- oder Feiertag, so endigt sie erst an dem nächstfolgenden Werktag (§§ 187, 188, 193 BGB.; a. M. Rhenius S. 114 s. aber Bl. 15, 7).

Führt der Antrag auf Erneuerung nicht zum Ziele, so kann Rückzahlung der für die Erneuerung gezahlten Gebühren verlangt werden (Bl. 05, 104).

Die Gebühren für die Erneuerung sind im Abs. 5 § 2 geregelt. Sie zerfallen in die Erneuerungs- und die Klassengebühr s. N. 13 zu § 2. Zahlt der Zeicheninhaber nicht eine ausreichende Summe ein, so wird das PA. ihn, solange die zehnjährige Frist noch läuft, auffordern, den fehlenden Betrag zu entrichten oder die Klassen anzugeben, auf die das Zeichen beschränkt werden soll. Nach fruchtlosem Verlauf der von PA. zu setzenden Frist wird dann der Antrag auf Erneuerung zurückgewiesen. Möglicherweise kommt nun der Schlußabsatz des § 8 zur Anwendung.

Nr. 2.

Nachträgliche Löschung. 4. Der Ausdruck „wenn die Eintragung hätte versagt werden müssen" legt die Ansicht nahe, diesen Löschungsgrund nur dann anzunehmen, wenn einer der Fälle des § 4 Abs. 1 oder § 6 Abs. 2 vorliegt, denn nur in diesen Fällen (abgesehen von § 24 Abs. 1) spricht das Gesetz von einer Versagung der Eintragung. Indessen, das kann nicht die Absicht des Gesetzes sein. Es fehlt an jedem Grunde, weshalb der Abs. 3 des § 4 anders behandelt werden soll als der Abs. 1; es würde, wenn man den § 8 Nr. 2 auf § 4 Abs. 3 nicht anwenden wollte, dem Inhaber des gelöschten Zeichens an der Möglichkeit fehlen, die ihm unbequeme Eintragung des Dritten zu beseitigen. Ebenso wird das PA. ein Zeichen löschen müssen, welches es entgegen den Bestimmungen des § 23 für einen im Auslande Wohnenden versehentlich eingetragen hatte (PA. im Bl. 03, 203; a. M. Kent S. 187, 568, 582, Schanze in Z. f. gewerbl. Rechtsch. 2, 174). Wird doch in letzterem Falle wegen des Fehlens der wesentlichen Voraussetzungen des Schutzes das Zeichen sogar von den

Gerichten trotz seiner Eintragung nicht berücksichtigt (RGSt. 35, 321, im Bl. 02, 280)! Man wird deshalb die Bestimmung des § 8 Nr. 2 dahin auszulegen haben, daß sie alle Fälle trifft, in denen das Zeichen aus einem materiellen Grunde nicht hätte eingetragen werden dürfen. Die Beschränkung auf die materiellen Gründe ist geboten, weil kein öffentliches Interesse besteht, ein trotz formeller Verstöße eingetragenes Zeichen nachträglich zu löschen. § 8 4

Das Eintragungsverfahren unterliegt keiner nochmaligen Untersuchung und ebensowenig das Verfahren bei einer Erneuerung (Bl. 09, 315). War die Gebühr nicht gezahlt, die Vollmacht des Anmeldenden mangelhaft, eine unzulässige Änderung des Zeichens zugelassen, der Erneuerer mit dem Inhaber nicht identisch, so berührt alles das die Eintragung als solche nicht. Ob andere Rechtsfolgen aus diesen Tatsachen entspringen, z. B. die Priorität des Zeichens anders zu bestimmen ist, das hat mit § 8 Nr. 2 nichts zu tun. Wenn aber solche Voraussetzungen der Anmeldung nicht erfüllt sind, ohne die das Zeichen nicht eintragungsfähig ist, so ist § 8 Nr. 2 anwendbar. Hierher gehört es, wenn das Zeichen nicht als ein Warenzeichen im Sinne des § 1 zu erachten ist, wenn es gegen § 4 Abs. 1 verstößt, wenn seine Eintragung § 4 Abs. 3 verletzt, wenn § 23 Abs. 1 und 3 nicht beobachtet sind, wenn zu Unrecht das Vorhandensein eines landesgesetzlichen Schutzes angenommen ist (§ 24), wenn der Verband für den das Zeichen eingetragen ist, nicht rechtsfähig ist oder keine gewerblichen Zwecke verfolgt (§ 24a). Daß die Erfordernisse des § 23 nicht formeller, sondern materieller Natur sind, ergibt sich daraus, daß sie den zwingenden akzessorischen Charakter der Auslandsmarke feststellen (RG. 46, 125; PA. im Bl. 03, 203; a. M. Kent und Schanze a. a. O.). Auch § 6 Abs. 2 enthält einen unbedingten Versagungsgrund, indem er die Eintragung von Zeichen verbietet, deren Übereinstimmung mit einem Widerspruchszeichen festgestellt ist. § 6 Abs. 2 begründet also nur dann die Anwendung von § 8 Nr. 2, wenn die Eintragung des Zeichens trotz festgestellter Übereinstimmung erfolgt ist. Wenn aber ohne diese Feststellung die Eintragung stattgefunden hat, dann kommt nur die Löschungsklage des § 9 Nr. 1 in Betracht (Bl. 95, 209; 96, 93; 05, 268; MarkschWettbew. 13, 513). Das gleiche gilt, wenn aus Versehen die Benachrichtigung des Inhabers eines früheren Zeichens überhaupt unterblieben ist, was bei der Fülle der Zeichen nicht selten vorkommt. Das Bestehen eines Geschäftsbetriebes ist nach der Rechtsprechung kein unbedingtes Erfordernis bei der Anmeldung, sondern es genügt, daß ein solcher in Aussicht genommen ist (N. 5 zu § 1). Nur ausnahmsweise, wenn sich feststellen läßt, daß das Zeichen ohne Betrieb bestehen sollte, läßt sich deshalb gemäß § 8 einschreiten. Sonst ist § 9 Nr. 2 anwendbar (MarkschWettbew. 12, 262).

Das PA. hat sich bei der Prüfung in die Zeit zurückzuversetzen, wo es die Eintragung vornahm. Spätere Ereignisse darf es nicht oder höchstens zugunsten der Aufrechterhaltung des Zeichens (Rhenius S. 98, Kohler S. 136) berücksichtigen (anders § 9 Abs. 1 Nr. 2 und 3). Es ist deshalb ohne Gewicht, wenn ein ursprünglich farbloses Wort, das das Zeichen bildet, inzwischen als Ortsbezeichnung oder Bestimmungsangabe Bedeutung für die Ware erlangt hat oder wenn der Geschäftsbetrieb sich anders gestaltet hat, als ursprünglich angenommen wurde (Bl. 01, 284; 04, 45; MarkschWettbew. 15, 395). Die entgegengesetzte Meinung vertritt Kohler im GewRschutz 96 S. 37, ferner Warenzeichenrecht S. 136, sowie Freund

§ 8 in Festgabe für Kohler S. 351 hinsichtlich der Sachbezeichnungen, die sich
4, 5 nach der Eintragung erst bilden. Die Rechtsprechung des PA. ist dem nicht beigetreten und weist Angriffe gegen das Zeichen aus diesem Grunde ab. Dagegen läßt das RG. die Bildung eines freien Warennamens trotz der bestehenden Eintragung zu (N. 2a zu § 13) und auch das PA. berücksichtigt bei späteren Eintragungen im Widerspruchsverfahren die Bildung des freien Warennamens (Bl. 10, 45; 12, 265). Das PA. wird sich auf die Dauer auch abgesehen vom Widerspruchsverfahren den Folgerungen, die sich aus der Rechtsprechung des RG. ergeben, nicht entziehen können, denn die bloß formelle Aufrechterhaltung eines tatsächlich nicht wirksamen Zeichens führt zu falschen Auffassungen. Über Warennamen bei pharmazeutischen Erzeugnissen insbes. vgl. N. 2a zu § 13 a. E.

Im Interesse einer gleichförmigen und sicheren Rechtsprechung hat das PA. den wichtigen Rechtssatz entwickelt, daß im Zweifel für die Aufrechterhaltung von früheren Rechtsanschauungen zu entscheiden ist (PA. im Bl. 03, 151 und 152; 05, 171 und 174; 12, 178; 24, 30; MarkschWettbew. 9, 221; Mitt. v. V. 22, 111). Umgekehrt verlangt es das Verkehrsinteresse, daß ein aus guten Gründen im Interesse der Allgemeinheit einmal versagtes Zeichen, das an der Grenze der Schutzfähigkeit steht, später nicht einem andern für gleichartige Waren geschützt wird (Bl. 05, 113; 13, 21). Wenn die Anwendung des § 4 Nr. 3 in Frage kommt, ist zu beachten, daß der Widerspruch mit den tatsächlichen Verhältnissen zur Zeit der Eintragung „ersichtlich" sein muß. Von diesem Standpunkt aus muß das PA. im Löschungsverfahren zusehen, ob eine offenbare Dezeptivität bereits früher vorgelegen hatte (PA. im Bl. 99, 40; 04, 399; 11, 167, a. M. Biberfeld Löschungsklagen bei Gruchot 41, 343 ff.).

Abs. 3.

Verfahren. 5. Für diejenigen Fälle, in denen die Löschung von Amts wegen erfolgt, soll eine vorgängige Benachrichtigung dem Inhaber des Zeichens Gelegenheit zur Wahrung seiner Rechte bieten. Soll die Löschung wegen Ablaufs der Frist erfolgen, so enthält sie außerdem eine Mahnung des säumigen Berechtigten (N. 6).

Die Benachrichtigung ist dem eingetragenen Inhaber zuzustellen (§ 7 Abs. 3) und zwar regelmäßig durch eingeschriebenen Brief (§ 10 Abs. 3).

Die Einleitung des Löschungsverfahrens geschieht in der Weise, daß dem Zeicheninhaber die fraglichen Umstände in einer Verfügung oder durch Abschrift des Löschungsantrags mitgeteilt werden. Ein Vorbescheid ergeht jetzt nicht mehr (§ 3 der Verordnung vom 9. März 1917 RGBl. S. 221, Bl. 17, 26). Eine Mitteilung oder Benachrichtigung ist nicht erforderlich, wenn die Anregung oder der Antrag auf Löschung ohne weiteres abgelehnt wird. Das PA. gibt aber alsdann von seiner Entscheidung dem Zeicheninhaber Kenntnis.

Wegen der Form und Frist für den Widerspruch siehe N. 4 zu § 5; auch die dortigen Erörterungen über den Fall, wenn der Zeicheninhaber im Inlande keine Niederlassung hat, treffen hier zu. Geht ein Widerspruch nicht rechtzeitig ein, so braucht das PA. die Löschung nicht zu beschließen, wenn es mittlerweile der Ansicht geworden ist, daß ein Fall des Abs. 2 nicht vorliegt; denn der Beschluß hat die Ansicht der Behörde zur Zeit seines Erlasses wiederzugeben (Kent S. 189; Allfeld S. 527; a. M. Schmid S. 84). Es bedarf in diesem Falle und bei der Löschung mangels Widerspruches nicht der Beratung oder Abstimmung in einer Sitzung (§ 4 der Verordnung vom 30. Juni 1894 in den Anlagen). Ist dagegen rechtzeitig Widerspruch erhoben oder sind Ermittelungen veranstaltet worden, so muß die Abteilung in einer Sitzung über die Löschung Beschluß fassen. Der Beschluß ist in jedem Falle mit Gründen zu versehen, schriftlich auszufertigen und dem Zeicheninhaber zuzustellen (§ 5 der Verordnung vom 30. Juni 1894). Ordnet er die Löschung an, so steht nur dem Zeicheninhaber, der rechtzeitig Widerspruch erhoben hatte, die Beschwerde zu (§ 10 Abs. 2, PA. im Bl. 01, 151); vor Rechtskraft des Beschlusses findet die Löschung nicht statt. Die Prüfungsstelle ist hier nicht zuständig. Sie hat überhaupt mit der Löschung und Erneuerung des § 8 nichts zu tun (N. 1a zu § 10). Regelmäßig müssen der Löschung im Falle des § 8 Nr. 2 Ermittelungen des PA. voraufgehen. Meist findet zuvor ein Schriftwechsel zwischen dem Zeicheninhaber und dem Antragsteller statt, den das PA. aus Zweckmäßigkeitsgründen anordnet. Alsdann wird durch Beweisaufnahme (Vernehmung von Zeugen, Einholung von Auskünften der gewerblichen Verbände und Gewerbsgenossen) der Stoff beschafft, der die Grundlage des Beschlusses bilden soll. Mitunter schließt sich nach Befinden des Amts noch ein weiterer Schriftenwechsel der Beteiligten und eine mündliche Verhandlung an. Der Antragsteller hat Parteistellung und wird als solcher gehört (N. 1). Das Verfahren im einzelnen unterliegt dem freien Ermessen der Behörde. Es empfiehlt sich für die Regel nicht, nur die Interessenten und ihre Verbände um Auskunft zu ersuchen. Wenn irgend möglich, werden bestimmte Personen über einzelne Tatsachen als Zeugen gerichtlich vernommen, wodurch ein viel klareres Bild der Sachlage sich zu ergeben pflegt, weil vor Gericht die Parteien durch Stellung von Fragen mitwirken (vgl. über das frühere Löschungsverfahren: PA. im Bl. 97, 72). Die Gerichte sind verpflichtet, dem PA. Rechtshilfe zu leisten, auch wenn Zeugen in Berlin zu vernehmen sind (RG. im Bl. 06, 4).

Nachholung der Erneuerung.

6. Wenn die Löschung wegen Fristablaufs erfolgen soll, so kann der Inhaber sie abwenden, wenn er innerhalb eines Monats nach Zustellung der Benachrichtigung (N. 5) die Erneuerung der Anmeldung nachholt und die für die Erneuerung zu zahlenden Gebühren (N. 3 a. E.) und die tarifmäßige Nachholungsgebühr — gegenwärtig 25 v. H. der Erneuerungsgebühr von 100, bei Verbandszeichen von 500 Reichsmark — (Verordnung vom 28. Februar 1924 in Bl. 24, 45; s. die Anlagen betr. den Tarif) zahlt. Während die Erneuerung der Anmeldung binnen der Frist beim PA. eingegangen sein muß, ist es für die Gebühren ausreichend, wenn sie innerhalb der Frist bei einer Postanstal im Gebiete des Deutschen Reiches zur Überweisung an die Kasse des PA. eingezahlt worden sind (§ 9 des PatG.). Die Gründe, welche zur Aufnahme jener Bestimmung in das Patentgesetz geführt haben (Seligsohn Patentgesetz § 9 N. 10), treffen auch hier zu, und, da das PA. die Vorschrift mit Recht über den Wortlaut hinaus auf alle Zahlungen des Gesetzes anwendet, spricht die Billigkeit dafür, sie auch auf unser Gesetz auszudehnen (Bl. 10, 290, anwendbar auch bei Überweisungen im Postscheckverkehr Bl. 09, 254). Es ist nicht ratsam, kurz vor Fristablauf die Erneuerungserklärung auf dem Postabschnitte zu vermerken, der vielleicht zu spät beim PA. eingeht (Bl. 10, 290). Vgl. die Erläuterung der Bestimmung

§ 8 bei Seligsohn a. a. O.; hervorgehoben sei, daß das PA. nur die Aufgabe
6 einer Postanweisung, dagegen nicht die eines Geldbriefs als genügend erachtet (Bl. 01, 290; 8, 41; MarkschWettbew. 15, 175). Ob die Unterlassung der Erneuerung und Zahlung auf einem Versehen des Berechtigten beruht, ist ohne Bedeutung (Bl. 05, 246). Gegen die Versäumung der Frist ist aber Wiedereinsetzung in den vorigen Stand möglich (vgl. N. 4 zu § 10).

Zu beachten ist, daß durch § 4 Abs. 3 noch über die Frist von einem Monat hinaus dem Zeicheninhaber die Möglichkeit einer Erneuerung des Zeichens unter Ausschluß etwaiger Zwischenanmelder gewährt ist (N. 28. zu § 4).

Während des Krieges hatte das PA. die Zeicheninhaber noch vor Ablauf der Schutzfrist benachrichtigt und sie auf das bevorstehende Erlöschen des Zeichens hingewiesen. Diese Nachricht erfolgt jetzt nicht mehr (Bl. 24, 30).

§ 9.

§ 9 Ein Dritter kann die Löschung eines Warenzeichens beantragen:

1. wenn das Zeichen für ihn auf Grund einer früheren Anmeldung für dieselben oder für gleichartige Waren in der Zeichenrolle oder in den nach Maßgabe des Gesetzes über den Markenschutz vom 30. November 1874 geführten Zeichenregistern eingetragen steht;
2. wenn der Geschäftsbetrieb, zu welchem das Warenzeichen gehört, von dem eingetragenen Inhaber nicht mehr fortgesetzt wird;
3. wenn Umstände vorliegen, aus denen sich ergibt, daß der Inhalt des Warenzeichens den tatsächlichen Verhältnissen nicht entspricht und die Gefahr einer Täuschung begründet.

Hat ein nach dem Gesetz über Markenschutz vom 30. November 1874 von der Eintragung ausgeschlossenes Warenzeichen bis zum Erlasse des gegenwärtigen Gesetzes innerhalb beteiligter Verkehrskreise als Kennzeichen der Waren eines bestimmten Geschäftsbetriebs gegolten, so kann der Inhaber des letzteren, falls das Zeichen nach Maßgabe des gegenwärtigen Gesetzes für einen anderen in die Zeichenrolle eingetragen wird, bis zum 1. Oktober 1895 die Löschung beantragen. Wird dem Antrag stattgegeben, so darf das Zeichen für den Antragsteller schon vor Ablauf der im § 4 Abs. 2 bestimmten Frist in die Zeichenrolle eingetragen werden.

Der Antrag auf Löschung ist im Wege der Klage geltend zu machen und gegen den eingetragenen Inhaber oder, wenn dieser gestorben, gegen dessen Erben zu richten. § 9 1

Hat vor oder nach Erhebung der Klage ein Übergang des Warenzeichens auf einen anderen stattgefunden, so ist die Entscheidung in Ansehung der Sache auch gegen den Rechtsnachfolger wirksam und vollstreckbar. Auf die Befugnis des Rechtsnachfolgers, in den Rechtsstreit einzutreten, finden die Bestimmungen der §§ 66 bis 69 und 76 der Zivilprozeßordnung entsprechende Anwendung.

In den Fällen des Abs. 1 Nr. 2 kann der Antrag auf Löschung zunächst bei dem Patentamt angebracht werden. Das Patentamt gibt dem als Inhaber des Warenzeichens Eingetragenen davon Nachricht. Widerspricht derselbe innerhalb eines Monats nach der Zustellung nicht, so erfolgt die Löschung. Widerspricht er, so wird dem Antragsteller anheimgegeben, den Anspruch auf Löschung im Wege der Klage zu verfolgen.

Löschungsanspruch. Rechtswidrigkeit.

1. Der § 9 behandelt die Fälle, in denen ein Dritter im Rechtswege die Löschung verlangen kann. Literatur: Biberfeld „Zur Lehre von den Löschungsklagen" bei Gruchot 41, 337ff.

Die §§ 8 und 9 enthalten nur die zeichenrechtlichen Löschungsgründe. Außerdem gilt der Rechtsgrundsatz, daß die Marke nicht rechtswidrig sein, nicht in das Recht eines Dritten eingreifen darf (N. 13 zu § 1; Osterrieth S. 306, Kohler S. 109).

Eine Löschungsklage ist deshalb zunächst gegeben, wenn ein früher begründetes Ausschließungsrecht dem Warenzeichenrecht widerstreitet.

Als solches kommt das Namensrecht des § 12 BGB. in Betracht (Adler, Der Namen im deutschen und österr. Recht 1921 S. 87, 98). Wird das Interesse des Berechtigten dadurch verletzt, daß ein anderer unbefugt den gleichen Namen in seinem Warenzeichen gebraucht, so kann Beseitigung

§ 9 der Beeinträchtigung durch Löschung verlangt werden. Der Träger insbeson-
1 dere eines berühmten Namens braucht es nicht zu dulden, daß dieser auf allen möglichen Waren erscheint und dadurch einen geschäftlichen Anstrich bekommt (Fall Zeppelin RG. 74, 308, in Bd. 11, 47, siehe auch RG. 54, 42 im Bl. 04, 98, wonach selbst die erlaubte Benutzung des Namens noch kein Recht auf Eintragung gibt). Es ist auch nicht gestattet, sich in einem Zeichen als ehemaligen Schüler, Lehrling, Gesellschafter usw. eines andern zu bezeichnen, vgl. N. 3 zu § 14, siehe auch RG. in Bl. 12, 233 in MarkschWettbew. 11, 528 (Seide nach Bömel). Das Namensrecht versagt, wenn es sich um Bezeichnungen handelt, die im Verkehr nicht als ein Name aufgefaßt werden (vgl. KG. in Mitt. v. V. 15, 43 betr. Montebello für Zigaretten). Anders bei einem seltenen Namen, der für eine besondere Ware benutzt wird, für die er bedeutsam ist (vgl. LG. II Berlin im Bl. 13, 391; OLG. Dresden in MarkschWettbew. 22, 153). Bedenklich erscheint die Entscheidung RG. im Bl. 15, 109, wo Rosetti in Hamburg das Recht auf Löschung des Phantasiewortes und Defensivzeichens der Firma Josetti in Dresden Rosetti für Zigaretten gewährt ist, weil er in Hamburg ein nicht gerade bekanntes derartiges Geschäft betreibt (dagegen Dunkhase in MarkschWettbew. 14, 322; s. auch OLG. Hamburg in MarkschWettbew. 15, 368; Wassermann in MarkschWettbew. 15, 349). Ob juristische Personen und Aktiengesellschaften außer der Firma einen Namen besitzen, der in seinen wesentlichen Teilen (seinem Schlagwort) durch § 12 geschützt ist, ist bestritten, aber zu bejahen (vgl. RG. 78, 102; RG. in GewRschutz 24, 202; in MarkschWettbew. 24, 44; LG. I Berlin in MarkschWettbew. 17, 165; in GewRschutz 18, 28; in JW. 18, 381; dazu Gülland in MarkschWettbew. 17, 245; Gerdes ebenda 18, 1; Niebour 17, 149; Rosenthal N. 54 zu § 16, s. auch N. 56 zu § 16; Rosenthal in GewRschutz 18, 106; Adler, Der Namen S. 124; Lewino in GewRschutz 25, 13; die Entsch. RG. 59, 286 trifft diesen Fall nicht.) Dagegen gehört hierher die Entscheidung des LG. Chemnitz in MarkschWettbew. 23, 12 über 4711 der Kölner Firma Mülhens, das das „Schlagwort" der Firma bildet. Offene Handelsgesellschaften haben eine Firma, aber keinen Namen (RG. 88, 421; RG. in GewRschutz 24, 202). Ein unbefugter Gebrauch des Namens liegt nicht vor, wenn ein Recht zur Benutzung des gleichen Namens besteht (RG. in MarkschWettbew. 10, 283 Fall Jasmatzi; KG. im Bl. 05, 135).

Dem Namen gleich begründet die Handelsfirma ein Ausschlußrecht gegenüber einer Verwendung für Zeichen, das im § 37 Abs. 2 HGB., § 14 WarenZG. und § 16 UnlWG. anerkannt ist (vgl. OLG. Dresden in MarkschWettbew. 17, 217; RG. 48, 233 im Bl. 00, 213; OLG. Celle in IndustrR. 22, 138). Der Schutz des Namens reicht insofern weiter, als der Schutz der Firma, als der Namensträger jede Benutzung seines Namens zur Warenbezeichnung verbieten kann, sofern das sein Interesse erheischt, während der Firmenträger eine Zeichenlöschung nur fordern kann, wenn ein besonderer konkurrierender Betrieb in Frage kommt (vgl. RG. in MarkschWettbew. 14, 44; siehe jedoch neuerdings RG. 108, 272). Die Firma muß in dem Zeichen erkennbar wiedergegeben sein, was namentlich bei Benutzung ihres Hauptbestandteils und Schlagworts der Fall sein wird.

Der Firma ähnlich sind Etablissementsbezeichnungen anerkannt und zu schützen (RG. 77, 73 im Bl. 12, 19; Kohler S. 110 Nr. 5; Adler S. 147;

Abel S. 98). Über Telegrammadresse und Warenzeichen s. Nietzold in GewRschutz 25, 1 und RGBl. 22 S. 732 Nr. 1. § 9 1

Auch ein Familienwappen darf gleich dem Namen nicht ohne Erlaubnis der Berechtigten zu einem geschäftlichen Ankündigungsmittel, zu einer Marke, benutzt werden (Rhenius S. 103; Kohler S. 110; Adler S. 147; Abel S. 99; RG. im Bl. 10, 123). Das gilt auch für Stadtwappen (RG. in MarkschWettbew. 24, 43); vgl. N. 18, 19 zu § 4.

Stellt sich das Zeichen als Verwertung eines fremden durch Urheberrecht geschützten Werkes dar, so ist es, so lange der Schutz besteht, angreifbar, so, wenn ein Geschmacksmuster oder ein Kunstwerk oder eine Photographie wiedergegeben wird (RG. 38, 128 im Bl. 97, 79; N. 13 zu § 1; RG. in IndustrR. 11, 201; RG. im Bl. 16, 25; in JW. 16, 194; OLG. München im Bl. 18, 42 betr. das Zitat „Es ist ein Brauch von alters her, wer Sorgen hat, hat auch Likör"; Adler S. 148ff.; Abel S. 100; Nietzold in GewRschutz 25 S. 1). Hier kann auch das Recht am eigenen Bilde nach § 22 des Kunstschutzgesetzes in Betracht kommen (vgl. die Zeppelinentscheidung RG. 74, 308 im Bl. 11, 47). Eine Ausnahme ist im § 53 Abs. 2 des Kunstschutzgesetzes enthalten. Sie bezieht sich aber nur auf Warenzeichen, die vor dem 1. Juli 1907 geschäftlich in erlaubter Weise verwendet worden sind (vgl. RG. in GewRschutz 13, 94 und die Erläuterungsbücher zu dem Kunstschutzgesetze). Der bloße Umstand, daß jemand eine Bezeichnung erfunden hat, gewährt ihm kein Urheberrecht an dieser Bezeichnung (s. dagegen Marquardt in GewRschutz 14, 142). Er kann daher nicht verlangen, daß das Zeichen, das er einem Dritten überlassen hat, nach Beendigung des Vertragsverhältnisses auf sein Verlangen gelöscht wird (RG. in GewRschutz 23, 174; im Bl. 25, 10; a. M. R. Isay ebenda S. 177). Ob ein Ausstattungsrecht gemäß § 15 des WarenZG. als ein absolutes Recht besteht und eine entgegengesetzte Zeicheneintragung verhindert, war streitig und wurde regelmäßig verneint. Die Frage ist jetzt durch die Entwicklung der Rechtsprechung zum § 1 des Wettbewerbsgesetzes und § 826 BGB. praktisch erledigt (Rosenthal N. 79 zu § 1; RGSt. 49, 242 im Bl. 15, 222; vgl. auch N. 4 zu § 15).

Das Zeichen ist nicht nur dann rechtswidrig, wenn es sich mit einem bestimmten Ausschließungsrechte eines Dritten nicht verträgt, es reicht zur Löschung schon aus, daß seine Eintragung oder Benutzung den guten Sitten widerstreitet und einen Dritten vorsätzlich schädigt. Die Löschung des unlauteren Zeichens wird unter dem Gesichtspunkte der Naturalrestitution (§ 249 BGB.) wegen der bestehenden Schadensersatzpflicht für gerechtfertigt angesehen (RG. in GewRschutz 24, 48). Die Einführung dieser Sätze auf Grund des § 826 BGB. und § 1 des Wettbewerbsgesetzes hat die Redlichkeit im geschäftlichen Verkehr zum Maßstabe alles Tuns gemacht und zahlreiche Auswüchse des Wettbewerbes beseitigt und verhindert (Rosenthal N. 59ff. zu § 1). Es wird jetzt nicht mehr geduldet, daß jemand eine fremde eingeführte Bezeichnung, namentlich eine im Verkehr anerkannte Ausstattung sich aneignet und dadurch gewerbliche Vorteile auf fremde Kosten unter Täuschung des Publikums erlangt (vgl. RG. in JW. 12, 309; RG. 66, 236 im Bl. 11, 244 und in GewRschutz 07, 413; RG. 77, 431; RG. in MarkschWettbew. 22, 151; RG. 100, 3 im Bl. 20, 103; RG. 106, 250; s. auch N. 2 zu § 12). Es reicht schon aus, daß das Publikum die Bezeichnung als Herkunftsangabe versteht, die

§ 9 auf einen bestimmten Betrieb hindeutet; dann wird es durch die Benutzung
1 für einen anderen Betrieb irregeführt (RG. 55, 34; 100, 3 im Bl. 20, 103; R. Isay in GewRschutz 23, 177). Man vergleiche damit die früheren Entscheidungen des RG. 18, 93 und 44, 13 im Bl. 99, 152.

Der Verstoß gegen die guten Sitten kann mannigfacher Art sein. Ein berühmtes Zeichen für Bier, Urquell, wird für Wein eingetragen, um durch seine Ankündigung in einem Biervertriebe das Publikum irrezuführen (RG. in JW. 08, 281; im Bl. 08, 223). Ähnlich LG. München im Bl. 10, 332 betreffend die Verwendung des Wortes Salvator für Malz, die einen Zusammenhang mit der berühmten Braustätte für Salvator vortäuschen soll. Der Träger eines für Schuhwaren bekannten Namens, Stiller, sucht durch wiederholte Eintragung dieses Wortes einem Träger des gleichen Namens die Benutzung desselben im Verkehr unmöglich zu machen (RG. in GewRschutz 13, 19). Alles das ist als Verstoß wider die guten Sitten verboten worden. Dabei ist es nicht erforderlich, daß die ausschließliche Absicht auf die Schädigung eines anderen gerichtet ist. Es genügt, daß die Schädigung gleichfalls erkennbar gewollt ist. Hervorgehoben sei, daß der § 826 BGB. im Gegensatz zu § 1, 28 des Wettbewerbsgesetzes eine Gegenseitigkeit des Schutzes bei Ausländern nicht voraussetzt (RG. in MarkschWettbew. 13, 301). Da es sich um ein Urteil über die sittliche Bewertung eines Tuns handelt, sind die Tatumstände des einzelnen Falles von entscheidender Bedeutung.

Die Anforderungen haben sich im Interesse der Redlichkeit des Verkehrs gesteigert. Es gilt schon als Mißbrauch des Zeichenrechts, wenn man sich ein Zeichen eintragen läßt für Waren, die man selbst nicht führt, noch führen will, nur um andere von der Benutzung des Zeichens auszuschließen, weil das mit der Ordnung des Gesetzes nicht im Einklang steht, ein Zeichen nur für bestimmte Waren zu schützen (RG. 87, 89; dagegen Rosenthal N. 58 zu § 1).

Daß eine Löschungsklage stets gegeben ist, wenn ein eingeführtes Schlagwort für ganz andere Waren benutzt wird (so Rosenthal N. 56 zu § 1 und LG. Chemnitz in MarkschWettbew. 23, 12; LG. Elberfeld in GewRschutz 24, 104 in M. u. W. 24, 93) geht zu weit (anders RG. 87, 274). Es ist vielmehr nach Lage des einzelnen Falles darüber zu entscheiden; es kann sehr wohl sein, daß die Verwertung für bestimmte Waren, z. B. Klosetts, eine Unlauterkeit enthält, da sie den Ruf der Marke schädigt, oder daß das Zeichen als wohlbekanntes Schlagwort des Geschäfts auf anderen Waren irreführt (Kohler in der Note zu RG. in JW. 16, 25).

Von den Bestimmungen des Gesetzes gegen den Wettbewerb können noch §§ 3, 14, 16 für eine Löschungsklage bedeutsam sein, etwa wenn das Zeichen unrichtige Reklameangaben enthält, oder wenn es das Publikum durch Verwertung eines fremden Namens, einer fremden Firma oder einer anderen besonderen Bezeichnung eines Unternehmens irreführt (RG. 48, 233 im Bl. 01, 284; RG. im Bl. 12, 233; in MarkschWettbew. 11, 528). Aus vertraglichen oder sonstigen Beziehungen der Parteien kann gleichfalls ein Anspruch auf Aufgabe des Schutzes herzuleiten sein (RG. im Bl. 09, 36; RG. in MarkschWettbew. 12, 345). RG. in MarkschWetttbew. 14, 233 hat mit Recht aus der Unzulässigkeit des einen bereits angegriffenen Zeichens die Unzulässigkeit einer nochmaligen Eintragung gefolgert, die den Mangel des ersten Zeichens beheben sollte.

In allen diesen Fällen ist eine Löschungsklage nur denkbar, wenn das Zeichen so, wie es eingetragen ist, wenn es dementsprechend gebraucht wird, in unlauterer Weise Verwechselungen herbeiführt oder sonst gegen Rechte Dritter verstößt; wird dagegen nur durch die besondere Art des Gebrauches des Zeichens das Recht eines Dritten beeinträchtigt oder in ein geschütztes Rechtsgut eingegriffen, so gibt es nur eine Klage auf Unterlassung das unzulässigen Gebrauchs des Zeichens (RG. 75, 345 im Bl. 11, 235). Eine Löschung soll nach RG. in GewRschutz 14, 52 wegen unerlaubter Entwendung des Zeichens dann nicht in Frage kommen, wenn das Zeichen nur eine beschränkte örtliche Anerkennung (nur in Rußland) gefunden hatte. Die Entscheidung berücksichtigt nicht, daß die Eintragung wegen des ihr zugrunde liegenden Zweckes, den Markeninhaber im Auslande zu verdrängen, mit einem sittlichen Makel behaftet und deswegen völlig rechtswidrig ist (vgl. N. 2 zu § 12). § 9 1, 1a

Die Rechtswidrigkeit kann durch Einwilligung des Berechtigten behoben und umgekehrt ein zunächst erlaubtes Zeichen nachträglich durch berechtigten Widerruf der Erlaubnis unberechtigt werden (Kohler S. 112 RG. im Bl. 12, 233 in MarkschWettbew. 11, 528).

1a. Die Aktivlegitimation zu der Löschungsklage aus anderen als zeichenrechtlichen Gründen bestimmt sich nach den einzelnen verletzten Rechten verschieden. In der Regel wird der Verletzte zur Klage befugt sein. Wartet er längere Zeit mit der Klage, so wird darin trotz seiner Kenntnis der Verletzung noch kein Einverständnis mit dem Zeichen zu finden sein (RG. im Bl. 99, 150). Langjährige Duldung in Verbindung mit andern Tatsachen können aber namentlich bei zweifelhafter Rechtslage als Verzicht auf das Widerspruchsrecht gedeutet werden, da es dann gegen Treu und Glauben verstößt, daß man ruhig mit ansieht, wie Arbeit und Kosten auf ein Zeichen verwendet werden, das man angreifen kann (vgl. RG. in MarkschWettbew. 23, 45; KG. ebenda 23, 55; RG. in JW. 24, 164). Auch eine Erklärung gelegentlich der Anmeldung, daß auf das Recht zum Widerspruche verzichtet werde, kann bedeutsam sein. Sie steht für die Regel einer Löschungsklage aus § 9 Nr. 1 entgegen. Geht die Klage auf Löschung, soweit sie nicht rein zeichenrechtlich ist (darüber s. N. 16), auch gegen den Rechtsnachfolger, der das Zeichen mit dem Betriebe erworben hat? Wenn ein absolutes Recht geltend gemacht wird, so ist daran kein Zweifel. Ebenso haftet der allgemeine Rechtsnachfolger, wie der Erbe, wie sein Vorgänger, gleichviel aus welchem Grunde die Klage erwachsen ist. Liegen ferner die Voraussetzungen des § 25 HGB. vor (Übernahme des Geschäfts mit der Firma), so überkommt der Nachfolger alle Verbindlichkeiten des Geschäfts und haftet daher auch den zur Löschung Berechtigten (Staub Anm. 11 zu § 25, Anm. 29 zu § 22 HGB.). Gegen den bösgläubigen Erwerber wird die Klage gleichfalls zulässig sein, aber auch gegen den gutgläubigen Nachfolger ist sie bei unlauterem Wettbewerb oder sittenwidriger Schädigung zu gewähren. Der Käufer des Geschäfts hat mit demselben ein nicht fehlerfreies Zeichenrecht erworben, er tritt in die Rechtsstellung seines Vorbesitzers ein und würde gleichfalls unrecht handeln, wenn er etwa das von diesem entwendete Zeichen seinem wahren Berechtigten entzöge; die Ausnutzung des formalen Rechts würde unserm Rechtsempfinden widersprechen (Rosenthal N. 62 zu § 1; RG. in MarkschWettbew. 15, 204 a. E., a. M. RG. 81, 330 im Bl. 19, 285 — die Einzelheiten.

§ 9 Entscheidung bezieht sich zum Teil auf älteres Recht —; Wienges in MarkschWettbew. 13, 581; vgl. auch RG. 25, 5 und RG. in MarkschWettbew. 13, 30).
1a Das Handeln wider die guten Sitten braucht kein doloses zu sein, es genügt, wenn es objektiv betrachtet dem allgemeinen Rechtsempfinden widerstreitet (RG. in GewRSchutz 24, 181). Der Erwerber wird sich in solchen Fällen an seinen Veräußerer zu halten haben. Handelt es sich bei dem Anspruch auf Löschung um rein vertragliche Beziehungen, so würde dagegen nach allgemeinen Grundsätzen der Erwerber des Zeichens nicht haftbar sein. In sonstigen Fällen des unlauteren Wettbewerbes (§§ 3, 4, 16 UnlWG.) wird das Zeichen, das den Mangel schon äußerlich an sich trägt, auch dem Erwerber gegenüber angegriffen werden können.

Auf Antrag eines Dritten löscht das PA., wenn der Inhaber in beweisender Form die Löschung bewilligt hat, der Antrag selbst kann privatschriftlich gestellt sein (vgl. N. 9, 10 zu § 7). Das Gesetz selbst erwähnt zwar die freiwillig gegebene Löschungsbewilligung nicht. Da es dem Dritten aber eine Löschungsklage gibt, so muß es ihm einen Löschungsanspruch, d. h. einen privatrechtlichen Anspruch gegen den Inhaber auf Löschungsbewilligung, als Grundlage der Klage einräumen, und es ist nicht abzusehen, warum der Inhaber diesen Anspruch nicht freiwillig ohne Klage befriedigen soll (a. M. Biberfeld a. a. O. S. 347ff.). Das Verhältnis ist folgendes. Auf Antrag eines Dritten löscht das PA., wenn der Inhaber einwilligt. Dieser ist in den Fällen des § 9 oder den sonstigen Fällen verpflichtet, seine Einwilligung zu geben; weigert er sich, so kann der Dritte gegen ihn klagen. Der Inhaber wird seiner Verpflichtung ledig, wenn er gemäß § 8 Abs. 1 die Löschung beantragt. Die Klage auf Löschung ist keine Feststellungsklage, sie erstrebt die Vernichtung des Rechts für die Zukunft. Bis zur Löschung besteht der Schutz mindestens formell noch fort (Schanze, Sammlung industrierechtlicher Abhandlungen Bd. I Heft 2 S. 70ff. mit Literatur). § 12 Abs. 2 steht dem nicht entgegen (N. 10 zu § 12).

Die zeichenrechtlichen Gründe der Löschungsklage sind in § 9 abschließend geregelt. Aus anderen im Zeichenrecht wurzelnden Umständen ist eine Klage auf Löschung nicht denkbar. Daher ist eine Klage auf Löschung auch nicht gegeben, wenn das eingetragene Wert inzwischen ein freier Warenname geworden ist oder weil es ein Freizeichen oder von vornherein nicht schutzfähig gewesen ist.

Von den vier Gründen, welche zur Anstellung der Löschungsklage berechtigen (Abs. 1 und 2), liegen der erste und vierte (Abs. 1 Nr. 1 und Abs. 2) nach dem Standpunkte des Gesetzes ausschließlich im Interesse einer bestimmten Person, so daß nur dieser der Löschungsanspruch zusteht. Bei dem zweiten und dritten dagegen (Abs. 1 Nr. 2 und 3) liegt ein öffentliches Interesse vor, das jeden Dritten ohne Rücksicht auf ein Sonderinteresse zur Anstellung der Klage berechtigt. Deshalb ist auch der Einwand der Schikane hier regelrecht nicht statthaft (RG. 109, 73 im Bl. 25, 22).

Die zeichenrechtliche Unwirksamkeit eines Zeichens kann nur im Löschungsverfahren nach §§ 8 und 9 durch Löschungsantrag oder Löschungsklage geltend gemacht werden, nicht aber im Wege der Einrede, denn so lange die Eintragung besteht, hat der Eingetragene die Rechte aus § 12 (RG. 53, 431 im Bl. 04, 95; s. § 12 N. 2); anders ist zu entscheiden, wenn es sich um die Unwirksamkeit der Rechtsakte handelt, durch die der Übergang des Zeichens bewirkt sein soll (RG. 51, 263 im Bl. 02, 232) oder wenn unlauterer Wettbewerb in Frage kommt, da diesem gegenüber die Berufung auf das formale Recht versagt (RGSt. 49, 242 im Bl. 15, 222; RG. 75, 370). § 9 1a, 2, 3

Abs. 1.

Nr. 1.

Klage des besser Berechtigten.

2. Die Voraussetzungen decken sich mit der dem PA. in § 5 Abs. 1 auferlegten Prüfung; deshalb treffen die Erörterungen in N. 2, 3, 3a daselbst zu. Nur der eingetragene Inhaber eines Zeichens ist zur Klage befugt (N. 14 zu § 7). Er hat die Klage, gleichviel ob ihm im Erteilungsverfahren vom PA. eine Mitteilung zugegangen war und ob er ohne Erfolg Widerspruch erhoben hatte (§ 5). Das Gericht hat vollkommen selbständig über die Übereinstimmung der Zeichen und Waren zu befinden. Es wird aber bei der Sachkunde des PA. sich nur aus besonderen Gründen zu einem abweichenden Urteil über jene Frage entschließen. Maßgebend ist auch hinsichtlich der Frage der Gleichartigkeit der Zeitpunkt der zweiten Eintragung und nicht etwa die Zeit des Urteils (RG. 101, 25 im Bl. 21, 70). Die Priorität des älteren Zeichens wird neu geprüft (N. 7a zu § 2). Der Einwand, daß das angegriffene Zeichen ein Freizeichen sei, ist nicht zu beachten (RG. 102, 355 im Bl. 21, 229). In einem besonderen Falle ist die Klage abgewiesen, weil der Anspruch den guten Sitten widerstreite (LG. Hamburg im Bl. 11, 303). Das ist nicht zu verallgemeinern. Die Waren des zweiten Zeichens müssen gleich oder gleichartig denen des ersten sein; ob davon abgesehen eine Löschungsklage wegen Benutzung eines berühmten Zeichens für andere Waren möglich ist, darüber s. oben N. 1. Ist der Löschungsanspruch für die Hauptwaren begründet, so greift er auch für die Hilfsartikel (Verpackungsmittel, Ankündigungen usw.) durch (RG. 75, 347 im Bl. 11, 175; Kohler S. 140, 144).

Das zweite Zeichen ist nicht etwa unwirksam, weil ein entgegenstehendes Zeichen auf Grund früherer Anmeldung eingetragen ist. Es unterliegt nur der Löschung, wenn es angegriffen wird. Erlischt das frühere Zeichen, so bleibt das spätere mit voller Wirkung bestehen und kann sogar gegen den Inhaber des erloschenen früheren Zeichens geltend gemacht werden (RG. 53, 431 im Bl. 04, 95; RG. im JW. 25, 141; a. M. Kohler „Die Nichtigkeit des zweiten Markeneintrages" im GewRschutz 97, 198ff.; ebenso Warenzeichenrecht S. 110).

Die Löschungsklage verjährt nicht, da die Rechtsverletzung fortdauert, so lange das entgegenstehende Zeichen eingetragen ist (RG. im Bl. 99, 150; N. 2 zu § 5; Rhenius S. 104). Über Verzicht auf die Klage durch Duldung s. N. 1a.

Nr. 2.

Klage wegen Geschäftsaufgabe.

3. Das Gesetz verlangt, daß der in der Rolle eingetragene Geschäftsbetrieb dem ebenda eingetragenen Inhaber gehört, von ihm selbst auf seinen eigenen Namen geführt wird, gleichviel für wessen Rechnung. Der Betrieb eines Gesellschafters ist nicht der Betrieb der Gesellschaft, zu der er gehört (RG in GewRschutz 12, 68; OLG. Dresden in MarkschWettbew. 22, 154; OLG. Zweibrücken im Bl. 23, 50). Löst sich der Zusammenhang zwischen Betrieb und Zeichen endgültig, so erhält jedermann das Recht, die Löschung zu beantragen.

§ 9
3 Eine Trennung zwischen Betrieb und Zeichen ist vorhanden

a) wenn der Betrieb überhaupt nicht fortgesetzt wird,

b) wenn er von einem anderen als dem eingetragenen Inhaber fortgesetzt wird.

Zu a. Hat der Eingetragene den Betrieb überhaupt nicht begonnen, so kommt § 9 Nr. 2 entsprechend seinem Zwecke ebenfalls zur Anwendung, wenn zur Zeit der Klageerhebung eine so lange Zeit verstrichen ist, daß anzunehmen ist, der Zeicheninhaber werde kein Geschäft anfangen. Es ist zwar gestattet, daß man ein Zeichen anmeldet, bevor der Betrieb wirklich begonnen ist (N. 6 zu § 1), allein wenn sich nicht alsbald die Eröffnung anschließt, so hat das Zeichen keine innere Berechtigung (RG. 67, 349 im Bl. 08, 221; RG. in JW. 08, 212; RG. in GewRschutz 12, 68; RG. in GewRschutz 20, 60; in MarkschWettbew. 19, 178; RG. im Bl. 23, 159; Rhenius S. 105). Das PA. kann in geeigneten Fällen ausnahmsweise auf Grund von § 8 Nr. 2 schon zur Löschung gelangen (vgl. N. 6 zu § 1). Eine Nichtfortsetzung des Betriebes liegt vor, wenn derselbe endgültig aufgegeben ist; eine zeitweilige Einstellung berechtigt nicht, die Löschung zu verlangen (RG. 30, 1; KG. in MarkschWettbew. 19, 114; RG. im Bl. 07, 167; in JW. 07, 154). Eine vorübergehende Einstellung kann z. B. wegen ungünstiger Geschäftslage, Konkurses, Krieges, Abbrennens des Fabrikgebäudes usw. erfolgen. Eine Änderung der Firma enthält keine Aufgabe des Betriebes. Maßgebend ist der Betrieb, für den die Eintragung erfolgt ist. Er ist, gleichviel wie seine Bezeichnung in der Rolle lautet, als eine Einheit anzusehen, es müßte denn sein, daß tatsächlich eine völlige Trennung bestimmter Geschäftszweige stattgefunden hat; vgl. darüber N. 6 zu § 1, N. 3 zu § 7. Ist ein Zeichen für einen Geschäftsbetrieb „Spezialfabrik" eingetragen und betreibt derselbe Unternehmer auch den Handel mit Maschinen im Zusammenhange mit der Fabrikation, so ist § 9 Ziff. 2 nicht anwendbar, wenn nur die Fabrikation eingestellt ist (unrichtig OLG. Zweibrücken im Bl. 23, 50). Bei ausländischen Zeichen (§ 23) ist entscheidend, ob das Geschäft im Heimatlande fortgeführt wird; es sei denn, daß das Zeichen nur für eine inländische Niederlassung geschützt war.

Der Kläger hat die Beweislast, daß zur Zeit der Klageerhebung eine Nichtfortsetzung des Betriebes vorliegt. Es ist aber zu berücksichtigen, daß es für einen Dritten oft schwierig ist, zu erkennen, ob jemand den Geschäftsbetrieb endgültig oder nur eitweilig aufgegeben hat, denn der Geschäftsinhaber wird sich bisweilen darüber selbst nicht ganz klar ein oder, wenn er es ist, seinen Entschluß nicht immer durch Rundschreiben, durch Löschung der Firma, durch Abmeldung des Betriebes bei der Steuerbehörde oder in sonst erkennbarer Weise offenbaren. Deshalb wird es im allgemeinen ausreichen, wenn der Kläger beweist, daß der Zeicheninhaber eine längere Zeit hindurch (ob dieselbe vorliegt, ist Tatfrage) den Betrieb nicht fortgesetzt hat. Sache des Beklagten ist es dann, darzutun, daß und aus welchen Gründen diese Einstellung nur eine zeitweilige ist (OLG. Zweibrücken im Bl. 23, 50; a. M. Allfeld S. 535). Es genügt nicht, wenn er sich bloß auf die abstrakte Möglichkeit, den Betrieb wieder zu eröffnen, beruft (vgl. die nicht unbedenkliche Entscheidung RGSt. 23, 348). Eine G. m. b. H. erlischt durch Veräußerung des Geschäfts mit der Firma nicht ohne weiteres (RG. 107, 31). Die Löschung ihrer Zeichen wird aber in diesem Falle erfolgen müssen, wenn sie nicht auf den Erwerber übergegangen sind.

Durch die Konkurseröffnung hört der Geschäftsbetrieb nicht auf (vgl. §§ 132, 134 Nr. 1 der KO.). Die Liquidation einer Gesellschaft setzt zwar die Auflösung der Gesellschaft voraus, der Geschäftsbetrieb wird aber regelmäßig bis zur Beendigung der Liquidation fortdauern. § 9 3

Zu b. Wenn man nur nach dem Wortlaut auslegen würde, so könnte bei jedem Übergange des Zeichens, so lange derselbe in der Rolle nicht eingetragen ist, die Löschung beantragt werden. Dies ist natürlich nicht gemeint. Man muß das Gesetz so auslegen, wie wenn hinter dem Worte „Inhaber" stehen würde: „oder dessen Rechtsnachfolger". Freilich muß der Rechtsnachfolger spätestens zur Zeit des Urteils eingetragen sein (RG. 44, 49 im Bl. 99, 254; PA. im Bl. 01, 43). Hatte aber der Zeicheninhaber seinen Geschäftsbetrieb ohne das Zeichen auf einen anderen übertragen, so ist der Fall der Nr. 2 gegeben (N. 3 zu § 7). Hatte er nur das Zeichen und nicht auch den Geschäftsbetrieb übertragen, so kann gegen den Erwerber ebenfalls § 9 Nr. 2 zur Anwendung gebracht werden (vgl. N. 3 zu § 7; unrichtig OLG. Hamburg in IndustrR. 19, 14). Das RG. hält das Zeichen in diesem Falle sogar für unheilbar nichtig (RG. 56, 369 im Bl. 04, 278; RG. 100, 3 im Bl. 20, 190). Das gleiche ist bei einer unzulässigen Veräußerung eines Teilbetriebes mit dem Zeichen nicht anzunehmen, da hier der Veräußerer das Zeichen und seinen Hauptbetrieb behält und nur die Teilabtretung unwirksam ist (N. 3 zu § 7). Eine Löschungsklage gegen das Zeichen ist daher hier nicht gegeben (ebenso Osterrieth S. 356).

Während der Wortlaut des § 9 Ziff. 2 nur von dem Geschäftsbetrieb im ganzen handelt, hat man dem Verkehrsbedürfnisse gemäß angenommen, daß hierher auch die zahlreichen Fälle zu rechnen sind, wo das Warenverzeichnis zu umfangreich gestaltet ist und den vernünftigen Zwecken des Gesetzes nicht entspricht. Es ist als ein teilweiser Nichtbeginn oder eine teilweise Aufgabe des Betriebes angesehen und auf Teillöschung erkannt worden, wenn die ursprünglich angegebenen Waren nicht alsbald nach der Eintragung geführt werden oder späterhin ihre Führung endgültig aufgegeben wird (vgl. N. 7 zu § 1). Dabei ist auf die Art des Geschäfts und seine wirtschaftlichen Bedürfnisse zu achten. Namentlich bei Ein- und Ausfuhrgeschäften wird es notwendig sein, das Warenverzeichnis nicht zu knapp zu halten und gleichartige oder wirtschaftlich nahestehende Waren, auch wenn sie noch nicht geführt werden, hineinzunehmen. In der Nachkriegszeit ist auch darauf Rücksicht genommen worden, daß die Umstellung zahlreicher Geschäfte die Eintragung von sogenannten Vorratswaren erfordert, für die nicht alsbald eine Verwendung gegeben ist. Ist aber eine angemessene Zeit verstrichen und der Betrieb nicht entsprechend erweitert, so kann auf Streichung der betriebsfremden Waren aus § 9 Ziff. 2 geklagt werden. Das RG. hat allerdings den Grundsatz aufgestellt, daß nicht nur die tatsächlich geführten Waren, sondern auch die nicht geführten, aber den geführten gleichartigen Waren in der Rolle belassen werden müssen (RG. 108, 34 in MarkschWettbew. 24, 63). Dadurch wird der Schutzbereich ohne gesetzlichen Anhalt erheblich erweitert (vgl. J. L. Seligsohn in GewRschutz 25, 57). Beschränkt sich das Geschäft auf einen einzigen elektrotechnischen Artikel, so darf das Zeichen nicht für beliebige andere Waren unter Schutz gestellt werden (OLG. Hamburg im Bl. 09, 44; in MarkschWettbew. 10 S. 37 und 316; RG. 104, 312 im Bl. 22, 116). Die Zulässigkeit einer Teillöschung (N. 1 zu § 8) ist jetzt allgemein

§ 9 anerkannt, ihr Umfang richtet sich nach den Umständen des Einzelfalles;
3, 4 betriebsfremde Waren, die in dem Geschäfte nicht geführt werden und für deren Schutz ein anzuerkennendes Bedürfnis nicht besteht, müssen ausgeschaltet werden (RG. 108, 34; KG. im Bl. 08, 278; OLG. Hamburg im Bl. 09, 44; OLG. Dresden im Bl. 16, 10; Breslau im Bl. 19, 20; Degen in MarkschWettbew. 18, 75). Darüber hinaus hat das RG. eine Klage auf Löschung von Hilfswaren des Betriebes und von Waren, für die kein Anlaß zu einer Bezeichnung besteht, da sie sofort verbraucht werden und nicht für den Verkehr bestimmt sind, anerkannt (RG. 101, 372 im Bl. 21, 99; RG. 104, 312 im Bl. 22, 116 in JW. 22, 1448; RG. 109, 73 in Bl. 25, 22 N. 7 zu § 1). Der Antrag der Teillöschungsklage wird dahingehen, den Beklagten zu verurteilen, die Waren a, b, c in dem Warenverzeichnis seines Zeichens zu löschen oder in die Löschung des Zeichens fürdiese Waren zu willigen.

Nicht unter § 9 Ziff. 2 fällt die Nichtbenutzung eines Zeichens, sofern nur der Betrieb tatsächlich besteht. Defensivzeichen sind allgemein anerkannt (N. 5 zu § 1; RG. 108, 34).

Nr. 3.

Klage wegen Täuschungsgefahr.

4. Der Tatbestand deckt sich mit dem des § 4 Abs. 1 Nr. 3, nur daß dort das Irreführende „ersichtlich" sein mußte. Es treffen deshalb die Erörterungen in N. 22—25 zu § 4 auch hier zu. Über den Grund, warum das „ersichtlich" nur dort und nicht hier steht, siehe N. 26 zu § 4. Die Löschungsklage des § 9 Nr. 3 ist stets gegeben, gleichviel ob der Widerspruch des Zeichens mit den tatsächlichen Verhältnissen ersichtlich ist oder nicht. Für die Beurteilung, ob die Voraussetzungen des § 9 Nr. 3 vorliegen, ist die Zeit der Klageerhebung maßgebend, nicht etwa die Zeit der Eintragung des Zeichens (RG. 54, 126 im Bl. 04, 367; RG. 101, 25 im Bl. 21, 70). Es kann vorkommen, daß der Inhalt des Zeichens durch Zeitablauf erst unrichtig wird, z. B. das Patent, auf das es Bezug nimmt, erlischt, und umgekehrt kann ein ursprünglich nicht ganz zweifelfreier Inhalt durch die Gewöhnung des Publikums seinen Charakter ändern (RG. a. a. O.).

Zu beachten ist, daß auch hier wie in § 4 das Zeichen gleichzeitig den tatsächlichen Verhältnissen nicht entsprechen und die Gefahr einer Täuschung begründen muß. Eins von beiden genügt nicht (KommB. S. 5).

§ 9 Ziff. 3 setzt ein inhaltlich unrichtiges Zeichen voraus. Die Angaben über die tatsächlichen Verhältnisse, Beschaffenheit der Ware, ihre Bestimmung, Zweck, wie sie nach der Auffassung des Verkehrs durch das Zeichen angedeutet werden, müssen unzutreffend sein. Dinge, die für das Publikum aus dem Zeichen selbst nicht erhellen, wie z. B. der Inhalt einer dasselbe betreffenden Ankündigung, bleiben außer Betracht. Enthält das Zeichen für Pastillen den Namen eines berühmten Arztes, so entspricht sein Inhalt nicht den Tatsachen, wenn ein Zusammenhang zwischen diesem und den Pastillen nicht besteht, für die das Zeichen bestimmt ist (RG. im Bl. 14, 178; 16, 54; KG. in GewRschutz 12, 342; RG. 54, 126 im Bl. 04, 367; RG. 69, 236 im Bl. 08, 302; RG. in MarkschWettbew. 23, 156). Enthält das Zeichen einen sonstigen Namen, so ist es nicht inhaltlich unrichtig, wenn eine Befugnis zur Namensführung besteht (KG. im Bl. 05, 135; RG. in MarkschWettbew. 10, 283).

Der § 9 Nr. 3 hat in der Rechtsprechung eine große Rolle gespielt. So ist er namentlich angerufen worden, wenn jemand ein Warenzeichen, das ein anderer uneingetragen besessen hat, für sich hat eintragen lassen und nun den früheren Inhaber des Zeichens an seiner Benutzung hindert. Nach der Rechtsprechung des RG. ist es zur Begründung der Klage aus § 9 Nr. 3 nicht ausreichend, daß der Kläger das gleiche Zeichen früher benutzt hat, daß das Zeichen als Ausstattung seiner Ware im Verkehr gegolten hat oder daß es auf eine Herkunft aus einem andern Betriebe hinweist (RG. 44, 13 im Bl. 99, 152; RG. im Bl. 00, 216 und 292; RGSt. im Bl. 04, 176; RG. 101, 25 im Bl. 21, 70). Seit dem Inkrafttreten des Wettbewerbsgesetzes hat die Rechtsprechung gestützt auf § 1 desselben und § 826 BGB. diese Lücke beseitigt. Die weite und freie Anwendung dieser Bestimmungen hat die praktische Bedeutung des § 9 Ziff. 3 sehr herabgemindert, es reicht jede sittenwidrige Schädigung durch Eintragung eines Zeichens zur Löschungsklage aus, so daß die Untersuchung sich erübrigt, ob das Zeichen „den tatsächlichen Verhältnissen" seinem Inhalte nach nicht entspricht (s. oben N. 1). § 9 4, 5

§ 9 Nr. 3 ist anwendbar, wenn das Zeichen vor seiner Eintragung für eine Ware bestimmter Beschaffenheit und Herkunft dauernd verwendet ist, so daß das Publikum in dem Zeichen gleichzeitig eine Beschaffenheitsangabe erblickt („Dyrektorskie" für Zigaretten, „Benediktiner" für Liköre). Alsdann enthält das Zeichen die Angabe der Beschaffenheit und Herkunft. Seine Eintragung für die anders beschaffenen Waren eines anderen entspricht in diesem Falle den tatsächlichen Verhältnissen nicht und gibt zu Täuschungen Anlaß (RG. 40, 91 im Bl. 98, 217; RG. 55, 34 im Bl. 04, 203; RG. in GewRschutz 11, 31; RG. 64, 63 im Bl. 06, 338). § 9 Nr. 3 ist danach nicht anwendbar, wenn das Zeichen wegen der Verwechselbarkeit mit einem fremden Warenzeichen auf die Herkunft aus einem anderen Betriebe hinweist (RG. 101, 25). Doch ist man unter dem Einfluß des § 1 UnlWG. § 826 BGB. dazu übergegangen, eine unrichtige Herkunftsbezeichnung schon dann anzunehmen, wenn für die Abnehmer durch Verwendung des Zeichens ein Irrtum über die Quelle entstehen kann, aus der die Ware stammt (RG. im Bl. 11, 169; in MarkschWettbew. 10, 123; RG. in MarkschWettbew. 15, 204; RG. in MarkschWettbew. 23, 55). Danach wäre es nur folgerichtig, die frühere Rechtsprechung über die „Angabe einer Ware bestimmter Beschaffenheit und Herkunft" zu verlassen. Wird ein Zeichen, das dem Publikum als Marke der Zigarettenfabrik A bekannt ist, für B eingetragen, so ist sein Inhalt nach der Meinung der beteiligten Kreise unrichtig und täuschend, weil es auf A bezogen wird (so auch RG. im Bl. 18, 53 anders früher z. B. RG. 44, 13). Praktisch hat die Frage, wie bemerkt, ihre Bedeutung verloren.

Die Behauptung, daß das Zeichen ein Freizeichen sei, genügt nicht, um eine Klage aus § 9 Nr. 3 zu stützen (RG. in JW. 97, 16; RG. 38, 77). Ob ein Zeichen Freizeichen ist, darüber soll allein das PA. befinden.

Abs. 2.

5. Während das Gesetz im allgemeinen den Grundsatz vertritt, daß für die Priorität nur die Anmeldung, nicht der durch längeren Gebrauch begründete Besitzstand maßgebend ist (N. 2, 4 zu § 12), macht es hiervon aus Billigkeitsrücksichten eine Ausnahme zugunsten derjenigen Personen und Zeichen, welche erst durch dieses Gesetz zeichenberechtigt bzw. eintragungsfähig geworden sind. Das Vorrecht besteht darin, daß A im Prozeßwege **Löschungsklage in der Übergangszeit.**

§ 9 die Löschung des für B eingetragenen Zeichens und darauf sofort (trotz § 4
5, 6, 7, 8 Abs. 3 — im Gesetzestext heißt es zu Unrecht „Abs. 2" — die Eintragung desselben zu seinen eigenen Gunsten herbeiführen kann (RG. in JW. 96, 360). Die Bestimmung ist heute ohne jede Bedeutung, da die Löschungsklage bis zum 1. Oktober 1895 erhoben werden mußte.

Abs. 3.

Rechtsweg. 6. Die Entscheidung über die auf Grund des § 9 Abs. 1 und 2 beantragte Löschung hat ausschließlich im ordentlichen Rechtswege zu erfolgen. Nur für den Fall des Abs. 1 Nr. 2 gestattet der Abs. 5 ein eigentümliches Vorverfahren vor dem PA.; über den Grund siehe N. 17. Ein schiedsgerichtliches Verfahren ist, anders wie bei der patentrechtlichen Nichtigkeitsklage, möglich, da die Parteien sich über den Anspruch auf Löschung vergleichen können (§ 1025 ZPO.).

Von den Urteilen müssen die Gerichte in Preußen dem PA. Abschrift geben (JMBl. 94, 308).

Kläger. 7. Als Kläger kann in den Fällen des Abs. 1 Nr. 2 und 3 jeder auftreten, selbst wenn er kein besonderes Interesse an der Löschung hat, auch der Fiskus, eine Behörde, eine Korporation, ein Ausländer (§ 23 kommt hier nicht in Betracht, so auch die Praxis; a. M. wegen des Ausländers: OLG. Hamburg in GewRSchutz 97, 28; Biberfeld bei Gruchot 41, 364). In diesen Fällen ist die Klage eine Popularklage, der Antragsteller tritt im Interesse der Allgemeinheit auf (a. M. Biberfeld a. a. O. S. 360).

Im Falle des Abs. 1 Nr. 1 kann nur der eingetragene Inhaber des Zeichens klagen (N. 14 zu § 7); hat er im Inlande keine Niederlassung, so kommt § 23 Abs. 2 zur Anwendung. Im Falle des Abs. 2 ist der Inhaber des Geschäftsbetriebes zur Klage befugt.

Geht der Kläger in Konkurs, so findet eine Unterbrechung nicht statt, weil das Verfahren nicht notwendig die Konkursmasse betrifft, es sei denn, daß, wie z. B. im Falle des § 9 Nr. 1, die Klage gerade zugunsten des Geschäftsbetriebes erhoben ist. Dies wird auch sonst häufig zutreffen, so, wenn die Löschungsklage nur die Eintragung eines gleichen Zeichens für die Firma des Klägers vorbereiten soll oder wenn das Zeichen widerrechtlich dem Betriebe entwendet war, für den es bekannt geworden war. Der Konkurs hat auch bei juristischen Personen oder Handelsgesellschaften einen Verlust der Rechtspersönlichkeit nicht zur Folge und schließt eine Durchführung des Rechtsstreites aus diesem Grunde nicht aus (Seligsohn N. 8 zu § 29 PatG.).

Beklagter. 8. Beklagter ist der zur Zeit der Erhebung der Klage in der Rolle eingetragene Inhaber des angefochtenen Zeichens. Eine unrichtige Bezeichnung schadet nichts, wenn deutlich erhellt, daß der Zeicheninhaber gemeint ist, z. B. bei Änderung der Firma ohne Änderung des Berechtigten oder wenn die Eintragung des Zeicheninhabers unklar ist (RGSt. 41, 422 im Bl. 08 S. 145 und 303). Sind mehrere eingetragen, so müssen alle zusammen verklagt werden. Ist der Eingetragene oder einer der Eingetragenen verstorben, so sind seine Erben zu verklagen, selbst wenn das Zeichen durch Vermächtnis einem Dritten zugewendet ist. Geht der Beklagte in Konkurs, so ist das Verfahren nach § 240 ZPO. unterbrochen. Es kann aber gegen den Konkursverwalter nach Art eines Aussonderungsanspruches aufgenommen werden (RG. im Bl. 07, 168; in JW. 07, 108).

Auf einen nicht eingetragenen Übergang unter Lebenden ist keine Rücksicht zu nehmen, wenn auch der Übergang dem Kläger bekannt ist. Ist ein Zeichen von einer Einzelfirma oder einer Handelsgesellschaft auf eine Aktiengesellschaft oder Gesellschaft m. b. H. übergegangen, ohne daß der Übergang vermerkt ist, und ist die Firma oder Handelsgesellschaft gelöscht worden, so muß die Klage gegen die letzten Inhaber der Firma oder der Gesellschaft oder deren Liquidatoren gerichtet werden. Anders bei einer Fusion gemäß § 305 HGB., wo die erwerbende Gesellschaft als Gesamtnachfolger belangt werden kann, oder bei ähnlichen Umwandlungen; vgl. N. 11 zu § 7. § 9 8, 9, 10, 11

Der gemäß § 23 Abs. 2 bestellte Vertreter ist kraft Gesetzes zur Vertretung des Beklagten befugt.

9. Den Klagegrund bildet einer der Fälle des Abs. 1 oder 2. Danach gibt es vier Klagegründe: **Klagegrund.**

a) Kollision des Zeichens mit einem bestimmten anderen;
b) Nichtfortsetzung des Geschäftsbetriebes;
c) irreführender Charakter des Zeichens;
d) Geltung als Kennzeichen der Waren eines bestimmten anderen Geschäftsbetriebes.

Dies ist für die Substantiierung der Klage sowie für die Lehren von der Klageänderung und der Rechtskraft von Bedeutung (vgl. Seligsohn PatG. § 28 N. 5).

Trifft einer der Gründe nur einen Teil der bei der Anmeldung angegebenen Waren, so ist die Klage nur auf Löschung des Zeichens für diese Waren zu richten (N. 1 zu § 8).

Der maßgebende Zeitpunkt für die Beurteilung, ob die Löschungsklage begründet ist, wird durch die Klagezustellung bestimmt (RG. 54, 126 im Bl. 04, 367; RG. 101, 25 im Bl. 21, 70). Bei der Klage aus § 9 Nr. 1 ist der Tag der zweiten Eintragung für die Übereinstimmung der Zeichen und die Gleichartigkeit entscheidend (RG. 101, 25 im Bl. 21, 70).

10. Der Klageantrag geht dahin, den Beklagten zu verurteilen, in die Löschung des Warenzeichens Nr.... zu willigen, bei Teillöschung in die Löschung nachstehender Waren ... bei dem Warenzeichen Nr.... zu willigen. Will der Kläger z. B. bei Entwendung des Zeichens zugleich die Eintragung desselben für sich erlangen, so hat er mit der Klage wegen § 4 Abs. 3 noch den Antrag auf Bewilligung der sofortigen Eintragung und auf Verzicht auf die Sperrfrist aus § 4 Abs. 3 gegenüber seinen etwaigen späteren Anmeldungen des gleichen oder eines damit verwechselungsfähigen Zeichens zu verbinden. Hat er schon seinerseits angemeldet, so ist der Antrag gemäß N. 2, 3 zu § 6 zu ändern (vgl. OLG. Breslau im Bl. 19, 20; N. 2 zu § 6; RG. 100, 3 im Bl. 20, 103). **Antrag.**

11. Nur im Falle des Abs. 2 ist die Klage an eine Frist gebunden (N. 5). In den anderen Fällen kann sie erhoben werden, so lange das Zeichen in der Rolle eingetragen steht. Ist dasselbe gelöscht, so ist die Klage gegenstandslos. Ist die Löschung nur beantragt, aber noch nicht erfolgt, so ist der Klageantrag aufrecht zu erhalten, da er erst durch die Löschung selbst erledigt wird. Nach erfolgter Löschung kann die Klage, wenn ein besonderes Interesse vorhanden ist, in geeigneten Fällen in eine Feststellungsklage umgewandelt werden, daß ein gültiger Schutz nicht bestanden hat. **Frist.**

§ 9 12, 13, 14

Zuständigkeit. 12. Wegen der sachlichen Zuständigkeit ist hervorzuheben, daß, wenn die Klage bei dem Landgericht angestellt wird, die Sache vor die Kammer für Handelssachen gehört (§ 101 Nr. 3c des GVG.), dies gilt namentlich dann, wenn noch außerdem unlauterer Wettbewerb in Frage kommt (UnlWG. § 27); anders wenn § 826 BGB. mit zur Begründung der Anträge dient. Wegen der Revisionsinstanz s. § 21.

Örtlich zuständig wird regelmäßig das Gericht sein, bei dem der Eingetragene seinen allgemeinen Wohnsitz hat. Hat er im Inlande keine Niederlassung, so ist das Gericht zuständig, in dessen Bezirk der Vertreter seinen Wohnsitz hat, in dessen Ermangelung das Gericht, in dessen Bezirk das PA. seinen Sitz hat (§ 23 Abs. 2). Nicht selten wird der Gerichtsstand nach § 32 ZPO. in Betracht zu ziehen sein, wenn die Anmeldung des Zeichens beim PA. sich dem Kläger gegenüber als eine unerlaubte Handlung darstellt (ebenso die ständige Praxis der Berliner Gerichte). Bei dem Gerichte einer Zweigniederlassung kann eine Klage auf Zeichenlöschung nicht erhoben werden (LG. I Berlin in MarkschWettbew. 10, 258).

Zwangsvollstreckung. Kosten. 13. Hat der Kläger rechtskräftig obgesiegt, so ist für die Zwangsvollstreckung § 894 ZPO. maßgebend. Der Kläger braucht also nur die mit dem Rechtskraftzeugnis versehene Urteilsausfertigung mit einem Antrage auf Löschung dem PA. zu überreichen, worauf dieses das Zeichen löscht. Ebenso Kuttner, Urteilswirkung außerhalb des Zivilprozesses 1914 S. 52, der von einem Anordnungsurteil spricht, und Schanze in MarkschWettbew. 16, 175 mit Literatur. Solange der Kläger das Urteil nicht vollstrecken läßt, bleibt das Zeichen bestehen und es können Dritte, für die das Urteil keine Rechtskraft macht, gegen den Inhaber noch eine Löschungsklage anstellen.

Wegen der Kosten ist § 93 ZPO. zu berücksichtigen. Die Kosten fallen dem Kläger deshalb regelrecht zur Last, wenn er den Beklagten nicht vorher zur Löschung aufgefordert hatte (vgl. Biberfeld a. a. O. S. 352; Seligsohn, in GebrMustG. § 6 N. 9; LG. I Berlin im Bl. 97, 53; OLG. Hamburg in IndustrR. 10, 172; OLG. Düsseldorf im Bl. 12, 150). Das LG. Breslau im Bl. 03, 149 will zu Unrecht eine Ausnahme machen, wenn den Beklagten ein Verschulden trifft. Zu den Kosten können nach dem Ermessen des Gerichts auch in tatsächlich nicht einfach liegenden Sachen die Kosten eines Patentanwaltes gehören, soweit sie das Gericht für erstattungsfähig hält (OLG. Hamburg in MarkschWettbew. 8, 306; LG. Hamburg in MarkschWettbew. 11, 57).

Wird glaubhaft gemacht, daß das Zeichen der Löschung unterliegt und daß der Zeicheninhaber trotzdem unberechtigt sein Zeichen zu Warnungen oder Angriffen benutzt, so kann eine einstweilige Verfügung zur Regelung des einstweiligen Zustandes gemäß § 940 ZPO. ergehen, durch die derartige Warnungen usw. verboten werden.

Rechtskraft. 14. Da ein Urteil regelmäßig nur zwischen den Parteien und ihren Rechtsnachfolgern Rechtskraft schafft, so hindert in den Fällen des Abs. 1 Nr. 2 und 3 die rechtskräftige Abweisung oder Verurteilung einen Dritten nicht, aus demselben Rechtsgrunde die Klage nochmals anzustellen. Wird aber festgestellt, daß der neue Kläger nur eine vorgeschobene Person ist, hinter welcher als eigentliche Prozeßpartei der frühere Kläger steht, so tritt ihm die Einrede der Rechtskraft entgegen (vgl. Seligsohn Patentgesetz

§ 28 N. 5). Erst wenn der obsiegende Kläger im Wege der Zwangsvollstreckung die Löschung herbeigeführt hat, erlangt dies Rechtswirkung für die Allgemeinheit. Infolgedessen kann sich der Eingetragene, auch nachdem das verurteilende Erkenntnis rechtskräftig geworden ist, mit dem Kläger dahin verständigen, daß dieser das Urteil nicht zur Vollstreckung bringt. § 9 14, 15, 16

15. Der Anspruch auf Löschung kann auch im Wege der Widerklage geltend gemacht werden. Dies wird insbesondere dann der Fall sein, wenn der Eingetragene die Feststellungs-, die Untersagungs- oder die Entschädigungsklage angestrengt hatte (Motive S. 15). Auf die Widerklage finden die Ausführungen in N. 7—14 entsprechende Anwendung. Die Widerklage gilt jetzt nach § 281 ZPO. als erhoben, wenn der sie begründende Schriftsatz zugestellt ist. **Widerklage. Einrede.**

Dagegen kann der Beklagte im Wege der Einrede seinen Anspruch regelmäßig nicht entgegensetzen (oben N. 1). Macht aber der Zeicheninhaber erst nach Löschung des Zeichens einen Entschädigungsanspruch geltend (N. 10 zu § 14) oder wird das Zeichen im Laufe des Entschädigungsprozesses gelöscht, so eröffnet § 12 Abs. 2 die Möglichkeit, den Anspruch auch einredeweise geltend zu machen.

Der Beklagte kann, wenn die Löschungsklage in einem besonderen Verfahren schwebt, nach § 148 der ZPO. Aussetzung der Verhandlung beantragen. Eine Verbindung der Löschungs- mit einer Unterlassungsklage auf Grund eines entgegenstehenden Zeichens oder sonstigen Rechts ist zulässig (RG. 93, 291, in Bl. 18, 102; RG. in MarkschWettbew. 18, 157 und 159; Wassermann in MarkschWettbew. 18, 156; a. M. OLG. Posen in MarkschWettbew. 13, 328). Ist die Löschungsklage als Widerklage erhoben, so braucht das Gericht das Verfahren ebensowenig bis zur Entscheidung über die Löschungsklage auszusetzen.

Abs. 4.

16. Während nach §§ 325, 727 der Zivilprozeßordnung die Entscheidung gegen einen Rechtsnachfolger nur dann wirksam und vollstreckbar ist, wenn die Rechtsnachfolge nach dem Eintritte der Rechtshängigkeit stattgefunden hat, wird dieser Grundsatz hier auch auf den Fall ausgedehnt, wenn der Übergang des Zeichens sich schon vor Erhebung der Klage vollzogen hatte. Dies hängt damit zusammen, daß die Klage stets gegen den eingetragenen Inhaber gerichtet wird (N. 8). **Rechtsnachfolge.**

Wegen Überganges des Zeichens siehe § 7 Abs. 1.

Die Entscheidung über die Kosten ist nur zwischen den Prozeßparteien wirksam.

Die in Bezug genommenen §§ 66—69 ZPO. handeln von der Nebenintervention.

> § 66 bestimmt namentlich: Wer ein rechtliches Interesse daran hat, daß in einem zwischen anderen Personen anhängigen Rechtsstreite die eine Partei obsiege, kann dieser Partei zum Zwecke ihrer Unterstützung beitreten.
>
> Die Nebenintervention kann in jeder Lage des Rechtsstreits bis zur rechtskräftigen Entscheidung desselben, auch in Verbindung mit der Einlegung eines Rechtsmittels erfolgen.

§ 9 Der Beklagte kann dem Rechtsnachfolger den Streit verkünden.
16, 17 Für diesen Fall trifft hier der in Bezug genommene § 76 ZPO. zu:

Wer als Besitzer einer Sache verklagt ist, die er auf Grund eines Rechtsverhältnisses der im § 868 des Bürgerlichen Gesetzbuchs bezeichneten Art zu besitzen behauptet, kann, wenn er dem mittelbaren Besitzer vor der Verhandlung zur Hauptsache den Streit verkündet und ihn unter Benennung an den Kläger zur Erklärung ladet, bis zu dieser Erklärung oder bis zum Schlusse des Termins, in welchem sich der Benannte zu erklären hat, die Verhandlung zur Hauptsache verweigern.

Bestreitet der Benannte die Behauptung des Beklagten oder erklärt er sich nicht, so ist der Beklagte berechtigt, dem Klageantrage zu genügen.

Wird die Behauptung des Beklagten von dem Benannten als richtig anerkannt, so ist dieser berechtigt, mit Zustimmung des Beklagten an dessen Stelle den Prozeß zu übernehmen. Die Zustimmung des Klägers ist nur insoweit erforderlich, als derselbe Ansprüche geltend macht, welche unabhängig davon sind, daß der Beklagte auf Grund eines Rechtsverhältnisses der im Abs. 1 bezeichneten Art besitzt.

Hat der Benannte den Prozeß übernommen, so ist der Beklagte auf seinen Antrag von der Klage zu entbinden. Die Entscheidung ist in Ansehung der Sache selbst auch gegen den Beklagten wirksam und vollstreckbar.

Wenn § 76 ZPO. nicht zur Anwendung kommt, kann der Rechtsnachfolger ohne Zustimmung des Klägers nicht Hauptpartei werden (§ 265 ZPO.).

Abs. 5.

Löschungsantrag wegen Geschäftsaufgabe.

17. Nach den Motiven S. 15 hat man ein Vorverfahren vor dem PA. bei Aufgabe des Geschäftsbetriebes eingeführt, weil die Feststellung der Voraussetzungen in den meisten Fällen zu keiner Meinungsverschiedenheit Anlaß geben wird.

Dieses Vorverfahren ist nur fakultativ, der Antragsteller kann sofort die Klage einreichen.

Der Antrag ist beim PA. schriftlich zu stellen. Es genügt, wenn in demselben die Löschung verlangt wird, weil der eingetragene Inhaber den Geschäftsbetrieb, zu welchem das Zeichen gehört, nicht fortsetzt. Er ist gebührenfrei.

Die Benachrichtigung ist dem eingetragenen Inhaber zuzustellen (§ 7 Abs. 3) und zwar regelmäßig durch eingeschriebenen Brief (§ 10 Abs. 3).

Wegen der Form und Frist für den Widerspruch siehe N. 4 zu § 5, auch die dortigen Erörterungen über den Fall, wenn der Zeicheninhaber im Inlande keine Niederlassung hat, treffen hier zu. Eine Prüfung oder Beschlußfassung des PA. erfolgt in diesem Verfahren nicht (N. 1 zu § 10). Gegen die Ablehnung des Antrages auf Löschung ist Beschwerde nach § 10 Abs. 2 zulässig (PA. im Bl. 01, 284).

Für Verbandszeichen gilt bei Löschungsansprüchen aus § 24e Nr. 1 Abs. 5 des § 9 ebenfalls (vgl. unten § 24e).

§ 10.

Anmeldungen von Warenzeichen, Anträge auf Übertragung und Widersprüche gegen die Löschung derselben werden in dem für Patentangelegenheiten maßgebenden Verfahren durch Vorbescheid und Beschluß erledigt. In den Fällen des § 5 Abs. 1 wird ein Vorbescheid nicht erlassen. § 10 1

Gegen den Beschluß, durch welchen ein Antrag zurückgewiesen wird, kann der Antragsteller, und gegen den Beschluß, durch welchen Widerspruchs ungeachtet die Löschung angeordnet wird, der Inhaber des Zeichens innerhalb eines Monats nach der Zustellung bei dem Patentamt Beschwerde einlegen.

Zustellungen, welche die Eintragung, die Übertragung oder die Löschung eines Warenzeichens betreffen, erfolgen mittels eingeschriebenen Briefes. Kann eine Zustellung im Inlande nicht erfolgen, so wird sie durch Aufgabe zur Post nach Maßgabe der §§ 175, 213 der Zivilprozeßordnung bewirkt.

Abs. 1 (N. 1, 1a).	Abs. 2 (N. 2).	Abs. 3 (N. 3).	Anhang.
1. Verfahren. 1a. Kriegsverordnung.	2. Beschwerde.	3. Zustellungen	4. Wiedereinsetzung.

Abs. 1.

1. Das Gesetz regelt das Verfahren in Übereinstimmung mit dem für Patentnachsuchungen vorgeschriebenen. Dieses Verfahren gilt für Anmeldungen von Warenzeichen (§§ 1—6, 24), Anträge auf Vermerkung des Überganges (§ 7 Abs. 1) und Widersprüche gegen die Löschung (§ 8 Abs. 3). Der Ausdruck des Gesetzes „Anträge auf Übertragung" ist nicht ganz zutreffend, weil die Übertragung schon vorher erfolgt ist. **Verfahren.**

Ein Widerspruch gegen die Löschung erfolgt auch im Falle des § 9 Abs. 5. Da das PA. auf diesen Widerspruch aber weder eine Prüfung vorzunehmen noch einen Beschluß zu fassen hat, so ist eine Anwendung des patentrechtlichen Vorbescheid- und Beschlußverfahrens hier unmöglich. In den Fällen des § 5 Abs. 1 schließt das Gesetz nach einem Zusatze der Kommission (Kommissionsbericht S. 6) den Vorbescheid aus.

Die Vorschriften des Patentgesetzes, welche hier in Betracht kommen, sind:

> § 21. Die Anmeldung unterliegt einer Vorprüfung durch ein Mitglied der Anmeldeabteilung.
>
> Erscheint hierbei die Anmeldung als den vorgeschriebenen Anforderungen (§ 20) nicht genügend, so wird durch Vorbescheid der Patentsucher aufgefordert, die Mängel innerhalb einer bestimmten Frist zu beseitigen.
>
> Insoweit die Vorprüfung ergibt, daß eine nach §§ 1, 2, 3 Abs. 1 patentfähige Erfindung nicht vorliegt, wird der Patent-

§ 10 sucher hiervon unter Angabe der Gründe mit der Aufforderung
1 benachrichtigt, sich binnen einer bestimmten Frist zu äußern.

Erklärt sich der Patentsucher auf den Vorbescheid (Abs. 2 und 3) nicht rechtzeitig, so gilt die Anmeldung als zurückgenommen; erklärt er sich innerhalb der Frist, so faßt die Anmeldeabteilung Beschluß.

§ 22. Ist durch die Anmeldung den vorgeschriebenen Anforderungen (§ 20) nicht genügt oder ergibt sich, daß eine nach §§ 1, 2, 3 Abs. 1 patentfähige Erfindung nicht vorliegt, so wird die Anmeldung von der Abteilung zurückgewiesen. An der Beschlußfassung darf das Mitglied, welches den Vorbescheid erlassen hat, nicht teilnehmen.

Soll die Zurückweisung auf Grund von Umständen erfolgen, welche nicht bereits durch den Vorbescheid dem Patentsucher mitgeteilt waren, so ist demselben vorher Gelegenheit zu geben, sich über diese Umstände binnen einer bestimmten Frist zu äußern.

§ 24 Abs. 3. Nach Ablauf der Frist hat das Patentamt über die Erteilung des Patents Beschluß zu fassen. An der Beschlußfassung darf das Mitglied, welches den Vorbescheid (§ 21) erlassen hat, nicht teilnehmen.

§ 25. Bei der Vorprüfung und in dem Verfahren vor der Anmeldeabteilung kann jederzeit die Ladung und Anhörung der Beteiligten, die Vernehmung von Zeugen und Sachverständigen, sowie die Vornahme sonstiger zur Aufklärung der Sache erforderlicher Ermittelungen angeordnet werden.

Der § 20 des PatG. findet hier keine Anwendung, ihm entspricht § 2 unseres Gesetzes.

Die Erörterung der patentrechtlichen Bestimmungen siehe bei Seligsohn PatG. §§ 20ff.

Das Verfahren gestaltet sich nach vorstehendem wie folgt.

Geht beim PA. die Anmeldung eines Warenzeichens, ein Antrag auf Vermerkung eines Überganges oder im Falle des § 8 Abs. 3 ein Widerspruch gegen die Löschung ein, so geht die Sache zunächst an dasjenige Mitglied der Abteilung für Warenzeichen, welches vom Vorsitzenden für die betreffende Klasse zum Vorprüfer bestellt worden ist. Es sind für die Zwecke des inneren Dienstes und behufs übersichtlicher Gestaltung der Veröffentlichungen der Zeichen sämtliche Waren in Klassen eingeordnet. Diese Einteilung ist aber für den Umfang des Zeichenschutzes ohne rechtliche Wirkung (Begründung S. 10, PA. im Bl. 04, 246, s. aber RG. 104, 162 in Industrierecht 22, 76, Bl. 24, 67).

A. Der Vorprüfer findet weder formelle noch materielle Mängel — dann gibt er ohne Vorbescheid die Sache zur Beschlußfassung an die Abteilung ab.

B. Er findet Mängel

a) formelle — Vorbescheid auf Beseitigung derselben binnen bestimmter Frist,

b) materielle — Vorbescheid auf Äußerung binnen bestimmter Frist,

c) formelle und materielle — Vorbescheid auf Beseitigung und Äußerung binnen bestimmter Frist.

C. Der Anmelder erklärt sich auf den Vorbescheid § 10
a) rechtzeitig — Beschlußfassung durch die Abteilung, 1
b) nicht rechtzeitig — Eingabe gilt als zurückgenommen.

Bei den Anmeldungen von Ausländern (§ 23) ist die Nichtbestellung eines Vertreters (§ 23 Abs. 2) ein formeller Mangel. Ein materieller Mangel liegt vor, wenn die Gegenseitigkeit fehlt (§ 23 Abs. 1) oder wenn die Voraussetzungen des § 23 Abs. 3 nicht vorliegen. Im letzteren Falle handelt es sich dann um einen formellen Mangel, wenn zwar behauptet ist, daß das Zeichen im Heimatsstaate geschützt ist, der beigebrachte Nachweis aber nicht ausreicht.

In der Praxis hat sich herausgestellt, daß der Vorbescheid häufig nicht genügend beachtet wird und daß die Folge der nicht rechtzeitigen Antwort auf den Vorbescheid (Anmeldung gilt als zurückgenommen) oft als hart empfunden wird. Infolgedessen verhandelt der Vorprüfer mit dem Anmelder regelrecht auf dem Wege einfacher Verfügungen, deren Nichtbeantwortung nicht den schweren Nachteil der Zurücknahme bewirkt. Der Vorbescheid wird nur in den Fällen erlassen, in denen nach der Sachlage die Zurückweisung der Anmeldung im ganzen in Aussicht zu nehmen ist, dagegen z. B. nicht, wenn nur ein Teil der Waren beanstandet wird (Bl. 06 59). Der Vorprüfer ist völlig selbständig und kann Ermittelungen und Beweisaufnahmen veranstalten, sowie die Gerichte, sogar die Berliner Gerichte um Rechtshilfe hierbei ersuchen (Bl. 06, 4; 01, 50), doch steht nichts im Wege, daß er auch selbst Zeugen und Sachverständige vernimmt oder den Augenschein einholt. Bei der gerichtlichen Vernehmung sind den Beteiligten Fragen zu erlauben und das Gericht entsprechend zu ersuchen (vgl. Johow 26, 175 im Bl. 04, 183). Seine Verfügungen ergehen schriftlich (Bl. 02, 176). Der Vorbescheid ist im Inlande eingeschrieben zuzustellen (Abs. 3), sonst ist er nicht wirksam (Bl. 03, 163; 10, 232). Einen Anspruch auf einen „Vorbescheid" hat der Anmelder nicht. Ist nach Abschluß der Vorprüfung die Sache an die Abteilung gelangt, so ist ein Vorbescheid z. B. wegen des Druckstocks nicht mehr möglich (Bl. 07, 15). Als Erklärung auf den Vorbescheid wird ferner jede Äußerung des Anmelders, selbst das bloße Fristgesuch, angesehen (Geschäftstätigkeit des PA. S. 179), selbst wenn auf den Vorbescheid nicht eingegangen wird (vgl. auch Bl. 01, 275). Die Frist, die der Vorbescheid setzt, rechnet von der Zustellung ab, den Tag derselben nicht eingerechnet (§ 187 Abs. 1 BGB.). Die Erklärung muß innerhalb der Frist beim PA. eingehen (Bl. 01, 166). Ist vorher eine Erklärung erfolgt, so braucht der Ablauf der Frist nicht abgewartet zu werden (MarkschWettbew. 16, 47). Geht sie nicht rechtzeitig ein, so ist die Anmeldung ohne weiteres als erledigt anzusehen und wird dies dem Anmelder mitgeteilt (Bl. 09, 181). Eine Wiedereinsetzung in den vorigen Stand ist zulässig (N. 4).

Gelangt die Sache zur Beschlußfassung an die Abteilung, so interessieren außer den §§ 22, 24 Abs. 3, 25 des PatG. von den — durch § 8 der Verordnung vom 30. Juni 1894 für anwendbar erklärten — Bestimmungen der patentrechtlichen Ausführungsverordnung vom 11. Juli 1891 nachstehende Vorschriften:

§ 6. In den Abteilungen trifft der Vorsitzende die für den Fortgang der Sachen erforderlichen Verfügungen.

§ 10
1 In den Anmeldeabteilungen bezeichnet er für jede Klasse der Anmeldungen im voraus das Mitglied, welchem die Vorprüfung (§ 21 des PatG.) obliegt, sowie einen weiteren Berichterstatter für das Verfahren nach Erlaß des Vorbescheides.

In den Beschwerdeabteilungen und in der Nichtigkeitsabteilung bezeichnet der Präsident für jede Klasse im voraus zwei Berichterstatter.

An Stelle der hiernach berufenen Mitglieder können für den einzelnen Fall andere Berichterstatter bezeichnet werden.

Die Berichterstatter halten den mündlichen Vortrag in der Sitzung und entwerfen alle Beschlüsse und Entscheidungen. Der Vorsitzende prüft die Entwürfe und stellt sie fest. Über sachliche Meinungsverschiedenheiten beschließt die Abteilung.

§ 8. Bei den Abstimmungen entscheidet die absolute Mehrheit der Stimmen, bei Stimmengleichheit die Stimme des Vorsitzenden.

Ist eine Anhörung der Beteiligten (PatG. § 25, § 26 Abs. 3, § 30 Abs. 2) vorhergegangen, so kann ein Mitglied, welches hierbei nicht zugegen gewesen ist, an der Abstimmung nicht teilnehmen.

Auch sind folgende Bestimmungen der Verordnung vom 30. Juni 1894 zu berücksichtigen:

§ 3. Die Beschlußfähigkeit der Abteilung für Warenzeichen ist durch die Anwesenheit von mindestens drei Mitgliedern bedingt.

Die Beschwerdeabteilung I entscheidet über Beschwerden gegen die Beschlüsse der Abteilung für Warenzeichen in der Besetzung von fünf Mitgliedern, von denen mindestens zwei rechtskundig sein müssen. Soweit es sich um die Erstattung von Gutachten handelt, genügt die Anwesenheit von drei Mitgliedern.

Die Bestimmungen der Zivilprozeßordnung über Ausschließung und Ablehnung der Gerichtspersonen finden entsprechende Anwendung.

Zu den Beratungen können Sachverständige, welche nicht Mitglieder sind, zugezogen werden; dieselben dürfen an den Abstimmungen nicht teilnehmen.

§ 4. Der Beratung und Abstimmung in einer Sitzung bedarf es:

a) in der Abteilung für Warenzeichen für die Beschlußfassung über die Versagung der Eintragung eines Warenzeichens, sowie für Beschlüsse, welche die Übereinstimmung von Warenzeichen und in den Fällen des § 8 des Gesetzes vom 12. Mai 1894 die Löschung von Warenzeichen gegen den Widerspruch des Inhabers betreffen;
b) in der Beschwerdeabteilung I für die Beschlußfassung auf Beschwerden gegen Beschlüsse der Abteilung für Warenzeichen.

Danach bedarf es, wenn es sich um die Übertragung eines Zeichens handelt, nie einer Sitzung und wenn es sich um die Anmeldung eines solchen handelt, dann nicht, wenn der Anmeldung stattgegeben wird. Ein Beschluß ergeht hier nicht. § 10 1, 1a

Der Vorprüfer kann in Sachen, in denen er einen Vorbescheid erlassen hat, nicht mit entscheiden. Seiner Anwesenheit bei der Beratung steht nach der Meinung des PA. nichts im Wege (dagegen Seligsohn PatG. N. 2 zu § 22). Die Frage ist gegenwärtig ohne praktische Bedeutung (vgl. N. 1a).

Von den Mitgliedern der Beschwerdeabteilung sind außer dem rechtskundigen Vorsitzenden die eine Hälfte Techniker, die andere Juristen (Geschäftstätigkeit des PA. S. 239). Anders jetzt nach der Kriegsverordnung N. 1a.

Der Umstand, daß ein Mitglied bei einer früheren Anmeldung desselben Anmelders mitgewirkt hat, die dasselbe Zeichen zum Gegenstand hatte, berechtigt nicht zur Ablehnung (Bl. 02, 42).

Der Beschluß ist in jedem Falle mit Gründen zu versehen, schriftlich auszufertigen und allen Beteiligten von Amts wegen zuzustellen (§ 5 der Verordnung vom 30. Juni 1894). Beschlüsse, die auf Grund einer mündlichen Verhandlung verkündet sind, werden schon mit der Verkündung und nicht erst mit der Zustellung wirksam (§ 312 ZPO.; PA. in Mitt. vom Verband 3, 73). § 22 Abs. 2 des PG. ist zu beachten, dem Anmelder muß vorher Gelegenheit gegeben sein, sich über etwaige ihm unbekannte Abweisungsgründe zu äußern. Ist die Anmeldung nur teilweise zu versagen (nur für gewisse Waren ist das Zeichen Freizeichen oder Beschaffenheitsangabe, nur für diese kollidiert es mit einem andern Zeichen), so wird die Eintragung nur insoweit versagt. Das Verfahren kann dann erst nach Rechtskraft oder sonstiger Erledigung des Beschlusses fortgesetzt werden, da eine sofortige Teileintragung nicht dem Antrage des Anmelders entsprechen würde.

An Kosten des Verfahrens kommen in Betracht: Die Anmeldungs-, die Klassen- und die Erneuerungs- einschl. Klassengebühr des § 2 Abs. 3 und 5 (N. 13 zu § 2), die Eintragungsgebühr und der Druckkostenbeitrag des § 6a (N. 1 und 2 zu § 6a). Außerdem ist für das Widerspruchsverfahren des § 5 die entsprechende Anwendung des § 25 Abs. 2 des PatG. für die Kosten 1. Instanz angeordnet, die durch eine Anhörung oder eine Beweisaufnahme verursacht sind (N. 4a zu § 5). Schließlich ist noch der Antrag auf Löschung eines Zeichens nach § 8 Ziffer 2 gebührenpflichtig. Über die Kosten des Beschwerdeverfahrens s. N. 2.

1a. Der oben angeführte § 21 des PG. und damit auch das Verfahren in Zeichensachen hat durch nachstehende Verordnung des Bundesrats über Vereinfachungen im Patentamt vom 9. März 1917 (RGBl. S. 221; Bl. 17, 26) eine vollständige Abänderung erfahren: Kriegsverordnung.

> § 1. Die Geschäfte des Vorprüfers und der Anmeldeabteilung im PA. werden, soweit es sich um die Prüfung der Anmeldungen und die Erteilung der Patente handelt, einer Prüfungsstelle übertragen. Die Obliegenheiten der Prüfungsstelle werden von einem technischen Mitglied der Anmeldeabteilung wahrgenommen (Prüfer).
>
> Entsprechendes gilt für die Prüfung und Eintragung der Warenzeichen.

§ 10 1a, 2 Der Präsident des PA. regelt die Bildung, den Geschäftskreis und den Geschäftsgang der Prüfungsstellen.

§ 2. Die Beschwerdeabteilungen entscheiden in der Besetzung mit drei Mitgliedern. Unter diesen müssen sich bei der Entscheidung über Beschwerden gegen die Beschlüsse der Prüfungsstellen in Patentsachen zwei technische Mitglieder befinden.

§ 3. In dem Verfahren vor der Prüfungsstelle wird ein Vorbescheid nicht erlassen. Die Prüfungsstelle hat, solange nicht die Bekanntmachung der Anmeldung beschlossen ist, auf Antrag den Patentsucher anzuhören.

Die Vorschrift im § 26 Abs. 3 Satz 3 des PatG. vom 7. April 1891 (RGBl. S. 79) fällt fort.

§ 4. Diese Verordnung tritt am 20. März 1917 in Kraft. Der Reichskanzler bestimmt den Zeitpunkt des Außerkrafttretens.

Nach § 1 ist die gesamte rechtsprechende Tätigkeit bis zur Eintragung oder Versagung der Anmeldung, auch die Entscheidung über Widersprüche, auf die Prüfungsstelle, also den Einzelprüfer, übergegangen. Infolgedessen hat er alle Rechtsfragen, die dabei auftauchen, selbständig zu entscheiden. Die rechtsprechende Tätigkeit der Abteilung greift erst nach der Eintragung ein, sie betrifft vorwiegend die Rolle und die Erneuerung, sowie die Löschungsanträge aus § 8 Ziff. 2.

Da durch § 3 der Vorbescheid weggefallen ist, so ergehen nur noch Zwischenverfügungen. Eine Anhörung des Anmelders durch die Prüfungsstelle kann in Warenzeichen nicht verlangt werden, sie ist aber zulässig und nicht selten wünschenswert. Über die Anhörung s. N. 2.

Abs. 2.

Beschwerde. 2. Die **Beschwerde** ist nur zulässig gegen den Beschluß, wenn durch ihn ein Antrag zurückgewiesen oder Widerspruchs ungeachtet die Löschung angeordnet wird. Unter Antrag ist im § 10 nur eine solche an das PA. gerichtete Eingabe gemeint, die kraft eines im Gesetze besonders anerkannten Rechts gemacht wird und über die das PA. in einem geordneten Verfahren unter Angabe von Gründen Entscheidung zu treffen hat (PA. im Bl. 94/95, 316; 96, 142; 98, 159 und 162; 01, 151; 03, 207). Wer eine Löschung aus § 8 Nr. 2 beantragt, hat deshalb gegen die Ablehnung der Löschung ein Beschwerderecht, er nimmt nach der jetzigen Fassung des § 8 Ziff. 2 Parteistellung ein; so schon PA. in Bl. 05, 105. Die Beschwerde steht dem nicht zu, der die Einleitung eines Widerspruchsverfahrens gemäß § 5 „beantragt", obgleich er nicht zum Widerspruch aufgefordert ist (PA. im Bl. 98, 162; MarkschWettbew. 11, 128; Bl. 06, 264), oder dem ein Druckstock als ungeeignet beanstandet wird (PA. im Bl. 03, 207). Überhaupt ist gegen Beschlüsse und Verfügungen, die die Entscheidung nur vorbereiten, eine selbständige Beschwerde nicht gegeben (Bl. 03, 207). Nach der Rechtsprechung des PA. gibt es in Zeichensachen gemäß § 10 überhaupt nur eine befristete, gebührenpflichtige Beschwerde (Bl. 05, 235; MarkschWettbew. 15, 395; 17, 223), eine Beschwerde nach Art des § 16 PG. ohne Frist und ohne Gebührenpflicht wird nicht anerkannt. Ein Antrag, der ein Beschwerderecht begründet, liegt namentlich vor, § 10 2

a) wenn die Eintragung oder Löschung eines Zeichens oder seine Erneuerung, oder die Berichtigung oder Abänderung der Zeichenrolle abgelehnt wird (§§ 2, 8 Abs. 1, Abs. 2 Ziffer 1, 2).

b) wenn die Übereinstimmung der Zeichen im Falle des § 5 Abs. 1 verneint wird (N. 1 zu § 6),

c) wenn die Vermerkung des Überganges oder der Änderung des Vertreters abgelehnt wird (PA. im Bl. 02, 54).

d) wenn der Antrag auf Löschung im Falle des § 9 Abs. 5 nicht entsprechend den dortigen Bestimmungen erledigt wird (PA. im Bl. 01, 284).

In den Fällen zu a, c und d steht die Beschwerde dem Antragsteller, in denen zu b und bei Löschung ungeachtet Widerspruchs dem Zeicheninhaber zu. Ein Beschwerderecht ist auch dann gegeben, wenn der Antrag selbst im Gesetz keine Grundlage hat z. B. wenn Löschung von Amtswegen wegen Übereinstimmung mit einem älteren Zeichen verlangt wird (Bl. 05, 268). Ist dem Antrage des Beschwerdeführers entsprechend schon in 1. Instanz entschieden worden, so kann nur wegen der Begründung eine Beschwerde nicht eingelegt werden (Bl. 99, 97; 01, 294; 03, 137); anders wenn nicht nach dem Haupt-, sondern nur nach einem Eventualantrage entschieden ist (Industrierecht 07, 5). Die Beschwerdefrist beträgt einen Monat nach der Zustellung des angegriffenen Beschlusses. Sie wird durch einen bloßen Berichtigungsbeschluß nicht verlängert, wohl aber durch einen Ergänzungsbeschluß gemäß § 321 ZPO.; Bl. 08, 35). Wegen der Berechnung der Frist siehe N. 4 zu § 5. Eine Verlängerung der Frist ist nicht zulässig, zur Begründung kann aber eine Nachfrist gewährt werden. Bei mehreren Beteiligten (Anmelder, Widersprechender) läuft für jeden eine besondere Frist. Die Beschwerde muß während der Frist beim PA. eingehen (PA. im Bl. 96, 314; s. auch RG. JW. 05, 52). Eine bestimmte Form ist für die Beschwerde nicht vorgeschrieben, insbesondere bedarf sie keiner Begründung.

Es gelten für die Beschwerde ergänzend die Bestimmungen des § 26 des PatG. (PA. im Bl. 94/95, 64; 99, 149). Der § 26 des PG. lautet:

„Gegen den Beschluß, durch welchen die Anmeldung zurückgewiesen wird, kann der Patentsucher, und gegen den Beschluß, durch welchen über die Erteilung des Patents entschieden wird, der Patentsucher oder der Einsprechende innerhalb eines Monats nach der Zustellung Beschwerde einlegen. Mit der Einlegung der Beschwerde ist für die Kosten des Beschwerdeverfahrens eine Gebühr nach Maßgabe des Tarifs zu zahlen; erfolgt die Zahlung nicht, so gilt die Beschwerde als nicht erhoben.

Ist die Beschwerde an sich nicht statthaft oder ist dieselbe verspätet eingelegt, so wird sie als unzulässig verworfen.

Wird die Beschwerde für zulässig befunden, so richtet sich das weitere Verfahren nach § 25. Die Ladung und Anhörung der Beteiligten muß auf Antrag eines derselben erfolgen. Dieser Antrag kann nur abgelehnt werden, wenn die Ladung des Antragstellers in dem Verfahren vor der Anmeldeabteilung bereits erfolgt war.

§ 10 Soll die Entscheidung über die Beschwerde auf Grund anderer als der in dem angegriffenen Beschlusse berücksichtigten Umstände erfolgen, so ist den Beteiligten zuvor Gelegenheit zu geben, sich hierüber zu äußern.

2 Das PA. kann nach freiem Ermessen bestimmen, inwieweit einem Beteiligten im Falle des Unterliegens die Kosten des Beschwerdeverfahrens zur Last fallen, sowie anordnen, daß dem Beteiligten, dessen Beschwerde für gerechtfertigt befunden ist, die Gebühr (Abs. 1) zurückgezahlt wird. Das gleiche gilt, wenn die Beschwerde, die Anmeldung oder der Einspruch ganz oder teilweise zurückgenommen wird."

Die Erörterung dieser Bestimmungen siehe bei Seligsohn PatG. § 26. Folgendes sei besonders hervorgehoben:

Da die Beschwerde formlos ist, so genügt die Angabe auf dem Abschnitt der Postanweisung, durch die die Kosten übersandt werden, daß das Geld Beschwerdegebühr sein soll, sofern die Sendung innerhalb der Beschwerdefrist eingeht (PA. im Bl. 98, 122; 01, 165). Unterzeichnung der Beschwerde ist nicht unbedingtes Erfordernis, aber trotzdem dringend anzuraten (PA. in Mitt. vom Verband 03, 15; in Industrier. 12, 90). Es muß ferner die Beschwerdegebühr bis zum Ablauf der Beschwerdefrist an das PA. gezahlt werden (PA. im Bl. 94/95, 64; 99, 149; 02, 54). Es ist ausreichend, wenn sie innerhalb der Beschwerdefrist bei einer Postanstalt im Gebiete des Deutschen Reichs zur Überweisung an die Kasse des PA. eingezahlt wird. Die tarifmäßige Beschwerdegebühr beträgt gegenwärtig 20 Reichsmark (Verordnung vom 28. Februar 1924 in Bl. 24 S. 45). Im Nichtzahlungsfalle bedarf es keiner Zurückweisung oder Verwerfung der Beschwerde, da dieselbe als nicht erhoben gilt. Die Prüfungsstelle wird den Beschwerdeführer nur benachrichtigen, daß auf seine Beschwerde, da die Kosten nicht eingegangen seien, nicht verfügt werde. Geht die Gebühr verspätet ein, so ist die Beschwerde ebensowenig erhoben, wie wenn die Zahlung nicht erfolgt wäre. Die Beschwerde ist schriftlich und in deutscher Sprache abzufassen. Ein Doppel für den Gegner ist im Widerspruchsverfahren und bei Löschungsanträgen aus § 8 Ziff. 2 beizufügen. Eine bedingte Beschwerde ist nicht zulässig (Bl. 04, 10; 08, 274). Eine besondere Begründung ist nicht vorgeschrieben und für das PA., das völlig selbständig entscheidet, bei Unrichtigkeit nicht maßgebend (Bl. 05, 131; 07, 2; 09, 32). Das PA. kann also auch zuungunsten des Beschwerdeführers von Amts wegen befinden (MarkschWettbew. 16, 210, anders früher Bl. 07, 142).

Über die Rückzahlung der Beschwerdegebühr vgl. PA. im Bl. 01, 165ff. und 17, 128. Über Kostenerstattung vgl. Seligsohn PatG. § 26 N. 14 und PA. im Bl. 04, 130. Das PA. bestimmt nach freiem Ermessen über die Kosten, namentlich wenn Anwälte die Parteien vertreten, sowie über die Beschwerdegebühr. Die Zurückzahlung der Beschwerdegebühr kann es nur anordnen, wenn die Beschwerde durchdringt (Bl. 17, 128). Gleichgestellt ist dem Durchdringen mit der Beschwerde durch den letzten Satz des § 26 seit dem Gesetze vom 27. Juni 1922 (RGBl. II, 169 im Bl. 22, 76) der Fall, wo die Anmeldung oder der Widerspruch zurückgenommen werden und sich dadurch die Beschwerde sachlich zugunsten des Beschwerdeführers erledigt.

Selbst bei Zurücknahme der Beschwerde kann die Zurückzahlung angeordnet werden, wenn sachlich der Beschwerde z. B. durch Zurückziehung der Anmeldung oder des Widerspruchs abgeholfen ist. Bestimmt das PA. nichts über die Kosten, so wird dem Beschwerdeführer die Gebühr nicht zurückgezahlt und eine Kostenausgleichung unter den Parteien findet nicht statt. Das freie Ermessen des PA. hinsichtlich der Kosten kann auch ausgeübt werden, wenn die Beschwerde, die Anmeldung oder der Widerspruch ganz oder teilweise zurückgenommen werden, während in diesem Falle früher eine Kostenentscheidung nicht erging (Bl. 01, 165; 03, 278). Nach Abschluß des Beschwerdeverfahrens ist eine Entscheidung über die Kosten und die Gebühr nicht mehr zulässig (Bl. 01, 165). In dem Beschlusse, der auf Grund des § 5 im Widerspruchsverfahren ergeht, hat die Beschwerdeabteilung auch über die Kosten der Anhörung und Beweisaufnahme in 1. Instanz nach den Grundsätzen des § 25 PG. Entscheidung zu treffen, wenn ein Antrag vorlag oder auch abgesehen davon eine Entscheidung über diese Kosten für richtig erachtet wird. Voraussetzung ist, daß die Hauptsache und nicht nur der Kostenpunkt in die Beschwerdeinstanz gelangt, denn alsdann hat die Beschwerdeabteilung auch die Kostenfrage nach § 25 PG. nachzuprüfen. Auf andere Beschwerdefälle als § 5 WarenZG. ist § 25 nicht für anwendbar erklärt. § 10 2

Im Widerspruchsverfahren ist der Anmelder zur Beschwerde befugt gegen die Widerspruchszeichen, die für übereinstimmend erachtet sind, selbst wenn die anderen Zeicheninhaber mit Erfolg Widerspruch erhoben haben. Umgekehrt hat jeder Widersprechende ein selbständiges Beschwerderecht, gleichviel wie über die andern Widersprüche befunden ist (Bl. 02, 124). Weiter wird hier entsprechend den Vorschriften der ZPO. die Anschlußbeschwerde zugelassen. Der Gegner des Beschwerdeführers kann sich danach bis zur Beschlußfassung der Beschwerde anschließen, ohne daß er die Beschwerdefrist einzuhalten und die Beschwerdegebühr einzuzahlen braucht. Wenn mehrere Widersprüche erfolgt sind, so liegen mehrere besondere Streitigkeiten vor. Deshalb kann sich der Anmelder und der Widersprechende nur dann einer Beschwerde anschließen, wenn Beschwerde bezüglich derjenigen Entscheidung eingelegt ist, die er mit der Anschlußbeschwerde zu seinen Gunsten geändert wissen will (PA. im Bl. 02, 122 und 123; N. 1 zu § 6). Im Widerspruchsverfahren kann ferner die Beschwerdeinstanz sich darauf beschränken, nur über die Übereinstimmung der Zeichen zu befinden, wenn der Beschluß nur hierüber ergangen war, und kann die weitere Entscheidung über die Gleichartigkeit der 1. Instanz überlassen (Bl. 05, 131).

Geht eine Beschwerde, wenn auch verspätet, ein, wird sie an die Beschwerdeabteilung zur Prüfung abgegeben.

Der § 2 der Verordnung vom 30. Juni 1894 bestimmt:

> Für Beschwerden gegen die Beschlüsse der Abteilung für Warenzeichen, sowie für die Erstattung von Gutachten gemäß § 11 des Gesetzes vom 12. Mai 1894 ist die Beschwerdeabteilung I des PA. zuständig.

Nach der Kaiserlichen Verordnung vom 10. Mai 1903 (RGBl. S. 218) und vom 17. Mai 1906 (RGBl. S. 474) ist die Beschwerdeabteilung I auch für die Beschwerden gegen Beschlüsse der neu errichteten zweiten und dritten Abteilung für Warenzeichen zuständig.

§ 10 2, 3 Im übrigen siehe §§ 3, 4 der Verordnung vom 30. Juni 1894, sowie §§ 6, 8 der Verordnung vom 11. Juli 1891 (N. 1). Hervorzuheben ist, daß in der Beschwerdeabteilung I bei Beschwerden nach der Kriegsverordnung N. 1a drei Mitglieder entscheiden. Wieviel von ihnen technisch gebildet oder rechtskundig sein müssen, darüber ist nichts vorgeschrieben. Jeder der Beteiligten hat ein Recht auf einmalige mündliche Anhörung, das durch einen besonderen Antrag geltend zu machen ist (Bl. 07, 128). Nach § 26 Abs. 3 Satz 3 PG. ist dies Recht nicht gegeben, wenn bereits in der 1. Instanz mündlich verhandelt worden war. Diese Bestimmung ist aber jetzt durch die Kriegsverordnung (N. 1a) § 3 Abs. 2 beseitigt. In der mündlichen Verhandlung können sich die Beteiligten vertreten lassen. Der Beschluß wird gewöhnlich am Schlusse der Verhandlung verkündet, womit er wirksam wird. Die Entscheidung kann aber auch erst später nach Beratung der Abteilung den Beteiligten besonders zugestellt werden, ganz ebenso wie wenn eine Anhörung nicht stattgefunden hatte.

Eine Wiederaufnahme des Verfahrens gibt es nicht (Bl. 10, 133). Wohl aber ist jetzt gegen die Versäumung der Beschwerdefrist Wiedereinsetzung in den vorigen Stand möglich, wenn die Voraussetzungen der Verordnung vom 10. September 1914 (N. 6 zu § 8) vorliegen.

Gegen den Beschluß der Beschwerdeabteilung gibt es keine weitere Beschwerde (PA. im Bl. 04, 200; 05, 132). Dagegen steht es dem abgewiesenen Antragsteller in den obigen Fällen zu a und c jederzeit, auch schon vor und neben der Beschwerde, frei, einen neuen Antrag an das PA. zu richten; natürlich kommt ihm in dem Falle zu a, wenn die neue Anmeldung zur Eintragung führt, nicht die Priorität der früheren Anmeldung zu.

Neben der in diesem Gesetz geregelten Beschwerde gibt es noch die Beschwerde im Dienstaufsichtswege, mit welcher jedermann Ungehörigkeiten im Geschäftsbetriebe der Behörde, namentlich Verzögerungen, rügen kann. Diese Beschwerde ist an keine Form oder Frist gebunden. Über sie ent cheidet der Präsident des PA. und in höherer Instanz das Reichsamt des Innern.

Abs. 3.

Zustellungen. 3. Die Vorschrift bezieht sich auf alle Zustellungen, welche das PA. vorzunehmen hat, denn das Gesetz schreibt andere Zustellungen, als solche, welche die Eintragung, die Vermerkung des Überganges oder die Löschung eines Zeichens betreffen, nicht vor. Die Vorschrift des § 176 ZPO., wonach alle Zustellungen in einem anhängigen Rechtsstreit nur an den Prozeßbevollmächtigten erfolgen können, wird im patentamtlichen Verfahren nicht angewendet (Bl. 08, 182; siehe aber Rosenberg in IndustrieR. 9, 5, Heimann in Mitt. v. V. 09, 53). Nicht selten wird ein Zustellungsbevollmächtigter bestellt, dann kann auch diesem zugestellt werden, ohne daß ein Zwang dazu besteht (MarkschWettbew. 14, 161, Hüfner MarkschWettbew. 15, 76; jetzt § 2e f der Bekanntmachung N. 2 zu § 2). Bei Ausländern ist nach § 23 stets dem Vertreter zuzustellen.

Die Zustellungen in Zeichenangelegenheiten können auch an einem Sonn- oder Feiertag gültig erfolgen (PA. im Bl. 96, 314).

Die Zustellung erfolgt stets mittels eingeschriebenen Briefes. Unmittelbare Aushändigung an den Empfänger durch Boten oder sonst steht nicht gleich (Bl. 06, 157). Verweigerung der Annahme gilt als Zustellung. Das PA. kann bei Aufgabe der Einschreibsendung eine Empfangsbestätigung des Adressaten, einen sog. Rückschein, bestellen. § 10 3, 4

Bei Zustellungen nach dem Auslande kommen nachstehende Bestimmungen der ZPO. in Betracht:

§ 175. Der Zustellungsbevollmächtigte ist bei der nächsten gerichtlichen Verhandlung oder, wenn die Partei vorher dem Gegner einen Schriftsatz zustellen läßt, in diesem zu benennen. Geschieht dies nicht, so können alle späteren Zustellungen bis zur nachträglichen Benennung in der Art bewirkt werden, daß der Gerichtsvollzieher das zu übergebende Schriftstück unter der Adresse der Partei nach ihrem Wohnorte zur Post gibt. Die Zustellung wird mit der Aufgabe zur Post als bewirkt angesehen, selbst wenn die Sendung als unbestellbar zurückkommt.

Die Postsendungen sind mit der Bezeichnung „Einschreiben" zu versehen, wenn die Partei es verlangt und zur Zahlung der Mehrkosten sich bereit erklärt.

§ 213. Ist die Zustellung durch Aufgabe zur Post (§ 175) erfolgt, so hat der Gerichtsschreiber in den Akten zu vermerken, zu welcher Zeit und unter welcher Adresse die Aufgabe geschehen ist. Der Aufnahme einer Zustellungsurkunde bedarf es nicht.

Für Zustellungen kommt endlich noch § 7 Abs. 3 in Betracht, wenn der Zeicheninhaber verstorben ist oder nicht aufzufinden ist.

4. Die Bundesratsverordnung vom 10. Sept. 1914 (RGBl. 403 Bl. 14, 290) bestimmt: Wiedereinsetzung.

§ 2. Wer durch den Kriegszustand verhindert worden ist, dem Patentamt gegenüber eine Frist einzuhalten, deren Versäumung nach gesetzlicher Vorschrift einen Rechtsnachteil zur Folge hat, ist auf Antrag wieder in den vorigen Stand einzusetzen. Die Wiedereinsetzung muß innerhalb einer Frist von zwei Monaten beantragt werden; im übrigen sind die Bestimmungen der §§ 233ff. der Zivilprozeßordnung entsprechend anzuwenden.

§ 3. Die Vorschriften der §§ 1, 2 finden zugunsten von Angehörigen ausländischer Staaten nur dann Anwendung, wenn in diesen Staaten nach einer im Reichsgesetzblatt enthaltenen Bekanntmachung den deutschen Reichsangehörigen gleichartige Erleichterungen gewährt werden.

§ 4. Diese Verordnung tritt mit dem Tage der Verkündung in Kraft.

Der Satz 2 in § 2 ist aufgehoben und dem § 2 ist ein neuer Absatz hinzugefügt (§ 1 der BV. vom 13. April 16); vgl. unten. — Im § 2 Satz 1 sind durch das Gesetz betr. eine verlängerte Schutzdauer vom 27. April 1920 (RGBl. S. 675; Bl. 20, 74) hinter den Worten „durch den Kriegszustand" folgende Worte eingefügt worden „oder durch Naturereignisse oder andere unabwendbare Zufälle". Gebühren sind für den Antrag auf Wiedereinsetzung nicht zu zahlen.

Die Bundesratsverordnung über Erleichterungen im Patent-, Gebrauchsmuster- und Warenzeichenrechte vom 13. April 1916 (RGBl. S. 278; Bl. 16, 50) bestimmt:

§ 10 § 11 4 1 § 1. Im § 2 der Verordnung, betreffend vorübergehende Erleichterungen auf dem Gebiete des Patent-, Gebrauchsmuster- und Warenzeichenrechts, vom 10. September 1914 (Reichs-Gesetzbl. S. 403) wird Satz 2 gestrichen und folgender Absatz 2 angefügt:

Die Wiedereinsetzung muß innerhalb einer Frist von zwei Monaten nach dem Wegfall des Hindernisses beantragt werden. Der Reichskanzler bestimmt, von welchem Zeitpunkt an der Antrag nicht mehr zulässig ist. Im übrigen sind die Bestimmungen der §§ 236ff. der Zivilprozeßordnung entsprechend anzuwenden.

§ 3. Diese Verordnung tritt mit dem Tage der Verkündung in Kraft. Der Reichskanzler bestimmt den Zeitpunkt des Außerkrafttretens.

Literatur: Lutter, Kriegsvorschriften auf dem Gebiete des gewerblichen Rechtsschutzes (Berlin 1917). Über Wiedereinsetzung: Lutter in GewRschutz 16, 157; Hüfner ebenda 16, 215; Isay in GewRschutz 23, 121.

Über die Praxis des PA. vgl. die Bekanntmachungen im Bl. 14, 335; 14, 383; 16, 72; 18, 98; ferner die Entscheidungen im Bl. 22, 40; 22, 99; 22, 126; 23, 6; Mitt. v. V. 22, 117; 23, 84; 24, 6; in GewRschutz 25, 14 betr. Unkenntnis des Gesetzes; vgl. auch RG. im Bl. 23, 4.

§ 11.

§ 11 **Das Patentamt ist verpflichtet, auf Ersuchen der Gerichte über Fragen, welche eingetragene Warenzeichen betreffen, Gutachten abzugeben, sofern in dem gerichtlichen Verfahren voneinander abweichende Gutachten mehrerer Sachverständigen vorliegen.**

Verpflichtung des PA. 1. Für Erstattung der Gutachten ist die Beschwerdeabteilung I des PA. zuständig, und zwar in einer Besetzung von mindestens drei Mitgliedern (§§ 2, 3 der Verordnung vom 30. Juni 1894).

Das PA. darf, wenn die gesetzlichen Voraussetzungen nicht vorliegen, eine gutachtliche Tätigkeit nicht entfalten und insbesondere sich über Rechtsfragen nicht als Gutachter äußern (§ 18 PatG., PA. im Bl. 94/95, 234).

a) Der Ausdruck „gerichtliches Verfahren" zeigt klar, daß die Vorschrift, sowohl auf Strafsachen, als auch auf bürgerliche Rechtsstreitigkeiten Anwendung findet (RG. 6, 337 im Patentblatt 82, 73). Sie ist auch auf die „Vorbereitung der öffentlichen Klage" (§§ 158—177 StPO.) auszudehnen.

b) Es müssen die Gutachten mehrerer Sachverständigen vorliegen, mehrere Gutachten desselben Sachverständigen genügen nicht. Ob die Gutachten mündlich zu Protokoll erklärt oder schriftlich ausgearbeitet worden ind, ist gleichgültig; jedenfalls müssen sie in Gemäßheit der Vorschriften der Zivil- oder Strafprozeßordnung dem Gerichte erstattet sein. Gutachtliche Äußerungen, welche eine Partei zu den Akten überreicht, sind keine „Gutachten".

c) Die Gutachten müssen voneinander in technischen Fragen abweichen; eine Meinungsverschiedenheit in zeichenrechtlichen Fragen, z. B. darüber, ob eine Zeichenverletzung vorliegt, ist nicht ausreichend. Die technischen Fragen, in welchen die Gutachten voneinander abweichen, müssen ein eingetragenes Warenzeichen betreffen, also beispielsweise nicht die Frage, ob ein gewisses nicht eingetragenes Zeichen der Eintragung fähig ist. Über ausländische Zeichen hat das PA. ebensowenig Gutachten zu erstatten, wie über Namen, Firmen, Ausstattungen, Herkunftsbezeichnungen usw. (§§ 13 bis 16). § 11 1, 2, 3, 4

d) Es muß das Ersuchen eines deutschen Gerichts vorliegen, nicht etwa einer Verwaltungsbehörde oder Privatperson. Ob der Staatsanwalt den Gerichten gleichsteht, war streitig. Der Reichskanzler hat auf Grund des § 18 Abs. 2 PatG. das PA. ermächtigt, auch auf Ersuchen der Staatsanwaltschaft Gutachten zu erstatten (PBl. 93, 673).

2. Das Gericht ist berechtigt, aber nicht verpflichtet, vom PA. ein Gutachten einzuholen. § 11 legt zwar dem PA., aber nicht dem Gericht eine Verpflichtung auf (RGSt. im Bl. 05, 241). Stellung des Gerichts.

Das Gericht hat das Beweisthema genau zu bezeichnen (N. 16 zu § 14) und wird dem PA. auch die Akten mit den Vorgutachten übersenden.

Es ist an die in dem Gutachten des PA. vertretene Ansicht nicht gebunden. In Warenzeichensachen wird übrigens das PA. nur sehr selten um ein Gutachten angegangen (vgl. Bl. 14, 120).

3. Das Gericht kann in Strafsachen das PA. ersuchen, eines seiner Mitglieder mit der Vertretung des Gutachtens in der Hauptverhandlung zu beauftragen und dem Gerichte zu bezeichnen; eine Verpflichtung des PA., diesem Ersuchen Folge zu leisten, besteht nicht (§ 256 StPO.). Hauptverhandlung.

4. Sowohl in Zivil- wie Strafsachen ist das Gericht befugt, anstatt vom PA. ein Gutachten einzuholen, ein Mitglied desselben als Sachverständigen zu vernehmen; die Vernehmung findet aber nicht statt, wenn die vorgesetzte Behörde des Mitgliedes, d. h. der Reichsjustizminister, erklärt, daß die Vernehmung den dienstlichen Interessen Nachteile bereiten würde (§ 408 Abs. 2 ZPO., § 76 Abs. 2 StPO.). In der Praxis wird die Erlaubnis nie erteilt. Wegen der Vernehmung der Mitglieder des PA. — auch ehemaliger — als Zeugen, sowie wegen ihrer außergerichtlichen Gutachten ist § 12 des Gesetzes, betreffend die Rechtsverhältnisse der Reichsbeamten vom 31. März 1873, zu beachten: Mitglieder des PA.

> Bevor ein Reichsbeamter als Sachverständiger ein außergerichtliches Gutachten abgibt, hat derselbe dazu die Genehmigung seiner vorgesetzten Behörde einzuholen.
>
> Ebenso haben Reichsbeamte, auch wenn sie nicht mehr im Dienste sind, ihr Zeugnis in betreff derjenigen Tatsachen, auf welche die Verpflichtung zur Amtsverschwiegenheit sich bezieht, insoweit zu verweigern, als sie nicht dieser Verpflichtung in dem einzelnen Falle durch die ihnen vorgesetzte oder zuletzt vorgesetzt gewesene Dienstbehörde entbunden sind.

Dementsprechend haben wiederholte Bekanntmachungen des PA. (PBl. 82, 17; 90, 9) den Beamten des PA. es zur Pflicht gemacht, keine gutachtlichen Äußerungen abzugeben.

§ 12.

§ 12 1 Die Eintragung eines Warenzeichens hat die Wirkung, daß dem Eingetragenen ausschließlich das Recht zusteht, Waren der angemeldeten Art oder deren Verpackung oder Umhüllung mit dem Warenzeichen zu versehen, die so bezeichneten Waren in Verkehr zu setzen sowie auf Ankündigungen, Preislisten, Geschäftsbriefen, Empfehlungen, Rechnungen oder dergleichen das Zeichen anzubringen.

Im Falle der Löschung können für die Zeit, in welcher ein Rechtsgrund für die Löschung früher bereits vorgelegen hat, Rechte aus der Eintragung nicht mehr geltend gemacht werden.

Bedeutung des § 12.

1. Der § 12 enthält namentlich folgende Bestimmungen:

a) Das Zeichenrecht wird nicht schon durch die Anmeldung, sondern erst durch die Eintragung begründet (N. 2).

b) Es erlischt schon vor der Löschung des Zeichens, aber erst die Löschung gewährt die Möglichkeit, das Erloschensein des Rechts geltend zu machen (N. 10, 11).

c) Die Eintragung ist rechtswirksam, auch wenn sie hätte versagt werden müssen (N. 2).

d) Es ist verboten, die Waren oder deren Verpackung mit dem geschützten Zeichen zu versehen; das Zeichenrecht ist ferner auf das Anbringen des Zeichens auf Umhüllungen, Ankündigungen, Preislisten usw. ausgedehnt (N. 6, 7).

Neben das eingetragene Warenzeichen des § 12 ist durch das Wettbewerbsgesetz das uneingetragene Zeichen getreten, das nach den Grundsätzen dieses Gesetzes besonders dann einen Schutz gegen Nachahmung genießt, wenn ein Handeln wider die guten Sitten gegeben ist; vgl. N. 1 zu § 15. Hand in Hand damit geht eine Milderung der formellen Wirkung der Eintragung überhaupt (N. 2, 4).

Abs. 1.

§ 12
2
Voraussetzung des Zeichenrechts.

2. Unter der Herrschaft des Gesetzes vom 30. November 1874 wurde das Zeichenrecht durch die Anmeldung erworben, die Eintragung selbst hatte nur eine beurkundende Bedeutung (vgl. namentlich OHG. 24, 74). Daß durch die Eintragung erst das Recht entsteht, ist dagegen durch das jetzige Gesetz angenommen, und zwar, wie die Motive sagen, „um in den rechtsbegründenden Tatsachen mit dem Gesetz über den Schutz der Gebrauchsmuster vom 1. Juni 1891, dessen Durchführung ebenfalls dem PA. obliegt, Übereinstimmung herzustellen".

Das Zeichenrecht entsteht erst durch die Eintragung, ohne solche kann ein Zeichen höchstens als Ausstattung den Schutz des § 15 genießen oder durch das Wettbewerbsgesetz und § 826 BGB. vor Nachahmung gesichert sein. Durch Handlungen, die vor der Eintragung liegen, kann deshalb keine Verletzung des Zeichenrechts begangen werden; die Aufnahme des Zeichens in eine Firma z. B. würde nicht rechtswidrig sein und die Anwendung des § 37 Abs. 2 HGB. nicht rechtfertigen, wenn sie nach der Anmeldung, aber vor der Eintragung erfolgt (vgl. RG. 56, 421 im Bl. 04, 254; RG. 64, 63 im Bl. 06, 338; a. M. Bueren in Mitt. v. V. 23, 85 und OLG. Nürnberg ebenda).

Das Eintragungsprinzip hat zur Folge, daß, wenn jemand Jahrzehnte hindurch ein Warenzeichen gebraucht hat, ohne es eintragen zu lassen, er durch jeden Dritten, welcher dasselbe, wenn auch mala fide, eintragen läßt, seines Besitzes beraubt wird. „Wer ein ihm wertvolles Zeichen nicht eintragen läßt, hat die Folgen der Unterlassung sich selbst zuzuschreiben, und man könne es dann nicht mehr eine Unbilligkeit nennen, wenn ihm für den Fall der Eintragung des Zeichens für einen anderen der weitere Gebrauch des Zeichens untersagt werde" (KommB. S. 6). Der Grundsatz ist von der Rechtsprechung trotz seiner Härte zunächst durchgeführt worden. Seitdem aber der § 826 BGB. und das neue Wettbewerbsgesetz § 1 in Kraft sind, hat man den Inhaber eines im Verkehr bekannt gewordenen Zeichens gegen den Zeichenräuber geschützt und einer mala fide erfolgten Eintragung die Anerkennung versagt. Actio und exceptio doli greifen ein, der Löschungsanspruch wird gegeben (N. 1 zu § 9), er wird auch auf § 9 Nr. 3 gestützt werden können (N. 4 zu § 9). So RG. 66, 238 im Bl. 11, 244; RG. 77, 431; RG. 100, 3 im Bl. 20, 103; RG. 106, 250 gegen RG. 18, 93 und 44, 13 im Bl. 99, 152. Literatur zu dieser Frage: Rosenthal N. 59 zu § 1; Kohler S. 110; Kloeppel in Kohler, Festgabe S. 319; Wassermann in MarkschWettbew. 5, 85; Benjamin in IndustrR. 5, 119; Rauter in GewRschutz 07, 59; Pogge in MarkschWettbew. 9, 75; Pogge in MarkschWettbew. 12, 71; Wirth in Mitt. v. V. 10, 75). Auch die Verwendung der älteren Marke im Auslande kann die Löschung begründen, wenn die Eintragung gerade zum Wettbewerb im Auslande dienen soll (Pogge in MarkschWettbew. 12, 71; s. aber RG. in GewRschutz 14, 52 und dagegen N. 1 zu § 9).

Nach Abs. 1 hat es den Anschein, als ob die Eintragung die einzige Voraussetzung des Zeichenrechts wäre. Es wäre danach für die Entstehung des Rechts unerheblich, ob die Eintragung materiell gerechtfertigt war oder hätte versagt werden müssen. (So: Schanze in MarkschWettbew. 16, 165 mit Literatur). Der Abs. 2 zeigt aber, daß dies nicht der Fall ist. Denn

§ 12 er schreibt vor, daß im Falle der Löschung für die Zeit, in welcher ein Rechts-
2 grund für die Löschung früher bereits vorgelegen hat, Rechte aus der Eintragung nicht mehr geltend gemacht werden können. Es kann also, wenn ein Zeichen, das von vornherein nicht hätte eingetragen werden dürfen, gelöscht wird, aus dieser Eintragung gar kein Recht geltend gemacht werden, d. h. es wird nachträglich festgestellt, daß von Anfang an ein Zeichenrecht nicht bestanden hat. Folglich entsteht dieses Recht nicht durch die Eintragung, sondern es ist dazu notwendig, daß diese auch den materiellen Voraussetzungen entspricht (§§ 1, 4). Die Eintragung hat nur die Bedeutung, daß, solange das Zeichen in der Rolle eingetragen steht, ihm die Wirkungen des Abs. 1 zukommen (RG. 53, 431 im Bl. 04, 95; RG. in MarkschWettbew. 23, 45; in JW. 24, 691; Kohler S. 133). Eine Untersuchung, ob die Eintragung zu Recht erfolgt ist, darf nur im Löschungsverfahren oder nach der Löschung erfolgen. Der Einwand, daß das Zeichen Freizeichen sei oder nach sonstigen Bestimmungen des Gesetzes nicht hätte eingetragen werden dürfen, ist unzulässig (RG. 38 S. 77 und 104; RGSt. 28, 275 im Bl. 96, 188; 46, 21; im Bl. 12, 267). Aus den gleichen Erwägungen ist auch der Einwand nicht zuzulassen, daß die auf Grund des Zeichens angegriffene Bezeichnung, die mit dem Zeichen im Sinne des § 20 übereinstimmt, ein Freizeichen sei; andernfalls würde die Eintragung praktisch ihrer Bedeutung beraubt (RGSt. 48, 389 im Bl. 14, 372; Finger in MarkschWettbew. 14, 248; a. M. RGSt. 44, 192 im Bl. 11, 172 und Dunkhase in MarkschWettbew. 14, 131). Handelt es sich um ein Kombinationszeichen, in dem das angebliche Freizeichen nur einen Teil bildet, so hat dagegen das Gericht selbständig darüber zu befinden, ob der Teil frei ist (OLG. Jena in MarkschWettbew. 13, 389). Die formale Wirkung kommt der Eintragung des Zeichens, nicht der Eintragung des Überganges des Zeichens zu. Die Rechtswirksamkeit der Übertragung unterliegt der Nachprüfung des Gerichts (RG. 51, 263 im Bl. 02, 232; a. M. Kent S. 157, 208). Bei Auslandszeichen sind die Gerichte auch gegenüber der Eintragung durch das PA. gehalten, zu untersuchen, ob die Voraussetzungen des § 23 erfüllt sind (RGSt. 35, 321 und N. 17 zu § 23).

Im Falle der Übereinstimmung eines eingetragenen Zeichens mit einem auf Grund einer anderen Anmeldung eingetragenen sind beide einem Dritten gegenüber völlig wirksam. Dieser kann gegen den eingetragenen Inhaber eines Zeichens nicht den Einwand erheben, daß einem anderen ein besseres Recht auf dieses Zeichen zusteht (Motive S. 15 N. 2 zu § 9). Was das Verhältnis der Inhaber der kollidierenden Zeichen zueinander anlangt, so kann der ältere Anmelder dem anderen den Gebrauch des Zeichens nicht verwehren, solange die Eintragung des letzteren besteht, weil diese dem Eingetragenen kraft des § 12 das Recht zum Gebrauche des Zeichens gibt (RGSt. 30, 211 im Bl. 97, 217; RGSt. 34, 275 im Bl. 01, 251; RG. im Bl. 07, 122; in JW. 07, 26; RG. 92, 383 im Bl. 18, 66; ebenso Allfeld S. 559; Kent S. 249, 250; Rhenius S. 117; gegen das RG. Salinger in GewRSchutz 12, 272; Rosenthal in MarkschWettbew. 24, 76). In der Benutzung des zweiten Zeichens kann deshalb keine Verletzung des Rechtes des ersten Zeicheninhabers liegen. Eine Klage auf Verbot fernerer Verwendung des Zeichens muß, um durchzugreifen, mit der Löschungsklage verbunden werden, da ihr sonst der Einwand aus der Eintragung entgegensteht; es kann über beide Ansprüche zugleich entschieden werden (vgl. N. 15 zu § 9; a. M. Fritz E. Cohn in Marksch-

Wettbew. 13, 552, weil das Löschungsurteil die Löschung nicht ersetze; aber es handelt sich hier nur darum, den Einwand der Rechtsgültigkeit des Zeichens zu beseitigen und das geschieht durch das Urteil auf Löschung). Durch § 12 wird aber nur der bestimmungsgemäße, loyale Gebrauch des Zeichens für erlaubt erklärt. Hierfür kommt nicht das graphische Bild des Zeichens allein in Betracht, sondern auch die Art, wie sich das Bild bei einem sachgemäßen Anbringen auf der zu schützenden Ware darstellt. Abweichungen in bedeutungslosen Einzelheiten beeinträchtigen den Schutz aus § 12 nicht. Aber wesentliche Teile dürfen nicht weggelassen werden. Ist eine Kombination eingetragen, so kann deshalb nicht ohne weiteres ein einzelner Bestandteil der Kombination oder eine wörtliche Wiedergabe eines bildlichen Teiles derselben benutzt werden, sofern dadurch in ein früheres Zeichenrecht eingegriffen wird (RG. 49, 52 in JW. 01, S. 508 und 658; RGSt. 34, 169 im Bl. 01, 223; 02, 211). Wird ein aus zwei Worten „Der Sieger" gebildetes Zeichen so benutzt, daß das eine Wort „Sieger" hervortritt und mit „Singer" verwechselbar wird, so liegt nicht mehr ein nach § 12 erlaubter Gebrauch des Zeichens vor (RGSt. 48, 146 im Bl. 14, 144). Es ist ferner unzulässig, durch Schattierung, Färbung dem Zeichen ein verändertes Bild zu geben, das von der Eintragung nicht mehr gedeckt wird (RG. im Bl. 08, 224; RG. 82, 243 im Bl. 13, 314). § 12 2, 3

Der Grundsatz, daß die Eintragung des Zeichens die Rechtswidrigkeit seiner Benutzung ausschließt, ist auf einen rein zeichenrechtlichen Streit zu beschränken. Dagegen kann § 12 nicht eingreifen, wenn die Angriffe gegen die Zeichenbenutzung darauf beruhen, daß unlauterer Wettbewerb vorliegt, daß § 826 BGB. oder Bestimmungen des Firmenrechts ihr entgegenstehen. In solchen Fällen kann wegen der Verwendung des eingetragenen Zeichens sogar Schadensersatz trotz der Eintragung verlangt, es kann auch eine einstweilige Verfügung gegen den Zeicheninhaber beantragt werden (OLG. Dresden im Bl. 07, 222; in IndustrR. 08, 259; RG. in GewRschutz 11, 34 in MarkschWettbew. 10, 191; RG. im Bl. 12, 231; in JW. 12, 309; RG. 85, 197 in MarkschWettbew. 14, 262; RG. in MarkschWettbew. 13, 25; in GewRschutz 14, 52; RGSt. 41, 78; RG.St. 49, 242 in MarkschWettbew. 14, 338). Schon früher hatte die Rechtsprechung auch bei Anwendung des § 14 WarenZG. den Einwand der Eintragung aus § 12 versagt (RG. in MarkschWettbew. 13, 73; OLG. Dresden im Bl. 07, 222; a. M. RG. im Bl. 07, 122). In diesen Fällen wird heute § 1 UnlWG., § 826 BGB. stets vorliegen, die Frage ist damit erledigt. Da die Eintragung des Zeichens nur zeichenrechtliche Bedeutung hat, so kann sie nicht verwertet werden, um eine nach andern Rechtsnormen strafbare Handlung auszuschließen (RGSt. 43, 145 im Bl. 10, 331).

Bei Verbandszeichen (§§ 24aff.) kann sich jedes zur Verwendung des Zeichens befugte Mitglied auf die Eintragung berufen (KG. in Mitt. v. V. 24, 7 in MarkschWettbew. 23, 168).

3. Das Zeichenrecht ist ein Ausfluß des Rechts der Persönlichkeit, es soll durch dasselbe ebenso wie durch das Namen- oder Firmenrecht die Erkennung einer Person gesichert werden (Kohler S. 62; dagegen Marquardt in GewRschutz 14, 142, der zu Unrecht dem Zeichenrecht erfinder- oder urheberrechtlichen Charakter beilegt). Insbesondere der Zeichenschutz bezweckt die Unterscheidung der von einem Gewerbetreibenden hergestellten oder vertriebenen Waren von gleichartigen Waren anderer, will also die Recht.

§ 12 3, 4 Verwechselung der Persönlichkeit des Erzeugers oder Vertreibers mit anderen hindern.

Der Inhalt des Zeichenrechts wird in § 12 angegeben, und zwar in Übereinstimmung mit der Fassung der verwandten Reichsgesetze über das Urheberrecht, ferner des § 4 des Patentgesetzes, § 4 des Gebrauchsmustergesetzes. Wie die durch diese Gesetze geschützten Rechte, ist auch das Zeichenrecht ein absolutes Recht, es hat, nach Art des Eigentumsrechts, eine affirmative und eine negative Seite. Der Berechtigte hat die Befugnis, das Warenzeichen anzuwenden und die mit ihm versehenen Waren in Verkehr zu setzen, und er kann allen anderen verwehren, ein gleiches zu tun. Die Benutzung des Zeichens muß eine solche sein, wie sie im § 12 beschrieben ist, d. h. eine zeichenmäßige (N. 8). Die Nachahmung eines Zeitungstitels läßt sich deshalb nicht damit verteidigen, daß die Worte als Zeichen eingetragen seien (RG. 44, 99). Für die Frage, in welcher Form das Zeichen Schutz genießt, ist lediglich die Form, in der es eingetragen ist, maßgebend (RG. in MarkschWettbew. 23, 40). Nur darf nach dem Reichsgesetz zum Schutz des Genfer Neutralitätszeichens vom 22. März 1902 (RGBl. S. 125 im Bl. 08, 134) ein rotes Kreuz auf weißem Grunde sowie die Worte „rotes Kreuz" in einem eingetragenen Zeichen nicht benutzt werden.

Die Anbringung des Zeichens ist keine Verpflichtung des Berechtigten. Es hängt also ganz von seinem Belieben ab, ob er die bei der Anmeldung angegebenen Waren mit dem Zeichen versehen will; auch kann er einzelne derselben mit ihm versehen, andere nicht. Da er nämlich durch Anbringung des Zeichens erklärt, daß die betreffende Ware von ihm herrührt, so kann er bisweilen, z. B. wenn ein Stück Ware schlechter ausfällt, ein Interesse daran haben, die Herkunft dieses Stückes nicht in dieser Weise offenbar zu machen (vgl. RGSt. 4, 171), auch bei ganz gleichen Stücken ist ein solches Interesse denkbar. Aber selbst bei mangelndem Interesse ist es ein Recht seiner freien willkürlichen Entschließung, welches Stück seiner Waren er mit dem Zeichen versehen will, welches nicht (RGSt. 23, 365; 30, 95 im Bl. 97, 165). Ebenso steht es ganz in seinem Belieben, ob und wem gegenüber er von der negativen Seite seines Rechts, der Untersagungsbefugnis, Gebrauch machen will; verpflichtet, gegen Eingriffe einzuschreiten, ist er nicht. Inwiefern ihm das Nichteinschreiten nachteilig werden kann, darüber siehe N. 7 zu § 7.

Der Inhalt des Rechts ist wie der der dinglichen Rechte des BGB. ein fest umgrenzter, der Privatwillkür nicht unterliegender. Infolgedessen geht es nicht an, das Recht entgegen dem Gesetze zu beschränken, sei es in bezug auf seinen örtlichen Bereich, sei es in bezug auf gleichartige Waren, oder sonst (Bl. 01, 176; 02, 197; 98, 217).

Schranken. 4. Der absoluten Natur des Zeichenrechts setzt das Gesetz in § 13 teils aus Rücksicht auf das Persönlichkeitsrecht anderer, teils im Verkehrsinteresse eine Schranke. Ferner schützt die Eintragung nicht vor der Bestrafung aus § 16 (N. 6 zu § 16).

Andere zeichenrechtliche Durchbrechungen des Grundsatzes kennt das Gesetz nicht, weder nach der affirmativen noch nach der negativen Seite des Rechts. Der Eingetragene kann sein Recht stets ausüben und wird durch ein älteres Zeichenrecht, so lange sein eigenes Zeichen eingetragen ist, in der Verfolgung seines Rechts Dritten gegenüber nicht gehindert (N. 2).

Auch die bloße Tatsache, daß vor seiner Eintragung ein anderer das Zeichen, ohne es eintragen zu lassen, angewendet hat, beeinträchtigt den Inhalt seines Rechts in keiner Weise. Ein Vorbenutzungsrecht nach Analogie des § 5 PatG. ist nicht gegeben (RGSt. in DJZ. 08, 1171). Eine Vorbenutzung ist aber im Art. 28 des Handelsvertrages zwischen den Staaten des Deutschen Zoll- und Handelsvereins und Frankreich vom 2. August 1862 anerkannt (N. 5 a. E.). § 12 4, 5

Der Eintragung gegenüber greift die Einrede der Verjährung oder Ersitzung nicht durch (N. 2 zu § 5).

Der Eingetragene kann sein Untersagungsrecht demjenigen gegenüber nicht geltend machen, welchem er den Gebrauch seines Warenzeichens gestattet hatte (N. 7 zu § 7).

Das Zeichenrecht findet weiter seine Schranke an dem zur Zeit seiner Entstehung bereits begründeten Rechte eines andern. Im § 13 sind Name und Firma als solche nahestehenden Persönlichkeitsrechte hervorgehoben, die nicht berührt werden. Analog werden Urheberrechte an Mustern, Kunstwerken, Photographien, die vor dem Zeichen bestanden, weiter bestimmungsgemäß benutzt werden dürfen, selbst wenn dadurch Kollisionen mit dem Zeichenrecht eintreten. Dasselbe ist von dem Recht auf das Wappen einer Familie, auf Porträts und von ähnlichen Individualrechten anzunehmen; vgl. N. 13 zu § 1; N. 1 zu § 9. Endlich versagt der Schutz des Zeichens stets, wenn in seiner Benutzung ein Mißbrauch des Rechts liegen würde. Die formale Befugnis wird durch den Verstoß gegen die guten Sitten, der im einzelnen Falle vorliegen kann, entkräftet (§ 826 BGB., § 1 UnlWG.; RG. 87, 89; RG. 97, 90; RGSt. 49, 242; Rosenthal N. 59 zu § 1). Die exceptio doli generalis gilt also auch im Zeichenrecht (vgl. N. 2).

5. Das Zeichenrecht richtet sich gegen jede Verletzung, welche in Deutschland geschieht. Da das Warenzeichengesetz in den Ländern mit Konsulargerichtsbarkeit ebenfalls Geltung hat (N. 2 zu § 23), so sind Verletzungen, die dort begangen werden, in gleicher Weise zu verfolgen, wie inländische (RG. im Bl. 02, 211). Auch wenn die verletzende Handlung von einem Ausländer oder im Auslande Wohnenden vorgenommen ist, steht dem Berechtigten der volle Rechtsschutz (N. 12) zur Seite. Aber das Zeichenrecht ist nicht, wie das Patentrecht, derart territorial beschränkt, daß die in ihm liegenden Befugnisse dem Berechtigten nur für das Gebiet des Deutschen Reiches zustehen. Der Grund liegt darin, daß das Zeichenrecht ein Ausfluß der Persönlichkeit ist. Es verlangen die Natur des Rechts und das Bedürfnis der Verkehrs, daß wir das in Deutschland eingetragene Warenzeichen auch über die Grenzen des Reichs hinaus schützen (RG. 18, 31; 45, 145 im Bl. 00, 39; RG. 51, 263 im Bl. 02, 232; RG. 54, 414 im Bl. 04, 249; RG. in MarkschWettbew. 22, 61; a. M. Kohler S. 249; Osterrieth S. 344; Adler S. 375; vgl, dagegen Cantor in MarkschWettbew. 10, 7). Eine räumliche Begrenzung der Benutzung des Zeichens kann deshalb nicht in die Zeichenrolle eingetragen werden (Bl. 96, 184; 97, 103; 98, 217; vgl. auch die nicht zutreffende Entscheidung RG. in GewRSchutz 14, 52 in MarkschWettbew. 13, 25). Territorialität.

Andererseits darf nicht übersehen werden, daß das aus dem Rechte der Persönlichkeit fließende Zeichenrecht von unserer Gesetzgebung als ein besonderes Verbietungsrecht ausgestaltet worden ist. Es würde gegen die

§ 12 Grundsätze des internationalen Rechts verstoßen, wenn wir alle im Auslande
5 begangenen Handlungen, welche nach deutschem Gesetz als Verstöße gegen ein deutsches Warenzeichen anzusehen wären, ausnahmslos nach unserem Gesetze ahnden wollten (v. Bar Internationales Privatrecht 2. Aufl. II S. 274ff.).

Zum Schutze eines deutschen Zeichens gibt es die Feststellungs- und Entschädigungklage, auch wenn die Störung im Auslande stattgefunden hat, vorausgesetzt, daß ein deutscher Gerichtsstand begründet ist. Auch die Verbotsklage aus § 12, durch welche künftige Störungen verhindert werden sollen, ist zuzulassen (RG. 45, 143 im Bl. 00, 39; in Bl. 04, 249; RG. in MarkschWettbew. 22, 61). Ob der Verletzer ein In- oder Ausländer ist, kann keinen Unterschied machen.

Dabei darf nicht übersehen werden, daß, wenn die verletzende Tätigkeit aus mehreren Einzelakten zusammengesetzt ist, welche teils im In-, teils im Auslande vorgenommen wurden, die Verletzung auch im Inlande stattgefunden hat (vgl. RGSt. 10, 420; 25, 424; 39, 258; RGSt. im Bl. 14, 240; RGSt. 48, 138 im Bl. 14, 205; die Kommentare zu § 3 des Strafgesetzbuches von Olshausen und Ebermayer). Deshalb wird z. B. der im Inlande Wohnende, welcher eine Verletzung des Zeichenrechts im Auslande bewirkte und dazu von hier aus Anordnungen traf, die Verletzung auch im Inlande begangen haben. Dies gilt sowohl für die Negatoria als für die Bestrafung (RGSt. 48, 138 im Bl. 14, 205). Ist aber die im Auslande geschehene Haupttat dort nicht widerrechtlich, so kann auch die im Inlande begangene Teilnahmehandlung nicht als Zeichenverletzung angesehen werden, sofern sie sich nicht als einen selbständigen Eingriff darstellt (RG. 45, 143 im Bl. 00, 39; RG. in MarkschWettbew. 7, 88; LG. Bremen im Bl. 94/95, 317). Im übrigen siehe wegen der strafrechtlichen Ahndung N. 21 zu § 14. Berührt die Ware des Ausländers Deutschland, so kommt § 17 zur Anwendung.

Vorstehendes gilt von inländischen Zeichen, d. h. von allen in die Zeichenrolle eingetragenen, gleichviel ob sie nur im Inlande oder außerdem auch im Auslande Schutz genießen, und auch von inländischen Ausstattungen (RGSt. im Bl. 14, 240). Wie ist es nun mit den ausländischen Zeichen, d. h. mit den nur im Auslande geschützten? Das Gesetz gewährt ausländischen Warenzeichen nur dann einen Schutz, wenn sie nach § 23 Aufnahme in die Zeichenrolle gefunden haben: ein Schutz für Warenzeichen ohne Erfüllung dieser Bedingungen kann innerhalb des Deutschen Reiches nicht geltend gemacht werden (RG. 18, 28). Die deutschen Gerichte dürfen gegen die Verletzungen einer bloßen Auslandsmarke also nicht einschreiten, gleichviel ob die Verletzung im In- oder Auslande begangen ist (RG. im Bl. 08, 226; in JW. 08, 437). Den Auslandsmarken ist der Rechtsschutz völlig versagt, es ist bezüglich derselben auch keine Feststellungsklage gegeben, denn § 256 ZPO. setzt ein in Deutschland anerkanntes Rechtsverhältnis voraus (RG. in JW. 94, 369 im Bl. 95, 1). Bei Handlungen im Auslande wäre eine Strafverfolgung auch durch § 4 des Reichsstrafgesetzbuches ausgeschlossen.

Vorstehendes gilt auch für die Marken derjenigen Staaten, die der Internationalen Union angehören oder mit denen die — im Anhange abgedruckten — Sonderverträge geschlossen sind (RG. im Bl. 08, 226).

Dagegen wird eine Klage auf Übertragung oder Löschung eines ausländischen Zeichens, die sich auf ein zwischen den Parteien bestehendes

Rechtsverhältnis gründet, in Deutschland geführt werden können, weil es sich hier nicht um die ausschließlichen Befugnisse des Zeicheninhabers handelt. § 12 5

Ist ein Warenzeichen in Deutschland für A und in einem anderen Staate für B geschützt, so ist B gehindert, es bei uns zu verwenden oder Waren, welche mit dem Zeichen versehen sind, in Deutschland einzuführen. Es darf auch weder B noch ein Dritter das Zeichen hier auf Waren setzen, welche in das Ausland, insbesondere in den Staat, in welchem B Schutz genießt, geschafft werden sollen (Rechtsprechung des RGSt. 6, 547; LG. Bremen im Bl. 94/95, 317). Dagegen verstößt B durch seinen Gebrauch in dem ausländischen Staate nicht gegen das Zeichenrecht des A, weil wir innerhalb jenes Staates die dort geltende Rechtsordnung anerkennen müssen (RG. 45, 143 im Bl. 00, 39; RG. 54, 414 im Bl. 04, 249; in JW. 03, 249; RGSt. im Bl. 10, 21). Das hindert nicht, daß aus dem deutschen Zeichenrecht geklagt werden kann, wenn das behauptete ausländische Zeichenrecht bestritten wird und sich der deutsche Berechtigte durch eine solche Behauptung beeinträchtigt sieht (RG. 54, 414 im Bl. 04, 249). Es ergibt sich aus dem obigen weiter, daß bloße Teilnahmehandlungen, welche die Tat des B unterstützen, in Deutschland vorgenommen werden dürfen. Für A war in Deutschland eine Marke für Spirituosen eingetragen. C sandte leere Flaschen, welche mit dieser Marke versehen waren, nach Argentinien, wo B, für den dort dieselbe Marke für Spirituosen geschützt war, die Flaschen füllte. Das RG. wies die Klage des A gegen C ab (RG. 45, 143 im Bl. 00, 39; RGSt. im Bl. 10, 21; in MarkschWettbew. 9, 63). — Anders ist zu entscheiden, wenn die Handlung des C sich als eine selbständige Zeichenverletzung dargestellt hätte (LG. Bremen im Bl. 94/95, 317). Das hat dazu geführt, daß sich die Spirituosen-Ausfuhrindustrie ihre Zeichen auch für die Behältnisse der Waren (Flaschen, Krüge) eintragen läßt, was aber nicht zulässig ist, wenn es sich nur um Hilfsartikel handelt (N. 7 zu § 1). Umgekehrt darf A sein Zeichen bei uns, aber nicht in dem fremden Staate anwenden, nur daß wir gegen eine Verletzung der fremden Rechtsordnung bei uns nicht einschreiten würden. Diese Grundsätze würden wir dann nicht zur Anwendung bringen, wenn die ausländische Marke nur als eine auf Täuschung berechnete Nachahmung der deutschen anzusehen ist: dann würden unsere Gerichte auch in ihrer Führung im Auslande einen Eingriff in das deutsche Zeichenrecht zu erblicken haben (OLG. Dresden im Bl. 05, 253 bezüglich eines ausländischen Musters). Gegen etwaige Gehilfen im Inlande würde alsdann auch § 1 des Wettbewerbsges. § 826 BGB. anzuziehen sein. Ob B ein In- oder Ausländer ist, wäre im vorliegenden Falle unerheblich.

Eine besondere Bestimmung gilt im Verkehre zwischen Frankreich und Deutschland nach Art. 28 des Handelsvertrages vom 2. August 1862 (GS. 65, 333). Dort heißt es nämlich:

„Wegen des Gebrauches der Fabrikzeichen des einen Landes in dem anderen soll eine Verfolgung nicht stattfinden, wenn die erste Anwendung dieser Fabrikzeichen in dem Lande, aus welchem die Ausfuhr der Erzeugnisse erfolgt, in eine frühere Zeit fällt, als die durch Niederlegung oder auf andere Weise bewirkte Aneignung dieser Zeichen in dem Lande der Einfuhr.“

§ 12 5, 6 Der Art. 28 ist durch Art. 11 der zusätzlichen Übereinkunft zu dem Friedensvertrage vom 12. Oktober 1871 wieder in Kraft gesetzt (RGBl. 71 S. 363, 73 S. 365) und auf Grund des Versailler Vertrags von neuem in Geltung (RGBl. 20, 946). Er bezieht sich auf Fabrik- und Handelszeichen gleichmäßig, gilt für das ganze Reichsgebiet und schafft ein eigenartiges Vorbenutzungsrecht, das über die Grenzen des Landes hinaus wirkt, in dem die Vorbenutzung stattgefunden hat, er gewährt aber kein Recht auf Eintragung des Zeichens (RG. in Bl. 08, 170). Über einen Vertrag mit Schweden-Norwegen, der eine ähnliche Bestimmung enthielt, von 1872 und seine Bedeutung Seligsohn in GewRschutz 13, 83.

Waren, Verpackung, Umhüllung. 6. Über den Begriff der Ware siehe N. 7 zu § 1. Das ausschließliche Recht des Eingetragenen erstreckt sich nicht bloß auf die Waren, welche in der Anmeldung (§ 2) angegeben sind, sondern auch auf die diesen gleichartigen Waren (N. 3a zu § 5, Bl. 01, 176 und z. B. RG. 102, 355; 108, 34). Auch gegen die Verwendung des gut eingeführten Zeichens, insbesondere eines Schlagwortes bei ungleichartigen Waren ist der Berechtigte nicht machtlos. Es wird häufig unlauterer Wettbewerb in Frage kommen (vgl. die Mitropa-Entscheidung des LG. I Berlin, wo das Namensrecht herangezogen ist, in MarkschWettbew. 17, 165, in GewRschutz 18, 28; ferner LG. Chemnitz in MarkschWettbew. 23, 12; LG. Elberfeld in GewRschutz 24, 204 in M. u. W. 24, 93 und Rosenthal N. 56 zu § 1; siehe auch unter N. 13). Der Berechtigte wird um so mehr möglichst gegen die Benutzung des Zeichens bei ungleichartigen Waren zu schützen sein, als nach der heutigen Rechtsprechung die vielfache Benutzung der gleichen oder ähnlichen Zeichen selbst bei andern Waren eine Einschränkung des Schutzbereiches eines Zeichens zur Folge haben kann (RG. 98, 225, im Bl. 20, 111; N. 4 zu § 20). Gegen solche Verringerung und Beeinträchtigung seines Rechts muß der Zeicheninhaber vorbeugende Maßnahmen treffen können. Neben der Ware und deren Verpackung ist die Umhüllung genannt, um klarzustellen, daß auch Behälter, Flaschen, Büchsen, welche in eine nur vorübergehende Verbindung mit der Ware — etwa beim Feilhalten — gebracht werden, unbefugt mit dem Zeichen nicht versehen werden dürfen (Motive S. 15). Die Worte Verpackung und Umhüllung begreifen in sich jede Hülle, welche eine einzelne Sache oder Sachmenge ganz oder teilweise umgibt und, falls der fraglichen Ware nach ihrer natürlichen Beschaffenheit die Eigenschaft einer Sache von fester, geschlossener, ein einheitliches Ganze bildender Form abgeht, diese Ware zu einem bestimmten Ganzen zusammenfaßt (RGSt. 21, 214; 36, 87; RG. im Bl. 04, 23). Es fallen darunter Fässer, Gläser, Flaschen, Kisten, Körbe, Büchsen, Bassins (z. B. für Petroleum oder Spiritus), Futterale, Kapseln, Dosen, Schachteln, Tüten, Kannen usw. Eine Ware kann mehrere Hüllen haben. Parfüm kann z. B. in einem Fläschchen enthalten sein, mehrere dieser Fläschchen können in einem Kästchen, mehrere Kästchen wieder in einem Kasten vereinigt werden. Ist das Zeichen auf der Ware selbst angebracht, so wird diese Anbringung nicht dadurch beseitigt, daß auf den Umhüllungen ein anderes Zeichen befestigt ist. Die auf der Ware selbst befindliche Kennzeichnung ist für den Verkehr ebenso wichtig wie die auf die Verpackung gesetzte (RG. im Bl. 02, 211). Hierher gehören auch Gegenstände, um welche die Ware herumgelegt oder gerollt wird, wie bei Garnspulen der innere Zylinder (Abel S. 209).

Unerheblich ist es, wem die Verpackung oder Umhüllung gehört und wer sie um die Ware gelegt hat. Auch diejenigen Umhüllungen und Behältnisse gehören hierher, welche vom Detailhändler verwendet werden, um die Ware zum Zwecke des Feilbietens als ein festes, geschlossenes Ganzes beim Publikum in die Erscheinung treten zu lassen, wie Auslagekisten, Standdosen, Büchsen, wenn sie auch als Feilbiete- oder Aufbewahrungsbehältnisse im Geschäfte verbleiben. Eine dauernde Verbindung der Ware mit der sie umgebenden Hülle ist nicht notwendig, es genügt jede Verbindung, die ihre wenn auch nur vorübergehende Zugehörigkeit zur Ware und ihre Bestimmung erkennen läßt, als Träger der Bezeichnung der Ware zu dienen (RG. 36, 13; RGSt. 36, 87, im Bl. 04, 23; RGSt. im Bl. 05, 149; RGSt. im Bl. 15, 113). Dem entsprechend hatte das Reichsgericht eine in einem Laden aufgestellte Standdose, in welche der Verkäufer Kakaopulver einschüttete, bereits unter dem MarkschG. für eine Verpackung angesehen (RGSt. 21, 214). Anders ist zu entscheiden, wenn es sich um Gefäße in Lagerräumen handelt (RGSt. 24, 97) oder um Privatgebrauch (RGSt. 43, 87 im Bl. 10, 322 Plenarentscheidung). § 12 6, 7

7. Das Gesetz gibt dem Eingetragenen auch das ausschließliche Recht, auf Ankündigungen, Preislisten, Geschäftsbriefen, Empfehlungen, Rechnungen oder dergleichen das Zeichen anzubringen. Wie die Worte „oder dergleichen" zeigen, sind die vorhergehenden fünf Worte nur Beispiele. Es gehört jede urkundliche Kundgebung im Verkehr hierher, die in deutlicher Beziehung zum Geschäfte steht und auf die Waren desselben hinweist. Darunter würde außer den im Gesetze erwähnten Beispielen u. a. fallen der Gebrauch auf Prospekten, Wechselformularen, Gebrauchsanweisungen, Kostenanschlägen (RG. in UnlW. 03 S. 107, im Bl. 04, 231). Plakaten, Annoncen (RGSt. im Bl. 98, 116), Briefumschlägen, Geschäftswagen, (Kommissionsbericht S. 7, LG. I Berlin im Bl. 94/95, 277), Firmenschildern, Ladenschildern (RG. 38, 135, RGSt. 37, 131 im Bl. 04, 428), Schaufenstern (RGSt. 37, 258 im Bl. 05, 135), Flaschenkästen (RG. in JW. 15, 359 in MarkschWettbew. 14, 396), im Warenverzeichnis eines Zeichens (RG. in GewRschutz 24, 48; im Bl. 24, 290; siehe dagegen früher RG. im Bl. 99, 118), Speisekarten, geschäftlichen Visitenkarten usw. Dagegen ist eine architektonische Zierde (Globus) auf dem Dache eines Warenhauses nicht als eine Ankündigung angesehen worden, weil ihr die Beziehung zur Ware fehlt (LG. I Berlin im Bl. 02, 29). Die bloße Geschäfts- oder Etablissementsbezeichnung „zum Treppchen", „zur Schützenliesl" ist nicht Warenbezeichnung, aber diese Benennungen werden unzulässig im Sinne des § 12, wenn sie auch für Waren etwa auf der Weinkarte, der Speisenkarte verwendet werden (RG. in JW. 06, 439; OLG. Stuttgart in MarkschWettbew. 8, 217; unrichtig RG. in MarkschWettbew. 10, 347). Das gleiche wird für Telegrammadressen zu sagen sein (vgl. über sie N. 1 zu § 14 und Rosenthal N. 96 zu § 16). Daß die angekündigte Ware selbst schon existiert, ist nicht erforderlich (RGSt. 36, 199 im Bl. 04, 99). Ankündigungen usw.

Eine urkundliche Kundgebung aber muß vorliegen. Der bloß mündliche Gebrauch des Zeichens im Verkehr fällt nicht unter § 12, wie auch die Worte des Gesetzes („anbringen", „versehen") erkennen lassen (RG. im Bl. 98, 16; 98, 138; 00, 158). Der Verkauf von Waren unter mündlicher Bezeichnung derselben mit einem geschützten Worte wird sich namentlich,

§ 12 wenn damit irregeführt werden soll, als unlauterer Wettbewerb gemäß § 1
7, 8 UWG. darstellen, auch § 3, 14 UWG. kann herangezogen werden (Rosenthal N. 61 zu § 1; RG. 60, 189 im Bl. 11, 260; JW. 05, 237); es kann sogar ein stillschweigender Gebrauch der Bezeichnung ohne ausdrückliche Erklärung aus den Umständen folgen (RGSt. 45, 376 im Bl. 12, 122).

Da das Zeichenrecht sich nur auf die bei der Anmeldung angegebenen und gleichartige Waren erstreckt, so kann auch hier nur der Geschäftsverkehr, welcher sich auf diese Waren bezieht, in Betracht kommen. Demnach kann ein Tabakhändler in einer geschäftlichen Anzeige oder auf seinem Ladenschilde nicht das Zeichen einer anderen Tabakfirma, wohl aber das einer Woll- oder einer Glashandlung anbringen, s. aber N. 6.

Bei Ankündigungen, Preislisten usw. ist scheinbar nur verboten, das Zeichen auf ihnen anzubringen. Das Inverkehrsetzen der widerrechtlich mit dem Zeichen versehenen Ankündigungen usw. ist trotzdem nicht etwa erlaubt, ein anderes würde dem Zwecke des Gesetzes widerstreiten (RGSt. 37, 258; RGSt. im Bl. 10, 242; anders früher RGSt. 35, 415). Andererseits ist erst mit der Anbringung der Eingriff vollzogen, die bloße Aufgabe eines Inserats mit dem Zeichen fällt noch nicht unter § 12 (Allfeld S. 601).

Versehen, anbringen. 8. Versehen, anbringen. Das Gesetz gebraucht diese beiden Worte in gleichem Sinne und wechselt in den §§ 12—16 in ihrer Anwendung ohne besonderen Grund ab. Es will mit ihnen jede körperliche Verbindung des Warenzeichens mit den Waren, der Verpackung, Umhüllung oder mit einer Kundgebung des geschäftlichen Verkehrs bezeichnen (RG. im Bl. 96, 19). Wie die Verbindung erfolgt, ob unmittelbar oder mittelbar z. B. die Flaschenkästen, in denen die Bierflaschen befördert werden, oder der Seifenkarton, in dem Seifestücke aufbewahrt werden, enthält das Zeichen aufgedruckt, macht keinen Unterschied, sofern in dem Zeichen noch ein Hinweis auf die Ware noch der Auffassung des Verkehrs erblickt wird (RGSt. in JW. 15, 359 in MarkschWettbew. 14, 396). Ist die Verbindung von Ware und Zeichen mit einem andern Gegenstande erfolgt und praktisch nicht mehr zu lösen, so bleibt nichts destoweniger die Anbringung des Zeichens auf der Ware bestehen, wenn nur Ware mit Zeichen auch in der Gesamterscheinung etwas Besonderes bilden (RGSt. 42, 184 im Bl. 09, 221). Ob das Zeichen im Texte einer Ankündigung oder außerhalb desselben steht, ist ohne Bedeutung (RG. im Bl. 99, 154). Nur muß das Schriftstück auf die Ware hinweisen (RGSt. 41, 78). Die Auffassung des Verkehrs ist dafür entscheidend, ob ein solcher Zusammenhang zwischen Ware oder Ankündigung und Zeichen anzunehmen ist (RGSt. Pl. 43, 87 im Bl. 10, 322; RG. 71, 47 im Bl. 09, 296).

Wie die Verbindung des Zeichens mit der Ware oder den anderen Gegenständen hergestellt wird, ist unerheblich, keineswegs braucht sie unlösbar zu sein. Auf den Geschäftspapieren oder der Verpackung wird das Zeichen oft als Wasserzeichen, Siegel, Stempel, durch Aufdruck, Aufschrift, Aufkleben angebracht, bei Flüssigkeiten wird das Zeichen auf der Flasche oder dem Faß eingepreßt oder abgedruckt (RGSt. im Bl. 14, 203; RGSt. 34, 229 im Bl. 05, 148; RGSt. 43, 87 im Bl. 10, 322 Plenarentsch.). Die Einpressung kann zugleich als Eigentumszeichen dienen, das schließt aber eine Warenbezeichnung nicht aus (a. M. RGSt. in GewRschutz 16, 89). Bei Eisen-

waren kann das Zeichen eingeprägt, bei Kartonnagewaren aufgedruckt, bei § 12
Textilwaren eingewebt (AG. Krefeld im Bl. 94/95, 236), bei Pferden einge- 8
brannt, bei Glaswaren aufgemalt oder eingeätzt werden, um sie im Interesse des Zeicheninhabers möglichst untrennbar mit der Ware zu vereinigen. Zeichen und Verpackung können aus demselben Stoff herausgearbeitet sein (RG. im Bl. 96, 19), kurz: die Art seiner Anbringung hängt ganz von der Willkür des Berechtigten und von der Natur des Gegenstandes ab. Es muß nicht unmittelbar an der Ware, sondern kann auch an einer mit derselben verbundenen Schnur angebracht sein. Es reicht zur Bezeichnung der Ware aus, wenn im Schaufenster in ihrer Nähe das Zeichen angebracht wird, so daß man die Marke auf die Ware bezieht. Darin wird auch eine Ankündigung liegen (Adler S. 293). An welcher Stelle der Ware, Verpackung usw. es angebracht wird, ob an einer oder an mehreren Stellen — auch dies ist ganz in das Belieben des Berechtigten gestellt. Ist aber das Zeichen gar nicht mit der Ware selbst in Verbindung, sondern mit einem ganz anderen Gegenstand, der erst hinterher mit der Ware in Zusammenhang gebracht werden soll, so ist, bis der Zusammenhang hergestellt wird, eine Bezeichnung der Ware nicht gegeben (RGSt. im Bl. 10, 21).

Die Verbindung der Ware oder Ankündigung mit dem Zeichen stellt nicht nur her, wer das Zeichen anbringt, sondern auch, wer das unrichtig angebrachte Zeichen nicht beseitigt, obgleich er es mit leichter Mühe tilgen oder unbrauchbar machen könnte. Die Unterlassung der Beseitigung steht dem Anbringen gleich (RGSt. 37, 258 im Bl. 05, 134; RGSt. im Bl. 08, 220; RGSt. im Bl. 12, 122).

Durch die Anbringung seines Zeichens auf der Ware leistet der Berechtigte gewissermaßen Gewähr dafür, daß er die Ware als die seine in den Verkehr bringt. Dritte dürfen hier nicht störend eingreifen z. B. durch Veränderung dieses Zusammenhanges, Erneuerung wesentlicher Teile. Darüber s. N. 13.

Nicht überall, wo ein Warenzeichen sichtbar ist, kann man von einer Anbringung des Warenzeichens sprechen, sondern nur dann, wenn das Zeichen für das Auge des Betrachters zur Unterscheidung einer Ware von anderen dienen soll, wenn es warenzeichenmäßig gebraucht wird. Nur dann liegt eine Benutzung des Zeichens als Warenzeichen vor, nur dann wird eine Kennzeichnung der Ware im Verkehr bezweckt. Das geschützte Bild kann z. B. lediglich als Schmuck der Ware oder ihrer Verpackung oder als religiöses Emblem, als Symbol vorkommen. Dann ist es nicht als Warenzeichen angebracht (LG. Leipzig im Bl. 00, 211; OLG. Dresden in MarkschWettbew. 13, 117). Es kann aber auch sein, daß das Bild sowohl als Verzierung als auch als Hinweis auf die Herkunft aufgefaßt wird, in diesem Fall ist § 12 anwendbar (RG. im Bl. 10, 23 in MarkschWettbew. 9, 95). Ein Vereinsabzeichen, das ausgegeben wird, erscheint den Beteiligten nicht als Marke und kann keine Irrtümer im Warenverkehr hervorrufen (RGSt. in MarkschWettbew. 14, 187). Ein Globus auf dem Dache eines Geschäftshauses ist der symbolische Ausdruck des Weltverkehrs und wird nicht als Bezeichnung der Waren verstanden (RG. in MarkschWettbew. 14, 221; vgl. auch über einen besonderen Fall von Wandreklame OLG. Dresden in MarkschWettbew. 22, 179). Ein Bild wird nicht als Zeichen verwertet, wenn es als Kartenrücken technisch notwendiger Bestandteil der Spielkarte wird und dem Ver-

§ 12 kehr nur als solcher vor die Augen kommt (RG. im Bl. 07, 15 in JW. 06,
8 723, siehe dazu Levy in GewRschutz 07, 84). Signierungszeichen, die sich auf Kisten vorfinden, um diese für den Transport voneinander zu sondern, dienen nicht zur Unterscheidung der einzelnen Waren. Ihre Anwendung bildet deshalb nicht die Verletzung eines Zeichens, das für die Ware eingetragen ist (LG. Hamburg im Bl. 01, 288; PA. im Bl. 00, 278). In demselben Sinne entschied RGSt. 43, 314 im Bl. 10, 311, daß bei alten Kunstwerken die etwaige Bezeichnung nicht als Marke, sondern nur als Mittel zur Beglaubigung der Echtheit wirke. In allen diesen Fällen muß der Richter vom Standpunkte des Verkehrs aus zu erfassen suchen, wie das Bild wirkt, wobei natürlich auch die Bedeutung des Zeichens, die für dasselbe gemachte Reklame eine Rolle spielen werden.

Besondere Schwierigkeiten bereiten die Wortzeichen, weil das Wort sowohl als Zeichen als auch als seinem sprachlichen Sinne nach in Betracht kommt. Leitender Grundsatz muß hier aber sein, daß ein als Warenbezeichnung bekanntes Wort die Aufmerksamkeit des Publikums ohne weiteres auf sich zieht und deshalb im Zweifel in dem ihm geläufigen Sinne aufgefaßt wird (vgl. auch Lobe in MarkschWettbew. 16, 129; RG. 86, 123 im Bl. 15, 155). Die Rechtsprechung hat das noch immer nicht genügend beachtet und übersieht ganz, daß der Gebrauch fremder Zeichen immer stutzig machen sollte, wie er ja auch häufig ohne Not, manchmal sogar gewaltsam herbeigezogen wird (nicht zutreffend RG. im Bl. 23, 190 in JW. 24, 296) vgl. auch N. 3 zu § 20. Die Nachahmer sind höchst schöpferisch in der Erfindung solcher Texte von Etiketts, Annoncen usw., in denen sie das bekannte Schlagwort **x**, das für einen Konkurrenten geschützt ist, verwenden. Sie sagen von ihrer Ware, sie sei besser oder ebensogut als **x**, sie sei nicht zu verwechseln mit **x**, sie nennen ihre Ware anti-**x**, ja sogar imitation de **x** (Pouillet n⁰ 417), sie charakterisieren sie als System **x** usw. In allen diesen Fällen liegt eine Benutzung als Warenzeichen ohne weiteres vor, wenn das Wort **x** durch die Art seiner Verwendung im Texte dem unbefangenen, nicht sorgfältigen Beschauer als Schlagwort für die Ware des Nachahmers erscheint. Das letztere wird ohne weiteres anzunehmen sein, wenn das Wort sich aus dem sonstigen Texte durch gesperrten Druck, durch vereinzelte Stellung, durch besondere graphische Veranstaltungen, wie Einfassung in Anführungszeichen u. dgl., in bezeichnender Weise abhebt (RG. 38, 104; 41, 69; RG. im Bl. 99, 154; RG. in JW. 04, S. 184, im Bl. 04, 311; KG. in MarkschWettbew. 11, 439, LG. I Berlin in MarkschWettbew. 20, 193 [System Gillette]). Es ist dies aber nicht die einzige Art, ein Wort als Warenzeichen zu gebrauchen. Darüber, ob das Wort als Zeichen anzusehen ist, entscheidet der Umstand, wie das Publikum das Wort in dem Etikett oder in der Annonce auffassen wird. Wird es in dem Gebrauche des Wortes lediglich die im Verkehr übliche Benennung der Ware erblicken, so liegt eine zeichenmäßige Benutzung des Wortes nicht vor. Wenn aber das Wort nicht bloß zur Benennung der Ware dient, sondern gleichzeitig dem Leser die Herkunft der Ware aus einem bestimmten Betriebe andeutet, dann ist das Wort auch als Zeichen verwendet (RG. in JW. 99 S. 237, im Bl. 99, 118; RG. in JW. 00 S. 877; RGSt. 36, 199; RG. im Bl. 00, 290; im Bl. 01, 181; RG. in GewRschutz 24, 48; unrichtig RGSt. im Bl. 13, 53, siehe Rathenau in MarkschWettbew. 12, 317). Je weniger Beziehung die gewöhnliche Bedeutung des Wortes

zur Ware hat, desto eher wird das Publikum es als Schlag- oder Kennwort § 12
auffassen. Man wird, wenn ein Wort als Bezeichnung der Herkunftsstätte 8
bekannt ist, regelmäßig davon ausgehen dürfen, daß es in diesem Sinne verstanden wird (RG. im Bl. 04, 231; RGSt. im Bl. 03, 209; RG. im Bl. 04, 177; RGSt. im Bl. 08, 143; RG. in JW. 12, 407 in MarkschWettbew. 11, 475; RG. in GewRschutz 12, 256 in MarkschWettbew. 11, 469); selbst wenn es im Texte nicht besonders hervorgehoben ist. Die Rechtsprechung des RG. hat, namentlich in früherer Zeit, die besondere Hervorhebung als Erfordernis für eine zeichenmäßige Benutzung zu stark betont (richtig RG. im Bl. 03, 209). Lediglich als Benennung wird ein geschütztes Wort verwendet, wenn es in einer Patentschrift oder in einem technischen Wörterbuch verwertet wird (Lutter in MarkschWettbew. 18, 177; LG. III Berlin ebenda 18, 180; OLG. Dresden in MarkschWettbew. 15, 366), wenn es den Namen eines vorgeführten Films oder eines Bildes angeben soll (OLG. Bamberg in MarkschWettbew. 13, 391; RGSt. 35, 3) oder wenn es als Zeitungs- oder Büchertitel dient (N. 11 zu § 1). Anders dagegen, wenn ein Bild auf der Ware, das ein Zeichen darstellt, durch die Worte „nur echt mit Neger und Fahne" darunter gedeutet wird, sofern Neger für einen Dritten geschützt ist (RG. 102, 54 im Bl. 21, 158). Unrichtig RG. 49, 52 im Bl. 12, 314; RG. in MarkschWettbew. 10, 347; OLG. Hamburg in MarkschWettbew. 10, 125, wo die Anbringung eines allgemein bekannten Zeichenwortes in einer Preisliste als zeichenmäßig behandelt werden mußte.

Gegenüber der objektiven Wirkung der Bezeichnung kommt es auf die angebliche Absicht des Nachahmers nicht an (RG. im Bl. 01, 181; 04, 311, in JW. 04 S. 184). Es entscheidet auch nicht, ob der Dritte irregeführt werden soll, sondern lediglich ob objektiv die Ware oder Ankündigung mit dem Zeichen versehen sich darstellt (RGPl. in St. 43, 87 im Bl. 10, 322).

Stets muß das Zeichen für den Betrachter als etwas Selbständiges erscheinen; wenn es nicht unterscheidbar ist, kann es auch selbst keine Unterscheidung bewirken (vgl. den Spielkartenfall RG. im Bl. 07, 15 in JW. 06, 723; ferner RGSt. 42, 184 im Bl. 09, 221).

Die Freiheit in der Anbringung des Zeichens kann eine Einschränkung erleiden. Wenn z. B. A sich für Glaswaren ein Zeichen hat eintragen lassen und darauf B dasselbe Zeichen für Spirituosen anmeldet und eintragen läßt, so entsteht die Frage, ob B auch die Flaschen, in welchen er die Spirituosen verkauft und die er nicht von A bezieht, mit diesem Zeichen versehen darf. Er darf das tun, es muß aber alles vermieden werden, was den Eindruck erwecken kann, als sei ihm das Zeichen für Flaschen als solche geschützt (sehr eng RG. 29, 44; siehe ferner OLG. Colmar in GewRschutz 01 S. 300; PA. im Bl. 04, 227, Abel S. 211). Ähnliche Fälle: RGSt. 41, 78; RG. 87, 274 im Bl. 16, 25. Urquell für Siphons wurde wegen naheliegender Kollision sogar gelöscht (RG. 69, 236 im Bl. 08, 302). Bis zur Herstellung der Verbindung mit der Ware können die Verpackungsmittel als selbständige Waren in Betracht kommen (OLG. Hamburg in GewRschutz 01 S. 149). Sie dürfen aber nicht mit dem Zeichen an jemand geliefert werden, der sie mit der eigentlichen Ware zusammenbringen soll.

Eine Verteilung des Zeichens auf verschiedene Stellen kommt beim Kollektivzeichen vor, bei den einzelnen Teilen desselben ist häufig die Art der Anbringung eine verschiedene: bei Spirituosen in Flaschen wird

§ 12 oft das Zeichen teils als Etikett auf die Flasche angebracht, teils in die Kapsel
8 eingeprägt, teils in den Korken eingebrannt (N. 15 zu § 1). Schon das letzte Beispiel zeigt, daß das Zeichen nicht sichtbar angebracht zu werden braucht, bei Champagnerweinen ist es häufig in dem unteren Teil des Korkes eingebrannt (RGSt. 25, 18, vgl auch RGSt. 39, 411 im Bl. 07, 169); ebenso kann es bei einem zusammengewickelten Stück Stoff am inneren Ende des Stoffes oder bei verpackten Waren innerhalb der Umhüllung angebracht sein (Pouillet Nr. 12, Amar S. 113). Ist eine Ware mit dem Zeichen einmal versehen, so kann eine bloße Überklebung des Zeichens aus diesem Grunde nicht als Beseitigung der Kennzeichnung angesehen werden. Eine solche ist nur bei einer vollständigen und dauerhaften Tilgung des Zeichens anzunehmen (RGSt. 14, 415; 24, 97; RGSt. im Bl. 15, 138 in MarkschWettbew. 14, 268; RGSt. im Bl. 98, 200).

Der Eingetragene hat zwar die ausschließliche Befugnis, die Waren usw. mit dem Zeichen zu versehen, er hat aber kein Recht darauf, daß das Zeichen auf der Ware verbleibt. Folglich kann er niemand hindern, das Zeichen zu entfernen (ebenso Marquardt MarkschWettbew. 13, 480; a. M. für die Ausstattung Elster MarkschWettbew. 18, 23; siehe ferner Finger MarkschWettbew. 18, 88). Würde er beim Verkauf der Ware dies ausdrücklich verboten haben, so würde ein Zuwiderhandeln vielleicht vertragliche Ansprüche begründen, aber nie eine Verletzung des Zeichenrechts enthalten. Er kann es auch dem Abnehmer nicht verwehren, statt des Zeichens ein anderes anzubringen oder ein zweites Zeichen daneben zu setzen. Ebenso ist der Zeicheninhaber nicht dafür verantwortlich, wenn die von ihm mit dem Zeichen gelieferte Ware (Glasware) sich durch Bearbeitung bei dem Abnehmer hinsichtlich des Zeichens ändert, so daß das Zeichen nun mit einem anderen verwechselbar wird (RG. 92, 383 im Bl. 18, 66).

Das Zeichenrecht erstreckt sich nicht auf jedes Anbringen oder Versehen, sondern nur auf ein solches, welches für den geschäftlichen Verkehr bestimmt ist, namentlich zum Zwecke des Inverkehrsetzens der so gekennzeichneten Ware geschieht: der Zeicheninhaber kann einem Dritten nicht verwehren, eine Ware, Verpackung, Ankündigung usw., welche dieser nicht in Verkehr setzen, sondern selbst gebrauchen will, mit dem Zeichen zu versehen, wie denn überhaupt der häusliche Bezirk dem Zeichenrecht nicht untersteht (RGSt. in MarkschWettbew. 14, 300; RGStPl. 43, 87 im Bl. 10, 327; Kohler in GewRschutz 09, 172; Kohler S. 183; RGSt. im Bl. 15, 113). Die Grenzen sind mitunter schwer festzustellen, wie beim Einfüllen von Flüssigkeit in ein mit dem Zeichen versehenes Gefäß des Käufers (RGSt. 43, 87 gegen RGSt. im Bl. 09, 192). Diese Beschränkung des Zeichenrechts ergibt sich aus dem Zwecke des Warenzeichens, welches die Waren des Berechtigten von denen anderer unterscheiden soll, also einen Verkehr voraussetzt, innerhalb dessen eine Verwechselung denkbar ist (RG. 109, 73 im Bl. 25, 22). Sie folgt ferner daraus, daß der § 12 anderen nur verbietet, die bezeichneten Waren in Verkehr zu setzen, also nicht, sie zu gebrauchen (N. 9 a. E.). Ist dem Dritten aber der Gebrauch der — von ihm oder einem anderen bezeichneten — Waren gestattet, so kann ihm auch nicht verwehrt sein, die Waren, welche er ausschließlich selbst gebrauchen will, mit dem Zeichen zu versehen. Der Apotheker, der seine Heilmittel durch Aufschriften für den inneren Betrieb seiner Apotheke kennzeichnet,

versieht daher seine Waren nicht im Sinne des § 12 mit einem Zeichen. § 12
Wohl aber greift er in das Zeichenrecht ein, wenn er die Ware mit dem 8, 9
Zeichen veräußert (RG. in JW. 01 S. 823; RGSt. im Bl. 15, 113). Er kann dann auch das Zeichen nicht dadurch rechtfertigen, daß er die ärztliche Verordnung auf den von ihm hergestellten Arzneimitteln abschriftlich zu vermerken hat (RGSt. im Bl. 05, 14). Der Arzt, der ein Heilmittel mit einem geschützten Namen bezeichnet, bringt das Zeichen nicht an, auch dann nicht, wenn andere als die geschützten Waren auf seine Verordnung hin verabfolgt werden sollen, weil er nicht im geschäftlichen Verkehr steht (RGSt. im Bl. 13, 316; RG. in GewRschutz 13, 36 im Bl. 13, 250; Rathenau in MarkschWettbew. 12, 317). Der Redakteur bringt zwar durch Abdruck einer Annonce äußerlich ein Zeichen in einer Ankündigung an, aber das geschieht seinerseits nicht, um die angekündigten Waren zu vertreiben; folglich versieht nicht er, sondern der Ankündigende die Ankündigung mit dem Zeichen (OLG. Hamburg im Bl. 99, 18). Ob der Verkehr, in den die Ware eingeführt werden soll, ein inländischer oder ausländischer ist, bleibt sich gleich (RGSt. in JW. 05, 247).

Endlich ist noch hervorzuheben, daß die ausschließliche Befugnis sich nur auf die Anbringung des Zeichens bezieht. Wenn das Bild einer Ausstattung eingetragen ist, so erstreckt sich das Recht des Zeicheninhabers nur auf das Bild und nicht auf die körperliche Ausstattung (RG. im Bl. 01, 251; s. N. 10 zu § 1).

9. Das Inverkehrsetzen (vgl. Kohler S. 184; Seligsohn Patentgesetz N. 7, 8 zu § 4; Schanze „Inverkehrbringen und Feilhalten" im GewRschutz 98, 38), schließt jeden Akt ein, durch welchen die mit dem Zeichen versehene Ware in den Verkehr gebracht wird, also nicht bloß den Verkauf, die öffentliche Versteigerung (Propriété Industrielle 00, 63), sondern auch die Vermietung, die Schaustellung auf Ausstellungen, die Auslegung im Laden (RGSt. im Bl. 05, 149) oder Schaufenster, das mündliche oder schriftliche Angebot zum Ankauf unter Vorlegung der Ware oder von Proben und Mustern, sowie insbesondere jedes Feilhalten derselben (RGSt. im Bl. 15, 113; a. M. hinsichtlich des Feilhaltens Schanze in GewRschutz 98, 38; Abel S. 221; dagegen Kohler S. 184; Adler S. 296; Osterrieth S. 342). Zu letzterem Begriff gehört subjektiv die Absicht des Verkaufs und objektiv das äußerlich erkennbare Zugänglichmachen zum Verkaufe (RGSt. 25, 242; RGSt. 40, 148); aus dem letzteren Merkmal wird regelmäßig auf das Vorhandensein des ersteren geschlossen werden können. Feilhalten geschieht häufig durch Ankündigung in Zeitungen (RGSt. 29, 353). Die bloße Zugänglichmachung zur Besichtigung, bei der nicht die Absicht obwaltet, den Gegenstand selbst aus der Hand zu geben und zu veräußern, gehört nicht hierher (RGSt. 36, 431 im Bl. 04, 244); ebensowenig das Angebot der Ware in Briefen, Rundschreiben, wenn dieselbe bei dem Anbietenden nicht vorhanden ist (Kent S. 276). Meist wird im letzteren Falle schon die Ankündigung als solche unzulässig sein. Die Veräußerung der Ware, die das Zeichen trägt, ist unter § 12 zu stellen, auch wenn die Übergabe noch nicht erfolgt ist, denn schon durch den Vertrag über die Ware wird das Inverkehrsetzen begonnen (Kohler S. 184, Adler S. 295).

Inverkehrsetzen.

Die vermittelnde Tätigkeit des Maklers, Agenten und des Kommissionärs erfüllt ebenso den Tatbestand des Inverkehrbringens, wie die Spedition, Versendung oder Verfrachtung der Ware behufs Weiter-

§ 12
9
veräußerung. Da das Zeichenrecht sich nicht bloß auf das gewerbsmäßige Inverkehrsetzen beschränkt (anders § 4 PatG.), so fällt auch das unentgeltliche Verleihen, Verschenken unter dasselbe. Durch die Verbringung der Ware in ein Lagerhaus zur Aufbewahrung wird sie gleichfalls in den Verkehr gebracht (a. M. Kohler S. 184). Mindestens rechtfertigt sie die Unterlassungsklage wegen der Besorgnis künftiger Störung des Berechtigten.

Das Inverkehrbringen bezeichnet nicht bloß den Akt, durch welchen der Gegenstand zum ersten Male in den Verkehr eingeführt wird, sondern auch jedes Weiterbringen der Ware in einen neuen Verkehrskreis (Preuß. Obertribunal in Oppenhoff Rechtsprechung 15, 85). Ist eine Ware von dem Zeicheninhaber oder einem Dritten rechtmäßig mit dem Zeichen versehen und einmal in Verkehr gesetzt, so ist die Wirkung des Zeichenrechts erschöpft. In dem weiteren Vertrieb der Ware seitens des Abnehmers kann deshalb keine Zeichenverletzung liegen, selbst wenn er die Bedingungen nicht einhält, die ihm beim Verkauf der Ware gesetzt worden sind (RG. 50, 229 im Bl. 02, 165; RG. 51, 263 im Bl. 02, 232). Der Dritte, der die Ware mit dem Zeichen veräußert, darf dem Zeicheninhaber entgegensetzen, daß die Ware rechtmäßig mit dem Zeichen versehen und in den Verkehr gesetzt sei. Bei der internationalen Natur des Zeichenrechts ist es auch keineswegs erforderlich, daß der Verkehr, in den die Ware ursprünglich gebracht wurde, in Deutschland stattgefunden hat (RG. 51, 263 im Bl. 02, 232; OLG. Hamburg im Bl. 99, 117); siehe ferner N. 7 zu § 7. Die Beweislast dafür, daß die Ware von dem Zeicheninhaber herrühre oder mit dessen Einverständnis das Zeichen erhalten habe, trifft denjenigen, in dessen Besitz sich die Ware befindet. Dadurch, daß das Inverkehrsetzen zeichenrechtlich frei erfolgt, wird aber nicht erzielt, daß der Besitzer der rechtmäßig verbreiteten Ware sie nun neu mit dem Zeichen selbst versehen kann oder das Zeichen erneuern kann (RG. 103, 363 in GewRschutz 23, 136; unten N. 13).

Das Inverkehrsetzen muß die Ware, welche selbst oder deren Hülle mit dem Zeichen versehen ist, zum Gegenstande haben. Demnach steht das Inverkehrbringen der mit dem Zeichen versehenen Hüllen oder Geschäftspapiere (N. 7) an sich jedermann frei (RGSt. 35, 415), es kann aber darin, daß die geschäftlichen Ankündigungen benutzt werden, ein Versehen derselben mit dem Zeichen (RGSt. 37, 258 im Bl. 05, 134), es kann auch in der Verwendung der Umhüllungen oder Papiere eine Beihilfe zu der Verletzung eines fremden Zeichenrechts liegen (N. 27 zu § 14).

Der Verkehr, in welchen die Ware gebracht wird, braucht kein inländischer zu sein (N 5). Es ist demnach hier noch viel unbedenklicher als im Patentrecht, die Ausfuhr (RGSt. 48, 138 im Bl. 14, 205; RGSt. in MarkschWettbew. 11, 434) und die Durchfuhr unter das „Inverkehrsetzen" fallen zu lassen (RGSt. 10, 349; 21, 205; Seligsohn PatG. § 4 N. 13, 14), da sogar die Einführung in den Verkehr, die lediglich im Auslande erfolgt, als Ausübung der Befugnisse des § 12 anzusehen ist (OLG. Hamburg im Bl. 99, 117; RG. 51, 263); ebenso Kohler S. 250 und Aus dem Patent- und Industrierecht I S. 16). Gleichgültig ist es, ob die Ausfuhr von einem deutschen Freihafengebiete aus oder nach einem solchen erfolgt oder ob die Ware unter Zollverschluß gestanden hat, da trotz desselben in der Versendung an den Käufer ein Inverkehrbringen liegt (RG. im Bl. 02, 215).

Da nur das Inverkehrsetzen unter das Zeichenrecht fällt, kann in dem Kauf oder anderweiten Erwerb der Ware eine Zeichenverletzung nicht erblickt werden, selbst wenn dies gewerbsmäßig geschieht. Es kann darin aber eine Beihilfe zu der Verletzungshandlung des Veräußerers liegen (RG. 102, 254). Der Gebrauch der Ware wird, wenn er über den Bereich des privaten Gebrauchs hinausgeht, wie bei der Benutzung einer durch Zeichen geschützten Maschine in einer Fabrik oder in der Öffentlichkeit dem unbefugten Inverkehrsetzen gleichstehen (Kohler S. 183 und in Gew.-Rschutz 09, 172). § 12 9, 10

Ein Vertrag, durch welchen jemand einem anderen Gegenstände veräußert, welche in ein fremdes Zeichen-, Namen- oder Firmenrecht eingreifen, ist deshalb nicht ohne weiteres nach § 134 BGB. nichtig (RG. Pl. 60, 273; RG. 104, 105). Er wird dann nichtig sein, wenn beide Teile zum Zwecke des Zeicheneingriffes zusammenwirken. War der Käufer in gutem Glauben, so wird er Gewährleistung gemäß § 434 BGB. verlangen können, wenn der Zeicheninhaber ihn in der Verfügung über den Kaufgegenstand behindert. Hat der Verkäufer die Echtheit des Zeichens auf der Ware zugesichert, so haftet er hierfür nach § 459 BGB. (OLG. Hamburg in MarkschWettbew. 13, 451). Anders wird zu entscheiden sein, wenn gerade der Käufer das unzulässige Zeichen vorgeschrieben hatte (Abel S. 221). Außer der Gewährleistung gemäß § 434 BGB. wird auch eine solche gemäß § 459 BGB. wegen fehlerhafter Beschaffenheit der Ware anzunehmen sein, wenn sie mit fremden Zeichen versehen ist. Sie behindern die Verkäuflichkeit, worin eine wesentliche Eigenschaft der Sache zu finden ist, die allgemein vorausgesetzt wird, und für deren Vorhandensein der Verkäufer einzustehen hat (RG. 54, 222; 63, 61; 83, 242; Kohler S. 198). Dagegen kann der Käufer von dem Vertrage nicht schon dann zurücktreten, wenn für die Ware beim Verkauf lediglich mündlich eine Benennung gebraucht ist, die für einen anderen als Zeichen geschützt ist (OLG. Stuttgart in DJZ. 03, 227).

Abs. 2.

10. Das Gesetz spricht vom Erlöschen des Rechts überhaupt nicht, sondern nur von der Löschung des Zeichens (vgl. §§ 8, 9). Folglich bedarf es einer Untersuchung, wie sich letztere zum Erlöschen des Rechts verhält. Aus dem Abs. 2 des § 12 geht hervor, daß das Zeichenrecht nicht bis zur Löschung fortdauert, sondern daß es materiell sein Ende bereits in dem Zeitpunkte gefunden hat, wo zuerst ein Rechtsgrund für die Löschung vorlag. Dies bezieht sich sowohl auf den Fall, wenn das Zeichen von vornherein zu Unrecht eingetragen war, als auch wenn nachträglich Endigungsursachen eintreten (Antrag des Inhabers, Zeitablauf, Aufgeben des Geschäftsbetriebes). Demnach hat im ersten Fall ein Zeichenrecht überhaupt nicht bestanden (N. 1), im zweiten hat es vor der Löschung bereits sein Ende gefunden. Die Bedeutung der Löschung besteht darin, daß mit ihr das — frühere — Erlöschen des Rechts geltend gemacht werden darf (Allfeld S. 567; Kohler S. 133; a. M. Kent S. 174, 306). Solange das Zeichen nicht gelöscht ist, kann der Zeicheninhaber nicht verhindert werden, die Rechte aus der Eintragung (N. 12) im Zivil- und Strafprozesse, sowie beim PA. geltend zu machen, mag auch das Zeichenrecht nie bestanden oder bereits sein Ende

Löschung.

§ 12
10 erreicht haben (N. 2). Eine Aussetzung des Rechtsstreits wegen des beim PA. schwebenden Löschungsverfahrens erklärt das RG. in JW. 97, 367 für unzulässig. Indessen läßt sich die Befugnis des Gerichts zur Aussetzung gemäß § 148 ZPO., § 262 StPO. hier ebensowenig bestreiten wie im Patentstreit, wenn Nichtigkeitsklage erhoben ist (Seligsohn PatG. N. 3 zu § 10). Doch wird das Gericht und ebenso das PA. nur ausnahmsweise von seiner Befugnis zur Aussetzung Gebrauch machen, nämlich nur, wenn der Erfolg des Löschungsverfahrens gesichert erscheint und wenn eine für den Rechtsstreit erhebliche Rückwirkung in Frage kommt. Eine andere Handhabung des Rechts würde dem Willen des Gesetzes widersprechen, das ein Prüfungsverfahren vorschreibt und der Eintragung absichtlich Kraft beilegt, um alle Einwendungen abzuschneiden. Die Praxis der Gerichte neigt sich jetzt dieser Ansicht zu (vgl. RGSt. in MarkschWettbew. 10, 382; RG. in IndustrR. 12, 46; RGSt. in MarkschWettbew. 12, 344; RG. im Bl. 13, 53; unrichtig RGSt. 34, 278 in GewRschutz 05, 240). Zu weit geht es, wenn sogar eine Pflicht zur Aussetzung ausgesprochen wird, sobald eine Löschung aus § 8 Ziff. 2 beantragt wird (RGSt. 48, 419 in MarkschWettbew. 14, 229 im Bl. 15, 15; ebenso anscheinend Kohler S. 135). Damit würde eine beliebige Verschleppung des Verfahrens ermöglicht. Die Löschung hat also weder eine bloß beurkundende noch eine rechtszerstörende Bedeutung. Sie wird in der Revisionsinstanz nicht zu berücksichtigen sein, wenn sie erst dann erfolgt ist (a. M. RG. 63, 140 im Bl. 06, 271, RG. in GewRschutz 21, 136; RGSt. 42, 340; Kohler in MarkschWettbew. 10, 197; dagegen Seligsohn in Kohler, Festgabe S. 225 ff.).

Damit ist die Frage noch nicht entschieden, ob spätestens mit der Löschung in jedem Falle ein Erlöschen des Rechts stattfindet, also auch dann, wenn die Löschung (z. B. infolge eines Versehens des PA. oder wegen Unzurechnungsfähigkeit des Verzichtleistenden) zu Unrecht erfolgt ist. Es ist nicht zum Ausdruck gebracht, daß die Löschung das Recht in formaler Weise beendet, gleichviel ob ihre Voraussetzungen vorliegen. Es darf aber nicht übersehen werden, daß jeder Löschung gemäß §§ 8, 9 ein geordnetes Verfahren beim PA. oder beim Gericht vorausgeht. Die Entscheidungen, die hier nach eingehender sachlicher Prüfung ergehen, erwachsen formell in Rechtskraft, wie sich aus § 10 Abs. 2 und § 325 ZPO. ergibt. Die auf sie gegründete Löschung ist deshalb wegen Unrichtigkeit dieser Voraussetzungen nicht anfechtbar. Nicht anders wird die Löschung zu behandeln sein, die auf Antrag des Inhabers oder ohne seinen Widerspruch erfolgt (§ 8 Abs. 1 und 3, § 9 Abs. 5); auch hier findet eine Prüfung seitens des PA. statt, ob die gesetzlichen Bedingungen gegeben sind, und die ergehende Entscheidung muß als endgültig angesehen werden. Infolgedessen ist grundsätzlich anzunehmen, daß ein gelöschtes Zeichen nicht besteht. Eine Ausnahme ist nur dann anzuerkennen, wenn offenbar ein Irrtum oder Versehen des PA. stattgefunden hat, der die Löschung zu einer unrichtigen macht, z. B. wenn die Unterschrift des Antragstellers gefälscht war, wenn das PA. eine andere Zeichennummer gelöscht hat, als die beantragte, wenn rein äußerlich ein Antrag auf Löschung fehlte (vgl. über die Frage: Schanze in Zeitschrift für GewRschutz 2, 172; Cosack Handelsrecht I § 17; Allfeld S. 571; Kent S. 175).

Hat das PA. ein Zeichen in solcher Art aus Versehen gelöscht, so muß es dasselbe auf Antrag oder von Amts wegen wieder eintragen. In der Zwischenzeit besteht das Zeichenrecht zwar, kann aber mangels Eintragung nicht geltend gemacht werden (a. M. Kent S. 178, gegen ihn Allfeld S. 571). § 12 10, 11

Rückwirkende Kraft.

11. Die rückwirkende Kraft der Löschung wird von den Motiven (S. 16) damit gerechtfertigt, daß andernfalls der Inhaber eines Zeichens, dessen Eintragung von vornherein hätte versagt werden müssen, auch nachdem von Amts wegen die Löschung erfolgt ist, noch in der Lage wäre, für diejenige Zeit, während welcher das Zeichen tatsächlich eingetragen war, Entschädigungsansprüche gegen Dritte geltend zu machen. Um derartigen unbilligen Folgen vorzubeugen, sind die Wirkungen der Löschung auf denjenigen Zeitpunkt zurückverlegt, in welchem zuerst ein Rechtsgrund für die Löschung gegeben war. Kent S. 306 sieht im § 12 Abs. 2 nur ausgesprochen, daß die weitere Ausübung des Rechts mit rückwirkender Kraft versagt wird. Dagegen sei ein vollständiges Erlöschen des Rechts ex tunc nicht anzunehmen. (Ebenso Schanze in MarkschWettbew. 16, 165 mit Angabe des Schrifttums; RG. 64, 273 im Bl. 07, 123). Indessen entspricht jene scharfsinnige Unterscheidung nicht dem Zwecke des Gesetzes, der dahin geht, die formale Wirkung der Eintragung nach Abs. 1 für die Zeit vom Eintritt des Löschungsgrundes bis zur Zeit der Löschung zu beseitigen. Abs. 2 läuft dem Abs. 1 parallel. Wenn keine Rechte mehr geltend gemacht werden können, so liegt das daran, weil es an dem Zeichenrecht fehlt, aus dem die Rechte abgeleitet werden. (Ebenso Kohler S. 133; Kuttner Urteilswirkungen S. 60; RGSt. in JW. 11, 863.)

Diesen Umstand, daß materiell nur ein Scheinrecht vorhanden ist, muß man berücksichtigen. Es widerspricht unserem Rechtsgefühl, daß der Zeicheninhaber bloß, weil er noch zu Unrecht eingetragen war, die Entschädigung behalten soll, die ihm ein angeblicher Verletzer schon gegeben hat, obgleich das Recht nicht auf seiner Seite gewesen ist. Die Rückwirkung ist hier nicht etwas Abnormes, im Zweifel zu Verneinendes, sondern sie ist ebenso wie bei der patentrechtlichen Nichtigkeit durch die Natur der Sache geboten (gegen Kent: Allfeld S. 567 und Grundriß S. 142). Die Rückwirkung tritt nur ein, wenn ein zeichenrechtlicher Löschungsgrund vorhanden ist, der absolute Kraft hat. Wenn sich der Markeninhaber einem anderen obligatorisch zur Löschung verpflichtet hat, so kann eine Rückziehung auf den Zeitpunkt, wo die Verpflichtung zu erfüllen war, Dritten gegenüber nicht in Frage kommen.

Das gelöschte Zeichen ist vom Eintreten des Löschungsgrundes ab als völlig wirkungslos anzusehen. Klagen und Strafanträge, die Hergänge aus der kritischen Zeit (zwischen Löschungsgrund und Löschung) betreffen, sind abzuweisen. Eine schwebende Strafverfolgung ist einzustellen. Was an den Zeicheninhaber wegen Verletzung des Zeichens, sei es selbst auf Grund eines Urteils, geleistet ist, muß zurückgewährt werden, da es ohne rechtlichen Grund erlangt ist (§ 812 BGB.). Gegen rechtskräftige Urteile, die auf dem Zeichen beruhen, ist die Einwandsklage aus § 767 ZPO. gegeben, wenn deren Voraussetzungen vorliegen. In Strafsachen kann eine Wiederaufnahme des Verfahrens (§ 359 Ziff. 5 StPO.) in Betracht kommen (Allfeld S. 568).

Eine Rückzahlung der Gebühren, die für das Zeichen an das PA entrichtet sind, wird nicht verlangt werden können (Seligsohn PatG. N. 15 zu § 10; Bl. 25, 18).

Der Zeitpunkt, von dem ab das Zeichen als unwirksam zu erachten ist, wird im Falle des § 8 Abs. 1 (Antrag des Inhabers) der Eingang des

§ 12 Antrags bei PA. sein, im Falle des § 8 Abs. 2 Nr. 1 (Zeitablauf) der Tag,
11, 12 an welchem die zehn Jahre verflossen sind, in den Fällen des § 8 Abs. 2 Nr. 2 (Schutzunfähigkeit) des § 9 Abs. 1 Nr. 1 (Kollision mit einem anderen), der Zeitpunkt der Eintragung (RG. in GewRSchutz 12, 136 in JW. 12, 309 will zu Unrecht den Zeitpunkt des Widerspruches oder der Erhebung der Löschungsklage heranziehen; vgl. auch Rhenius S. 126), im Falle des § 9 Abs. 1 Nr. 2 (Aufhören des Geschäftsbetriebes) der Tag, an welchem der Betrieb aufgehört hat. Im Falle des § 9 Abs. 1 Nr. 3 (Vorliegen von Umständen, aus denen sich die irreführende Natur des Zeichens ergibt) wird es darauf ankommen, ob diese Umstände schon bei der Eintragung vorhanden waren oder erst später eintraten; im ersteren Falle ist die Eintragung, im zweiten der Tag, an welchem die Umstände eingetreten sind, der maßgebende Zeitpunkt.

Zu beachten ist, daß nach Abs. 2 im Falle der Löschung Rechte aus der Eintragung nicht mehr geltend gemacht werden können. Daraus geht hervor, daß die früheren Handlungen des Zeicheninhabers, die sich auf die Eintragung stützen, nicht nachträglich rechtswidrig werden. Ihnen steht § 12 Abs. 1 zur Seite (RGSt. 34, 275 im Bl. 01, 251; RG. im Bl. 00, 89; RG. 64, 273 im Bl. 07, 123; RGSt. in MarkschWettbew. 8, 151 in LeipzZ. 09, 148); s. oben N. 2 a. E. Selbst wenn zur Zeit der Ausübung des Zeichenrechts ein Löschungsgrund bereits bestand, kann wegen des Vorgehens des Zeicheninhabers Schadenersatz nur verlangt werden, wenn ihm ein Verschulden zur Last fällt (§ 823 BGB.; vgl. RG in JW. 99, 775 im Bl. 00, 89).

Die Wirkung der Löschung wird nach dem Wortlaut des Gesetzes nicht auf den Zeitpunkt zurückgezogen, in welchem gerade derjenige Rechtsgrund eintrat, welcher den äußeren Anlaß zur Löschung gab, sondern auf den Zeitpunkt, in welchem zuerst ein Rechtsgrund für die Löschung vorlag. Wenn beispielsweise ein Zeichen durch Urteil wegen Aufgabe des Geschäftsbetriebes zur Löschung gebracht worden ist, so steht jedem, welcher nachträglich von dem früheren Zeicheninhaber in Anspruch genommen wird, die Einrede offen, daß das Zeichen schon vor Aufgabe des Geschäftsbetriebes aus einem anderen Gesichtspunkte, etwa weil es überhaupt nicht eintragungsfähig war, hätte zur Löschung gebracht werden können (Motive S. 16). Auf den Rechtsgrund des § 9 Nr. 1 wird sich freilich nur der Inhaber des früheren Zeichens berufen können.

Über das Vorhandensein eines Löschungsgrundes entscheidet das Gericht selbständig (KG. im Bl. 08, 55).

Zusatz.

Rechtsschutz im allgemeinen. 12. Wird das Zeichenrecht verletzt, so steht dem Berechtigten nach allgemeinen Grundsätzen eine Gegenwehr in Gestalt der Klage zu. Die Klage ist entweder die aus der absoluten Natur des Rechts sich ergebende negatorische Klage (N. 13—14) oder — falls die Verletzung eine wissentliche oder grob fahrlässige war — die obligatorische Entschädigungsklage (§ 14 Abs. 1). Eine Verbindung beider Klagen ist zulässig (§ 260 ZPO.). Nachdem das RG. die Verpflichtung des Entschädigungspflichtigen zur Auskunft anerkannt hat (RG. in MarkschWettbew. 22, 191 im Bl. 23, 109; RG. 108, 1) wird man am besten die Klage auf Unterlassung, auf Feststellung der Ersatzpflicht und auf Auskunft miteinander verbinden (vgl. auch G. Alexander-Katz in MarkschWettbew. 23, 71). Bei einer wissentlichen Verletzung ist der Berechtigte außerdem befugt, die öffentliche Bestrafung des Täters zu beantragen (§ 14 Abs. 2); im Falle der Verurteilung kann er statt der Entschädigung eine Buße zugesprochen erhalten (§ 18). Auch wenn keine Verletzung des Zeichenrechts vorliegt, kann der Berechtigte ein dringendes Interesse an der Feststellung seines Rechts haben. Der § 256 ZPO. gewährt ihm die Möglichkeit, dieses Interesse durch Anstellung einer Feststellungsklage zu verwirklichen (N. 15); umgekehrt gewährt dieselbe Bestimmung den Interessenten die Möglichkeit, unberechtigte Anmaßungen des Berechtigten abzuwehren (N. 16). Schnellen Schutz gewährt dem Berechtigten die einstweilige Verfügung (N. 17). § 12 12, 13

Von den Urteilen in Zeichensachen sind in Preußen dem PA. Abschriften zu geben (JMBl. 94, 308).

13. Die Voraussetzung der negatorischen oder Unterlassungsklage wegen Störung des Zeichenrechts ist für die Regel eine Verletzung des Zeichenrechts (§ 1004 BGB., Eltzbacher Die Unterlassungsklage, Berlin 06, Hellwig „Anspruch und Klagerecht" S. 388, der die Klage aus § 259 ZPO. herleitet; Jacobsohn Die Unterlassungsklage, Berlin 12; Isay in GewRschutz 13, 25; Rosenthal in LZ. 12, 608 und in JW. 14, 1059; Neukamp in JW. 15, 113; Finger in JW. 19, 564). Daß der Störer für sich selbst ein Recht in Anspruch nimmt, ist nicht erforderlich. Ob er in eigenem oder fremdem Namen handelt, ist gleich; s. N. 14. Voraussetzung der Untersagungsklage.

Eine Störung liegt namentlich dann vor, wenn jemand Waren der angemeldeten Art, deren Verpackung oder Umhüllung (N. 6) oder Ankündigungen usw. (N. 7) ohne Befugnis, also ohne oder wider den Willen des Berechtigten mit dem Zeichen versieht (N. 8), oder wenn er so gekennzeichnete Waren ohne Befugnis in den Verkehr setzt (N. 9). Da jede dieser Handlungen unzulässig ist, so enthält z. B. das unbefugte Verbreiten einen Eingriff, auch dann, wenn das Versehen mit dem Zeichen ein Zuwiderhandeln nicht enthielt, etwa weil es im Auslande in erlaubter Weise geschah (RGSt. im Bl. 05, 149, wo in eine echte Flasche nachträglich falsche Ware eingefüllt ist). Dabei ist aber nach N. 7 zu § 7 die sog. stillschweigende Lizenz zu beachten. Auch der strafbare Eingriff in das Zeichenrecht kann mit der Störungsklage verfolgt werden (RG. in MarkschWettbew. 13, 74; Rosenthal in JW. 14, 1059). Allein es ist nicht notwendig, daß der Störer die Befugnisse des § 12 widerrechtlich ausübt; sogar ein bloß wörtliches Bestreiten des Zeichenrechts z. B. in Veröffentlichungen rechtfertigt die Negatoria, es genügt, wenn Tatsachen dafür sprechen, daß Eingriffe beabsichtigt sind oder vorbereitet werden (RG. 54, 141; im Bl. 04, 249; RG. 101, 135 im Bl. 21, 116; RG. 104, 376 im Bl. 22, 132; s. § 1004 BGB.). Dem entspricht, daß auch gegen die Annahme einer dem Zeichen entsprechenden Firma durch einen Dritten aus § 12 geklagt werden kann, weil die Firma mittelbar auch zur Warenbezeichnung dient. „Wer in einem Geschäft kauft, das als Firma ein bekanntes oder mit diesem verwechselbares geschütztes Warenzeichen führt, nimmt ohne weiteres an, er erhalte mit jenem Warenzeichen versehene Waren" (RG. 100, 266 im Bl. 21, 69; RG. in MarkschWettbew. 23, 245). Eine Störung ist ferner dann gegebn, wenn Handlungen vorliegen, die den geschäftlichen Gebrauch des Zeichens durch einen Nichtberechtigten vorbereiten und bezwecken. Das trifft namentlich bei Gewerbetreibenden zu, die für die Konkurrenten des Zeichen-

§ 12 13 inhabers Etiketten, Umhüllungen u. dgl. mit dem Zeichen unbefugt liefern (RG. 33, 137; RG. 99, 90; RG. in JW. 07, 185; RG. 104, 376; Kohler in GewRschutz 09, 171). Eine solche Störung liegt auch in der Anmeldung des Zeichens zur Eintragung in die Rolle (KG. in MarkschWettbew. 11, 440; Kohler S. 177).

„Ohne Befugnis" bedeutet „objektiv widerrechtlich"; auf den guten oder schlechten Glauben des Störenden kommt es bei der negatorischen Klage nicht an. Auch die Handlung eines Geisteskranken, wenn sie störend ist, rechtfertigt die Klage (RG. JW. 25, 250 in MarkschWettbew. 24, 87). Besteht die Störung in der zweiten Alternative, d. h. in dem Inverkehrsetzen, so liegt eine Verletzung des Rechts schon dann vor, wenn das Inverkehrbringen widerrechtlich war, sollte auch das Versehen mit dem Zeichen rechtmäßigerweise geschehen sein. Wenn also A das Zeichen erst eintragen läßt, nachdem B mit demselben Waren bezeichnet hatte; so darf B diese Waren nunmehr nicht in Verkehr setzen (vgl. RGSt. 5, 105; 20, 112). Ebenso wird eine Bezeichnung auf einem Schaufenster, Ladenschilde u. dgl., die zulässig war, dann rechtswidrig, wenn sie für einen anderen eingetragen wird (RGSt. in JW. 04, 590).

Nicht widerrechtlich handelt, wer sich auf ausdrückliche oder stillschweigende Erlaubnis des Zeicheninhabers berufen kann, doch trifft ihn die Beweislast (oben N. 9; N. 7 zu § 7). Die Einwilligung kann schon aus langem, fortgesetztem Dulden zu folgern sein (RG. in JW. 03, 188). Darin, daß der Berechtigte durch Mittelspersonen Beweismittel für eine Verletzung sich zu verschaffen sucht, ist ein Einverständnis mit der Verletzung nicht zu finden (RGSt. 23, 363; LG. I Berlin in IndustrR. 17, 150). Waren, die der Zeicheninhaber mit seinem Zeichen bei einem Fabrikanten herstellen läßt, werden rechtmäßig mit dem Zeichen versehen. Die als nicht lieferbar zurückgewiesenen Waren darf der Fabrikant aber nicht mit dem Zeichen in den Verkehr bringen (RG. im Bl. 94/95, 101). Ist überhaupt die Erlaubnis zur Benutzung eines Zeichens nur beschränkt erteilt, so ist die Verwendung desselben außerhalb des zugelassenen Bereiches rechtswidrig (RGSt. in IndustrR. 13, 254).

Nach der Verkehrsübung kann ferner regelmäßig derjenige, der tatsächlich echte Ware vertreibt, auf seinen Preislisten und Ankündigungen usw. das geschützte Warenzeichen abbilden; er darf das nicht, wenn er sich nur geringe Mengen der echten Ware auf Umwegen verschafft (vgl. N. 7 zu § 7 RG. in MarkschWettbew. 24, 81). Der Fabrikant ferner, der seinem Abnehmer die Etiketten übersendet, erteilt damit seine Zustimmung dazu, daß dieser die Flaschen aus dem verkauften Weinfaß mit dem Zeichen versieht (RG. 103, 359 im Bl. 22, 67). Nicht zutreffend RGSt. in MarkschWettbew. 10, 32, in JW. 10, 680 betr. die Berechtigung des Apothekers, Pillen und Pulver mit dem Zeichen zu versehen. Nicht widerrechtlich handelt, wem ein selbständiges, schutzwürdiges eigenes Recht zur Seite steht, z. B. ein eingetragenes Zeichen (N. 2 oben) oder ein Geschmacksmuster (RG. 40, 101, im Bl. 98, 74) oder ein Firmenrecht (§ 13).

Um einzelne Fälle von Widerrechtlichkeit hervorzuheben, welche aus den Erörterungen in N. 6—9 nicht ohne weiteres sich ergeben, so handelt ohne Befugnis derjenige, welcher das echte Zeichen von der Originalware, -verpackung, -ankündigung usw. loslöst und es an anderen Waren, Umhüllungen, Ankündigungen usw. anbringt. Hierher gehört es, wenn jemand bei einer zusammengesetzten Sache den Teil, z. B. den Zylinder der Lampe, der die Marke für das Ganze trägt, entfernt und mit der Marke in einem anderen Ganzen anbringt (Kohler S. 182, Adler S. 294). Unerlaubt ist es auch, wenn jemand die mit dem eingetragenen Zeichen versehenen Originalumhüllungen (Flaschen, Büchsen usw.) ganz oder teilweise mit fremden Waren anfüllt, um sie so in den Verkehr zu bringen (RGSt. 29, 312; RGSt. 34, 229 im Bl. 05, 148; RGSt. 43, 87 im Bl. 10, 322 Plenarentsch.). Die bloße Banderolierung von Zigaretten, die ein fremdes Zeichen bereits tragen, ist dagegen kein Versehen der Ware mit dem Zeichen und auch noch kein Inverkehrbringen, trotzdem kann dagegen eingeschritten werden, wenn sie die Gefahr künftiger Störung begründet (RG. 104, 376 im Bl. 22, 132, s. auch OLG. Köln in JW. 22, 1217). § 12 13

Aber der Begriff der Störung ist noch weiter zu ziehen. Aus den Ausführungen in N. 3 geht hervor, daß ein Eingriff in das Zeichenrecht auch vorliegt, wenn ein anderer Waren, welche vom Eingetragenen selbst herrühren, mit dessen Warenzeichen versieht (RGSt. 4, 171). Der Zeicheninhaber erklärt, wenn er an einem Warenstücke sein Zeichen anbringt, daß er rücksichtlich dieses einzelnen Stückes die Bürgschaft dafür übernehmen will, daß es aus seiner Hand komme. Es ist keinem anderen gestattet, für den Berechtigten die Wahl zu treffen und ihm eine Garantie, welche er nicht übernehmen wollte, zuzumuten: wer dagegen verstößt, verletzt sein Zeichenrecht. Ein Fall der letzteren Art liegt, wenn sich das Zeichen auf der Verpackung befindet, stets dann vor, wenn jemand die Ware aus der ursprünglichen Verpackung entfernt und ihr eine andere Hülle gibt, sollte auch diese Hülle ebenfalls vom Berechtigten herrühren und von ihm mit demselben Zeichen versehen worden sein. Dem kann nicht entgegengehalten werden, daß der Berechtigte, der die Ware in den Verkehr gesetzt hat, damit den weiteren Vertrieb mit dem Zeichen gestattet hat, denn es ist etwas anderes, ob die Ware unverändert weiter wandert oder ob sie von neuem mit dem Zeichen versehen wird (RG. 103, 359 im Bl. 22, 67). Das Recht zum neuen Anbringen des Zeichens erteilt der Zeicheninhaber durch den Vertrieb der Ware nicht (vgl. auch OLG. Hamm in MarkschWettbew. 13, 111). Er will nur für die Ware einstehen, die er selbst mit der Kennzeichnung versehen hat. Ebenso unzulässig ist es, wenn die mit dem Zeichen versehene echte Ware durch Veränderungen z. B. Bemalung, Auflackierung oder Zutaten umgestaltet wird und dann noch das Zeichen unversehrt aufweist (LG. Dresden im Bl. 00, 357; RGSt. im Bl. 06, 333 in JW. 06, 613; RG. 100, 22 im Bl. 20, 194; RG. 103, 359 in MarkschWettbew. 21, 193; dagegen zu Unrecht KG. in MarkschWettbew. 24, 33). Eine Erneuerung wesentlicher Bestandteile einer durch Zeichen geschützten Maschine kann ebenso eine widerrechtliche Bezeichnung enthalten, wenn diese Erneuerung nicht etwa vom Zeicheninhaber ausgeht und wenn es sich nicht um eine Benutzung handelt, die als eine häusliche, private anzusehen ist (Kohler in GewRschutz 09, 171; OLG. Hamburg im Bl. 12, 41). Es ist deshalb auch nicht gestattet, daß jemand echte Gilletteklingen schärft und dann mit der vorhandenen Bezeichnung weiter verkauft.

Es ist also widerrechtlich, wenn A von B Kognak in Gebinden, die mit dem Zeichen des B versehen sind, bezieht und zum Weiterverkauf den Kognak

§ 12 in Flaschen, welche dasselbe Zeichen tragen, umfüllt. Ebenso, wenn der
13 Kognak aus einem Gebinde in ein anderes oder aus einer Flasche in eine andere gegossen wird, sollten auch in allen Fällen die Gefäße dasselbe Zeichen tragen. Ebenso, wenn der Inhalt mehrerer gleich gezeichneter Flaschen Kognak zusammengegossen wird und darauf die zusammengegossene Flüssigkeit in die zuvor entleerten Flaschen zurückgefüllt wird, denn auch durch diese Handlungsweise ist der durch die ursprüngliche Einfüllung in die einzelne Flasche individualisierten Flüssigkeitsmenge eine andere durch die zweite Einfüllung individualisierte untergeschoben worden (RGSt. 23, 365; 30, 95 im Bl. 97, 165; RGSt. in MarkschWettbew. 11, 143). Die vom Reichsgericht offen gelassene Frage, ob ebenso zu entscheiden ist, wenn in jede einzelne Flasche genau dieselbe Flüssigkeit, welche vorher darin gewesen war, zurückgefüllt wird, ist zu bejahen. Durch die Weiterverwendung der Originalflasche mit Schutzmarke wird beim Publikum der Schein einer fortdauernden Garantie des Zeicheninhabers für Echtheit und Originalfüllung erweckt, welche Garantie dieser, nachdem eine Zwischenperson die Umfüllungsmanipulation vorgenommen hat, nicht mehr leisten kann (Schaefer in der Zschr. f. GewRschutz 93 S. 284). Alles Vorstehende gilt selbstverständlich nicht nur von Flüssigkeiten: es wäre ganz ebenso zu entscheiden, wenn es statt Kognak „Streichhölzer", statt Gebinde „Kiste" und statt Flasche „Schachtel" heißen würde.

Für die Verletzung des Zeichenrechts ist es unerheblich, ob die Ware, welche unter der falschen Flagge in Verkehr gebracht wird, von besserer oder schlechterer Beschaffenheit, als die Originalware, oder ob sie ihr gleichwertig ist. Ist sie minderwertig, so kann Betrug vorliegen (N. 22 zu § 14).

Bei der Frage, ob das Zeichen eines anderen verwendet worden, ist § 20 zu berücksichtigen. Zur Vergleichung ist aber nur das Zeichen des Berechtigten in der Gestalt, wie es eingetragen ist, heranzuziehen; gebraucht er im Verkehr das Zeichen in einer anderen Form, so kann die letztere nicht den Schutz des Warenzeichens, sondern nur den der Ausstattung oder des Wettbewerbsgesetzes genießen.

Das absolute Recht reagiert nur gegen gegenwärtige Störungen. Sind dieselben wieder gehoben, so kann nicht mehr die Klage aus dem absoluten Recht, sondern höchstens eine Entschädigungsklage angestrengt werden. Dies führt dahin, daß die negatorische Klage im allgemeinen dann nicht gegeben ist, wenn das Zeichen nicht mehr besteht oder wenn die Störung mit ihren Folgen der Vergangenheit angehört und eine Fortsetzung des rechtswidrigen Verhaltens nicht zu erwarten ist. Wird die Störung nicht durch einen vereinzelten Akt des Täters bewirkt, sondern durch dauernde Tätigkeit desselben, welche etwa dem Begriffe des fortgesetzten Verbrechens im Strafrecht entspricht, so entzieht eine zeitweilige Nichtstörung dem Berechtigten nicht den negatorischen Anspruch. Letzterer fällt in diesem Falle erst dann fort, wenn wegen der Länge der Zeit, welche seit der Störung verflossen ist, oder aus anderen Gründen die Besorgnis einer Wiederkehr der Störung unbegründet erscheint; die Beweislast liegt dem Beklagten ob. Dem Interesse des Zeicheninhabers an Beseitigung der durch die Verletzung in den Kundenkreisen hervorgerufenen Verwirrung wird oft nicht mit einer bloß außergerichtlichen Anerkennung seines Rechts durch den Verletzer, sondern erst durch eine förmliche Feststellung seines Rechts im Prozesse gedient sein (vgl. RG. 60, 145 in JW. 05, 215; RG. in MarkschWettbew. 23, 23 und 49; RG. 104, 376 im Bl. 22, 132). Zur Begründung der Annahme einer künftigen Fortsetzung des rechtswidrigen Verhaltens bedarf es nicht notwendig einer Mehrheit von Zuwiderhandlungen (RG. in JW. 01, 808; OLG. München im Bl. 14, 354). Maßgebend für die Frage der Wiederholungsgefahr ist die Zeit des Urteils (RG. in MarkschWettbew. 13, 323). Sie ist im Zweifel für gegeben zu erachten, da es sich bei Zeichenverletzungen fast stets um Handlungen eines gewerblichen Betriebes dreht, die nicht vereinzelt aufzutreten pflegen. Von Bedeutung wird auch das Verhalten des Beklagten sein, der noch im Rechtsstreite den Eingriff leugnet (RG. im Bl. 09, 294). Selbst die Aufgabe des Geschäfts beseitigt die Möglichkeit künftiger Eingriffe nicht (RG. 104, 376 im Bl. 22, 132; RG. in MarkschWettbew. 21, 211). Das wird verkannt in RG. 84, 148 und OLG. München in MarkschWettbew. 18, 183. § 12 13, 14

Wird das Zeichen während des Rechtsstreits gelöscht, so kann das Gericht nicht mehr über den Unterlassungsanspruch entscheiden, sondern muß die Sache für erledigt erklären und über die Kosten Bestimmung treffen (RG. in JW. 98, 169 und 297, GewRschutz 98, 268; OLG. Dresden in MarkschWettbew. 14, 80; RG. in JW. 00, 857). Ob die Löschung noch in der Revisionsinstanz zu beachten ist, darüber vgl. RG. in GewRschutz 12, 137 in JW. 12, 309 und oben N. 10. Eine Unterlassungsklage ist nicht gegeben, wenn die Störung mit ihren Folgen der Vergangenheit angehört und eine Fortsetzung des rechtswidrigen Verhaltens nicht zu erwarten ist (RG. in JW. 01 S. 808). Die Störung muß sich gegen ein deutsches Zeichen richten. Das hiesige Gericht darf, auch wenn es im einzelnen Falle aus § 12 ZPO. oder aus § 23 ZPO. zuständig wäre, nicht Klagen stattgeben, durch welche der Inhaber eines ausländischen Zeichens einen In- oder Ausländer negatorisch belangt (N. 5).

Der Unterlassungsanspruch kann sich bis zum Löschungsanspruch steigern, wenn durch die Verletzung ein dauernder Zustand in einem Register geschaffen wird, der nur durch eine Löschung von Firma oder Zeichen zu beseitigen ist (vgl. RG. 100, 266 im Bl. 21, 69; RG. in GewRschutz 24, 48 betr. Ausmerzung eines Wortes im Warenverzeichnis; J. L. Seligsohn in GewRschutz 25, 63). Kann auf diese Weise ein unzulässiges Wort, z. B. Aspirin, ohne weiteres aus dem Verzeichnis entfernt werden? Das ist zu verneinen. Nicht die Warengattung als solche ist unzulässig, sondern nur die gerade für sie gewählte Bezeichnung. Es darf nicht die Möglichkeit abgeschnitten werden, durch Abänderung des Verzeichnisses den Schutz für derartige Waren aufrechtzuerhalten. Richtiger wäre es also nicht zu löschen, sondern die Beseitigung des Wortes in dem Verzeichnis aufzugeben. Das PA. wird hier ausnahmsweise den Ersatz durch eine gleichartige Ware gestatten müssen.

14. Zur Klage aktiv legitimiert ist der Zeicheninhaber und zwar nur der eingetragene (§ 7 Abs. 2), dagegen nicht derjenige, welchem der Vertrieb der Ware für ein bestimmtes Gebiet ausschließlich übertragen ist, oder der Lizenzträger (N. 7 zu § 7). Auf den Nachfolger im Zeichenrecht wird der negatorische Anspruch mit dem Recht selbst im Zweifel übergehen. Der Erbe erwirbt ihn ohne weiteres. Dagegen kann er auf einen Dritten, z. B. einen Lizenznehmer, ohne das Zeichen nicht übertragen werden (a. M. Kent S. 290, Allfeld S. 563); denn er hat das ausschließliche Recht am **Verfahren.**

§ 12 Zeichen zur Grundlage und kann ohne dieses nicht bestehen. Wer im In-
14 lande keine Niederlassung hat, kann gemäß § 23 Abs. 2 die Klage nur, wenn er hier einen Vertreter bestellt hat, anstrengen. Veräußert der Zeicheninhaber sein Zeichen mit dem Betriebe während des Rechtsstreits, so ist § 265 ZPO. anwendbar; der Klageantrag wird dann dahin geändert werden müssen, daß dem Beklagten verboten wird, ohne Zustimmung des Rechtsnachfolgers des Klägers N. N. das Zeichen anzubringen usw. (RG. in GewRSchutz 22, 60).

Passiv legitimiert ist der Störende, nicht seine Erben, es sei denn, daß der Rechtsstreit schon vor dem Erbfall anhängig war. Hatte ein Organ oder Vertreter einer juristischen oder einer physischen Person in dieser seiner Eigenschaft die Störung begangen, so geht die Klage gegen die juristische vertretene Person (N. 11 zu § 14). Hatte der Störende im Auftrage eines anderen gehandelt, so kann die Klage gegen beide gerichtet werden. Ist der Störende gesetzlicher Vertreter eines anderen oder hat er bei der Störung innerhalb seines Wirkungskreises im Geschäfte oder Gewerbe eines anderen gehandelt, so kann auch der andere mit der Störungsklage belangt werden. § 831 BGB. ist hier nicht anwendbar (RG. in JW. 03 S. 128; vgl. Kohler Handbuch S. 550). Sofern der Verletzer behauptet, daß er die Beeinträchtigung in Ausübung des Rechts eines Dritten vorgenommen habe, findet die Vorschrift des § 77 ZPO. über nominatio auctoris Anwendung (Seligsohn in GewRSchutz 19, 50; a. M. Stein ZPO. zu § 77). In allen vorstehenden Fällen kann aber die Klage nicht bloß gegen die vertretene juristische oder physische Person oder gegen den Prinzipal, sondern auch gegen den Täter selbst (Vorstand oder Geschäftsführer einer Gesellschaft, Betriebsleiter, Vormund usw.) gerichtet werden (RG. in JW. 17, 222 im Bl. 17, 51). Man wird aber berücksichtigen müssen, daß als Störer nicht der angesehen wird, der nur als untergeordnetes Glied im gewerblichen Unternehmen eine Anordnung seines Vorgesetzten ausführt (Seligsohn in GewRSchutz 19, 50; ähnlich Isay PatG. S. 240). Geisteskrankheit des Störers schließt die Unterlassungsklage wegen der Störung nicht aus (RG. MarkschWettbew. 24, 87 in GewRSchutz 25, 43).

Den Parteien können Nebenintervenienten gemäß §§ 66ff. ZPO. beitreten, dem Beklagten insbesondere der Lieferant der Ware oder der Etikette, Umhüllung usw. Dagegen kann nicht als Nebenintervenient beitreten, wer wegen des gleichen Zeichens verklagt ist (RG. im Bl. 12, 323).

Der Klageantrag wird sich nach der konkreten Störung richten. Er wird meistens dahin gehen, dem Beklagten die fernere bestimmte Störung zu untersagen. Ein allgemeiner Antrag, die Benutzung des geschützten Zeichens zu verbieten, läßt den Kern des Streits nicht erkennen und ist praktisch bedeutungslos (RG. 42, 15; RG. im Bl. 14, 355; Kohler S. 186, 202; vgl. ferner Seligsohn PatG. N. 22 zu § 4). Es soll die bestimmte Rechtsverletzung, die vorgekommen ist, für die Zukunft untersagt werden. Unzulässig ist es deshalb, im voraus durch die Bezeichnung „ähnlich" allgemein noch gar nicht näher bestimmte Verfahrensarten zu untersagen (RG. in UnlW. 02, S. 92; RG. in JW. 05, 701; 12, 480). Ist es schwierig, die verpönte Bezeichnung durch Worte zu veranschaulichen, so ist es zulässig, auf das dem Gericht überreichte Zeichenbild des Beklagten Bezug zu nehmen (vgl. RG. im Bl. 02, 154). Andererseits braucht der Kläger sich nicht auf die einzelne Störung in seinem Antrage zu beschränken, wenn nach den Umständen die Besorgnis vorliegt, daß der Beklagte noch in anderer Weise z. B. statt durch Anbringung des Zeichens durch Inverkehrbringen der unrichtig bezeichneten Ware in Zukunft sein Recht verletzen werde (RG. im Bl. 99, 154; 00 S. 291; JW. 99 S. 238; 00 S. 301). Das Gericht hat auf eine sachgemäße Änderung des Antrages nötigenfalls gemäß § 139 ZPO. hinzuwirken oder es wird selbständig den Urteilsinhalt fassen (RG. in JW. 94, 25; im Bl. 02, 154; RG. in JW. 04, 218; RG. im Bl. 09, 12; s. auch RG. in MarkschWettbew. 15, 21). Auf die Kosten wird das ohne Einfluß sein. Die Konkretisierung des Klageantrages und des Urteilssatzes ist natürlich für die Fragen der Rechtshängigkeit und Rechtskraft von Bedeutung. § 12 14

Eine Strafandrohung für den Fall des Zuwiderhandelns gegen die Untersagung kann in der Klage begehrt und im Urteil ausgesprochen werden; ist dies unterblieben, so erfolgt die Strafandrohung gemäß § 890 ZPO. im Zwangsvollstreckungsverfahren. Wegen einer jeden Zuwiderhandlung kann eine Geldstrafe von unbeschränkter Höhe oder eine Haftstrafe bis zu sechs Monaten angedroht werden. Bei der Vollstreckung spielt der Begriff der fortgesetzten Handlung eine erhebliche Rolle (RG. 36, 417; Stein zu § 890 ZPO. III; RG. in UnlW. 4, 48, Fuld in GewRschutz 05, 213). Nicht selten werden Ankündigungen oder Waren mit der unzulässigen Bezeichnung nach Zustellung des vollstreckbaren Urteils noch im Verkehr angetroffen. Es kommt dann darauf an, ob der Beklagte für sie haftbar zu machen ist. Das ist anzunehmen, wenn sie von ihm auf Grund seines Entschlusses ausgegangen sind, nachdem die Zustellung erfolgt war. Er kann sich dabei nicht darauf berufen, daß der Auftrag zur Erlassung der Ankündigung oder zur Lieferung der Ware schon früher gegeben war, denn er hatte dafür zu sorgen, daß derartige rechtsverletzende Handlungen unterbleiben (RGSt. 37, 258 im Bl. 10, 242). Nur wenn der Auftrag nicht mehr rückgängig gemacht werden konnte, wird die Strafe nicht verwirkt sein. Auf Beseitigung der widerrechtlichen Kennzeichnungen darf der Antrag nach § 19, wenn Böswilligkeit oder grobe Fahrlässigkeit vorliegt, gerichtet werden, soweit sie sich auf Gegenständen befinden, die im Besitze des Störenden oder seiner Mittelspersonen sind (Kohler S. 186, OLG. Köln in IndustrieR. 08, 248). Wegen der Zwangsvollstreckung vgl. noch RG. 36, 417; 38, 422 und Bl. 98, 102; KG. in MarkschWettbew. 21, 89. Es ist zu beachten, daß nach § 717 ZPO. bei Aufhebung oder Abänderung eines für vollstreckbar erklärten Urteils, wofern es nicht ein Urteil eines OLG. ist, der Kläger zum Ersatz des Schadens verpflichtet ist; siehe auch RG. 60, 344.

Über Klageänderung bestimmt jetzt für die 1. Instanz § 264 ZPO., daß sie zuzulassen ist, wenn das Gericht sie für sachdienlich erachtet oder wenn der Beklagte einwilligt. Dadurch werden zahlreiche Streitigkeiten vermieden, die früher zu lebhaften Erörterungen Anlaß gaben, z. B. über die Frage, ob die nachträgliche Heranziehung eines zweiten Zeichens erlaubt ist (RG. in IndustrieR. 16, 20; ferner RG. im Bl. 07, 142), ob die Schadensersatzklage durch die Unterlassungsklage nachträglich erweitert werden kann (RG. im Bl. 09, 40 in MarkschWettbew. 8, 134), ob von der Unterlassungsklage nach Eintragung des angegriffenen Zeichens zur Löschungsklage übergegangen werden kann (RG. in MarkschWettbew. 11, 488). Die Entscheidungen über die Klageänderung behalten ihre Bedeutung für die Berufungsinstanz, für die nach § 527 ZPO. eine Klageänderung nur mit Einwilligung des Gegners zugelassen ist.

§ 12 14 Die Entscheidung im Störungsstreit, daß eine Zeichenverletzung vorliegt, geht nicht in Rechtskraft über, es sei denn, daß sie zum Gegenstand eines besonderen Antrages gemacht ist, sie kann deshalb im nachfolgenden Entschädigungsstreit noch in Frage gestellt werden (RG. 49, 33, im Bl. 01, 259). Infolgedessen empfiehlt sich, nicht nur die Klage auf Unterlassung mit der auf Auskunft und Schadensersatz zu verbinden, sondern auch noch einen Antrag auf Feststellung der Schadensersatzpflicht zu stellen, wozu § 256 ZPO. die Handhabe gibt. Nach der Rechtsprechung ist selbst bei einem Teilurteil über die Unterlassungsklage dieses für denselben Rechtsstreit bezüglich der Entschädigung nicht bindend (RG. in MarkschWettbew. 11, 143). Über die Verbindung der Unterlassungs- mit der Löschungsklage s. N. 2.

Was die Beweislast anlangt, so muß Kläger sein Recht und die dasselbe verletzende Handlung nachweisen. Sache des Beklagten ist es, darzutun, daß er zu dieser Handlung befugt war, z. B. daß die Ware von dem Berechtigten selbst in Verkehr gesetzt ist, oder daß ihm eine Erlaubnis zur Benutzung des Zeichens gegeben ist.

Die Behauptung, daß das Zeichen des Klägers nach §§ 8, 9 der Löschung unterliege, ist als Einwand nicht zu berücksichtigen (N. 2), sofern nicht § 1 UWG. der § 826 BGB. in Frage kommt. Der Beklagte kann aber auf Grund des § 9 widerklagend die Löschung des klägerischen Zeichens beantragen. Ist die Löschungsklage bereits in einem besonderen Verfahren angestellt, so kann der Beklagte gemäß § 148 ZPO. Aussetzung des Verfahrens beantragen. Hat der Beklagte sich gegenüber der Klage auf ein eingetragenes Zeichen berufen (N. 2 a. E.), so wird der Kläger den Klageantrag auf Löschung dieses Zeichens ausdehnen können (§ 280 ZPO.), um den Einwand zu beseitigen (vgl. noch N. 15 zu § 9).

Wegen der Vernehmung von Sachverständigen über die Verletzung siehe N. 16 zu § 14.

Die sachliche Zuständigkeit des Gerichts bestimmt sich nach dem Streitwert. Übersteigt derselbe nicht fünfhundert Reichsmark, so ist das Amts-, sonst das Landgericht zuständig. In letzterem Falle gehört die Klage nach § 101 N. 3c des GVG. vor die Kammer für Handelssachen, es sei denn, daß gleichzeitig ein Anspruch z. B. aus § 826 BGB. erhoben wird, für den diese nicht zuständig ist, die Revision geht nach § 21 an das Reichsgericht.

Von den besonderen Gerichtsständen der ZPO. kommen die des § 21 ZPO. (Niederlassung) und § 23 ZPO. (Vermögen) in Betracht. Das Gericht, in dessen Bezirk die verletzende Handlung begangen ist, ist nicht zuständig, weil die Störungsklage nicht eine Klage aus einer unerlaubten Handlung (§ 32 ZPO.), sondern aus dem absoluten Recht ist; daran ändert es auch nichts, wenn dem Beklagten Wissentlichkeit der Verletzung vorgeworfen wird (RG. 24, 394, im PBl. 90 S. 47; RG. in JW. 90 S. 109; OLG. Celle in Rechtsprechung der OLG. 2 S. 106; a. M. Kohler S. 200, Rosenthal in MarkschWettbew. 12, 30, KG. in Blättern für Rechtspflege 02 S. 47, im GewRschutz 03, 50). Infolgedessen kann die Klage gegen eine im Auslande wohnende Person, bezüglich deren die Voraussetzungen der §§ 21, 23 ZPO. nicht vorliegen, überhaupt nicht angestrengt werden, denn § 23 Abs. 2 trifft hier nicht zu. Das Reichsgericht hat für den Fall, daß die Störungsklage mit der Klage auf Rechnungslegung oder Entschädigung verbunden wird, im Interesse der Erleichterung der Rechtsverfolgung das Gericht, in dessen Bezirk die subjektiv schuldhafte Handlung vorgenommen worden ist, für alle Ansprüche für zuständig erklärt (PBl. 87 S. 235; RG. bei Gareis 6, 157; RG. 24, 394; RG. in JW. 15, 1023, Mitt. v. V. 15, 82). Das KG. steht in neueren Entscheidungen auf dem Standpunkte des RG. (a. M. OLG. Hamm in MarkschWettbew. 17, 178). Der Zeicheninhaber, der gegen einen anderswo wohnenden Verletzer in Berlin klagen will, veranlaßt einen Bekannten, der in Berlin wohnt, sich dorthin vom Verletzer die Ware oder Drucksachen mit dem Zeichen kommen zu lassen; sodann klagt er in Berlin auf Unterlassung, Rechnungslegung und Schadensersatz, indem er grobe Fahrlässigkeit oder Wissentlichkeit auf seiten des Beklagten behauptet. Ein Verstoß gegen § 226 BGB. liegt in diesem Verfahren regelmäßig nicht, da der Kläger in Interesse daran hat, den Prozeß in Berlin und nicht am Wohnsitze des Beklagten zu führen. Der Kläger kann in Berlin nicht bloß den Schaden einklagen, der ihm durch die dorthin erfolgte Lieferung erwachsen ist, sondern seinen gesamten Schaden (RG. 72, 41 Plenarbeschluß). Selbst wenn sich nachher herausstellt, daß der Beklagte das Zeichen nicht verletzt hat oder daß dies nicht schuldhaft geschehen ist, ändert dies nichts an der Zuständigkeit des Gerichts, weil dann, wenn die die Zuständigkeit begründenden Tatsachen mit den klagebegründenden Tatsachen zusammenfallen, schon die unbewiesene Behauptung der betreffenden Tatsachen zur Begründung der Zuständigkeit ausreicht (RG. 29, 371; 61, 99). „Die Frage, ob Klägerin ihren Sachvortrag nachweisen kann, berührt die Zuständigkeit des angegangenen Gerichts nicht" (RG. in JW. 15, 1023, Mitt. v. V. 15, 82; ebenso KG. in IndustrieR. 15, 139; LeipzZ. 15, 456). Zu beachten ist, daß die Revision gegen Urteile der Oberlandesgerichte nach § 549 Abs. 2 ZPO. nicht darauf gestützt werden kann, daß das Gericht zu Unrecht seine örtliche Zuständigkeit bejaht hat. — Nach § 275 ZPO. hat das mit einem Rechtsstreite befaßte Amts- oder Landgericht, das örtlich oder sachlich unzuständig ist, auf Antrag des Klägers, sofern das zuständige Gericht bestimmt werden kann, sich durch Beschluß für unzuständig zu erklären und den Rechtsstreit an das zuständige Gericht zu verweisen. Sind mehrere Gerichte zuständig, so erfolgt die Verweisung an das vom Kläger gewählte Gericht. Eine Anfechtung des Beschlusses findet nicht statt; mit der Verkündung des Beschlusses gilt der Rechtsstreit als bei dem im Beschlusse bezeichneten Gericht anhängig. Der Beschluß ist für dieses Gericht bindend. § 12 14

Sollen **mehrere Verletzer**, welche bei verschiedenen Gerichten ihren allgemeinen Gerichtsstand haben, als Streitgenossen verklagt werden und ist ein gemeinschaftlicher besonderer Gerichtsstand nicht begründet, so hat das im Instanzenzuge zunächst höhere Gericht das zuständige Gericht zu bestimmen (§ 36 ZPO.). Würde die Bestimmung dem RG. zustehen, so tritt, wenn nur preußische Gerichte in Betracht kommen, an Stelle des RG. das KG. (Art. V des Reichsges. betr. die Zuständigkeit des RG. vom 22. Mai 1910 und Verf. vom 18. Juni 1910 im Preuß. JMBl. 217). Nach der Praxis des RG. bezieht sich § 36 Nr. 3 nur auf den Fall, daß die mehreren zu Verklagenden in **Deutschland** ihren allgemeinen Gerichtsstand haben (a. M. Isay in MarkschWettbew. 10, 21). Während das RG. regelmäßig nur ein Gericht, in dem einer der Beklagten seinen allgemeinen Gerichtsstand hat, bestimmt, hat das KG. in Patentsachen das LG. I Berlin für das zuständige

§ 12 erklärt, auch wenn einer der Beklagten im Bezirke des LG. II oder III in
14 Berlin wohnt und nicht im Bezirke des LG. I (Beschluß des KG. vom 17. Dezember 19 8 Gen. X 3, 859).

Konkurs des Beklagten unterbricht den Rechtsstreit nicht, weil er nicht die Masse betrifft (§ 240 ZPO.; vgl. KG. im Bl. 00, 394). Wenn die störende Handlung seitens des Gemeinschuldners in Ausübung eines Rechts, namentlich also eines Zeichenrechts, vorgenommen ist, so daß durch die Entscheidung dieses zur Masse gehörige Recht betroffen wird, so tritt dagegen Unterbrechung ein (RG. 45, 374; 89, 114; RG. in Mitt. v. V. 17, 55; OLG. Frankfurt in MarkschWettbew. 16, 42; Lehmann in BuschsZ. 38, 97 und in LeipzZ. 4, 814; Isay S. 245, und in GewRschutz 17, 10; vgl. auch RG. im Bl. 07, 168 in JW. 07, 108, a. M. Lobe in BuschsZ. 39, 493). Für die Aufnahme ist in diesem Falle Voraussetzung, daß die Gefahr der Wiederholung besteht (OLG. Frankfurt in MarkschWettbew. 16, 42 und das diese Entscheidung aufhebende Urteil RG. 89, 114).

Über Aussetzung des Verfahrens wegen eines schwebenden Löschungsverfahrens s. N. 10.

Bei Konkurs des Klägers tritt Unterbrechung ein, es kommt § 10 der KO. zur Anwendung, nur kann der Gemeinschuldner den Rechtsstreit nicht aufnehmen, da er über das Zeichenrecht nicht mehr verfügen kann.

Was die Vollstreckbarkeit des Urteils anlangt, so versteht es sich, daß das Verbot nur so lange wirkt, als das Zeichenrecht besteht. Wird das Zeichen nachträglich als nicht rechtsgültig (§ 8 Nr. 2) gelöscht, so kann gemäß § 767 ZPO. Einwandsklage erhoben werden. Eine Restitutionsklage ist dagegen nicht zulässig (RG. JW. 01 S. 228, im Bl. 01, 172). Die Kosten des Rechtsstreits treffen den Beklagten, wenn er durch objektive Verletzungen des Zeichenrechts Veranlassung zur Klage gegeben hat, es sei denn, daß er die Verletzung vor der Klageerhebung beseitigt und dem Kläger die Besorgnis genommen hat, er werde die störende Handlung wiederholen. Der § 93 ZPO. ist anwendbar, wenn der Kläger nicht vorher gewarnt hat, es sei denn, daß ihm nach Lage der Sache nicht zugemutet werden konnte, sich mit einer außergerichtlichen Erklärung zu begnügen (OLG. Dresden im Bl. 01, 147; KG. im Bl. 02, 147; OLG. Dresden in MarkschWettbew. 7, 169). Erlischt das Zeichen im Laufe des Rechtsstreits und erklärt Kläger deshalb den Rechtsstreit für erledigt, so hängt die Kostenentscheidung davon ab, ob die Klage ursprünglich begründet war (RG. 58, 414; Rosenthal in IndustrieR. 17, 147; a. M. OLG. München in MarkschWettbew. 15, 362, das in diesem Falle dem Kläger stets die Kosten auferlegen will). Wird das Zeichen vom PA. oder auf eine Klage hin gelöscht, so treffen den Kläger die Kosten wegen der rückwirkenden Kraft der Löschung (N. 11).

Bei der Kostenerstattung sind die Kosten eines Patentanwalts gemäß § 91 ZPO. zu berücksichtigen, wenn nach Lage des Falles besondere Nachforschungen beim PA. oder technische Fragen eine Rolle gespielt haben (OLG. Hamburg in MarkschWettbew. 8, 300; LG. Hamburg in MarkschWettbew. 11, 57); anders ist zu entscheiden, wenn die Partei selbst genügende Sachkunde besitzt.

Die Rechtskraft der Entscheidung bezieht sich nur auf den geltend gemachten Anspruch. Die Abweisung der auf das Zeichen a gestützten Klage hindert deshalb nicht die Anstrengung einer neuen Klage gegen dieselben Handlungen auf Grund eines zweiten Zeichens b (RG. in UnlW. 4, 79;

a. M. P. Alexander-Katz in IndustrieR. 5, 277; s. auch OLG. Dresden in GewRschutz 11, 73). § 12 14, 15

Der Zeicheninhaber hat häufig ein Interesse daran, vor Verletzung seines Rechts zu warnen. Er hält dadurch andere von Zeicheneingriffen ab und erleichtert sich den Beweis der Wissentlichkeit oder groben Fahrlässigkeit. Die Warnung kann brieflich an einzelne oder durch Rundschreiben und Ankündigungen an eine größere Zahl von Personen gerichtet werden.

Glaubt ein Interessent, daß die Warnung unberechtigt sei, so kann er eine negative Feststellungsklage erheben (N. 16). Wendet sich der Zeicheninhaber mündlich oder schriftlich an die Kunden des angeblichen Verletzers oder durch Inserate an das Publikum, so greift er durch die Behauptung des Zeicheneingriffs in den Gewerbebetrieb des anderen ein und tritt seiner Ehre zu nahe. Letzterer wird deshalb gegen ihn negatorisch auf Unterlassung solcher Behauptungen und nach § 823 BGB. bei Verschulden des Zeicheninhabers auf Schadensersatz klagen können. Die Beweislast trifft den Zeicheninhaber (RG. 22, 93; RG. im Bl. 94/95, 114; RG. JW. 04 S. 292; RG. in JW. 15, 326; im Bl. 19, 8; RG. 94, 271; RG. im Bl. 17, 54). Die bloße Tatsache, daß das Zeichen später gelöscht worden ist, verpflichtet noch nicht zum Schadensersatze (RG. in JW. 99, 775, im Bl. 00, 89). Der Anspruch auf Schadensersatz verjährt gemäß § 852 BGB. (RG. in JW. 07, 832; 08, 10). Der angebliche Verletzer wird auch gemäß § 947 ZPO. eine einstweilige Verfügung auf Verbot solcher Warnungen erwirken können (RG. im Bl. 94/95, 114, in JW. 95 S. 69; RG. im Bl. 96, 179; 96, 340). Die Beweislast trifft bei einem derartigen Antrage den angeblichen Zeichenverletzer, er muß glaubhaft machen, daß er das Zeichen nicht verletzt habe (RG. im Bl. 04, 293; JW. 07, 750; MarkschWettbew. 8, 245; OLG. Dresden in Mitt. v. V. 07, 27). Man wird gegen solche Warnungen des Zeicheninhabers auch auf Grund des § 14 des Wettbewerbsgesetzes vom 7. Juni 1909 vorgehen können. Die Bedenken, die bei Warnungen vor Patentverletzung hinsichtlich der Anwendung des § 14 bestehen, sind bei Zeichenverletzungen, die objektiv festzustellen und daher tatsächlicher Natur sind, nicht gegeben (Rosenthal N. 16 zu § 14, Seligsohn PatG. N. 21 zu § 4). Der Gewarnte kann auf Grund des § 14 vom Zeicheninhaber auch ohne Verschulden Schadensersatz verlangen und kann nach § 25 des Wettbewerbsgesetzes eine einstweilige Verfügung unter erleichterten Voraussetzungen begehren. Der Anspruch auf Schadensersatz verjährt gemäß § 21 jenes Gesetzes in sechs Monaten, wodurch natürlich der allgemeine Anspruch aus § 823, 852 BGB. nicht berührt wird.

Feststellungsklage des Zeicheninhabers.

15. Der Zeicheninhaber kann gemäß § 231 ZPO. auf Feststellung des Bestehens oder des Umfangs des Zeichenrechts klagen, wenn er ein rechtliches Interesse an der alsbaldigen Feststellung dartut (RG. in IndustrieR. 07, 247). Dies Interesse ist vorhanden, wenn er eine Entschädigungsklage aus § 14 dadurch vorbereiten will, daß er durch die vorherige rechtskräftige Feststellung der Existenz und Tragweite des Rechts sich den Nachweis der Wissentlichkeit oder groben Fahrlässigkeit der Verletzung im Entschädigungsprozeß sichern will. Ebenso regelmäßig dann, wenn jemand behauptet, das Zeichen müsse auf Grund der §§ 8, 9 gelöscht werden, oder wenn jemand zwar nicht die Rechtsbeständigkeit des Zeichens in Abrede stellt, aber demselben nur eine geringere Tragweite, als es im Hinblick auf § 20 hat, zugesteht. Eine Klage auf Feststellung des Eingriffes in das Zeichenrecht ist ferner stets

§ 12 begründet, wenn Verletzungen überhaupt vorgekommen sind, es braucht nicht
15, 16 zugleich die Störungsklage erhoben zu werden (RG. im Bl. 97, 148, in JW. 97 S. 247; RG. 101, 135). Auch kann die Unterlassungsklage in die Feststellungsklage umgeändert werden, wenn die Besorgnis künftiger Störungen fortfällt (Bolze 9, 727). Das Gesetz verlangt zwar ein rechtliches Interesse; es darf aber nicht übersehen werden, daß gerade die wirtschaftlichen Interessen mit den Rechtsbeziehungen auf das engste verknüpft sind und deshalb nicht allgemein ausgeschlossen werden können (RG. 35, 392). Dies gilt insbesondere für das Zeichenrecht. Dazu kommt, daß für die Einführung eines Warenzeichens in den Verkehr häufig große Geldsummen verwendet werden und daß durch die Rechtsgültigkeit und Tragweite eines Zeichens oft der Absatz der Ware bedingt ist. Deshalb empfiehlt es sich für das Zeichenrecht ebenso wie für das Patentrecht (Seligsohn PatG. N. 20 zu § 4), die wirtschaftlichen Gesichtspunkte bei der Frage des rechtlichen Interesses zu berücksichtigen. Der Zeicheninhaber ist auch berechtigt, eine Klage auf Anerkennung der Tragweite seines Zeichens gegen den zu erheben, der sich berühmt, ein bestimmtes Verhalten ohne Verletzung des Zeichens beobachten zu können, wenn er voraussichtlich auch entsprechend handeln wird (RG. JW. 89, 267; RG. im Bl. 98, 144, JW. 98, 439).

Die bona oder mala fides des Beklagten ist für den Feststellungsprozeß unerheblich.

Wegen der Aktivlegitimation, des Einwandes der Rechtsungültigkeit, der Aussetzung des Verfahrens und der sachlichen Zuständigkeit gilt dasselbe wie bei der Störungsklage (N. 14); von den besonderen Gerichtsständen der ZPO. kommen auch hier die der Niederlassung und des Vermögens in Betracht. Wohnt der Beklagte im Auslande und ist keiner der erwähnten besonderen Gerichtsstände gegeben, so kann die Klage überhaupt nicht angestrengt werden.

Das Urteil stellt nur zwischen den Parteien die Gültigkeit und Tragweite fest, Dritten gegenüber ist es ohne Wirkung.

Die preußischen Gerichte müssen die Entscheidung dem PA. mitteilen (JW. im Bl. 94 S. 308).

Feststellungsklage gegen den Zeicheninhaber.

16. Wenn jemand für sein Zeichenrecht eine ihm nicht zukommende Tragweite beansprucht und auf Grund dieser Auslegung entweder das gewerbliche Verhalten anderer als eine auch nur objektive Verletzung seines Rechts bezeichnet oder anderen die Vornahme von erlaubten Handlungen untersagt, so steht den in ihrer gewerblichen Ehre oder Freiheit Bedrohten die negative Feststellungsklage darauf zu, daß ihr Verhalten das Zeichenrecht nicht verletze (RG. 22, 96; 45, 61; RG. 62, 18; im Bl. 05, 174; JW. 07, 482). Das rechtliche Interesse an der alsbaldigen Feststellung liegt hier ohne weiteres in dem ehrverletzenden Vorwurfe (§ 256 ZPO. setzt nicht bloß ein privatrechtliches Interesse voraus: RG. 16, 390) und in der unberechtigten Störung der rechtlich erlaubten gewerblichen Verfügungen (RG. 22, 93 und RG. in JW. 89 S. 367). Die Klage kann sich nur gegen den Umfang, nicht aber gegen die Rechtsgültigkeit des eingetragenen Zeichens richten (N. 2), sie kann aber mit einer Löschungsklage verbunden werden. Die Feststellungsklage steht insbesondere dem Lizenznehmer zu, welchem der Zeicheninhaber das Recht zur Benutzung des Zeichens bestreitet (N. 7 zu § 7). Erhebt der Beklagte Widerklage auf Unterlassung, so muß der Kläger nach streitiger

Verhandlung zur Hauptsache die Klage in der Hauptsache für erledigt erklären, da sein Interesse an der alsbaldigen Feststellung jetzt weggefallen ist (RG. 71, 68 im Bl. 10, 76). In der Praxis wird von der Feststellungsklage häufig Gebrauch gemacht, wenn der Zeicheninhaber im strafgerichtlichen Verfahren wegen Verletzung seiner Rechte vorgeht. Der Beschuldigte erhebt dann die Klage, um eine gründlichere Prüfung der Rechtsfrage herbeizuführen und beantragt gleichzeitig gemäß § 262 StPO. Abs. 2 die Aussetzung des Strafverfahrens. Nach der herrschenden Ansicht ist wegen § 262 Abs. 1 StPO. das Feststellungsurteil für den Strafrichter nicht bindend (RGSt. 14, 374; a. M. Kuttner Urteilswirkungen außerhalb des Zivilprozesses 14 S. 216—227). § 12 16, 17

Wegen der Beweislast vgl. RG. 9, 337; wegen der Zuständigkeit gilt das in N. 15 gesagte.

Über diese Feststellungsklage und über ihre Verbindung mit der Entschädigungsklage vgl. Kohler in Buschs Archiv Bd. 47 S. 335.

Einstweilige Verfügung.

17. In den Zeichenprozessen kommt den einstweiligen Verfügungen (Finger in Kohler Festgabe S. 39) eine ebenso große Bedeutung zu, wie in den Patentprozessen (vgl. Seligsohn PatG. N. 24 zu § 4). Diese Verfügungen sind nach § 940 ZPO. zum Zwecke der Regelung eines einstweiligen Zustandes in bezug auf ein streitiges Rechtsverhältnis zulässig, sofern die Regelung zur Abwendung wesentlicher Nachteile oder aus anderen Gründen nötig erscheint. Dies ist hier nicht selten der Fall. Denn während des Zeichenprozesses gebraucht der Verletzer das Zeichen ruhig weiter; wird der Prozeß auch zu seinen Ungunsten entschieden, so ist sein Risiko nicht zu groß, denn zur Entschädigung ist er nur verpflichtet, wenn ihm Vorsatz oder grobe Fahrlässigkeit nachgewiesen wird (§ 14 Abs. 1). Dies gilt nach der Rechtsprechung des Reichsgerichts auch für die Zeit der Prozeßdauer (N. 17 zu § 14). Ob dem Zeicheninhaber dieser Nachweis gelingen oder ob er im Falle des Gelingens von dem, vielleicht nicht zahlungsfähigen, Gegner hinreichende Entschädigung erhalten wird, ist zweifelhaft; gewiß ist dagegen, daß sein Zeichen durch die längere Konkurrenz des Gegners an Wert beträchtlich verliert, ja oft wertlos wird (Bolze Der Entwurf einer Patentnovelle S. 66; KG. in IndustrieR. 08, 103). Es wird deshalb zur Abwendung wesentlicher Nachteile häufig eine einstweilige Regelung geboten sein, sie wird zweckmäßig darin bestehen, daß der Richter auf Antrag des Zeicheninhabers, unter Umständen nach vorgängiger Sicherheitsleistung desselben, dem Gegner unter Androhung der in § 890 ZPO. angegebenen Strafen verbietet, bis zur rechtskräftigen Entscheidung des Prozesses die streitige Bezeichnung zu gebrauchen. Dabei wird natürlich zu berücksichtigen sein, daß die Verfügung sehr einschneidend ist und in wirtschaftlicher Hinsicht die Entscheidung des Rechtsstreits vorwegnimmt. Es müssen also dringende Gründe gegeben sein.

Die Praxis des Reichsgerichts beschränkte früher in Patentsachen den Erlaß einstweiliger Verfügungen überaus. Dies wurde auch auf das Zeichenrecht übertragen (vgl. OLG. Dresden im Bl. 00, 113).

Die Praxis war unrichtig (Katz im Bl. 94/95, 266). Nachdem das Reichsgericht in Patentstreitigkeiten einstweilige Verfügungen für zulässig erklärt hat, gleichviel ob ein Schadensersatzanspruch begründet ist (Seligsohn PatG. N. 24 zu § 4), erlassen jetzt die Gerichte auch in Zeichensachen einstweilige Verfügungen, zumal § 945 ZPO. durch den Ersatzanspruch, der dem

§ 12 17 objektiv zu Unrecht behelligten Gegner zugebilligt ist, unbegründeten Anträgen einen Riegel vorschiebt. Dazu kommt, daß sich die Prüfung des Streit-
§ 13 verhältnisses in Zeichensachen regelmäßig einfacher gestaltet als in Patentsachen, wo die technischen Fragen im Vordergrund stehen. Da die einstweilige Verfügung aber in die gewerblichen Verhältnisse desjenigen, an den sie ergeht, tief eingreifen kann, so wird es sich regelmäßig empfehlen, vor ihrer Erlassung eine mündliche Verhandlung anzuordnen. Wichtig ist, daß nach der Praxis (RG. 65, 66) auch bei Aufhebung der einstweiligen Verfügung die Schadensersatzpflicht nicht eintritt, wenn der Beklagte in der Hauptsache unterliegt. Levis will (LeipzZ. 11, 765) den Schadensersatz nur auf den Schaden beschränken, der dadurch entstanden ist, daß die einstweilige Verfügung auf Grund einer summarischen Prüfung erlassen worden ist. Wird also das Zeichen z. B. später gemäß § 8 gelöscht, so soll dies regelmäßig die Schadensersatzpflicht nicht begründen; dagegen mit Recht OLG. Hamburg in MarkschWettbew. 13, 390.

Für das Verfahren sind die Vorschriften der §§ 916—945 ZPO., insbesondere der §§ 937ff. maßgebend. Mit dem Antrage wird der Zeicheninhaber regelmäßig die ihm vom PA. über die Eintragung erteilte Bescheinigung vorlegen, um sein Recht glaubhaft zu machen, außerdem die Nachahmungen, sowie nötigenfalls eidesstattliche Versicherungen, aus denen die Verletzung hervorgeht. Es wird ferner angebracht sein, besondere Umstände glaubhaft zu machen, welche gerade im vorliegenden Falle den Erlaß der Verfügung rechtfertigen, z. B. die nicht genügende Zahlungsfähigkeit des Gegners. Wird von dem letzteren dargetan, daß eine Erfolg versprechende Löschungsklage gegen das Zeichen erhoben ist, dann wird die einstweilige Verfügung abzulehnen sein (KG. in DJZ. 04 S. 700; in GewRschutz 10, 23). Für die Zwangsvollstreckung gelten nach §§ 936, 928 ZPO. die allgemeinen Vorschriften. Der Betrag der Geldstrafe ist jetzt nicht mehr beschränkt (N. 14).

Gegen die Urteile der Oberlandesgerichte gibt es kein Rechtsmittel (§ 545 Abs. 2 ZPO.).

Der Antrag kann nicht bloß mit der Störungs- oder Entschädigungsklage verbunden, sondern auch im Feststellungsprozeß gestellt werden. Die Verfügung kann sogar erlassen werden, bevor ein Hauptprozeß anhängig ist (RG. 4, 399). Auch im Gerichtsstande der unerlaubten Handlung kann die auf Unterlassung gerichtete Verfügung beantragt werden (Degen in LeipzZ. 10, 442).

§ 13.

Durch die Eintragung eines Warenzeichens wird niemand gehindert, seinen Namen, seine Firma, seine Wohnung sowie Angaben über Art, Zeit und Ort der Herstellung, über die Beschaffenheit, über die Bestimmung, über Preis-, Mengen- oder Gewichtsverhältnisse von Waren, sei es auch in abgekürzter Gestalt, auf Waren, auf deren Verpackung oder Umhüllung anzubringen und derartige Angaben im Geschäftsverkehr zu gebrauchen.

§ 13
1

Grund der Bestimmung.

1. Der § 13 erhält nur äußerlich eine Einschränkung des Zeichenrechts (OHG. 20, 353). In Wirklichkeit wird hier die Grenze gezogen, die dem Zeichenrecht seiner Natur nach innewohnt. Schon in § 10 Abs. 1 des Markenschutzgesetzes von 1874 war ausgesprochen, daß trotz eines entgegenstehenden Zeichenrechts jeder berechtigt sein soll, seinen Namen oder seine Firma zur Kennzeichnung seiner Waren zu gebrauchen. Diese natürliche Befugnis (Osterrieth S. 338) ist jetzt nicht bloß auf die Wohnung ausgedehnt, sondern es ist auch dafür gesorgt, daß der für den allgemeinen Verkehr unentbehrliche Gebrauch von Herkunfts-, Beschaffenheits-, Preis-, Mengen-, Gewichtsangaben, die nach den Grundsätzen des § 4 frei sind, durch ein Zeichenrecht nicht gehindert wird. Zwar sind Warenzeichen, welche derartige Angaben ausschließlich enthalten, nach § 4 Abs. 1 Nr. 1 nicht eintragungsfähig; tritt aber zu diesen Angaben ein anderes Wort oder eine Figur hinzu, so wird das Zeichen schutzfähig (N. 16 zu § 4). Wer sich ein solches Kombinationszeichen erwählt, muß also darauf gefaßt sein, daß die in demselben enthaltenen Angaben auch von anderen, sei es allein gebraucht, sei es in neue Warenzeichen aufgenommen werden; denn auch letzteres ist gestattet, wofern nur die neue Gesamtgestaltung die Gefahr einer Verwechselung mit dem alten Zeichen ausschließt (Motive S. 16). Unter den Angaben, die vom Zeichenrecht nicht berührt werden, sind auch bildliche Darstellungen zu verstehen, die dem Betrachter das Nötige deutlich sagen (RG. 101, 344 im Bl. 21, 178; a. M. Ruhfus in MarkschWettbew. 21, 32).

Entsprechend § 12 dürfen die im § 13 angeführten Bezeichnungen auf den Waren oder ihrer Verpackung usw. angebracht werden oder auf Ankündigungen, Preislisten, Geschäftsbriefen, Empfehlungen, Rechnungen oder dergleichen verwendet werden. Das letztere ist mit den Schlußworten „Gebrauchen im Geschäftsverkehr" gesagt, denn eine sonstige Benutzung liegt sowieso außerhalb des Zeichenrechts. Mit den Waren sind die eigentlichen Waren des Geschäftsbetriebes gemeint, wie im § 1, nicht die sog. Hilfsartikel, die selbst die Verpackung, Umhüllung, Anpreisungsmittel darstellen (RG. in MarkschWettbew. 22, 148 betr. Unterberg-Kalender).

Ob außer Namen und Firma auch andere Erkennungszeichen wie das Bild einer Person und ihr Wappen analog zu behandeln sind, ist bestritten, aber zu bejahen (N. 4 zu § 12, Adler S. 248; a. M. Kent S. 356, Abel S. 180; LG. Hamburg im Bl. 96, 367). Es darf aber das Bild oder Wappen nicht irreführen, indem es etwa auf ein bekanntes eingetragenes Zeichen durch seine Ähnlichkeit hinweist und den Zweck verfolgt, die Abnehmer zu täuschen (N. 2).

Auf Freizeichen bezieht sich § 13 nicht. Sonst würden die Gerichte und nicht das PA. über die Freizeicheneigenschaft befinden (RGSt. 48, 389 im Bl. 14, 374).

Nur eine Befugnis zum Gebrauch von Namen, Firma usw. im geschäftlichen Verkehr wird im § 13 anerkannt. Ein Recht des Trägers von Namen oder Firma anf Eintragung derselben als Warenzeichen ist im § 13 nicht ausgesprochen. Der Schutz, den das Zeichenrecht gewährt, ist viel umfangreicher als die Erlaubnis, die im § 13 gegeben ist; ob das Zeichenrecht,

§ 13 das ein Verbotsrecht in sich schließt, zu gewähren ist, das kann nur nach den
1, 2 Grundsätzen über die Eintragung von Warenzeichen in §§ 5, 6, 20 entschieden werden (RG. im Bl. 97, 195; 00, 213, in JW. 00 S. 276; RG. in JW. 07, 529; RG. im Bl. 21, 231, in JW. 21, 1539; PA. im Bl. 05, 14).

Leitende Grundsätze. 2. Der § 13 soll nicht als Handhabe dienen, um durch unlauteren Wettbewerb das Zeichenrecht zu beeinträchtigen, die Bestimmung darf nur dem redlichen geschäftlichen Verkehr zugute kommen. Die allgemeinen Schranken, die im § 1 UWG. § 826 BGB. aufgestellt sind, gelten auch für die Anwendbarkeit des § 13 (RG. in JW. 11, 111, im Bl. 11, 170 Natura Milch; RG. im Bl. 12, 34 Hoffs Malzextrakt; RG. 73, 170 im Bl. 10, 267 Autonapht; RG. 77, 73; RG. im Bl. 20, 86 in MarkschWettbew. 19, 112; RGSt. 38, 390 im Bl. 06, 264). Zu Täuschungen des Publikums darf also § 13 nicht dienen (s. auch Rosenthal GewRSchutz 18, 147). Deshalb sind lediglich solche Angaben hinsichtlich der Ware gestattet, welche ernsthaft gemeint sind, so verstanden werden und, soweit es sich um Reklame handelt, der Wahrheit entsprechen, die also nicht bloß zur Umgehung fremder Zeichenrechte dienen (RG. 73, 170 im Bl. 10, 267; RG. 99, 87 im Bl. 20, 114; RGSt. in JW. 15, 49 in MarkschWettbew. 14, 264). Wer das Wort „Rosen" für seine Waren gebraucht, kann den § 13 nur anrufen, wenn er tatsächlich einen nicht unerheblichen Zusatz von Rosenöl benutzt (RG. im Bl. 98, 165, in JW. 98 S. 368). Das Wort „Styria" auf Fahrrädern ist nur dann erlaubt, wenn damit in der Tat die Herkunft aus Steiermark angegeben werden soll (RG. im Bl. 98, 113).

Die entwickelten Sätze werden durch den allgemeinen Grundsatz gedeckt und erweitert, daß die Berufung auf § 13 versagt, wenn unlauterer Wettbewerb gegeben ist. Durch § 826 BGB. und das Wettbewerbsgesetz § 1 ist es verboten, Befugnisse, die die Rechtsordnung einräumt, auszuüben, wenn sie mit dem allgemeinen Anstandsgefühl in Widerspruch treten. Namentlich dürfen unter dem Schutze eines äußerlich begründeten Rechts wertvolle und anerkannte Erkennungszeichen ihrer Kraft nicht beraubt werden, und ist es nicht gestattet, Verwechselungen mit im Verkehr bekannten Namen-, Firmen- oder Geschäftsbezeichnungen durch Ausnutzung von gleichen oder ähnlichen derartigen Kennzeichen zu bewirken (§ 1, 16 des Wettbewerbsgesetzes; Lobe in der Festschrift für Binding II, 190; Rosenthal N. 44 zu § 1 ff.). Die Rechtsprechung zu § 13 ging, wenn sie auch schon vorher die Redlichkeit des Vorbenutzers erfordert hatte, zunächst nur zögernd an die Durchführung dieser Gedanken des WettbewGes. Das RGSt. 40, 91 hielt gegenüber den Champagnermarken Mumm den Gebrauch einer offensichtlich unlauter gebildeten Firma Maria Mumm u. Co. wegen § 13 noch für strafrechtlich zulässig, weil sonst mittelbar die Verletzung des WettbewGes. unter Strafe gestellt werde. Dagegen erklärt RGSt. 49, 243 es für rechtswidrig und strafrechtlich nicht zu beachten, wenn ein formales Recht wie ein Zeichen mißbräuchlich zum Deckmantel unlauteren Gebarens im Gewerbebetriebe dienen soll. Heute ist es auch für § 13 anerkannt, daß er dem Benutzer eines fremden Zeichens nicht zur Seite steht, wenn die Voraussetzungen des WettbewGes. vorliegen. Ist ein Zeichen eingetragen, das die Worte Palliativ Cream enthält, die eine deutliche Beschaffenheitsangabe in sich schließen, hat die Ware aber gerade unter diesem Namen Anerkennung gefunden, so darf niemand auf § 13 die gleiche Bezeichnung stützen (RG. im Bl. 22, 29). Die

Benutzung des eigenen Namens oder der eigenen Firma in ungewöhnlicher, nicht verkehrsüblicher Abkürzung, um damit bekannte ähnliche Zeichen aus dem Felde zu schlagen, ist eine häufige Erscheinung; sie kann sich nicht mehr auf § 13 stützen (vgl. die unrichtige Entscheidung RG. 55, 241 im Bl. 05, 33 „Kyriazi frères" und dagegen RG. in IndustrieR. 09, 45, in MarkschWettbew. 8, 205 „Lindt"; RG. in GewRschutz 11, 289 „Hoff"; richtig schon früher: RG. 38, 80 im Bl. 97, 76 und RG. 48, 233 im Bl. 01, 284). Auf dieselben Gedanken geht es zurück, daß schlagwortartige Abkürzungen von Namen und Firmen, die mit fremden Zeichen in Widerspruch treten, unzulässig sind, wenn die Abkürzung im Verkehr nicht schon vorher eingeführt war (RG. 56, 417 im Bl. 04, 250; unten N. 3). § 13 2

Durch die Normen des WettbewR. werden, wie sich hieraus ergibt, die früheren zu § 13 entwickelten Sätze ergänzt und berichtigt. Wenn eine reklamehafte Aufschrift „unerreicht" gegenüber dem Warenzeichen „es ist erreicht" früher als Beschaffenheitsangabe zugelassen ist (RGSt. 33, 307), so ist solche schlagwortartige Benutzung eines charakteristischen Zeichenteils heute als Beschaffenheitsangabe nicht mehr zu rechtfertigen (vgl. RG. 77, 265 im Bl. 18, 21 Extra zart). Wurde ferner früher auch gegenüber neu gebildeten Angaben über die Beschaffenheit, die in einem Zeichen vorkommen, wie Lance Parfum oder Mineral Rubber § 13 zur Anwendung gebracht (RG. in JW. 10, 403, in MarkschWettbew. 10, 58; OLG. Hamburg in MarkschWettbew. 18, 115), so wird gerade wegen dieser Neubildung in fremder Sprache die Nachahmung der Angabe heute als unlauter anzusehen sein. Trotzdem behält die Rechtsprechung zu § 13 ihre Bedeutung, soweit auch sie die Redlichkeit des Benutzers zur Voraussetzung seiner Anwendung macht.

Aus der Art, wie die Angaben hinsichtlich der Ware gemacht werden, kann erhellen, daß nicht ein im Verkehr üblicher, beschreibender Hinweis, wie ihn § 13 gestatten will, vorliegt, z. B. wenn durch besonderen Druck, durch isolierte Stellung des Wortes usw. klar wird, daß gar nicht beabsichtigt ist, Angaben über die Ware zu machen, sondern ein bekanntes Schlagwort zur Bezeichnung der Waren zu gebrauchen. Stets wird überhaupt durch die *zeichenmäßige Verwendung* die Berufung auf § 13 ausgeschlossen (RG. 38, 104; im Bl. 99, 118, in JW. 99 S. 237; im Bl. 99, 154; RG. 73, 170 im Bl. 10, 267; RG. in MarkschWettbew. 23, 76 in JW. 24, 407; OLG. Hamburg in MarkschWettbew. 22, 203; KG. in MarkschWettbew. 23, 166 nach Tallquist; unrichtig RG. 77, 265, im Bl. 18, 21, wo § 13 angewendet ist, obgleich eine schlagwortartige Bezeichnung gegeben war; unrichtig auch RGSt. im Bl. 13, 53; s. § 12 N. 8). Selbst wenn ein Wort in der Art angewendet wird, daß es zugleich als Warenbezeichnung und als Benennung der Ware dient, erscheint § 13 nicht anwendbar, weil er nur reine Angaben über die Beschaffenheit von Waren von dem Ausschließungsrechte des Zeicheninhabers befreit (RG. im Bl. 99, 154). Jede Verwendung des geschützten oder eines mit diesem verwechselungsfähigen Wortes ist als warenzeichenmäßige Verwendung anzusehen, es sei denn, daß die *Art und Weise der Verwendung* auch den unbefangenen Durchschnittsverbraucher klar erkennen läßt, daß es sich nicht um eine warenzeichenmäßige Verwendung und um eine andere Ware als die des Zeicheninhabers handle (RG. 95, 209 im Bl. 19, 137; im Bl. 21, 231 in MarkschWettbew. 21, 79; RG. im Bl. 23, 161; unrichtig früher RGSt. 33, 307; RGSt. im Bl. 08, 143; unrichtig auch *Fried*-

§ 13 richs in MarkschWettbew. 23, 209). Dies gilt von der Benutzung von Name
2 und Firma nur in eingeschränktem Maße. Es ist üblich, Namen und Firma auf der Ware und auf Ankündigungen usw. anzubringen. In dieser üblichen Verwendungsweise kann deshalb nichts Unzulässiges erblickt werden, sofern nur der Verwendende alles tut, um die Möglichkeit von Verwechselungen mit fremden Zeichen auszuschließen (OLG. Dresden in MarkschWettbew. 11, 385 und 15, 237; RG. im Bl. 13, 137 in MarkschWettbew. 12, 291 Jasmatzi).

Auf § 13 kann sich nicht berufen, wer sich nicht mit den bloßen Angaben des § 13 begnügt, sondern diese in derselben eigentümlichen Weise anordnet, wie der Inhaber des Zeichens z. B. die gleichen charakteristischen Typen anwendet oder die freien Worte des § 13 in eigenartiger, dem geschützten Zeichen angenäherter Weise kombiniert. In solchen Fällen wird durch die Nachahmung der besonderen Merkmale in das Zeichenrecht eingegriffen, sobald in der graphischen Ausgestaltung der Worte oder in der Kombination etwas Individuelles liegt (RGSt. 32, 314; 33, 307; RG. im Bl. 01, 120; RG. in JW. 02 S. 223; siehe N. 7 zu § 4). Läßt sich jemand zur Bezeichnung seiner Ware eine Wortbezeichnung schützen, die wohl für Eingeweihte erkennen läßt, welcher Sinn mit dem Ausdruck verbunden sein sollte, die aber als Angabe über die Herstellung, Beschaffenheit oder Bestimmung nicht üblich ist, so liegt keine reine und ausschließliche Angabe, sondern zugleich eine willkürliche und eigenartige Bezeichnung vor. Dem dritten Verwender derselben steht § 13 nicht zur Seite (RGSt. 39, 171, im Bl. 07, 17 Autochrom; RGSt. im Bl. 08, 167; RGSt. in JW. 10, 204 Technolexikon; RGSt. in MarkschWettbew. 10, 124 Milzbrause). Es dürfen nicht besondere Veranstaltungen getroffen werden, um das dem Eingetragenen gewährleistete Recht illusorisch zu machen z. B. durch Scheinangaben, die dem geschützten Zeichen gleich oder ähnlich sind, durch die Aneinanderreihung von Angaben und Name oder Firma, die den Eindruck des Zeichens hervorrufen (RG. 73, 170 im Bl. 10, 267 Autonaphtha; RG. im Bl. 05, 251 Hartung-Polygon-Spar-Roststäbe; RGSt. im Bl. 08, 224; RGSt. in MarkschWettbew. 10, 124 GoltdArch. 58, 193 MilzBrause; OLG. Hamburg im Bl. 13, 256 in MarkschWettbew. 12, 101; ferner in GewRSchutz 07, 135; unrichtig OLG. Naumburg in MarkschWettbew. 13, 574 Eisenfest—Speichenfest).

Da über die Eintragungsfähigkeit von Zeichen und namentlich über das Vorliegen des § 4 Nr. 1 das PA. ausschließlich zu entscheiden hat, während über die Anwendbarkeit des § 13 die ordentlichen Gerichte befinden, so können zwischen beiden Behörden Meinungsverschiedenheiten bei der Beurteilung von Einzelfällen sich ergeben. Denn beide urteilen völlig selbständig über die gleichen Fragen. Es kann das Gericht auf Grund des § 13 sehr wohl zu dem Ergebnis kommen, daß ein Warenzeichen eigentlich nicht hätte eingetragen werden sollen, weil es im Verkehr als Beschaffenheitsangabe oder als Herkunftsbezeichnung aufgefaßt wird. Das darf aber nicht dahin führen, daß dem Zeichen nun im Rechtsstreit sein Schutz abgesprochen wird. Die Schutzfähigkeit hat das Gericht nicht nachzuprüfen. Es muß daher Nachahmungen des Zeichens verbieten und darf nur, wenn eine deutliche, allgemein erkennbare Angabe über die Beschaffenheit usw. vorliegt, § 13 anwenden. Im Zweifel ist eine zeichenmäßige und unzulässige Benutzung anzunehmen (RG. im Bl. 06, 222; RG. 95, 209 im Bl. 19, 137; RG. 95, 292 im Bl. 19,

124; RGSt. in MarkschWettbew. 10, 156; Kohler in MarkschWettbew. 10, 197). Nach der Auffassung des Verkehrs kann aber das Zeichen durch Veränderungen in der Sprache seiner Bedeutung beraubt werden. Es kann ein eingetragenes Wort durch nachträgliches Entstehen einer bedeutenden, gleichbenannten Stadt zur erlaubten Herkunftsangabe werden (PA. im Bl. 04, 45) und der allgemeine Gebrauch kann es zur Beschaffenheitsangabe machen (N. 3). In solchen Fällen wird eine zeichenmäßige, unzulässige Verwendung zu verneinen sein. § 13 2, 2a

Der § 13 enthält seinem Wortlaute nach nur eine Beschränkung des Warenzeichenrechts. Man wird indessen die in ihm hervorgehobenen Ausnahmen auch gegenüber dem im § 14 anerkannten Namens- oder Firmenrechte und gegenüber dem Ausstattungsrechte des § 15 zulassen, weil der Sinn des § 13 dahin geht, gewisse Angaben, die im Verkehr unentbehrlich sind, von jeder Monopolisierung auszuschließen (RG. in MarkschWettbew. 8, 202). Deshalb wird nicht selten auch gegenüber einem Namens- oder Firmenrecht, wie „Singer", „Liebig", die Frage bei Gericht erörtert werden müssen, ob durch die bisherige Verwendung etwa der Name oder die Firma zu einer Angabe über die Beschaffenheit der Ware geworden sei (vgl. RG. 101, 407 im Bl. 21, 145).

2a. Einer besonderen Betrachtung bedürfen die Warenamen. Der im Verkehr übliche Name der Ware stellt eine Angabe über ihre Beschaffenheit dar, wenn er frei und ungehindert von jedermann gebraucht werden kann (vgl. § 4 N. 13b; RG. 56, 160, im Bl. 06, 226). Scharf davon zu scheiden ist der individuelle Warenname, er entsteht, wenn jemand fortgesetzt eine bestimmte Warenart unter einem Worte in den Verkehr bringt (Benediktiner, Aspirin, Odol, Lindt). Das Wort kann auch der Name oder die Firma des Herstellers sein (Liebig, Singer vgl. Bl. 05, 13). Der Verkehr greift solche Worte auf und benennt die bekannte Warenart mit dem Schlagwort, ohne daß jedoch die Benennung auch für andere gleichartige Waren verwendet werden darf. Aus solchen individuellen Warennamen können sich freie Warennamen entwickeln, wenn im Verkehr das Wort nicht mehr auf die Herkunft der Ware aus einem bestimmten Betriebe hinweist, weil allgemein derartige Waren ungehindert in dieser Weise benannt werden. Es kann sich allmählich die Umwandlung des individuellen Namens zu einer allgemeinen Beschaffenheitsangabe vollziehen. Nach der Rechtsprechung des PA. und RG. ist die Entwickelung vollendet, wenn nach der Anschauung aller beteiligten Verkehrskreise die Bezeichnung nicht mehr auf einen bestimmten Geschäftsbetrieb als Ursprung der Ware hindeutet, sondern als Benennung der Ware ohne Rücksicht auf ihre Herkunft angesehen wird. Hält jedoch noch ein nennenswerter Teil der Abnehmer und sonstigen beteiligten Kreise (Zwischenhändler, Grossisten) daran fest, daß eine individuelle auf eine einzige Quelle hinweisende Bezeichnung vorliegt, so wird man die Entwickelung noch nicht als vollendet betrachten können. Hat der ursprüngliche Benutzer der Benennung sich, wie es in der Regel geschieht, ein besonderes Zeichen für dieselbe eintragen lassen oder ist das Wort, weil es sein Name ist, gegen Nachahmung geschützt, so fragt es sich, ob trotz dieses Schutzes der Verkehr zur Herausbildung eines freien Warennamens schreiten kann. Die Rechtsprechung des RG. und des PA. hat im Anschluß an Kohler (Warenzeichenrecht S. 95 und in GewRschutz 96, 37; siehe ferner Freund im Arch. f. BürgR. 96, 295 und in Kohler-

Warenname.

§ 13 2a Festgabe S. 368) die Macht des Verkehrs und Sprachgebrauches anerkannt, auch das eingetragene Zeichen zur Beschaffenheitsangabe zu machen und damit das Zeichen seiner Bedeutung völlig zu berauben. Dabei kommt hauptsächlich die Entwickelung im Deutschen Sprachbereich in Betracht (RG. 73, 229 im Bl. 10, 309). Der Sprachgebrauch kann freilich erst dann ein allgemeiner werden, wenn nicht eine Quelle, sondern viele für ihre Ware das gleiche Wort benutzt haben. Das Erfordernis, daß alle beteiligten Verkehrskreise nicht mehr an einen bestimmten Ursprung der Ware bei dem Worte denken, wird bei einer wertvollen Marke, die vom Zeicheninhaber viel gebraucht wird, selten verwirklicht sein. Die Benutzung und Verfolgung des Zeichens durch den Berechtigten wird ein starkes Hindernis der Entwickelung bilden (RG. im Bl. 08, 198 Palmin; RG. 56, 160 im Bl. 06, 226 Singer; RG. 73, 229 im Bl. 10, 309; PA. im Bl. 10, 301 Vaseline; RG. 100, 3 im Bl. 20, 190; RG. 100, 182 im MarkschWettbew. 20, 106; RG. 101, 407 im Bl. 21, 145 Simonsbrot; RGSt. 57, 355 im Bl. 24, 167, in GewRschutz 23, 223 Grammophon RG. 108, 8 im Bl. 24, 308 Saccharin; RG. in MarkschWettbew. 24, 82, in GewRschutz 25, 66 Aspirin; PA. im Bl. 04, 45 Record; 04, 426 Grammophon; s. auch die schweizer Ichthyol-Urteile in GewRschutz 06, 38 und im Bl. 06, 23). War die Bezeichnung vom Berechtigten selbst einmal freigegeben und allgemein verwertet, so kann sie durch eine nachträgliche Eintragung nicht mehr monopolisiert werden (RG. 101, 407 im Bl. 21, 145). Dazu wäre eine ganz neue Gestaltung der Verkehrsauffassung erforderlich (vgl. aber § 4 N. 7a und Kohler S. 104). Maßgebend ist in allen diesen Fragen die Anschauung des allgemeinen Verkehrs mit der Ware, der herrschende Sprachgebrauch sowohl im Kreise der Hersteller und Händler, als auch der Erwerber und Verbraucher der Ware, besonders aber bei den Konsumenten (RG. 100, 182 in MarkschWettbew. 20, 106; RGSt. 57, 355 in GewRschutz 23, 223). Der Sprachgebrauch wird bei den wichtigen pharmazeutischen Zeichen durch die Aufnahme des Wortes in die Fachliteratur, in Patentschriften und namentlich in die amtlichen Arzneibücher, in denen die Zusammensetzung angegeben wird, erheblich beeinflußt. Indessen ist diese Aufnahme für sich allein nicht entscheidend, sie ist nur ein starkes Anzeichen des Abschlusses der Entwickelung und befördert sie (vgl. Rathenau in MarkschWettbew. 10, 169 über das deutsche Arzneibuch; schweizer BundesG. im Bl. 06, 23 in GewRschutz 06, 48 betr. Ichthyol; Adler S. 123; siehe auch Bl. 96, 360). Das gilt natürlich auch für andere Waren, tritt aber bei den pharmazeutischen besonders hervor. Über die Warennamen in der chemisch-pharmazeutischen Industrie ist eine eigene Literatur entstanden (Kohler in LeipzZ. 07, 113; Rathenau im Arch. f. BürgR. 17, 1; 27, 28; ferner in GewRschutz 06, 195; in MarkschWettbew. 08, 193; Lewin UnlW. 5, 113; Ephraim Zschr. f. angew. Chemie 06, 513; Doermer in GewRschutz 06, 255; Finger in DJZ. 06, 583; Worms in GewRschutz 07, 68; R. Isay in GewRschutz 23, 177).

Bei Waren, deren Herstellung durch ein Patent geschützt ist, ist die Verknüpfung der Ware mit dem gleichzeitig gebildeten Zeichen sehr naheliegend, weil das Wort von vornherein nur ein bestimmtes Fabrikat betrifft. Die Ausbildung zur Gattungsbezeichnung kann hier sehr gefördert werden, wenn der Patentinhaber seinen Lizenznehmern auch die Befugnis, die Warenbezeichnung zu gebrauchen, überträgt (Kohler S. 100; RG. 101, 407). Abzulehnen aber ist die im Ausland vielfach verbreitete Anschauung, daß durch

Ablauf des Patents auch der Zeichenschutz ins Freie fällt (ebenso Kohler a. a. O.; Rhenius S. 130; Kent, Klöppel in JW. 21, 1535; RG. in MarkschWettbew. 23, 166). Aus dem Gesagten folgt, daß die Inhaber von wertvollen Sondernamen gut tun, ihre Rechte ständig wahrzunehmen und den Verkehr sorgfältig zu überwachen. Energische Verfolgung von Verletzungen ist durchaus anzuraten. Über die Zulässigkeit einer Feststellungsklage, um „das Zeichen vor Mißbrauch zu schützen und dadurch stark zu erhalten" RG. in GewRschutz 24, 48. § 13 2a, 3

Das Wort ist natürlich immer nur für bestimmte Gattungen Beschaffenheitsangabe, so daß es für andere Waren durchaus schutzfähig sein kann (OLG. Celle in MarkschWettbew. 9, 321).

Die einzelnen Fälle.

3. Mit dem Namen ist hier nur der Stamm- oder Familienname — sei es allein, sei es in Verbindung mit dem Vornamen — gemeint, denn für den Geschäftsverkehr kommt der Vorname allein nicht in Betracht. Es kann also jemand, welcher Friedrich Müller heißt, durch einen Konkurrenten namens Friedrich oder durch ein bestehendes Zeichenrecht gehindert werden, seine Waren mit dem Namen „Friedrich" zu versehen, während die Anbringung des Namens „Müller" oder „Friedrich Müller" ihm nie verwehrt werden kann. Vorausgesetzt ist dabei stets, daß er den Namen „Friedrich Müller" zu führen berechtigt ist. Bei Ausländern entscheidet sich nach ihrem Heimatrecht, welcher Name ihnen rechtlich zusteht (RG. in IndustrieR. 05, 191). Die Vorschrift erstreckt sich nicht auf solche Namen, welche jemandem ohne Rechtsgrund im Verkehr beigelegt zu werden pflegen (RG. 1, 26; RGSt. 32, 397, im Bl. 00, 91), z. B. nicht auf eine Übersetzung des Namens (PA. im Bl. 94/95, 276). Ein angenommener Name (Pseudonym), insbesondere ein Künstlername übt innerhalb des Verkehrs, für den er bestimmt ist, dieselben Funktionen aus, wie der nach öffentlichem Recht zu führende Name und ist deshalb ebenso zu schützen (RG. 101, 226 in JW. 21, 621; KG. in JW. 21, 348; Kohler S. 120; Osterrieth S. 340 Anm. 6; Adler Der Namen S. 128; a. M. Abel S. 174). Dagegen wird durch § 13 nicht nur der eigene Name oder die eigene Firma des Benutzers geschützt. Das Recht zur Verwendung von Name oder Firma ist in gewissen Grenzen übertragbar (N. 3 zu § 14). Insoweit wird der Schutz des § 13 aus dem Rechte des Übertragenden angerufen werden können (a. M. OLG. Hamburg im Bl. 00, 79 und RGSt. 49, 311 im Bl. 16, 8). Der Grund des RG., daß § 13 eine Ausnahmevorschrift und eng auszulegen ist, trifft nicht zu (N. 1). Ebensowenig berechtigt ist der andere Einwand, daß das Recht des Eingetragenen auf diese Weise in einer den guten Sitten zuwiderlaufenden Weise hinfällig gemacht werden könne, da in diesen Fällen § 13 überhaupt versagt. Es ist nicht einzusehen, warum der Wattefabrikant, dem ein Arzt gestattet, eine von ihm besonders vorbereitete Watte mit seinem Namen zu bezeichnen, daran durch eine Eintragung eines gleichen Namens für einen andern gehindert sein soll. Nur darf kein unlauterer Wettbewerb zugrunde liegen.

Die Firma eines Kaufmanns ist der Name, unter dem er im Handel seine Geschäfte betreibt und die Unterschrift abgibt (§ 17 des HGB.). Daß die Firma in das Handelsregister eingetragen ist, ist nicht notwendig (RG. im Bl. 98, 110), sofern es sich nicht um die Firma einer Genossenschaft oder einer solchen Gesellschaft handelt, die vor der Eintragung nicht besteht. Es muß sich um eine Firma im Sinne des Handelsgesetzbuches handeln, eine solche

§ 13 steht nur Vollkaufleuten zu (N. 4 zu § 14). Bezeichnungen eines Etablissements, die lauter und sachgemäß gebildet und im Verkehr anerkannt sind, stehen der Firma gleich (RG. 77, 73 im Bl. 12, 19; Osterrieth S. 340; Kohler in MarkschWettbew. 10, 198; a. M. Finger in GewRschutz 12, 322).
3

Wohnung begreift sowohl die Angabe des Wohnortes als der Straße und Hausnummer in sich. Der Wohnung entspricht bei Kaufleuten der Ort der Handelsniederlassung, bei Gesellschaften, Korporationen usw. der Sitz derselben.

Beispiele für die Angaben über Zeit, Art, Ort usw. siehe in N. 13 zu § 4. Hierher kann es gehören, wenn jemand seine Waren unter Bezugnahme auf ein fremdes Zeichen charakterisiert, durch Zusätze, die er beifügt, aber zu erkennen gibt, daß sie nicht die Originalwaren sind, sondern nur „nach Art derselben", „nach dem System derselben" gearbeitet sind, oder „als Ersatz derselben" dienen, eine „Konkurrenzmarke" von ihr bilden. Die Zusätze müssen jedoch ganz unzweideutig dem Leser sagen, daß es sich nicht um die echte Ware handle (vgl. N. 3 zu § 20, oben N. 2) und sie müssen der Wahrheit entsprechen (RG. in JW. 17, 293 mit Anm. von Rosenthal). Meist wird darin unlauterer Wettbewerb liegen (RG. 86, 127 im Bl. 21, 155; vgl. OLG. Hamburg im Bl. 06, 315, wo wegen der Leser ein Irrtum für ausgeschlossen gehalten wird). Man wird für die Regel unterstellen können, daß das Publikum durch solche, an die Marke anknüpfende Angaben in Irrtum versetzt wird, und ihnen den Schutz des § 13 regelrecht versagen (Kent S. 344, Brunstein „die Reklame" S. 40 und die dort angeführten österreichischen Entscheidungen). Unrichtig deshalb RG. im Bl. 23, 190, wo der unlautere Wettbewerb klar zutage lag.

Eine Abkürzung eines Wortes liegt vor, wenn der Anfangsbuchstabe allein oder mit anderen im Worte vorkommenden Buchstaben gebraucht wird; nur darf die gewählte Zusammenstellung mit den anderen Buchstaben nicht ungebräuchlich sein. Ein Mann, der Friedrich Müller heißt, könnte sich F. M., F. Müller, Fr. Müller, Friedr. Müller usw. schreiben; statt „Nummer" wäre z. B. zulässig „N., Nr., No." Kent S. 318 und Allfeld S. 576 wollen die Abkürzung des Familiennamens nicht gestatten. Dieselbe ist aber auf Waren üblich und deshalb zulässig. Anders ist bezüglich der Monogramme zu entscheiden, d. h. einer eigenartigen Zusammenstellung der Anfangsbuchstaben. Sie werden nicht mehr als einfache Abkürzung anzusehen sein.

Für die Abkürzung von Firmen sind nicht die Grundsätze anzuwenden, die im rechtsgeschäftlichen Verkehr für den Gebrauch der Firma als Regel gelten. Es genügt, wenn aus dem wesentlichen Inhalt der Firma ein Schlagwort entnommen oder gebildet ist, welches als Abkürzung der Firma in deren Abnehmerkreisen bekannt ist (AEG., Bamag, Mitropa, Rheinmetall usw.). Es muß keineswegs äußerlich erkennbar sein, daß eine Firma vorliegt. Zusätze, die auf ein Gesellschaftsverhältnis oder sonstige rechtliche Momente hinweisen oder die nur zur besseren Unterscheidung dienen (§ 18 Abs. 2 HGB.), können fortbleiben. Es ist nicht notwendig, daß jedermann aus der Abkürzung die wirkliche Firma zu erkennen und wiederherzustellen vermag. So wäre, wenn ein Bierhändler in irgendeiner Kombination das Wort „Patzenhofer" anmeldete und das PA. trotz § 4 Abs. 1 Nr. 3 dieses Zeichen eintrüge, die frühere Berliner „Aktien-Brauerei-Gesellschaft Friedrichshöhe, vormals Patzenhofer", deren Bier im Verkehr allgemein unter dem Namen „Patzenhofer" bekannt war, nicht gehindert gewesen, ihre Erzeugnisse weiter mit „Patzenhofer" als Abkürzung ihrer Firma zu bezeichnen (RG. 56, 417 im Bl. 04, 250; RG. 64, 63 im Bl. 06, 338; RG. im Bl. 09, 294; RG. 90, 88 im Bl. 17, 78; RGSt. 32, 397 im Bl. 00, 91; RGSt. 40, 398 im Bl. 08, 148). Ratsam ist es natürlich, das Schlagwort rechtzeitig zur Eintragung in die Zeichenrolle zu bringen (RG. in MarkschWettbew. 10, 283). Falls die Abkürzung nicht dem Verkehr geläufig oder sprachüblich ist, steht § 13 derselben nicht zur Seite (RG. in MarkschWettbew. 23, 76 in JW. 24, 407). § 13 3

Ist die Firma erst nach der Eintragung eines Warenzeichens entstanden oder erst nach dieser Zeit zur Warenbezeichnung verwendet, dann darf die Abkürzung mit dem Warenzeichen nur identisch sein, wenn das betreffende Schlagwort als Abkürzung der Firma bei deren Abnehmerkreisen schon vorher eingeführt war; sonst sind gegenüber dem Zeichen nur solche zum Gemeingute gewordenen Abkürzungen zuzulassen, aus denen jedermann die wirkliche Firma erkennen kann (RG. 56, 417 im Bl. 04, 250, sowie die andern schon angeführten Entscheidungen). Da der Schutz der Abkürzungen auf ihrem Besitzstand beruht (RG. 64, 63 im Bl. 06, 338), so wird er nur insoweit anerkannt, als dieser Besitzstand reicht. Daher gibt die Verwendung des Wortes für einen chemisch-pharmazeutischen Artikel wohl die Möglichkeit der Verwendung für derartige Waren, aber nicht für ungleichartige, für die sie vorher nicht benutzt waren (RG. in MarkschWettbew. 8, 83; RG. 90, 88 in MarkschWettbew. 16, 238; RG. in MarkschWettbew. 22, 133; OLG. Dresden in MarkschWettbew. 21, 246); a. M. OLG. Celle in IndustrieR. 22, 138). Das Recht aus § 13 hinsichtlich der Abkürzung geht mit dem Geschäft und Firma auch auf eine Aktiengesellschaft über, die zunächst den entsprechenden Firmenzusatz nur tatsächlich führt, wenn sie ihn demnächst in ihre Firma einfügt (RG. 64, 63 im Bl. 06, 338). Die vorstehenden Sätze gelten auch für Abkürzungen von Namen, die also auch nur dann gestattet sind, wenn sie vor der Eintragung des Zeichens in den Verkehr eingeführt waren (RG. in IndustrR. 10, 19; in MarkschWettbew. 9, 313; RGSt. in IndustrR. 15, 8).

Für die Abkürzung der Angaben über Art, Zeit und Ort der Herstellung usw. kommt in Betracht, ob auch die Abkürzung zum Gemeingute geworden ist, denn der Rechtsgrund der Vorschrift des § 13 beruht hier in der Fortgestattung des Gemeingebrauches und nicht, wie bei der Firma, in der Fortgestattung einer nur in gewissen Kreisen bekannten Individualbefugnis (RG. 56, 417 im Bl. 04, 250).

Die Schlußworte, welche den Gebrauch im Geschäftsverkehr freigeben, entsprechen der im § 12 dem Zeichenberechtigten gewährten ausschließlichen Befugnis, sein Zeichen auf Ankündigungen, Preislisten, Geschäftsbriefen, Empfehlungen, Rechnungen und dergleichen anzubringen (N. 7 zu § 12). Wegen der „Waren, Verpackung, Umhüllung" siehe N. 6 zu § 12, wegen des „Anbringens" N. 8 zu § 12.

Im Interesse des geschäftlichen Anstandes müssen in jedem Falle, wo § 13 zur Anwendung gelangt, besonders bei abgekürzten Firmenbezeichnungen beide Teile bemüht sein, Verwechselungen möglichst durch geeignete Maßnahmen vorzubeugen. Geschieht dies nicht, so kann unlauterer Wettbewerb in Frage kommen (OLG. Dresden in MarkschWettbew. 15, 237; RG. in MarkschWettbew. 12, 85).

§ 13 3, 4 Die Bestimmung steht nur demjenigen zur Seite, welcher in gutem Glauben seinen eigenen Namen, seine eigene Firma oder Wohnung zur Warenbezeichnung benutzt, also nicht demjenigen, welcher auf Grund eines Scheingeschäfts sich einen fremden Namen, eine ihm nicht zustehende Firma oder eine falsche Wohnung aneignet. Der Name kann durch einen simulierten Annahmevertrag, die Wohnung durch Simulation eines Mietsvertrags, durch Errichtung eines Scheingeschäfts oder einer Scheinfabrik, durch unrichtige Anmeldung zur Gewerbesteuer oder zum Handelsregister usw. erschlichen sein. Besonders häufig kommt in der Praxis der Fall der erschlichenen Firma vor. Diese Fälle haben die deutschen Gerichte häufig beschäftigt; es sei an die Prozesse über die Firmen Farina (RG. 7, 271), Faber (OHG. 6, 246; RG. 22, 58), Prätorius (RG. 3, 120), Benecke (RG. 20, 71), Blüthner (RG. in Zeitschr. f. GewRSchutz 94, 180), Wendt (OLG. Hamburg in MarkSchWettbew. 8, 138), Kyriazi Frères (RG. in MarkSchWettbew. 13, 30) erinnert. Fast stets ist die Unzulässigkeit solcher Firmen angenommen worden. Jetzt wird durch die Bestimmungen des Wettbewerbsgesetzes derartigen Unternehmungen wirksam begegnet (Rosenthal N. 4 zu § 1, N. 71, 72 zu § 16; Kohler Der unlautere Wettbewerb S. 113).

Zeichenrecht und Firmenwahl. 4. Darf man eine Firma wählen, die ganz oder teilweise mit einem eingetragenen Zeichen übereinstimmt? Man muß zwischen den notwendigen und den willkürlichen Bestandteilen einer Firma unterscheiden. Der Kaufmann, dessen Firma ausschließlich aus den vom Gesetz vorgeschriebenen Erfordernissen besteht, also gemäß § 13 Abs. 1 des HGB. nur seinen Vor- und Zunamen enthält, braucht nicht Rücksicht darauf zu nehmen, daß für einen anderen diese Worte oder eins derselben als Warenzeichen eingetragen sind. Anders ist es mit den Zusätzen zur Unterscheidung der Person oder des Geschäfts, welche ein Kaufmann gemäß § 18 Abs. 2 HGB. in seine Firma aufnimmt. Er darf als Zusatz nicht ein für einen Konkurrenten eingetragenes Zeichen wählen, denn dies würde gerade dem Zwecke des Zusatzes zur Unterscheidung zu dienen, widersprechen. Er würde damit gegen das dem Zeicheninhaber durch § 12 gewährte Recht auf ausschließliche Benutzung des Zeichens verstoßen (RG. 100, 266 im Bl. 21, 69; a. M. KG. in GewRSchutz 13, 96). Dem Firmeninhaber steht auch nicht der Schutz des § 13 zur Seite, denn dieser „bezieht sich bei Firmen, die nach der Erlangung des Schutzrechtes für den Inhaber des Warenzeichens eingetragen werden, nur auf die nach dem Gesetze notwendigen Bestandteile einer Firma, nicht auf die von ihrem Inhaber willkürlich gewählten Zusätze" (RGSt. 30, 12 im Bl. 97, 109; RG. in JW. 01, 727; RG. im Bl. 20, 86; in MarkSchWettbew. 19, 112; OLG. Hamburg in MarkSchWettbew. 12, 43; Kent S. 313; Allfeld S. 574; Wassermann in GewRSchutz 01, 351; OLG. Nürnberg in Mitt. v. V. 23, 85 will den Schutz des § 13 zu Unrecht auf Firmen beschränken, die schon vor der Anmeldung (nicht der Eintragung) des Zeichens entstanden sind; dagegen s. § 12 N. 2.

Diese Grundsätze müssen auch bei der Bildung der Firmen von Handelsgesellschaften (§§ 19, 20 HGB.), Gesellschaften m. b. H. usw. Platz greifen (a. M. Wassermann a. a. O.). Dabei ist zu beachten, daß auch bei der Wahl des das Vorhandensein einer Gesellschaft andeutenden Zusatzes (§ 19 HGB.) eine gewisse Willkür herrscht. So durften z. B. die Brüder

Kyriazi, welche in Berlin eine offene Handelsgesellschaft zum Betriebe eines Zigarettengeschäfts gründeten, das Gesellschaftsverhältnis zwar durch „Gebrüder Kyriazi" u. dgl., aber nicht dadurch andeuten, daß sie als Firma „Kyriazi Frères" wählten, weil diese beiden Worte bereits früher für einen Hamburger Kaufmann als Warenzeichen für Zigaretten eingetragen waren (a. M. RG. 55, 241). Gleiches gilt für die Firma einer Aktiengesellschaft oder einer Gesellschaft m. b. H., so daß es z. B. unzulässig wäre, wenn eine neue Brauerei „Salvator-Aktiengesellschaft" firmieren wollte, weil das Wort „Salvator" für Bier als Warenzeichen eines anderen eingetragen steht. § 13 4, 5

Wenn die Firma sich mit dem älteren Warenzeichen nicht vollständig deckt, sondern nur teilweise übereinstimmt, so ist § 20 zu berücksichtigen. Auf Grund des Zeichens ist der Anspruch auf Löschung der unzulässigen Bestandteile der Firma gegeben. Ergreift aber der Mangel die ganze Firma, so kann auf Löschung der ganzen Firma geklagt werden. Die Benutzung der Firma bringt einen Eingriff in die Rechte des Zeicheninhaltes mit sich, selbst wenn sie nicht unmittelbar in Verbindung mit der Bezeichnung von Waren steht, deshalb braucht der Berechtigte ihr Fortbestehen nicht zu dulden (RG. 58, 21 und 136; RG. in JW. 10, 120 im Bl. 10, 169; RG. im Bl. 20, 86; in MarkschWettbew. 19, 112; RG. 100, 266 im Bl. 21, 69). Die Firma ist natürlich nur dann unzulässig, wenn sie gleiche oder gleichartige Waren wie der Zeicheninhaber vertreibt oder wenn ein derartiger Vertrieb als möglich erscheint (OLG. Dresden im Bl. 24, 169).

Über die Anmeldung eines Zeichens, welches einer Firma widerstreitet, vgl. N. 1 zu § 9.

Namensgleichheit. 5. Wer von dem ihm durch § 13 gegebenen Recht Gebrauch macht (vgl. aber N. 4), muß darauf bedacht sein, soweit dies die Umstände gestatten, daß hierdurch nicht Verwechselungen mit einem Konkurrenten, welcher ein Warenzeichen mit denselben Worten, einen gleichen Namen oder eine gleiche Firma führt, entstehen können. Er ist nach den Grundsätzen des redlichen Wettbewerbs nötigenfalls verpflichtet, positive Maßnahmen zu treffen, z. B. seinem Namen oder seiner Firma einen Zusatz beizufügen, um einer Verwechselung vorzubeugen und muß Zusammensetzungen mit dem geschützten Zeichen vermeiden, wie sie von dem anderen Teil befugterweise schon gebraucht worden sind (RG. 90, 88 in MarkschWettbew. 16, 238; OLG. Dresden in MarkschWettbew. 15, 237; RG. in MarkschWettbew. 12, 85; Kohler Der unlautere Wettbewerb S. 108). Vor allem hat er sich jeder Veranstaltung zu enthalten, welche geeignet ist, einer Verwechselung Vorschub zu leisten. Er darf deshalb nicht die Schriftzüge, die der andere anwendet, nachahmen, er darf, wenn der Konkurrent Friedrich heißt, seinen Namen Friedrich Müller nicht derart schreiben, daß er den Vornamen besonders groß und den Familiennamen besonders klein schreibt usw. — sonst verletzt er das Recht des anderen gemäß § 14. Auch bei der Frage, ob jemand die Ausstattung eines anderen zum Zwecke der Täuschung nachahmt (§ 15), wird es schwer ins Gewicht fallen, wenn er seinen gleichlautenden Namen oder Firma an derselben Stelle, in derselben Größe, mit denselben Schriftzeichen wie der andere angebracht hat (vgl. dagegen RG. 2, 140). In der Regel werden in allen diesen Fällen die Bestimmungen des § 1 und 16 des Wettbewerbsgesetzes und des § 826 BGB. heranzuziehen sein, sie ermöglichen eine freie, von formellen Vorschriften unabhängige Prüfung des ge-

§ 13 § 14 samten Sachverhalts und stehen oft der Anwendung des § 13 hindernd im
5 1 Wege (N. 2). Ob und inwieweit § 16 zum Schutze von Warenbezeichnungen die nachgeahmt sind, herangezogen werden kann, darüber vgl. N. 20 zu § 14.

Über die Grundsätze bezüglich der Namensgleichheit oder Homonymie, welche in der ausländischen Rechtsprechung eine reichhaltige Ausbildung erfahren haben, vgl. Kohler a. a. O und aus dem Patent- und IndustrieR. I S. 35 sowie Pouillet Nr. 488—513, Amar S. 381.]

§ 14.

Wer wissentlich oder aus grober Fahrlässigkeit Waren oder deren Verpackung oder Umhüllung, oder Ankündigungen, Preislisten, Geschäftsbriefe, Empfehlungen, Rechnungen oder dergleichen mit dem Namen oder der Firma eines andern oder mit einem nach Maßgabe dieses Gesetzes geschützten Warenzeichen widerrechtlich versieht oder dergleichen widerrechtlich gekennzeichnete Waren in Verkehr bringt oder feilhält, ist dem Verletzten zur Entschädigung verpflichtet.

Hat er die Handlung wissentlich begangen, so wird er außerdem mit Geldstrafe oder mit Gefängnis bis zu sechs Monaten bestraft. Die Strafverfolgung tritt nur auf Antrag ein. Die Zurücknahme des Antrags ist zulässig.

Inhalt. 1. Der § 14 behandelt die wirksamsten Rechtsbehelfe, welche das Gesetz zum Schutze des Zeichenrechts gewährt (N. 12 zu § 12): die Entschädigungsklage und die Strafverfolgung. Im Gegensatze zu der negatorischen Klage, welche es schon bei jeder objektiv widerrechtlichen Verletzung jenes Rechts gibt (N. 13 zu § 12), verlangt er als Voraussetzung für die hier behandelten Rechtsbehelfe ein subjektives Verschulden des Verletzenden, und zwar für die Entschädigungsklage Wissentlichkeit oder grobe Fahrlässigkeit, für die Strafverfolgung Wissentlichkeit. Beide Rechtsbehelfe setzen einen vollendeten Eingriff in das Zeichenrecht voraus; ist die Tat im Stadium des Versuchs geblieben, so macht sie weder strafbar noch entschädigungspflichtig (N. 23). § 14 1

Als Objekte des Schutzes nennt das Gesetz hier außer dem Zeichenrecht noch das Namen- und Firmenrecht, auch diesen stellt es unter denselben Voraussetzungen beide Rechtsbehelfe zur Verfügung. Der Schutz des Namens und der Firma ist hier aber ausschließlich auf den Fall beschränkt, wenn sie mißbräuchlich zur Bezeichnung von Waren (einschließlich der Ankündigungen usw.) verwendet werden. Es können also daneben die sonstigen reichsrechtlichen Vorschriften, welche den Namen oder die Firma schützen, in Betracht kommen.

Allgemein bestimmt § 12 BGB.:

> Wird das Recht zum Gebrauch eines Namens dem Berechtigten von einem anderen bestritten oder wird das Interesse des Berechtigten dadurch verletzt, daß ein anderer unbefugt den gleichen Namen gebraucht, so kann der Berechtigte von dem anderen Beseitigung der Beeinträchtigung verlangen. Sind weitere Beeinträchtigungen zu besorgen, so kann er auf Unterlassung klagen.

Hier ist der allgemeine Satz ausgesprochen, daß eine widerrechtliche Benutzung eines fremden Namens unzulässig ist. § 14 enthält demgegenüber nur noch einen besonderen Anwendungsfall. Aus § 12 BGB. folgt, daß eine Untersagungsklage bei Namensverletzungen ein Verschulden des Täters nicht zur Voraussetzung hat; dies gilt auch, wenn der Name zum Zwecke der Warenbezeichnung seitens des Verletzers verwendet ist. Als Grundsatz gilt hier, daß niemand das Recht hat, den Namen eines anderen ohne dessen Wissen und Willen zur Warenbezeichnung zu benutzen. Sein Interesse wird dadurch verletzt, daß der Name zu Reklamezwecken ohne seine Erlaubnis verwendet wird. Das gilt auch für berühmte Menschen (RG. 54, 43; 74, 308 Zeppelin im Bl. 11, 47). Bei Namen, die noch etwas anderes bedeuten (Löwe, Baer, Stein), wird es oft fraglich sein, ob der Name des andern benutzt wird (Dunkhase in MarkschWettbew. 14, 322 und die dort angeführten Entscheidungen). Für die Schadensersatzpflicht wird außerdem § 823 BGB. zu beachten sein.

Weiter ist hier § 37 Abs. 2 HGB. anzuführen:

> Wer in seinen Rechten dadurch verletzt wird, daß ein anderer eine Firma unbefugt gebraucht, kann von diesem die Unterlassung des Gebrauchs der Firma verlangen. Ein nach sonstigen Vorschriften begründeter Anspruch auf Schadensersatz bleibt unberührt.

Über die Auslegung dieser Bestimmung und ihre Anwendbarkeit bei Rechnungen, Preislisten, Ankündigungen u. dgl. unter Benutzung der Firma vgl. Staub Kommentar zum HGB. § 37 Anm. 20ff. Wenn die Firma auf Grund des § 37 Abs. 2 angegriffen werden soll, so muß sie firmenrechtlich nicht möglich sein (Staub Anm. 18 und 19 zu § 37). Es genügt also zur Anwendung der Bestimmung nicht, daß die Firma gegen ein Zeichenrecht

§ 14 verstößt, wenn sie ordnungsmäßig gebildet ist. Dagegen greift hier § 12
1 unseres Gesetzes ein (RG. 100, 266 im Bl. 21, 69; OLG. Dresden im Bl. 24, 169).

Die Praxis hat den § 37 HGB. und den entsprechenden Art. 27 des alten HGB. gerade auf den Fall der eigentlichen Warenbezeichnung nicht angewendet, weil in der Anmeldung eines Warenzeichens und in dem Bezeichnen von Waren nicht der Gebrauch einer Firma liege (vgl. OHG. 4, 253; 6, 246; RG. 3, 164; 22, 158; 36, 13 im Bl. 96, 365; RG. im Bl. 01, 250; JW. 01, 309; RG. im Recht 05, 683; RG. im Bl. 06, 209 Leibbinden mit Henry Clay; a. M. Staub a. a. O.). Deshalb bedurfte es einer Sonderbestimmung gegen diesen Mißbrauch in dem vorliegenden § 14.

Dieser Paragraph erschöpft aber durch die Bestimmung von Strafe und Entschädigung nicht den Schutz, welcher gegen eine mißbräuchliche Benutzung fremder Namen oder Firmen zur Warenbezeichnung stattfindet. Vielmehr ist, da es sich um ein absolutes Recht handelt, auch die negatorische Klage zulässig, wenngleich deren Voraussetzungen streitig sind (N. 13); außerdem kommen hier ebenso wie beim Zeichenrecht positive und negative Feststellungsklage sowie einstweilige Verfügungen in Betracht. Die Erörterungen in N. 12 bis 17 zu § 12 finden deshalb entsprechende Anwendung.

Endlich schützt der § 16 des Wettbewerbsgesetzes in wirksamer Weise gegen den unlauteren Wettbewerb durch Benutzung eines fremden Namens oder einer fremden Firma, indem er bestimmt:

> Wer im geschäftlichen Verkehr einen Namen, eine Firma oder die besondere Bezeichnung eines Erwerbsgeschäfts, eines gewerblichen Unternehmens oder einer Druckschrift in einer Weise benutzt, welche geeignet ist, Verwechselungen mit dem Namen, der Firma oder der besonderen Bezeichnung hervorzurufen, deren sich ein anderer befugterweise bedient, kann von diesem auf Unterlassung der Benutzung in Anspruch genommen werden.
>
> Der Benutzende ist dem Verletzten zum Ersatze des Schadens verpflichtet, wenn er wußte oder wissen mußte, daß die mißbräuchliche Art der Benutzung geeignet war, Verwechselungen hervorzurufen.

Bemerkenswert ist, daß § 16 einen örtlich nicht beschränkten Schutz der Firma gegen Wiedergabe im Gegensatze zum HGB. begründet. Die bloße Verwechselbarkeit der Firmen reicht aus, auch wenn die Abnehmerkreise verschieden sind. So die sehr weitgehende und nicht unbedenkliche Entscheidung RG. 108, 272 in MarkschWettbew. 24, 14. Auch §§ 1 und 3 des Wettbewerbsgesetzes sind in diesem Zusammenhange zu nennen, sie können gleichfalls bei Nachahmung von Name oder Firma zur Warenbezeichnung angerufen werden.

Über das Verhältnis dieser Bestimmungen zum Warenzeichengesetz s. N. 20.

Es ist noch die Telegrammadresse zu erwähnen, die auf der Telegraphenordnung vom 16. Juni 1904 § 3 beruht (Amtsblatt des Reichspostamts 04, 171; s. auch RGBl. 22, 732 Nr. 1). Enthält sie Namen oder Firma, wenn auch mit erkennbaren Abkürzungen, so kann § 12 BGB., §§ 13, 14 WarenZG. für sie angerufen werden, sonst ist sie als Bezeichnung des Erwerbsgeschäfts durch § 16 UnlWG. (s. oben) gegen Wiedergabe geschützt (RG. 102, 89 in GewRschutz 23, 46 = in MarkschWettbew. 21, 103; RG. in MarkschWettbew. 22, 119; Wertheimer in GewRschutz 07, 348; Wassermann in JW. 21, 1541; Nietzold in GewRschutz 25, 1). § 14 1, 2, 3

Abs. 1.

2. Der objektive Tatbestand der Verletzung eines Warenzeichens ist hier genau derselbe wie bei der negatorischen Klage. Es wird deshalb auf die Erläuterung zu § 12 verwiesen, und zwar auf N. 13 (Verletzung des Zeichenrechts), N. 6 (Waren, Verpackung, Umhüllung), N. 7 (Ankündigungen usw.), N. 8 (versehen), N. 9 (in Verkehr setzen). **Verletzung des Zeichens.**

Ein wesentlicher Unterschied von der Negatoria besteht darin, daß bei der Entschädigungsklage die Störung nicht eine gegenwärtige zu sein braucht. Es ist gleichgültig, ob sie in der Vergangenheit abgeschlossen ist oder noch fortdauert, ferner ob das Warenzeichen noch eingetragen ist oder nicht. Notwendig ist nur, daß das Zeichen in der Rolle einmal eingetragen war, denn der § 14 steht nur einem „nach Maßgabe dieses Gesetzes geschützten" Warenzeichen zur Seite. Gebraucht ein Gewerbetreibender sein Zeichen im geschäftlichen Verkehr in einer von der Eintragung abweichenden Form, so genießt nur die eingetragene, nicht die tatsächlich benutzte Gestaltung den Schutz des § 14. Die letztere Gestaltung kann aber unter Umständen nach § 15 als Ausstattung Schutz finden. Der Umstand, daß das Zeichen noch eingetragen steht, fällt insofern ins Gewicht, als während der Dauer der Eintragung die Schutzunfähigkeit des Zeichens nicht eingewendet werden kann (N. 2 zu § 12), während nach Löschung des Zeichens dem Beklagten der Nachweis offen steht, daß schon zur Zeit der angeblichen Verletzung ein Rechtsgrund für die Löschung vorhanden gewesen ist (§ 12 Abs. 2).

Eine im Auslande vorgenommene Verletzung macht auch entschädigungspflichtig (N. 5 zu § 12).

3. Der Name (Wassermann Das Recht am eigenen Namen in MarkschWettbew. 15, 349; Olshausen in GruchotsBeitr. 46, 506, Verhältnis des Namens- zum Firmenrecht; Adler Der Namen 1921) wird geschützt, ohne daß es der Eintragung desselben in irgendein Register bedarf. Geschützt ist nur der Familienname, sei es mit oder ohne Vornamen, und zwar nur der Name im rechtlichen Sinne (N. 3 zu § 13). Auch juristische Personen haben einen Namen, s. z. B. § 57 BGB. (RGSt. 31, 289 im Bl. 98, 268; RG. 74, 114; 78, 101; LG. I Berlin in MarkschWetttbew. 17, 165 Mitropa und N. 1 zu § 9; RG. in JW. 21, 522; RG. in GewRschutz 24, 2). Dies gilt auch für Städte (RG. in JW. 21, 522; RGSt. 31, 289 im Bl. 98, 268). Der Deckname (Pseudonym) steht dem Namen innerhalb seines Bereiches gleich (RG. im Bl. 98, 97; RG. 101, 226 in JW. 21, 621; Staudinger Ergänzungsband zum BGB. S. 4; Kohler S. 120; Osterrieth S. 340; Adler Der Namen S. 128). Willkürliche Abänderungen des Namens, welche der Träger desselben mit Rücksicht auf die Aussprache in einem anderen Lande vornimmt, sind nicht schutzfähig (RG. 25, 114). Das Recht der Verwendung des Namens zur Bezeichnung von Waren ist übertragbar. Dabei wird aber vorauszusetzen sein, daß eine Beziehung des Namensträgers zu der Ware besteht, die es nach den Verkehrsanschauungen gerechtfertigt **Verletzung des Namens.**

§ 14 erscheinen läßt, die Ware mit seinem Namen zu bezeichnen (RGSt. 29, 353,
3 im Bl. 97, 83; RGSt. 31, 30 im Bl. 98, 97; RG. 40, 61; RG. in JW. 21, 824; Kohler Industrierechtliche Abhandlungen und Gutachten I S. 106, 216; Allfeld S. 585). Durch die Erteilung der Erlaubnis zur Benutzung des Namens wird aber nicht das Recht begründet, den Namen als Zeichen zur Eintragung zu bringen (RG. 54, 42 im Bl. 04, 98). Es liegt hier bei einem Zusammenhang zwischen dem Namensträger und der Bezeichnung der Ware durch den Namen eine Irreführung des Publikums nicht vor, so daß die Erlaubnis aus diesem Grunde anders zu behandeln ist, wie die Lizenz an dem Warenzeichen (N. 7 zu § 7). Ein Widerruf der Erlaubnis ist zulässig, wenn der zugrunde liegende Vertrag die Möglichkeit dazu ergibt (vgl. Adler in JW. 21, 824).

Ein Eingriff in das Namensrecht durch eine Warenbezeichnung liegt nur vor, wenn letztere auf ein bestimmtes Individuum oder eine bestimmte Familie hinweist, so daß der Schein erweckt wird, als stehe die Ware in besonderer Beziehung zum Namensträger; nicht aber, wenn ein unrichtiger Name als Name des Urhebers eines Geisteswerkes angegeben wird (Clauren Der Mann im Monde; RGSt. 39, 93 im Bl. 06, 314; RGSt. in JW. 06, 258). In diesen Fällen wird § 12 BGB. anwendbar sein (vgl. auch den Fall RG. in GewRschutz 11, 174 betr. Aufnahme eines Namens als Zusatz oder Bestandteil einer Firma). Der Gebrauch eines weitverbreiteten Familiennamens, etwa Müller, berechtigt regelmäßig nicht jeden Träger dieses Namens zu einer Klage (RGSt. 29, 331 im Bl. 97, 64; RGSt. 30, 91 im Bl. 97, 165; 31, 30 im Bl. 98, 97). Ebensowenig liegt in dem Gebrauch des Namens einer historischen Persönlichkeit (z. B. Bismarck) ein Mißbrauch, da solche Namen gleichsam zum Gemeingut geworden sind; dagegen braucht sich ein noch lebender berühmter Mann die Benutzung seines Namens zur Warenbezeichnung nicht gefallen zu lassen (RG. 74, 308 im Bl. 11, 47).

Ein Name kann in bezug auf eine bestimmte Ware zur Bezeichnung einer bestimmten Beschaffenheit derselben geworden sein und in dieser Verbindung seine Funktion als Bezeichnung einer bestimmten Persönlichkeit eingebüßt haben (RG. 101, 407 im Bl. 21, 145; PA. im Bl. 04, 305). Diese Umwandlung der Funktion eines Namens vollzieht sich nur sehr allmählich: es müssen mancherlei Umstände, z. B. die ausdrückliche oder stillschweigende Einwilligung des Namensträgers und eine durch eine längere Zeit hindurch allgemein frei geübte Anwendung des Namens für eine bestimmte Beschaffenheit der Ware zusammentreffen, damit in den Augen der Konsumenten der Name seine Funktion als Individualbezeichnung verloren hat. Die Personalbezeichnung wird leichter zum Sachnamen, wenn sie für das Produkt eines patentierten Verfahrens gewählt wurde, das ausschließlich mit dem Namen des Herstellers bezeichnet wurde und das Verfahren späterhin gemeinfrei wird (Kohler S. 95 und Industrierechtliche Abhandlungen und Gutachten I S. 7; Entscheidung des Obergerichts der Vereinigten Staaten im Bl. 02, 166; N. 2a zu § 13). Solange der Namensträger energisch gegen die Verallgemeinerung seines Namens ankämpft, hat sich dieser Umgestaltungsprozeß noch nicht zu seinen Ungunsten vollzogen, wenn auch seine Konkurrenz zum Beweise des Gegenteils sich auf die allgemeine Benutzung des Namens berufen mag. Bekannt sind nach dieser Richtung die zahllosen Rechtsstreitig-

keiten, welche über die Namen und Firmen Menier (Schokolade), Chartreuse § 14
(Likör), Singer, Howe (Nähmaschinen), Liebig (Fleischextrakt) geführt worden 3
sind. (Über Singer vgl. PA. in GewRschutz 98, 294; RG. 56, 160; RG. in MarkschWettbew. 13, 107; in IndustrR. 13, 242; RG. in MarkschWettbew. 15, 204; in JW. 15, 1262; über Liebig Kohler, Industrierechtliche Abhandlungen und Gutachten I S. 106, RG. 40, 61; 46, 125 im Bl. 01, 51; s. ferner über Liberty RG. 69, 310 im Bl. 09, 37; OLG. Hamburg in MarkschWettbew. 12, 44; Liebreich RG. in MarkschWettbew. 10, 255; Gervais RG. 100, 182 im Bl. 21, 120). Man wird in diesen Streitigkeiten regelmäßig davon ausgehen können, daß die angebliche Verallgemeinerung des Namens nur ein Deckmantel ist, um an dem guten geschäftlichen Rufe, welchen sich der Träger des Namens erworben hat, in unlauterer Weise teilzunehmen, und deshalb die zwingendsten Nachweise verlangen, daß die Abnehmer allgemein mit dem an sich zur Unterscheidung bestimmten Namen nicht mehr den Gedanken verbinden, die Ware rühre von dem Träger desselben her. Mit vollem Recht hat das PA. verneint, daß die Verwendung des Namens mit dem Zusatz „System", „empfohlen von" u. dgl., z. B. System Remington, von nennenswertem Einfluß auf die Umbildung der Personalbezeichnung sei (Bl. 99, 218; 04, 305). Vgl. im übrigen die analogen Ausführungen über die Umwandlung eines Individualzeichens in ein Freizeichen in N. 5 zu § 4 und von Warenzeichen in freie Warennamen N. 2a zu § 13 (Kohler S. 95 und in Buschs Archiv S. 358ff.). Nur ausnahmsweise werden die Grundsätze über Freizeichenentwicklung nicht heranzuziehen sein, wenn ein Sachname dadurch allgemein bekannt und üblich wird, daß er sich von Mund zu Mund fortpflanzt, ohne zur Warenbezeichnung benutzt zu werden. Hier wird das Vorliegen einer freien Beschaffenheitsangabe unmittelbar festgestellt werden können (PA. im Bl. 04, 305). Der Schutz ausländischer Namen richtet sich nach dem Heimatsrecht (RG. 46, 125 Plenarentscheidung; N. 6 zu § 23).

Der Name steht in bezug auf den Schutz einer eingetragenen Wortmarke gleich, und zwar einer solchen, bei welcher nicht eine bestimmte Darstellungsform, sondern das Klangzeichen des Wortes geschützt ist (N. 11 zu § 1, N. 12 zu § 4). Daraus ergibt sich, daß für die Frage, ob eine Verletzung des Namensrechts vorliegt, nicht bloß die Schreibart, sondern auch die Aussprache des Namens zu berücksichtigen ist. Der französische Name „Duval" wird z. B. verletzt, gleichviel ob der Nachahmer „Duval" oder „Dühwal" schreibt. Dabei ist noch § 20 zu berücksichtigen, so daß es also nicht auf völlige Übereinstimmung in der Schreibweise oder Aussprache ankommt: Abweichungen sind unerheblich, wenn ungeachtet derselben die Gefahr einer Verwechselung im Verkehr vorliegt (N. 4 zu § 20 a. E.). Der Schutz des Namens steht nur dem Namensträger für seine Person zu. Das Recht ist jedoch insoweit vererblich, als den Erben die Befugnis zustehen muß, Eingriffe im Interesse des Andenkens des Erblassers abzuwehren. Es kann der Erbe auch aus eigenem Rechte befugt sein, die Verletzung des Namensrechts geltend zu machen, es sei denn, daß durch den Zusatz des Vornamens klar ist, daß nur der Erblasser gemeint war (RG. in MarkschWettbew. 10, 255; RG. 87, 147 Liebreich).

Der Schutz eines Namens wird Dritten gegenüber dadurch nicht beeinträchtigt, daß ein Dritter sich ein Warenzeichen eintragen läßt, welches widerrechtlich diesen Namen enthält. Der Träger des Namens kann Löschung

§ 14 des Zeichens verlangen, wenn sein Namensrecht durch das Zeichen ver-
3 letzt wird (N. 1 zu § 9; Fall Zeppelin RG. 74, 308 im Bl. 11, 47) oder wenn der Fall des § 9 Abs. 1 Nr. 3 vorliegt. Solange das Zeichen eingetragen ist, wird freilich nach dem Grundsatze des § 12 (vgl. N. 2 zu § 12) aus § 14 nicht wegen des Gebrauchs des Zeichens vorgegangen werden können, sofern nicht unlauterer Wettbewerb anzunehmen ist (RGSt. 49, 242; RG. 75, 370). Unerheblich ist es, ob der Namensträger in irgendeiner Beziehung zu den Waren steht, welche mit seinem Namen versehen worden sind. So braucht z. B. ein Rechtsanwalt oder ein Glashändler nicht zu dulden, daß ein Pelzwarenhändler mit seinem Namen Waren bezeichnet. Es wird nicht etwa nur der Name eines Gewerbetreibenden geschützt (RGSt. 26, 233 im Bl. 95, 100; RGSt. 29, 353 im Bl. 97, 84; RGSt. 31, 30 im Bl. 98, 97; a. M. Oberneck in Blättern für Rechtspflege im Bezirk des Kammergerichts 7, 101; s. auch Lewino in GewRschutz 25, 13).

Wegen der sonstigen Tatbestandsmerkmale s. die Erläuterungen zu § 12, insbesondere N. 6 (Waren, Verpackung, Umhüllung), N. 7 (Ankündigungen usw.), N. 8 (versehen), N. 9 (in Verkehr setzen). Ein Versehen der Ware mit dem Namen eines anderen liegt nur vor, wenn der Eindruck hervorgerufen wird, daß die Ware zu der Person des Namensträgers in Beziehung steht, z. B. daß ihre Herstellung unter seiner Aufsicht oder Anleitung erfolgt (RGSt. 29, 331 im Bl. 97, 64; RGSt. 31, 30 im Bl. 98, 97). Deshalb sind solche Bezeichnungen erlaubt, die klar zum Ausdruck bringen, daß die Ware nur gleicher Art sei, wie die vom Namensträger herrührende. Jedoch wird man bei Zusätzen wie „nach Art des", „nach dem System des", „Ersatz für" regelmäßig annehmen, daß die Personalbezeichnung so sehr hervortritt, daß die Zusätze für den Verkehr keine Rolle spielen. Alsdann ist § 20 anzuwenden und ein Eingriff in das Namensrecht anzunehmen (RG. in JW. 03, 392; RG. im Bl. 12, 333 in MarkschWettbew. 11, 528 Seide nach Voemel; RG. 95, 209 im Bl. 19, 137; N. 2, 3 zu § 13; N. 3 zu § 20). Handelt es sich um das Versehen von Geschäftspapieren mit dem Namen, so ist es nicht erforderlich, daß das Papier selbst von dem Träger des Namens herzurühren scheint. Es genügt, wenn der Name auf dem Papier so angebracht ist, daß er neben der Ware steht (RG. 36, 13 im Bl. 96, 365). Bezeichnet sich jemand auf Waren oder Ankündigungen als früheren Schüler, Angestellten, Sozius, Verwandten, Nachfolger eines anderen, so liegt der Fall des § 14 regelmäßig vor, weil der Name des anderen im Verkehr als zur Bezeichnung der Ware dienend aufgefaßt wird. Namentlich dann wird dies gelten, wenn das angegebene Verhältnis zum Namensträger gar nicht besteht (Kohler S. 173 ff.). In solchen Fällen liegt außerdem noch unlauterer Wettbewerb vor. Dient der Name ausnahmsweise nicht zur Warenbezeichnung, so wird aber regelmäßig § 12 BGB. eingreifen, sofern die Verwendung des Namens eine widerrechtliche ist (vgl. OLG. Bamberg in Rechtsprechung der Oberlandesgerichte 2 S. 215; Rausnitz in GewRschutz 97, 86, der aber nicht berücksichtigt, daß § 14 nur zum Schutze der Warenbezeichnungen bestimmt ist).

Die Bestimmungen des Namensrechts stehen dem Inhaber einer Firma, in der der Name vorkommt, nicht zur Seite, wenn er nicht selbst Träger des Namens ist (RG. 59, 284; RG. 88, 421; a. M. Rosenthal N. 54 zu § 16); anders bei Firmen juristischer Personen (oben N. 3); Fall Mitropa LG. I Berlin in MarkschWettbew. 17, 165; in JW. 18, 381; RG. in GewRschutz 24, 202; dazu N. 1 zu § 9). Dem Namenrecht analog zu behandeln ist das Wappenrecht (RG. im Bl. 10, 123; RG. 71, 262; und weitergehend RG. in JW. 24, 1711 in MarkschWettbew. 24, 43). § 14 3, 4

Verletzung der Firma.

4. Die Firma ist der Name, unter welchem ein Kaufmann im Handel seine Geschäfte betreibt und die Unterschrift abgibt (§ 17 des HGB.); bezüglich ihrer gelten die Vorschriften des Handelsgesetzbuchs, insbesondere §§ 4, 5, 16ff. Danach steht nur einem Vollkaufmann der Gebrauch einer Firma zu, folglich hat nur ein solcher einen Anspruch auf Firmenschutz. Die Ansicht, welche sich unter der Herrschaft des Markenschutzgesetzes fast allgemein gebildet hatte, daß auch Firmen von Produzenten und Minderkaufleuten geschützt seien, konnte sich vielleicht auf den Wortlaut des § 14 jenes Gesetzes („mit dem Namen oder der Firma eines inländischen Produzenten oder Handeltreibenden widerrechtlich bezeichnet") berufen. Für das heutige Recht kann ihr aber keinesfalls beigetreten werden (ebenso Staub, HGB. § 4 N. 23; Düringer-Hachenburg § 17 N. 18; Osterrieth S. 394; Rhenius S. 132; a. M. Kohler S. 122). Der Begriff der Firma ist ein Rechtsbegriff, welcher ausschließlich durch das Handelsgesetzbuch bestimmt wird, außerhalb desselben gibt es keine Firma. Den Genossenschaften und den Gesellschaften m. b. H., die eine Firma führen, ist ausdrücklich die Kaufmannseigenschaft beigelegt. Einen Schutz der von der Firma abweichenden verkehrsgebräuchlichen Bezeichnung eines Unternehmens kennt dieses Gesetz nicht (RG. 1, 26; RGSt. im Bl. 00 S. 86 und 87; RGSt. 10, 345); diese Lücke ist indessen durch § 16 des Wettbewerbsgesetzes ausgefüllt (N. 1).

Daß die Firma im Handelsregister eingetragen ist, ist nicht notwendig, es genügt, wenn ihr Bestehen durch den fortgesetzten ausschließlichen Gebrauch zur Kenntnis gebracht ist (RG. in GewRschutz 93, 61 und in JW. 91, 546). Immer aber wird eine solche Firma vorausgesetzt, die rechtmäßig gebildet ist (RGSt. im Bl. 00, 86). Ist die Firma eingetragen, so spricht für ihre Rechtmäßigkeit eine gewisse Vermutung (§ 5 HGB.).

Der Schutz ausländischer Firmen richtet sich nach dem Heimatsrecht (RG. 46, 125 Plenarentsch.; N. 6 zu § 23).

Wie in N. 3 zu § 13 ausgeführt, werden die Firmen im Verkehr häufig abgekürzt verwendet. Es wird ein Schlagwort herausgehoben, das für die Beteiligten in knapper Form die Firma wiedergibt. Solche anerkannten Schlagworte werden, wie die ganze Firma, die sie zu ersetzen bestimmt sind, geschützt (RG. in MarkschWettbew. 7, 143 Mumm; OLG. Dresden in GewRschutz 11, 215 Heidsieck; RGSt. in MarkschWettbew. 12, 347 Constantin; RG. in GewRschutz 11, 290 im Bl. 12, 34 Hoff; Rosenthal N. 26 und 29 zu § 16; RG. in GewRschutz 24, 202 und dazu Lewino in GewRschutz 25, 13).

Die Ausführungen in N. 3 finden auch auf die Firma Anwendung. Wichtig ist, daß die Anbringung einer fremden Firma auch auf Waren ganz anderer Art, als der vom Firmeninhaber vertriebenen, unzulässig ist. Doch wird man verlangen müssen, daß der Berechtigte in diesem Falle ein Interesse an dem Verbot dartut, so wenn es sich zwar um ungleichartige, aber wirtschaftlich nahestehende Waren handelt. In der Praxis findet sich der Fall häufig, daß Krüge und Flaschen, die eine Firma tragen, um die Produktionsstätte anzugeben, für Waren einer anderen Quelle verwendet werden. Daß § 14 alsdann eingreift, hat das Reichsgericht wiederholt ausgesprochen

§ 14 4, 5, 6, 7 (RGSt. 29, 312 im Bl. 98, 200; RGSt. 34, 229 im Bl. 05, 148; RGSt. 43, 87 im Bl. 10, 322).

Wider-rechtlich. 5. Widerrechtlich besagt, daß der Eingriff in das Recht objektiv unbefugt erfolgt sein muß (N. 13 zu § 12). Nicht widerrechtlich handelt, wer sich auf § 13 berufen kann (RGSt. 33, 307). Mit der subjektiven Seite hat dieses Wort nichts zu tun, auf diese beziehen sich die Ausdrücke „wissentlich" und „aus grober Fahrlässigkeit".

Der Inhaber des Zeichen-, Namens- und Firmenrechts kann in gewisser Weise auf seine Ausschließungsrechte im voraus verzichten (sog. Lizenz), infolgedessen liegt eine Widerrechtlichkeit nicht vor, wenn der Berechtigte seine Einwilligung in den Gebrauch des Zeichens usw. ausdrücklich oder stillschweigend erklärt hatte (RG. 13, 157; vgl. N. 7 zu § 7, N. 4 zu § 12).

Schaden. 6. Durch die Verletzung des Zeichen-, Namens- oder Firmenrechts muß dem Kläger ein Schaden entstanden sein; fehlt es an einem solchen, so kann der Verletzer zwar strafbar, aber nie entschädigungspflichtig sein. Nicht jede Verletzung schädigt den Berechtigten, insbesondere braucht dies nicht bei dem bloßen Anbringen des Zeichens usw., wenn ein Inverkehrbringen oder Feilhalten der Waren noch nicht stattgefunden hatte, der Fall zu sein. Eine Klage auf Schadensersatz wegen zukünftiger Verletzungen ist nicht zulässig (RG. im Bl. 02, 211).

Wegen der Elemente, aus denen sich der Schaden zusammensetzen kann, s. N. 12.

Wissentlichkeit. 7. Wissentlichkeit (van Calker Die Delikte gegen das Urheberrecht, Halle 94 S. 156) liegt zunächst dann vor, wenn jemand sowohl die Kenntnis vom Bestehen und Umfang des fremden Rechts, als auch das Bewußtsein besitzt, daß er in dasselbe eingreift (RG. im PBl. 82, 89). Die Wissentlichkeit der Verletzung wird nicht dadurch ausgeschlossen, daß die unrichtig bezeichnete Ware aus Versehen und ohne Kenntnis der falschen Marke übernommen ist, wenn der Irrtum vor dem weiteren Vertriebe entdeckt wurde (RG. in DIZ. 99, 238; RGSt. im Bl. 08, 39; RG. im Bl. 08, 42). Es ist indessen nicht notwendig, daß der Verletzer das direkte Bewußtsein hat, er greife in das fremde Recht ein, vielmehr genügt es, daß er den rechtsverletzenden Erfolg seiner Handlung sich als möglich vorstellt und trotzdem, ohne den Glauben an das Nichteintreten dieses Erfolges, die Handlung ausführt und so den rechtsverletzenden Erfolg schafft (RGSt. 14, 415; 15, 34). Dieser zweite Fall der Wissentlichkeit, der im Gegensatze zum ersten in der Strafrechtswissenschaft der Dolus eventualis genannt wird, wird vom RG. zutreffend dahin charakterisiert, der Verletzer brauche nicht das volle, sichere Wissen zu haben, es reiche aus, wenn er sich der Möglichkeit bewußt war, das von ihm nachgemachte Zeichen könne ein geschütztes sein, und daß er diese Möglichkeit dergestalt mit in seinen Willen aufgenommen hat, daß er entschlossen war, auch das geschützte Zeichen widerrechtlich zu gebrauchen (RGSt. 6, 272; RGSt. im Bl. 99, 229; RG. im Bl. 09, 40; OLG. Dresden im Bl. 05, 253). Hatte er nicht das Bewußtsein, daß seine Bezeichnung das Recht des andern verletzen könne, so liegt niemals eventueller Dolus vor, sondern höchstens Fahrlässigkeit. Auch beim Vorhandensein jenes Bewußtseins liegt jener Dolus nur vor, wenn noch die Billigung des für möglich erkannten Erfolges seitens des Täters hinzukommt, d. h. wenn dieser den Erfolg in seinen Willen aufnimmt und auch für den Fall seines Eintritts die Tat will (RGSt. 21, 420; RG. im Bl. 05, 293; RG. in JW. 19, 575). Nach dieser Richtung genügt aber schon das Bestehen einer in den Willensentschluß und damit in den strafbaren Vorsatz einbezogenen Unsicherheit oder eines nicht durch zuversichtliche gegenteilige Erwartung beseitigten Zweifels an der Rechtmäßigkeit seiner Handlung und ihrer notwendigen oder möglichen Wirkungen (RGSt. 16, 363; RGSt. in JW. 08, 388). Dolus eventualis wird regelmäßig dann vorliegen, wenn jemand ohne weitere Erkundigung ein geschütztes Warenzeichen, welches als solches kenntlich war, gebraucht, oder wenn jemand ein Zeichen gebraucht, nachdem er von dem Berechtigten oder dessen Vertreter auf das ihm entgegenstehende Recht aufmerksam gemacht worden war, oder endlich, wenn jemand ein Zeichen benutzt, von dem nach der ganzen Art seiner Erscheinung und Anwendung anzunehmen ist, daß es geschützt sei.

Unterläßt es derjenige, welcher auf eine Verletzung aufmerksam gemacht wird, sich zu überzeugen, ob der Anspruch begründet ist, so kann von ihm angenommen werden, er wolle sein angegriffenes Handeln fortsetzen, auch wenn es eine Verletzung enthalte (RG. bei Gareis 9, 270). Dies wird insbesondere dann gelten müssen, wenn der Verletzer vorher das Zeichen zur Eintragung angemeldet hatte und vom PA. von dessen Übereinstimmung mit einem anderen Zeichen unterrichtet worden war.

Werden die Bedenken, die der Verwarnte hatte, durch seine Ermittelungen oder in anderer Weise — mit Recht oder mit Unrecht — völlig behoben, so daß er überzeugt ist, er verletze das Zeichen nicht, so ist kein eventueller Dolus vorhanden. Kritische Prüfung ist aber gegenüber einer solchen „Überzeugung“ besonders am Platze.

Zum Tatbestande gehört nicht die Absicht, einem anderen einen Nachteil oder sich einen Vorteil zu verschaffen (OHG. 24, 228), nicht die Kenntnis der Person des Berechtigten (Allfeld S. 589); selbst die Absicht zu täuschen, welche regelmäßig vorhanden sein wird, ist begrifflich nicht notwendig (RGSt. 29, 312 im Bl. 97, 109; RG. in JW. 01, 823; RGSt. 34, 229 im Bl. 05, 148; RGSt. im Bl. 05, 149).

Grobe Fahrlässigkeit.

8. Unter Fahrlässigkeit oder culpa versteht man den Mangel derjenigen Sorgfalt, durch welchen der rechtswidrige Erfolg hätte vermieden werden können (RGSt. 6, 41). § 276 Abs. 2 BGB. sagt: „Fahrlässig handelt, wer die im Verkehr erforderliche Sorgfalt außer acht läßt“. Grobe Fahrlässigkeit liegt vor, wenn die im Verkehr erforderliche Sorgfalt in besonders schwerer Weise vernachlässigt wird. Hieraus ergibt sich, daß sich nicht eine feste Formel aufstellen läßt, an deren Hand der Richter mit Sicherheit über das Vorliegen grober Fahrlässigkeit entscheiden kann, sondern, daß er nur nach der Erfahrung des Lebens unter Berücksichtigung der Individualität des Betreffenden sowie der Bedürfnisse des Verkehrs in jedem einzelnen Falle feststellen kann, ob dem Täter eine solche Fahrlässigkeit zur Last fällt. Liegt die Möglichkeit, ein fremdes Zeichen zu verletzen, in einem Betriebe nahe, so genügt es nicht, daß der Inhaber die Benutzung des Zeichens untersagt, er muß auch solche Maßnahmen treffen, die eine solche Benutzung ausschließen, sonst liegt grobe Fahrlässigkeit vor (RG. in IndustrR. 2, 234; 13, 211).

Die Grenze zwischen dem eventuellen Dolus und der Fahrlässigkeit liegt in dem Bewußtsein der Möglichkeit des rechtsverletzenden Erfolges. Besaß der Handelnde dies Bewußtsein, so liegt bei ihm dolus eventualis

§ 14 vor; Fahrlässigkeit kann erst vorhanden sein, wenn ihm das Bewußtsein
8 mangelte (RGSt. 21, 420). Liegt die Frage der Zeichenverletzung tatsächlich zweifelhaft, hatten z. B. erst die oberen Instanzen sie bejaht, so wird eine grobe Fahrlässigkeit nicht leicht anzunehmen sein (RG. 21, 68:; RG. in JW. 94, 436; 96, 675). Anders kann entschieden werden, wenn es sich um rechtliche Erwägungen gehandelt hat, die dem Verletzer ferngelegen haben (RG. im Bl. 15, 134). Hatte das PA., wenn auch erst in der Beschwerdeinstanz, gelegentlich einer Anmeldung die Übereinstimmung bejaht, so kann in der Weiterbenutzung eines solchen Zeichens grobe Fahrlässigkeit gefunden werden (RG. in MarkschWettbew. 11, 13).

Tatfrage wird es sein, ob eine grobe Fahrlässigkeit darin liegt, daß ein Gewerbetreibender die geschützten Zeichen seines Geschäftszweiges nicht kennt. Bei einem Fabrikanten oder Großhändler, welcher seine Waren mit Warenzeichen zu versehen pflegt, wird dies häufig zu bejahen sein, denn ein solcher hat die Pflicht, die Veröffentlichungen des PA. in betreff dieser Zeichen zu lesen oder die Zeichenrolle einzusehen (siehe aber RG. in JW. 00 S. 347). Die Umstände können auch die Annahme nahelegen, es handle sich um ein eingetragenes Zeichen, denn heute pflegen die Bezeichnungen fast stets geschützt zu sein (RGSt. im Bl. 06, 222). Ebenso hat ein Produzent oder Ausfuhrhändler, wenn er bei Bestellung einer Ware den Auftrag erhält, dieselbe mit einem bestimmten Zeichen zu versehen, regelmäßig die Pflicht, sich darüber zu erkundigen, ob der Besteller ein Recht auf dieses Zeichen hat (OLG. Hamburg in MarkschWettbew. 09, 233; siehe auch OLG. Darmstadt in IndustrieR. 17, 740). Dagegen wird man von einem Kleinhändler nicht verlangen können, daß er bei jedem Stück Ware, das er führt, erst zu ermitteln sucht, ob sein Lieferant zur Anbringung des darauf befindlichen Zeichens befugt war. Es wird auf die Persönlichkeit des Gewerbetreibenden, den Umfang und die Eigenart seines Geschäftsbetriebes, auf den Grad der Verbreitung der rechtmäßig bezeichneten Ware, auf die mehr oder minder ausgeprägte Originalität des Zeichens usw. ankommen (Allfeld S. 595). Diese Gesichtspunkte werden auch anzuwenden sein, wenn es sich um Waren handelt, welche mit einem Namen oder einer Firma versehen werden sollen oder versehen sind. Grobe Fahrlässigkeit kann darin erblickt werden, daß der Geschäftsherr sich um die von seinen Hilfspersonen angebrachten Warenzeichen nicht kümmert, wenn er nach den Umständen dazu Veranlassung hatte.

War der Verletzer unter Hinweis auf gerichtliche Entscheidungen gewarnt, so darf er sich mit früheren Äußerungen von sachverständiger Seite nicht zufrieden geben (RG. in JW. 00 S. 77 im Bl. 00, 235). Wer nach einer Verwarnung überhaupt keine Schritte zur Prüfung unternimmt, wird mindestens den Vorwurf grober Fahrlässigkeit auf sich laden (RG. im Bl. 03, 100, in JW. 02 S. 97). Dagegen schließt die Tatsache, daß mehrere Sachverständige das Vorliegen einer Verletzung verneint haben, das Vorhandensein grober Fahrlässigkeit keineswegs aus, namentlich wenn der Verletzer als Fachmann selbst zu dem richtigen Urteil kommen konnte (RG. in MarkschWettbew. 10, 344; RG. in LeipzZ. 09, 472).

Bei leichter Fahrlässigkeit oder ohne Fahrlässigkeit des Verletzers besteht keine Entschädigungspflicht, auch nicht bis zur Höhe der Bereicherung. Bei dem zusammenfassenden Charakter des Gesetzes konnten vor dem

1. Januar 1900 landesgesetzliche Vorschriften die nach ihren Voraussetzungen und ihrem Umfange für das Reich einheitlich geregelte Entschädigungspflicht nicht abändern (RG. 14, 69; 21, 68). Dies muß auch jetzt nach BGB. gelten. Nach Art. 32 seines Einführungsgesetzes sind die Vorschriften der Reichsgesetze, also auch die des Warenzeichengesetzes, in Kraft geblieben. Aus der Entstehungsgeschichte des § 14 geht deutlich hervor, daß das Gesetz mangels Vorsatzes oder grober Fahrlässigkeit jede Entschädigungspflicht ausschließen wollte. Ein im Reichstage bei der zweiten Lesung gestellter Antrag, das Wort „grober" vor „Fahrlässigkeit" zu streichen, wurde abgelehnt (Stenogr. Berichte S. 2162, 2163; RG. 70, 74 im Bl. 10, 19; RG. im Bl. 05, 146). Daraus folgt, daß auch andere Vorschriften des BGB. nicht angewendet werden können, um den Grundsatz, daß nur Wissentlichkeit oder grobe Fahrlässigkeit ersatzpflichtig macht, zu durchbrechen. Dazu gehören die §§ 831, 832 BGB., die die Haftung des Geschäftsherrn und des Aufsichtspflichtigen betreffen (RG. 70, 74 im Bl. 10, 19; s. auch OLG. Köln im Bl. 08, 150; a. M. Kohler S. 190). Vgl. über die Frage noch Seligsohn PatG. § 35 N. 8 a. E. § 14 8, 9

9. Bezüglich des Einflusses des Irrtums auf die Wissentlichkeit ist zwischen Rechtsirrtum und tatsächlichem Irrtum zu unterscheiden. Der Einwand von Riezler Deutsches Urheber- und Erfinderrecht I S. 121, daß im heutigen bürgerlichen Recht, im Gegensatz zum Strafrecht, der Rechtsirrtum grundsätzlich dem Tatsachenirrtum gleichsteht, ist nicht durchschlagend. Der § 823 Abs. 2 BGB. zeigt, daß der, welcher sich einer strafbaren Verletzung eines Schutzgesetzes schuldig macht, auch Entschädigung zu leisten hat. Wenn demnach im Strafverfahren der Rechtsirrtum nicht berücksichtigt wird, so kann er auch in dem Entschädigungsstreit nicht Beachtung finden. Infolgedessen sind die für das Strafrecht ergangenen Entscheidungen hier anwendbar. Durch einen Rechtsirrtum, d. h. durch Unkenntnis oder falsche Auslegung der Strafnormen des Zeichengesetzes wird die Wissentlichkeit nicht ausgeschlossen, wohl aber durch einen Irrtum in den tatsächlichen Voraussetzungen des zur Verletzung erforderlichen objektiven Tatbestandes. Kannte der Verletzer also das Bestehen des fremden Schutzrechts und den Mangel seines eigenen Rechts zur Benutzung des Zeichens, des Namens oder der Firma, so ist es unerheblich, wenn er aus irrtümlicher Auffassung des Gesetzes annimmt, sein Handeln sei nicht widerrechtlich (RGSt. 11, 90; 15, 349; 23, 370; 30, 95; RGSt. im Bl. 05, 148; 08, 172; RGSt. 42, 137 im Bl. 09, 42; RGSt. im Bl. 09, 171; vgl. die auch hier verwendbaren patentrechtlichen Entscheidungen: RGSt. 6, 224; 8, 215; 10, 349; 21, 205). Zu beachten ist, daß der § 14 hinsichtlich des strafrechtlichen Tatbestandes sich, abgesehen von dem Moment der Wissentlichkeit, mit §§ 12, 13 deckt. Damit werden die Normen des §§ 12, 13 stillschweigend Bestandteile der Strafvorschrift des § 14. Deshalb liegt auch ein nicht zu berücksichtigender Rechtsirrtum vor, wenn der Täter sich in einem Irrtum über Sinn und Tragweite des §§ 12, 13 befindet, ebenso wenn die Normen über den Schutz des Namens und der Firma gemäß §§ 13, 14 falsch aufgefaßt werden (RGSt. 29, 312; 29, 353; RGSt. in JW. 05, 551; RGSt. 42, 137 im Bl. 09, 42; ferner in GewRschutz 11, 336). Entgegen der herrschenden Ansicht nimmt Allfeld S. 591 an, daß alle gesetzlichen Vorschriften, die die Voraussetzungen und die Widerrechtlichkeit eines Eingriffs nach § 14 betreffen, Irrtum.

§ 14 zivilrechtlicher Natur seien, so daß ein Irrtum über sie die Strafbarkeit nach
9 § 59 StGB. ausschließe (ähnlich van Calker a. a. O. S. 214).

Es ist z. B. wesentlich: ein Irrtum des Verletzers über den Eintrag des nachgeahmten Zeichens in die Zeichenrolle, ferner wenn der Verletzer irrtümlich glaubt, das Zeichen sei für ihn eingetragen oder er habe von dem Berechtigten die Erlaubnis zur Benutzung des Zeichens erhalten.

Zu beachten ist ferner die Ausführung, man habe aus tatsächlichen Erwägungen geglaubt, es liege eine nach § 13 zulässige Angabe vor, selbst wenn man sich dabei über die Grenzen des § 13 täuscht (RG. in JW. 00 S. 223; RGSt. 36, 199), anders dagegen, wenn man die Bedeutung des § 13 falsch auffaßt (RGSt. 38, 389 im Bl. 06, 264; RGSt. im Bl. 14, 372), oder man habe angenommen, der Name des Verletzten habe den Charakter einer Individualbezeichnung verloren (RGSt. 29, 353, im Bl. 97, 83; RGSt. 29, 363). Es müssen aber alsdann bestimmte tatsächliche Umstände den Irrtum begründen und rechtfertigen, sonst wird nur eine irrtümliche Auffassung der Gesetzesbestimmungen vorliegen (RG. in JW. 00 S. 223 a. E.; RGSt. 29, 353, im Bl. 97, 83). Hinsichtlich der Möglichkeit einer Verwechselung s. RGSt. im Bl. 11, 131 in MarkschWettbew. 10, 164; in MarkschWettbew. 9, 305 und 316; in IndustrieR. 11, 178.

Ein Irrtum über die Person des Berechtigten ist in der Regel unerheblich (RGSt. in DJZ. 05, 747), es sei denn, daß der Verletzer behauptet, er habe die Erlaubnis zur Benutzung des Zeichens von jemand erhalten, den er irrtümlich für den Berechtigten gehalten habe. Ein nicht zu berücksichtigender Rechtsirrtum liegt z. B. vor, wenn jemand annimmt: das Zeichen sei nicht schutzfähig, weil es zu Unrecht eingetragen sei und der Löschung unterliege (vgl. N. 2 zu § 12, RGSt. 26, 129 im Bl. 95, 225); sein Schutz erstrecke sich nicht auf gleichartige Waren; man könne durch Ersitzung ein Recht zur Benutzung des Zeichens erwerben (RGSt. in GewRschutz 11, 336); eine Nachahmung sei gestattet, wenn man nur irgendwie vom Original abweiche; er dürfe Waren in Verkehr bringen, welche von ihm schon vor der Eintragung des Zeichens für einen anderen bezeichnet worden waren; nicht die Firma als solche, sondern nur der Name ihres Inhabers sei geschützt (RGSt. in JW. 05, 551); für die Verwechselungsgefahr sei die Meinung der Sachverständigen und nicht des Publikums entscheidend (RGSt. in IndustrieR. 2, 237); die Bezeichnung der Herstellungsart von Waren sei schon dann gestattet, wenn sie im Kreise der Fabrikanten bekannt sei, aber nicht sonst im allgemeinen Verkehre (RGSt. 39, 171, im Bl. 07, 17; s. aber RGSt. 36, 199).

Ob der Irrtum bei Anwendung einer gewissen Sorgfalt zu vermeiden war oder nicht, ob er also in einem Verschulden des Täters seinen Grund hat, ist für die Frage nach der Wissentlichkeit unerheblich, wird aber für die Frage, ob grob fahrlässig gehandelt ist, wesentlich sein. Da das BGB. auch beim Vorliegen eines entschuldbaren Rechtsirrtums ein Verschulden ausschließt (RG. 86, 286; 88, 278), so wird die Unterscheidung zwischen Rechts- und Tatsachenirrtum für die Untersuchung der groben Fahrlässigkeit ohne Bedeutung sein, vielmehr wird es darauf ankommen, ob der Irrtum zu vermeiden war. Bei Rechtsirrtum wird man fordern, daß der Verletzer einen Rechtsverständigen gefragt und von diesem eine unrichtige Auskunft erhalten hat.

10. Zur Entschädigungsklage berechtigt ist der Verletzte, d. h. derjenige, welchem zur Zeit der Vornahme der verletzenden Handlung die ausschließliche Nutzung an dem verletzten Recht zustand, also ebenso der Inhaber des Zeichen-, Namens- und Firmenrechts, wie der Nießbraucher. Hat der Inhaber des Namens einem anderen in zulässiger Weise das ausschließliche Recht, seinen Namen zur Bezeichnung von Waren zu gebrauchen, eingeräumt, so ist der andere der Verletzte (RGSt. 29, 353 und 363; RG. im Bl. 97, 83). War der Vertrieb der bezeichneten Waren für einen gewissen Bezirk jemandem ausschließlich übertragen, so ist dieser zur Klage nicht berechtigt, auch dann nicht, wenn die Verletzung seinen Bezirk betrifft (RG. 64, 397 im Bl. 07, 142; RG. 87, 147 in MarkschWettbew. 10, 255, wo dies auch auf das Namensrecht angewendet wird; a. M. RGSt. 38, 39 im Bl. 05, 251 für den Strafantrag, ferner Kohler S. 177). Der Lizenzträger kann gegen den Verletzer nicht klagen (N. 7 zu § 7). Ein nicht im Inlande wohnender Zeicheninhaber kann wegen Verletzung eines Warenzeichens nur klagen, wenn er gemäß § 23 Abs. 2 einen Vertreter bestellt hat, denn die Entschädigungsklage ist eine Geltendmachung der Rechte aus dem Zeichen. Aus demselben Grunde kann nach § 7 Abs. 2 bei einem Übergange des Zeichenrechts der Rechtsnachfolger erst klagen, nachdem der Übergang in der Zeichenrolle vermerkt ist. Wie weit ihm die Entschädigungsansprüche wegen früherer Verletzungen gebühren, richtet sich nach den Abreden, die über die Abtretung des Rechts getroffen sind. Man wird in der Regel annehmen, daß auch diese Ansprüche mit übergegangen sind, wenn nichts anderes zu ermitteln ist.

§ 14 10,11 **Kläger.**

Von mehreren Berechtigten kann jeder ohne Rücksicht auf die anderen den ihm erwachsenen Schaden geltend machen. Bei der offenen Handelsgesellschaft ist nur diese, nicht der einzelne Gesellschafter zur Klage befugt (RG. 86, 66; 90, 300; Flechtheim in JW. 18, 41 und 233).

Da der Entschädigungsanspruch ein mit der verletzenden Handlung erwachsendes Vermögensrecht ist (N. 2 zu § 18), so steht nichts im Wege, daß er bei einer Zeichenverletzung erst nach Löschung des Zeichens von dem Berechtigten oder dessen Rechtsnachfolger geltend gemacht wird. In diesem Falle ist § 12 Abs. 2 zu berücksichtigen (N. 15 zu § 9).

11. Der Entschädigungsanspruch geht gegen den Verletzenden bzw. seine Erben. **Beklagter.**

Die Frage, ob er auch gegen juristische Personen gehen kann, ist von der Beantwortung der allgemeineren Frage abhängig, ob und inwieweit eine solche Person für Verschuldung ihrer Vertreter und Beamten aufzukommen hat. Nach §§ 31, 86 BGB. haftet sie für jeden Schaden, den der Vorstand, ein Mitglied des Vorstandes oder ein anderer verfassungsmäßig berufener Vertreter durch eine zum Schadensersatze verpflichtende Handlung einem Dritten zufügt, vorausgesetzt, daß der Vertreter die Handlung in Ausführung der ihm zustehenden Verrichtungen vorgenommen hat. Dies gilt auch für den Fiskus und die Körperschaften, Anstalten und Stiftungen des öffentlichen Rechts (§ 89 BGB.) und für Aktiengesellschaften, Gesellschaften m. b. H., Genossenschaften, Gewerkschaften. Das Merkmal, das die genannten Vertreter von den sonstigen Angestellten unterscheidet, besteht darin, daß sie durch die Satzung der Körperschaft zur Tätigkeit innerhalb eines Geschäftsbereichs berufen sind (RG. 53, 276; 91, 1).

15*

§ 14 11, 12 Die Haftung aus § 31 gilt nicht bloß bei Handlungen, die in Ausübung der Vertretungsmacht geschehen sind, sondern auch bei Verletzungen in Ausführung tatsächlicher Verrichtungen, also auch bei Verletzungen eines Zeichens durch Herstellung der widerrechtlichen Bezeichnung des Gegenstands (RG. in JW. 04 S. 167; RG. 57, 38). Der Vertreter haftet als Gesamtschuldner zugleich mit der juristischen Person (§ 840 BGB.).

Stehen dagegen Handlungen in Frage, welche nicht von einem verfassungsmäßigen Vertreter, sondern von einer anderen zu einer Verrichtung bestellten Person vorgenommen worden sind, so kommt § 831 BGB. zur Anwendung, nach dem die juristische Person sich von der Ersatzpflicht durch den Nachweis der Sorgfalt bei der Auswahl oder Leitung befreien kann. Dies trifft z. B. zu, wenn nicht das Vorstandsmitglied oder der Prokurist, sondern der Werkmeister die Zeichenverletzung begeht.

Hatte eine Gesellschaft sich einer Zeichenverletzung schuldig gemacht, so haftet, auch wenn nur auf seiten desjenigen Gesellschafters, der die Handlung angeordnet oder vorgenommen hat, grobe Fahrlässigkeit oder Wissentlichkeit vorhanden war, nicht bloß dieser Gesellschafter, sondern die Gesellschaft selbst, vorausgesetzt, daß der Gesellschafter nicht von der Vertretung bzw. der Geschäftsführung ausgeschlossen war (RG. 15, 121; RG. im Bl. 99, 292; in JW. 14, 202). Hatte ein Konkursverwalter das Zeichen verletzt, so sind die Entschädigungsansprüche nur dann Masseschulden, wenn bei ihm Wissentlichkeit oder grobe Fahrlässigkeit vorlag; unerheblich ist, ob der Gemeinschuldner vor dem Konkurse wissentlich oder grob fahrlässig handelte (RG. in JW. 07, 58).

Haben mehrere durch gemeinsames Handeln das Kennzeichen verletzt, so geht der Anspruch gegen jeden; sie haften als Gesamtschuldner. Anstifter und Gehilfen stehen Mittätern gleich (§§ 830, 840 BGB.). Nur wissentliche Beihilfe macht ersatzpflichtig, bei grobfahrlässigem Verhalten könnte nur mittelbare Täterschaft in Betracht kommen (RG. im Bl. 13, 122).

Hinsichtlich der Haftung für fremdes Verschulden (dies gilt auch für Angestellte, soweit sie nicht Willensorgane sind) kommen §§ 831, 832 BGB. nicht zur Anwendung, vielmehr haften der Geschäftsherr und der Aufsichtspflichtige nur, wenn ihnen selbst Wissentlichkeit oder grobe Fahrlässigkeit zur Last fällt (N. 8).

Entschädigung. 12. Der Anspruch geht stets auf volle Entschädigung des Verletzten, ohne Unterscheidung zwischen wirklichem Schaden und entgangenem Gewinn, zwischen mittelbarem und unmittelbarem, zwischen gegenwärtigem und zukünftigem Schaden, d. h. der Beklagte muß, gleichviel ob er wissentlich oder grob fahrlässig gehandelt hat, den Kläger in die Vermögenslage setzen, in welcher derselbe sich ohne die Verletzung befunden haben würde. Der Begriff der Entschädigung verhindert zwar, darüber hinaus den Beklagten zur Herausgabe alles dessen für verpflichtet zu erklären, was er infolge der Verletzung gewonnen hat, gleichviel ob der Verletzte selbst in der Lage gewesen wäre, dies zu gewinnen oder nicht (s. aber Kohler S. 190); der Richter wird aber bei der Schätzung des Schadens regelmäßig von dem dem Verletzer erwachsenen Gewinn ausgehen (RGSt. 6, 272; RG. in JW. 90 S. 162; 04 S. 501). Zur Vorbereitung der Entschädigungsklage wird in der heutigen Rechtsprechung ein Anspruch des Verletzten auf Auskunft über den Umfang der Eingriffshandlungen gewährt, der darauf gestützt wird,

daß sonst der Berechtigte nicht zu seinem Rechte kommen kann (RG. 90, 137; § 14
RG. 108, 1, im Bl. 23, 109; Rosenthal in GewRschutz 20, 33; Kohler 12
S. 191; anders früher RG. 47, 100 und 58, 321 im Bl. 05, 132). Noch weiter geht Gerdes in GewRschutz 24, 96. Nach ihm müsse wie bei Patent- oder Urheberrechtsverletzungen ein Anspruch auf Rechnungslegung gewährt werden. Dagegen RG. 47, 100; 86, 1.

Aus welchen Elementen sich der Schaden zusammensetzen kann, läßt sich nicht allgemein sagen; häufig wird hier auch der Nachteil in Betracht kommen, welchen die Konkurrenz mit den — oft schlechteren — Waren des Verletzers, sowie die hierdurch hervorgerufene Herabsetzung des Warenzeichens, des Namens oder der Firma des Berechtigten dem letzteren verursacht haben. Andererseits ist zugunsten des Verletzers zu berücksichtigen, daß die Entschädigung sich nicht schlechthin auf allen Gewinn erstrecken darf, welchen er durch den Vertrieb der unrechtmäßig bezeichneten Waren erlangt hat, sondern nur auf den, welchen er infolge der unrechtmäßigen Bezeichnung mehr gehabt hat, als er ohne dieselbe gehabt haben würde (Kohler S. 191 und im Handbuch des Patentrechts S. 568).

Wegen des Nachweises des Schadens vgl. noch N. 18. Unter dem Gesichtspunkte der Wiederherstellung des früheren Zustandes wird sich oft, auch wenn ein sonstiger Schaden nicht zu erweisen oder ersetzt verlangt wird, ein Anspruch auf Veröffentlichung des die Verletzung feststellenden Urteils rechtfertigen lassen (RG. 51, 375; 56, 287; in JW. 15, 1424).

Außerdem kam Kläger gemäß § 19 bezüglich der im Besitze des Beklagten befindlichen Gegenstände auf Beseitigung der widerrechtlichen Kennzeichnung oder, wenn die Beseitigung in anderer Weise nicht möglich ist, auf Vernichtung der damit versehenen Gegenstände antragen; vgl. die Erläuterungen zu § 19.

Mit der Klage auf Auskunfterteilung wird zugleich der Anspruch auf Feststellung der Schadensersatzpflicht als solcher geltend gemacht werden, es werden in der Regel die Voraussetzungen des § 256 ZPO. gegeben sein (RG. 21, 382; 35, 392; RG. in GewRschutz 11, 76, in MarkschWettbew. 10, 188; 15, 120). Die Feststellungsklage empfiehlt sich deshalb, weil nach der Praxis des RG. die Möglichkeit besteht, daß das Gericht die Zeichenverletzung im Laufe der Zeit verschieden beurteilt; es kann ein Urteil auf Untersagung und Auskunftserteilung erlassen und trotzdem nachher noch den Schadensersatzanspruch abweisen, weil es nachträglich eine Verletzung des Zeichens nicht mehr annimmt (N. 14 zu § 12). Im Falle einer Verbindung dieser Klagen wird zunächst die Ersatzpflicht bindend festgestellt und der Beklagte zur Erteilung der Auskunft verurteilt; später kann dann die eigentliche Entschädigungsklage angestellt werden. Statt dessen kann man, was aber nach dem obigen nicht zweckmäßig ist, auf Erteilung der Auskunft und Leistung von Schadensersatz entsprechend § 254 ZPO. antragen. Dann ergeht ein Teilurteil über die Auskunftspflicht und alsdann wird auf Grund der Auskunft der Anspruch selbst beziffert (RG. 58, 59; 64, 405; in JW. 14, 690; Gülland in GewRschutz 15, 167). Wird neben dem Schadensanspruch im Laufe des Rechtsstreits der Unterlassungsanspruch geltend gemacht, so liegt eine Klageänderung nicht vor (RG. im Bl. 09, 40).

Haben mehrere die Kennzeichnung verletzt, z. B. der Hersteller und der Vertreiber, so ist der Berechtigte nicht gehindert, wenn er von dem

§ 14
12, 13
einen Ersatz erhalten hat, von dem andern insoweit noch Entschädigung zu fordern, als dieser ihm Schaden verursacht hat, der durch die Ersatzleistung des ersten noch nicht ausgeglichen ist. Dies gilt sowohl, wenn die beiden Teilnehmer ein und derselben Handlung waren, als auch wenn jeder gesondert das Kennzeichen verletzt hatte. Haben mehrere die verletzende Handlung gemeinschaftlich begangen, so haften sie dem Beschädigten nach § 840 BGB. als Gesamtschuldner, im Verhältnisse zueinander gemäß § 426 BGB. nach Kopfteilen.

Eine Aufrechnung gegen den auf Vorsatz gestützten Entschädigungsanspruch ist unzulässig (§ 393 BGB.).

Der durch die Verletzung entstandene Entschädigungsanspruch ist ein Vermögensrecht, das unter Lebenden und von Todes wegen übertragen werden kann (RG. 16, 6). Es entsteht mit der Verletzung und kann auch nach der Löschung des Zeichens geltend gemacht werden, soweit nicht § 12 Abs. 2 entgegensteht. Über die Unterschiede zwischen diesem Anspruch und dem Recht auf Buße vgl. N. 2 zu § 18.

Unterlassungsklage.

13. Kann der Verletzte mit der Unterlassungsklage verlangen, daß fernere Eingriffe untersagt werden? Das ist hinsichtlich des Zeichenrechts unzweifelhaft (vgl. § 12 N. 13ff.). Man wird ferner unbedenklich annehmen können, daß die Benutzung von fremden Namen oder Firmen zur Warenbezeichnung eine negatorische Klage rechtfertigt, wenn sie wissentlich oder grobfahrlässig geschieht. Wenn das Gesetz dies Tun als eine unerlaubte Handlung ansieht, so muß der Betroffene die Wiederkehr ähnlicher Störungen für die Zukunft verhindern können (RG. 38, 165; RG. im Bl. 01, 117; Kommentar der RGR. zum BGB. Vorbem. zum § 823, 6 III).

Ebenso ist es unzweifelhaft, daß derjenige, dessen Name von einem anderen unbefugt zur Bezeichnung von Waren benutzt wird, auf Grund des § 12 BGB. die Unterlassungsklage anstrengen kann, wenn weitere Beeinträchtigungen zu besorgen sind, selbst wenn den Verletzer des Namensrechts kein Verschulden trifft.

Streit ist nur darüber, ob gegen den Verletzer des Firmenrechts auch beim Mangel jeglichen Verschuldens die Unterlassungsklage gegeben ist. Das RG. hat diese Frage verneint, weil der § 14 des Warenzeichengesetzes im Gegensatz zum § 12 desselben Gesetzes das Recht, eine Firma zur Bezeichnung der Waren zu benutzen, nicht ausdrücklich als absolutes und selbständiges Recht begründet (RG. im Bl. 01, 250, in JW. 01 S. 309; ebenso Allfeld S. 588; siehe aber Oertmann a. a. O.). Dieser Ansicht kann nicht zugestimmt werden. Das RG. gewährt in anderen Fällen, z. B. bei Störung eines eingerichteten Gewerbebetriebes, auch ohne ausdrückliche gesetzliche Bestimmung dem Verletzten die Unterlassungsklage, gleichviel ob den Verletzer ein Verschulden trifft oder nicht (RG. 65, 210; 94, 248; in JW. 05, 174; 13, 34). Dasselbe muß auch für den vorliegenden Fall gelten. Es ist nicht angängig, aus dem § 14, welcher für die Bestrafung und die Entschädigungspflicht ein bestimmt geartetes Verschulden verlangt, zu folgern, daß diese Voraussetzung auch für die Negatoria gelten müsse. Die Firma ist nichts weiter als der für den Handelsverkehr bestimmte Name. Es wäre unbefriedigend, wenn die Firma, für welche besondere Vorschriften noch Registerpflicht und öffentliche Bekanntmachung verlangen, einen schwächeren

Schutz genießen würde als der Name. Durch die jetzige Fassung des § 16 des Wettbewerbsgesetzes ist die Firma weitgehend geschützt, so daß jede Verwendung derselben auch zur Warenbezeichnung verboten ist, sobald sie Verwechselungen erzeugen kann. Dadurch ist § 14 für Firmen praktisch bedeutungslos geworden, zumal auch der Schadensersatz nach § 16 Abs. 2 nur ein Verschulden voraussetzt.

Gerichtsstand.

14. Die Klage kann stets im allgemeinen Gerichtsstande des Beklagten (§§ 12—19 ZPO.) angestellt werden; von den besonderen Gerichtsständen der ZPO. werden hauptsächlich in Betracht kommen die der Niederlassung (§ 21), des Vermögens (§ 23) und der unerlaubten Handlung (§ 32). Letzterer wird namentlich bei Waren, welche aus dem Auslande eingeführt werden, um hier in den Verkehr gebracht zu werden, von Erheblichkeit sein. Über die Frage, bei welchem Gerichte bei Verletzungen der Gerichtsstand des § 32 ZPO. begründet ist, vgl. RG. 13, 424 und RG. 72, 41 Plenarentscheidung, wonach bei jedem Gerichte der verschiedenen Verletzungsorte der ganze Schaden eingeklagt werden kann. Darüber ob in dem Gerichtsstande des § 32 mit der Schadensersatzklage die Unterlassungsklage verbunden werden kann, siehe N. 14 zu § 12. Bei Eingriffen, die durch Briefe begangen werden, ist sowohl der Absendungs- als auch der Empfangsort als maßgebend anzusehen (RG. in MarkschWettbew. 22, 61). Das ist bei Briefen ins Ausland wichtig.

Sachlich zuständig sind je nach dem Werte des Streitgegenstandes die Amts- oder die Landgerichte. Bei letzterem sind nach § 101 Nr. 3c des Gerichtsverfassungsgesetzes die Kammern für Handelssachen für alle Ansprüche zuständig, die aus den Rechtsverhältnissen entspringen, die sich auf den Schutz der Warenbezeichnungen (Name, Firma, Warenzeichen) beziehen.

Als Revisionsinstanz kommt ausschließlich das Reichsgericht in Betracht (§ 21).

Beweislast im allgemeinen.

15. Dem Kläger liegt die Beweislast ob,

a) daß der Beklagte sein Recht verletzt hat (N. 16),

b) daß dies wissentlich oder aus grober Fahrlässigkeit geschehen ist (N. 17),

c) daß ihm, dem Kläger, dadurch ein Schaden von einer bestimmten Höhe entstanden ist (N. 18).

Verletzung.

16. Zum Nachweise der objektiven Rechtsverletzung wird Kläger regelmäßig sein Recht und die Verletzung desselben dartun müssen. Das erstere wird er meistens durch einen Auszug aus dem Handelsregister (Firma), der Zeichenrolle (Warenzeichen) oder dem standesamtlichen Register (Name) nachweisen, das zweite durch Vorlegung einer Nachahmung. Wegen der Übereinstimmung ist § 20 zu berücksichtigen. Vgl. im übrigen noch N. 13 zu § 12.

Ob eine Übereinstimmung vorliegt, wird das Gericht regelmäßig auf Grund des Augenscheins selbständig beurteilen können. Wenn aber z. B. bei einer Ausfuhrware diese Frage von dem Bildungsgrade der ausländischen Verbraucher abhängt, so wird es zweckmäßig darüber Sachverständige hören. Dabei sei bemerkt, daß namentlich in Ostasien ein ausgeprägter Formensinn herrscht und deshalb sehr genau zwischen figürlichen Zeichen unterschieden wird. Handelt es sich um ein Warenzeichen und liegen abweichende Gutachten mehrerer Sachverständigen vor, so kann das Gericht das Gutachten des Patentamts einholen (§ 11).

§ 14
17
Subjektives Moment.

17. Das subjektive Moment ist bei Nachahmung von Warenzeichen häufig schwer in zwingender Weise nachzuweisen, der Kläger wird regelmäßig dem Richter nur Tatsachen unterbreiten können, welche einen Anhalt für die Annahme von dolus oder lata culpa geben: hier muß die freie Beweistheorie des § 286 ZPO. eingreifen, der Richter muß an ihrer Hand sich seine Überzeugung bilden, ob jenes Moment vorhanden ist oder nicht (RG. in MarkschWettbew. 23, 222). Der Berechtigte kann den Beweis zwar nicht ersetzen, wohl aber sich erleichtern, indem er — wozu er nach dem Gesetze an sich nicht verpflichtet ist — das Warenzeichen mit einem Zusatze versieht, der darauf hinweist, daß das Zeichen geschützt ist (z. B. Schutzmarke, trade mark, registered, déposé u. dgl.). Nur darf er nicht einen Zusatz wählen, welcher den Irrtum erregen könnte, daß der bezeichnete Gegenstand durch ein Reichspatent geschützt sei, z. B. „patentamtlich geschützt", denn dies wäre nach § 40 des PatG. strafbar (vgl. Seligsohn PatG. N. 5 zu § 40). Auch ist es zweckmäßig, wenn der Berechtigte, sobald er von einer Verletzung erfährt, den Verletzer unter Hinweis auf sein Recht warnt.

Eine Rechtsvermutung, daß die amtliche Bekanntmachung des Warenzeichens oder der Firma schon genüge, um das strafbare Bewußtsein oder mindestens die grobe Fahrlässigkeit des Verletzers zu erweisen, hat das Gesetz nicht aufgestellt, der Richter darf also eine solche nicht ohne weiteres annehmen (vgl. RGSt. 5, 268; RGSt. in JW. 99 S. 478). Es kann allerdings unter Umständen in dem Nichtlesen der amtlichen Bekanntmachung eine grobe Fahrlässigkeit liegen; vgl. N. 8.

Es ist streitig, ob der Berechtigte, welcher mit Erfolg auf Unterlassung der Störung geklagt hatte, von dem Störenden ohne weiteres wegen der nach Zustellung der Negatoria fortgesetzten Benutzung Entschädigung verlangen kann oder ob es auch hier noch erst des besonderen Nachweises eines Verschuldens bedarf. Das Reichsgericht hat sich in wiederholten Entscheidungen (RG. 21, 68; JW. 89 S. 72; RG. im Bl. 06, 165 in JW. 06, 70; RG. 62, 320 im Bl. 06, 221) für die letztere Ansicht ausgesprochen, Bolze in Gruchots Beiträge Bd. 33 S. 9 und Archiv für zivilistische Praxis 92 S. 319 sowie Kohler Aus dem Patent- und Industrierecht II S. 1 und Handbuch des Patentrechts S. 560 vertreten die erstere (vgl. ferner Schmitz in GewRschutz 03 S. 76). Die Ansicht des Reichsgerichts erscheint zutreffender. Seine Entscheidungen beziehen sich unmittelbar auf das Patentrecht, sind aber wegen der Gleichheit der gesetzlichen Bestimmungen ohne weiteres auf die uns hier beschäftigenden Rechte anzuwenden. Das Gesetz will mit seinen Bestimmungen über die Entschädigungspflicht und ihre Voraussetzungen die Sache einheitlich regeln. Es wird Wissentlichkeit oder grobe Fahrlässigkeit verlangt; wenn auch diese Momente durch die Klageerhebung beim Verletzenden erzeugt werden können, so ist es doch denkbar, daß dies nicht der Fall ist (vgl. den Fall in RG. 21, 68), und eine durch die Erhebung der Klage begründete Vermutung oder Fiktion des dolus oder der lata culpa ist im Gesetze nicht aufgestellt. Natürlich wird der Richter diese Momente für die Zeit nach der Klageerhebung regelmäßig eher annehmen können, als für die vorangegangene Zeit, er wird aber auch für jene Zeit den Kläger nicht von der Beweispflicht entbinden dürfen (vgl. noch Isay PatG. S. 496, Jeß in DJZ. 05, 725, Seligsohn PatG. Vorbemerkungen vor § 35 N. 1).

Behauptet der Beklagte, daß die Wissentlichkeit im vorliegenden Fall durch einen Irrtum seinerseits ausgeschlossen ist, so hängt es von den Umständen ab, ob er den Irrtum zu beweisen hat. Sprechen die feststehenden Tatsachen nach freiem Ermessen des Gerichts für seine mala fides, so wird er sich entschuldigen müssen. Eine bestimmte Regel läßt sich nicht aufstellen (a. M. RG. 14, 75; dagegen mit Recht Allfeld S. 593). Im Strafverfahren hat das Gericht von selbst die Frage des Irrtums näher zu prüfen, wenn die Sachlage dazu Veranlassung gibt (RGSt. 36, 199). § 14 17, 18, 19

18. § 287 der ZPO. Abs. 1 besagt: **Schaden.**

> Ist unter den Parteien streitig, ob ein Schaden entstanden sei, und wie hoch sich der Schaden oder ein zu ersetzendes Interesse belaufe, so entscheidet hierüber das Gericht unter Würdigung aller Umstände nach freier Überzeugung. Ob und inwieweit eine beantragte Beweisaufnahme oder von Amts wegen die Begutachtung durch Sachverständige anzuordnen sei, bleibt dem Ermessen des Gerichts überlassen. Das Gericht kann anordnen, daß der Beweisführer den Schaden oder das Interesse eidlich schätze. In diesem Falle hat das Gericht zugleich den Betrag zu bestimmen, welchen die eidliche Schätzung nicht übersteigen darf.

Wenn irgendwo, so ist gerade bei den hier in Betracht kommenden Verletzungen die von allen gesetzlichen Regeln befreite Beweiswürdigung angebracht, denn bei ihnen ist der genaue Nachweis des Schadens regelmäßig unmöglich. Stellt der Geschädigte bestimmte Behauptungen über den Umfang der Eingriffshandlungen auf, so kann das Gericht Vorlegung der Handelsbücher des Verletzers auf Grund des § 45 HGB., der sich nicht bloß auf Handelssachen bezieht, zur Prüfung verlangen (RG. 69, 20; in JW. 06, 171) und bei Nichtvorlegung die entsprechenden Folgerungen ziehen. Bei den Zweifelsfragen, die fast stets sowohl bezüglich der Existenz als der Höhe des Schadens auftauchen, muß der Richter sich gegenwärtig halten, daß diese Unsicherheit die Folge einer schuldhaften Handlungsweise des Verletzers ist und deshalb die zweifelhaften Punkte eher zu dessen Nachteil, als auf Kosten des gekränkten Berechtigten entscheiden. Er darf nicht vom Kläger die Begründung des Schadens auf Heller und Pfennig verlangen, sondern muß unter Berücksichtigung der Schwere des Verschuldens eine Summe festsetzen, von welcher er nach seiner Lebenserfahrung annehmen kann, daß sie geeignet ist, dem Verletzten eine vollständige Genugtuung zu bieten. Er darf nur in dem Falle den Schadensersatzanspruch abweisen, wenn ihn die Prüfung der Sachlage zu dem Ergebnis geführt hat, daß der Kläger keinen Schaden erlitten hat (RG. in JW. 04 S. 156; Kohler Handbuch des Patentrechts S. 493; Isay in GewRschutz 04, 25ff.).

19. Während das Patentgesetz und sämtliche Urheberrechtsgesetze eine dreijährige Verjährungsfrist für die Entschädigungsklage vorschreiben, mangelt es in unserem Gesetze an einer Vorschrift über die Verjährung derselben. Infolgedessen kommen die allgemeinen Grundsätze des § 852 BGB. zur Anwendung, wonach der Anspruch der Regel nach in drei Jahren von der Kenntnis des Schadens und des Täters ab verjährt. Bei einer fortgesetzten einheitlichen Zuwiderhandlung läuft diese Verjährung von der Kenntnis der letzten Einzelhandlung ab (Fuld in GewRschutz 05, 213; **Verjährung.**

§ 14 Finger in MarkschWettbew. 17, 10; a. M. RG. 74, 434; 80, 438; in
19, 20 MarkschWettbew. 14, 227; Rosenthal N. 10 zu § 21). Wenn zugleich eine Handlung unlauteren Wettbewerbs vorliegt, so wird durch die kurze Verjährung von sechs Monaten, von der Kenntnis von Tat und Täter ab (§ 21 UWG.) die Verjährung aus dem BGB. und dem Warenzeichengesetz nicht verkürzt (RG. in MarkschWettbew. 14, 227; RG. 74, 434).

Verhältnis zum Wettbewerbsgesetz. 20. Einer besonderen Erörterung bedarf das Verhältnis des Warenbezeichnungsgesetzes zum UWG. (Klöppel in MarkschWettbew. 10, 112).

Die wichtigste und allgemeinste Norm ist die des § 1, der ein Handeln wider die guten Sitten zu Zwecken des Wettbewerbsgesetzes grundsätzlich verbietet. Ihm tritt § 826 BGB. zur Seite, der sich mit § 1 im wesentlichen deckt.

§ 1 schützt namentlich das nicht eingetragene Warenzeichen gegen böswillige Nachahmung, z. B. eingeführte Schlagworte und die Ausstattung, letztere selbst wenn sie noch nicht zur allgemeinen Anerkennung gelangt ist. Niemand soll durch Verwertung derartiger Sonderbezeichnungen aus fremder Arbeit Nutzen ziehen dürfen (vgl. N. 1 zu § 15; RG. in MarkschWettbew. 17, 208; in JW. 15, 579; RG. 106, 250 in MarkschWettbew.). Auch mündliche Benutzung solcher Bezeichnungen, wie der Warenzeichen überhaupt, wird regelmäßig unter § 1 fallen (vgl. N. 7 zu § 12). Wurde eine derartige eingeführte Bezeichnung für einen anderen eingetragen, so ist außer der Klage auf Unterlassung auch die auf Löschung gegeben (s. § 9 N. 1). Ein Zeichen, dessen Benutzung stets oder auch nur im gegebenen Falle den guten Sitten widerstreitet, darf überhaupt im Rechtsverkehr nicht beachtet werden, ihm steht die Einrede des dolus entgegen (N. 4 zu § 12; s. namentlich RGSt. 49, 242). Durch Zusätze, wie System, nach Art, Ersatz von und dergleichen, wird die Nachahmung nicht ausgeschlossen (vgl. N. 8 zu § 12 und N. 3 zu § 20).

Neben § 1 wird die Bestimmung des § 3 häufig zur Anwendung kommen, wenn jemand auf seinen Bekanntmachungen zur Anpreisung seiner Ware Bezeichnungen braucht, die ein anderer vor ihm für sich in den Verkehr eingeführt und bekannt gemacht hatte. Er macht dann eine Mitteilung, die für einen größeren Kreis von Personen bestimmt ist, und er macht über geschäftliche Verhältnisse unrichtige Angaben, die geeignet sind, den Anschein eines besonders günstigen Angebots hervorzurufen. Auch hier ist eine Unterlassungs- und bei Eintragung auch eine Löschungsklage der gegebene Weg.

Nicht unzweifelhaft ist, ob die Verwertung eines angeführten Schlagworts oder einer sonstigen Bezeichnung auch dann verboten ist, wenn sie für andere Waren erfolgt, als für die das Schlagwort usw. bisher verwendet worden war. Das RG. hat dies abgelehnt (vgl. RG. 87, 274 in JW. 16, 194; ferner RG. 87, 90). Gegen diese Praxis wenden sich Kohler Anm. in JW. 16, 194, Rosenthal N. 56 zu § 1, und die Gerichte scheinen ihnen zu folgen (vgl. LG. Chemnitz in MarkschWettbew. 23, 12 und LG. Elberfeld in GewRschutz 24, 204). Man wird dem beistimmen können, wenn es sich um weithin anerkannte Bezeichnungen handelt, wie Salamdaner, Odol, 4711 usw. Hier will der Benutzer von dem Rufe, den ein anderer durch die Güte seiner Waren oder durch kostspielige Reklame sich erworben hat, mitgenießen. Er schädigt den anderen dadurch, daß die Unterscheidungskraft der Bezeichnung infolge seines Mißgebrauchs geschwächt wird. Darin liegt ein Verstoß gegen § 1 UWG.

Der § 16 des UWG. ist in N. 1 abgedruckt. Jn ihm ist die mißbräuchliche Benutzung eines Namens, einer Firma oder der besonderen Bezeichnung eines Erwerbsgeschäftes, die Verwechselungen hervorrufen kann, verboten. Nach der Entstehungsgeschichte der Bestimmung ist die besondere Bezeichnung eines Erwerbsgeschäftes und das Geschäftsabzeichen des § 16 Abs. 3 von der Warenbezeichnung streng zu unterscheiden. Folglich können Verletzungen von Warenzeichen und von Ausstattungen niemals aus § 16 verfolgt werden, wohl aber ist es möglich, sie aus § 826 BGB. oder aus § 1 des Wettbewerbsgesetzes anzugreifen (RG. im Bl. 09, 319; in GewRschutz 12, 138; Pinner-Eyck Wettbewerbsgesetz S. 132; Rosenthal N. 121 zu § 16). Anders verhält es sich mit der Benutzung von Name oder Firma. Hinsichtlich ihrer enthält der § 16 eine allgemeine Norm, die für alle Fälle des Gebrauches von Name oder Firma im geschäftlichen Verkehr gelten muß, also auch dann, wenn Name oder Firma zur Warenbezeichnung dienen. Der § 16 ist hier ebenso anwendbar, wie die Sonderbestimmungen des Warenbezeichnungsgesetzes betr. Namen oder Firma. Aus § 16 ergibt sich weiter, daß ein Zeichen zur Löschung gebracht werden kann, wenn es durch einen Namen oder eine Firma, oder eine sonstige Bezeichnung, die es enthält, bei seiner Verwendung zu Verwechselungen Veranlassung gibt, die dem § 16 zu unterstellen sind. Das Zeichen verstößt alsdann gegen die Bestimmung des § 16 und ist als rechtswidrig zu behandeln (RG. 48, 233; RG. 74, 308 im Bl. 11, 47 Zeppelinfall und N. 1 zu § 9). Auch die Eintragung des Zeichens schützt es nicht gegen Angriffe aus §§ 1 und 16, so daß auch trotz der Eintragung Unterlassung des täuschenden Gebrauches der Bezeichnung verlangt werden kann (N. 2 zu § 12). Noch weniger steht die Eintragung einer nicht zeichenmäßigen Benutzung zur Seite (RG. 44, 99). Stehen nur einzelne Teile des Zeichens z. B. ein Schlagwort mit einem älteren Namen oder Firma im Sinne des § 16 im Widerspruch, so dürfen sie nicht gebraucht werden und die Ansprüche aus § 16 können hierauf beschränkt werden (siehe auch RG. im Bl. 11, 258; in MarkschWettbew. 12, 418). Was von dem eingetragenen Zeichen gilt, kommt natürlich auch für die Ausstattung in Betracht. § 14 20, 21

Der § 16 ist anwendbar, selbst wenn der Name oder die Firma dem Verletzer rechtlich zusteht. Er will der unlauteren Benutzung solcher Namen oder Firmen zur Herbeiführung von Verwechselungen hemmend entgegentreten, selbst wenn kein eigentlicher Wettbewerb vorliegt (so RG. 108, 272 inMarkschWettbew. 24, 14). Folglich kann, wenn der Tatbestand des § 16 gegeben ist, der Verwender des eigenen Namens oder der eigenen Firma zur Warenbezeichnung einen Einwand aus den §§ 13, 14 des Gesetzes vom 12. Mai 1894 nicht herleiten. Selbst die Eintragung des bloßen Namens oder der bloßen Firma als Warenzeichen kann auf Grund des § 16 beseitigt werden.

Abs. 2.

21. Der Tatbestand des Vergehens deckt sich mit den Voraussetzungen der Entschädigungspflicht, nur daß hier ein Schaden durch die Verletzung nicht entstanden zu sein braucht (RGSt. 31, 30, im Bl. 98, 97), und daß Wissentlichkeit, nicht bloß grobe Fahrlässigkeit des Verletzers vorliegen muß. Eine Täuschung braucht nicht bezweckt zu sein (RGSt. 29, 312 im Bl. 97, 109; RGSt. 34, 229 im Bl. 05, 148; RGSt. 42, 137 im Bl. 09, 42). Es treffen **Tatbestand.**

§ 14 21 die Erörterungen in N. 2—5, 7, 9 hier zu. Wird das Zeichen, auf das die Verurteilung gestützt ist, späterhin gemäß § 8 Nr. 2 oder § 9 Nr. 1, 3 gelöscht, so ist nach § 359 Nr. 5 StPO. das Verfahren wieder aufzunehmen (N. 11 zu § 12). In der Revisionsinstanz ist die inzwischen erfolgte Löschung des Zeichens nicht zu berücksichtigen (siehe aber RGSt. 42, 340 und RG. 63, 140 im Bl. 06, 271; N. 10 zu § 12).

Die im § 14 angegebenen Formen der Verletzung von Namen, Firmen, Zeichen durch Versehen, Inverkehrbringen, Feilhalten sind nicht besondere Straftaten, sondern ein einheitliches Delikt. Deshalb genügt ein Strafantrag, um sie alle zu erfassen, und das Gericht muß gemäß § 267 der StPO., wenn erforderlich, von dem im Antrag zum Ausdruck gebrachten rechtlichen Gesichtspunkt abweichen, wenn eine andere Form der Verletzung vorliegt. § 265 der StPO. braucht alsdann nicht angewendet zu werden (RGSt. im Bl. 97, 216, in DJZ. 98 S. 62; RGSt. im Bl. 98, 116). Macht sich der Täter durch eine und dieselbe Handlung einer Verletzung des § 14 und des § 15 schuldig, so ist nach § 73 StGB. § 14 als das Gesetz, das die schwerste Strafe androht, allein heranzuziehen (RGSt. 35, 89 im Bl. 02, 199). Hier ist § 265 StPO. anzuwenden.

Die Bezeichnung der Ware, Verpackung usw. mit Zeichen, Namen oder Firma ist regelmäßig nicht dazu bestimmt, eine Gedankenäußerung des bezeichnenden Dritten erkennbar zu machen, folglich ist sie keine Urkunde. Es wird deshalb in dem Tatbestande des § 14 eine Urkundenfälschung gewöhnlich nicht liegen (RGSt. 17, 282; ebenso mit anderer Begründung Allfeld S. 610; Kent S. 415; s. aber RGSt. in DJZ. 04, 700 hinsichtlich der Einpressung von Namen in Fässer). Dagegen kann das Delikt häufig in Konkurrenz mit Betrug begangen werden. Während es nämlich für die Verletzung des Namens-, Firmen- oder Zeichenrechts unerheblich ist, ob die Ware, welche unter der falschen Flagge in Verkehr gebracht wird, von besserer oder schlechterer Beschaffenheit als die Originalware oder ob sie ihr gleichwertig ist (N. 13 zu § 12), kann unter Umständen darin, daß die unbefugt bezeichnete Ware minderwertig ist, ein Betrug liegen. Dies ist dann der Fall, wenn der Käufer in dem Irrtume, er erwerbe die geschützte Ware, den für dieselbe eingeführten Preis bewilligt. Außerdem kann Betrug insofern konkurrieren, als der Verletzte durch die Täuschung der Abnehmer des Berechtigten letzterem die Kundschaft schmälert (RGSt. 6, 75). In dem ersten Betrugsfalle ist der Verbraucher, in dem zweiten der Berechtigte geschädigt.

Ist die Verletzung im Inlande begangen — wann dies der Fall ist, ist in N. 5 zu § 12 erörtert —, so wird sie bestraft, auch wenn der Täter ein Ausländer ist (§ 3 des StGB.). Ist sie dagegen im Auslande begangen, so kann der Täter zur Verfolgung nur gezogen werden, wenn er ein Deutscher ist und wenn die Tat auch nach den Gesetzen des Orts, an welchem sie begangen ist, mit Strafe bedroht ist (§ 4 Nr. 3 StGB.). Namen oder Firma könnten im Auslande auch ohne Eintragung strafrechtlichen Schutz genießen. Es genügt aber nicht, daß die Tat im Auslande unter einem anderen Gesichtspunkte, also etwa als Betrug geahndet wird. Von dem Erfordernis, daß die Tat am Begehungsort mit Strafe bedroht ist, muß abgesehen werden, wenn dieselbe in einer unzivilisierten Gegend oder auf staatenlosem Gebiet, z. B. auf offenem Meere, begangen ist (dies ist sehr streitig; vgl. Olshausen, StGB. § 4; Ebermayer, StGB. N. 3 zu § 4). Berühren ausländische Waren, welche unrichtig bezeichnet sind, deutsches Gebiet, so kommt § 17 zur Anwendung. § 14 21, 22

Die Strafverfolgung verjährt nach § 67 StGB. in fünf Jahren. Die Verjährung beginnt mit dem Tage, an welchem die Handlung, bei einem fortgesetzten Vergehen die letzte Einzelhandlung begangen ist. Bei Ankündigungen, Etiketten u. dgl., die druckschriftlich verbreitet werden, findet auf die Verjährung § 22 des PreßG. (Verjährung von sechs Monaten) keine Anwendung (RGSt. 40, 270 im Bl. 08, 167; RGSt. 42, 87 im Bl. 09, 189).

Über Auslieferung s. Neuberg in GewRschutz 13, 279.

Vollendung und Versuch.

22. Bezüglich der Frage, wann die erste Alternative des Vergehens — das widerrechtliche Versehen mit Zeichen, Namen, Firma — vollendet ist, muß man unterscheiden. Sind der Gegenstand der Bezeichnung Waren oder Ankündigungen, Preislisten u. dgl., dann ist dies mit dem Augenblicke der Fall, wo die Bezeichnung geschehen ist; nur muß diese in der Absicht erfolgt sein, den bezeichneten Gegenstand in den Verkehr zu bringen (N. 8 a. E. zu § 12). Handelt es sich dagegen um die Verpackung oder Umhüllung, so genügt nicht das in jener Absicht erfolgte Versehen derselben mit Zeichen, Firma, Namen, sondern es muß noch hinzukommen, daß die Verpackung oder Umhüllung in die bestimmungsgemäße Verbindung mit der Ware gebracht ist, also ihre Funktion als Verpackung oder Umhüllung ausübt (RGSt. 13, 388; RGSt. 37, 327 im Bl. 05, 35; RGSt. 37, 258 im Bl. 05, 134). Daraus ergeben sich folgende Schlüsse. Wenn ein Buchdruckereibesitzer auf Bestellung oder freiwillig Etiketten zu Kognakflaschen mit der Firma oder dem Zeichen eines angesehenen Geschäftshauses druckt in der Absicht, sie den Konkurrenten dieses Hauses liefern, so liegt darin noch kein selbständiges Vergehen, und zwar deshalb nicht, weil die Etiketten mit der Ware noch nicht verbunden sind. Ebensowenig ist es an sich strafbar, wenn Fabrikanten wissentlich für Unberechtigte Flaschen, Krüge, Kisten, Tüten usw., die leer sind, mit dem Zeichen oder der Firma eines Dritten versehen (RGSt. 13, 388; RGSt. 37, 237 im Bl. 05, 35). In beiden Handlungen kann allerdings Beihilfe zu dem Vergehen eines anderen liegen (N. 26). Dagegen würde ein selbständiges Vergehen jenes Buchdruckereibesitzers vorliegen, wenn er in der oben angegebenen Absicht statt der Etiketten Preislisten oder Fakturen mit einer fremden Firma oder einem fremden Zeichen gedruckt hätte. Der innere Grund für diese Verschiedenheit ist darin zu finden, daß Etiketten und Umhüllungen ihre Bestimmung nur in Verbindung mit der Ware erfüllen, während dies bei den Geschäftspapieren nicht der Fall ist. Veröffentlichungen in Zeitungen stellen erst mit ihrem Abdruck eine Zeichenverletzung dar (Allfeld S. 601).

Die zweite Alternative des Vergehens — das Inverkehrbringen der widerrechtlich gekennzeichneten Ware — ist mit dem Augenblicke vollendet, wo die Ware in den Verkehr gebracht wird. Daß dies nicht erst durch den Verkauf der Ware, sondern auch durch gewisse Vorbereitungshandlungen zu demselben stattfindet, darüber siehe N. 9 zu § 12. Das Inverkehrbringen von Ankündigungen, Preislisten usw., die widerrechtlich mit Namen, Firma oder Zeichen versehen sind, ist im § 14 trotz des scheinbar entgegenstehenden Wortlauts gleichfalls verboten (RGSt. 43, 177 in Markch-

§ 14 22, 23 Wettbew. 10, 94 im Bl. 10, 242; RGSt. 37, 258 im Bl. 05, 134; a. M. RGSt. 35, 415).

Handlungen, welche vor der Vollendung liegen, können höchstens als Versuch angesehen werden. Dieser ist aber nach § 43 Abs. 2 des StGB. straflos und begründet auch keine Entschädigungspflicht.

Fortgesetztes Vergehen. 23. Unter einem fortgesetzten Vergehen versteht man eine Reihe von Handlungen, von welchen jede einzelne den vollen Tatbestand des Vergehens enthält, die aber, weil einem und demselben verbrecherischen Vorsatze (Einheitlichkeit des Entschlusses genügt nicht: RGSt. 22, 235) entflossen, als eine strafrechtliche Einheit angesehen werden (RGSt. 35, 89 im Bl. 02, 199; RGSt. 55, 129; Fuld in GewRschutz 05, 213; Rathenau ebenda 05, 352; Ebermayer, StGB. S. 37; vgl. aber Allfeld S. 604). Gerade das Vergehen gegen § 14 wird sich häufig als ein fortgesetztes darstellen, denn regelmäßig wird eine falsche Bezeichnung von Waren nicht gelegentlich, vereinzelt vorgenommen werden, sondern der Täter hat meistens den Vorsatz, das fremde Zeichen, die fremde Firma, den fremden Namen in seinem Geschäftsbetriebe zu gebrauchen. Da ein solcher Betrieb eine Reihe von Einzelakten umfaßt, so wird sich der Vorsatz auf diese einzelnen Handlungen miterstrecken. Es entspricht der regelmäßigen Gestaltung der Dinge auch, wenn man das Inverkehrbringen oder Feilhalten in seinem Verhältnisse zur Nachahmung des Warenzeichens und der sonstigen Kennzeichnungen als fortschreitende Ausführung desselben Entschlusses und sonach beide in der Verbindung miteinander als eine Gesamthandlung ansieht (RGSt. 35, 89 im Bl. 02, 199). Daraus folgt, daß die Hilfeleistung nach der vollendeten Anbringung des Zeichens durch Inverkehrbringen der Waren nicht Begünstigung, sondern Beihilfe ist (Allfeld S. 608). Die Einheitlichkeit des Vorsatzes wird sich häufig auch dadurch kundtun, daß der Täter die Nachahmungen gleich in größeren Mengen herstellt oder bezieht, daß er Mittel zur beliebigen Wiederholung der falschen Bezeichnung (z. B. Druckstempel) sich beschafft usw.

Von einer Einheitlichkeit des Vorsatzes kann nur die Rede sein, wenn sich die verschiedenen Einzelhandlungen gegen dasselbe Rechtsgut richten. Daß die Träger dieses Rechtsguts verschieden sind, schließt die Einheitlichkeit nicht aus (RGSt. 43, 134 im Bl. 10, 240). Daher ist eine fortgesetzte Handlung nicht ausgeschlossen, wenn mehrere Zeichen, Namen oder Firmen von jemand fortgesetzt rechtswidrig benutzt worden sind (Ebermayer S. 40; RGSt. a. a. O.; anders bei höchstpersönlichen Rechtsgütern RGSt. 53, 274). Auch wird die Einheitlichkeit dadurch nicht berührt, daß der Täter seinen gegen dieselbe Person gerichteten Vorsatz gleichzeitig auf verschiedene Weise betätigt, z. B. seine Waren mit ihrem Zeichen, seine Fakturen mit ihrer Firma versieht (RGSt. 51, 171; Ebermayer a. a. O.). Ist der Verletzer Mitinhaber einer Handelsgesellschaft, so wird durch die Umwandlung des Geschäfts in eine Aktiengesellschaft das fortgesetzte Vergehen nicht ausgeschlossen (RGSt. in JW. 09, 526). Verletzt der Täter mehrere Individualrechte (Zeichen, Name, Firma) zu verschiedenen Zeiten, so wird man jedoch mehrere besondere Vergehen annehmen. Ist der Täter einmal wegen Verstoßes gegen § 14 bestraft worden und verletzt er nachher wiederum denselben, so wird, auch wenn sich sein Vergehen gegen dieselbe Person richtet, durch die Bestrafung, wenn nicht schon durch frühere Umstände, wie Erhebung der Anklage, Eröffnung des Hauptverfahrens, die Einheitlichkeit seines Vorsatzes unterbrochen. Man kann nicht die nach der Bestrafung begangenen Handlungen mit den ihr vorausgegangenen zu einem fortgesetzten Vergehen vereinigen (RGSt. 20, 316; vgl. auch RGSt. 36, 42). § 14 23, 24

Die Natur des fortgesetzten Vergehens als eines einheitlichen Vergehens zeigt sich in nachstehenden Folgen:

a) Es kann nur mit einer einzigen Strafe belegt werden.

b) Die Antragsfrist beginnt erst in dem Zeitpunkte, wo sie in ihrer Vollendung vorliegt und in dieser Gestalt, also einschließlich des letzten Tätigkeitsakts zur Kenntnis des Verletzten gelangt ist (RGSt. 15, 370; 20, 226; 38, 39; RGSt. in MarkschWettbew. 15, 208).

c) Die Verjährung beginnt erst mit der letzten Einzelhandlung (RGSt. 10, 203).

d) Die Hauptverhandlung und Urteilsfällung kann, wenn das Hauptverfahren wegen eines fortgesetzten Vergehens eröffnet worden ist, auf solche Einzelfälle erstreckt werden, welche in dem Eröffnungsbeschluß nicht erwähnt oder bisher überhaupt nicht erörtert worden sind (in geeigneten Fällen kommt § 265 Abs. 4 der StPO. zur Anwendung). Will das Gericht aber wegen mehrerer selbständiger Vergehen verurteilen, so muß es den Angeklagten auf den veränderten rechtlichen Gesichtspunkt hinweisen (RGSt. 7, 32; 8, 135; 9, 344; 9, 426; 20, 226).

e) Die rechtskräftige Verurteilung wegen eines fortgesetzten Vergehens erledigt alle vor der Aburteilung begangenen Einzelhandlungen, gleichviel, ob sie dem erkennenden Gerichte bekannt waren oder nicht (RGSt. 7, 32; 10, 344; 36, 42). Der Zeitpunkt des Strafkammerurteils entscheidet, nicht der des Revisionsurteils (RGSt. in DJZ. 04, 699).

Wegen der Teilnahme Dritter an einem fortgesetzten Vergehen s. RGSt. 17, 227; 23, 300.

24. Täter ist nicht der Arbeiter oder Angestellte, welcher den Akt des Bezeichnens oder des Inverkehrbringens vornimmt, sondern derjenige, welcher in seinem kaufmännischen, geschäftlichen oder technischen Betriebe jene Tätigkeit veranlaßt (vgl. RGSt. 12, 34). Deshalb wird regelmäßig derjenige, für dessen Rechnung das Bezeichnen oder Inverkehrbringen stattfindet, als Täter strafbar sein, dies selbst dann, wenn der Angestellte zunächst selbständig gehandelt hat, der Geschäftsherr aber nach Kenntnis von der Verletzung sie nicht verbietet (RGSt. im Bl. 12, 122; in GewRschutz 12, 71; s. auch RGSt. 37, 258 im Bl. 05, 134). Auf wessen Namen äußerlich das Geschäft geführt wird, ist ohne Bedeutung (RGSt. in MarkschWettbew. 10, 214). Der selbständige Gewerbetreibende, der wissentlich für andere die falsche Bezeichnung vornimmt, z. B der Buchdruckereibesitzer, welcher Geschäftspapiere mit Zeichen oder Firma für andere als den Berechtigten herstellt, wird je nach den Umständen Täter oder Gehilfe sein. Er wird regelmäßig Täter sein, wenn er aus eigenem Entschluß solche Papiere herstellt, um sie an die Konkurrenten des Berechtigten zu verkaufen, Gehilfe, wenn er es auf Bestellung tut (vgl. Allfeld S. 606; RG. 33, 137 im Bl. 98, 244). Der Stellvertreter eines anderen kann sich strafrechtlich nicht damit entschuldigen, daß ihm der Auftrag zu der strafbaren Handlung erteilt worden ist (RGSt. 37, 131 im Bl. 04, 428). Täter.

§ 14 24, 25, 26 Nur physische Personen können sich strafbar machen. Wenn eine juristische Person, z. B. eine Aktiengesellschaft, ein fremdes Warenzeichen benutzt, so sind ihre Organe oder leitenden Angestellten, denen Wissentlichkeit zur Last fällt, als Täter zu strafen, bei der Benutzung durch eine offene Handelsgesellschaft ebenfalls nur diejenigen Teilhaber, welchen Wissentlichkeit nachgewiesen werden kann (Kohler Aus dem Patent- und Industrierecht II S. 13). Eine Vorschrift des Inhalts, daß bestimmte Organe oder die Teilhaber von der Verletzung Kenntnis haben und für dieselbe aufkommen müssen, wofern sie nicht Umstände darlegen, welche das Gegenteil erweisen, gibt es nicht (RGSt. 5, 105).

Als Mittäter sind z. B. mehrere Gesellschafter oder Geschäftsführer, die wissentlich handeln, anzusehen (Obertribunal in GoldtArch. 23, 490). Auch eine Mittäterschaft ist denkbar, ohne daß der einzelne die Verletzung selbst vorzunehmen braucht (vgl. RGSt. 53, 138; 57, 283 im Bl. 24, 125). Es reicht hin, wenn sich mehrere zur Verletzung vereinigen und diese dann im bewußten und gewollten Zusammenwirken verübt wird, sollte auch bei dem einzelnen der volle Tatbestand des Vergehens nicht vorliegen. Eine Alleinurheberschaft ist sogar möglich, ohne daß die verantwortliche Person selbst die verletzenden Handlungen vornimmt (RG. im Bl. 98, 237; Kohler S. 195 und in GewRSchutz 09, 173), z. B. wenn sie einen nichtsahnenden Dritten zu der von ihr gewollten Tat in ihrem Interesse anregt.

Anstifter. 25. Der Fall der Anstiftung kommt häufig vor. Darunter fällt es z. B., wenn der Besteller einer Ware von dem Fabrikanten verlangt, daß dieser die herzustellende Ware mit einem für einen Dritten eingetragenen Zeichen versieht, oder wenn ein Steindrucker, welcher Warenzeichen herstellt, einen Gewerbetreibenden überredet, mit diesem Zeichen seine Waren unberechtigt zu versehen. Voraussetzung ist immer, daß auch der Angestiftete wissentlich das Vergehen verübt. Andernfalls ist der sog. Anstifter Alleintäter. Eine Anstiftung liegt nicht vor, wenn der Täter aus eigenem Antriebe zu der Tat gelangt ist (RG. 33, 137 im Bl. 98, 244). Der sog. agent provocateur ist nicht als Anstifter zu behandeln, dagegen ist der von ihm verlockte Täter zu bestrafen (Kohler S. 195).

Gehilfe. 26. Als Gehilfe kommt namentlich der Arbeiter, Angestellte oder selbständige Gewerbetreibende in Betracht, welcher auf Geheiß die Ware bezeichnet oder in Verkehr bringt, vorausgesetzt, daß bei ihm Wissentlichkeit vorliegt. Auch diejenigen dritten Personen gehören hierher, welche dem Täter die zu Recht bezeichneten Umhüllungen liefern, damit er sie mit unechtem Inhalt anfüllt, oder welche ihm auf Bestellung fremde Geschäftspapiere oder Warenzeichen oder auch zur Herstellung von Nachahmungen dienende Druckstempel usw. liefern (RGSt. im Bl. 94/95, 160; RG. im Bl. 99, 251; RG. 104, 376).

Wenn ein Arbeiter oder Angestellter ohne Wissen des Geschäftsherrn jene Handlungen vorsätzlich vornimmt, dann haftet er nicht als Gehilfe, sondern als Täter (Kohler S. 194; RG. in JW. 93, 337). Die Beihilfe setzt eine strafbare Haupttat voraus.

Ist die im Ausland begangene Haupttat nicht widerrechtlich, so sind auch die im Inlande begangenen, also inländischen, Beihilfehandlungen nicht strafbar (RG. 45, 145). Ist die Beihilfe im Auslande vorgenommen, so kommt es darauf an, ob eine im Inlande oder im Auslande verübte strafbare Haupttat vorliegt. Im ersteren Falle gelten die Beihilfehandlungen als ein inländisches Vergehen (RGSt. 25, 424), im letzteren sind auf sie die Grundsätze des § 4 Nr. 3 StGB. zur Anwendung zu bringen (oben N. 21). Gleiches gilt von der Anstiftung. § 14 26, 27, 28, 29

27. Das Gesetz hat Beweisregeln zum Zweck der Lösung der Schuldfrage im Strafverfahren nicht aufgestellt. Der Richter hat in selbständiger Tätigkeit gemäß § 155 der StPO. zur Untersuchung der Sachlage zu schreiten und aus dem Ergebnis der Verhandlung sich gemäß § 261 StPO. seine Überzeugung zu bilden. Über Irrtum s. RGSt. 36, 199. Beweislast.

28. Die Strafe ist seit der Verordnung über Vermögensstrafen und Bußen vom 6. Febr. 1924 (RGBl. S. 44 im Bl. 24, 41) in Goldmark, jetzt Reichsmark festzusetzen, soweit sie Geldstrafe ist. Der Mindestbetrag der Geldstrafe ist drei Reichsmark, ihr Höchstbetrag 10000 Reichsmark, der Mindestbetrag der Gefängnisstrafe ein Tag. Eine nicht beizutreibende Geldstrafe wird in Gefängnis (höchstens sechs Monate) umgewandelt. Wegen der Einzelheiten (Bemessung der Geldstrafe, Erhöhung bei Gewinnsucht bis 100000 Reichsmark, Beitreibung) wird auf die Verordnung verwiesen. Strafe.

Über die Strafe bei Konkurrenz von strafbaren Handlungen vgl. §§ 73—79 StGB., hier kann namentlich Betrug konkurrieren (N. 21). § 78 ist durch die Verordnung neu gefaßt worden.

Im Falle einer Verurteilung kommt § 19 in Betracht.

§ 374 Nr. 8 StPO. schreibt vor, daß alle Verletzungen des literarischen, künstlerischen und gewerblichen Urheberrechts, soweit sie als Vergehen strafbar sind, vom Verletzten im Wege der Privatklage verfolgt werden können. Das hat zur Folge, daß nach § 376 StPO. die öffentliche Klage wegen dieser Verletzungen nur erhoben wird, wenn dies im öffentlichen Interesse liegt. Das letztere wird in der überwiegenden Mehrzahl der Fälle verneint werden. Wenn von gewerblichem Urheberrecht gesprochen wird, so wird man trotz dieser Fassung entsprechend dem Zwecke der Bestimmung und des Gesetzes vom 11. März 1921 (RGBl. S. 229), auf dem sie beruht, sie auch bei Zeichenverletzungen usw. nach § 14 anwenden. Zuständig ist nach § 25 Nr. 2a und b GVG. in jedem Falle das Amtsgericht, es entscheidet der Amtsrichter allein. Damit ist die Rechtsprechung des RG. in derartigen Strafsachen nach § 135 GVG. völlig ausgeschaltet. In Bayern, Württemberg und Baden war bisher die Zuständigkeit des Schwurgerichts für Handlungen begründet, die durch die Presse begangen werden (§ 6 EG. zum GVG.), so daß strafbare öffentliche Ankündigungen in diesen Ländern vor das Schwurgericht zu bringen waren (RGSt. 35, 375). Die Bestimmung hat jetzt ihre Bedeutung durch § 374 Nr. 8 StPO. verloren.

29. Das Vergehen ist ein Antragsdelikt. Die Vorschriften der §§ 61 bis 65 StGB. über den Antrag finden Anwendung. Strafantrag.

Der Verletzte ist zum Antrage berechtigt, und zwar läuft die Antragsfrist erst von seiner vollen Kenntnis des Tatbestandes sowohl in objektiver als auch in subjektiver Hinsicht (RGSt. in MarkschWettbew. 8, 110); die Erörterungen in N. 10 finden hier Anwendung. Der Strafantrag des nicht eingetragenen Zeicheninhabers ist wirksam, wenn er noch innerhalb der Antragsfrist die Eintragung erlangt (RGSt. in MarkschWettbew. 8, 152; im Bl. 11, 29). Ist das Zeichen für eine Firma eingetragen, so ist der jeweilige Inhaber zum Antrage befugt (RGSt. 41, 422 im Bl. 08, 303).

§ 14 Verletzt ist derjenige Firmeninhaber, der zur Zeit, als der Eingriff erfolgte,
29, 30 Inhaber der Firma war. Das Antragsrecht geht nicht mit dem Geschäfte und der Firma auf den neuen Inhaber über (RGSt. 43, 335 im Bl. 10, 313). Über Antrag eines Unternehmens, einer Administration siehe: RGSt. im Bl. 08, 145; in JW. 08, 369; RGSt. 41, 422 im Bl. 18, 303. Von mehreren Mitinhabern einer offenen Handelsgesellschaft ist jeder antragsberechtigt, auch der von der Vertretung ausgeschlossene, und der Liquidator (RGSt. 41, 103 und S. 377; im Bl. 10, 306), eine Handelsgesellschaft kann unter ihrer Firma den Antrag stellen (RGSt. 15, 293; 28, 363). Wenn das Anbringen des Zeichens durch den A und das Inverkehrbringen der widerrechtlich bezeichneten Waren durch den B selbständige Straftaten sind, die nicht im Zusammenhange miteinander stehen, so darf, wenn der Antrag nur gegen A gestellt ist, B nicht verfolgt werden, und umgekehrt (RGSt. 31, 93; 38, 430).

Der Antragsberechtigte braucht den Antrag nicht selbst zu stellen, es kann dies auch ein Dritter für ihn, und zwar nicht bloß als sein Bote, sondern als sein Stellvertreter tun, nämlich soweit er durch eine Willenserklärung des Berechtigten tatsächlich ermächtigt worden ist, so namentlich, wenn die Wahrnehmung der durch das Antragsvergehen verletzten Interessen, insbesondere die Vermögensverwaltung, dem Dritten übertragen worden ist (RGSt. in MarkschWettbew. 11, 434; 12, 563 im Bl. 13. 266). Infolgedessen, also nicht auf Grund des § 49 HGB., wird regelmäßig, wenn es sich um Verletzung eines Zeichens oder einer Firma handelt, der Prokurist und ebenso der Generalbevollmächtigte den Antrag stellen können (RGSt. 1, 387; 2, 145; 15, 144). Ein Strafantrag, den ein Prokurist oder dgl. gegen den Willen des Geschäftsherrn stellt, ist unwirksam (RG. in DJZ. 05, 124). Einen Generalagenten hat das Reichsgericht in einem besonderen Falle ohne Auftrag des Berechtigten zur Antragstellung nicht für ermächtigt erachtet (RGSt. 12, 327). Der gemäß § 23 Abs. 2 bestellte Vertreter ist kraft Gesetzes zur Stellung von Strafanträgen befugt. Die Frist von drei Monaten läuft aber nicht von seiner Kenntnis, sondern von dem Augenblick ab, wo der ausländische Zeicheninhaber die strafbare Handlung und den Täter weiß (RGSt. 36, 413 im Bl. 04, 368). Wird der Antrag von einem Vertreter ohne Vollmacht gestellt, so hat die nachträgliche Genehmigung keine rückwirkende Kraft (RGSt. 12, 327; 36, 413). Ein vor Begehen einer strafbaren Handlung gestellter Strafantrag ist regelmäßig nicht rechtswirksam (RGSt. 38, 39; 40, 319; 45, 128 im Bl. 13, 158). Der Antrag auf Zulassung als Nebenkläger ist als Strafantrag zu betrachten (RGSt. 38, 39; RGSt. in MarkschWettbew. 12, 94). Die Antragsberechtigung geht nicht auf die Erben über (RGSt. 11, 53), auch sind diese nicht zur Zurücknahme eines vom Erblasser gestellten Antrags befugt. Über das Nachschieben eines Antrages beim Vorhandensein mehrerer Berechtigter siehe RGSt. in GewRschutz 12, 190; 14, 91.

Bei einem fortgesetzten Vergehen läuft die Frist von der letzten Einzelhandlung (N. 24).

Zurücknahme des Antrags. **30.** Die Zurücknahme des Strafantrags ist zugelassen, um eine Übereinstimmung mit dem Patent- und dem Gebrauchsmustergesetz herzustellen (Motive S. 16). Damit ist das allgemeine Interesse an der Verhütung des Vergehens völlig in den Hintergrund gestellt.

Eine bedingte Zurücknahme des Antrags ist wirkungslos (RGSt. im Recht 8, 51). Wie weit der Bevollmächtigte zur Zurücknahme befugt ist, richtet sich nach den Umständen des Falles (RGSt. in MarkschWettbew. 12, 563). § 14 30 § 15 1

Nach § 3 Abs. 1 des Gesetzes über den Beitritt des Reichs zu dem Madrider Abkommen betr. die Unterdrückung falscher Herkunftsangaben auf Waren vom 21. März 1925 (siehe unten) sollen die beiden letzten Sätze des § 14 Abs. 2 fortfallen. Es bedarf also keines Antrages mehr.

§ 15.

Wer zum Zwecke der Täuschung in Handel und Verkehr Waren oder deren Verpackung oder Umhüllung, oder Ankündigungen, Preislisten, Geschäftsbriefe, Empfehlungen, Rechnungen oder dergleichen mit einer Ausstattung, welche innerhalb beteiligter Verkehrskreise als Kennzeichen gleichartiger Waren eines andern gilt, ohne dessen Genehmigung versieht, oder wer zu dem gleichen Zwecke derartig gekennzeichnete Waren in Verkehr bringt oder feilhält, ist dem Verletzten zur Entschädigung verpflichtet und wird mit Geldstrafe oder mit Gefängnis bis zu drei Monaten bestraft. Die Strafverfolgung tritt nur auf Antrag ein. Die Zurücknahme des Antrags ist zulässig.

1. Grund des Schutzes.
2. Voraussetzungen des Schutzes.
3. Das Recht der Ausstattung.
4. Ausstattung und Warenzeichen.
5. Verletzung des Rechts.
6. Das Vergehen des § 15.

1. Unter Ausstattung versteht man die besondere Art, in welcher ein Gewerbetreibender seine Waren, deren Umhüllung, seine Ankündigungen, Preislisten usw. ausstattet, damit der Abnehmer daran die Quelle, aus welcher die Ware stammt, erkennt. Die Ausstattung hat eine erhebliche wirtschaftliche Bedeutung. Zahlreiche Genußmittel (Tabak, Liköre, Zigarren, Schokoladen, Tee), viele Luxuswaren, namentlich Parfümerien, Mode- und Toilettenartikel, aber auch unentbehrliche Gegenstände des täglichen Verbrauchs (Butter, Käse, Honig, Zwirn, Nadeln, Seifen, Kerzen, Zündhölzer usw.) werden den Abnehmerkreisen in einer charakteristischen äußeren Darstellung geboten. Nicht minder suchen Gewerbetreibende ihren Preislisten, Fakturen, Geschäftswagen usw. ein eigenartiges charakteristisches Gepräge zu verleihen. Die Ausstattung braucht nicht gleichmäßig in ihren Formen und Farben zu sein. Sie muß nur in ihrer Gesamtheit einen einheitlichen Charakter tragen, um die Kennzeichnung für die Herkunft aus einem Betrieb zu bilden (Bücherreihe des Inselverlages: RG. in MarkschWettbew. 20, 33; in IndustrR. 21, 134). Es wird ferner in der Darstellung des eigentümlichen Gedankens, auf dem sog. Serienmarken beruhen (vgl. J. L. Seligsohn in MarkschWettbew. 22, 129), eine Ausstattung gemäß § 15 liegen. *Grund des Schutzes.*

Es widerspricht nun der Redlichkeit im Verkehr, wenn die charakteristische, in den Abnehmerkreisen bekannte und als Ursprungszeichen behandelte Art der äußeren Ausstattung, unter welcher ein bestimmtes Geschäft seine Waren

§ 15 1, 2 in den Verkehr zu bringen gewohnt ist, von einem anderen zu dem Zwecke benutzt wird, um mittels einer Täuschung des Publikums die Wertschätzung der eigenen Waren zu steigern. Der Betrugsparagraph des StGB. kann diesem Gebaren nicht genügend steuern, weil er zu seiner Anwendung u. a. eine eingetretene Vermögensschädigung voraussetzt, der Zeichenschutz genügt auch nicht, einmal weil der Begriff der Ausstattung weiter geht als der des Warenzeichens, sodann weil mancher Gewerbetreibende die Kosten für den Schutz eines Kennzeichens scheut. Deshalb hat das Gesetz für die Ausstattung einen eigenen straf- und zivilrechtlichen Schutz eingeführt (Motive S. 17). Im Grunde gehört diese Bestimmung nicht hierher, sondern in das Wettbewerbsgesetz, das ja dazu dient, zu verhindern, daß Dritte die Leistungen und Arbeitserfolge, die jemand erzielt hat, für sich ausbeuten, sich mit fremden Federn schmücken. Das Zeichen als formales Recht steht gerade der auf der freien Anerkennung des Verkehrs beruhenden Ausstattung gegenüber, die ohne Eintragung wirkt, wenngleich in der Wirklichkeit das oft gebrauchte Zeichen im Verkehr sich seine Anerkennung über die Eintragung hinaus erringt. Der § 15 ist der Vorläufer des § 1 UnlWG. gewesen. Auch hier ist die nicht seltene Erscheinung zu beobachten, daß eine Sonderbestimmung, der ein gesunder weiterreichender Gedanke zugrunde liegt, durch die spätere allgemeine Norm an ihrer Bedeutung verliert. Die Nachahmung der Ausstattung eines anderen wird stets gegen die guten Sitten verstoßen (Rosenthal N. 49ff. zu § 1). Sie dient zu Zwecken des Wettbewerbes und schädigt den Benutzer der Ausstattung. § 1 verlangt nicht wie § 15 WarenZG., daß zum Zwecke der Täuschung die Ausstattung nachgeahmt ist; seine Anwendung setzt nicht eine Anerkennung der Aufmachung wie § 15 voraus, sie wird schon eintreten können, wenn dem Nachahmer bewußt ist, daß der Verletzte seine Waren in erheblichem Umfange mit dieser Kennzeichnung versehen hat, denn schon in diesem Falle wird ein anständiger Konkurrent von der Benutzung einer irreführenden ähnlichen oder gleichen Kennzeichnung absehen (RG. 77, 431; RG. in GewRSchutz 16, 184; RG. in MarkschWettbew. 20, 33; KG. in MarkschWettbew. 16, 198). So wird der § 1 des Wettbewerbsgesetzes (und § 826 BGB.) in den Fällen des § 15 heute mehr und mehr in Betracht kommen. Der § 15 behält aber seine Bedeutung als Strafnorm und weil die auf seinem Boden erwachsene Rechtsprechung gute Fingerzeige für die Eindämmung des unlauteren Wettbewerbes gibt. Es ergibt sich hieraus, daß durch § 1 des Wettbewerbsgesetzes und § 826 BGB. die nicht eingetragenen Kennzeichnungen von Waren, Schlagworte und bildliche Bezeichnungen gegen Wiedergabe geschützt sind, wenn in ihnen eine Arbeitsleistung steckt, was in der Regel der Fall ist, selbst wenn sie nicht schutzfähig sind, sofern sie nur durch gleichförmige Übung sich durchzusetzen begonnen haben (RG. im Bl. 22, 29). Darum empfiehlt es sich, diese Paragraphen in jeder Klage wegen Zeichen- oder Ausstattungswiedergabe mit anzuziehen. Seltsamerweise hat das UnlWG. im § 16, wo es von Geschäftsabzeichen und ähnlichen Dingen handelt, die unzweifelhaft gerade dorthin gehörige Ausstattung von der Anwendung des § 16 ausdrücklich ausgeschlossen.

Voraussetzungen des Schutzes.

2. Die Voraussetzungen des Rechts der Ausstattung sind:

a) Ausstattung,

b) welche als Kennzeichen von Waren gilt,

c) innerhalb beteiligter Verkehrskreise.

Zu a. Die **Ausstattung** hat nicht immer bloß den Zweck, die Ware von gleichartigen zu unterscheiden, sondern soll sie vielfach auch schmücken und schützen. Entsprechendes gilt für die Ausstattung der Ankündigung u. dgl. (RG. in PA. 06, 613; RGSt. 35, 180 im Bl. 02, 200). Auch hier ist ihr Hauptzweck, den Gegenstand zu zieren und ihm ein im Verkehr auffallend hervortretendes Äußere zu gewähren. Alles, was zu diesen Zwecken dienen kann, Verzierung, Etikettierung, Aufmachung, gehört zur Ausstattung. Es fällt demnach unter ihren Begriff sowohl jedes Kennzeichen, welches die Eigenschaft eines Warenzeichens hat (N. 10 zu § 1), als auch darüber hinaus die besondere Gestaltung, eigentümliche Form oder Farbe der Ware, der Umhüllung, der Ankündigung (z. B. Kugelform, einer Seife oder einer Likörflasche, eigentümliche Färbung einer Preisliste, besonderes Format oder auffallende Verzierung eines Geschäftswagens, charakteristische Verschnürung einer bestimmten Ware, eigentümlicher Verschluß einer Flasche, die sich in verschiedenen Darstellungen gleichmäßig zeigende, auf einheitlichem Gedanken beruhende Anordnung (Inselbücher: RG. in MarkschWettbew. 20, 33; in IndustrR. 21, 134). Ein Zeichen kann sowohl vor seiner Eintragung als nach seiner Löschung als Ausstattung Schutz genießen. Es ist auch möglich, daß man ihm ohne Rücksicht auf seine Eintragung wegen der tatsächlichen Anerkennung auf Grund umfangreicher Benutzung für das Ganze oder für wesentliche Teile den Schutz aus § 15 zubilligt. **Eigenartigkeit** oder **Neuheit** ist nicht notwendige Bedingung der Ausstattung, sie erleichtert nur ihre Einführung bei den Abnehmern (RG. in MarkschWettbew. 16, 245). § 15 2

Die Ausstattung ist stets **äußere Zutat** zu der Ware, ein Kennzeichen äußerer Art (RG. 40, 65 im Bl. 97, 267; 54, 173 im Bl. 03, 286; RG. 69, 37 im Bl. 08, 277). Bei Ankündigungen, Preislisten, Geschäftsbriefen oder dergleichen ist sie ebenfalls äußere Zutat, also die Gestaltungsart ihrer äußeren Erscheinung oder die Beigabe irgendwelcher sichtbaren Merkmale (RGSt. 35, 180 im Bl. 02, 200). Auch eine Zeitschrift, wie die Woche, kann eine Ausstattung an sich tragen, obgleich eine Druckschrift den Titel nicht als Zeichen geschützt erhält (RG. in MarkschWettbew. 7, 141). Daß Name oder Firma, die an hervorragender Stelle in einer Ankündigung oder einer geschäftlichen Kundgebung vorkommen, als Ausstattung angesehen werden können, verneint LG. Hannover in IndustrR. 16, 88 mit Unrecht. Daß sie dem Namen- oder Firmenschutz zugänglich sind, schließt § 15 nicht aus, sobald sie durch ihre Verwendung im Verkehr Eindruck gemacht haben.

Die **Gestaltung zu technischen Zwecken** ist nicht äußeres Kennzeichen, sie wird nicht als Ausstattung betrachtet werden können. Namentlich ist dies ausgeschlossen, wenn sie früher durch Patent oder Musterschutz gegen Nachahmung gesichert war, aber nachträglich gemeinfrei geworden ist. Sonst würde man unter dem Schilde der Ausstattung eine Verlängerung des Schutzes erreichen können. Nicht die zur Anwendung eines technischen Elements notwendige und den Zwecken der Ware entsprechende, angemessene Aufmachung fällt unter § 15, sondern nur die besondere, durch die Verwertung des technischen Elements nicht bedingte, nicht notwendige und nicht angemessene Art der Aufmachung; also ihre besondere Kennzeichnung durch Farbe, Aufdruck usw., wie die Flasche mit eigenartiger Ausbauchung, die Sternkarte mit besonderer Bewickelung, großer innerer Kreisfläche, eigenartiger Etikette (RG. 40, 65 im Bl. 97, 267; RG. 54, 173 im Bl. 03, 286; RG.

§ 15 69, 31 im Bl. 08, 277; RG. in JW. 10, 485; RG. in GewRschutz 24, 46;
2 *Kohler* S. 175). Ob die Gestaltung zu technischen Zwecken verwendet worden ist, ist nicht nach der Absicht, die ihr ursprünglich zugrunde lag, zu entscheiden, sondern danach, welchem Ziele die Gestaltung in Wirklichkeit dient (RG. 100, 250 im Bl. 21, 16; KG. in MarkschWettbew. 16, 198). Eine besonders ästhetisch wirkende Gestaltung mit geschmackvollen *Verzierungen* steht dem Schutz aus § 15 nicht im Wege, weil die gefällige Form gerade für die Ausstattung bedeutsam ist. Sobald aber eine Gestaltung beiden Zwecken dient, ist der § 15 wegen des technischen Gehalts der Form nicht anwendbar (RG. a. a. O.). Ist der hiernach erforderliche technische Sonderschutz durch Patent oder Gebrauchsmuster nicht erwirkt, so kann er auf dem Umwege des § 826 BGB. nicht herbeigeführt werden, es sei denn, daß besondere Umstände, z. B. die völlige Nachbildung der fremden Leistung auch im einzelnen, eine Sittenwidrigkeit ergeben (KG. in MarkschWettbew. 16, 197; in GewRschutz 17, 192 mit Anmerkung von *Osterrieth*; OLG. Dresden in MarkschWettbew. 24, 45; KG. in GewRschutz 25, 40; dagegen *Benjamin* in GewRschutz 25, 36; siehe aber *Rosenthal* in MarkschWettbew. 19, 91). Aus den gleichen Gründen wird ein *Kunstwerk* oder ein *Muster* als solches nicht durch § 15 Schutz genießen können, denn wenn auch Verzierungen und hübsches Äußere zur Ausstattung gehören können, so ist das doch immer nur Zutat, und es kann nicht die schöne Form als solche entgegen den für Kunstschutz und Musterschutz vorgesehenen Sonderbestimmungen unter § 15 gebracht werden.

Da die Geltung der Ausstattung auf ihrer Anerkennung als Unterscheidungsmittel im Verkehr beruht, so hielt es der Gesetzgeber nicht für erforderlich, für die Ausstattung ebenso Grenzen zu ziehen, wie er dies im § 4 Nr. 1 und 2 für das Warenzeichen getan hat. Diese *Ausschließungsgründe des § 4 leiden daher keine analoge Anwendung* auf den Schutz der Ausstattung. Was der Verkehr ohne Eintragung als Unterscheidungsmerkmal ansieht, muß geschützt werden, selbst wenn es nicht eingetragen werden kann, weil es etwa die Beschaffenheit der Ware oder ihren Herkunftsort angibt, oder ein öffentliches Wappen enthält (RG. in JW. 02, 33; RG. im Bl. 01, 152; RGSt. 34, 26). Es ist nicht notwendig, daß die Ausstattung charakteristische Merkmale enthält, sondern nur, daß sie *als Ganzes charakteristisch* ist, nämlich innerhalb beteiligter Kreise als Kennzeichen gilt (RG. im Bl. 04, 308). Fehlt es der Aufmachung an Individualität, ist sie jedermann zugänglich, so kann sie nicht als Ausstattung im Sinne von § 15 gelten (RG. 71, 384 im Bl. 10, 149; OLG. Dresden im Bl. 16, 131 in MarkschWettbew. 15, 390). Wenn aber eine Ausstattung als Ganzes unter § 4 Abs. 1 und 2 fallen würde, so wird man besonders streng prüfen, ob die beteiligten Kreise die Ausstattung als Erkennungsmerkmal ansehen. Diese Bestimmungen des § 4 bilden ja nur den Niederschlag der üblichen Verkehrsanschauungen über die Unterscheidungskraft von Warenbezeichnungen.

Können *einzelne Worte, Buchstaben, Zahlen* als eine Ausstattung angesehen werden? Wenn es dem Benutzenden gelingt, sie durch dauernde Verwendung zu einem deutlichen Hinweis auf seine Herkunftsstätte zu machen, so wird man auch sie dem § 15 unterstellen. Worte usw., die nicht besonders aus der sonstigen Ausstattung durch ihre Darstellung, Farbe oder andere Mittel hervortreten, werden dagegen nicht leicht für sich als Ausstattung in Betracht kommen können (RG. in JW. 97, 249; im Bl. 97, 131; RG. im Bl.

04, 308; RGSt. 38, 435 im Bl. 06, 335; RG. im Bl. 09, 190; RG. im Bl. § 15
09, 319; in MarkschWettbew. 9, 88). Solche Worte usw., die als sichtbare 2
Merkmale, z. B. als Aufschrift, Schlagwort, in die Augen fallen, werden sich eher als eigentümlicher Hinweis auf eine bestimmte Warenquelle Anerkennung erringen können (RGSt. im Bl. 00, 86; RGSt. 35, 180 im Bl. 02, 200; RG. in JW. 01, 808; 02, 33; Osterrieth S. 381). Unrichtig aber ist es, daß ein bloßes Wort nur dann nach § 15 geschützt werden kann, wenn es in besonderer Weise gestaltet ist (so RG. im Bl. 09, 319; in MarkschWettbew. 9, 58). Ein Schlagwort wird vielmehr häufig als Ausstattung anzusehen sein (RG. in MarkschWettbew. 12, 348 hinsichtlich non plus ultra). Daß auch Name oder Firma, wenn sie eingeführte Schlagworte sind, aus § 15 geschützt werden können, wird nicht zu bezweifeln sein (a. M. LG. Hannover in IndustrR. 16, 88, s. oben).

In den Fällen, wo die Ausstattung dezeptiv wirkt oder Ärgernis erregt (§ 4 Nr. 3), wird man den § 15 nicht anwenden. Hier greift der allgemeine Grundsatz durch, daß die Gerichte für täuschende oder unsittliche Veranstaltungen keinen Schutz gewähren dürfen (Osterrieth S. 383).

Zu b. Die Ausstattung muß das Kennzeichen von Waren sein. Das Gesetz will also nicht jede Ausstattung schlechtweg schützen, sondern nur diejenige, welche auf die Herkunft von Waren hinweist. Es gehört also zwar die charakteristische Ausstattung des Geschäftswagens eines Zigarren- oder Konfektionsgeschäfts, aber nicht die eines Hotelwagens oder der Fuhrwerke einer Omnibusgesellschaft oder eines Arztes hierher, ebenso zwar die eigentümlich gestalteten Preislisten einer Weinhandlung, aber nicht eines Auskunftsbureaus. Das Zeichen, das das Geschäft als Ganzes treffen soll, z. B. das Wirtshauswappen, kann ebensowenig als Ausstattung aufgefaßt werden (Kent S. 433). Zeitungen, Zeitschriften, Bücher sind für den Verleger Waren (N. 7, 11 zu § 1), so daß auch ihre Ausstattung den Schutz des § 15 genießen kann (RGSt. in MarkschWettbew. 7, 141). Für den Titel einer Druckschrift gewährt § 16 UnlWG. Schutz.

Zu c. Die beteiligten Verkehrskreise, innerhalb welcher die Ausstattung als Kennzeichen gelten muß, sind die Zwischenhändler, die Kleinhändler und die Verbraucher der betreffenden Ware, aber nicht die Konkurrenten des Ausstattenden (RG. in MarkschWettbew. 13, 22; Kent S. 434; Allfeld S. 617). Die Ausstattung braucht nicht von allen beteiligten Verkehrskreisen als Kennzeichen angesehen zu werden, es genügt, wenn dies nur bei den Händlern oder nur bei den Verbrauchern oder auch nur bei einem erheblicheren Teile derselben, z. B. bei denen einer bestimmten Gegend, der Fall ist. Aus diesem Grunde sind die Worte des ersten Entwurfs „in den beteiligten Verkehrskreisen" ersetzt durch „innerhalb beteiligter Verkehrskreise" (KommB. S. 7). Auch die unmittelbaren Abnehmer eines Geschäftsmannes bilden einen an dem Umsatze seiner Waren beteiligten Verkehrskreis (RGSt. 32, 149 im Bl. 03, 14; RGSt. im Bl. 00, 88; RG. in JW. 00, 896; RGSt. 38, 435 im Bl. 06, 338). Nur darf der Kreis der Beteiligten, in dem die Ausstattung anerkannt ist, nicht so unerheblich sein, daß er für den Verkehr überhaupt nicht mitspricht. Ob die Kreise dem Inlande oder Auslande angehören, ist gleich (vgl. N. 5 zu § 4; RGSt. im Bl. 96, 370; RG. in MarkschWettbew. 14, 334).

Man wird in der Regel davon ausgehen, daß eine Ausstattung erst durch einen längeren Gebrauch sich als Kennzeichen eines bestimmten

§ 15 Gewerbetreibenden einbürgert. Bei lebhafter Reklame kann auch schon
2 kürzere Zeit für die Begründung einer schutzfähigen Ausstattung genügen (RGSt. im Bl. 05, 270; RG. 77, 431). Vorher kann die Ausstattung zwar nicht auf Grund von § 15, wohl aber auf Grund von § 1 UnlWG., § 826 BGB. gegen Nachahmung geschützt sein (s. N. 1 und RG. in MarkschWettbew. 13, 25; 14, S. 180 und 303); sie kann ferner als Faktor für den Gesamteindruck eines Warenzeichens an dem Schutze des letzteren teilnehmen (N. 2 zu § 20). Ist eine Ausstattung einmal eingeführt und in weiteren Kreisen bekannt, so hat sie eine gewisse Kraft. Mißbräuchliche Nachahmung kann ihr den Schutz nicht rauben, selbst wenn sie in erheblichem Maße stattfindet und vor 1894 eingesetzt hat, sofern das beteiligte Publikum noch die Ausstattung des ersten Einführers als solche kennt (RG. im Bl. 98, 220; RGSt. im Bl. 06, 337; in JW. 06, 613; RG. in MarkschWettbew. 10, 284; RG. 79, 292 im Bl. 12, 293; in IndustrR. 12, 151; in GewRschutz 24, 46). Läßt der Inhaber der Ausstattung sie in Vergessenheit geraten und namentlich längere Zeit eine große Zahl von Wettbewerbern sie ungehindert benutzen, so büßt sie ihre Eigenschaft als Kennzeichen ein und der Ausstattungsschutz geht verloren (RG. 79, 292 im Bl. 12, 293; in IndustrR. 12, 151). Maßgebend für die Beurteilung, ob noch ein ausreichender Besitzstand besteht, ist der Zeitpunkt der letzten mündlichen Verhandlung (RG. in GewRschutz 24, 46). Um unlauteren Machenschaften nach Möglichkeit entgegenzutreten, ist an die Beweisführung in solchen Fällen ein strenger Maßstab anzulegen (RG. 79, 292 im Bl. 12, 293; RG. in GewRschutz 24, 46). Andererseits kann auch eine ursprünglich widerrechtliche Nachahmung fremder Ausstattung bei fortdauernder Benutzung den Schutz des § 15 erlangen, wenn die originale Ausstattung aus dem Verkehr verschwunden ist (OLG. Karlsruhe in DJZ. 00, 444).

Nicht notwendig ist es, daß der Berechtigte seine Ausstattung bewußt zum Kennzeichen seiner Waren, Ankündigungen oder dgl. bestimmt hat (RG. 100, 250 im Bl. 21, 16). Es genügt, wenn das Publikum in ihr infolge längeren Gebrauchs ein Kennzeichen der Ware, einen Hinweis auf eine gewisse, wenn auch nicht genauer bekannte Warenquelle erblickt, gleichviel ob es den Ausstattenden kennt oder nicht (RGSt. 32, 149 im Bl. 03, 14; RGSt. 38, 435 im Bl. 06, 335; RGSt. 43, 255; RG. in GewRschutz 11, 318). Die Tatsache allein, daß das Publikum die Ausstattung für das Kennzeichen der Waren eines bestimmten Gewerbetreibenden hält, reicht zur Anwendung des § 15 nicht aus; es muß noch dazu kommen, daß dieser Gewerbetreibende auch wirklich seit längerer Zeit sich der Ausstattung bedient (RGSt. 29, 249 im Bl. 97, 108; RG. 85, 30 im Bl. 14, 281). Jemand kann mehrere Ausstattungen nebeneinander verwenden. Und selbst wenn er von einer Ausstattung zu einer anderen übergeht und dies bekannt macht, genießt er für die bisher gebrauchte und im Verkehr noch anerkannte Ausstattung weiterhin eine Zeitlang Schutz, namentlich hinsichtlich der noch im Handel befindlichen Waren (RGSt. 31, 28 im Bl. 98, 78; RGSt. im Bl. 97, 199; RG. 85, 30 im Bl. 14, 281; dagegen Salinger in MarkschWettbew. 14, 384).

Wenn eine Ware, Verpackung, Ankündigung usw. durch mehrere Merkmale gekennzeichnet ist, so hängt es von der Auffassung der beteiligten Verkehrskreise ab, ob die einzelnen Teile gesondert betrachtet werden oder ob sie nur in ihrer Gesamtheit als Ausstattung erscheinen (OLG. Karlsruhe in DJZ. 00, 444; RG. in MarkschWettbew. 11, 82). Für die Meinung des

Publikums wird die Art der Anbringung der einzelnen Teile von Bedeutung sein. Es wird geneigt sein, ein besonders hervortretendes und sich von selbst dem Auge darbietendes Merkmal als eine besondere Ausstattung anzusehen (RG. in JW. 01, 808). Umfaßt die Ausstattung die Gesamtheit der Aufmachung, so kommt es nicht darauf an, ob die Einzelheiten früher von anderen benutzt sind oder ob die Teile gemeingebräuchlich sind. Die besondere Zusammenstellung kann nichtsdestoweniger im ganzen geschützt sein (OLG. Hamburg in GewRschutz 98, 151; OLG. Karlsruhe in DJZ. 00, 444; RG. in MarkschWettbew. 11, 82). § 15 2, 3

3. Das Recht der Ausstattung (Rosenthal in GewRschutz 19, 107; Salinger in MarkschWettbew. 12, 23; Kohler S. 174; Dunkhase in MarkschWettbew. 15, 183; Osterrieth S. 375) ist ein dem Zeichenrecht analoges Recht. Es fließt ebenfalls aus dem Recht der Persönlichkeit und will auch der Verwechselung der von einem bestimmten Gewerbetreibenden in den Verkehr gebrachten Waren mit denen anderer vorbeugen (N. 3 zu § 12). Das Recht der Ausstattung.

Der Inhalt des Rechts entspricht gleichfalls dem Zeichenrecht. Derjenige, dessen Ausstattung den Voraussetzungen der N. 2 entspricht, ist ausschließlich befugt, diejenigen Waren, als deren Kennzeichen seine Ausstattung gilt, oder deren Verpackung oder Umhüllung oder Ankündigungen, Preislisten, Geschäftsbriefe, Empfehlungen, Rechnungen oder dgl. mit der Ausstattung zu versehen und die so gekennzeichneten Waren in Verkehr zu bringen oder feilzuhalten. Das Recht erstreckt sich auch auf gleichartige Waren (N. 3a zu § 5). Es findet seine Schranke in der Vorschrift des § 13 (a. M. Rhenius S. 143). Über das Verhältnis der Ausstattung zum unlauteren Wettbewerb s. N. 1.

Der Umfang des Rechts deckt sich insofern mit seinen Voraussetzungen, als es nur bezüglich derjenigen Interessentenkreise wirkt, von welchen die Ausstattung als Kennzeichen angesehen wird (N. 2 zu c; ebenso Kent S. 434; Allfeld S. 617). Ist z. B. die Ausstattung eines Hamburger Kaufmanns, welcher Waren nach China ausführt, nur in diesem Lande als Kennzeichen der Waren bekannt, so ist das Recht jenes Kaufmanns territorial auf China beschränkt (vgl. RGSt. 38, 435 im Bl. 06, 335 hinsichtlich Südafrika). Er kann niemand hindern, für den Export nach Amerika oder für den innerdeutschen Vertrieb dieselbe Ausstattung auch bei gleichartigen Waren anzuwenden. Dies ergibt sich daraus, daß die gesetzliche Bestimmung die Geltung der Ausstattung gerade von ihrer tatsächlichen Anerkennung in den beteiligten Verkehrskreisen abhängig macht und daß sie die Täuschung im Handel und Verkehr verhindern will; die Gefahr einer solchen ist aber ausgeschlossen, wenn die neue Ausstattung für Kreise bestimmt ist, denen die Hindeutung der alten auf einen bestimmten Gewerbetreibenden unbekannt ist. Eine Büffelmarke, die eine deutsche Firma fortgesetzt benutzt hat, kann deshalb in Mexiko nur als Kennzeichen der Händlerfirma gelten, die dort die Waren vertreibt (RG. in MarkschWettbew. 14, 334; dagegen Dunkhase in MarkschWettbew. 16, 186, der mit Recht darauf aufmerksam macht, daß die Händlerfirma nach dem Tatbestand gar keine eigene Ausstattung benutzt hat, sondern lediglich die des Herstellers weiter vertrieben hat). Übrigens ist auch zu berücksichtigen, daß die Waren selten nur in einem lokal begrenzten Teile verbreitet werden und daß also nicht nur der erste Abnehmerkreis für die Bildung des Ausstattungsrechts eine Rolle spielt. Die Waren wandern, sie können mit ihrer typischen Erscheinungsform auch anderswo Geltung der Ausstattung im

§ 15 Verkehr herbeiführen (RGSt. im Bl. 16, 84 in JW. 15, 50). Jedenfalls 3 aber ist es möglich, daß das Recht auf dieselbe Ausstattung für dieselben Waren mehreren Gewerbetreibenden zustehen kann: dem A für Süddeutschland, dem B für Ost- und Westpreußen, dem C für Ostasien usw. Wenn C seine mit der Ausstattung versehenen Waren in Süddeutschland in Verkehr bringen wollte, würde er gegen das Recht des A verstoßen, ebenso würde ein Dritter, welcher dies tut, nur das Recht des A, nicht das des B und C verletzen. Ausgeschlossen ist es, daß mehreren das Recht bezüglich derselben Interessentenkreise zusteht. Theoretisch wäre es denkbar, daß eine Ausstattung bei den Händlern einer Gegend auf A hinweist, während sie bei den Konsumenten derselben Gegend als Kennzeichen der Waren des B bekannt ist; in der Praxis wird dies aber kaum vorkommen (a. M. Kent S. 435; Allfeld S. 620).

Das Recht geht auf die Erben über und kann durch Vertrag oder durch Verfügung von Todes wegen auf andere übertragen werden; es kann jedoch nur zusammen mit dem Geschäftsbetriebe auf einen anderen übergehen. Wird nur ein Teilbetrieb veräußert, so geht mit ihm das Recht nicht über (RGSt. 43, 170 im Bl. 10, 204). Diese Grundsätze des § 7 müssen bei der Gleichartigkeit der Rechte auch hier gelten; vgl. bezüglich ihrer N. 3—6 zu § 7. Bestritten ist es, ob der Ausstattungsberechtigte eine Lizenz gewähren kann (dagegen: RG. 85, 30 im Bl. 14, 281; Eyck in MarkschWettbew. 14, 40: dafür: Salinger in MarkschWettbew. 14, 384; Rosenthal in GewRschutz 19, 107). Nach den oben in N. 7 zu § 7 entwickelten Grundsätzen wird man einen Lizenzvertrag bei der Ausstattung nicht zulassen, weil das Publikum auf dessen Meinung gerade die Ausstattungsrechte zurückzuführen sind, durch die Verwendung der gleichen Ausstattung seitens eines Dritten getäuscht wird. Der Berechtigte wird gut tun, die Benutzung seiner Ausstattung anderen nur in beschränkten Grenzen zu gestatten. Er läuft sonst auch noch Gefahr, daß das Publikum in der Ausstattung, die ihm von verschiedenen Seiten dargeboten wird, nicht mehr das Kennzeichen eines bestimmten Betriebes erblickt.

Das Reichsgericht leugnet ein besonderes Recht der Ausstattung, ihm ist § 15 nur eine Verbotsbestimmung, die Ausstattung kein besonderes Genußgut (RG. 47, 100 im Bl. 01, 222; RG. 73, 253 in MarkschWettbew. 9, 388; RG. 85, 30 im Bl. 14, 281). Allein im Gewand der Verbotsnorm kommt nicht selten ein schutzwürdiges Recht zur Anerkennung. Daß die Ausstattung ein Gut ist, das für seinen Inhaber von hohem Werte ist, lehrt die tägliche Erfahrung; man kann sogar sagen, daß die Anerkennung des Verkehrs eine weit bessere Begründung des Schutzes ist, als die bloße Eintragung eines Zeichens, so daß die Ausstattung um so mehr nicht als bloßer Besitzstand, sondern als ein Recht zu bewerten ist. Im Auslande bildet das, im Verkehr bekannte Zeichen das eigentliche Zeichenrecht und überragt an Bedeutung die eingetragene Marke. Ebenso wird auch bei uns in allen Freizeichenstreitigkeiten unbefangen von dem Individual„recht" des Zeicheninhabers vor der Eintragung auf Grund der Benutzung des Zeichens und seiner Anerkennung im Verkehr gesprochen (RG. 3, 77; 24, 74; vgl. ferner § 9 Abs. 2). Wenn § 15 die Entschädigung des Verletzten in den Vordergrund stellt, für die Bestrafung einen Antrag fordert und anerkennt, daß durch Genehmigung die Nachahmung der Ausstattung erlaubt wird, so ist damit der privatrechtliche Grund der Bestimmung deutlich zum Ausdruck gebracht. Indem das Reichsgericht bei täuschender Verletzung der Ausstattung eine zivilrechtliche Unterlassungsklage gewährt, kommt auch bei ihm die gleiche Auffassung zum Durchbruch (JW. 98 S. 367 und 515, im Bl. 98, 220). Gegen das Reichsgericht erklären sich: Salinger in MarkschWettbew. 12, 23; Finger in MarkschWettbew. 18, 90; Rosenthal in GewRschutz 19, 107 und N. 74 zu § 1; Kohler S. 175 und in UnlWettbew. S. 135; Osterrieth S. 377, 384; Rietzold in GewRschutz 25, 1; Ephraim in MarkschWettbew. 5, 55; Kent S. 445, Gierke Deutsches Privatrecht I S. 746 Anm. 106, Dernburg Das bürgerliche Recht des Deutschen Reichs I S. 311 Anm. 15; für dasselbe: Allfeld S. 614, Schmid S. 99, Rhenius S. 141. In der Entscheidung des RG. in MarkschWettbew. 20, 33, in IndustrieR. 21, 134 betr. die Inselbücher wird die Frage ausdrücklich offen gelassen. Mit Recht weist J. L. Seligsohn in MarkschWettbew. 22, 129 auf die „vorbeugende Unterlassungsklage" hin, deren Voraussetzungen hier stets vorliegen (RGRäte BGB. Vorbem. 6 III vor § 823). Unzutreffend ist auch die Meinung, als werde nur ein besitzähnliches Verhältnis in der Ausstattung geschützt (Kent S. 431). Es handelt sich nicht um etwas Tatsächliches, sondern um ein Recht. Die der Ausstattung gewährten Rechtsmittel sind nicht possessorisch. Daß eine Feststellungsklage aus § 256 ZPO. wegen der Ausstattung auch vom Standpunkt des RG. aus zulässig sein kann, wenn der Inhaber der Ausstattung gegen einen beabsichtigten Gebrauch derselben Verwahrung eingelegt hat, darüber vgl. RG. im Bl. 06, 148. Nach dem oben Ausgeführten handelt es sich hier immer um ein „Rechtsverhältnis", während das RG. hierzu erst besondere Darlegungen machen muß. § 15 3, 4

4. Schon oben (N. 10 zu § 1) ist darauf hingewiesen, daß Ausstattung der allgemeinere Begriff ist, welcher den engeren des Warenzeichens einschließt, und daß deshalb ein Zeichen, welches nicht eingetragen ist, als Ausstattung Schutz genießen kann. Dies trifft insbesondere auch dann zu, wenn ein Gewerbetreibender im Verkehr sein Zeichen in einer von der Eintragung abweichenden Form gebraucht; die tatsächlich benutzte Form kann zwar nicht als Zeichen, wohl aber als Ausstattung Schutz finden (N. 13 zu § 12, N. 2 zu § 14). Das eingetragene Zeichen für sich allein kann auch unter dem Gesichtspunkt der Ausstattung gegen Nachahmung geschützt werden, was namentlich dann von Bedeutung sein wird, wenn der Verletzer die Eintragung nicht gekannt hat (RGSt. im Bl. 97, 217). **Ausstattung und Warenzeichen.**

Über das Verhältnis von Ausstattung und Zeichen (PA. im Bl. 07, 163; 14, 325; Finger in MarkschWettbew. 6, 168) sei noch folgendes erwähnt:

a) Das Zeichen dient nur zur Unterscheidung der Ware und wird willkürlich gewählt. Die Ausstattung dagegen kann noch andere Zwecke haben, insbesondere die Ware zu schützen und zu schmücken, infolgedessen sind für ihre Gestaltung nicht allein die Willkür, sondern vor allem die Art und die Verpackung der Ware maßgebend (siehe aber N. 2a). Gewisse Kennzeichnungen wie die Farbe eines Etiketts, die Form der Ware oder der Verpackung ihre Größenverhältnisse können gar nicht durch ein Zeichen geschützt werden (Bl. 14, 325, RG. im Bl. 12, 267 in MarkschWettbew. 11, 532).

b) Da infolgedessen häufig mehrere Gewerbetreibende aus Zweckmäßigkeitsgründen auf dieselbe Art der Ausstattung verfallen können, so erachtete das Gesetz es für unbillig, jede Form der Aufmachung, Verpackung oder Verzierung, welche ein Gewerbetreibender für die von ihm in den Verkehr

§ 15 gebrachten Waren benutzt, ihm sofort zu monopolisieren. Vielmehr erschien
4 ein Rechtsschutz erst dann angebracht, wenn sich bei dem kaufenden Publikum mit der Länge der Zeit die Ansicht herausgebildet hat, daß diese Form ein Kennzeichen der Waren eines bestimmten Gewerbetreibenden sei. Aus diesem Grunde hat das Gesetz den Schutz der Ausstattung im Gegensatz zum Zeichen weder von einer amtlichen Eintragung abhängig gemacht, noch durch eine solche entstehen lassen (Motive S. 17). Der längere Besitzstand und die durch ihn hervorgerufene Anschauung des Verkehrs sind das Ersatzmittel der Eintragung.

c) Der Schutz des Zeichens ist durchgreifender. Die Strafsätze des § 15 sind niedriger als die des § 14; außerdem verlangt der § 15 im Gegensatz zu § 14 noch die Täuschungsabsicht und läßt ohne solche nicht einmal die zivilrechtliche Entschädigungspflicht eintreten.

d) Das Geltungsgebiet des Zeichenschutzes erstreckt sich über ganz Deutschland und noch über dessen Grenzen hinaus, das der Ausstattung kann territorial beschränkt sein.

e) Wer ein Zeichen für sich eintragen läßt, verhindert dadurch alle anderen, sich desselben ferner zu bedienen, er kann aber von diesem Zeichenrechte demjenigen gegenüber keinen Gebrauch machen, der das Zeichen vorher im Verkehr als seine Ausstattung bekannt gemacht hatte. Vielmehr kann dieser auf Grund seines Rechtes an der Ausstattung, in das durch die Zeicheneintragung eingegriffen wird, Löschung des Zeichens verlangen. Das Gegenteil wurde früher vom Reichsgericht ständig angenommen (RG. 44, 13 im Bl. 99, 152). In neuerer Zeit wird an der Hand von § 1 UnlWG. § 826 BGB. für den Regelfall, daß die Aufmachung dem Anmelder des Zeichens in ihrer Bedeutung bekannt ist, die Löschungsklage für begründet erachtet (N. 1 zu § 9; RG. 66, 236 im Bl. 11, 244; RG. 106, 250 im Bl. 23, 156 und die andern dort angeführten Entscheidungen; N. 2 zu § 12; Salinger in MarkSchWettbew. 12, 23 und in GewRSchutz 13, 343; Rosenthal in GewRSchutz 19, 107). In gleicher Weise ist dann auch ein Einwand gegenüber den Ansprüchen aus dem Zeichenrecht wegen des unlauteren Wettbewerbes gegeben, aus dem sie hervorgehen. Man wird aber mit Salinger und Rosenthal weiter annehmen können, daß das Ausstattungsrecht allein ausreicht, um die Löschung herbeizuführen, selbst wenn es nur objektiv, also nicht in unlauterer Weise durch die Eintragung des Zeichens verletzt würde. Soweit ist die Rechtsprechung des RG. noch nicht gegangen, weil es die Ausstattung noch immer nicht als ein Recht anerkennt (RG. 106, 250 im Bl. 23, 156). Eine Mittelmeinung vertritt OLG. Köln in GewRSchutz 08 S. 181, wonach die Ausstattung einem mit ihr übereinstimmenden Warenzeichen vorgeht, das nicht benutzt wird und als Defensivzeichen dient. Zu dieser Unterscheidung der Zeichen besteht kein Grund und sie ist auch nach dem Vorstehenden nicht erforderlich.

Zeichen und Ausstattung stehen als gleichwertige Rechte einander gegenüber. Daraus folgt, daß sich gegenüber einem eingetragenen Zeichen keine neue schutzfähige Ausstattung herausbilden kann, sie wäre ebenso rechtswidrig, wie das Zeichen, das nach Schaffung eines Ausstattungsrechts eingetragen wird (Kohler S. 175). Daß eine früher im Verkehr anerkannte Ausstattung einer zeitlich späteren vorgeht, sofern sich ihr Bereich deckt, ergibt sich gleichfalls aus dem Charakter des Rechts (Kohler UnlW. S. 135, Osterrieth S. 386).

Jemand, der eine fremde Ausstattung nachahmt, kann sich auch nicht darauf berufen, daß er bei seiner Ausstattung ein für ihn eingetragenes Zeichen verwendet (RGSt. 29, 159, im Bl. 96, 370). Es kann sogar die gleichartige Verwendung eines Zeichens im Rahmen der Ausstattung die Übereinstimmung der Ausstattungen leicht verstärken (RGSt. im Bl. 97, 220). Schließlich haben findige Nachahmer versucht, die Ausstattung dadurch ihrer Kraft zu berauben, daß sie eine Abbildung z. B. der geschützten, körperlichen Flaschen in ihrer Gesamterscheinung zur Eintragung brachten. Das ist ebenso unzulässig, wie gegenüber der Ausstattung unwirksam (RGSt. 34, 275 im Bl. 01, 251, N. 10 zu § 1). Das Flaschenbild muß wegen seiner Nachbildung der Aufmachung gelöscht werden (vgl. RG. im Bl. 00, 292). § 15 4, 5

f) Bei der Verfolgung einer Kennzeichnung können Zeichen- und Ausstattungsschutz nebeneinander geltend gemacht werden, wenn sie gleichzeitig bestehen. Das Zeichenrecht schließt das Ausstattungsrecht nicht etwa in sich ein, ebensowenig wie durch Zeichen und Ausstattung die Anwendung von § 826 BGB., § 1 des Wettbewerbsgesetzes verhindert wird (RGSt. 35, 89 im Bl. 02, 199; RGSt. 48, 149 im Bl. 14, 146; RGSt. in MarkSchWettbew. 14, 140; RG. in GewRSchutz 12, 68).

5. Die **Verletzung** des Rechts kann ebenso wie beim Zeichenrecht in zwiefacher Form erfolgen, einmal dadurch, daß man Waren, Umhüllung (N. 6 zu § 12), Ankündigungen usw. (N. 7 zu § 12), mit der Ausstattung eines anderen versieht (N. 8 zu § 12) — auf sklavische Nachahmung kommt es nicht an: § 20 —, zweitens, daß man so gekennzeichnete Waren in den Verkehr bringt (N. 9 zu § 12; RGSt. 35, 89 im Bl. 02, 199; RGSt. 48, 143 im Bl. 14, 240). Ob der Täter die Ausstattung nachahmt oder ob er durch Loslösung der echten Ausstattung von der Originalware und ihre Verbindung mit einer anderen die Täuschung begehen will, ist unerheblich; vgl. N. 13 zu § 12. Verletzung des Rechts.

Das Versehen oder Inverkehrbringen muß **objektiv rechtswidrig** sein; das Gesetz drückt dies durch die Worte „ohne Genehmigung" aus. Dies ist dann nicht der Fall, wenn es der Berechtigte dem Täter gestattet hatte; eine Form für die **Genehmigung**, welche sowohl vorher wie nachher erfolgen kann, ist nicht vorgeschrieben. Bei der zweiten Alternative, dem Inverkehrbringen, liegt die Verletzung schon vor, wenn zur Zeit dieser Handlung die Genehmigung fehlt. Hatte also A mit Genehmigung des Berechtigten B Waren mit der Ausstattung versehen, so darf er, wenn B seine Genehmigung in zulässiger Weise zurückzieht, die Waren nicht in Verkehr setzen (vgl. N. 13 zu § 12). Die Erlaubnis zum Anbringen der Ausstattung wird aber fast stets die Erlaubnis zum weiteren Vertrieb der ausgestatteten Waren in sich schließen. Nicht rechtswidrig handelt, wer ein selbständiges Recht auf Verwendung der streitigen Warenkennzeichnung erlangt hat. Dazu reicht aber die bloße frühere Benutzung der gleichen Ausstattung nicht aus, wenn nicht dargetan werden kann, daß die Ausstattung als Kennzeichen der Waren des Benutzenden gilt (RG. in JW. 96 S. 523 im Bl. 96, 175). Mißbräuchliche Verwendung der Ausstattung kann kein Recht verschaffen (OLG. Hamburg in GewRSchutz 98 S. 151; RG. im Bl. 98, 220).

Dem Berechtigten stehen als **Rechtsbehelfe** wie im Zeichenrecht zur Seite: negatorische Störungsklage, Entschädigungsklage, Strafverfolgung, Feststellungsklage, einstweilige Verfügung (N. 12 zu § 12). Die Erörte-

§ 15 rungen zu § 12 über die Negatoria (N. 13, 14), die Feststellungsklage (N. 15,
5, 6 16) und die einstweilige Verfügung (N. 17) finden entsprechende Anwendung. Daß für die Negatoria — und ebenso für die Feststellungsklage — die Täuschungsabsicht nicht erforderlich ist, wurde schon oben N. 3 a. E. erwähnt (ebenso: OLG. Hamburg in GewRschutz 98 S. 151, Kent S. 446, Rhenius S. 114; a. M.: RG. in JW. 96 S. 367 und 515; RG. im Bl. 98, 220; RG. 73, 253 im Bl. 11, 129; Allfeld S. 625; Schmid S. 99). Neben der Entschädigungsklage wird man in analoger Anwendung der Grundsätze, die § 14 N. 12 entwickelt sind, einen besonderen Anspruch auf Auskunft über den Umfang der Verletzungshandlungen gewähren (RG. 108, 1 im Bl. 23, 109). Über den Anspruch auf Löschung eines entgegenstehenden Zeichens s. N. 4e. Bezüglich der Entschädigungsklage und der Strafverfolgung gilt hier etwas Besonderes, indem beide einen eigentümlich qualifizierten Dolus des Täters voraussetzen; vgl. darüber die folgende Note. Bemerkt sei, daß für die Klagen wegen der Ausstattung beim Landgericht die Kammern für Handelssachen zuständig sind (§ 101 Nr. 3c des Gerichtsverfassungsgesetzes).

Gegen willkürliche Veränderungen der ausgestatteten Ware ist der Berechtigte ebenso geschützt, wie der Zeicheninhaber (N. 13 zu § 12). Es wird aber auch anzunehmen sein, daß bei gleichmäßig ausgestatteten Waren, die als Massenartikel in den Verkehr kommen, die Ausstattung von dem Händler nicht willkürlich durch Veränderungen in ihrer Bedeutung als Erkennungs- und Werbemittel beeinträchtigt werden darf. § 1 des Wettbewerbsgesetzes, § 826 BGB. stehen dem entgegen. Näheres hierüber s. Rosenthal N. 80 zu § 1; Elster in MarkschWettbew. 18, 23; Finger in MarkschWettbew. 18, 90.

Das Vergehen des § 15. 6. Die Entschädigungsklage und die Strafverfolgung sind dadurch bedingt, daß der Täter die Verletzung (N. 4) vorgenommen hat zum Zweck der Täuschung in Handel und Verkehr; dies gilt für beide Arten des Vergehens, das Versehen und das Inverkehrbringen (RGSt. im Bl. 96, 368). Es genügt also weder Fahrlässigkeit noch auch Wissentlichkeit des Täters (N. 7, 8 zu § 14). Natürlich muß auch, wie bei allen vorsätzlichen Vergehen, der allgemeine Dolus vorhanden sein, d. h. das Wissen und Wollen sämtlicher Vergehensmerkmale verbunden mit dem Bewußtsein der Rechtswidrigkeit. Dazu würde hier insbesondere das Bewußtsein des Täters gehören, daß die Voraussetzungen der Ausstattung (N. 2) vorliegen und daß der Berechtigte ihm nicht die Genehmigung (N. 4) gegeben hat. Aber zu diesem allgemeinen Dolus muß noch der erwähnte Zweck der Täuschung hinzutreten. Über den Begriff „Zweck“ siehe N. 5 zu § 16. Der Täter muß über die Herkunft der Ware täuschen wollen, er muß bezwecken, durch die Ausstattung den Irrtum zu erregen oder zu unterhalten, daß die Ware von dem Berechtigten herrührt. Der zu Täuschende muß den beteiligten Verkehrskreisen (N. 2 zu c) angehören. Es ist deshalb keine Verletzung des § 15, wenn jemand von Deutschland aus Waren mit der Ausstattung in ein Land schickt, wo die Abnehmer nichts von der in Deutschland anerkannten Ausstattung wissen (RG. in MarkschWettbew. 14, 334). Es ist nicht notwendig, daß eine größere Zahl von Händlern oder Konsumenten oder daß gerade ein bestimmtes Individuum getäuscht werden soll; es genügt, wenn überhaupt nur jemand getäuscht werden sollte. Der Regel nach vollzieht sich die Täuschung, die das Gesetz ausschließen will, nicht gegenüber dem ersten Abnehmer, sondern gegenüber weiteren

Käufern und im Kleinverkehr (PA. im Bl. 94/95, 274; OLG. Karlsruhe in DJZ. 00 S. 444; RGSt. 34, 33; 36, 60). Da eine Täuschung im Handel und Verkehr bezweckt sein muß, so fällt eine Täuschung zum Scherz, im Familienkreise, bei Gelegenheit einer Schenkung u. dgl. regelmäßig nicht unter das Vergehen. Der Täuschungszweck muß, wenn das Vergehen in dem rechtswidrigen Inverkehrbringen der Waren besteht, nur zur Zeit vorhanden sein, wenn der Täter die Waren in den Verkehr setzte; ob er schon zur Zeit des Ausstattens vorhanden war, ist unerheblich (N. 4). § 15 6

Da das Täuschenwollen für den Tatbestand ausreicht, so ist nicht notwendig, daß die bezweckte Täuschung erreicht worden ist (RGSt. 34, 33; RGSt. 42, 137 im Bl. 09, 42). Darin unterscheidet sich das Ausstattungsvergehen vom Betruge (RGSt. 2, 42), mit dem es konkurrieren kann (N. 21 zu § 14). Es braucht der mit der nachgeahmten Ausstattung versehene Gegenstand überhaupt nicht zur sinnlichen Wahrnehmung des zu Täuschenden gelangt zu sein (RGSt. 14, 242). In der Regel wird sich für den Richter die Täuschungsabsicht aus der mehr oder weniger genauen Wiedergabe der fremden Kennzeichnung, die zu Verwechselungen führen muß, ergeben (RG. 77, 431; RGSt. in MarkschWettbew. 11, 12; RG. in MarkschWettbew. 11, 195 in GewRschutz 12, 68; unrichtig RG. 73, 253 a. E. in MarkschWettbew. 9, 388). Hierbei ist ein möglichst freier Standpunkt einzunehmen. Die Bestimmungen des § 15 haben die Sicherung der Gewerbetreibenden gegen die mißbräuchliche Ausnutzung des Vertrauens zum Zweck, das sie sich durch die Güte ihrer Waren erworben haben. Wenn die Nachahmung der Ausstattung auch nur teilweise erfolgt, so rechnet regelrecht der Nachahmer darauf, daß die Kundschaft zum Teil wegen der noch vorhandenen Ähnlichkeit der Ausstattungen seine Ware für die des Berechtigten hält, und nützt tatsächlich das Vertrauen aus, das sich der letztere erworben hat. In diesem Verhalten kann eine bezweckte Täuschung der Kundschaft gefunden werden (RG. im Bl. 05, 30 in UnlW. 4, 5). Nicht notwendig ist es, daß durch die Ausstattung der Irrtum erst hervorgerufen werden soll, in der Unterhaltung der Täuschung liegt auch eine Täuschung (RGSt. 13, 245). Hatte z. B. A durch Beilegung eines falschen Namens den Besteller in den Irrtum versetzt, er bestelle bei B, und versieht A nachher zur Unterhaltung der Täuschung seine Ware mit der allbekannten Ausstattung des B, so macht er sich des Vergehens ebenfalls schuldig. Daß der Täter sich oder einem anderen einen rechtswidrigen Vermögensvorteil verschaffen wollte, ist ebensowenig erforderlich, wie die Absicht, einen anderen zu schädigen. Auch darin unterscheidet sich das Vergehen vom Betruge.

Im übrigen treffen hier die Erörterungen zu § 14 im allgemeinen zu: wegen der Entschädigungsklage N. 10—19, wegen der Bestrafung N. 21—28, wegen des Strafantrages N. 29, 30. Wegen der Person des Verletzten siehe N. 3 zu § 15.

Im Falle der strafrechtlichen Verurteilung kommen §§ 18, 19 in Betracht. Der § 11 (Gutachten des Patentamts) findet hier keine Anwendung.

Nach § 3 Abs. 1 des Gesetzes über den Beitritt des Reichs zu dem Madrider Abkommen betr. die Unterdrückung falscher Herkunftsangaben auf Waren vom 21. März 1925 (siehe unten) sollen die beiden letzten Sätze des § 15 fortfallen. Es bedarf also keines Antrages mehr.

§ 16.

§ 16 1 Wer Waren oder deren Verpackung oder Umhüllung oder Ankündigungen, Preislisten, Geschäftsbriefe, Empfehlungen, Rechnungen oder dergleichen fälschlich mit einem Staatswappen oder mit dem Namen oder Wappen eines Ortes, eines Gemeinde- oder weiteren Kommunalverbandes zu dem Zwecke versieht, über Beschaffenheit und Wert der Waren einen Irrtum zu erregen, oder wer zu dem gleichen Zwecke derartig bezeichnete Waren in Verkehr bringt oder feilhält, wird mit Geldstrafe oder mit Gefängnis bis zu sechs Monaten bestraft.

Die Verwendung von Namen, welche nach Handelsgebrauch zur Benennung gewisser Waren dienen, ohne deren Herkunft bezeichnen zu sollen, fällt unter diese Bestimmung nicht.

Bedeutung der Bestimmung. **1.** Dieser Paragraph gehört, wie der vorhergehende, in das Gebiet des unlauteren Wettbewerbs. Er wendet sich gegen die unrichtigen Herkunftsbezeichnungen, die auch im Art. 10 der Pariser Union, in dem Madrider Sonderabkommen von 1890 und im Versailler Vertrag Art. 274, 275 behandelt sind. Das Reich ist bisher dem Madrider Abkommen nicht beigetreten, doch steht der Beitritt bevor. § 16 ist der Vorläufer der §§ 3, 4 und 5 des Gesetzes vom 7. Juni 1909, welche oben abgedruckt sind. Eine besondere Erläuterung des § 16 gibt Fuld „Falsche Herkunftsbezeichnungen" im GewRSchutz 98 S. 355, ferner M. M. Kohler „Das Verbrechen des unlauteren Wettbewerbes" S. 127ff., Kohler Unlauterer Wettbewerb S. 178ff., Wassermann in MarkschWettbew. 8, 187.

Das Zeichen- und das Ausstattungsrecht wollen der Verwechselung der Waren eines bestimmten Individuums mit denen anderer vorbeugen, der § 16 dagegen will einer Irreführung der Konsumenten über den Produktions- oder Handelsort entgegenwirken. Ein Verstoß gegen die letztere Bestimmung schließt nicht notwendig die Verletzung einer bestimmten Persönlichkeit ein. Deshalb erkennt zwar das Gesetz das Zeichen- und das Ausstattungsrecht als Privatrechte an, deren Verletzung — außer den im öffentlichen Interesse bestimmten strafrechtlichen Wirkungen — einen Entschädigungsanspruch des Verletzten begründet (N. 3 zu § 12, N. 3 zu § 15), während es in § 16 keinen privatrechtlichen Anspruch, sondern nur einen Vergehensbegriff aufstellt. Das Gesetz gibt weder dem einzelnen Gewerbetreibenden eines bestimmten Ortes oder Bezirkes noch der Gesamtheit derselben ein ausschließliches Privatrecht auf die Verwendung des Namens oder des Wappens der Heimat zur Warenbezeichnung. Trotzdem ist anzunehmen, daß die Interessenten einen negatorischen oder einen Schadensersatzanspruch gemäß § 823 Abs. 2 BGB. erheben können, wenn ein Unbefugter sich den Namen oder das Wappen ihres Orts unter Verletzung des § 16 anmaßt und sie dadurch in ihrer naturgemäßen Bezeichnungsweise stört und in ihrem Absatz beeinträchtigt (RG. 38, 165; im Bl. 97, 131; RG. 48, 114; 53, 400; 56, 271; 60, 6; RGR. BGB. Vorbem. 6 III vor § 823 über die vorbeugende Unterlassungsklage). Über die Frage, ob ein Verein auf Grund des § 16 auf Unterlassung klagen kann, vgl. RG. in JW. 00 S. 79, im Bl. 00, 328. § 16 1, 2

Häufig wird der Tatbestand des § 16 mit dem der §§ 3, 4, 5 UWG. zusammenfallen (RG. im Bl. 00, 328; 02, 32; RGSt. 31, 289; 36, 60; vgl. auch N. 20 zu § 14, Kohler Unlauterer Wettbewerb S. 178, Rosenthal N. 50, 57 zu § 3).

Der Hauptunterschied des Tatbestandes der Bestimmungen besteht äußerlich darin, daß beim Wettbewerb nur Mitteilungen, die für einen größeren Kreis von Personen bestimmt sind, in Frage kommen. Man wird bei unrichtigen Ortsbezeichnungen auf den Waren aber fast stets eine derartige Mitteilung gegeben finden, da die Angaben in gleicher Weise auf zahlreichen Exemplaren angebracht werden (Rosenthal N. 9, 10 zu § 3; vgl. auch RG. 58, 136). Das Wettbewerbsgesetz gewährt den Unterlassungsanspruch ausdrücklich, der aus der Strafbestimmung des § 16 erst von der Rechtsprechung abgeleitet ist. Es empfiehlt sich, neben § 16 stets in Streitfällen das Wettbewerbsgesetz anzuführen, das z. B. auch hinsichtlich der Klagebefugnis und der einstweiligen Verfügungen Erleichterungen gewährt.

Abs. 1.

2. Der § 16 enthält ebenso wie die beiden vorhergehenden Paragraphen einen sog. Mischtatbestand, d. h. eine Mehrheit selbständiger nur im Interesse der Kürze alternativ miteinander verbundener Verbrechenstatbestände (Olshausen Kommentar zum StGB. § 81 N. 3). **Tatbestand des Vergehens.**

Der erste Tatbestand verlangt, daß jemand

a) Waren, deren Verpackung oder Umhüllung oder Ankündigungen, Preislisten, Geschäftsbriefe, Empfehlungen, Rechnungen oder dgl. (N. 6, 7 zu § 12),
b) mit dem Namen oder Wappen eines Ortes, eines Gemeinde- oder weiteren Kommunalverbandes (N. 3)
c) fälschlich (N. 4),
d) versieht (N. 8 zu § 12),
e) zu dem Zweck, über Beschaffenheit und Wert der Waren einen Irrtum zu erregen (N. 5).

Der zweite Tatbestand betrifft das Inverkehrbringen oder Feilhalten (N. 9 zu § 12) so gekennzeichneter Waren.

Außerdem muß bei dem Täter in beiden Fällen der allgemeine Dolus vorhanden sein, d. h. das Wissen und Wollen sämtlicher Vergehensmerkmale. Insbesondere muß er das Bewußtsein haben, daß diese Bezeichnung fälschlich

§ 16 2, 3 ist (N. 4); bei dem zweiten Tatbestande braucht dieses Bewußtsein nur zur Zeit des Inverkehrbringens vorhanden zu sein.

Bestraft wird nicht nur das positive Anbringen der falschen Angabe, sondern auch die Unterlassung einer durch die Pflicht gebotenen Handlung, nämlich der Beseitigung der Angabe (RGSt. 37, 131 im Bl. 04, 428; N. 8 zu § 12).

Name, Wappen. 3. Das Gesetz schützt Staatswappen sowie Namen und Wappen eines Ortes, eines Gemeinde- oder weiteren Kommunalverbandes. Dieser Schutz wird durch Abweichungen in der Schreibweise des Namens oder in der Gestaltung des Wappens, durch Zusätze und Weglassungen nicht beeinträchtigt, sofern ungeachtet dieser Abweichungen die Gefahr einer Verwechselung im Verkehr vorliegt (§ 20; LG. Stuttgart und RG. im Bl. 94/95, 289).

Namen von Staaten sind nicht geschützt und zwar nach den Motiven S. 18 deshalb, „weil ihre Verwendung fast immer nur eine charakterisierende Bedeutung hat und jedenfalls nur Hinweise von solcher Allgemeinheit enthält, daß dabei eine Absicht zu täuschen nicht vorausgesetzt werden kann". Die Richtigkeit dieser Begründung kann dahingestellt bleiben. Denn selbst wenn sie unrichtig wäre, so ist es nach dem Wortlaut des Gesetzes, welches zwar bei Orten, Gemeinden und Kommunalverbänden Namen und Wappen bei den Staaten aber nur die Wappen als geschützt erklärt, nicht angängig, den Schutz auch auf die Namen der Staaten auszudehnen. Den Staat aber als weiteren Kommunalverband aufzufassen und auf diese Weise den Namen zu schützen, ist begrifflich unrichtig; es wäre dann auch unklar, warum die Staatswappen noch besonders hervorgehoben sind (ebenso: Rhenius S. 116, Fuld in GewRschutz 97, 359; a. M. Kent S. 455, Allfeld S. 629). Man darf also Grüneberger Wein auf dem Etikett Ungarwein nennen, aber man darf nicht das ungarische Wappen auf dem Etikett anbringen. Ergänzend greifen hier die Bestimmungen des Wettbewerbsgesetzes, die diese Unterscheidung nicht machen (N. 1), ein. Fällt der Name eines Staates aber mit dem Namen eines Ortes oder eines Kommunalverbandes zusammen (z. B. Hamburg, Bremen, Mexiko), dann genießt der Name Schutz. Natürlich sind Namen von größeren Territorialbegriffen als Staat z. B. von Erdteilen, oder Benennungen wie Ostasien, Südamerika ungeschützt. Dagegen gehören die Bezeichnungen aller geringeren Territorialeinheiten hierher.

Davon muß man bei Auslegung der Bestimmung ausgehen. Es fallen zunächst die politischen Gemeinde- und Kommunalverbände (Dorf, Stadt, Amtsbezirk, Kreis, Landdrostei, Regierungsbezirk, Kanton, Provinz usw.) unter die Vorschrift. Aber man darf nicht bei den öffentlichen Gemeindeverbänden stehenbleiben, sondern man muß alle — auch die historischen oder verkehrsgebräuchlichen — Benennungen von Orten, Distrikten, Landschaften usw. hierher rechnen. Der Begriff „Ort" ist im weitesten Sinne auszulegen. Er schließt sowohl Distrikte, Gemarkungen, Feldmarken, Landschaften, wie Klöster (z. B. la Chartreuse), Schlösser (man denke an die verschiedenen châteaux im Weinhandel), Häuser, Weiler, Quellen, Brunnen, also selbst Individualbezeichnungen (N. 13 zu § 4) ein (Pouillet Nr. 396).

Wer das Gesetz nicht in diesem Sinne auslegt, der vereitelt den Zweck der Bestimmung. Denn dann wäre es beispielsweise gestattet, Uhren, welche in Berlin hergestellt sind, mit der Bezeichnung „Schwarzwald" oder Pfälzer Zigarren mit dem Etikett „Buelta Abajo" (einem bekannten Tabakdistrikt der Insel Kuba) zu versehen (ebenso Allfeld S. 628, Kent S. 454; M. M. Kohler a. a. O. S. 130; a. M. Zschr. f. GewRschutz 92 S. 354, Fuld a. a. O. S. 359). § 16 3, 4

Ob die Orte, Landschaften, Verbände dem In- oder Auslande angehören, ist unerheblich (anders in § 4 Abs. 1 Nr. 2).

Ob der Name oder das Wappen allein oder in Verbindung mit anderen wörtlichen oder figürlichen Elementen gebraucht wird, ist ohne Belang.

Auch die mißbräuchliche Benutzung eines Siegels, welches Namen oder Wappen eines Ortes enthält, beispielsweise eines sog. Hopfensiegels, wie solche von einzelnen Gemeinden zur Beglaubigung des Ursprungs ihrer Hopfenerzeugnisse verwendet zu werden pflegen, fällt unter die Strafbestimmung (Motive S. 18).

Es muß aber stets der Name oder das Wappen eines wirklichen Ortes, Verbandes, Distriktes usw. vorliegen, die Bezeichnung mit Phantasienamen und -wappen steht jedermann frei. Es kann der Zigarrenhändler seine Ware mit spanischen, der Weinhändler die seinige mit französischen oder italienischen Wörtern beliebig versehen, nur darf er nicht solche wählen, welche mit Ortsbezeichnungen verwechselt werden können (§ 20). Daß in einem solchen Verfahren aber ein Betrug oder unlauterer Wettbewerb liegen kann, ist selbstverständlich.

Fälschlich. 4. Die Bezeichnung ist fälschlich, wenn durch sie objektiv der Schein erweckt wird, als stamme die Ware aus einem anderen Herkunftsorte als dem wirklichen (LG. Berlin in MarkschWettbew. 8, 136). Dies ergibt sich insbesondere aus Abs. 2 des § 16. Darum ist es an sich nicht nach § 16 (vielleicht aber nach § 4 des Wettbewerbsgesetzes) eine Bezeichnung strafbar, die zu Unrecht besagt, daß die Ware nach einem Verfahren hergestellt sei, wie es an einem bestimmten Orte gebräuchlich sei (LG. I Berlin und RG. im Bl. 98, 198; RGSt. 31, 1). Wird ein Staatswappen zu Unrecht angebracht, ohne daß dadurch ein Irrtum über den Herstellungsort hervorgerufen wird, so ist § 16 nicht anwendbar (RGSt. 30, 406, im Bl. 98, 39). Wird ein Name benutzt, der so wenig mit der Ware zu tun hat, daß er als Phantasiebezeichnung aufgefaßt wird, so gilt dasselbe. (Beispiele bei Kohler „Unlauterer Wettbewerb" S. 185 und bei Becker in GewRschutz 22, 121: Rhenania-Fahrräder, Parnaß-Füllfederhalter). Für die Beurteilung einer Bezeichnung muß der Richter den Sprachgebrauch und das Verständnis der am Absatz der Waren beteiligten Verkehrskreise heranziehen (RG. in JW. 01 S. 851, im Bl. 02, 32; RG. im Bl. 08, 145 in MarkschWettbew. 8, 209 Sossidi frères de Constantinople; RG. im Bl. 02, 32 über Erlanger Bier erscheint unrichtig).

Bei manchen Waren ist es sehr streitig, welcher Ort als ihr Herkunftsort gilt. Man wird auf die Anschauung des Verkehrs in erster Linie zu achten haben. Bei Naturerzeugnissen wird ein Zweifel nicht bestehen. Hier ist es der Herstellungsort. Wenn eine Bearbeitung von Roherzeugnissen oder Halbfabrikaten erfolgt, so hängt es von der Bedeutung derselben für die Beschaffenheit der Ware ab, ob man den Ort, wo die Bearbeitung vorgenommen wird, als Herkunftsort ansehen kann (vgl. Kohler in GewRschutz 96, 305 und in „Unlauterer Wettbewerb" S. 180, Allfeld S. 631). Die Frage ist für Schaumweine (N. 10) viel erörtert worden. Nicht selten wird auch der nahe der Erzeugungsstelle gelegene Versendungsort vom Verkehr als

§ 16 Ort der Herkunft angesehen (LG. Hamburg im Bl. 13, 195: Messina für Apfel-
4, 5 sinen). Es kann sogar der **Vertriebsort** oder der **Handelsort** der Ware als Herkunftsstelle angesehen werden, wenn der Verkehr aus besonderen Gründen gerade auf den Ort des Vertriebs Gewicht legt (RGSt. 43, 255, im Bl. 10, 308; Beispiele bei **Becker** in GewRschutz 22, 117: Messina Apfelsinen, Biskra Feigen, russischer Tee.

Die verkehrsgebräuchlichen Benennungen eines Ortes fallen häufig nicht mit seinen politischen Grenzen zusammen. Namentlich die **Vororte** großer Städte oder die nächste Umgebung von Fabrikstädten pflegen im Geschäftsverkehr zu der betreffenden Stadt gerechnet zu werden. Ist dieses der Fall, so dürfen die Unternehmungen, welche innerhalb dieses geschäftlichen Umkreises liegen, ihre Waren mit dem Namen der Stadt bezeichnen (**Pouillet** Nr. 397, 398).

Nicht erforderlich ist es, daß die Ware ausdrücklich als aus der angegebenen Örtlichkeit herrührend bezeichnet ist. Es genügt, wenn der Ortsname, sei es allein, sei es mit einer anderen Angabe dergestalt zu der Ware, der Verpackung, der Ankündigung usw. in Beziehung gesetzt ist, daß die Meinung entstehen kann, als ob die Ware von dem bezeichneten Orte herrühre (Motive S. 18). Eine Berliner Konservenfabrik darf nicht das braunschweigische Wappen auf ihre Preislisten setzen, weil damit der Eindruck erweckt wird, als stammten die Fabrikate aus Braunschweig (RGSt. 28, 371, im Bl. 96, 245). Man wird dann, wenn die Ortsbezeichnung der Ware zur Empfehlung gereicht, stets davon ausgehen können, daß eine fälschliche Ursprungsbezeichnung vorliegt.

Der Grundsatz des § 13, daß jeder seinen persönlichen oder geschäftlichen Sitz zur Bezeichnung von Waren gebrauchen darf, erleidet an sich durch § 16 keine Einschränkung. Daß ein simulierter Wohnort (N. 3 zu § 13) nicht diese Befugnis verleiht, ist selbstverständlich (Pouillet Nr. 401). Aber auch bei einem wirklichen Wohnort darf die Befugnis nicht dazu mißbraucht werden, um den Irrtum zu erregen, als rühre die Ware aus einem anderen Orte her, als es wirklich der Fall ist.

Es darf deshalb der Fabrikant, welcher seiner Ware außerhalb seines Wohnortes herstellen läßt, diesen Ort auf der Ware nicht in einer Weise anführen, daß der Schein erweckt wird, als ob damit die Herkunft der Ware bezeichnet werden sollte. Ein Herr Arnold Müller in Solingen z. B., welcher Stahlwaren aus Berlin bezieht, würde gegen § 16 verstoßen, wenn er diese Waren bloß mit der Inschrift „Solingen" oder „Arnold Müller Solingen" in Verkehr brächte (RGSt. in DJZ. 00 S. 422). Würde er aber anstatt in Solingen etwa in Köln wohnen, so würde man in der Bezeichnung mit „Arnold Müller Köln" wohl kaum eine Hindeutung darauf finden, daß die Waren in Köln hergestellt sind.

Zweck. 5. **Zweck.** Unter Zweck versteht man die Richtung des Willens auf ein bestimmtes Ziel. Der Täter muß also die Irrtumserregung über Beschaffenheit und Wert als Ziel seines Handelns in das Auge gefaßt und sie beabsichtigt haben. Es reicht nicht aus, daß er lediglich das Bewußtsein hatte, es könne jemand getäuscht werden (RGSt. 36, 60, im Bl. 03, 237; RG. in JW. 05, 702). Aber jenes Ziel braucht nicht der Endzweck seines Handelns zu sein: der Täter kann mit dem Täuschungszweck noch einen weiteren Zweck verbinden, welcher sich als Endzweck oder Beweggrund seines Handelns

darstellt. Das berührt den Tatbestand des Vergehens nicht (RGSt. 5, 314; § 16
16, 150). Wenn z. B. ein Händler mit sächsischen Spitzen einen Konkurrenten, 5
welcher seine Ware unter dem Werte verschleudert, dadurch unschädlich machen will, daß er seine Spitzen ebenfalls zu dem ermäßigten Preise, aber mit der Bezeichnung „Brüsseler Spitzen" verkauft, so würde er gegen § 16 verstoßen.

Der Zweck muß dahin gehen, einen Irrtum zu erregen, d. h. zu täuschen. Insofern deckt er sich mit dem zum Tatbestande des § 15 erforderlichen Zweck. Wenn dort noch verlangt wird, daß eine Täuschung in Handel und Verkehr bezweckt sein muß, so trifft dies auch hier zu: Täuschungen zum Scherz, im Familienkreise, bei Gelegenheit einer Schenkung usw. fallen regelmäßig nicht unter das Vergehen des § 16. Der Unterschied besteht nur darin, daß dort über die Produktions- oder Verkaufsstätte, hier über Beschaffenheit und Wert der Ware getäuscht werden soll. Unter Berücksichtigung dieses Umstandes finden die Erörterungen in N. 6 zu § 15 hier entsprechende Anwendung. Dabei ist das Absatzgebiet der Ware zu berücksichtigen. Bezeichnungen, die nach dem Sprachgebrauch der Abnehmer trotz ihrer objektiven Unrichtigkeit nicht mißverstanden werden, sind keine täuschenden (RG. im Bl. 02, 32, in JW. 01 S. 851). Immerhin reicht es zur Bestrafung aus § 16 aus, wenn dem Täter bewußt ist, daß ein Teil seiner Abnehmer in Irrtum versetzt werden würde (RGSt. 34, 33; 36, 60; RGSt. im Bl. 08, 145 in MarkschWettbew. 7, 87); er kann sich dann auch nicht damit rechtfertigen, daß er nebenher besondere Veranstaltungen getroffen habe, eine Täuschung zu vermeiden (RGSt. 36, 60, im Bl. 03, 237).

Es soll ein Irrtum über die Beschaffenheit und den Wert der Ware mittels der unrichtigen Ortsangabe erregt werden. Ist die Absicht nicht darauf gerichtet, durch die Ortsangabe als solche zu täuschen, so liegt eine nach § 16 strafbare Zuwiderhandlung nicht vor (vgl. RGSt. im Bl. 98, 38, in GoltdArch. 46 S. 110).

Beschaffenheit und Wert sind nicht in rein objektivem Sinne zu verstehen. Es kommt darauf an, ob der Herkunftsort nach den Anschauungen des Verkehrslebens die Beurteilung der Beschaffenheit und der Preisbemessung beeinflußt. Maßgebend ist also, ob im Handel der von dem betreffenden Orte herstammenden Ware eine besondere Beschaffenheit und ein erhöhter Wert zuerkannt wird. Die Imponderabilien des Geschmackes des Publikums spielen dabei eine wichtige Rolle (RG. im Bl. 96, 190; 96, 245; RGSt. 28, 371; 34, 26, im Bl. 01, 152; 36, 60; im Bl. 03, 237; 39, 411 im Bl. 07, 169; Schmid in Zschr. f. GewRschutz 95 S. 233; M. M. Kohler a. a. O. S. 130; Kohler in GewRschutz 96 S. 305).

Bei der Beschaffenheit ist also weniger an die inneren Eigenschaften der Ware, als an den Ursprungsort der Ware zu denken.

Als Wert der Ware kommt hier, wo es sich um eine im Interesse des redlichen Verkehrs gegebene Vorschrift handelt, nicht die innere Güte und Brauchbarkeit der Ware in Betracht, sondern derjenige Wert, welchen die Käufer der Ware beilegen. Dieser drückt sich in dem handelsüblichen Preise der Ware aus (RGSt. 1, 266). Es ist deshalb für den Tatbestand des Vergehens notwendig, daß der Täter über den an dem betreffenden Orte üblichen Preis der Ware einen Irrtum erregen will. Er gibt den billigeren Marsala, wo der Abnehmer den teureren Tokayer haben will, durch eine falsche Bezeichnung als Tokayer aus.

§ 16 6, 7, 8 6. Wie ist es, wenn die trügerische Warenbezeichnung mit dem falschen Herkunftsort als Warenzeichen eingetragen worden ist? Das kann sehr wohl vorkommen.

Eintragung als Warenzeichen. Für alle diese Fälle gilt, daß die Eintragung den Berechtigten nicht vor der Strafe des § 16 schützt. Dies ergibt sich daraus, daß es sich hier um einen scharf zu verurteilenden unlauteren Wettbewerb handelt (RGSt. 49, 242). Wenn ein Warenzeichen den Tatbestand des § 16 erfüllt, d. h. eine fälschliche Herkunftsbezeichnung enthält, so entspricht es den tatsächlichen Verhältnissen nicht und begründet die Gefahr einer Täuschung; folglich soll es nicht eingetragen werden. Ist es trotzdem zur Eintragung gelangt, so gibt das Gesetz jedermann die Befugnis zur Löschungsklage (§ 9 Abs. 1 Nr. 3) und der nachherigen Löschung rückwirkende Kraft (§ 12 Abs. 2). Aus diesen Bestimmungen geht hervor, daß es nicht dem Geiste des Gesetzes entspricht, den, welcher ein solches Zeichen zu betrügerischen Zwecken ausbeutet, von der allgemeinen Strafandrohung des § 16 auszunehmen. In jedem Falle hätte es gegenüber dieser allgemeinen Bestimmung einer ausdrücklichen Ausnahme bedurft; der § 12 enthält eine solche nicht, denn er deckt sich nicht mit dem Tatbestande des § 16 (zustimmend: RGSt. 35, 321, im Bl. 02, 280; RGSt. im Bl. 04, 23; Allfeld S. 628; Kent S. 463).

Ebensowenig wird die Bestrafung aus § 16 dadurch ausgeschlossen, daß sich die fälschliche Herkunftsbezeichnung äußerlich mit der eingetragenen Firma des Verletzers deckt (vgl. den von Dronke in Unlauterer Wettbewerb 04 S. 11 besprochenen Fall).

Bestrafung. 7. Bestrafung. Die Erörterungen zu § 14 finden hier entsprechende Anwendung. Namentlich ist dies bezüglich der N. 21 (Tatbestand), N. 22 (Vollendung und Versuch), N. 23 (Fortgesetztes Vergehen), N. 24 (Täter), N. 25 (Anstifter), N. 26 (Gehilfe), N. 27 (Beweislast), N. 28 (Strafe) der Fall. Da es sich um eine im allgemeinen Interesse erlassene Vorschrift handelt, so bedarf es keines Strafantrages und es findet § 23 keine Anwendung.

Abs. 2.

Gattungsnamen. 8. Wir haben oben gesehen, wie aus einem Individualzeichen allmählich ein Freizeichen werden kann (N. 3—5 zu § 4) und wie Sonderbezeichnungen und Personennamen ihre Bedeutung als Kennzeichen der Ware einbüßen und zu einer freien Beschaffenheitsangabe der Ware werden können (N. 2a zu § 13, N. 3 zu § 14). Ein analoger Vorgang findet bei Herkunftsbezeichnungen statt. Wenn ein bestimmter Erzeugungsort einer Ware Ruf erlangt hat, so kommt es häufig vor, daß Hersteller der Ware, welche anderswo wohnen, ihre Ware auch mit dem Namen jenes Ortes versehen. Wird dieser anfängliche Mißbrauch eine lange Zeit frei und ungehindert fortgesetzt, so verliert jener Zusatz allmählich in den Augen der Abnehmer seine ursprüngliche Bedeutung. Er deutet für sie nicht mehr die Herkunft der Waren an, sondern eine gewisse Beschaffenheit derselben. Im Zweifel darf der Mißbrauch allerdings nicht zur Umwandelung der ursprünglichen Herkunftsangabe führen (KG. in MarkschWettbew. 13, 596 im Bl. 14, 307; RG. in MarkschWettbew. 15, 166; in JW. 15, 361; PA. im Bl. 19, 11). So denken heutzutage die Käufer und Abnehmer bei Bezeichnungen, wie z. B. Berliner Blau, Schweinfurter Grün, Thorner

Pfefferkuchen (RGSt. im Bl. 04, 24), Schweizer Käse, Frankfurter Würste, Kasseler Rippespeer, Westfälischer Schinken, Wiener Schnitzel, italienischer Salat, Teltower Rüben, Hallesche Zichorie (RGSt. im Bl. 98, 38), Karlsbader Salz (PA. im Bl. 97, 193; siehe aber Veracius in GewRSchutz 99, 245), Panamahüte usw. nicht daran, daß die betreffenden Artikel gerade in Berlin, Schweinfurt usw. hergestellt sind. Diese Bezeichnungen sind zu Gattungsnamen (noms génériques) geworden. Großer Streit bestand früher über das Wort Kognak, vgl. Jahrb. d. JVGewRSchutz 05 II S. 110ff. Durch Art. 275 des Versailler Vertrages ist entsprechend der französischen Rechtsübung der Streit dahin entschieden, daß Kognak Herkunftsbezeichnung ist. Das gleiche gilt von „Champagner". Art. 275 lautet: § 16 8

„Deutschland verpflichtet sich unter der Bedingung der Gegenseitigkeit auf diesem Gebiet, die in einem alliierten oder assoziierten Lande geltenden und durch die zuständigen Behörden Deutschland gehörig bekannt gegebenen Gesetze und in Übereinstimmung mit diesen Gesetzen ergangenen Verwaltungs- oder Gerichtsentscheidungen zu beobachten, wodurch das Recht auf eine Lagebezeichnung für die in dem betreffenden Lande erzeugten Weine oder geistigen Getränke bestimmt oder geregelt wird oder wodurch die Bedingungen bestimmt oder geregelt werden, an welche die Erlaubnis zum Gebrauch einer Lagebezeichnung geknüpft ist. Die Ein- und Ausfuhr, die Herstellung, der Umlauf, der Verkauf oder das Feilbieten von Erzeugnissen oder Waren, die den oben genannten Gesetzen oder Entscheidungen zuwiderlaufende Lagebezeichnungen tragen, sind von Deutschland zu untersagen und durch die im vorigen Artikel vorgeschriebenen Maßnahmen zu unterdrücken."

Dementsprechend ist der § 7a des Weingesetzes neu eingeführt und § 18 umgeändert (RGBl. 24 S. 107 im Bl. 23, 13). Es heißt dort:

„Weinbrand, der nach französischem Rechte die Bezeichnung Cognac tragen darf und in trinkfertigem Zustand, entweder in Frankreich oder unter deutscher Zollaufsicht auf Flaschen gefüllt, mit den für den Verkehr innerhalb des Ursprunglandes vorgeschriebenen Begleitscheinen zur Einfuhr gelangt und unverändert geblieben ist, darf als Kognak (Cognac) bezeichnet werden. Andere Getränke und Grundstoffe zu solchen dürfen nicht als Kognak (Cognac) oder mit einer das Wort Kognak (Cognac) enthaltenden Wortverbindung oder Wortzusammensetzung bezeichnet werden, auch darf das Wort Kognak (Cognac) kein Bestandteil anderer Angaben der Flaschenaufschrift sein."

Über Herkunftsangabe und Qualitätsbezeichnung Becker in GewRSchutz 22, 117 mit ausführlicher Zusammenstellung der Fälle. Über Herkunftsbezeichnungen von Bier Bußmann in MarkschWettbew. 22, 165; siehe auch Wassermann „Die Behandlung des unlauteren Wettbewerbs im Friedensvertrag 1920", in MarkschWettbew. 19, 35ff.; Niebour in MarkschWettbew. 19, 20.

Gattungsnamen kommen nur bei einzelnen bestimmten Waren oder Warengattungen vor. Der generische Charakter darf deshalb nicht

§ 16 8 auf andere wenn auch gleichartige Waren ausgedehnt werden, für die ein Handelsgebrauch gemäß § 16 Abs. 2 nicht festzustellen ist (RGSt. 31, 289 im Bl. 98, 268).

Wer seine Ware mit einer örtlichen Gattungsbezeichnung versieht, verstößt nicht gegen § 16 Abs. 1, denn erstens sind diese Bezeichnungen nicht fälschlich (N. 4), zweitens erscheint bei ihnen die Absicht, über Beschaffenheit und Wert der Ware zu täuschen (N. 5) ausgeschlossen. Selbst wenn er einzelne Abnehmer täuschen will, hat er doch nicht gegen die im allgemeinen Verkehrsinteresse erlassene Vorschrift des § 16 verstoßen; es kann aber Betrug vorliegen (RGSt. im Bl. 98, 38). Um aber jeden Zweifel darüber zu zerstreuen, daß die Verwendung dieser zu Gattungsnamen gewordenen Ortsbezeichnungen nicht unter die Vorschrift des Abs. 1 fällt, ist der Abs. 2 eingefügt. Er entspricht dem § 5 Abs. 1 des Wettbewerbsgesetzes (oben N. 1).

Ob ein Name noch die Herkunft der Ware bezeichnet oder nicht, dafür ist der Handelsgebrauch maßgebend. Dieses Wort ist hier identisch mit Verkehrssitte (§ 346 des HGB.), und zwar mit den Gepflogenheiten eines redlichen und ehrbaren Verkehrs. Mißbräuche selbst allgemeiner Art sind nicht zu beachten (RGSt. 36, 60 im Bl. 03, 237; Veracius in GewRschutz 98, 237). Es genügt zur Annahme eines Handelsgebrauchs nicht, daß einzelne oder viele Hersteller oder Großhändler für anderswo erzeugte Waren die Ortsbezeichnung angenommen haben, sondern es kommt auch hier wieder vor allem auf die Anschauungen der Abnehmer und Verbraucher der fraglichen Ware an, insbesondere darauf, ob bei einem erheblichen Teile derselben die Ortsbezeichnung ihre ursprüngliche Bedeutung sich bewahrt hat oder nicht (vgl. N. 5 zu § 4; N. 3 zu § 14; RG. im Bl. 00, 328 und Bl. 02, 32; in JW. 01, 851; RG. in MarkschWettbew. 15, 166 in JW. 15, 361; PA. im Bl. 19, 11; KG. in JW. 22, 125; Allfeld S. 641; a. M. Kent S. 471). Das Gericht wird häufig Sachverständige hören; das PA. erstattet kein Gutachten, da es sich nicht um eingetragene Warenzeichen handelt (§ 11). Die Auswahl und Befragung der Sachverständigen wird mit Umsicht zu erfolgen haben: bestehen dieselben lediglich aus Großhändlern, so liegt die Gefahr nahe, daß sie nur ihren Standpunkt vertreten.

Bei einzelnen Waren ist es zweifelhaft, wie weit die Entwickelung zum Gattungsnamen gelangt ist. Streitig ist dies vielfach bei Bieren. Münchener, Kulmbacher oder Dortmunder Bier ist Herkunftsangabe, bayerisches Bier hat heute als Beschaffenheitsangabe zu gelten (RG. in JW. 02, 593; OLG. Hamburg im Bl. 02, 237; RG. 58, 136 in JW. 04, 369; RG. in MarkschWettbew. 11, 422 in JW. 12, 480; RG. in MarkschWettbew. 23, 151 u. 152; unrichtig RG. im Bl. 00, 328, hinsichtlich der Exportware). Mit der Frage, ob „Pilsener Bier" eine Beschaffenheitsangabe sei, haben sich zahlreiche Entscheidungen beschäftigt. Das PA. und auch das RG. verneinen es. Während aber das PA. „Wicküler Elberfelder Pilsener" und „Radeberger Pilsener" als täuschende Herkunftsangaben abgelehnt hat (Bl. 14, 14; MarkschWettbew. 10, 319), läßt das RG. Zusätze zu, „die in einer jeden Zweifel ausschließenden Weise klarstellen, daß mit dem Worte Pilsener nur eine Beschaffenheitsangabe gemacht wird" (RG. 79, 250 in MarkschWettbew. 11, 427 „Radeberger Pilsener"; RG. in MarkschWettbew. 11, 426 „Engelhardt Berliner Pilsener"; RG. in MarkschWettbew. 13, 107 „Tinzer Pilsener"; RG. in MarkschWettbew. 12, 330; in GewRschutz 13, 68 „Deutsch

Pilsener"). Gegen diese Rechtsprechung, die der Herkunftsangabe ihre Kraft entzieht, die Entscheidung von den Umständen des Einzelfalls abhängig macht und damit gerade zu unlauterem Wettbewerb anregt, hat sich das RG. vergeblich gewehrt; das PA. ist ihr nicht beigetreten und im Schrifttum ist ihr auch kaum ein einziger Verteidiger erstanden (vgl. Kohler Unlauterer Wettbewerb S. 189; M. Seligsohn in MarkschWettbew. 13, 307; Dunkhase in MarkschWettbew. 15, 115; Rosenthal in LeipzZ. 14, 345 und N. 6 zu § 5 UnlWG.; Rosenthal in GewRschutz 15, 57; Gülland-Queck in MarkschWettbew. 13, 541 und die Reform S. 404; Osterrieth in GewRschutz 15, 57; Lobe in MarkschWettbew. 16, 129; Salinger in GewRschutz 16, 103; Finger in MarkschWettbew. 17, 74; Becker in GewRschutz 22, 122). Es wird hier nicht beachtet, daß solche Worte wie Pilsener das Auge auf sich ziehen und die Zusätze übersehen oder an Bedeutung weit zurücktreten lassen (vgl. RG. 86, 123 im Bl. 15, 155 betr. Garlock Packung und N. 3 zu § 20). Deshalb erscheint auch eine Wortbildung wie Pilsator, die sicherlich irreführen soll, unzulässig (a. M. RG. in MarkschWettbew. 11, 429; in Mitt. v. V. 12, 86). § 16 8

Das RG. hat die bei Pilsener Bier entwickelten Sätze neuerdings auch auf Münchener Bier ausgedehnt und hat „Bautzener Münchener" für zulässig erklärt, weil durch die Hinzufügung von „Bautzener" Münchener zur Beschaffenheitsangabe gemacht sei (RG. in JW. 24, 692 in MarkschWettbew. 23, 152; dagegen Wassermann in JW. 24, 692, der mit Recht auf Art. 274 des Versailler Vertrages hinweist, der nach der Auffassung des RG. nicht zugunsten der Inländer wirken würde, s. auch Lobe in JW. 20, 611). Zahlreiche weitere Beispiele für Herkunftsangaben sind bei Rosenthal N. 9ff. zu § 5 angegeben. Erwähnt seien hier: Rheinlachs (OLG. Hamburg in MarkschWettbew. 16, 257); Emser Pastillen, Emser Karamellen (OLG. Karlsruhe in MarkschWettbew. 12, 528; RG. in MarkschWettbew. 13, 596); Braunschweiger Wurst (RG. in JW. 15, 1361); Aalborger Aquavit (OLG. Kiel in MarkschWettbew. 15, 101); Camembert (RGSt. in MarkschWettbew. 14, 337; richtiger PA. in MarkschWettbew. 18, 167); Friedrichsdorfer Zwieback (Bl. 98, 259); Berliner Rollmops (RG. 85, 197 in MarkschWettbew. 14, 262). Als Beschaffenheitsangaben gelten dagegen Steinhäger (RG. in MarkschWettbew. 13, 441; RG. in GewRschutz 15, 205; RG. in MarkschWettbew. 23, 162; § 102 des Branntweinmonopolgesetzes vom 8. April 1922; RG. im Bl. 22, 425); schwedischer Punsch (RG. im Bl. 00, 208); Selters, Nordhäuser und die oben angeführten Berliner Blau usw.

Die Straflosigkeit des Abs. 2 tritt nicht ein, wenn ein Produzent dem Gattungsnamen einen wörtlichen oder bildlichen Zusatz gibt, durch den er den Gattungscharakter aufhebt und die ursprüngliche Bedeutung wiederherstellt, z. B. wenn ein Berliner sein Fabrikat als echten Nordhäuser oder Steinhäger, natürliches Selterswasser verkauft (Rosenthal N. 5 zu § 5; RG. im Bl. 04, 24; RGSt. 39, 410 im Bl. 07, 169; in GewRschutz 15, 204; RGSt. in MarkschWettbew. 14, 337; RGSt. in GewRschutz 16, 188; RG, in MarkschWettbew. 23, 162). Umgekehrt kann man, wie das RG. annimmt. unter Umständen durch einen jeden Irrtum ausschließenden Zusatz der Ortsbezeichnung ihren täuschenden Charakter nehmen, z. B. Pilsener Bier aus der Berliner Brauerei N. N. Allein diese letztere Auffassung entspricht nicht mehr den heutigen Verkehrsbedürfnissen, wie sich gerade bei dem Worte Pilsener ergeben hat.

§ 16 9, 10 **9.** Für Weine sind durch das Weingesetz vom 7. April 1909 (RGBl. S. 393) besondere Bestimmungen getroffen, durch die der § 16 Abs. 2 seiner Bedeutung für sie enthoben ist. Es bestimmt nämlich § 6 und § 7:

Weine.

> § 6. „Im gewerbsmäßigen Verkehr mit Wein dürfen geographische Bezeichnungen nur zur Kennzeichnung der Herkunft verwendet werden.
>
> Die Vorschriften des § 16 Abs. 2 des Gesetzes zum Schutze der Warenbezeichnungen vom 12. Mai 1894 (Reichs-Gesetzbl. 441) und des § 1 Abs. 3 des Gesetzes zur Bekämpfung des unlauteren Wettbewerbes vom 27. Mai 1896 (Reichs-Gesetzbl. S. 145) finden auf die Benennung von Wein keine Anwendung. Gestattet bleibt jedoch, die Namen einzelner Gemarkungen oder Weinbergslagen, die mehr als einer Gemarkung angehören, zu benutzen, um gleichartige und gleichwertige Erzeugnisse benachbarter oder nahegelegener Gemarkungen oder Lagen zu bezeichnen."
>
> § 7. „Ein Verschnitt aus Erzeugnissen verschiedener Herkunft darf nur dann nach einem der Anteile allein benannt werden, wenn dieser in der Gesamtmenge überwiegt und die Art bestimmt; dabei findet die Vorschrift des § 6 Abs. 2 Anwendung. Die Angabe einer Weinbergslage ist jedoch, von dem Falle des § 6 Abs. 2 Satz 2 abgesehen, nur dann zulässig, wenn der aus der betreffenden Lage stammende Anteil nicht gezuckert ist.
>
> Es ist verboten, in der Benennung anzugeben oder anzudeuten, daß der Wein Wachstum eines bestimmten Weinbergbesitzers sei.
>
> Die Beschränkungen der Bezeichnung treffen nicht den Verschnitt durch Vermischung von Trauben oder Traubenmost mit Trauben oder Traubenmost gleichen Wertes derselben oder einer benachbarten Gemarkung und den Ersatz der Abgänge, die sich aus der Pflege des im Fasse lagernden Weines ergeben."

Gattungsbezeichnungen geographischer Art sind danach für Weine grundsätzlich nicht mehr anerkannt (OLG. München im Bl. 13, 255; in MarkschWettbew. 11, 549: griechischer Malaga). Infolge des Art. 275 des Versailler Vertrages (N. 8) ist durch Reichsgesetz vom 1. Febr. 1923 (RGBl. S. 107) nach § 7 § 7a eingefügt, der lautet:

> „§ 6 Abs. 2 Satz 2 und § 7 gelten nicht für die Verwendung von französischen oder portugiesischen geographischen Bezeichnungen."

Damit ist die strengere Auffassung für die Gemarkungslagen und Verschnittweine französischer oder portugiesischer Herkunft (Portwein, Madeira) anerkannt, für andere Weine verbleibt es bei den bisherigen Normen (s. die Erläuterungsbücher zum Weingesetz von Lebbin und von der Pfordten).

Schaumweine. **10.** In betreff der moussierenden Weine entspann sich nach Inkrafttreten des Gesetzes ein lebhafter Streit darüber, welcher Ort als Herkunftsort für Schaumweine angesehen werden kann. Die Mehrzahl der Schriftsteller, das PA. und das RG. haben die Ansicht angenommen, wonach für den Schaumwein als Herkunftsort nicht der Ort, wo die Trauben gewachsen sind, sondern der Ort zu erachten ist, an welchem die Herstellung des Erzeugnisses vollendet wird, d. h. wo der in Flaschen abgefüllte Wein der besonderen Behandlung unterzogen wird, die ihm seinen eigenartigen Charakter gibt (LG. Straßburg und RG. im Bl. 96, 190; RGSt. 28, 352; PA. im Bl. 99, 228; 03, 9; Schmid in Zeitschrift f. GewRschutz 95, 233; Pouillet in der Propriété Industrielle 95, 69; Kohler in GewRschutz 96, 305; Fuld ebenda 00, 218). Für die Praxis ist die Frage erledigt, seitdem das Weingesetz vom 7. April 09 (RGBl. S. 393) im § 17 sich auch auf diesen Standpunkt gestellt hat. § 16 10, 11, 12

Zuwiderhandlungen gegen die Vorschriften des § 17 sind nach § 28 jenes Gesetzes strafbar.

Damit ist aber nicht gesagt, daß es unzulässig ist, den Ort ersichtlich zu machen, von dem die Trauben stammen. Nur muß dies in einer solchen Weise geschehen, daß das Publikum nicht auf den Gedanken kommen kann, der Schaumwein stamme in seiner fertigen Gestalt von diesem Orte, da sonst § 16 des Zeichengesetzes anwendbar erscheint. Benutzt man die französische Sprache und gibt man an, daß die Cuvée aus einem Ort der Champagne stamme (Cuvée ist die Mischung der Weinsorten, die erst der besonderen Behandlung unterworfen werden muß), so wird man beim deutschen Publikum leicht Irrtum über den Herkunftsort hervorrufen, selbst wenn in französischer Sprache wahrheitsgemäß hinzugesetzt ist: mise en bouteille à Mayence (a. M. Allfeld S. 634; OLG. Kolmar in DJZ. 97, 248; vgl. dagegen Kohler in GewRschutz 96, S. 305; Kent S. 475; Schmid a. a. O.).

Champagner ist durch Art. 275 des Versailler Vertrages als Herkunftsbezeichnung französischen Rechts gesichert und war auch vorher als solche anerkannt.

Mineralquellen.

11. Unter der Schutzlosigkeit der geographischen Benennungen hatten früher die Kurorte und Mineralquellen sehr zu leiden. Durch § 16 Abs. 1 sind nunmehr auch die Brunnen und Quellen als Ortsbezeichnungen geschützt. Es sind also nicht bloß Bezeichnungen, wie Emser Pastillen, sondern auch Apollinarisbrunnen, Marienbader Kreuzbrunnen, Rakoczyquelle (in Kissingen), Fachinger (OLG. Königsberg in MarkschWettbew. 17, 170) verboten. Daß Emser Salz frei sein soll (RGSt. in GewRschutz 13, 20) wird nicht anzunehmen sein.

Indessen darf dies nicht zu weit ausgedehnt werden. In neuerer Zeit ahmt man bekanntlich die Mineralwasser nach, indem man sie künstlich aus ihren wichtigsten Bestandteilen zusammensetzt, und oft erreicht man mit diesem künstlichen Wasser ähnliche Erfolge wie mit dem natürlichen. Der Fabrikant eines solchen künstlichen Wassers darf nicht verhindert werden, zur Charakterisierung seines Fabrikats den Namen des Originalwassers zu verwenden, wenn er es nur in einer Weise tut, welche deutlich jede Verwechselung ausschließt, z. B. künstlicher Rakoczy usw. (Kohler Unlauterer Wettbewerb S. 185; Pouillet Nr. 408; Schmid in Zeitschrift f. GewRschutz 95, 289 S. 297, 349; Allfeld S. 631). Ist allerdings eine Bezeichnung Gattungsname geworden, wie es z. B. bei Selterswasser, Karlsbader Salz, nicht aber bei Kränchen der Fall ist (PA. im Bl. 96, 241 und 306; 97, 193), so steht ihre zusatzlose Anwendung jedem frei; erst Zusätze wie „natürliches" Selterswasser sind geeignet, eine Täuschung über den Herkunftsort zu erzeugen (N. 8 a. E.).

Tabak und Zigarren.

12. Gattungsnamen finden sich vielfach im Tabakhandel (Beispiele im WZBl. 95, 198). Indessen wird man auch hier nach der heutigen Verkehrsanschauung im Zweifel eine Herkunftsbezeichnung anzunehmen haben.

§ 16 § 17 Es mag z. B. richtig sein, daß man in der Verkehrssprache bei dem Worte
12 1 Havannazigarre nicht voraussetzt, daß dieselbe gerade in Havanna, der Hauptstadt der Insel Kuba, fabriziert worden ist. Aber im allgemeinen nimmt man bei dem Wort an, daß die Zigarre aus dem dortigen Gebiete stammt. Havanna wird als Herkunftsbezeichnung angesehen, insbesondere wenn durch den Zusatz echt oder sonstige Bezeichnungen noch besonders auf den Ursprung hingewiesen wird (OLG. Hamburg in MarkschWettbew. 13, 155; OLG. Hamm in MarkschWettbew. 14, 28; OLG. Hamburg in MarkschWettbew. 17, 172; a. M. RGSt. 39, 410 im Bl. 07, 169; vgl. auch Wassermann in MarkschWettbew. 19, 59). Es scheint allerdings in jüngster Zeit die Auffassung sich geändert zu haben und Havanna auch für Zigarren üblich geworden zu sein, die in Deutschland aus Havannatabaken hergestellt sind. Doch ist die Entwickelung bisher noch nicht abgeschlossen.

Ägyptische Zigaretten müssen in Ägypten hergestellt sein (RG. in MarkschWettbew. 7, 171; RG. in MarkschWettbew. 8, 211; PA. in MarkschWettbew. 8, 104; im Bl. 08, 297; RG. in JW. 09, 285; RG. in MarkschWettbew. 13, 68). Russische und türkische Zigaretten gelten als Beschaffenheitsangaben (Wassermann in MarkschWettbew. 8, 189; Rosenthal N. 13 zu § 5; s. aber Joseph in MarkschWettbew. 8, 288); sicher ist dies nicht. Über den unzulässigen Zusatz de Constantinople s. oben N. 4.

§ 17.

§ 17 Ausländische Waren, welche mit einer deutschen Firma und Ortsbezeichnung oder mit einem in die Zeichenrolle eingetragenen Warenzeichen widerrechtlich versehen sind, unterliegen bei ihrem Eingang nach Deutschland zur Einfuhr oder Durchfuhr auf Antrag des Verletzten und gegen Sicherheitsleistung der Beschlagnahme und Einziehung. Die Beschlagnahme erfolgt durch die Zoll- und Steuerbehörden, die Festsetzung der Einziehung durch Strafbescheid der Verwaltungsbehörden (§ 459 der Strafprozeßordnung).

Bedeutung der Bestimmung.

1. Bedeutung der Bestimmung. Nicht auf die Nationalität desjenigen, der die Waren in Verkehr bringt, kommt es an, sondern darauf, ob die Waren vom Auslande eingeführt werden. Dafür sprechen: der Wortlaut des § 17 („ausländische Waren", „bei ihrem Eingang nach Deutschland") und das Vorbild der anderen Gesetzgebungen (z. B. art. 19 des französischen Markenschutzgesetzes: tout les produits étrangers; Art. 27 des amerikanischen Gesetzes vom 20. Febr. 1905 in Propr. industrielle 05, 103).

Der Art. 9 der Union enthält Bestimmungen, die mit denen im § 17 sich berühren. Noch näher kommen ihnen die Vorschriften des Madrider Abkommens betr. die Unterdrückung der falschen Herkunftsangaben auf Waren vom 14. April 1891, s. die Anlagen. Der Beitritt des Reichs zu diesem Abkommen ist in dem gegenwärtig dem Reichsrat vorliegenden Entwurfe eines entsprechenden Gesetzes beantragt. § 17 1, 2, 3

Der § 17 setzt kein Vergehen voraus. Er verlangt nur eine objektive Widerrechtlichkeit. Daß der Einführende wissentlich oder grob fahrlässig in das Recht des anderen eingreift (§ 14), ist nicht notwendig. Er gibt dem Berechtigten die Möglichkeit, die Behörden zu einer Schutzmaßregel zu veranlassen, um einer Verletzung seines Rechts vorzubeugen (RGSt. im Bl. 05, 247; in GewRschutz 05, 240).

Ausländische Waren.

2. Ausländische Waren sind solche, welche vom Ausland eingeführt werden; ob sie einem Deutschen oder Nichtdeutschen gehören, ob sie aus Vertragsländern herrühren oder nicht, ist gleichgültig (ebenso: RG. a. a. O.; Rhenius S. 148; Kohler S. 203; Kent S. 481; Allfeld S. 646; a. M. Meves S. 232; Finger S. 107).

Widerrechtliche Bezeichnung.

3. Widerrechtliche Bezeichnung. Die Bestimmung schützt das Namens-, Firmen- und Zeichenrecht, bezieht sich also nicht auf den Fall, wenn die Ware mit einer fremden Ausstattung (§ 15) oder nur mit einer unrichtigen Herkunftsangabe (§ 16) versehen ist. Der Name wird allerdings in § 17 (anders in §§ 13, 14) nicht erwähnt, indes dies beruht wohl nur auf einem Versehen. Auch ist in der Stelle des Kommissionsberichtes, welcher die Einschaltung des § 17 begründet, ausdrücklich der Name neben Firma und Warenzeichen als zu schützendes Objekt genannt. Man muß deshalb das Wort „Firma" ausdehnend auslegen, so daß es die Namen aller Gewerbetreibenden einschließt (ebenso fast alle Schriftsteller, z. B. Allfeld S. 647).

Der § 17 findet nicht Anwendung, wenn die Waren bloß mit einer deutschen Firma oder einem deutschen Namen versehen sind, sollte es auch unzweifelhaft sein, wessen Firma oder wessen Name angenommen ist. Es muß außer dem Namen oder der Firma sich noch eine Ortsbezeichnung und zwar eine deutsche auf der Ware befinden. Wegen des Begriffes „Ort" siehe N. 3 zu § 16, nur umfaßt er hier außer Gemeinde- und weiteren Kommunalverbänden auch Länder.

Orte, deren Namen in und außer Deutschland vorkommen, gelten als deutsche, wofern dies nicht durch einen Zusatz auf der Ware ausgeschlossen ist. Dasselbe gilt für Namen, Firmen, Zeichen, welche sowohl innerhalb Deutschlands als auch im Auslande geführt oder geschützt werden.

Daß der deutsche Gewerbetreibende in dem angegebenen Orte wohnt oder seine Niederlassung hat, ist nicht erfordert (Kent S. 485; Allfeld S. 647); anders Art. 10 Abs. 2 des Unionsvertrages. Notwendig ist allerdings dann, daß aus den sonstigen Umständen erhellt, daß der Gewerbetreibende, welcher den Antrag stellt, der Verletzte (N. 5) ist. Phantasienamen oder -firmen kann man ungehindert auf die Ware setzen, es fehlt dann an einem Verletzten.

Eine Firma oder ein Name ist deutsch, wenn deren Träger in Deutschland wohnt oder eine Niederlassung hat, sollte er auch einer anderen Nationalität angehören. Dies ergibt sich aus der Gleichstellung mit dem in die Zeichenrolle eingetragenen Warenzeichen, bei welchem auch nur der Ort

§ 17 der Niederlassung, nicht die Staatsangehörigkeit des Anmelders in Betracht
3, 4, 5 kommt (vgl. § 23). Richtiger spricht die entsprechende Bestimmung des französischen Gesetzes von dem nom d'un fabricant résidant en France. Wer in den Konsulargerichtsbezirken als Reichsangehöriger oder Schutzgenosse wohnt oder sich niedergelassen hat, kann seine Firma oder seinen Namen als deutsch bezeichnen (vgl. N. 2 zu § 23). Den Deutschen stehen die Angehörigen der Vertragsstaaten nach Maßgabe der in den Anlagen abgedruckten Verträge gleich.

Ob die Bezeichnung auf der Ware oder ihrer Umhüllung (N. 6 zu § 12) angebracht ist, ist unerheblich. Der Zeichenschutz bezieht sich aber nur auf gleichartige Waren.

Die Bezeichnung muß widerrechtlich sein (N. 5 zu § 14).

Im übrigen vgl. wegen der Verletzung des Zeichen-, Namens- und Firmenrechts noch N. 2—4 zu § 14.

Eingang nach Deutschland. 4. Die Waren unterliegen bei ihrem Eingang nach Deutschland (vgl. RGSt. 18, 241), nicht bei ihrem Austritt, der Beschlagnahme, letztere ist deshalb zweckmäßig in die Hände der Zoll- und Steuerbehörde gelegt. Ist die Ware nicht mehr im Machtbereich dieser Behörde, so kann sie die Beschlagnahme nicht mehr vornehmen. Dies schließt nicht aus, daß der Verletzte noch nachher durch den Zivilrichter im Wege der einstweiligen Verfügung oder durch Strafrichter, Staatsanwalt, Polizei gemäß §§ 94ff. der Strafprozeßordnung eine Beschlagnahme der Ware erwirkt.

Ob der Eingang zum Zweck der Einfuhr oder der Durchfuhr erfolgt, ist im Gesetze ausdrücklich für unerheblich erklärt.

Antrag des Verletzten. 5. Der Antrag ist kein Strafantrag im Sinne der §§ 61ff. des StGB., denn es wird hier nicht die Strafpflicht des Staats überhaupt, sondern nur eine bestimmte polizeiliche Vorbeugungsmaßregel von dem Vorliegen eines Antrages abhängig gemacht. Der Verletzte kann neben dem Antrag auf Beschlagnahme und Einziehung oder statt desselben Strafantrag stellen oder Zivilklage erheben. Andererseits kann der Verletzte, wenn überhaupt kein Vergehen vorliegt, z. B. wenn der Einführende weder wissentlich noch grob fahrlässig gehandelt hat, nur die Maßregeln des § 17 in Antrag bringen. Es finden deshalb die Vorschriften über den Strafantrag, z. B. über Frist und Form (N. 29 zu § 14) hier keine Anwendung.

Eine bestimmte Form oder Frist in nicht zu beobachten. Wenn der Verletzte auch nur eine der beiden Maßregeln des § 17 in seinem Antrage nennt, so haben doch beide zu erfolgen. Häufig wird wegen der Dringlichkeit der Sache der Antrag telegraphisch gestellt werden; die Frist ergibt sich daraus, daß die Ware noch im Machtbereich der Zoll- und Steuerbehörde sein muß (N. 4).

Wenn die Beschlagnahme auch nur auf Antrag erfolgen darf, so wird man es doch für eine Amtspflicht der Zoll- und Steuerbehörden erachten müssen, wenn sie bei Waren, welche nach Deutschland eingehen, prima facie der Ansicht sind, daß die materiellen Voraussetzungen des § 17 vorliegen, die Waren einstweilen anzuhalten und dem nach ihrer Ansicht Verletzten Mitteilung zu machen, um ihm Gelegenheit zur Antragstellung zu geben. Geht auf ihre — möglichst telegraphische — Mitteilung nicht ohne Verzug der Antrag ein, so haben sie die Waren durchgehen zu lassen (a. M. Kent S. 485; Allfeld S. 649).

Wegen der Person des Verletzten s. N. 10, 29 zu § 14.

Der vom Verletzten gestellte Antrag kann von ihm im Laufe des Verfahrens zu jeder Zeit zurückgenommen werden. Da es sich hier um den Schutz eines Privatrechts handelt, so muß der Schlußsatz der §§ 14, 15 analog angewendet werden. § 470 StPO. dürfte bei Zurücknahme des Antrages über die Kostenfrage entscheiden. § 17 5, 6, 7, 8

6. Die Sicherheitsleistung ist obligatorisch. Die Zoll- und Steuerbehörde kann entweder vorgängige Sicherheitsleistung verlangen, bevor sie die Beschlagnahme ausspricht (inzwischen hält sie die Ware an), sie stellt dann dem Verletzten zur Sicherheitsbestellung eine bestimmte Frist, nach deren fruchtlosem Verlaufe sie die Ware durchgehen läßt. Oder sie nimmt die Ware sofort in Beschlag, indem sie dem Verletzten gleichzeitig eine Frist zur Sicherheitsleistung setzt; nach fruchtlosem Ablauf hebt sie die Beschlagnahme auf. Ob der Verletzte oder ein Dritter die Sicherheit bestellt, ist unerheblich. **Sicherheitsleistung.**

Die Zoll- und Steuerbehörde bestimmt nach freiem Ermessen die Höhe der Sicherheitsleistung. Sie wird im einzelnen Falle den Wert der Waren, die größere oder geringere Zweifelhaftigkeit des Rechts des Verletzten, dessen Vermögenslage usw. berücksichtigen. Die Bestellung der Sicherheit wird regelmäßig durch Hinterlegung in barem Gelde oder Wertpapieren erfolgen (§ 108 ZPO.), ausnahmsweise kann die Behörde auch andere Sicherungsmittel, z. B. Verbürgung eines zahlungsfähigen Dritten, zulassen (§ 232 BGB.).

Die Sicherheit haftet dem Eigentümer oder Einführer der Ware für die Nachteile, welche ihm durch eine ungerechtfertigte Beschlagnahme und Einziehung entstehen; sein Schadensersatzanspruch ist entsprechend § 823 BGB. von einem Verschulden des Antragstellers abhängig.

7. Die Beschlagnahme besteht in der ausdrücklichen Anordnung, daß die Ware in amtliche Verwahrung zu nehmen oder in anderer Weise sicherzustellen ist. Die Beschlagnahme ist nur Mittel zum Zweck; sie soll die Einziehung der Ware sichern, vgl. § 94 StPO. **Beschlagnahme.**

Die Behörde hat zunächst zu prüfen, ob die Voraussetzungen vorliegen; natürlich wird diese Prüfung wegen der durch die Natur der Sache bedingten Eile nur eine summarische sein dürfen (KommB. S. 8).

8. Die Einziehung des § 17 ist keine Strafe, sondern eine polizeiliche Maßregel, denn sie setzt weder ein strafbares Verschulden einer Person voraus, noch ist sie davon abhängig, daß die Ware „dem Täter oder einem Teilnehmer" (§ 40 StGB.; vgl. N. 4 zu § 19) gehört. Sie richtet sich überhaupt nicht gegen eine Person, sondern nur gegen die Ware. Über die Einziehung im allgemeinen vgl. Olshausen und Ebermayer, StGB. §§ 40—42. **Einziehung.**

Die Einziehung muß der Beschlagnahme nicht immer nachfolgen, sondern die Verwaltungsbehörde, an welche die Zoll- oder Steuerbehörde sofort nach vollzogener Beschlagnahme zu berichten hat, hat selbständig zu erwägen, ob sie die Beschlagnahme aufheben oder die Einziehung festsetzen will. Entschließt sie sich für das letztere, so richtet sich das Verfahren nach dem dritten Abschnitt des sechsten Buches der Strafprozeßordnung „Verfahren bei Zuwiderhandlung gegen die Vorschriften über die Erhebung öffentlicher Abgaben und Gefälle". Danach tritt zuerst das administrative Strafverfahren ein, indem die Verwaltungsbehörde einen Strafbescheid erläßt. Der Absender der Ware, welchem der Bescheid zuzustellen ist, kann gegen denselben auf gerichtliche Entscheidung antragen. Dem gerichtlichen Strafverfahren ist eigentümlich, daß die Verwaltungsbehörde sich der Verfolgung anschließen kann.

§ 17 § 18 Der § 17 erklärt allerdings ausdrücklich nur den § 459 — jetzt 419 —
8 1 für anwendbar. Da dieser Paragraph aber in Abs. 2 vorschreibt, der Strafbescheid müsse die Eröffnung enthalten, daß gegen ihn der Antrag auf gerichtliche Entscheidung zulässig sei, so folgt daraus, daß auch die anderen Bestimmungen des Abschnitts der StPO. Anwendung finden. Auch die Motive zu § 22, dessen Schlußsatz ebenso lautet wie der des § 17, nehmen ganz allgemein auf den dritten Abschnitt des sechsten Buches Bezug (Motive S. 19).

Die Einziehung geschieht nicht zugunsten des Reichs, sondern des Landesfiskus, und zwar desjenigen, dessen Beamte die Beschlagnahme und Einziehung vornehmen. Das Eigentum geht mit der Rechtskraft des die Einziehung festsetzenden Strafbescheides über (Olshausen, StGB. § 40 N. 4); einer nachfolgenden Besitzergreifung des Fiskus zum Zwecke des Eigentumserwerbs (RGSt. 21, 54) bedarf es nicht, da der Fiskus schon durch die Beschlagnahme in den Besitz der Sache gelangt war. Die Vorschrift des § 156 des Vereinszollgesetzes vom 1. Juli 1869

> Das Eigentum der Gegenstände, die der Konfiskation unterliegen, geht in dem Augenblick, wo dieselben in Beschlag genommen worden sind, auf den Staat über.

findet als Sonderbestimmung hier keine Anwendung, zumal es im Augenblick der Beschlagnahme noch gar nicht feststeht, ob die Einziehung nachfolgen wird (a. M. Kent S. 491). Vor Veräußerung der eingezogenen Waren durch den Fiskus müssen natürlich die widerrechtlichen Kennzeichnungen entfernt werden.

In Preußen ist jetzt durch das Gesetz vom 26. Juli 1897 (GS. S. 237) § 59 das ganze Verfahren einheitlich geregelt. Durch Erlaß vom 26. September 1897 (GS. S. 402) ist der Finanzminister zu Begnadigungen ermächtigt (vgl. GewRschutz 98, 253).

§ 18.

Statt jeder aus diesem Gesetze entspringenden Entschädigung kann auf Verlangen des Beschädigten neben der Strafe auf eine an ihn zu erlegende Buße erkannt werden. Für diese Buße haften die zu derselben Verurteilten als Gesamtschuldner.

Eine erkannte Buße schließt die Geltendmachung eines weiteren Entschädigungsanspruchs aus.

Abs. 1.

Rechtsnatur der Buße. 1. Bezüglich der Natur der Buße hat das Reichsgericht in ständiger Praxis (RGSt. 12, 223; 15, 352 u. 439; 31, 334; 53, 208) daran festgehalten, daß dieselbe nicht eine Strafe, sondern eine Entschädigung ist (vgl. über diese

Frage sowie über Buße überhaupt: Kohler Handbuch S. 578; Isay in GewRschutz 04, 25 und die in den Kommentaren zu § 188 StGB. Angeführten). § 18 1, 2, 3, 4

Diese Entschädigung, auf welche in den Fällen des § 14 und § 15 erkannt werden kann, umfaßt den vermögensrechtlichen Schaden (N. 12 zu § 14, N. 6 zu § 15), ist aber nicht auf denselben zu beschränken (RGSt. 15, 352); infolgedessen hat das Gericht dem Beschädigten in der Buße u. a. auch eine Entschädigung für den Verdruß und die Mühewaltung, welche ihm die Verletzung und deren Verfolgung verursachte (für den psychischen Schaden: RGSt. 24, 397; 31, 334; im Bl. 13, 158), und insbesondere auch für die durch die Verletzung häufig herbeigeführte Beeinträchtigung seines kaufmännischen Rufes zu gewähren; etwas eingeschränkter RG. in MarkschWettbew. 9, 385.

Die Begnadigung bezüglich der Strafe hat auf die Buße keinen Einfluß, weil dieselbe keine Strafe ist. Deshalb ist auch die nachträgliche Zusprechung einer Buße nie eine reformatio in peius (RGSt. 15, 439).

Buße und zivilrechtliche Entschädigung. 2. Trotz des Alternativverhältnisses, welches zwischen der zivilrechtlichen Entschädigung aus §§ 14, 15 und der Buße besteht (N. 9), decken sich beide weder in ihren Voraussetzungen, noch in ihrem Inhalte (RG. 16, 6). Buße kann der Beschädigte nur verlangen, wenn der Angeklagte auf Grund des § 14 oder § 15 bestraft wird, also dolos gehandelt hat, der Zivilanspruch entsteht im Falle des § 14 schon bei grober Fahrlässigkeit des Verletzers. Die Entschädigung erstreckt sich nur auf vermögensrechtliche Nachteile, ist aber in der Höhe unbeschränkt, die Buße umfaßt auch anderen, als vermögensrechtlichen Schaden (N. 1), sie ist in der Höhe beschränkt und in Reichsmark festzusetzen. Ihr Mindestbetrag ist 3 Reichsmark, der Höchstbetrag 10000 Reichsmark (vgl. VO. vom 6. Febr. 1924 Art. IV, RGBl. S. 44 im Bl. 24, 41). Der Entschädigungsanspruch ist ein mit der verletzenden Handlung wohlerworbenes, unter Lebenden und von Todes wegen übertragbares, gegen den Verletzer und dessen Erben im Wege der Klage durchführbares Vermögensrecht, dagegen entsteht ein wohlerworbenes, übertragbares und gegen die Erben verfolgbares Vermögensrecht auf die Buße erst durch die Rechtskraft des eine solche zuerkennenden Strafurteils. Einen weiteren Unterschied s. in N. 9.

Ermessen des Gerichts. 3. Es hängt auch im Falle der Verurteilung aus § 14 oder § 15 vom Ermessen des Strafrichters ab, ob er auf Buße erkennen will. Damit ist indessen die Entscheidung nicht in seine Willkür gelegt, vielmehr muß er in jedem Falle, wo Anhaltspunkte dafür vorhanden sind, daß ein Schaden entstanden ist, nötigenfalls unter Zuziehung von Sachverständigen, die Buße festsetzen. Ist es klar, daß ein Schaden entstanden ist, so darf der Richter den Antrag auf Buße nicht deshalb ablehnen, weil es an einer zuverlässigen Grundlage für die ziffernmäßige Feststellung der Höhe des Schadens fehle (RG. in GewRschutz 96, 252; RG. in JW. 00, 210). Die Verletzung dieses Satzes rechtfertigt die Revision. Nur für den sehr seltenen Fall, daß die Verhandlung gar keine Anhaltspunkte für einen Schaden gewährt hat und der Beschädigte solche nicht zu geben vermag, darf er die Zuerkennung einer Buße ablehnen (RGSt. 1, 328; 6, 398; 17, 190).

Beschädigter. 4. Der „Beschädigte" ist identisch mit dem „Verletzten" der §§ 14, 15; vgl. daher die Erörterungen in N. 10 zu § 14, welche auch hier zutreffen. Bei Verletzung des § 16 ist eine Buße ausgeschlossen (Allfeld S. 650). Wenn

§ 18 der Angeklagte wegen Zeichenverletzung und wegen eines in der gleichen
5, 6, 7 Handlung liegenden schwereren Delikts verurteilt wird, so kann trotz § 73 StGB. neben der Strafe des letzteren auf Buße erkannt werden (Olshausen zu § 188, Kohler Handbuch S. 580). Zu Unrecht nehmen RGSt. 41, 377 und in JW. 18, 233 im Bl. 19, 14 an, daß bei einer geschädigten offenen Handelsgesellschaft jeder Gesellschafter den Anspruch der Gesellschaft auf Buße geltend machen kann und daß durch die Zahlung an ihn der Verletzer sowohl den anderen Gesellschaftern, wie der Gesellschaft gegenüber von seiner Schuld befreit ist; vgl. Flechtheim in JW. 18, 233.

Bei mehreren Beschädigten kann nur demjenigen von ihnen, der das Verlangen stellt, eine Buße zugesprochen werden. Der Höchstbetrag von 10000 Mark ist nicht dahin zu verstehen, daß der Angeklagte auch beim Vorhandensein mehrerer Verletzten nie mehr als 10000 Mark im ganzen als Buße zu zahlen braucht; vielmehr kann jedem einzelnen der Verletzten eine Buße bis zu diesem Höchstbetrage zugesprochen werden (vgl. Olshausen zu § 188 StGB.; Kent S. 496; a. M. Allfeld S. 652), es sei denn, daß sie in Ansehung des Rechts in Gemeinschaft stehen.

Bei der Verfolgung aus § 16 kann auf Buße nicht erkannt werden (RGSt. 35, 25 in Bl. 02, 6).

Mittäter. 5. Mittäter können zusammen höchstens zu dem Maximum von 10000 Mark verurteilt werden (RG. in JW. 92, 420; 93, 11), sie haften für die Buße solidarisch (RGSt. 37, 400 im Bl. 06, 208). Der Verletzte braucht nicht gegen alle den Antrag auf Buße zu stellen. Wegen der Ausgleichung unter den Gesamtschuldnern vgl. §§ 840, 426 BGB. Die Gesamthaftung für die Buße tritt aber nur dann ein, wenn mehrere Teilnehmer an ein und derselben Handlung wegen dieser gemeinschaftlich begangenen Handlung zu einer Gesamtbuße verurteilt sind; dagegen dann nicht, wenn zwei Strafsachen wegen Gleichartigkeit verbunden werden und nur deshalb beide Angeklagten zusammen zu einer Buße verurteilt werden (RGSt. 5, 251; 33, 13 im Bl. 00, 254). Im letzteren Falle kann die Buße bei jedem Angeklagten bis zum Höchstbetrage ausgesprochen werden.

Auch gegen den Gehilfen des Täters kann auf Buße erkannt werden (RGSt. 38, 194 im Bl. 06, 61).

Mehrere Rechtsverletzungen. 6. Hat jemand mehrere Verletzungen begangen, so ist zu unterscheiden: Sind mehrere Zeichen, Namen, Firmen, Ausstattungen oder ist eins von diesen Rechten mehrfach oder in Verbindung mit einem anderen verletzt, so ist im Falle einer Realkonkurrenz für jede Verletzung gesondert auf Buße zu erkennen, dagegen ist, wenn ein einheitliches Delikt angenommen wird (N. 23 zu § 14) nur einmal die Buße auszusprechen.

Verfahren. 7. Wegen des Verfahrens sind zu beachten §§ 403—406, 463 StGB. (vgl. die Kommentare dazu). Da nach § 403 jeder, der berechtigt ist, die Zuerkennung einer Buße zu verlangen, sich der öffentlichen Klage als Nebenkläger anschließen kann, so steht diese Befugnis jedem Beschädigten (N. 4) zu, auch wenn er den Strafantrag nicht gestellt hatte und gleichviel, ob er auch wirklich die Buße verlangt.

Über die Frage, wer die dem Nebenkläger erwachsenen Kosten zu tragen hat: RGSt. 15, 190; ferner RG. im Bl. 03, 43 a. E., RGSt. 35, 17 a. E.; RGSt. in MarkschWettbew. 10, 31. Wegen der Reisekosten des Anwalts s. MarkschWettbew. 12, 667.

Abs. 2. § 19 8, 9

8. Da erst die erkannte Buße die Geltendmachung eines weiteren Entschädigungsanspruches ausschließt, so ist der Verletzte an sich befugt, jederzeit, bis auf die Buße rechtskräftig erkannt ist, den Antrag zurückzunehmen und im Zivilprozeß seine Ansprüche geltend zu machen. Da aber nach § 404 Abs. 2 StPO. nur bis zur Verkündung des Urteils der Antrag auf Zuerkennung der Buße zurückgenommen werden kann, so kann der die Buße beanspruchende Nebenkläger, wenn er nach Verkündung des Urteils erster Instanz den Antrag zurücknehmen will, dies nur tun, wenn die Sache in die Revisionsinstanz gelangt. **Zurücknahme des Antrags auf Buße.**

9. Aus dem Alternativverhältnis zwischen Entschädigung und Buße, welches in den Eingangsworten und im Schlußsatze des § 18 gekennzeichnet ist, folgt, daß, nachdem über den Entschädigungsanspruch rechtskräftig entschieden ist, eine Buße nur insoweit verlangt werden kann, als sie über den zivilrechtlichen Entschädigungsanspruch hinausgeht (N. 1, 2). Insoweit ist auch die Verjährung des Entschädigungsanspruchs ohne Einfluß (Kohler Handbuch S. 579f., Allfeld S. 294, woselbst Literaturangabe). **Alternatives Verhältnis.**

Dagegen hindert den Verletzten nichts, wenn das Gericht seinem Antrag auf Buße nicht entsprochen hat, seine Entschädigung im Zivilwege einzuklagen, denn das strafgerichtliche Urteil hat für den Zivilrichter keine bindende Kraft (§ 14 Nr. 1 des EG. z. ZPO.); außerdem ist die Freisprechung vielleicht erfolgt, weil dem Angeklagten die Wissentlichkeit nicht nachgewiesen werden konnte, während die Entschädigung auch bei grober Fahrlässigkeit gefordert werden kann.

Hat sich der Beschädigte mit dem Verletzer über die Höhe des Schadens verglichen, so kann er nicht darüber hinaus einen Anspruch auf Buße erheben (OLG. Stuttgart in GewRschutz 07, 303).

Der Antrag auf Buße unterbricht nicht die Verjährung des Entschädigungsanspruches, weil beide sich nicht decken und das BGB. den allgemeinen Satz nicht enthält, daß jede gerichtliche Rechtshandlung, die Erfüllung eines Anspruchs bezweckt, die Verjährung unterbricht (RG. 16, 6; a. M. Kohler Handbuch des Patentrechts S. 577; Reichel in DJZ. 10, 647). Über die Verjährung des Anspruchs auf Buße s. RGSt. 44, 294.

Wenn derjenige, welcher die Ware mit dem Zeichen, dem Namen, der Firma, der Ausstattung widerrechtlich versehen hat, angeklagt und zu einer Buße verurteilt worden ist, kann dann der Verletzte noch gegen denjenigen, welcher die Ware in Verkehr bringt, Entschädigungsansprüche erheben? Soweit der zweite Verletzer dem Berechtigten einen Schaden verursacht hat, den ihm der erste nicht durch die Buße deckt, haftet er noch, sei es auf Entschädigung, sei es auf Buße. Das gleiche gilt im umgekehrten Falle, nur daß die bloße Zuerkennung der Entschädigung die Buße in gleicher Höhe noch nicht ausschließt, sondern erst die Bezahlung.

§ 19.

Erfolgt eine Verurteilung auf Grund der §§ 14 bis 16, 18, so ist bezüglich der im Besitze des Verurteilten befindlichen

§ 19 1 Gegenstände auf Beseitigung der widerrechtlichen Kennzeichnung, oder, wenn die Beseitigung in anderer Weise nicht möglich ist, auf Vernichtung der damit versehenen Gegenstände zu erkennen.

Erfolgt die Verurteilung im Strafverfahren, so ist in den Fällen der §§ 14 und 15 dem Verletzten die Befugnis zuzusprechen, die Verurteilung auf Kosten des Verurteilten öffentlich bekanntzumachen. Die Art der Bekanntmachung sowie die Frist zu derselben ist in dem Urteil zu bestimmen.

Abs. 1.

Voraussetzung. 1. Die Beseitigung der rechtswidrigen Kennzeichnung (Zeichen, Name, Firma, Ausstattung, Wappen, Herkunftsangabe) und die Vernichtung der mit ihnen versehenen Gegenstände sind polizeiliche Vorbeugungsmaßregeln, die eine fernere Rechtsverletzung verhüten sollen. Sie dürfen nur auf Grund eines Richterspruchs stattfinden. Voraussetzung für denselben ist eine Verurteilung auf Grund der §§ 14—16, 18. Der § 18 hätte nicht besonders angezogen zu werden brauchen, denn er kommt nur zur Anwendung, wenn eine Verurteilung auf Grund der §§ 14, 15 erfolgt. Neben dem objektiven Strafverfahren des § 42 StGB. kann § 19 nicht zur Anwendung kommen, weil in diesem Verfahren keine Verurteilung erfolgt. Gegenstände, die erst dazu dienen sollen, das Warenzeichen auf den Waren anzubringen, wie Abziehbilder, unterliegen nicht dem § 19 (LG. Braunschweig im Bl. 10, 23, vgl. Kohler S. 195).

Ob die Verurteilung im Strafprozeß oder — im Falle der §§ 14, 15 — im Zivilprozeß erfolgt, ist nach dem unzweideutigen Wortlaut des Gesetzes, insbesondere nach der Verschiedenheit der Anfangsworte in Abs. 1 und Abs. 2 des § 19, unerheblich (so mit OLG. 24, 228 die gemeine Meinung). Auf Zivilklagen, welche in den §§ 14—16 nicht erwähnt sind, ist § 19 nicht auszudehnen, er findet also insbesondere bei der negatorischen Klage auf Grund eines dieser Paragraphen keine Anwendung (N. 14 zu § 12; vgl. RG. im Bl. 98, 263 a. E.; Kohler S. 186). Das Strafurteil kann die Maßregeln nur aussprechen, wenn der Täter noch lebt, das Zivilurteil, welches auch gegen Erben ergehen kann, ist an diese Voraussetzung nicht gebunden. Das Strafurteil, das ein Vergehen gegen die §§ 14—16 feststellt, aber wegen eines in der gleichen Handlung liegenden schwereren Vergehens die härtere Strafe des letzteren ausspricht, darf § 19 Abs. 1 nicht anwenden (RGSt. in GewRschutz 12, 255, ebenso Allfeld S. 610, Kent S. 506).

Im Strafverfahren hat das Gericht stets von Amts wegen die Beseitigung bzw. Vernichtung auszusprechen. Für den Zivilprozeß allerdings ist dies nach dem dort geltenden Dispositionsprinzip (ne iudex eat ultra petita partium) ohne einen bezüglichen Antrag des Klägers nicht zulässig (Allfeld S. 656, Osterrieth S. 373, a. M. Kent S. 500); der Kläger kann diesen Antrag aber noch in der Berufungsinstanz stellen (§ 268 Nr. 2, § 529 Abs. 4 ZPO.). **§ 19 1, 2, 3**

2. Der Richter muß, wenn die Voraussetzungen der N. 1 vorliegen, auf Beseitigung oder Vernichtung erkennen. Der Ausspruch ist nicht in sein Belieben gestellt und kann nur in dem Erkenntnisse, das den Beklagten oder Angeklagten verurteilt, erfolgen. Der Richter hat nicht erst zu prüfen, ob sich widerrechtlich gekennzeichnete Gegenstände im Besitze des Verurteilten befinden, denn die Maßregel bezieht sich nicht bloß auf die Gegenstände, welche sich zur Zeit der Tat oder des Urteils im Besitze des Verurteilten befinden, sondern nach ihrem Charakter und Zwecke (N. 1 am Anfang) auch auf alle die, welche zur Zeit der Zwangsvollstreckung dort angetroffen werden (RGSt. 37, 131 im Bl. 04, 428; RG. in MarkschWettbew. 23, 222; Kohler S. 187). Durch Sicherungsmaßnahmen (einstweilige Verfügung, Beschlagnahme) kann ein vorheriges Beiseiteschaffen verhindert werden. **Urteil.**

Der Richter muß sich schlüssig machen, ob Beseitigung der widerrechtlichen Kennzeichnung oder Vernichtung der Gegenstände stattfinden soll. Er muß auf eine dieser Maßregeln erkennen und darf die Entscheidung, welche von ihnen stattfinden soll, nicht dem Vollstreckungsbeamten überlassen. Regelmäßig hat er die Beseitigung der Kennzeichnung auszusprechen und nur in dem Falle, wenn diese nicht anders möglich ist, auf Vernichtung der Gegenstände zu erkennen. Er darf letzteres also nur, wenn die Kennzeichnung nicht durch Überstreichen, Übermalen, Lösung des körperlichen Zusammenhangs oder auf irgendeine andere Weise beseitigt werden kann (RGSt. 45, 13 und 340; RGSt. in JW. 10, 680; RGSt. im Bl. 11, 235; a. M. RGSt. im Bl. 09, 143 in IndustrieR. 09, 45). Hierbei ist nur das, was wirtschaftlich möglich ist, anzuordnen, nicht das, was unter unverhältnismäßigem Aufwande von Mühe und Zeit geschehen könnte. Der Vernichtung unterliegt nur der mit der Kennzeichnung versehene Gegenstand. Ist also bloß die Verpackung gekennzeichnet, so darf die Ware nicht vernichtet werden und umgekehrt. Ist nur ein Teil des Gegenstandes gekennzeichnet und hat der übrige Teil noch einen selbständigen Wert, so muß die Vernichtung auf den gekennzeichneten Teil beschränkt werden. Auch die Anordnung der im einzelnen Falle vorzunehmenden Maßnahme ist Sache des erkennenden Richters.

3. Die Vollstreckung der erkannten Maßregel steht, wenn auf sie im Strafverfahren erkannt ist, nach § 451 StPO. der Staatsanwaltschaft zu; die Kosten der Vollstreckung hat nach § 465 StPO. der verurteilte Angeklagte zu tragen. **Vollstreckung.**

Hat der Zivilrichter auf die Maßregel erkannt, so ist für ihre Vollstreckung § 890 ZPO. maßgebend (Kent S. 502).

Die Vollstreckung erstreckt sich auf alle Gegenstände, welche im Besitz, d. h. im Gewahrsam, des Verurteilten vorgefunden werden. Ob sie ihm gehören, ist unerheblich, auf dingliche oder obligatorische Rechte Dritter wird keine Rücksicht genommen. Dagegen findet sie nicht in solche dem Verurteilten gehörigen Gegenstände statt, welche im Gewahrsam Dritter sind, wobei § 855 Abs. 2 BGB. zu beachten sein wird. Wenn die angeordnete Maßregel ausgeführt ist, so muß der Gegenstand, wofern er nicht ganz vernichtet ist, dem Verurteilten zurückgegeben werden.

§ 19 3, 4, 5 Die Vollstreckung der Maßregel wird, auch wenn letztere in einem Strafurteil ausgesprochen ist, durch den nachträglichen Tod des Verurteilten nicht beeinträchtigt (Kohler S. 197).

Einziehung des § 40 StGB. 4. Unabhängig von der in § 19 zugelassenen Beseitigung und Vernichtung besteht für die Vergehen der §§ 14—16 die Einziehung. Diese läßt der § 40 des StGB. für Gegenstände zu, die durch ein vorsätzliches Delikt hervorgebracht oder zur Begehung eines solchen gebraucht oder bestimmt sind, wofern sie dem Täter oder einem Teilnehmer gehören. Ihr unterliegen als instrumenta sceleris nicht bloß die Siegel, Formen, Druckstöcke, Platten, Stempel, Steine usw., welche zur Herstellung jener Kennzeichnung gedient haben oder dienen sollen, sondern auch die Kennzeichen selbst, also die Etiketten, die Ausstattung, die nachgeahmten Zeichen usw. Dagegen kann man von besonderen producta sceleris hier nicht sprechen, denn die einzigen Produkte, welche in Betracht kommen könnten, wären die mit der Kennzeichnung rechtswidrig versehenen Waren, Hüllen, Ankündigungen, Preislisten usw., von diesen kann man aber unmöglich sagen, daß sie durch das Vergehen hervorgebracht sind. Diese Lücke wird durch § 19 ausgefüllt; insofern ergänzen sich beide Bestimmungen (RGSt. 45, 13 und 340; Allfeld S. 655; Kohler S. 197).

Zwischen der Einziehung des § 40 StGB. und den Maßregeln des § 19 Abs. 1 gibt es mannigfache Verschiedenheiten:

a) Die Einziehung findet nur im Strafprozeß statt, die Beseitigung bzw. Vernichtung auch im Zivilverfahren.
b) Auf Beseitigung oder Vernichtung muß der Richter erkennen, die Einziehung ist fakultativ. Der Richter wird bei der letzteren seinen Entschluß davon abhängig machen, ob die instrumenta eigens für das Vergehen bestimmt sind oder nur gelegentlich zu demselben benutzt worden sind. Er wird also z. B. die Lettern, mittels deren das Zeichen den Briefen aufgedruckt wurde, oder die Wagen, auf welchen die Ware in den Verkehr gebracht wurde, schwerlich einziehen, wohl aber den zur Wiedererzeugung des Zeichens bestimmten Druckstock.
c) Die Einziehung ist nur bezüglich der Gegenstände zulässig, welche dem Täter oder einem Teilnehmer gehören; bei der Beseitigung oder Vernichtung kommt es nicht auf das Eigentum, sondern nur auf den Gewahrsam an (RGSt. 37, 132 im Bl. 04, 428).
d) Die Einziehung überträgt dem Fiskus das Eigentum, die Beseitigung und die teilweise Vernichtung belassen es dem bisherigen Eigentümer (RGSt. 45, 13).
e) Die Einziehung kann im objektiven Strafverfahren erfolgen (§ 42 StGB.), die Beseitigung oder Vernichtung setzen die Verurteilung einer bestimmten Person voraus.

Vgl. über die Einziehung des § 17 die N. 8 zu § 17.

Abs. 2.

Bekanntmachung. 5. Der Abs. 2 hat ein beschränkteres Anwendungsgebiet als Abs. 1, weil er weder bei einer Verurteilung im Zivilprozeß, noch bei einer Ver-

urteilung aus § 16 Platz greift. Sein Inhalt stimmt im allgemeinen mit § 19
dem Wortlaute der §§ 165, 200 des StGB. überein; vgl. deshalb die Kom- 5
mentare zu diesen Paragraphen, ferner Mühlbach Die Urteilsveröffentlichung im Straf- und Zivilverfahren Greifswald 14.

Im einzelnen ist zu bemerken: Die Publikationsbefugnis (Kohler im ArchZivPrax. 88, 261) ist eine Strafe, nicht eine Privatgenugtuung RG. — VerStS. — St. 6, 180; ferner RGSt. 35, 17; a. M. Olshausen N. 4 zu § 200, wo die Literatur angegeben ist); dafür läßt sich hier noch anführen, daß sie nur in Abs. 2, nicht auch in Abs. 1 angedroht ist, vgl. RGSt. 14, 3. Daraus folgt, daß auf sie gemäß § 73 StGB. nicht erkannt werden darf, wenn das Vergehen in idealer Konkurrenz mit einem Delikte verübt ist, welches mit schwererer Strafe bedroht ist, z. B. mit Betrug (RGSt. 6, 180; 14, 3; a. M. Olshausen N. 2 zu § 200; siehe ferner oben N. 1); anders bei Realkonkurrenz (RGSt. 23, 325).

Der Richter muß die Befugnis gewähren, wenn er auf Strafe erkennt. Es empfiehlt sich sehr, für die Bekanntmachung solche Blätter zu wählen, welche die Verbraucher der Waren lesen (also nicht etwa den Reichsanzeiger) und die Zahl der Blätter nicht zu karg zu bemessen.

Der Verletzte ist nicht verpflichtet, von der Publikationsbefugnis Gebrauch zu machen. Will er sie ausüben, so hat er selbst die Bekanntmachung in der bestimmten Art und Frist herbeizuführen. Gelingt ihm dieses nicht, so muß die Strafvollstreckungsbehörde auf seinen fristgemäßen Antrag einschreiten, insbesondere gemäß § 10 des Preßgesetzes die Aufnahme der Bekanntmachung in öffentlichen Blättern erzwingen. Die Kosten der Veröffentlichung sind vom Strafgericht auf Antrag festzusetzen (OLG. Darmstadt in DJZ. 06, 124). Nur die angemessenen Kosten sind zu ersetzen (OLG. Kiel in MarkschWettbew. 15, 59). Mehrere Verurteilte haften als Gesamtschuldner (RGSt. 37, 267).

Die Befugnis ist nur dem Verletzten selbst, nicht seinen Erben zuzusprechen; infolgedessen ist auf sie nicht zu erkennen, wenn der Verletzte vor dem Urteil verstorben ist (RGSt. 16, 73).

Ist der Verletzte erst nach zugesprochener Befugnis verstorben, so geht dieselbe auf seinen Nachfolger nicht über. Ist der Verurteilte nach der Rechtskraft des Urteils gestorben oder in Wahnsinn verfallen, so wird dadurch die Veröffentlichung nicht gehindert; denn der Zweck dieser Strafe und die Art ihrer Vollstreckung verbieten die analoge Anwendung der §§ 453 Abs. 2, 455 Abs. 1 StPO. und rechtfertigen eher eine dem § 30 StGB. entsprechende Entscheidung. Ist er vorher verstorben, so kann die Bekanntmachung nicht erwirkt werden.

Der Verletzte kann außerdem Urteile, die, sei es im Zivil-, sei es im Strafprozesse, zu seinen Gunsten ergehen, auf eigene Kosten veröffentlichen. Unter Umständen kann aber in solcher Veröffentlichung ein schädigendes Handeln wider die guten Sitten gemäß § 826 BGB. § 1 UWG. erblickt werden, wenn die Veröffentlichung über den Zweck der Abwehr der unberechtigten Eingriffe nach Art und Zeit erheblich hinausgeht, z. B. die Vorgänge entstellt wiedergibt, den Verletzer unnütz bloßstellt, zu Reklamezwecken dient (RG. in JW. 07, 527; OLG. Dresden in GewRschutz 12, 109; OLG. Kiel in MarkschWettbew. 13, 328).

§ 20.

§ 20 1, 2 Die Anwendung der Bestimmungen dieses Gesetzes wird durch Abweichungen nicht ausgeschlossen, mit denen fremde Namen, Firmen, Zeichen, Wappen und sonstige Kennzeichnungen von Waren wiedergegeben werden, sofern ungeachtet dieser Abweichungen die Gefahr einer Verwechselung im Verkehr vorliegt.

Inhalt der Bestimmung. 1. Dieser Paragraph ist für die praktische Anwendung des Gesetzes einer der wichtigsten. Es ist ein alter, leicht erklärlicher Erfahrungssatz, daß fast niemand, welcher einen Gegenstand des geistigen oder gewerblichen Urheberrechts oder ein auf eine bestimmte Persönlichkeit hinweisendes Kennzeichen nachahmt, sklavisch wiedergibt, sondern daß jeder Nachahmer es sich angelegen sein läßt, durch irgendwelche Abweichungen vom Original, seien diese auch noch so geringfügiger Art, den Eingriff in das fremde Recht zu verdunkeln. Eine Rechtsprechung, welche sich durch derartige Maßnahmen täuschen ließe, welche über die nebensächlichen Weglassungen und Zutaten den Kern übersehen würde, entspräche nicht den Anforderungen des redlichen Verkehrs, sie wäre namentlich dem gerissenen Nachahmer gegenüber ohnmächtig. Um jeden Zweifel nach dieser Richtung abzuschneiden, hat der deutsche Gesetzgeber für zweckmäßig erachtet, es ausdrücklich auszusprechen, daß der von ihm gewährte Schutz durch Abweichungen, welche nicht in das Auge fallen, nicht beeinträchtigt werden soll.

Die höchsten Gerichte hatten die entsprechende Bestimmung des § 18 des Markenschutzgesetzes zutreffend dahin ausgelegt, daß es nicht darauf ankomme, ob zwei Zeichen, wenn sie nebeneinander liegend verglichen werden, Unterscheidungsmerkmale zeigen, auch nicht, ob eine Täuschung geschäftskundiger Kaufleute möglich sei, sondern nur, ob die Abnehmer, für welche die Warenzeichen vorzugsweise bestimmt sind, irregeführt, d. h. veranlaßt werden können, wenn sie eine Ware mit einem bekannten Zeichen suchen, statt der Ware des einen Gewerbetreibenden die Ware eines anderen zu kaufen (vgl. OHG. 22, 376; RG. 3, 69). Dieser leitende Gedanke muß auch für die Auslegung des § 20 entscheidend sein. (Ausführlich äußern sich über die nach § 20 anzuwendenden Gesichtspunkte besonders: Kohler S. 158ff.; Adler S. 202ff.; Abel S. 183ff.; Rhenius S. 68ff.; Osterrieth S. 326ff.)

Fremde Kennzeichnungen. 2. § 20 nennt außer Zeichen, Namen und Firmen noch Wappen und sonstige Kennzeichnungen von Waren. Er bezieht sich also auch auf die Ausstattung des § 15, sowie auf die Herkunftsbezeichnung des § 16. Seine Vorschrift umfaßt nicht bloß die Kennzeichnungen auf Waren und Hüllen, sondern auch auf Ankündigungen, Preislisten, Geschäftsbriefen, Empfehlungen, Rechnungen oder dergleichen (N. 7 zu § 12; RGSt. im Bl. 98, 198).

Auf Freizeichen bezieht sich zwar der § 20 nach seinem Wortlaute nicht, denn erstens dienen diese nicht zur Kennzeichnung einer Ware, d. h. zu ihrer Unterscheidung von gleichen Waren (N. 2 zu § 4), zweitens sind sie nicht fremde, d. h. einem anderen gehörige Zeichen. Trotzdem erscheint es angemessen, den der Bestimmung zugrunde liegenden Grundsatz auch auf Freizeichen auszudehnen. Ebenso muß man ihn bei den von der Eintragung ausgeschlossenen Warenzeichen des § 4 Abs. 1 anwenden, trotzdem es sich bei ihnen nicht um Wiedergabe eines „fremden" Zeichens handelt (N. 16 zu § 4; PA. im Bl. 98 S. 93 und 133; PA. in MarkschWettbew. 16, 209). In Rechtsprechung und Rechtslehre ist über die Anwendbarkeit des § 20 in beiden Fällen heute kein Zweifel (Literaturangabe im Bl. 14, 379). Trotzdem erfordert das PA. für seine Anwendung eine ungleich größere Ähnlichkeit als sonst bei Individualzeichen (vgl. Dunkhase in MarkschWettbew. 14, 133). So hat es z. B. Juno als Freizeichen für Zigarren erklärt und nachher nicht bloß für A Juno für Zigaretten, sondern für B auch Julo für Zigarren eingetragen (vgl. RG. 102, 355 im Bl. 21, 229). Milford, eine Stadt in England, ist von der Eintragung ausgeschlossen, dagegen wird Mil Ford für A für Sägeblätter eingetragen (RGSt. 44, 192 im Bl. 11, 172). Diese Praxis führt zu einer zweifelhaften Rechtslage, wenn B im ersten Falle Julo für Zigarren oder C für Sägeblätter Milford benutzt? Darf das Gericht, wenn der wegen Zeichenverletzung beklagte oder angeklagte B oder C behauptet, das von ihm benutzte Zeichen sei mit einem Freizeichen verwechselungsfähig oder sei gemäß § 4 Abs. 1 frei, diesen Einwand berücksichtigen? Das RG. hat zunächst in dem Urteil des 3. Strafsenats vom 17 Dez. 1910 (RGSt. 44, 192; Bl. 11, 172) diese Frage bejaht. Durch Entscheidung vom 23. Sept. 1914 hat aber der 5. Strafsenat des RG. (RGSt. 48, 389; Bl. 14, 374) die Frage verneint, nachdem der 3. Strafsenat ihm erklärt hatte, daß er seine Rechtsansicht aufgebe. Auch der 2. Zivilsenat des RG. verneint in seinem Urteil vom 1. Juli 1921 die Frage (RG. 102, 355; Bl. 21, 229). In der Literatur wird die Frage von Dunkhase (MarkschWettbew. 14, S. 131 und 358) und Niebour (GewRSchutz 15, 131) bejaht, von Finger (MarkschWettbew. 14, 248) verneint. § 20 2, 3

3. Wiedergabe mit Abweichungen. Letztere können in Zusätzen, Weglassungen, Abänderungen bestehen. **Wiedergabe mit Abweichungen.**

In der Praxis bereiten die Fälle besondere Schwierigkeit, wo die Warenbezeichnung nicht allein, vielmehr mit Zusätzen wiedergegeben wird. Das Zeichen kehrt z. B. im Rahmen einer größeren Etikette als ein Teil derselben wieder. Um hier den richtigen Standpunkt zu gewinnen, muß man davon ausgehen, daß der Inhaber des Zeichens bei der Verwendung desselben zur Warenbezeichnung nicht beschränkt ist; er kann mit der Umrahmung und mit Zutaten, die er dem Zeichen beigibt, beliebig wechseln. Auf die Gleichheit oder Verschiedenheit der etwa neben dem Zeichen auf der Ware oder Verpackung angebrachten schmückenden oder erklärenden Zutaten kommt es daher nicht an (RG. in JW. 97, 637).

Bei Wortzeichen, Namen, Firmen wird aus diesem Grunde auch dann Verwechselungsgefahr vorliegen, wenn sie selbst mit andern Worten oder Bildern in Zusammenhang gebracht sind, sofern der Verkehr das ihm wohlbekannte und eingeführte Wort, den Namen oder die Firma als Schlagwort auffassen und aus dem Ganzen heraus erkennen wird. Es können

§ 20 3 gerade einzelne einer Firma entnommene Worte als Gebrauch der Firma selbst angesehen werden, wenn sie für den Verkehr kennzeichnend für die Firma sind (RGSt. 40, 395 Mumm im Bl. 08, 148). Überhaupt wird ein aus mehreren Worten bestehendes Zeichen durch die Wiedergabe eines seiner Worte verletzt werden, wenn dies im Verkehr als ein wesentlicher Teil des Zeichens aufgefaßt wird (PA. im Bl. 08, 140; RG. 42, 15 im Bl. 98, 162; RGSt. im Bl. 03, 209; 04, 231; RG. in JW. 05, 701; RG. im Bl. 06, 209). Das PA. hat in richtiger Folgerung aus dieser Auffassung von jeher die Meinung vertreten, daß eine Bezeichnung auch dann mit einer andern im Sinne des § 20 übereinstimmt, wenn nur ein Teil bei beiden übereinstimmt, vorausgesetzt, daß der Teil ein wesentlicher, individueller, insbesondere nicht ein Freizeichen oder sonst schutzunfähig ist und für das Auge Selbständigkeit besitzt (PA. im Bl. 95, S. 312 und 315; 96, 187; 00, 378; 03, 175). Daraus folgt weiter, daß zwei Kombinationsmarken sich gleichen können, auch wenn sie nur einen Teil gemeinsam haben. Der Teil muß selbständig sein, nicht als ornamentales nebensächliches Beiwerk auftreten (PA. im Bl. 04, 46; 06, 146; 12, 231). Ist aber bei zwei an sich verschiedenen Etiketten der übereinstimmende Teil eine nicht schutzfähige Deskriptivbezeichnung, so ist, selbst wenn er besonders hervortritt, die Ähnlichkeit der Etiketten zu verneinen (PA. im Bl. 00, 250; RG. 101, 344 im Bl. 21, 178), sofern nicht gerade durch die Verbindung dieser Bezeichnung mit andern Bestandteilen ein ähnlicher Gesamteindruck der ganzen Kombination hervorgerufen wird (Bl. 07, 10 Sängerfreund und Sängerlust; Bl. 08, 302 Radifix und Radirit; PA. in MarkschWettbew. 14, 87 und S. 198; PA. in Mitt. v. V. 24, 60; OLG. Stuttgart im Bl. 09, 226). Ist ein Wort wie Classic mehrdeutig, so ist entscheidend, daß es als Schlagwort und nicht als Beschaffenheitsangabe auftritt, um die Ähnlichkeit zu begründen (Bl. 08, 38). Die Praxis der ordentlichen Gerichte ist dem PA. gefolgt (OLG. Hamburg und RG. im Bl. 00, 158; RG. 53, 92 im Bl. 03, 210; RG. im Bl. 01, 269; RG. in JW. 03 S. 12 und 105; RG. in MarkschWettbew. 11, 13; in GewRschutz 11, 78; in JW. 11, 159). Die Hinübernahme der charakteristischen Teile eines Zeichens in ein anderes Zeichen kann danach die Verwechselungsgefahr begründen, wenn sie in dem anderen Zeichen ihre Selbständigkeit behalten und nicht mit andern Teilen derart verbunden sind, daß der Verkehr ein neues Ganze darin erblicken wird (RG. 53, 92 im Bl. 03, 210; RG. in JW. 12, 52; RG. in MarkschWettbew. 11, 112; RG. im Bl. 12, 37 in GewRschutz 12, 104; RG. im Bl. 15, 231; im Bl. 22, 189; PA. im Bl. 12, 231; in MarkschWettbew. 13, 601). Das gilt auch bei Wortzeichen. Onkel und Onkel Doktor werden deshalb nicht für verwechselbar erachtet, weil Onkel Doktor als einheitlicher Begriff auf einen Kinderarzt hinweist (so PA. und RG. in MarkschWettbew. 24, 85; vgl. auch RG. 41, 69 im Bl. 99, 277 betr. Lanolin und Boroglyzerinlanolin — beide Entscheidungen sind nicht unbedenklich). Ein Zeichen, das aus Bild und Wort besteht, wird für beide Bestandteile Schutz gewähren können (Bl. 09, 318). Es wird dabei auch darauf ankommen, ob das Wort begrifflich das Bild wiedergibt oder selbständig ist. Im ersten Falle, wo beide Bestandteile dasselbe Erinnerungsbild erzeugen, ist die Kennzeichnungskraft jedes der Teile erhöht. Im zweiten Falle wird häufig das Wort vorwiegen (RG. in GewRschutz 11, 334 in MarkschWettbew. 11, 194; RG. 109, 226). Die Praxis folgert aus dem obigen Grundsatz, daß die mehrfache Wiedergabe desselben Zeichens ebenso unzulässig ist wie die Wiedergabe des einfachen Zeichens, wenn die Teile des mehrfachen Zeichens ihre Erkennbarkeit behalten (RG. 53, 92 im Bl. 03, 210; s. auch RG. in JW. 12, 52; ferner RG. in MarkschWettbew. 21, 242). Darüber, ob der Bestandteil, der in Betracht kommt, etwa ein Freizeichen ist, hat die Behörde zu entscheiden, die über die Verwechselungsfrage zu befinden hat (vgl. N. 7 zu § 4). § 20 3

Eigentümliche Kollisionen treten ein, wenn ein Wort oder ein Bild eingetragen ist und später eine zusammengesetzte Marke eingetragen wird, in der das Wort oder Bild vorkommt. Der Inhaber des zweiten Zeichens darf bei dieser Sachlage aus seiner Eintragung nicht das Recht herleiten, den einem andern geschützten Teil für sich allein zu gebrauchen (RGSt. 34, 169 im Bl. 01, 223; RG. 49, 52; vgl. § 12 N. 2).

Wie steht es, wenn der Bezeichnung eines andern (Name, Firma, Zeichen) ein Zusatz beigegeben wird, der ausdrückt, daß die Ware zwar nicht die des Inhabers der Warenbezeichnung, aber ihr gleichwertig sei? Man denke an Ausdrücke wie „Ersatz für Benediktiner", „genau wie Odol", „System Edison", „künstliches Krähnchen" u. dgl. Man wird hier getrost annehmen können, daß derjenige, der so die echte Warenbezeichnung mittelbar gleichfalls gebraucht, darauf rechnet, daß ein Teil der Abnehmer den Zusatz übersehen wird. Dem Verkehr erscheint der Name, die Firma, das Zeichen auch bei dieser Ausdrucksweise als das Kennzeichen, und er wird auf den Zusatz kein Gewicht legen. Damit in Zusammenhang steht die Frage, ob in solchen Fällen überhaupt eine Warenbezeichnung vorliegt oder ob nur die eingeführte Benennung eines anderen als Beschaffenheitsangabe verwendet wird, ohne daß durch dieselbe die Ursprungsquelle angegeben werden sollte (vgl. N. 8 zu § 12). Nach der Erfahrung wird der Blick des Betrachters gerade durch das bekannte Zeichen angezogen, damit rechnet der Benutzer solcher scheinbar deskriptiven Bezeichnungen. Deshalb ist keine Beschaffenheitsangabe und kein wesentlicher Zusatz, sondern für die Regel Zeichenverletzung anzunehmen. Die Rechtsprechung ist in diesem Punkte schwankend. Sie bejaht den Eingriff in das ältere Recht regelmäßig, wenn durch fetten Druck, Anführungsstriche oder sonstwie das Zeichen herausgehoben ist (RG. im Bl. 12, 37; in GewRschutz 12, 104; RG. im Bl. 09, 294; RG. 38, 104 im Bl. 97, 32; RGSt. 29, 331 im Bl. 97, 64; 30, 351 im Bl. 97, 265; 31, 30 im Bl. 98, 97). In den sonstigen Fällen ist eine einheitliche, für den Verkehr nötige Handhabung des Gesetzes nicht zu erkennen (RG. in JW. 03, 392 im Bl. 04, 177; RG. in JW. 04, 184 im Bl. 04, 317; RG. im Bl. 08, 220; RGSt. im Bl. 03, 209; 04, 231; dagegen RG. im Bl. 12, 37 in GewRschutz 12, 104; RG. in MarkschWettbew. 10, 249; 12, 37; RGSt. in MarkschWettbew. 15, 200; KG. in JW. 21, 1550; s. auch Rosenthal N. 28 zu § 16). Erst in der Garlock-Ersatz-Entscheidung (RG. 86, 123 im Bl. 15, 155) erklärt das RG. derartige Zusätze für unlauteren Wettbewerb, ohne aber die Frage grundsätzlich zu lösen. Man wird an Hand dieses Urteils gegen derartige Zusätze § 20 anzuwenden haben (vgl. Lobe in MarkschWettbew. 16, 129; M. Seligsohn in MarkschWettbew. 13, 307; Finger in Marksch-Wettbew. 14, 356 und jetzt RG. im Bl. 20, 87 in GewRschutz 20, 59; KG. in Marksch-Wettbew. 23, 166; OLG. Jena in JW. 22, 1534; RG. in MarkschWettbew. 24, 82, in GewRschutz 25, 66). Damit steht die Rechtsprechung des PA. in der „Pilsener Bier"-Frage und sonst im Einklang (N. 9 zu § 16; Bl. 09, 186; 12, 17).

§ 20
4

Verwechselung im Verkehr.

4. Die Frage der Erheblichkeit einer Abweichung hängt davon ab, ob ungeachtet derselben die Gefahr einer Verwechselung im Verkehr vorliegt. Das ist von Fall zu Fall zu prüfen, wenngleich sich in der Rechtsprechung allmählich die im nachstehenden skizzierten Grundsätze entwickelt haben, die man sich zur Richtschnur nehmen kann (vgl. auch Wille „Die Übereinstimmung bildlicher Warenbezeichnungen" in GewRSchutz 03, 89). Vor allem ist zu beachten, ob es sich bei der Warenkennzeichnung, um deren Verletzung es sich handelt, um eine gut eingeführte, im Verkehr bekannt gewordene Marke handelt. Alsdann ist der gesetzliche Schutz möglichst weit zu erstrecken, um dem unlauteren Wettbewerb, der sich erfahrungsmäßig an solche Marken heftet, entgegenzutreten (unhaltbar daher RG. 92, 392 betr. Hindenburg und Hindenberg). Das gleiche gilt namentlich für ein originelles Bild oder Wort, das von dem Zeicheninhaber in den Verkehr eingeführt ist (Bild des Doppeltiers RG. in MarkschWettbew. 22, 113 im Bl. 23, 25; Bild eines Pfarrers RG. in MarkschWettbew. 22, 55; RGSt. im Bl. 15, 136; in JW. 15, 360; RG. in MarkschWettbew. 22, 40 und dazu Rosenthal in MarkschWettbew. 22, 147; RG. in MarkschWettbew. 22, 189; RG. 108, 1 in MarkschWettbew. 22, 191; in JW. 24, 93 mit Note von Katz; RG. in JW. 24, 700; Rosenthal in MarkschWettbew. 18, 94; Katz in MarkschWettbew. 23, 69). Der gleiche Gesichtspunkt trifft aber auch bei Zeichen zu, die nicht so eigenartig sind, wenn sie sich trotzdem durchgesetzt haben (Zeichen 4711; Marke Teekanne für Tee, Oval mit Querbalken für Zigaretten von Garbaty, Dreieck der Batscharizigaretten, Sternwolle OLG. Hamburg in MarkschWettbew. 23, 12; PA. im Bl. 08, 140; Rosenthal in der Note JW. 24, 695 und in MarkschWettbew. 23, 174; s. auch Allfeld in Note zu JW. 24, 700).

Zugrunde zu legen ist die geschützte Kennzeichnung als solche, das Zeichen, so wie es eingetragen ist, Name und Firma, so wie sie von Rechts wegen lauten (RGSt. im Bl. 00, 86). Man hat sich dann zu fragen, welche Verkehrskreise für das Zeichen hauptsächlich in Betracht kommen, denn von dem Standpunkt dieser Verkehrskreise ist zu beurteilen, ob die Zeichen verwechselt werden können. Es ist aber nicht erforderlich, daß tatsächlich vorgekommene Verwechselungen nachgewiesen werden, das Gericht kann sich und wird sich selbst ein Urteil zu bilden haben, ohne Zeugen oder Sachverständige zu hören. Irrtümer, die nachgewiesen werden, können dabei als Anhalt berücksichtigt werden (RG. in GewRSchutz 11, 78 im Bl. 11, 150; RG. in MarkschWettbew. 18, 31). Sie sind aber keineswegs entscheidend (RG. im Bl. 11, 150). Die Verkehrskreise, auf deren Anschauung es bei der Warenbezeichnung vor allem ankommt, sind namentlich die eigentlichen, die letzten Konsumenten, überhaupt alle Abnehmer, die sich bewußt sind, daß es sich um ein Unterscheidungsmerkmal handelt (RG. in JW. 05, 766; in MarkschWettbew. 5, 46; RG. im Bl. 19, 14 in MarkschWettbew. 18, 61); ob diese mit dem Zeichenrecht vertraut sind, ob sie dem In- oder Auslande angehören, ist gleichgültig (N. 5 zu § 4, N. 2 zu § 15). In erster Linie kommt bei deutschen Zeichen der inländische Verkehr in Betracht, anders wird sich das bei Zeichen verhalten, die für Ausfuhrwaren bestimmt sind (Bl. 00, 188; 01, 50). Folglich ist zu untersuchen, ob für die gewöhnlichen Verbraucher der betreffenden Ware die Gefahr einer Verwechselung besteht. Aber auch die Zwischenhändler sind nicht grundsätzlich von der Berücksichtigung auszuschließen; es kann der Fall so liegen, daß gerade sie mit den Zeichen weniger vertraut sind, als ihre Käufer (RGSt. 40, 244 im Bl. 08, 39). Man wird somit feststellen, wer die Konsumenten der in Betracht kommenden Waren sind, welchen sozialen Kreisen dieselben angehören, auf welcher Bildungsstufe sie stehen usw. Denn es ist klar, daß z. B. bei Waren, welche in unzivilisierte Länder ausgeführt werden, Abweichungen, welche ganz oder vorzugsweise in Buchstaben, Worten, Zahlen bestehen, nicht ins Gewicht fallen, während diese Abweichungen bei zivilisierten Konsumenten erheblich sein können (RG. im Bl. 00, 188). Bei Massenartikeln, welche für breite Schichten der Bevölkerung bestimmt sind (Zwirn, Nadeln, Tabak usw.), wird man mit Recht größere Unterschiede in der Kennzeichnung verlangen, als etwa bei Schiffskesseln oder Torpedos (PA. im Bl. 95, 234; RG. in MarkschWettbew. 12, 250; RG. in MarkschWettbew. 15, 354; KG. in MarkschWettbew. 13, 577); man wird andererseits davon ausgehen dürfen, daß der Durchschnittskonsument bei uns lesen kann und auf hervortretende Aufschriften achtet (RG. in JW. 97, 579). Wenn das Warenzeichen in einem Soldaten einer bestimmten Waffengattung besteht, so kann eine Abweichung in der Waffengattung eher für erheblich gelten, wenn die betreffenden Waren für Offiziere bestimmt sind, als wenn sie von anderen Ständen verbraucht werden. Dementsprechend hat das Reichsgericht bei der Vergleichung zweier Warenzeichen, von denen das eine einen Anker, das andere einen preußischen Adler als Hauptteil enthielt, die Ähnlichkeit verneint, weil man in Preußen, dem Absatzgebiete der in Frage stehenden Ware, den preußischen Adler genügend kennt, um ihn von einem Anker unterscheiden zu können (Bolze 8, 152). In einem andern Falle, wo die in Rede stehenden Waren Messer und Scheren waren und wo das eine Zeichen aus Pique Aß und einem Bäumchen, das andere aus einem Dachdeckermesser in Verbindung mit einem Dreizack bestand, hat es die Ähnlichkeit mit Rücksicht auf die kleinen, wenig intelligenten Abnehmer der Ware bejaht (Bolze 5, 195). Vgl. auch OHG. 22, 376; 23, 135 (insbesondere die Note auf S. 136). Handelt es sich um Waren, die sich an wissenschaftlich oder technisch gebildete Leute wenden, oder um hochwertige Artikel, die man beim Kauf sorgsam untersucht, oder um pharmazeutische Waren, die nicht in den allgemeinen freien Verkehr kommen, sondern nur auf ärztliche Verordnung in den Apotheken abgegeben werden, so ist die Anschauung dieser Kreise zu erforschen und eine genauere Prüfung vorauszusetzen (RG. 92, 383 im Bl. 18, 66; RG. in MarkschWettbew. 14, 360; RG. in MarkschWettbew. 21, 97; RG. im Bl. 23, 163; in MarkschWettbew. 23, 165; s. aber für Drogen RG. in MarkschWettbew. 16, 56). Da der Zeichenschutz keine räumliche Begrenzung hat, so kann es nicht von Bedeutung sein, wenn in einem kleinen Teile des Absatzgebietes die beiden Zeichen unterschieden werden; sobald in einem erheblichen Teil desselben Verwechselungen vorkommen werden, ist § 20 anzuwenden (RG. im Bl. 00, 188; SeuffA. 55, 204; OLG. Hamburg im Bl. 05, 252). Vornehmlich kommen die Verhältnisse in Deutschland in Betracht (PA. im Bl. 01, 50). § 20 4

In den Worten „Gefahr einer Verwechselung im Verkehr" liegt noch etwas anderes. Die Bezeichnung der Ware dient dazu, daß das Publikum eine Ware, welche es früher schon bezogen hat oder die ihm von anderen empfohlen ist, leicht und schnell als die gewünschte wiedererkennt. Es geht

§ 20 gegen die Gepflogenheiten des üblichen Geschäftsverkehrs, daß der Käufer,
4 welchem die gewünschte Ware vorgelegt wird, die Bezeichnung derselben einer peinlichen Untersuchung unterzieht. Die handelsrechtlichen Verpflichtungen zu einer solchen Prüfung kommen hier nicht in Betracht (RGSt. in GewRschutz 05, 243). Zu einer solchen fehlt es dem Erwerber regelmäßig an Zeit und Platz, außerdem wird er fast nie die Originalbezeichnung bei sich führen, um sie mit der vorgelegten zu vergleichen, endlich würde er mit einer derartigen mißtrauischen Handlungsweise bei dem Verkäufer oft Anstoß erregen (RG. in JW. 01, 368; RG. in MarkschWettbew. 24, 9). Es ist auch nicht anzuerkennen, daß gegenwärtig besondere Anforderungen an die Sorgfalt und Genauigkeit des einzelnen im Verkehrsleben gestellt werden. Die Beurteilung aus § 20 muß von den tatsächlichen Verhältnissen ausgehen, die sich bei der Betrachtung von Zeichen herausgebildet haben, sie kann dem Verkehr keine Regeln vorschreiben (PA. im Bl. 23, 89). Abzulehnen ist der öfter vom PA. vertretene Standpunkt, ein Zeichen, das nicht gebraucht werde, komme für die Verwechselungsmöglichkeit nach § 20 nicht in Betracht, weil es „im Verkehr" nicht mit dem Gegenzeichen zusammentreffen könne (MarkschWettbew. 13, 511; 15, 212 und 324; 16, 759; Bl. 14, 178; Dunkhase in GewRschutz 19, 58; dagegen mit Recht RG. 97, 90 in MarkschWettbew. 19, 89; RG. 104, 312 in IndustrR. 22, 90). Schon die bloße Möglichkeit einer späteren Verwechselung genügt (RG. in MarkschWettbew. 9, 250). Deshalb wird bei einem nur einigermaßen ähnlichen Bilde des Gewünschten und des Dargebotenen eine Täuschung des Käufers leicht möglich sein (RGSt. 19, 316). Alle diese Momente treffen gerade bei dem Konsumenten zu, der Zwischenhändler ist eher in der Lage, eine eingehende Untersuchung vorzunehmen, auch ist er durch seine Kenntnis der verschiedenen Bezugsquellen und ihrer Kennzeichnungen einer Täuschung nicht so leicht ausgesetzt.

Infolge besonderer Umstände wird die Prüfung ausnahmsweise eine schärfere sein können, wenn aus gewissen Anzeichen zu schließen ist, daß selbst der Konsument genauer hinsieht und auf Einzelheiten achtet. Bei Eigennamen, die in ähnlicher Form oft vorkommen, pflegt man auf die Schreibweise der Vornamen u. dgl. aufzupassen (PA. im Bl. 01, 300; 04 S. 201 und 273; 10, 139; in MarkschWettbew. 10, 71; RG. in DJZ. 97, 406); aus gleichem Grunde wird bei Familienwappen oder Bildnissen, die bei derartigen Waren üblich sind, genauer auf die Unterschiede gesehen (PA. im Bl. 97, 76; 03, 174). Man muß sich aber hüten, eine starre Regel hieraus zu machen. Wenn der Name den Charakter eines bekannten Schlagworts angenommen hat oder sonst wegen seiner Bedeutung besonders auffällt (Faber, Borsalino, Lessing, Lindt), so wird die Irreführung durch Zusätze von Vornamen, Warenbenennungen u. dgl. nicht ausgeschlossen (PA. im Bl. 05, 13; 05, 245; 10, 139; MarkschWettbew. 12, 301; 13, 40; RG. in MarkschWettbew. 10, 313; in MarkschWettbew. 13, 148; im Bl. 09, 294). Bei seltenen Namen, wie Horch, gilt das gleiche; der Zusatz von Vornamen ändert die Übereinstimmung nicht (PA. in MarkschWettbew. 14, 405). Vornamen allein sind wenig unterscheidungskräftig, bei ihnen genügen daher schon geringere Abweichungen, um die Verwechselungsgefahr auszuschließen (Bl. 09, 122). Bei der vielfach üblichen Verwendung der Anfangsbuchstaben einer Firma zu einem kurzen Wortzeichen (Geg) ist mit Rücksicht auf die

Häufigkeit in der Regel der Schutzbereich derartiger Zeichen eng zu ziehen, es sei denn, daß es sich um weltbekannte Abkürzungen, wie AEG., MAN., Hapag handelt (PA. in MarkschWettbew. 13, 123). Ähnliches gilt bei bekannten Bauten und Denkmälern, Stadtbildern, die viel gebraucht werden (PA. im Bl. 04, 226). Umgekehrt kann wieder ein Name in einer bestimmten Gegend und für gewisse Waren häufig benutzt sein, dann wird genauer zu prüfen sein (RG. in MarkschWettbew. 10, 313 betr. Herdermesser, und andererseits RG. im Bl. 19, 14 in MarkschWettbew. 18, 61 betr. Ern.). Hier wie überall bei Anwendung des § 20 ist immer auf die Umstände des einzelnen Falles Gewicht zu legen, die ergangenen Entscheidungen bieten nur einen Anhalt und sind nicht ohne Überlegung auf ähnliche Fälle zu übertragen. Bei manchen Waren, z. B. Glas, ist durch ihre Natur die Verwendung umfangreicher Bilder ausgeschlossen. Deshalb kommen nur einfache Zeichen für sie in Betracht und hier werden geringere Abweichungen erheblich (PA. in MarkschWettbew. 10, 320). § 20 4

Nicht selten kommt es vor, daß ein Zeichenmotiv, das ursprünglich von einem oder wenigen Markeninhabern benutzt ist, von einer Reihe von Gewerbetreibenden aufgegriffen und in immer neuen Abwandelungen dem Publikum dargeboten wird. Wenn der ursprünglich Berechtigte es unterläßt, gegen solche Benutzung zeitig einzuschreiten, so wird dadurch allmählich das Motiv seiner Bedeutung entkleidet. Die Abnehmer gewöhnen sich daran und merken, daß es mehrere ähnliche Marken auf diesem Gebiete gibt; man ist deshalb genötigt, auch schon geringere Unterschiede für erheblich zu erklären (PA. im Bl. 95, 280; 04, 350; RG. 53, 92 im Bl. 03, 210; RG. 98, 225 im Bl. 20, 111; RG. im Bl. 20, 98; RG. in MarkschWettbew. 14, 47; 219, 221; RG. in MarkschWettbew. 23, 77 und 154, 156 in JW. 24, 695; in MarkschWettbew. 23, 184). Freilich muß auch dieser Gedanke mit Vorsicht angewendet werden und der Rechtsprechung ist der Vorwurf nicht zu ersparen, daß sie ihn zu schematisch verwertet und dadurch wertvolle Zeichen beeinträchtigt hat. Vor allem kommt es, was mitunter nicht genügend beachtet ist, darauf an, daß die entgegenstehenden Zeichen nicht nur in der Rolle stehen, sondern lebendig durch Gebrauch auf den Verkehr eingewirkt haben müssen, daß ferner selbst einfache naheliegende Motive durch unermüdliche Arbeit dem Publikum trotzdem als Sonderbesitz eingeprägt sein können (unrichtig RG. in MarkschWettbew. 14, 47, wo nicht gewürdigt ist, daß der Berechtigte sein Schmetterlingszeichen offenbar gut eingeführt hatte; richtig RG. in MarkschWettbew. 24, 8 und 24, 84). Verfehlt ist es ferner, wenn die Anschauung auf anderen Gebieten des Warenverkehrs bei nicht gleichartigen Waren mit herangezogen werden soll, was mit den allgemeinen Grundsätzen nicht im Einklang steht (unrichtig: RG. 98, 225; RG. in MarkschWettbew. 14, 513; richtig: OLG. Hamburg in MarkschWettbew. 23, 12; 24, 49; RG. im Bl. 15, 231; RG. in MarkschWettbew. 23, 164; PA. in Mitt. v. V. 20, 61). Endlich darf das „schwache Motiv" nicht dazu führen, fast jede Verwechselungsgefahr auszuschließen (unrichtig RG. in MarkschWettbew. 23, 156, wo „deutsche Krone" und „norddeutsche Krone" für verschieden erklärt sind!). Gegen den Begriff des schwachen Zeichens, den das RG. in neuester Zeit immer mehr betont, Katz in MarkschWettbew. 23, 69, Rosenthal ebenda 23, 174 und JW. 24, 695 und 698, Matthießen in JW. 24, 698; OLG. Dresden in GewRschutz 25, 82; siehe aber Allfeld in

§ 20 4 JW. 24, 700. Haben zwei Zeichen lange unbeanstandet nebeneinander gegolten, so wird man daraus eine Vermutung dafür entnehmen, daß sie nicht verwechselt werden (RG. im Bl. 95, 280; PA. im Bl. 04, 350; RG. 100, 264 im Bl. 20, 68). Wenn es sich um Vergleichung eines neugebildeten Wortes mit anderen, dem Sprachschatz bereits angehörigen Worten gleichen Namens oder von teilweise ähnlichen Silben handelt, wiegen geringere Verschiedenheiten schwerer (PA. in GewRschutz 96, 288; im Bl. 00, 206; RG. im Bl. 11, 150 in GewRschutz 11, 79: Biocitin — Neocithin; PA. in MarkschWettbew. 15, 396 Alka — Oxalka nicht verwechselbar; siehe aber Bl. 06, 311). Das ist besonders für die chemische Industrie von Bedeutung, für die die Endungen der Worte überhaupt eine große Rolle spielen (PA. im Bl. 03, 173; s. auch RG. in JW. 10, 487 Radifix und Radirit und dagegen PA. im Bl. 08, 302). Noch geringer ist natürlich die Verwechselungsgefahr für die prüfende Behörde. Das Gericht oder das PA. ist mit gebildeten Männern besetzt, deren Aufmerksamkeit durch die von ihnen geforderte Vergleichung, durch das Nebeneinanderliegen der beiden Kennzeichnungen, durch die Anführungen der Parteien ganz besonders geschärft ist. Infolgedessen ist für sie jene Gefahr eine verschwindend kleine. Desto mehr müssen sie es sich angelegen sein lassen, sich in die Seele eines ahnungslosen Käufers zu versetzen, welcher mit der durch den Verkehr bedingten Eile eine Ware kauft, deren Kennzeichnung ihm aus der Erinnerung oder aus Berichten anderer in allgemeinen Umrissen bekannt ist (OHG. 22, 1; RG. im Bl. 06, 146).

Wesentlich ist nur der Gesamteindruck, welchen die Kennzeichnung auf den flüchtigen Beschauer macht. Erklärungen des Anmelders eines Zeichens bei der Anmeldung über den Umfang des begehrten Schutzes bleiben außer Betracht (PA. im Bl. 96, 184). Erinnert das Totalbild der Nachahmung infolge der Wiedergabe charakteristischer Momente oder eines eigenartigen Motivs (Doppeltier, lachendes oder weinendes Gesicht), sehr an das Original, so liegt die Verwechselungsgefahr vor, mögen auch in noch so vielen Einzelheiten sich Abweichungen vorfinden. So hat das Reichsgericht z. B. in einem Falle, wo das Warenzeichen einen auf den Wellen schwimmenden weißen Schwan enthielt, während auf der Nachahmung eine Gans stand, welche den Hals und die Flügel in die Höhe streckte, zutreffend ausgeführt, daß es nicht darauf ankomme, daß der eine Vogel einen gebogenen, der andere einen gestreckten Hals habe, daß der eine auf den Wellen schwimme, der andere stehe, sondern daß vor allem das gemeinsame Bild zu betonen sei: ein weißer Vogel mit langem Halse, gehobenen Flügeln usw. (RGSt. 19, 316; RG. 100, 264; RG. im Bl. 23, 25 in MarkschWettbew. 22, 113; RG. in JW. 24, 93; RG. in MarkschWettbew. 23, 4). Die Rechtsprechung des PA. und der Gerichte geht mit Recht möglichst weit in der Annahme der Verwechselungsgefahr (Bl. 94/95, 234; 96, 140, 05, 211).

Bei Wortzeichen insbesondere kommt Bildwirkung, Klangwirkung und ihr Sinn in Frage. Eine Verwechselungsgefahr besteht bei einem andern Worte, wenn eine solche auch nur nach einer dieser drei Richtungen gegeben ist. Die ethymologische Ableitung mag für den Kenner verschieden sein, ist der wörtliche oder bildliche Eindruck oder der Sinn gleich oder ähnlich, so kommt § 20 zur Anwendung (PA. im Bl. 06, 263; 07, 122; RG. 98, 28; RG. 104, 312 im Bl. 22, 166; KG. in MarkschWettbew. 21, 109; LG. I Berlin in MarkschWettbew. 22, 47). Bei einem aus Wort und Bild kombinierten

Zeichen vermag schon eines der Kombinationselemente, wenn es anderswo in einer Marke wiederkehrt, das Erinnerungsbild oder den Erinnerungsklang des alten Zeichens hervorzurufen (RG. 98, 267 in MarkschWettbew. 19, 204). § 20 4

Der Gesamteindruck der geschützten Kennzeichnung wird durch Umstände mit beeinflußt, welche außerhalb derselben liegen. So ergibt sich das Totalbild eines Warenzeichens nicht bloß aus dem Zeichen selbst, sondern es wirken noch andere Faktoren mit. In Betracht kommen z. B. die Form und Farbe der Ware, Umhüllung, Faktura usw., der Ort oder die Art, wie das Zeichen angebracht wird, überhaupt die Umstände, unter denen sich der Gebrauch des Kennzeichens im Geschäftsverkehr vollzieht (RG. in MarkschWettbew. 24, 32), die Gebrauchsanweisungen, Medaillen, Anpreisungen, Verzierungen, welche das Zeichen umgeben usw. (RG. in JW. 97 S. 579; RGSt. 26, 403; RG. im Bl. 05, 30; RG. im Bl. 08, 45 in JW. 07, 750; RG. im Bl. 23, 25 in MarkschWettbew. 22, 113; RG. 98, 267, in MarkschWettbew. 19, 204; RG. in MarkschWettbew. 24, 8). Auch die Kleinheit des Zeichens kann von Bedeutung sein, aber nicht dann, wenn sie bei derartigen Zeichen üblich ist und sonst genügend Unterschiede bestehen (RGSt. 26, 403; RG. 63, 241 im Bl. 06, 334). Sind außerordentlich kleine Zeichen üblich, so reichen schon geringe Verschiedenheiten zur Unterscheidung aus (RG. in MarkschWettbew. 13, 495). Durch Benutzung fremder Sprachen kann die Ähnlichkeit vergrößert werden (PA. in MarkschWettbew. 11, 19). Die Ausstattung kommt auch in Betracht, sie genießt vielleicht im Einzelfalle den Schutz des § 15 nicht, weil sie sich noch nicht in den beteiligten Kreisen als Kennzeichen eines bestimmten Gewerbetreibenden eingebürgert hat (N. 2 zu § 15), trotzdem kann sie als bedeutsamer Faktor für den Gesamteindruck des Warenzeichens von dem dem letzteren gewährten Schutze mitergriffen werden. Der Preis spielt keine Rolle, so daß Preisunterschiede nicht etwa Verwechselungen ausschließen (PA. im Bl. 08, 140), ebenso ist die verschiedene Zweckbestimmung der Waren bei sonst vorhandener Ähnlichkeit ohne Gewicht (RG. in MarkschWettbew. 15, 200). Benennungen, die der Verkehr dem eingetragenen Bilde beilegt, spielen eine Rolle; bezeichnet das Publikum eine Ware als Sternzement, weil sie ihm unter einer Sternmarke zu Gesichte kommt, so wird es sicher beirrt, wenn es für gleichartige Waren einen Stern verwendet sieht (RG. in JW. 01 S. 85; 03, S. 105; RG. 53, 92 im Bl. 03, 210). Die Benennungen lassen oft erkennen, daß der Verkehr einen Teil des Zeichens als einen besonderen betrachtet (RG. in JW. 00 S. 497), so daß er selbständig zu schützen ist; a. M. RG. im Bl. 00, 35. Zu den den Gebrauch des Zeichens begleitenden und deshalb für die Beurteilung heranzuziehenden Umständen kann auch die Firma der Verbreiterin der Waren gehören (RG. in UnlW. 04 S. 5; RG. im Bl. 05, 30). Die Verwechselungsgefahr, die durch die Nachbildung des Zeichens auf der Ware selbst hervorgerufen wird, wird durch unterscheidende Kennzeichnungen auf den Umhüllungen dagegen nicht beseitigt. Das Publikum faßt das Zeichen regelrecht als etwas Selbständiges auf, wo es sich auch befindet (RG. im Bl. 02, 211). Alles vorstehende gilt aber nicht für Klagen auf Löschung eines eingetragenen Zeichens. Bei diesen kommt nur das Zeichen so in Betracht, wie es in der Rolle steht und bestimmungsgemäß verwendet wird. Wird durch seine Benutzung in besonderer Weise, die nicht erforderlich ist, die Gefahr der Verwechselung mit einem früheren Zeichen hervor-

§ 20 gerufen, so ist hiergegen nur eine Unterlassungsklage gegeben (RG. in
4 MarkschWettbew. 12, 295; 22, 132). Auch das ältere Zeichen muß bei einer Löschungsklage, der es zugrunde liegt, in der eingetragenen Form berücksichtigt werden (RG. in GewRschutz 16, 181).

Daraus, daß das Gesamtbild das Entscheidende ist, ergibt sich, daß man nicht die Kennzeichnung in Haupt- und Nebenbestandteile zerlegen darf, so daß eine Abweichung in den ersteren wesentlich, in den letzteren unwesentlich wäre (RGSt. 33, 90, im Bl. 00, 331; RGSt. im Bl. 04, 310; RG. im Bl. 08, 45 in JW. 07, 750). Trotzdem ist es nicht unwesentlich, wie die Teile eines Kombinationszeichens beschaffen sind. Sind neben einem viel benutzten Motiv Worte enthalten, die als selbständig zu betrachten sind, insbesondere das Bild nicht erläutern, so kann schon dieser wörtliche Bestandteil für den Gesamteindruck wesentlich sein (RG. in MarkschWettbew. 23, 158, oben N. 3). Ein vorherrschender Bestandteil ist stets besonders zu beachten (RG. in JW. 05, 506; 08, 45; in MarkschWettbew. 22, 115). Wenn die Teile, für sich allein betrachtet, nicht schutzfähig sind, also namentlich ein Freizeichen, eine Deskriptivangabe eine farblose Figur darstellen, so wird regelrecht in ihrer Nachbildung allein keine Nachahmung der Kombination zu erblicken sein (RG. in MarkschWettbew. 23, 184; PA. im Bl. 09, 20). Umgekehrt werden wesentliche Teile des Gesamtzeichens als das Charakteristische desselben zugrunde gelegt werden, wenn die Anwendbarkeit des § 20 in Frage kommt (PA. im Bl. 98, 136; in MarkschWettbew. 13, 517; RG. im Bl. 00, 158; 01, 120; RG. in JW. 02 S. 447; 03 S. 105; oben N. 3). Hier spielen die oben entwickelten Sätze über die Häufigkeit oder Originalität eines Motivs besonders hinein. Bei einem aus einzelnen für sich freien Teilen bestehenden Zeichen ist nach den eben entwickelten Grundsätzen anzunehmen, daß es nur dann im Sinne des § 20 nachgeahmt ist, wenn der besondere Zusammenhang der einzelnen Teile, in der der schutzfähige Kern enthalten ist, bei der Wiedergabe in gleicher Weise erkennbar hervortritt (RG. in JW. 02 S. 223; bedenklich RG. in JW. 10, 487; PA. in MarkschWettbew. 12, 422; richtig RG. im Bl. 11, 150 Biocitin — Neocithin verwechselbar; RGSt. im Bl. 15, 136 in JW. 15, 360). Der Gesamteindruck kann übereinstimmen, wenn auch einzelne Teile verschieden sind, ja selbst wenn kein Teil des Falsifikats mit dem Original identisch ist. Das ist bei Verletzungen von Ausstattungen oft anzunehmen, bei denen die Einzelheiten noch mehr zurückzutreten pflegen (OLG. Hamburg im Bl. 00, 286). Für den Gesamteindruck kommt wesentlich die Anordnung in Betracht, in welcher die einzelnen Teile der Warenkennzeichnung, insbesondere die Schrift und die Ornamentik zueinander gebracht sind (RG. in JW. 01 S. 508; in JW. 05, 506 im Bl. 06, 146; RG. in MarkschWettbew. 18, 59). Andererseits kann das Bild ein verschiedenes sein, selbst wenn einzelne Teile übereinstimmen, sobald die Verschiedenheiten so deutlich hervortreten, daß sie den Gesamteindruck entscheidend beeinflussen (RG. in MarkschWettbew. 23, 184).

Wenn der Nachahmer an der Stelle, wo in dem Warenzeichen oder in der Ausstattung der Name oder die Firma des Berechtigten steht, seinen Namen oder seine Firma anbringt, so wird dadurch das Gesamtbild fast nie ein anderes. Überhaupt dient die Hinzusetzung von Name oder Firma zu einer fremden Kennzeichnung in der Regel nicht der Unterscheidung, sondern sie stiftet Verwirrung (RG. 42, 15 im Bl. 98, 165; RG. in JW. 05, 506; RG. in

MarkschWettbew. 12, 652). [Es ist zu berücksichtigen, daß Name oder Firma § 20
von vielen Beschauern nicht als unlösbarer Bestandteil des Kennzeichens, 4
sondern als eine zu demselben äußerlich hinzutretende Beifügung angesehen wird, so daß, selbst wenn sie die Namensänderung wahrnehmen, sie dasselbe Kennzeichen vor sich zu haben glauben (RG. 6, 75; RG. in GewRschutz 22, 220, Kohler S. 166; vgl. OHG. 20, 353). Nur dann ist dies anders, wenn durch die Beifügung das fremde Zeichen in seiner Individualität zerstört wird (RG. 53, 92 im Bl. 03,210; RG. in MarkschWettbew. 13, 652).

Aus den Ausführungen in N. 3 ergibt sich, daß es nur ganz ausnahmsweise gestattet sein kann, das Kennzeichen eines anderen vollständig in ein Zeichenbild zu übernehmen, wenn es nämlich in diesem aufgeht, so daß es das Gesamtbild nicht beeinflußt (OHG. 21, 410; RG. 1, 74; 6, 75; RGSt. 14, 415; RG. in JW. 99 S. 748, im Bl. 00, 35; RG. in MarkschWettbew. 24, 85). Regelrecht ist solche Übernahme unzulässig, weil sie den Verkehr an das ihn bekannte Zeichen erinnert.

Vorstehende Grundsätze gelten im allgemeinen auch, wenn die Abweichung ein als Klanglaut geschütztes Wort, insbesondere einen Namen oder eine Firma betrifft (RG. in JW. 86 S. 91). Dem Gedächtnis des Abnehmers prägt sich hier regelmäßig neben dem Bild, welches die Schriftzeichen gewähren, der Klanglaut ein, folglich kommt es auch auf den Eindruck an, welchen das Wort auf das Ohr macht (RG. im Bl. 99, 251; RG. 98, 28; RG. 104, 312 im Bl. 22, 166; vgl. PA. im Bl. 04, 18; 06, 263; 07, 122; nicht unbedenklich MarkschWettbew. 24, 70 betr. Kammerherr und Bannerherr). Die Umstellung von Buchstaben und Silben (Dentisano—Sanodentin) ist bedeutungslos (PA. im Bl. 10, 20; ähnlich in GewRschutz 11, 238). Es sind also die Bestimmungen dieses Gesetzes bei verschiedener Schreibweise von Worten nicht bloß dann zur Anwendung zu bringen, wenn ihre Aussprache identisch ist, sondern auch wenn sie einander so ähnlich ist, daß die Gefahr einer Verwechselung im Verkehr vorliegt (OLG. Dresden in IndustrieR. 08, 259; RG. 99, 87 im Bl. 20, 114; RG. in MarkschWettbew. 23, 160). Wenn z. B. auf Waren, welche nach England ausgeführt werden, statt des Namens „Löwenthal" der Name Lowendall gesetzt wird, so liegt der Fall des § 20 vor, weil Lowendall in der englischen Aussprache leicht mit dem deutschen Worte „Löwenthal" verwechselt werden kann. Außer dem Klang kommt auch die Bedeutung des Wortes in Betracht, wenn in ihr ein Hinweis liegt, der sich dem Gedächtnisse einprägt. Es sind synonyme Worte als zeichenrechtlich identisch anzusehen (Mohrengarn — Negergarn: RGSt. 34, 313; RG. 80, 226 im Bl. 13, 164 Adelante — Avanti; unrichtig OLG. Hamm in MarkschWettbew. 13, 112). Das PA. unterscheidet bei mythologischen und ähnlichen Bezeichnungen, ob sie beim großen Publikum bekannt sind; oft ist hier bei wesensgleichen Benennungen Übereinstimmung anzunehmen (vgl. PA. im Bl. 06, 332; in MarkschWettbew. 11, 161; in Mitt. v. V. 17, 12; OLG. Hamburg in IndustrieR. 18, 100 Vulkan und Vesuv; und andererseits PA. in MarkschWettbew. 16, 209, 211; in Mitt. v. V. 16, 108). Es kommt auf die Ware und ihre Abnehmer an. Über den Fall, daß ein Wort mehrere Bedeutungen hat, s. PA. in MarkschWettbew. 12, 531. Die Art der Verwendung des Wortes ist ferner erheblich. Ein Wort, das für sich allein als Schlagwort erscheint, kann im Zusammenhange mit anderen Wörtern eine nicht schutzfähige Bestimmungsangabe sein, die gar nicht mit dem Schlag-

§ 20 wort zu verwechseln ist (PA. im Bl. 04, 348). Sind Worte, die den Begriff
4 des geschützten Wortes in einer fremden Sprache wiedergeben, mit demselben zu verwechseln? Das wird sich danach entscheiden, ob die in Betracht kommenden Verkehrskreise der fremden Sprache insoweit mächtig sind; bei der internationalen Bedeutung der Zeichen ist im Zweifel die Verwechselungsgefahr zu bejahen (PA. im Bl. 97, 61 und 63; 98, 157; 99, 87; PA. in MarkschWettbew. 12, 587; unrichtig OLG. Darmstadt in MarkschWettbew. 11, 269, das Rheingold und l'or du Rhin für Sekt für verschieden erklärt; zutreffend dagegen PA. in MarkschWettbew. 12, 588 wegen der eigenartigen Bedeutung des deutschen Wortes Piepmatz). Wie das fremde Wort zu verstehen ist, bestimmt sich nach dem fremden Sprachgebrauch (PA. im Bl. 98, 157). Abgesehen von Klanglaut und Bedeutung wird man auch bei Ähnlichkeit der Wortbilder (Parole und Paroli) § 20 wegen der äußeren Gleichheit anwenden, namentlich wenn die verschiedene Bedeutung nicht sehr bekannt ist (PA. im Bl. 04, 18). Bei Namen fürstlicher Personen wird durch Hinzufügung von Bildnissen die Verwechselungsgefahr nicht beseitigt (PA. im Bl. 14, 325). — Es darf nicht übersehen werden, daß der § 20 sich nur auf den Gebrauch von Namen und Firmen zur Kennzeichnung von Waren bezieht, also nicht auf ihren sonstigen Gebrauch (vgl. § 30 des HGB.; RG. 20, 71; siehe aber RG. 100, 45 in MarkschWettbew. 20, 112).

Meinungsverschiedenheit besteht darüber, ob ein Bildzeichen mit dem Wortzeichen übereinstimmt, das den Gegenstand des Bildes ausdrückt. Das PA. erachtet bei dem Wortzeichen den Sinn und Klang des Wortgebildes für wesentlich und deshalb ein den Sinn des Wortes darstellendes Bild für identisch (Bl. 94/95, 233 und 313; 96, 73; 97, 61; PA. in MarkschWettbew. 21, 42; vgl. auch Entsch. des amerikanischen Commissioner im Bl. 94/95, 324; 03, 34). Die ordentlichen Gerichte nehmen den entgegengesetzten Standpunkt ein (RG. in JW. 99 S. 374, im Bl. 99, 180; RG. 62, 20 im Bl. 06, 174; RG. im Bl. 23, 108 in MarkschWettbew. 21, 238; RG. in MarkschWettbew. 22, 108; RGSt. 32, 368 im Bl. 00, 44; RGSt. im Bl. 00, 255). Es sei nur die äußere Erscheinung, das Zeichen, in Betracht zu ziehen, bei der gegenteiligen Auffassung werde die Grenze zwischen Wort- und Bildzeichen bis zur Unkenntlichkeit verwischt. Die Auffassung des PA. verdient den Vorzug. Sie vermeidet allein unliebsame Verwechselungen. Für den Verkehr besteht keine scharfe Grenze zwischen Wort- und Bildzeichen. Im Gedächtnis bleibt von beiden nicht nur die äußere Erscheinung, sondern vor allem auch die begriffliche Bedeutung haften. Sie spielt für die Verwechselungsfrage eine erhebliche Rolle, wie auch das RG. stets anerkannt hat (RGSt. 34, 313; RG. 98, 28; RG. 104, 312). Dazu kommt die Neigung der Abnehmer, Bildmarken wörtlich zu bezeichnen; man spricht von einer Adlermarke, einem Zwillingszeichen, einer Kreuzmarke (vgl. auch PA. im Bl. 06, 60 über den Fall, daß ein Personenname Löwe durch ein Bild wiedergegeben wird). Infolgedessen läßt die neuere Rechtsprechung des RG. erkennen, daß an der alten strengen Scheidung nicht mehr festzuhalten ist und daß jedenfalls nach den Sätzen des Wettbewerbsrechts (§ 1 UWG., § 826 BGB.) von dem Inhaber eines Bildzeichens gegen ein entsprechendes Wortzeichen vorgegangen werden kann, wenn ein solches Wortzeichen geeignet ist, die Kraft des Bildzeichens zu beeinträchtigen (RG. 98, 225 im Bl. 20, 111; RG. im Bl. 23, 108 in MarkschWettbew. 21, 238). Damit dürfte die Frage praktisch ihre Bedeutung verloren haben. Wenn man deshalb dem Grundsatze nach die Übereinstimmung von Wort- und Bildzeichen nicht ausschließen kann, so darf man auf der andern Seite nicht zu weit gehen. Sobald dem Bild eine eigenartige Darstellung innewohnt, oder es mit andern Elementen kombiniert wird, ist die Frage der Ähnlichkeit mit dem bloßen begrifflichen Worte regelrecht zu verneinen. Dasselbe gilt, wenn das Wortzeichen nicht die ungezwungene, gegebene Benennung des Bildzeichens ist (PA. im Bl. 00, 242; 04, 273). Endlich wird man ein besonders geprägtes Wort nicht leicht für identisch mit einem typischen Bilde ohne individuellen Gehalt erachten (PA. im Bl. 03, 13 und 202; Bl. 05, 233; 07, 221; 12, 120; RG. in MarkschWettbew. 21, 238). Vgl. über die Frage, ob Wort und Bild zu verwechseln sind: Schmid in GewRschutz 02, 2, Kohler in GewRschutz 97, 10, Kent S. 520, Rhenius S. 73, Allfeld S. 668, Osterrieth S. 332, Kohler S. 169, Duchesne in MarkschWettbew. 8, 65, Cantor in MarkschWettbew. 12, 541; siehe auch österr. Verwaltungsgerichtshof in MarkschWettbew. 12, 590. § 20 4, 4a

4a. Bezüglich der Farbe der Kennzeichnung gibt das Gesetz keine Bestimmungen. Man muß hier zwischen dem Warenzeichen und der Ausstattung unterscheiden (vgl. zu dem Folgenden namentlich Schima in den Jurist. Blättern 93 S. 421). **Farbe der Kennzeichnung.**

Wenn ein Zeichen unkoloriert angemeldet wird, so ist auch eine kolorierte Wiedergabe desselben anderen nicht gestattet, denn das Zeichen bleibt dasselbe, auch wenn es in einer bestimmten Färbung wiedergegeben wird. Die Farbe verändert nicht das Gesamtbild des Zeichens so sehr, daß der Käufer wegen derselben ein anderes Zeichen vor sich zu haben glaubt. Sie ist meistens nicht willkürlich gewählt und ohne individualisierende Bedeutung. Ein nicht gefärbt angemeldetes Zeichen deckt daher auch alle Wiedergaben in irgendeiner Farbe (vgl. RGSt. 7, 214; RG. in JW. 88 S. 24; 03 S. 105; RGSt. 33, 90; RG. 43, 93). Benutzt jemand das Mittel der Färbung, um sonst etwa vorhandene Unterschiede zu verschleiern, und führt er auf diese Weise Verwechselungsfähigkeit herbei, so greift § 20 ein (RG. in JW. 97 S. 579 im Bl. 97, 255; RGSt. 40, 244 im Bl. 08, 39). Umgekehrt kann die Färbung auch dazu dienen, die schon vorhandenen Unterschiede zu verstärken RGSt. in GewRschutz 14, 284, in IndustrieR. 13, 243).

Nach dem Vorstehenden könnte es zwecklos erscheinen, ein gefärbtes Zeichen anzumelden; dies ist indessen nicht der Fall. Zunächst ist es klar, daß der Anmelder die Tragweite seines Schutzes durch eine derartige Anmeldung nicht verengern will; bei der oben ausgeführten Unerheblichkeit der Farbe ist dies auch nicht der Fall, vielmehr ist durch die Eintragung des kolorierten Zeichens jeder gehindert, das Zeichen in einer anderen Farbe oder farblos zu gebrauchen (RG. 69, 376 im Bl. 08, 37; a. M. Rauter in GewRschutz 08, 314). Natürlich ist aber, wenn ein Zeichen mit Beschränkung auf eine bestimmte Farbe geschützt ist, die Übereinstimmung nicht lediglich darauf zu stützen, daß eine Marke zwar nicht mit dem eingetragenen Zeichen, wohl aber mit einer anders gefärbten Darstellung desselben verwechselt werden kann (RG. 43, 93 im Bl. 09, 179; vgl. auch den besonderen Fall RG. in MarkschWettbew. 14, 261, wo die Farbe das Hauptkennzeichen war). Aber die Eintragung des Zeichens in einer bestimmten Farbe hat noch eine weitergehende Bedeutung, sie macht diese Farbe zu einem Bestandteile des Warenzeichens (Bolze 5, 61). Infolgedessen muß bei der Untersuchung,

§ 20 ob eine Übereinstimmung oder täuschende Ähnlichkeit zweier Zeichen vorliegt, 4a, 5 zugunsten des Berechtigten die Farbe mitberücksichtigt werden. Und dies ist wesentlich, denn wenn auch die Markenbilder an sich einander nicht ähnlich sehen, so kann doch durch die gleiche Färbung die Gefahr einer Verwechselung herbeigeführt werden (Kohler S. 74; RGSt. 33, 90, im Bl. 00, 331; RGSt. im Bl. 04, 310; RGSt. 40, 244 im Bl. 08, 39; RG. 43, 93, im Bl. 99, 179; RG. in JW. 24, 1513). Ob ein Zeichen koloriert geschützt ist, darüber entscheidet die Eintragung in der Rolle und die zu ihrer Ergänzung in diesem Punkte geeignete Beschreibung (N. 9, 10 zu § 2).

Bezüglich der Ausstattung sind obige Grundsätze nicht ohne weiteres anzuwenden, denn bei ihr ist weder der durch die Anmeldung zutage tretende Wille des Berechtigten noch die Eintragung maßgebend, sondern nur die Anschauung der beteiligten Verkehrskreise. Folglich wird es einzig darauf ankommen, ob innerhalb der letzteren die Farblosigkeit oder eine bestimmte Farbe der Ausstattung so sehr als das charakteristische Kennzeichen gilt, daß bei einer gleichen oder ähnlichen Ausstattung in einer anderen Farbe das Publikum die Herkunft der Ware nicht mehr auf den Berechtigten zurückführt. Das Publikum legt der Farbe einer Ausstattung häufig keine große Bedeutung bei. Anders könnte es vielleicht sein, wenn die Eigentümlichkeit der Ausstattung hauptsächlich in einer auffälligen Farbenzusammenstellung bestehen sollte. Auch hier wäre zuzusehen, ob nicht die Kombination in anderen Farben unter § 20 fällt, bei der Wahl anderer Nuancen derselben Farbe wäre dies sicherlich stets der Fall.

Absicht zu täuschen? 5. Das Gesetz hat ausschließlich die objektive Gefahr der Verwechselung für das Entscheidende erachtet, so daß es neben oder anstatt derselben nicht die Feststellung, mit Absicht zu täuschen, für notwendig bzw. genügend hält.

Trotzdem wird es bei der praktischen Anwendung des § 20 nicht unerheblich sein, wenn die Behörde zu der Ansicht kommt, daß der Autor der zweiten Kennzeichnung eine Nachahmung der ersten originalen bezweckte. Wer eine Nachahmung beabsichtigt, will mittels derselben das Publikum irre führen; wenn jemand nachahmt, gibt er also damit zu erkennen, daß er das Mittel für geeignet hält, das Publikum oder wenigstens einen Teil desselben zu täuschen; diese Ansicht des Nachahmers über die Zweckmäßigkeit des Mittels ist sehr beachtenswert, da er in der Regel die Abnehmerkreise und ihr Unterscheidungsvermögen zu beurteilen wissen wird. Folglich wird man aus der Nachahmungsabsicht mit größter Wahrscheinlichkeit auf die Gefahr der Verwechselung schließen dürfen und müssen (RG. 6, 75; RGSt. 19, 317; RG. in MarkschWettbew. 22, 113 im Bl. 23, 25; RG. in GewRschutz 24, 180; Bondi in GewRschutz 09, 77).

Ob eine Nachahmung bezweckt war, wird leicht zu entscheiden sein. Wenn ein Gewerbetreibender bei der unerschöpflichen Zahl möglicher Kennzeichnungen (abgesehen von Namen und Firmen) eine Kennzeichnung wählt, die ein Konkurrent bereits führt, so geschieht dies fast ausnahmslos nicht aus Zufall, sondern aus Absicht. Deswegen muß der Richter oder das PA. im Zweifel stets gegen ihn entscheiden, eingedenk des Grundsatzes, daß die Zeichen dazu da sind, um die Waren verschiedener Gewerbetreibender voneinander zu unterscheiden, nicht aber um durch geschickte Nachahmung oder Nachempfindung diese Unterscheidung womöglich auszuschließen (Schima a. a. O. S. 435). Die kleinen Abweichungen, welche die neue Marke oder

Ausstattung zeigt, und durch die ihr Urheber seine Absicht zu verschleiern trachtet, gerade sie verraten den Dolus am deutlichsten. In der Praxis kommen nicht selten ganze Serien von Nachahmungen vor, indem der Nachahmer nach Ablehnung seiner ersten Marke immer von neuem versucht, ein Zeichen zu benutzen, das sich an das geschützte anlehnt. In solchen Fällen ist strenge Prüfung am Platze, da man die „Absicht fühlt". Auch dadurch wird die Nachahmung sich häufig offenbaren, daß ihr Urheber dem Vorbilde Umstände entlehnt hat, welche zwar außerhalb der geschützten Kennzeichnung liegen, trotzdem aber ihren Gesamteindruck wesentlich beeinflussen (N. 2). § 20 5, 6, 7

6. **Anwendungsgebiet.** Die Bestimmungen des Gesetzes, für welche der § 20 in Betracht kommt, sind zunächst: § 4 Abs. 3 (Wiedereintragung gelöschter Zeichen), §§ 5, 6 (Übereinstimmung zweier Zeichen), § 8 Abs. 2 Nr. 2 (Löschung eines Zeichens, welches eingetragen wurde, trotzdem der Fall des § 4 Abs. 3 vorlag), § 9 Abs. 1 Nr. 1 (Löschung eines Zeichens, welches bereits für einen anderen eingetragen ist), § 9 Abs. 2 (Löschung eines Zeichens, welches früher als Kennzeichen eines anderen galt), § 12 (Inhalt des Zeichenrechts), § 14 (Verletzung des Zeichen-, Namen- oder Firmenrechts), § 15 (Ausstattung), § 16 (Herkunftsbezeichnung), § 17 (Eingang ausländischer Waren), § 19 Abs. 1 (Beseitigung der widerrechtlichen Kennzeichnung; a. M. Kent S. 511), § 24 (Eintragung älterer Zeichen). Außerdem ist die Vorschrift des § 20 auf § 4 Abs. 1 (Nichteintragung der Freizeichen sowie bestimmter Kategorien von Warenzeichen) analog anzuwenden (N. 2). Endlich wird man § 20 auch bei vertraglichen Verpflichtungen, die sich auf die Benutzung oder Nichtbenutzung eines Zeichens beziehen, zugrunde legen (RG. im Bl. 05, 235). **Anwendungsgebiet der Bestimmung.**

7. Wenn der auf Grund der §§ 14—16 Angeklagte zur Entkräftung der Wissentlichkeit vorbringt, er habe die Bestimmung des § 20 nicht gekannt und deshalb geglaubt, eine Nachahmung sei gestattet, wenn man nur irgendwie vom Originale abweiche, so ist dieses Vorbringen nicht zu beachten. Denn diese Ansicht des Angeklagten beruht nur auf einem Rechtsirrtum, durch einen solchen wird aber die Strafbarkeit nicht ausgeschlossen (RGSt. 15, 349); vgl. N. 9 zu § 14. **Rechtsirrtum.**

§ 21.

In bürgerlichen Rechtsstreitigkeiten, in welchen durch Klage oder Widerklage ein Anspruch auf Grund dieses Gesetzes geltend gemacht ist, wird die Verhandlung und Entscheidung letzter Instanz im Sinne des § 8 des Einführungsgesetzes zum Gerichtsverfassungsgesetze dem Reichsgericht zugewiesen. § 21 1

1. Reichsgericht.
2. Anspruch auf Grund dieses Gesetzes.

1. Die Bedeutung des § 21 besteht darin, daß in denjenigen bürgerlichen Rechtsstreitigkeiten, in welchen ein Anspruch auf Grund dieses Gesetzes geltend gemacht wird, die Revision gegen die Urteile der bayerischen Ober- **Reichsgericht.**

§ 21 1, 2 landesgerichte und die Beschwerde gegen die Entscheidungen derselben im Falle des § 519b ZPO. nicht an das Oberste Landesgericht, sondern an das Reichsgericht gehen (§ 8 Abs. 1 EG. z. GVG.).

Dies gilt bei einer Klagenverbindung oder bei Erhebung einer Widerklage, auch wenn nur einer der Ansprüche auf Grund dieses Gesetzes erhoben wird.

Die Revisionssumme beträgt gegenwärtig 1800 Goldmark (RGBl. 24 S. 437).

Anspruch auf Grund dieses Gesetzes. 2. Die Vorschrift bezieht sich auf diejenigen Rechtsstreitigkeiten, in welchen ein Anspruch auf Grund dieses Gesetzes geltend gemacht ist. Die Abgrenzung der hierher gehörenden Ansprüche ist nicht erforderlich, nachdem Art. 6 des EG. zum BGB. die Vorschrift des § 21 auch auf die Ansprüche auf Grund des BGB. ausgedehnt hat.

§ 22.

§ 22 1 Wenn deutsche Waren im Ausland bei der Einfuhr oder Durchfuhr der Verpflichtung unterliegen, eine Bezeichnung zu tragen, welche ihre deutsche Herkunft erkennen läßt, oder wenn dieselben bei der Zollabfertigung in Beziehung auf die Warenbezeichnungen ungünstiger als die Waren anderer Länder behandelt werden, so ist der Reichsrat ermächtigt, den fremden Waren bei ihrem Eingang nach Deutschland zur Einfuhr oder Durchfuhr eine entsprechende Auflage zu machen, und anzuordnen, daß für den Fall der Zuwiderhandlung die Beschlagnahme und Einziehung der Waren erfolge. Die Beschlagnahme erfolgt durch die Zoll- und Steuerbehörden, die Festsetzung der Einziehung durch Strafbescheid der Verwaltungsbehörden (§ 459 der Strafprozeßordnung).

1. Grund der Bestimmung.
2.—3. Voraussetzungen.
3. Herkunftsbezeichnung.
3. Zollabfertigung.
4. Anordnung des Reichsrats.
5. Beschlagnahme. Einziehung.

Grund der Bestimmung. 1. Der § 22 verleiht dem Reichsrate in zwei Fällen eine Ermächtigung. Diese beiden Fälle stehen nicht auf gleicher Stufe. Der eine setzt voraus, daß deutsche Waren ungünstiger als die anderer Staaten behandelt werden, der andere dagegen liegt auch vor, wenn die deutschen Waren genau denselben Bestimmungen wie die anderer Staaten unterliegen. Folglich kann man nur in jenem Falle von einer Retorsion sprechen.

Die Bestimmung über die Herkunftsbezeichnung steht in engem Zusammenhange mit der Vorschrift des § 17, indem beide verhüten wollen, daß Waren, welche aus dem Ausland eingeführt werden, als deutsche Waren in den Verkehr kommen. Über ihr Verhältnis zueinander vgl. N. 1 zu § 17.

In dem Entwurfe der Regierung war nur des Falles der Herkunfts- § 22
bezeichnung gedacht. Die Bestimmung wird in den Motiven (S. 19) beson- 1, 2, 3
ders im Hinblick auf die englische Gesetzgebung gerechtfertigt. Bekanntlich schreibt die englische Merchandise Marks Act von 1887 für fremde Waren, welche mit einem englischen Namen oder einer englischen Marke bezeichnet sind, vor, daß sie die Angabe ihres Ursprungslandes enthalten müssen, und droht für den Fall der Zuwiderhandlung ihre Einziehung an (vgl. N. 1 zu § 16). Durch die Praxis der englischen Zollbehörden wurde diese Bestimmung so angewendet, daß die Bezeichnung des Herkunftsorts auch auf den Waren erfordert wurde, wenn sie ein Zeichen tragen, selbst wenn die Anbringung unmöglich war. Diesen und andern Schädigungen sollte § 22 entgegentreten. Von der Reichstagskommission wurde noch der Fall der ungünstigeren Behandlung bei der Zollabfertigung hinzugefügt.

2. Die Verpflichtung, eine Bezeichnung zu tragen, welche die **deutsche Herkunft** erkennen läßt, liegt nicht bloß vor, wenn sie durch Gesetz oder Reglements ausgesprochen ist, sondern es genügt, wenn die Praxis der ausländischen Zollbehörden eine derartige Bezeichnung verlangt. Das Prototyp für diese Bezeichnungen ist das englische made in Germany oder manufactured in Germany. **Herkunftsbezeichnung.**

Es ist nicht notwendig, daß die Bezeichnung sowohl für die Einfuhr als für die Durchfuhr verlangt wird. Es reicht aus, wenn dies bei einer von beiden der Fall ist.

3. Nicht jede ungünstigere Behandlung bei der **Zollabfertigung** reicht hin, sondern nur eine solche in Beziehung auf die Warenbezeichnungen. Werden deutsche Waren in anderer Hinsicht also etwa in bezug auf die Schnelligkeit der Abfertigung, den Inhalt der Deklaration, die Höhe der Zollsätze, schlechter behandelt als diejenigen anderer Staaten, so kommt § 10 des Zolltarifgesetzes vom 25. Dezember 1902 (RGBl. S. 303) in Betracht. **Zollabfertigung.**

Diese Bestimmung ist auch anwendbar, wenn die ungünstigere Behandlung in bezug auf Warenbezeichnungen geschieht. Dies gilt auch heute noch ungeachtet der Bestimmung unseres § 22. Es ist aber zu beachten, daß durch Art. 264ff. des Versailler Vertrages das Reich gegenüber den alliierten oder assoziierten Staaten hinsichtlich der Zollregelung beschränkt ist.

Andererseits ist Voraussetzung, daß die ungünstigere Behandlung in Beziehung auf Warenbezeichnungen gerade bei der Zollabfertigung geschieht. Geschieht sie bei der Registrierung der Zeichen oder bei der Rechtsverfolgung, so kommt nicht § 22, sondern zutreffendenfalls § 23 Abs. 1 zur Anwendung.

Deutschland braucht, damit der Fall des § 22 vorliege, nicht gerade das am schlechtesten behandelte Land zu sein. Es reicht hin, wenn nur irgendein Land besser behandelt wird, sollte auch dieses Land zu dem betreffenden Staate in einem besonderen Verhältnisse (Union, Konvention) stehen.

Fälle einer ungünstigeren Behandlung wären, z. B. wenn nach der englischen Praxis bei französischen Waren die Bezeichnung mode de Paris genügt oder bei amerikanischen die drei Buchstaben U. S. A. (d. h. United States of America) ausreichen, während man bei deutschen Waren immer die 21 Buchstaben manufactured in Germany verlangt, auch wenn sie auf der Ware wegen Mangels an Platz nicht angebracht werden können (StenB. S. 884).

§ 22 4, 5 Anordnung des Reichsrats. 4. Der Reichsrat ist ermächtigt, aber nicht verpflichtet, wenn eine der beiden Voraussetzungen vorliegt, Anordnungen zu treffen. Zunächst wird er eine Verständigung mit dem ausländischen Staate herbeizuführen suchen und erst, wenn dies nicht gelingt, erwägen, ob er zu Gegenmaßregeln schreiten soll. Er wird sich bei seinem Entschluß hauptsächlich von verkehrspolitischen Gründen leiten lassen, wird aber auch Gründe allgemeiner Politik zu berücksichtigen haben.

Über die Verkündung der Verordnung vgl. das Reichsgesetz vom 13. Oktober 1923 (RGBl. I S. 959, Bl. 23, S. 141).

Bisher ist eine derartige Anordnung noch nicht ergangen.

Beschlagnahme. 5. Über Beschlagnahme und Einziehung siehe N. 7, 8 zu § 17. Die Bestimmungen des preußischen Gesetzes vom 26. Juli 1897 (Gesetzsammlung S. 237) sind auch auf die Beschlagnahme und Einziehung des § 22 zur Anwendung zu bringen (§ 59 das.), ebenso der Erlaß vom 26. September 1897 (Gesetzsammlung S. 402).

§ 23.

§ 23 Wer im Inland eine Niederlassung nicht besitzt, hat auf den Schutz dieses Gesetzes nur Anspruch, wenn in dem Staate, in welchem seine Niederlassung sich befindet, nach einer im Reichsgesetzblatt enthaltenen Bekanntmachung deutsche Warenbezeichnungen in gleichem Umfang wie inländische Warenbezeichnungen zum gesetzlichen Schutze zugelassen werden.

Der Anspruch auf Schutz eines Warenzeichens und das durch die Eintragung begründete Recht können nur durch einen im Inland bestellten Vertreter geltend gemacht werden. Der letztere ist zur Vertretung in dem nach Maßgabe dieses Gesetzes vor dem Patentamt stattfindenden Verfahren sowie in den das Zeichen betreffenden bürgerlichen Rechtsstreitigkeiten und zur Stellung von Strafanträgen befugt. Für die das Zeichen betreffenden Klagen gegen den eingetragenen Inhaber ist das Gericht zuständig, in dessen Bezirk der Vertreter seinen Wohnsitz hat, in dessen Ermangelung das Gericht, in dessen Bezirk das Patentamt seinen Sitz hat.

Wer ein ausländisches Warenzeichen zur Anmeldung bringt, hat damit den Nachweis zu verbinden, daß er in dem Staate, in welchem seine Niederlassung sich befindet, für dieses Zeichen den Markenschutz nachgesucht und erhalten hat. Die Eintragung ist, soweit nicht Staatsverträge ein anderes bestimmen, nur dann zulässig, wenn das Zeichen den Anforderungen dieses Gesetzes entspricht.

1. Internationales Zeichenrecht.

Internationales Zeichenrecht.

Der Abs. 1 bezieht sich auf alle Warenbezeichnungen, also außer auf Warenzeichen auch auf Namen, Firma und Ausstattung, während Abs. 2 und 3 nur von Warenzeichen im engeren Sinne handeln. Bei allen Warenbezeichnungen ist demnach Voraussetzung die Gegenseitigkeit, während bei Warenzeichen außerdem im Gesetz verlangt wird, daß ein Vertreter im Inlande bestellt wird (Abs. 2), daß der Anmelder im Heimatsstaate Markenschutz für das Zeichen erhalten hatte und daß dasselbe den Anforderungen unseres Gesetzes entspricht (Abs. 3). Das Erfordernis des akzessorischen Schutzes gilt aber auch für die anderen Warenbezeichnungen (N. 6).

Durch die Internationale Union und durch die Verträge, welche das Deutsche Reich mit Österreich-Ungarn, Italien und der Schweiz abgeschlossen hat, sind der Vertreterzwang und die akzessorische Natur des Schutzes nicht berührt; vgl. aber Art. 8 des Unionsvertrages und Art. 311 des FV. Über das Madrider Abkommen siehe die Anlage.

Abs. 1.

Inland.

2. Inland ist das Deutsche Reich. Auch die Freihafengebiete Hamburgs und Bremens gehören dazu (RGSt. 21, 205). Über die Ausnahme des Art. 311 FV. siehe die Bemerkungen dazu.

Sind auch die Konsularländer (Abessynien, Persien und Spanisch-Marokko; vgl. Jüngel-Magnus I, 94) Inland? Man muß zunächst davon ausgehen, welche Zwecke der Gesetzgeber mit den einzelnen Vorschriften des § 23 verfolgt.

Der Grund des in Absatz 2 vorgeschriebenen Vertreterzwanges ist, es solle der Verkehr und die Rechtsverfolgung hinsichtlich der Warenzeichen, deren Anmelder oder Inhaber räumlich vom Deutschen Reich entfernt sind, erleichtert werden — es ist eine reine Zweckmäßigkeitsvorschrift. Auf einem ganz anderen Gedanken beruhen die Absätze 1 und 3, welche das Erfordernis der Gegenseitigkeit und des Heimatsschutzes aufstellen. Hier handelt es sich um rechtspolitische Vorschriften.

Da Abs. 2 lediglich den Satz enthält, daß derjenige, der räumlich nicht im Deutschen Reich niedergelassen ist, einen inländischen Vertreter braucht, so findet er seinem Zwecke nach gleichmäßig Anwendung auf Deutsche im

§ 23 Auslande, wie auf Gewerbetreibende in den Konsulargerichtsbezirken. Es
2, 3 wäre verkehrt, wenn zwar Leute, die in Frankreich oder England wohnen, aber nicht solche, die in Persien wohnen, Vertreter bestellen müßten (vgl. Seligsohn in GewRschutz 99 S. 141, Rhenius S. 157, Kohler S. 225, 247; Allfeld S. 685; a. M. Damme in GewRschutz 01 S. 252, 254). Wegen der Vertreter für Elsaß-Lothringen, Polen siehe Art. 311 FV. (unrichtig RG. in JW. 24, 701, in MarkschWettbew. 23, 40).

Für die Konsularländer hat das Reich die Befugnis der Gerichtsbarkeit, und es gelten dort grundsätzlich die Vorschriften des deutschen Zivil- und Strafrechts. Die Konsulargerichtsbarkeit ist im Interesse der Reichsangehörigen und Schutzgenossen begründet worden, um sie von der Gerichtsbarkeit des Staates, in dem sie wohnen, auszunehmen. Daß die Konsulargerichte ein deutsches Zeichen zu schützen haben, darüber besteht keine Meinungsverschiedenheit, da sie nach deutschem Recht zu urteilen haben (RG. im Bl. 02, 211). Durch VO. vom 4. Juli 1914 (RGBl. S. 256) ist bestimmt, daß das Gesetz in den Konsulargerichtsbezirken Anwendung findet, zugunsten der Angehörigen eines ausländischen Staates jedoch nur insoweit, als nach einer im Reichsgesetzblatt enthaltenen Bekanntmachung von diesem Staate in dem einzelnen Konsulargerichtsbezirke die Gegenseitigkeit verbürgt ist. Damit sind die Reichsangehörigen, die in den Konsularländern wohnen, nicht nur von § 23 Abs. 1 freigestellt, sondern sie brauchen auch nicht den Nachweis eines Heimatschutzes im Sinne des Abs. 3 zu führen (so schon für die Zeit vor dem Gesetz von 1914 PA. im Bl. 09, 292; RG. im Bl. 12, 121; in JW. 12, 90). Die Schutzgenossen werden ihren Heimatschutz nach Abs. 3 des § 23 nachzuweisen haben (Bl. 09, 292), vgl. auch Kohler S. 226.

Durch die Pariser Union ist für alle Angehörigen der Unionsstaaten ohne besondere Bekanntmachung der Schutz des Gesetzes verbürgt. Folgerichtig ist durch Gesetz vom 31. März 1913 (RGBl. S. 236 im Bl. 13, 155) bestimmt, daß § 23 Abs. 1 auf alle Reichsangehörigen, auch wenn sie im Auslande wohnen, keine Anwendung findet (vgl. Art. 2 Unionsvertrag). Sie hätten sich sonst schlechter gestanden, wie die Angehörigen der Union. Das alles bezieht sich aber nur auf Abs. 1 des § 23, Abs. 3 bleibt auf Reichsangehörige wie auf Unionsangehörige anwendbar.

Niederlassung. 3. Das Gesetz legt weder auf die Staatsangehörigkeit noch auf den Wohnsitz, sondern nur auf den Ort der Niederlassung Wert. Nur bei den Reichsangehörigen ist es nach dem Reichsgesetz vom 31. März 1913 ohne Bedeutung, wo ihre Niederlassung sich befindet, ihre Zeichen müssen also auch geschützt werden, wenn der Staat, in dem sie ihre Niederlassung haben, keine Gegenseitigkeit verbürgt hat, wie das bei Ägypten beispielsweise der Fall ist (RG. in MarkschWettbew. 13, 201 in IndustrieR. 13, 266). Hat ein Ägypter in Deutschland seine Niederlassung, so gilt er als Inländer und unterliegt nicht den Bestimmungen des § 23. Hat er sie in England oder in einem anderen Staate, mit welchem Gegenseitigkeit besteht, so finden Abs. 2 und 3 des § 23 Anwendung. Über die Angehörigen der Union s. die Noten zu Art. 2 Unionsvertrag.

Daß die Niederlassung in Beziehung zu dem Geschäftsbetriebe steht, in welchem die Warenbezeichnung verwendet wird oder verwendet werden soll, ist im Gesetze nicht bestimmt. Man wird dies aber anzunehmen haben (RG. 100, 3 im Bl. 20, 103).

Zu dem Begriffe der Niederlassung gehört, daß jemand ein zu dauerndem Gebrauche eingerichtetes, beständig oder doch in regelmäßiger Wiederkehr von ihm benutztes Geschäftslokal für den Betrieb seines Gewerbes besitzt (§ 42 Abs. 2 GewO.) und daß dieses zur unmittelbaren Abschließung von Geschäften dient (§ 21 der ZPO.). Es genügt also z. B. nicht, wenn er im Inlande nur eine Fabrik oder nur ein Warenlager hat oder nur eine Agentur, welche die Geschäfte nicht abschließt, sondern den Abschluß von Geschäften durch Entgegennahme und Übermittelung von Aufträgen und dergleichen vorbereitet. Ebensowenig ist es ausreichend, wenn von der Niederlassung aus nur gelegentlich ein Geschäft abgeschlossen wird, sondern die Niederlassung muß bestimmungsgemäß der Mittelpunkt eines den Abschluß von Geschäften bezweckenden Betriebes sein (a. M. Kent S. 555). § 23 3, 4, 5

Für denjenigen, welcher eine geschäftliche Niederlassung nicht besitzt, tritt der Wohnsitz an die Stelle der Niederlassung, namentlich wenn es sich um den Schutz des Namens gemäß § 14 handelt (RGSt. 31, 30 im Bl. 98, 97; Kent S. 555; Allfeld S. 680; Kohler S. 204).

Unter der Herrschaft des Markenschutzgesetzes war es streitig, ob die Niederlassung Hauptniederlassung sein müsse oder ob eine Zweigniederlassung genüge. Das Reichsgericht (RG. 21, 1) nahm an, daß eine Hauptniederlassung im Inlande erforderlich sei. Für § 23 reicht eine Zweigniederlassung nach ständiger Rechtsprechung aus.

Wird die Niederlassung im Inlande, für die das Zeichen eingetragen ist, aufgegeben, so fragt es sich, ob das Zeichen gemäß § 9 Ziff. 2 wegen Aufgabe des Geschäftsbetriebes, zu dem es gehört, mit der Löschungsklage angegriffen werden kann. Das wird nur dann möglich sein, wenn tatsächlich das Zeichen nur mit diesem aufgegebenen Betriebe in Zusammenhang gestanden hat. War dagegen die Niederlassung im Inlande nur ein Zweigbetrieb eines größeren im Auslande fortbestehenden Unternehmens, so liegt § 9 Ziff. 2 nicht vor. Nur muß alsdann das Zeichen auf das Hauptunternehmen unter Nachweis dieses Sachverhaltes und Beachtung von § 23 Abs. 2, 3 umgeschrieben werden. War die inländische Niederlassung die einzige des Unternehmens und wird sie nicht aufgegeben, sondern ins Ausland verlegt, so ist eine entsprechende Eintragung der Verlegung gemäß Abs. 2, 3 des § 23 notwendig (RG. 41, 66 im Bl. 98, 118; RGSt. 35, 415).

4. Bei mehreren Berechtigten liegt der Fall des § 23 schon vor, wenn nur einer im Inlande keine Niederlassung hat. **Mehrere Berechtigte.**

5. Wenn der Berechtigte seine inländische Niederlassung aufgibt oder wenn das Recht auf einen übergeht, welcher hier keine Niederlassung hat, so wird der § 23 anwendbar. Im umgekehrten Falle hört seine Anwendbarkeit, insbesondere die des Abs. 2, auf. Trotz der Übertragung des Rechts auf einen Inländer oder der Begründung einer inländischen Niederlassung muß aber nachgewiesen werden, daß für die ursprüngliche Anmeldung den Vorschriften des § 23 genügt ist (PA. im Bl. 03, 283; Kohler S. 205). **Veränderung des Orts.**

Im ersten Falle wird der Übergang in der Rolle nur vermerkt, wenn die Voraussetzungen des Abs. 1 und 2 erfüllt sind. Außerdem muß dargetan werden, daß das Zeichen auch im Staate der Nederlassung des neuen Inhabers (Abs. 3) für ihn eingetragen ist (PA. im Bl. 00, 378: 01, 248). Dagegen wird nach einer nicht unbedenklichen Praxis bei der Übertragung des Zeichens von einem Ausländer auf einen andern Ausländer, wenn

§ 23 5, 6 letzterer einem andern Staat angehört, die Vorlegung eines ausländischen Schutzerzeugnisses und der Nachweis der im Ausland erfolgten Umschreibung nicht erfordert (Geschäftstätigkeit des PA. S. 282; Kohler S. 205).

Schutz dieses Gesetzes. 6. Schutz dieses Gesetzes. Der Abs. 1 bezieht sich, wie der Wortlaut ergibt, im Gegensatze zu Abs. 2 und 3 nicht bloß auf die Warenzeichen, sondern auf alle Warenbezeichnungen; also auch auf den Schutz des Namens, der Firma und der Ausstattung. Er erstreckt sich bei Warenzeichen sowohl auf den Anspruch auf Eintragung (N. 1 zu 3 7), als auf die Rechte aus der Eintragung (N. 14 zu § 7), z. B. das Widerspruchsrecht aus § 5 (PA. im Bl. 94/95, 99). Eine Eintragung, die unter Verletzung des Abs. 1 erfolgt ist, unterliegt der Löschung nach § 8 Abs. 2 Nr. 2. Dagegen wird das zu Recht eingetragene Zeichen lediglich unwirksam, wenn nachträglich die Voraussetzungen des Abs. 1 bei ihm wegfallen, z. B. wenn die Gegenseitigkeit fortfällt, es wird aber nicht von Amts wegen gelöscht (Allfeld S. 680; Rhenius S. 160). Tritt die Voraussetzung der Gegenseitigkeit erst im Laufe des Anmeldungsverfahrens ein, so wird die Priorität erst von diesem Zeitpunkt ab zu rechnen sein (vgl. auch PA. im Bl. 03, 285). Eine unzulässige Anmeldung eines Ausländers kann auch nicht dadurch Kraft erlangen, daß sie auf einen Inländer übertragen wird (Bl. 03, 283). Das Klagerecht des § 9 Nr. 2 und 3 steht jedem, also auch dem Ausländer, ohne weiteres offen, bei ihm handelt es sich nicht um den „Schutz der Warenbezeichnungen" des Ausländers (N. 7 zu § 9; a. M. RG. in MarkschWettbew. 13, 201). Lau (GewRschutz 02, 202) zählt die Ausstattung nicht zu den Warenbezeichnungen (vgl. auch RG. im Bl. 06, 209; in JW. 05, 743).

Der Grundsatz des Abs. 3, daß ausländische Warenzeichen in Deutschland nur akzessorischen Schutz erlangen können (N. 17), muß aus inneren Gründen auch für die anderen Warenbezeichnungen gelten. Ein Ausländer, darf hier Namens-, Firmen- und Ausstattungsrecht nur dann genießen wenn er in seiner Heimat in bezug auf diese Güter sich in einer gleichartigen geschützten Rechtsstellung befindet. Unser Gesetz schafft ihm kein Namens-, Firmenrecht usw., sondern verbietet nur Verletzungen des nach dem ausländischen Gesetze bestehenden Rechts. Es will nicht, daß diese Rechte, welche als Rechte der Persönlichkeit ihrem Wesen nach an keine lokalen Schranken gebunden sind, an unserer Grenze endigen sollen. Für die Praxis ist die Frage durch die Plenarentscheidung des Reichsgerichts (RG. 46, 125 im Bl. 01, 51) erledigt, die sich der vorstehenden Auffassung anschließt. Dort ist die Literatur und Rechtsprechung angeführt (vgl. ferner PA. im Bl. 13, 203; RGSt. 38, 435 im Bl. 06, 335; RGSt. in JW. 11, 863 in GewRschutz 11, 370; Allfeld S. 689; Fuld in GewRschutz 02, 161; Lau ebenda 02, 97; 03, 69; 04, 113; a. M. Kohler in GewRschutz 97, 128; Osterrieth S. 443ff. und vor allem Kohler S. 208ff. und in GewRschutz 07, 221, sowie im ArchBürgR. 06, 217, der sich aber mehr gegen das Gesetz selbst als unrichtig wendet und nur deshalb für eine einschränkende Auslegung eintritt). In welcher gesetzlichen Form der fraglichen Warenbezeichnung ein Schutz im Auslande gewährt ist, ist ohne Bedeutung; es genügt, wenn sie durch analoge Rechtssatzungen gegen Nachahmung gesichert ist (OLG. Hamburg im Bl. 00, 286).

Inwieweit für Angehörige der Internationalen Union vorstehende Grundsätze abgeändert sind, vgl. Art. 8, 10b des Unionsvertrages. Namentlich für Ausstattungen, die unter den Schutz gegen unlauteren Wettbewerb gehören, ist anzuerkennen, daß sie ohne weiteres im Inlande geltend gemacht werden können (RG. im Bl. 06, 209; in JW. 05, 743). § 23 6, 7, 8

7. Gegenseitigkeit. Durch die Fassung ist zum Ausdruck gebracht, daß nicht bloß zu prüfen ist, ob der fremde Staat einen Schutz gewährt, sondern auch ob die deutschen Warenbezeichnungen in bezug auf den Umfang dieses Schutzes nicht schlechter behandelt werden als die des betreffenden Staates. Ob der Schutz ein dem Schutze unseres Gesetzes gleichwertiger ist, ist unerheblich. Gegenseitigkeit.

Hat der, welcher ohne inländische Niederlassung auf den Schutz dieses Gesetzes Anspruch macht, in verschiedenen Staaten Niederlassungen, so ist derjenige Staat maßgebend, in welchem die Gegenseitigkeit verbürgt ist (Kohler S. 212). Dafür spricht auch Art. 3 der Internationalen Union (a. M. Rhenius S. 156, der auf die Hauptniederlassung abstellt). Ist die Gegenseitigkeit nicht verbürgt, so kann § 826 BGB., der auch dem Ausländer zugute kommt, die Lücke ausfüllen (RG. in JW. 05, 237; RG. in MarkschWettbew. 13, 201).

8. Die Prüfung der Gegenseitigkeit steht nicht den Gerichten oder dem PA., sondern dem Reichskanzler zu. Das Ergebnis seiner Prüfung, wie es sich in der Bekanntmachung bzw. Nichtbekanntmachung kundgibt, ist für sämtliche Behörden maßgebend. Diese dürfen ohne die Bekanntmachung Gegenseitigkeit nicht annehmen, nach der Bekanntmachung sie nicht in Abrede stellen (RG. in JW. 89, 349; RGSt. 34, 275 im Bl. 01, 251, wo aber Gegenseitigkeit und akzessorischer Schutz nicht geschieden sind). Insbesondere darf das PA. ein Zeichen nicht eintragen, bevor es nicht festgestellt hat, daß die betreffende Bekanntmachung ergangen ist. Ist keine ergangen, so muß der Mangel dem Anmelder mitgeteilt werden, damit er sich dazu äußere (N. 1 zu § 10). Staatsverträge, die im Reichs-Gesetzblatt verkündet werden, stehen der Bekanntmachung des Reichskanzlers gleich. Dies gilt namentlich für die Internationale Union (PA. im Bl. 03, 285). Bekanntmachung.

Gegenseitigkeit besteht außer mit den Unionsstaaten noch mit folgenden Ländern: Argentinien (RGBl. 09, 230), Costa Rica (RGBl. 01, 375), Ecuador (RGBl. 03, 122), Guatemala (RGBl. 99, 543; Bl. 25, 16), Island (RGBl. 23, 179), Südafrikanische Union und Südwestafrika (RGBl. 24 II S. 381), Venezuela (RGBl. 94, 521). Keine Gegenseitigkeit besteht u. a. mit der Türkei, Ägypten, Chile. Wieweit sich die Gegenseitigkeit auf die Kolonien der einzelnen Staaten erstreckt, ist nach den einzelnen Staatsverträgen zu bestimmen. Die Bekanntmachung erfolgt jetzt nach dem Gesetz über die Verkündung von Rechtsverordnungen vom 13. Okt. 1923 (RGBl. I S. 959 im Bl. 23, 141) im RGBl., im Zentralblatt für das Deutsche Reich oder im Deutschen Reichsanzeiger. Sie tritt, wenn sie nichts anderes bestimmt, mit dem auf die Verkündung folgenden Tage in Kraft.

Der Reichskanzler kann seine Bekanntmachung jederzeit durch eine andere widerrufen, doch ist auch deren bindende Kraft davon abhängig, daß sie verkündigt ist.

Unkenntnis der Bekanntmachung schützt nicht vor Bestrafung, da es sich nur um einen Rechtsirrtum handelt.

§ 23
9

Abs. 2.

Vertreterzwang.

9. Nach dem Vorbilde des Patentgesetzes (§ 12) und des Gesetzes, betr. den Schutz der Gebrauchsmuster (§ 13), ist für ausländische Zeicheninhaber der Vertreterzwang eingeführt worden, um sowohl den beteiligten Kreisen als auch dem PA. den geschäftlichen Verkehr mit den im Auslande wohnhaften Berechtigten zu erleichtern (Motive S. 19). Unter Ausland sind hier auch die Konsularbezirke und die abgetretenen Gebiete des Art. 311 des Versailler Vertrages zu verstehen (N. 2). Die Gleichstellung der Angehörigen der Vertragsstaaten ist für den Vertreterzwang ohne Bedeutung (N. 1).

Jener § 12 des PG. bestimmt, daß der nicht im Inlande Wohnende den Anspruch auf Erteilung des Patents und die Rechte aus dem Patent nur geltend machen kann, wenn er im Inlande einen Vertreter bestellt hat. Unser § 23 Abs. 2 schreibt dagegen vor, daß die Geltendmachung nur durch einen im Inlande bestellten Vertreter erfolgen kann. Während also der ausländische Patentinhaber, welcher vorschriftsmäßig einen Vertreter bestellt hat, befugt ist, auch persönlich oder durch einen anderen Bevollmächtigten seine Rechte geltend zu machen, insbesondere den Strafantrag zu stellen (RG. im Bl. 99, 239), muß man § 23 Abs. 2 nach seinem klaren Wortlaut dahin auslegen, daß der Inhaber Anspruch und Recht nur geltend machen kann, wenn er einen Vertreter bestellt hat, und daß er beide nicht selbst oder durch einen anderen geltend machen darf (RGSt. 36, 413; im Bl. 04, 368; RG. 69, 1 im Bl. 08, 249; RG. in MarkschWettbew. 23, 92 in JW. 24, 701; Kohler S. 223; Rhenius S. 157; Osterrieth S. 359; Kent S. 570; Allfeld S. 686).

Der Vertreter ist nicht gesetzlicher Vertreter eines beschränkt Handlungsfähigen, sondern er ist nur der gesetzliche Bevollmächtigte desselben. Prozeßpartei, strafantragsberechtigt bleibt allein der Zeicheninhaber, nur darf er diese Rechte nicht selbst ausüben. Die Frist zur Stellung des Strafantrages bemißt sich deshalb nach der Kenntnis des Zeicheninhabers, der Antrag selbst muß innerhalb der Frist von dem Vertreter gestellt werden. Der Antrag eines nicht ordnungsmäßig bestellten Vertreters ist unwirksam und kann durch Genehmigung des ordentlich bestellten Vertreters nach Ablauf der Frist nicht Kraft erlangen (RGSt. 36, 413 im Bl. 04, 368). Dagegen kann im bürgerlichen Rechtsstreit das Verfahren des Vertreters ohne gesetzliche Vertretungsmacht seitens des wahren Vertreters nachträglich genehmigt werden (RG. im Bl. 00, 255). In der Revisionsinstanz kann aber der Mangel nicht mehr geheilt werden, wenn das Berufungsgericht die Klage um seinetwillen abgewiesen hatte (RG. im Bl. 07, 142). Der Zeicheninhaber bleibt auch trotz des Vertreters prozeß- und eidesfähig, nur handelt er vor dem PA. und den Gerichten durch den Vertreter, ähnlich wie die Partei im Landgerichtsstreite eines Anwalts bedarf (§ 78 ZPO.). Materiell verfügt über das Zeichen nicht der Vertreter, sondern der Berechtigte, folglich ist zur Übertragung oder Löschung des Zeichens die Erklärung des Zeicheninhabers und nicht die des Vertreters erforderlich; dasselbe ist bei sonstigen dinglichen Verträgen über das Zeichenrecht anzunehmen (Osterrieth S. 359; Allfeld S. 687; Kent S. 578). Eine Klage des Zeicheninhabers selbst ist ebenso abzuweisen wie die Klage einer Partei ohne Anwalt im Anwaltsprozeß. Der Einwand der mangelnden gesetzlichen Vertretung

(§ 274 Nr. 7 ZPO.) ist schwerlich analog anzuwenden (Allfeld S. 687). Alles dies gilt auch für das Zeichenanmeldungs- und Beschwerdeverfahren (PA. im MarkschWettbew. 10, 319). § 23 9, 10

§ 23 Abs. 2 findet keine Anwendung, wenn nicht das Zeichenrecht selbst geltend gemacht wird, sondern wenn darum gestritten wird, welcher von beiden Parteien das Recht an Zeichen zusteht (RG. 69, 1 in JW. 08, 500 im Bl. 08, 249).

Der Vertreterzwang bezieht sich nur auf Warenzeichen, nicht auf sonstige Warenbezeichnungen, wie Name, Firma oder Ausstattung (RGSt. 31, 30 im Bl. 98, 97; RGSt. im Bl. 13, 226; Rhenius S. 157; Osterrieth S. 360; Kohler S. 223).

Klagt der ausländische Zeicheninhaber durch seinen Vertreter, so ist er nach § 110 ZPO. auf Verlangen des Beklagten zur Sicherheitsleistung verpflichtet (das gilt übrigens auch von Ausländern, die im Inlande wohnen und klagen).

Nach Art. 17 des Haager Abkommens über den Zivilprozeß vom 17. Juli 1905 (RGBl. 09, 409), welches Deutschland mit Belgien, Spanien, Frankreich, Italien, Luxemburg, den Niederlanden, Portugal, der Schweiz, Schweden, Norwegen, Österreich, Dänemark, Rumänien, Rußland, Ungarn geschlossen hat, darf aber Angehörigen eines der Vertragsstaaten, die in einem dieser Staaten ihren Wohnsitz haben und vor den Gerichten eines anderen dieser Staaten als Kläger oder Intervenienten auftreten, wegen ihrer Eigenschaft als Ausländer oder wegen Mangels eines inländischen Wohnsitzes oder Aufenthaltes, keine Sicherheitsleistung oder Hinterlegung, unter welcher Benennung es auch sei, auferlegt werden.

Die Angehörigen von Großbritannien und Irland können sich trotz der Bekanntmachung des Bundesrats vom 23. Dez. 1911 (RGBl. S. 975) und der durch dieselbe ihnen eingeräumten Meistbegünstigungsklausel auf jenes internationale Abkommen nicht berufen (RG. 38, 403; 51, 1; vgl. RG. in JW. 00, 494). Die Angehörigen der Vereinigten Staaten von Amerika haben keinen Anspruch auf Befreiung, denn der Unionsvertrag hat an der Kostensicherheitspflicht nichts geändert.

Das Haager Abkommen findet auch dann Anwendung, wenn der Beklagte demselben Heimatsstaate angehört wie Kläger (PA. im Bl. 05, 240).

Der Friedensvertrag Art. 287 bestimmt, daß mit seinem Inkrafttreten das Haager Übereinkommen wieder gelten soll; doch bleibt diese Wiederinkraftsetzung gegenüber Frankreich, Portugal und Rumänien jetzt und fernerhin ohne Wirksamkeit (vgl. z. B. KG. in JW. 22, 719; 24, 712; OLG. Frankfurt ebenda 23, 191).

Nichtbestellung eines Vertreters.

10. Über den Anspruch auf Schutz des Zeichens s. N. 1 zu § 7, über das durch die Eintragung begründete Recht N. 2, 14 zu § 7.

An die Nichtbestellung des Vertreters knüpft das Gesetz nicht den Rechtsnachteil des Verlustes des Anspruchs bzw. des Rechts, sondern nur den, daß man beide nicht geltend machen kann. Vgl. deshalb die Erörterungen in N. 14 zu § 7. Zu beachten ist, daß im § 23 auch die Geltendmachung des Anspruchs auf Eintragung in Frage steht. Diese Geltendmachung hat nicht mit der Anmeldung ihr Ende erreicht, setzt sich vielmehr in dem ganzen Verfahren bis zur Eintragung fort. Meldet jemand, der im Inlande keine Niederlassung hat, ein Zeichen an, ohne gleichzeitig einen Vertreter zu bestellen,

§ 23 so erläßt der Vorprüfer gemäß § 21 Abs. 2 PatG. einen Vorbescheid (N. 1
10, 11, 12 zu § 10; s. aber auch N. 1a daselbst). Im Falle nachträglicher Bestellung eines Vertreters gilt als Tag der Anmeldung erst der Tag, an dem die Bestellung zur Kenntnis des PA. gelangt ist (Geschäftstätigkeit des PA. S. 277). Fällt der bestellte Vertreter vor der Eintragung weg, so setzt das PA. dem Anmelder eine Frist zur Bestellung eines neuen und versagt die Eintragung, wenn die Frist unbenutzt abläuft. Wenn für ein gültig begründetes Zeichen der notwendige Vertreter fehlt, so ruht das Recht, es sind alsdann die Grundsätze anzuwenden, die oben N. 14 zu § 7 für den Übergang des Zeichens ohne Umschreibung entwickelt sind (vgl. RGSt. 34, 34 im Bl. 01, 123).

Vertreter. 11. Der **Vertreter** muß im **Inlande** wohnen, kann aber Ausländer sein (RGSt. 36, 413 im Bl. 04, 368). Konsularbezirke gelten hier nicht als Inland (N. 2). Nach § 8 der VO. vom 30. Juni 1894 findet hier § 28 der VO. vom 11. Juli 1891 entsprechende Anwendung:

> Vertreter in Patentangelegenheiten und in Angelegenheiten des Gebrauchsmusterschutzes haben dem Patentamt gegenüber ihre Bevollmächtigung durch eine Vollmacht nachzuweisen.
>
> Die Vollmachten müssen auf prozeßfähige, mit ihrem bürgerlichen Namen bezeichnete Personen lauten.
>
> Sind mehrere Personen bevollmächtigt, so gelten dieselben für befugt, sowohl gemeinschaftlich als auch einzeln die Vertretung wahrzunehmen. Eine abweichende Bestimmung dürfen die Vollmachten nicht enthalten.

Von Wichtigkeit ist namentlich, daß **bei mehreren Vertretern jeder einzelne selbständig** handeln, z. B. Prozeßvollmacht erteilen darf. Eine **Firma** kann nicht Vertreter sein.

Nach der Übung des PA. wird eine Vollmacht, durch welche eine im Auslande wohnende Person eine inländische Firma oder Einzelperson beauftragt, die dann erst ihrerseits im Wege der Untervollmacht einen inländischen Vertreter bestellt, nicht für zulässig erachtet. Die Vollmacht muß vielmehr unmittelbar auf den einzutragenden Vertreter lauten.

Vollmachten sind nach dem preuß. Stempelsteuergesetz vom 27. Okt. 1924 (GS. S. 627) Tarifstelle 19 Abs. 7 jetzt nicht mehr stempelpflichtig.

Vollmacht. Rolle. 12. Die **Vollmacht** (vgl. N. 11) muß schriftlich erteilt sein und bedarf keiner beweisenden Form. Sie zählt nicht zu den Eingaben im Sinne des § 34 PatG. (N. 3 zu § 2) und kann deshalb auch in fremder Sprache abgefaßt sein. Sie wird häufig über den Inhalt des § 23 Abs. 2 hinausgehen. Wegen ihres Inhalts vgl. Bl. 94/95, 303.

Beim Übergang des Rechts auf einen andern muß natürlich eine neue Vollmacht, sei es für den bisherigen, sei es für einen anderen Vertreter erteilt werden.

Der Name und Wohnort des Vertreters, Änderungen in der Person, im Namen oder im Wohnorte des Vertreters werden in die **Rolle** eingetragen (§ 3 Abs. 1 Nr. 3); bei Änderungen bedarf es für die Vollmacht oder Anzeige keiner Beglaubigung; ebenso wird das Erlöschen der notwendigen Vollmacht eingetragen, wenn das Zeichen auf jemand übergeht, der eine inländische Niederlassung hat oder wenn der Zeicheninhaber im Inlande eine Niederlassung errichtet (N. 5). Die Vertretungsmacht wird trotzdem bestehen bleiben, nur ihre Ausschließlichkeit ist weggefallen. Die Eintragung ist für die Entstehung oder Beendigung der Vollmacht zwischen den Parteien unerheblich. Den Dritten, insbesondere dem PA. und den Gerichten gegenüber, gilt aber nur der in die Rolle Eingetragene als Vertreter. Die Rechtsakte, die durch oder gegen ihn erfolgt sind, muß der Vertretene gegen sich gelten lassen. Der Eintragung des Vertreters in die Rolle bedarf es nur, soweit es sich um den gegenwärtigen Zeicheninhaber handelt, nicht aber, wenn ein früherer Berechtigter Ansprüche auf Grund des Zeichens aus der Zeit seiner Berechtigung nachträglich erhebt; hier genügt die bloße Bestellung des Vertreters (Bl. 05, 246). § 23 12, 13

Befugnisse des Vertreters.

13. Der Vertreter ist kraft Gesetzes zur Vertretung des Zeicheninhabers legitimiert

a) in dem nach Maßgabe dieses Gesetzes vor dem Patentamte stattfindenden Verfahren. Das Patentamt tritt, wenn ein Vertreter bestellt ist, mit diesem in Verkehr und stellt ihm alle Verfügungen und Beschlüsse zu; der Vertreter ist auch zur Zurückziehung der Anmeldung befugt (MarkschWettbew. 11, 162);

b) in allen bürgerlichen Rechtsstreitigkeiten, welche das Zeichen betreffen.

α) Es muß eine bürgerliche Rechtsstreitigkeit vorliegen. Selbstverständlich werden hierdurch die Vorschriften der ZPO. über Anwaltszwang nicht berührt. Zu Verfügungen außerhalb des Rechtsstreits ist der Vertreter nicht befugt; er kann weder Lizenzen erteilen, noch den Geschäftsbetrieb mit Zeichen auf andere übertragen; dagegen kann er auch außergerichtlich die Rechte des Zeicheninhabers Dritten gegenüber wahrnehmen.

β) Die Rechtsstreitigkeit muß ein Zeichen betreffen. Dieser Ausdruck begreift nicht bloß „die Rechtsstreitigkeiten, in welchen ein Anspruch auf Grund dieses Gesetzes geltend gemacht ist" (N. 2 zu § 21), sondern auch Streitigkeiten, welche gegen das Zeichen gerichtet sind; der Vertreter ist bezüglich der Klage auf Löschung, auf Unterlassung der Benutzung des Zeichens ebenfalls legitimiert (RG. 42, 92 im Bl. 99, 30); anders wenn darüber gestritten wird, wenn das Zeichen rechtlich zusteht (RG. 69, 1 im Bl. 08, 249). Der Vertreter kann bei einer Löschungs- oder sonstigen Klage, die gegen das Zeichen gerichtet ist, auch nicht etwa die Vertretung ablehnen, z. B. weil er von dem Zeicheninhaber nicht unterrichtet werden könne (Heimann in Mitt. v. V. 17, 69);

c) zur Stellung von Strafanträgen wegen Verletzung des Zeichenrechts. Darin liegt auch ausgesprochen, daß der Vertreter ohne weitere Vollmacht für den Inhaber als Nebenkläger auftreten und Buße verlangen kann. Es fehlt an jedem Grunde, ihm die Beitreibung der Entschädigung nur im Zivil- und nicht auch im Strafprozeß zu gestatten (Seligsohn PatG. § 12 N. 9). Er kann auch Antrag auf gerichtliche Entscheidung gemäß § 172 StPO. stellen.

d) in dem Verfahren der Beschlagnahme und Einziehung gemäß § 17 (Kent S. 577; Allfeld S. 687).

Eine Beschränkung der Vollmacht ist Dritten gegenüber bedeutungslos. Der Vertreter ist aber dem Inhaber schadensersatzpflichtig, wenn er die Beschränkungen nicht beachtet.

§ 23 13, 14 Eine Erweiterung der Vollmacht dahin, daß der Vertreter hinsichtlich des Zeichens alle Rechtshandlungen für den Berechtigten vornehmen darf, ist zweckmäßig, weil dadurch Zweifel ausgeschlossen werden und die Einfachheit gefördert wird. Die Vollmacht kann auch auf die Vertretung hinsichtlich der Ausstattungs-, Namen- und Firmenrechte des Berechtigten, für die sie an sich nicht wirksam ist, erstreckt werden (RGSt. im Bl. 13, 226, in GewRschutz 12, 187).

Der Vertreter kann sich für alle seine Befugnisse oder für einzelne derselben andere substituieren, wenn der Besteller es in der Vollmacht nicht verboten hat. Die Befugnis des Unterbevollmächtigten erlischt mit dem Ende der Hauptvollmacht. Stirbt der Vertreter, so ist gemäß § 673 BGB. der Unterbevollmächtigte bei Handlungen, die keinen Aufschub dulden, zur Vertretung weiter befugt (Bl. 10, 157).

Der Kreis der Geschäfte, zu denen der Vertreter befugt ist, geht über die „Geltendmachung" des Rechts (N. 10) hinaus. Insoweit er darüber hinausgeht, kann der Inhaber auch selbständig auftreten (N. 9).

Durch den Tod oder die Geschäftsunfähigkeit des Zeicheninhabers erlischt die Vollmacht des Vertreters der Regel nach nicht, wohl aber durch Konkurs (Bl. 06, 332) oder Widerruf. Für das PA. und Dritte bleibt aber der Vertreter, solange er in der Rolle eingetragen ist, zur Vertretung legitimiert (§ 171 BGB.). Tod und Geschäftsunfähigkeit des Vertreters beenden die Vertretung; ebenso hört seine Befugnis auf, wenn er ins Ausland zieht (Kent S. 573; a. M. Allfeld S. 688).

Nach der Übung des PA. kann der Vertreter einer Zeichenanmeldung nicht zugleich Vertreter eines Zeichens sein, das zum Widerspruch heranzuziehen ist. Der Mangel muß durch Verzicht auf eine der beiden Vertretungen beseitigt werden (vgl. Lemke und Tolksdorf in Mitt. v. V. 15, 13). Dies gilt natürlich auch für Vertreter außerhalb des § 23 Abs. 2.

Patentanwälte. 14. Zu Vertretern werden häufig Personen bestellt, welche sich gewerbsmäßig mit der Vertretung vor dem PA. befassen. Auf dieselben findet die Bestimmung des § 35 GO. Anwendung, daß Personen, welche die gewerbsmäßige Besorgung fremder Rechtsangelegenheiten und bei Behörden wahrzunehmender Geschäfte beginnen, hiervon bei Eröffnung ihres Gewerbebetriebes der zuständigen Behörde Anzeige zu machen haben; nach Abs. 3 desselben § 35 ist ihnen ihr Gewerbebetrieb zu untersagen, wenn Tatsachen vorliegen, welche ihre Unzuverlässigkeit in bezug auf diesen Gewerbebetrieb dartun.

Diejenigen berufsmäßigen Vertreter, welche in die bei dem PA. geführte Liste als Patentanwalt eingetragen sind, nehmen eine bevorzugte Stellung ein. Sie unterstehen nicht der Vorschrift des § 35 Abs. 3 GO., sind nicht gewerbesteuerpflichtig (PrOVG. in Mitt. v. V. 03, 44) und dürfen sich als Patentanwalt bezeichnen. Darüber, ob sie überhaupt der Gewerbeordnung unterstehen, s. LG. II Berlin in Bl. 08, 152; Kallmann in Mitt. v. V. 16, 28; Isay ebenda 16, 34. Ihre Rechtsverhältnisse sind durch das Reichsgesetz betreffend die Patentanwälte vom 21. Mai 1900 geregelt; zur Ausführung dieses Gesetzes hat der Bundesrat unter dem 25. Juli 1900 eine Prüfungsordnung für Patentanwälte erlassen (vgl. die systematische Bearbeitung des Gesetzes von Damme, sowie die Kommentare von Schmid, Stephan, Leander; ferner M. Seligsohn in GewRschutz 00, 293; 01, 69;

Schmid ebenda 08, 189). Personen, welche der Präsident des PA. auf Grund des § 17 des Gesetzes betr. die Patentanwälte vom Vertretungsgeschäft ausgeschlossen hat, können zu Vertretern nicht bestellt werden (Damme in GewRSchutz 01, 1). § 23 15, 16, 17

15. Nach dem Vorbilde des § 12 des PatG. ist hier ein besonderer — nicht ausschließlicher (KG. in IndustrieR. 09 S. 10 und 210) — Gerichtsstand an dem Orte geschaffen, wo der Vertreter wohnt. Ist der Vertreter weggefallen oder hat er seinen Wohnsitz in Deutschland aufgegeben, so ist das Amtsgericht Berlin-Mitte oder das Landgericht I in Berlin zuständig. Gerichtsstand.

Das Gericht ist nur zuständig für Klagen, also nicht für Strafverfolgungen. Bei den Klagen müssen folgende drei Voraussetzungen vorliegen:

a) Sie müssen das Zeichen betreffen (N. 13).
b) Der Inhaber muß Beklagter sein.
c) Das Zeichen muß noch eingetragen sein.

Der § 12 des PatG. geht dagegen weiter, indem er jenes Gericht — als Gerichtsstand des Vermögens (§ 23 ZPO.) — für alle vermögensrechtlichen Streitigkeiten, die gegen den Patentinhaber aus irgendeinem Rechtsgrunde erhoben werden, zuständig sein läßt (Seligsohn PatG. § 12 N. 13).

Das Amtsgericht in Berlin-Mitte ist ferner nach § 2369 BGB. und §§ 72, 73 des Reichsgesetzes über die Angelegenheiten der freiwilligen Gerichtsbarkeit vom 17. Mai 1898 zuständig für die Ausstellung eines Erbscheines in Ansehung eines Zeichens oder einer Zeichenanmeldung, die einem Ausländer gehören, wofern dieser zur Zeit des Erbfalls im Inland weder Wohnsitz noch Aufenthalt hatte.

16. Auch der Inhaber einer inländischen Niederlassung kann einen Vertreter bestellen. Auf diesen finden aber die Bestimmungen des § 23 keine Anwendung. Seine Befugnisse insbesondere richten sich nach dem Inhalte seiner Vollmacht. In die Rolle wird er nicht eingetragen. Vertreter eines im Inlande Wohnenden.

Abs. 3.

17. Wer im Inlande keine Niederlassung hat, kann sowohl nach früherem (§ 20 Nr. 2 des Markenschutzgesetzes), als nach jetzigem Rechte für ein Zeichen nur akzessorischer Schutz erhalten (N. 6). Über den Grundsatz und die Bedenken gegen seine Berechtigung s. Kohler S. 206; Osterrieth S. 444. Der Ausländer, der im Inlande seine Niederlassung hat, braucht dagegen, wenn er in Deutschland ein im Auslande schon geschütztes Zeichen anmeldet, nicht nachzuweisen, daß er auch in jenem Auslandsstaate eine Niederlassung besitzt (PA. im Bl. 04, 399). Akzessorischer Schutz.

In zwei Richtungen weichen die jetzigen Bestimmungen von den früheren ab:

a) Früher genügte der Nachweis, „daß in dem fremden Staate die Voraussetzungen erfüllt sind, unter welchen der Anmeldende dort einen Schutz für das Zeichen beanspruchen kann".

Jetzt genügt nicht, daß das Zeichen im Heimatsstaate nach dem gemeinen Recht geschützt ist, sondern es muß dort einen markenrechtlichen Spezialschutz entsprechend den dortigen Bestimmungen genießen. Hat der Anmelder in verschiedenen fremden Staaten Niederlassungen, so gilt das in N. 7 Gesagte.

§ 23 17 Ob das Zeichen den ausländischen Schutz zu Recht genießt, wird vom PA. und von den Gerichten zu prüfen sein, weil das Hauptzeichen im Auslande rechtlichen Bestand haben muß (RG. 80, 124 im Bl. 13, 23; RG. 100, 3 im Bl. 20, 190; Lau im „Anschluß" S. 124 und in GewRschutz 03, 72; a. M. Kohler S. 210, Osterrieth S. 447, Osterrieth-Axter S. 44). Trotz des Wortlautes kommt es nicht darauf an, ob der Anmelder jenen Schutz nachgesucht hat; er kann das Zeichen derivativ erworben haben. Andererseits reicht es auch nicht hin, daß der Anmelder den Schutz nachgesucht und erhalten hat: er muß ihn auch noch zur Zeit der Anmeldung besitzen. Aus der akzessorischen Natur des Schutzes ist weiter zu folgern, daß der Heimatschutz auch noch im Augenblick der Eintragung in Deutschland bestehen muß (PA. im Bl. 04, 304).

Diesen Nachweis wird der Anmelder durch ein Zeugnis der Zeichenbehörde des Auslandsstaates, dem der beglaubigte Abdruck bzw. die beglaubigte Abschrift des Zeichens beigefügt ist, führen. Die Frist zwischen dem Datum des Zeugnisses und der Anmeldung darf nicht zu lang sein; darüber entscheidet das freie Ermessen des PA. Letzteres hat im Erteilungsverfahren und später (§ 8 Abs. 2 Nr. 2) zu prüfen, ob die Erteilung des Markenschutzes im Auslande zu Recht erfolgt ist: es genügt nicht die Tatsache, daß formell der Schutz erteilt ist.

Das Zeichen muß im Auslande in derselben Form und für die gleichen Waren geschützt sein, es reicht nicht aus, wenn es dort nur als Bestandteil einer andern Marke eingetragen ist. Nur ganz geringfügige Abweichungen sind bei der Anmeldung in Deutschland gestattet, die Frage der Identität ist nicht etwa auf Grund des § 20 oder an der Hand der ausländischen Beschreibung des Zeichens oder seiner dortigen materiellen Tragweite zu beurteilen (PA. im Bl. 01, 46, 47 und 283; 02, 9; RGSt. 35, 321, im Bl. 02, 280; PA. im Bl. 03, 203; 07, 121). Das Vorhandensein des Auslandsschutzes ist kein formelles, sondern ein materielles Erfordernis der Anmeldung, es ist deshalb im Löschungsverfahren des § 8 Abs. 2 Ziff. 2 nachzuprüfen; wegen der streng akzessorischen Natur der Auslandsmarke haben sogar die Gerichte die gesetzliche Vorbedingung des Auslandsschutzes selbständig und unabhängig vom PA. festzustellen und nur ein zu Recht eingetragenes Auslandszeichen anzuerkennen (RGSt. 35, 321, im Bl. 02, 280; RG. 80, 124 im Bl. 13, 23; RG. 100, 3 im Bl. 20, 190; PA. im Bl. 03, 203; vgl. § 8 N. 4). Die nachträgliche Eintragung der Marke im Auslande kann den ursprünglichen Mangel des Schutzes im Heimatlande nicht heilen; wenn das Anmeldungsverfahren noch schwebt, würde es zur Eintragung führen können, aber nur mit der Priorität des Tages, an dem der ausländische Schutz mit Recht geltend gemacht ist, sofern nicht eine Unionspriorität in Frage kommt (Bl. 07, 10). Dies alles trifft aber nur die Rechtsgültigkeit der Eintragung. Das Zeichen selbst unterliegt nach der Eintragung den deutschen Bestimmungen, die seinen Schutzbereich und die Wirksamkeit etwaiger Verfügungen über dasselbe regeln (RG. 51, 263, im Bl. 02, 232; RG. im Bl. 06, 209; RG. 69, 1 im Bl. 08, 249; Kohler S. 210.)

Genügt die Anmeldung nicht den vorstehenden Bestimmungen, so erläßt der Vorprüfer einen Vorbescheid gemäß Abs. 2 oder Abs. 3 des § 21 des PatG.; vgl. N. 1 und N. 1a zu § 10. Wegen der Priorität vgl. N. 7a zu § 2.

b) Während nach § 20 Nr. 3 des Markenschutzgesetzes das Zeichenrecht nur insofern und auf so lange bestehen blieb, als in den fremden Staaten der Anmelder in der Benutzung des Zeichens geschützt war, ist diese Bestimmung jetzt weggefallen. Ist bei uns das Zeichenrecht einmal erworben, so besteht es fort, auch wenn der Schutz im Heimatsstaate erloschen ist (Motive S. 19, Kohler S. 210, Osterrieth S. 447, Kent S. 582; vgl. auch die österr. Entscheidungen in Mitt. v. B. 20, 115ff.). Allfeld S. 691 will zu Unrecht in diesem Falle dem Zeichen trotz der Eintragung den Schutz nicht ferner gewähren; ähnlich Lau im „Anschluß" S. 126, in GewRschutz 02, 202 und 03, 265; letzterer will sogar eine Löschungsklage geben (dagegen Allfeld S. 691). Diese Ausdehnung des akzessorischen Schutzes ist durch den Wortlaut und den Sinn des Gesetzes nicht gerechtfertigt und vom RG. in den oben angeführten Entscheidungen nicht ausgesprochen. § 23 17, 18

18. Unter der Herrschaft des Markenschutzgesetzes war es streitig, ob das ausländische Zeichen den Anforderungen des deutschen Gesetzes entsprechen mußte. § 23 enthält den Satz, daß das Zeichen den Anforderungen unseres Gesetzes entsprechen muß, damit der Ausländer nicht günstiger gestellt sei, als der Inländer (Motive S. 20). Die Frage hat allerdings jetzt, nachdem das deutsche Gesetz Wortmarken in weitem Umfange zuläßt (N. 12ff. zu § 4), ihre frühere Bedeutung verloren. Entspricht das Zeichen nicht den Anforderungen, so ist ein Vorbescheid gemäß § 21 Abs. 3 des PatG. zu erlassen (N. 1, 1a zu § 10). **Beschaffenheit des Zeichens.**

Ausnahmen von dieser Vorschrift können durch Staatsverträge getroffen werden. Dies ist namentlich durch Art. 6 der JU. geschehen. Verträge aus der Zeit vor 1894, die in ihrer Geltung lokal beschränkt sind, kommen jetzt nicht mehr in Betracht (PA. im Bl. 99, 271).

§ 24.

Auf die in Gemäßheit des Gesetzes über Markenschutz vom 30. November 1874 in die Zeichenregister eingetragenen Warenzeichen finden bis zum 1. Oktober 1898 die Bestimmungen jenes Gesetzes noch ferner Anwendung. Die Zeichen können bis zum 1. Oktober 1898 jederzeit zur Eintragung in die Zeichenrolle nach Maßgabe des gegenwärtigen Gesetzes angemeldet werden und unterliegen alsdann dessen Bestimmungen. Die Eintragung darf nicht versagt werden hinsichtlich derjenigen Zeichen, welche auf Grund eines älteren landesgesetzlichen Schutzes in die Zeichenregister eingetragen worden sind. Die Eintragung geschieht unentgeltlich und unter dem Zeitpunkt der ersten Anmeldung. Über den Inhalt der ersten Eintragung ist ein Zeugnis der bisherigen Registerbehörde beizubringen.

§ 24 Mit der Eintragung in die Zeichenrolle oder, sofern eine solche nicht erfolgt ist, mit dem 1. Oktober 1898 erlischt der den Warenzeichen bis dahin gewährte Schutz.

Die Bestimmungen des § 24 haben als Übergangsbestimmungen heute ihre Bedeutung verloren. Das Wesentliche ist, daß es seit dem 1. Oktober 1898 nur noch eine einheitliche Rolle für deutsche Zeichen gibt. Wegen der Erläuterung des § 24 wird im übrigen auf die früheren Auflagen verwiesen.

Durch den Beitritt zum Madrider Abkommen ist neuerdings wieder ein Zeichenregister beim PA. geschaffen worden (siehe unten die Erläuterungen zum Madrider Abkommen).

§ 24a.

§ 24a 1 Rechtsfähige Verbände, die gewerbliche Zwecke verfolgen, können, auch wenn sie einen auf Herstellung oder Vertrieb von Waren gerichteten Geschäftsbetrieb nicht besitzen, Warenzeichen anmelden, die in den Geschäftsbetrieben ihrer Mitglieder zur Kennzeichnung der Waren dienen sollen (Verbandszeichen).

Die juristischen Personen des öffentlichen Rechtes stehen den bezeichneten Verbänden gleich.

Auf die Verbandszeichen finden die Vorschriften über Warenzeichen Anwendung, soweit nicht in §§ 24a—24h ein anderes bestimmt ist.

1. Pariser Übereinkunft.

Abs. 1 (N. 2—3).

2. Verbandszeichen.
3. Rechtsfähige Verbände.

Abs. 2 (N. 4).

4. Juristische Personen des öffentlichen Rechts.

Abs. 3 (N. 5).

5. Anwendbarkeit des Gesetzes.

Pariser Übereinkunft. 1. Pariser Übereinkunft. Die § 24a ff. des Gesetzes beruhen auf dem Artikel 7b der Pariser Union, wie er durch die Beschlüsse der Washingtoner Konferenz vom 2. Juni 1911 gestaltet war (vgl. unten Art. 7b des Unionsvertrages). Das Gesetz zur Ausführung der revidierten Pariser Übereinkunft vom 2. Juni 1911 zum Schutze des gewerblichen Eigentums vom 31. März 1913 RGBl. S. 236, Bl. 13, 155 hat die §§ 24a—h daraufhin neu in das Warenzeichengesetz eingestellt. Damit hat das Reich die im Artikel 7b übernommene Verpflichtung erfüllt und zugleich für die Verbandsmarken besondere Vorschriften geschaffen. Von den Bestimmungen ist ein wenn auch nicht allzu häufiger Gebrauch gemacht. Zur Zeit sind etwas über 100 Verbandsmarken eingetragen. Über Verbandszeichen vgl. Wertheimer LeipZ. 12 S. 826; ferner in GewRschutz 13, 77; Magnus in ZHR. Band 73, 179; Jüngel-Magnus I S. 130; Pinzger in GewRschutz 24, 6; Stern in MarkschWettbew. 20, 1. § 24a 1, 2, 3

2. Verbandszeichen. Es ist ein Warenzeichen besonderer Art, dessen Eigentümlichkeit darin besteht, daß es ausnahmsweise nicht dem Geschäftsbetrieb des Verbandes, sondern den Geschäftsbetrieben der Verbandsmitglieder dienen soll und trotzdem zusammenfassend für den Verband eingetragen wird. Davon ist also ein Zeichen zu unterscheiden, das nur dem Verbande für seine geschäftlichen Zwecke zusteht, und ebenso ein Zeichen, das nur den einzelnen Mitgliedern zusteht. Das Bedürfnis nach solchen Verbandszeichen ist dadurch entstanden, daß sich durch die Verbandseinrichtungen eine gewisse Gleichförmigkeit und Güte der Waren der Mitglieder herausgebildet hat, die durch eine einheitliche Marke ausgedrückt werden sollen (vgl. hierzu Stern a. a. O. S. 3). Verbandszeichen.

Der Verband kann mehrere Verbandszeichen anmelden, um die verschiedenen Warenarten der Mitglieder noch besonders auseinander zu halten. Das Zeichen kann ein Wort- oder ein Bild- oder ein gemischtes Zeichen sein. Es darf nicht eine Kennzeichnung enthalten, die es als Zeichen eines Einzelbetriebes erscheinen läßt, indem es etwa einen Einzelnamen oder eine Einzelfirma als Hersteller der Waren erscheinen läßt. Andererseits braucht der Charakter als Verbandszeichen in der Marke nicht zum Ausdruck zu kommen.

Wenn auch die Satzung über die Rechte der Mitglieder bei Verletzung Auskunft geben soll, so kann doch wegen einer Verletzung nach dem ganzen Zusammenhang der Bestimmungen nur der in der Rolle eingetragene Verband als Zeicheninhaber klagen (vgl. RG. 64, 397 im Bl. 07, 142; N. 7 zu § 7; zweifelnd Pinzger a. a. O. S. 9). Entschädigungsansprüche macht der Verband allein geltend (vgl. § 24f.).

3. Rechtsfähige Verbände. Unter einem rechtsfähigen Verband wird jede Zusammenschließung von physischen oder juristischen Personen oder Verbänden zu verstehen sein. Der im BGB. §§ 21ff. vorkommende Begriff „Verein" ist nicht gebraucht, um alle Arten von Vereinigungen zu erfassen. Die Rechtsfähigkeit kann auf reichsgesetzlichen Normen oder auf staatlicher Verleihung beruhen (§ 22 BGB.). Es gehören daher hierher Aktiengesellschaften, Kommanditgesellschaften auf Aktien (PA. in GewRschutz 25, 16), Gesellschaften m. b. H., eingetragene Genossenschaften, Kolonialgesellschaften, dagegen nicht Vereine ohne Rechtsfähigkeit nach § 54 BGB. oder Gesellschaften des bürgerlichen oder des Handelsrechts. Der Verband muß gewerbliche Zwecke verfolgen, es ist aber nicht nötig, daß er selbst Waren herstellt oder vertreibt, was sonst nach § 1 des Zeichengesetzes zur Erlangung eines Warenzeichens nötig ist. Es können also auch Verbände zur Förderung gewerblicher Interessen, wie sie in § 13 des Gesetzes gegen den unlauteren Wettbewerb erwähnt sind, z. B. Detaillistenverbände ein Verbandszeichen erlangen. Auch eingetragene Vereine des § 21 BGB. können sich auf § 24a berufen. Bei ihnen ist ein wirtschaftlicher Geschäftsbetrieb des Vereins nicht erlaubt, trotzdem können sie gewerbliche Zwecke verfolgen, wenn sie durch ihre Organisation und ihre Einrichtungen die Einzelwirtschaften ihrer Mitglieder in gewerblicher Hinsicht fördern. Rechtsfähige Verbände.

Der Natur der Sache nach muß der Verband mit seinen Mitgliedern in einer engeren Beziehung stehen. Deshalb wird z. B. eine Aktiengesellschaft

§ 24 a 3, 4, 5 nur in Betracht kommen, wenn die Aktien auf den Namen gestellt sind und nicht ohne weiteres auf Dritte übertragen werden können (Wertheimer in GewRschutz 13, 78; nicht unbedenklich PA. in GewRschutz 25, 16, wo aber der Tatbestand nicht klar ist).

Notwendig ist, daß die Mitglieder einen Geschäftsbetrieb im Sinne des § 1 besitzen. Für die Kennzeichnung ihrer Waren soll das Verbandszeichen dienen. Geschäftsbetriebe und Waren der Mitglieder sind in der Zeichenrolle zu vermerken. Das Verbandszeichen ist eine Gesamteinrichtung des Verbandes. Der fehlende Betrieb des Verbandes wird durch die Betriebe der Mitglieder ersetzt. Falls solche Einzelbetriebe der Mitglieder nicht vorhanden sind, würde das Verbandszeichen nicht eingetragen werden dürfen, daher können Architektenvereine oder schriftstellerische oder künstlerische Vereine ein Verbandszeichen nicht erlangen (vgl. N. 7 zu § 1).

Man kann sich sogar denken, daß ein Verband nur für den Zweck gegründet ist, seinen Mitgliedern ein Verbandszeichen zu verschaffen (vgl. Wertheimer a. a. O. S. 78). Andererseits ist es auch möglich, daß der Verband selbst außerdem noch einen Geschäftsbetrieb besitzt, wie das z. B. bei Kartellen der Fall sein kann.

Über die Rechtsfähigkeit ausländischer Verbände entscheidet in diesem Falle nach Art. 7b der Union das Auslandsrecht. Wie weit ausländische juristische Personen im übrigen im Inlande anzuerkennen sind, darüber vgl. Staudinger zu § 23 BGB., RG. 83, 367.

Juristische Personen des öffentlichen Rechts. 4. Juristische Personen des öffentlichen Rechts. Der Fiskus, die Körperschaften des öffentlichen Rechts, Stiftungen und Anstalten des öffentlichen Rechts (vgl. hierzu die Kommentare zu § 83 BGB. sind), obgleich sie keinen Verband bilden, den rechtsfähigen Verbänden gleichgestellt. Auch bei ihnen wird man aber ein Verbandszeichen nur zulassen, wenn es dazu dienen soll, mehreren Einzelbetrieben, die dem Fiskus oder den Körperschaften angegliedert sind, zu einer gemeinsamen Bezeichnung ihrer Waren zu verhelfen. Es kann also nicht etwa eine staatliche Porzellan-Manufaktur oder eine Münze oder ein staatliches Bergwerk eine Verbandsmarke für sich selbst erlangen. Wohl aber ist es zulässig, für mehrere derartige Unternehmungen, die dem Fiskus oder einer öffentlichen Körperschaft gehören, eine gemeinsame Marke zur Eintragung zu bringen. Man denke an Innungen oder öffentliche Genossenschaften für Köhrungszwecke usw.

Anwendbarkeit des Gesetzes. 5. Anwendbarkeit des Gesetzes. Für die Verbandszeichen gelten in erster Linie die Bestimmungen der §§ 24 b—h. Im übrigen treten ergänzend die anderen Bestimmungen, die für Warenzeichen gegeben sind, mögen sie sich im Warenzeichengesetz oder in sonstigen Gesetzen befinden, ein. Das gilt z. B. von den Normen über das Prüfungsverfahren, über die Verwechselungsfähigkeit, über die Dauer und die Erneuerung der Zeichen, über das Genfer Neutralitätszeichen, über die Pariser Union, über den Ausstellungsschutz usw.

§ 24b.

Der Anmeldung des Verbandszeichens muß eine Zeichensatzung beigefügt sein, die über Namen, Sitz, Zweck und Vertretung des Verbandes, über den Kreis der zur Benutzung des Zeichens Berechtigten, die Bedingungen der Benutzung und die Rechte und Pflichten der Beteiligten im Falle der Verletzung des Zeichens Auskunft gibt. Spätere Änderungen sind dem Patentamt mitzuteilen. Die Einsicht der Satzung steht jedermann frei. § 24b 1, 2

1. Zeichensatzung.
2. Recht der Mitglieder.
3. Änderung der Satzung.
4. Einsicht.
5. Gebühren.

1. Zeichensatzung. Die Satzung muß jeder Anmeldung eines Verbandszeichens beigefügt werden (in zwei Ausfertigungen § 7 der Bestimmungen vom 8. September 1922 Nr. 2 zu § 2). Sie soll über die für das Verbandszeichen wesentlichen Verhältnisse Auskunft geben. Jeder Verband kann diese Punkte nach Belieben regeln. Er tut gut daran, möglichst klare Bestimmungen über die Benutzung und ihre Bedingungen, über die Rechte und Pflichten der Beteiligten, über die Entziehung des Benutzungsrechts (Wertheimer S. 80) zu erlassen, damit seine Mitglieder sich in Streitfällen darauf berufen können. Eine Satzung, die die im § 24b aufgeführten Punkte nicht völlig enthält, kann nicht als Grundlage einer Anmeldung eines Verbandszeichens dienen. Das PA. wird in solchen Fällen die Anmeldung beanstanden. Zeichensatzung.

Die Satzung hat sich auch darüber zu äußern, für welche Waren das Zeichen Verwendung finden wird. In der Regel soll eine besondere Beschaffenheit durch die Marke verbürgt werden. Das sind die Bedingungen der Benutzung, auf die die Satzung hinweisen soll.

Statt der Satzung kann auch der ganze Verbandsvertrag, in dem sie steht, überreicht werden. Bei juristischen Personen des öffentlichen Rechts kann das Gesetz, auf dem sie beruhen, alles Erforderliche enthalten (vgl. den Fall der dänischen Buttermarke 81417 WZBl. 05, 1511 Jüngel-Magnus I S. 134).

2. Recht der Mitglieder. Das Gesetz spricht von den zur Benutzung des Zeichens Berechtigten. Da sie nicht selbst Zeichenträger sind, kann man nur annehmen, daß ihnen ohne weiteres auf Grund der Verbandsmitgliedschaft, wenn sie die Voraussetzungen der Satzung erfüllen, die Befugnis zur Benutzung zusteht, so wie bei Genossenschaften den einzelnen Mitgliedern derselben ein besonderes, dingliches Nutzungsrecht an dem gemeinsamen Eigentum zustehen kann (Gierke Privatrecht I S. 605). Es liegt eine lizenzähnliche Befugnis zugrunde, die auf der Verbandsmitgliedschaft beruht. Im Gegensatz zu der Lizenz, die obligatorischer Natur ist, ist das Recht aber als ein selbständiges, dingliches anzusehen, das für das Mitglied kraft seiner Zugehörigkeit zum Verbande ohne weiteres erwächst (a. M. Stern S. 5). Der Verband ist eigentlich weiter nichts, wie eine zusammenfassende Bezeichnung der einzelnen zeichenberechtigten Teilnehmer, die durch Eintritt in den Verband das Recht am Zeichen erlangen. Da das Mitglied ein dingliches Recht an dem eingetragenen Zeichen besitzt, so kann es sich anders wie der gewöhnliche Lizenznehmer gegenüber einer Unterlassungsklage eines früher Eingetragenen auf diese Eintragung berufen. Wer Recht der Mitglieder.

§ 24b ein älteres übereinstimmendes Zeichen besitzt und durch den Gebrauch
2, 3, 4, 5 des Verbandszeichens seitens der Verbandsmitglieder sich verletzt fühlt, muß daher gegen den Verband auf Löschung und gleichzeitig gegen das Mitglied auf Untersagung klagen (§ 60 ZPO., N. 15 zu § 9; KG. in MarkschWettbew. 23, 168; Pinzger S. 9). Die Erteilung einer Unterlizenz an einen Dritten, der nicht dem Verbande angehört, erscheint nicht zulässig (a. M. Wertheimer S. 79), weil das einzelne Mitglied nur über sein Sonderrecht, nicht aber über das Zeichen im ganzen verfügen kann.

Benutzt ein Mitglied des Verbandes das Zeichen, ohne nach der Satzung dazu befugt zu sein, so liegt ein Zeicheneingriff vor, der den Verband zur Abwehrklage berechtigt (Wertheimer a. a. O. S. 81).

Der Verband kann die Erlaubnis zur Führung des Verbandszeichens dritten Personen einräumen. Dadurch darf aber keine Irreführung des Verkehrs herbeigeführt werden (§ 24e Ziffer 2). Diese Erlaubnis ist im Gegensatz zur Berechtigung der Mitglieder rein obligatorischer Natur (vgl. N. 7 zu § 7).

Änderung der Satzung. 3. Das PA. hat Anspruch darauf, von dem Verbande über etwaige Änderungen unterrichtet zu werden (§ 7 der Bekanntmachung vom 8. September 1922 N. 2 zu § 2). Freilich kann es keine Zwangsmittel anwenden, wenn solche Änderungen nicht mitgeteilt werden. Solange eine solche Änderung nicht bekanntgegeben ist, wird sie Dritten nicht entgegengehalten werden können und von dem Verkehr nicht zu beachten sein (vgl. § 7 Abs. 2 des Zeichengesetzes, § 19 Abs. 2 des Patentgesetzes; a. M. Magnus S. 193).

Einsicht. 4. Einsicht. Die Einsicht der Satzung kann jederzeit in den Geschäftsstunden des PA. beansprucht werden. In der Rolle wird auf die Satzung verwiesen. Eine besondere Rolle für Verbandszeichen besteht nicht.

Gebühren. 5. Gebühren. Die Anmeldegebühr für ein Verbandszeichen beträgt 100 Reichsmark, ebensoviel die Eintragungsgebühr. Die Erneuerungsgebühr ist 500 Reichsmark. Dazu treten die Klassengebühren von je 15 Reichsmark bei Anmeldung und Erneuerung, falls das Warenverzeichnis mehr als eine Klasse umfaßt (vgl. N. 13 zu § 2). Auch der Druckkostenbeitrag des § 6a des Gesetzes ist für Verbandszeichen zu entrichten.

§ 24c.

§ 24c **Über die Einrichtung der Rolle für die Verbandszeichen trifft das Patentamt Bestimmung.**

Das PA. hat besondere Bestimmungen über eine Verbandszeichenrolle nicht getroffen. Bei der geringen Zahl der Verbandszeichen scheint dies nicht erforderlich. Die Verbandszeichen werden in die allgemeine Zeichenrolle eingetragen, nur daß dort ihre Eigenschaft als Verbandszeichen besonders vermerkt wird. Außerdem wird in der Rolle in der letzten Spalte auf die Zeichensatzung hingewiesen. Ein Geschäftsbetrieb des Verbandes, auch wenn er besteht, wird nicht eingetragen, da das Maßgebende die Betriebe der Mitglieder sind (§ 2b der Bekanntmachung vom 8. September 1922 N. 2 zu § 2). Auszüge aus der Rolle werden wie bei allen Zeichen erteilt.

§ 24 d.

§ 24 d

Das durch die Anmeldung oder Eintragung des Verbandszeichens begründete Recht kann als solches nicht auf einen anderen übertragen werden.

Das Verbandszeichen ist nicht übertragbar; § 7 des Gesetzes findet auf dasselbe keine Anwendung. Es folgt dies aus dem Wesen des Rechts, das für den Verband gar keine selbständige Bedeutung hat und nur durch den Zusammenhang mit den Betrieben der Verbandsgenossen Wirksamkeit besitzt. Wie sollte auch eine solche Übertragung vor sich gehen? Der Verband könnte nach allgemeinen Grundsätzen seine Zeichen nur mit seinem Betrieb auf einen anderen übertragen. Dieser Verbandsbetrieb ist aber gar nicht die Grundlage des Zeichens. Sein Übergang könnte also nicht Voraussetzung einer Zeichenübertragung sein. Auf der anderen Seite ist die Übertragung der Betriebe der einzelnen Mitglieder, wenn eine solche wirklich praktisch vorkommen könnte, nicht ausschlaggebend, weil das Zeichen dem Verbande und nicht den einzelnen Mitgliedern gehört und jeder Zeit neue Mitglieder eintreten können. Die Übertragung verbietet sich aus der Erwägung, daß sie leicht zu Verwirrungen im Verkehr führen würde, da das Verbandszeichen die Waren einer ganzen Reihe von Betrieben wegen ihrer Gleichmäßigkeit und besonderen Beschaffenheit kennzeichnen soll.

Ob eine leere Übertragung (N. 3 zu § 7) zulässig ist, darüber wird von Fall zu Fall zu entscheiden sein (Jüngel-Magnus S. 133).

Infolge der Unübertragbarkeit ist eine Verpfändung und Pfändung des Verbandszeichens nicht denkbar (§ 1274 Abs. 2 BGB; §§ 851, 857 ZPO).

§ 24 e.

§ 24 e

Ein Dritter kann unbeschadet der Vorschriften im § 9 Nr. 1, 3 die Löschung des Verbandszeichens beantragen,

1. wenn der Verband, für den das Zeichen eingetragen ist, nicht mehr besteht;
2. wenn der Verband duldet, daß das Zeichen in einer den allgemeinen Verbandszwecken oder der Zeichensatzung widersprechenden Weise benutzt wird. Als eine solche mißbräuchliche Benutzung ist es anzusehen, wenn die Überlassung der Benutzung des Zeichens an andere zu einer Irreführung des Verkehrs Anlaß gibt.

In den Fällen Nr. 1 findet § 9 Abs. 5 Anwendung.

1. Löschungsgründe.
2. Ziffer 1.
3. Ziffer 2.
4. Antrag beim PA.

§ 24e 1, 2, 3

Löschungsgründe.

1. Löschungsgründe. Es gelten die allgemeinen Grundsätze, die in N. 1 zu § 9 entwickelt sind. Das Verbandszeichen darf ebensowenig wie ein anderes Zeichen rechtswidrig sein. Gemäß § 24e finden außerdem Ziffer 1 und 3 des § 9 auf Verbandszeichen Anwendung. Die Ziffer 2 des § 9 ist nicht anwendbar, da ein Geschäftsbetrieb des Verbandes bei der Eintragung nicht vorausgesetzt ist. Deswegen wird im § 24e Ziffer 1 für den Fall des völligen Aufhörens des Verbandes eine entsprechende Norm gegeben.

Ziffer 1.

2. Ziffer 1. Ist der Verband fortgefallen, so fehlt dem Zeichen seine Grundlage, weshalb seine Löschung verlangt werden kann. Der Antrag muß im Wege der Klage bei den ordentlichen Gerichten gestellt werden, wie der Hinweis auf § 9 bestätigt. Der Verband besteht nicht mehr, wenn ihm seine Rechtsfähigkeit aberkannt ist (§ 73 BGB.) oder wenn er sich aufgelöst hat (§ 74 BGB.) oder wenn er in Konkurs gerät (§ 75 BGB., §§ 207, 208, 212 KO.). Auch bei juristischen Personen des öffentlichen Rechts ist es denkbar, daß sie zu bestehen aufhören; es kann die Stiftung oder Körperschaft durch Gesetz oder eigenen Beschluß aufgehoben werden, unter Umständen kommt auch der Konkurs als Endigungsgrund in Frage (§ 89 Abs. 2 BGB.). Wertheimer will (S. 81) auch die völlige Änderung des Verbandszweckes dem Fortfall des Verbandes gleichstellen. Das Gesetz bietet dazu keinen Anhalt.

Schwierigkeiten ergeben sich daraus, daß die Löschungsklage dem nicht mehr bestehenden Verband zugestellt werden soll. Nach dem Kommissionsbericht soll gemäß § 1913 BGB. für den Verband ein Pfleger bestellt werden können. Dieser Weg erscheint nicht gangbar; denn ein Pfleger kann nur bestellt werden, wenn es ungewiß ist, ob ein Beteiligter vorhanden ist, nicht aber, wenn gerade gewiß ist, daß er nicht mehr vorhanden ist. Es wird anzunehmen sein, daß für die Klage auf Löschung noch die frühere gesetzliche Vertretung des Verbandes als fortbestehend anzunehmen ist (Staub HGB. 11. Aufl. Anm. 21 zu § 302, Staudinger BGB. N. 6 zu § 51).

Im übrigen enthält der Absatz 3 ein vereinfachtes Löschungsverfahren beim PA., das meistens rascher zum Ziel führt.

Weist der Verband nach, daß er noch besteht, so ist die Löschungsklage abzuweisen.

Ziffer 2.

3. Ziffer 2. Im § 9 ist nicht angeordnet, daß ein eingetragenes Zeichen gelöscht werden muß, wenn der Berechtigte seine Befugnisse mißbraucht. Für die Regel wird hier nur eine Unterlassungsklage gegen den Mißbrauch gegeben sein (RG. 75, 345); nur ausnahmsweise ist von der Rechtsprechung in Fällen, wo ein Zeichen seinen wahren Zwecken zuwider verwendet wird, eine Löschungsklage zugelassen worden (RG. 87, 89).

Dagegen hat die Ausnahmestellung, die das Verbandszeichen einnimmt, dazu geführt, daß in Ziffer 2 eine besondere Löschungsklage gegeben ist, wenn das Verbandszeichen mißbraucht wird. Dabei wird eine Haftung des Verbandes für seine Mitglieder festgestellt, die das Zeichen nicht entsprechend den Verbandszwecken oder der Zeichensatzung zuwider benutzen. In diesem Falle muß der Verband einschreiten. Duldet er den Mißbrauch trotz seiner Kenntnis, so kann wegen der Irreführung des Verkehrs auf Löschung angetragen werden.

Als ein Mißbrauch wird es angesehen, wenn ein Verband eine Lizenz an dem Zeichen gewährt, sofern sie den Verkehr irreführt. Das wird hier, wo gerade die Garantiefunktion des Zeichens wichtig ist, in vielen Fällen angenommen werden können (vgl. N. 7 zu § 7). § 24e 3, 4

4. Antrag beim PA. Für den Fall, daß der Verband fortfällt, ist das gleiche Verfahren wie es für § 9 Ziffer 2 im § 9 Abs. 5 vorgeschrieben ist, auch hier zulässig, weil dieser Fall dem des § 9 Ziffer 2 nahesteht. Es wird auf die Erläuterung in N. 17 zu § 9 verwiesen. Der Antrag wird zunächst beim PA. gestellt. Das PA. hat ihn dem Verband, als dem eingetragenen Inhaber zuzustellen (§ 7 Abs. 3) und zwar mittels eingeschriebenen Briefes (§ 10 Abs. 3). Wichtig wird hier die Vorschrift des § 7 Abs. 3, wonach das PA., wenn der eingetragene Inhaber verstorben ist, nach seinem Ermessen die Zustellung als bewirkt ansehen kann. Wird dem PA. durch die Darlegung des Antragstellers und durch die vergebliche Zustellung oder sonstige Erkenntnisquellen nachgewiesen, daß der Verband nicht mehr besteht, so wird es in analoger Anwendung von § 7 Abs. 3 die Zustellung als bewirkt ansehen und die Löschung des Zeichens verfügen. Daraus ergibt sich, daß der Weg des kostenlosen Löschungsantrages beim PA. dem Klagewege vorzuziehen ist, wenn das Nichtbestehen des Verbandes außer Zweifel ist. Antrag beim PA.

Ein Antrag beim PA. auf Löschung eines Verbandszeichens kann außerdem nach den Bestimmungen des § 8 gestellt werden, wenn die Eintragung des Verbandszeichens hätte versagt werden müssen. Es kann nachgewiesen werden, daß ein rechtsfähiger Verband, der gewerbliche Zwecke verfolgt, gar nicht vorhanden gewesen ist, daß das Zeichen der Schutzfähigkeit ermangelte oder daß sonst die Voraussetzungen der Eintragung eines Verbandszeichens nicht gegeben waren.

§ 24f.

Der Anspruch des Verbandes auf Entschädigung wegen unbefugter Benutzung des Verbandszeichens (§ 14) umfaßt auch den einem Mitglied erwachsenen Schaden. § 24f

Da nur der Verband wegen Verletzung des Verbandszeichens als eingetragener Inhaber klagen kann (N. 2 zu § 24a), so kann auch er allein Schadensersatzansprüche geltend machen, wenn wissentliche oder grob fahrlässige Verletzung vorliegt; das einzelne Mitglied wird seinen Schaden also nicht geltend machen können (ebenso Jüngel-Magnus I S. 133, Wertheimer S. 82; a. M. Magnus S. 198; zweifelnd Pinzger S. 9). Aus diesem Grunde ist im § 24f bestimmt, daß der Verband auch Ersatz für den Schaden beanspruchen kann, der dem einzelnen Mitglied aus der Verletzung erwachsen ist. Es ist dies nichts Absonderliches, da bereits in einer ganzen Reihe von Fällen anerkannt ist, daß auch ein Anspruch auf Ersatz fremden Schadens bei besonderen Beziehungen zwischen dem Beschädigten und dem Kläger von diesem geltend gemacht werden können (RG. 90, 240). Das Mitglied kann über seine Schadensersatzansprüche nicht verfügen, sich also auch nicht über sie vergleichen oder auf sie verzichten (Jüngel-Magnus I S. 134 a. M. Pinzger a. a. O.).

§ 24g.

§ 24g Wird dem Patentamt nachgewiesen, daß ein eingetragenes Warenzeichen bis zum Inkrafttreten dieses Gesetzes von einem Verband als Verbandszeichen geführt wurde, so ist das Zeichen auf Antrag des Verbandes als Verbandszeichen in der Rolle umzuschreiben. Der Antrag muß innerhalb eines Jahres seit dem Inkrafttreten dieses Gesetzes gestellt werden und den für die Anmeldung eines Verbandszeichens bestehenden Vorschriften entsprechen. Mit dem Eingang des Antrags beginnt die Frist für die Erneuerung des Zeichens.

Es handelt sich um eine Übergangsvorschrift, durch die es gestattet worden ist, ein Individualzeichen bisherigen Rechts in ein Verbandszeichen umzuwandeln. Es muß bewiesen werden, daß das ältere Zeichen tatsächlich nur ein Verbandszeichen gewesen ist. Man hat sich bisher durch Eintragung eines solchen Zeichens auf den Namen eines Treuhänders geholfen und durch den Treuhänder den einzelnen Verbandsmitgliedern die Erlaubnis zur Benutzung erteilen lassen (N. 4 zu § 1; vgl. aber jetzt PA. im Bl. 15, 44). Der Zweck des § 24g ist, zu verhindern, daß eine neue Anmeldung mit ihren Nachteilen hinsichtlich der Priorität erforderlich ist. Als Übergangsvorschrift ist die Geltung des § 24g zeitlich begrenzt. Der Antrag auf Umwandlung des Individualzeichens mußte innerhalb eines Jahres seit dem Inkrafttreten der neuen Bestimmungen eingereicht werden. Da das Gesetz zur Ausführung der revidierten Pariser Übereinkunft vom 31. März 1913 nach Artikel 4 gleichzeitig mit der revidierten Pariser Übereinkunft in Kraft getreten ist und zwar am 1. Mai 1913, sind die Umschreibungsanträge nur bis zum 1. Mai 1914 statthaft gewesen. Die Anmeldung muß im übrigen den Vorschriften über die Anmeldung eines Verbandszeichens entsprechen, also auch eine Zeichensatzung enthalten. Ausdrücklich bestimmt ist hier, daß der Tag der neuen Anmeldung für die Erneuerung des Zeichens entscheidend ist, was beim § 24 hinsichtlich der älteren Marken erst durch die Rechtsprechung anerkannt worden ist.

Die Umwandlung eines Individualzeichens in ein Verbandszeichen wird vom PA. geprüft. Seine Entscheidung wird für die ordentlichen Gerichte bindend sein; denn es wird hier nicht nur wie bei § 24 über die Priorität, sondern auch über die Umwandlung des Zeichens in ein Verbandszeichen entschieden. Das Zeichen erhält einen neuen Charakter. Ob diese Umwandlung zu gestatten ist, das kann durch die Gerichte nicht nachgeprüft werden. Muß also die Umwandlung, wenn sie das PA. beschlossen hat, anerkannt werden, so kann auch die notwendig damit verbundene Priorität anders wie beim § 24 nicht für sich einer Nachprüfung unterliegen (a. M. Wertheimer S. 83, Magnus S. 201).

Bei der Einstellung des § 24g in das Gesetz ist übersehen worden, daß die Worte „innerhalb eines Jahres seit dem Inkrafttreten dieses Gesetzes" jetzt nicht mehr passen.

Die ganze Bestimmung des § 24g hat heute nur noch Bedeutung wegen der Erneuerungsfrist.

§ 24h.

Die Vorschriften über Verbandszeichen finden auf ausländische Verbandszeichen nur dann Anwendung, wenn nach einer im Reichsgesetzblatt enthaltenen Bekanntmachung die Gegenseitigkeit verbürgt ist. § 24h § 25

Für die Angehörigen der Pariser Union ist die Gegenseitigkeit als verbürgt anzusehen; für sonstige ausländische Verbände bedarf es einer Bekanntmachung über die Gegenseitigkeit (vgl. N. 8 zu § 23).

§ 25.

Die zur Ausführung dieses Gesetzes erforderlichen Bestimmungen über die Einrichtung und den Geschäftsgang des Patentamts sowie über das Verfahren vor demselben werden durch Verordnung des Reichspräsidenten unter Zustimmung des Reichsrats getroffen.

Die Verordnung ist am 30. Juni 1894 ergangen (RGBl. S. 495). Sie ist in den Anlagen abgedruckt.

Verordnung zur Ausführung des Gesetzes zum Schutz der Warenbezeichnungen vom 12. Mai 1894 (Reichs-Gesetzbl. S. 441) und des Gesetzes, betreffend den Schutz von Gebrauchsmustern, vom 1. Juni 1891 (Reichs-Gesetzbl. S. 290).

Vom 30. Juni 1894 (RGBl. S. 495).

Wir **Wilhelm**, von Gottes Gnaden Deutscher Kaiser, König von Preußen usw.

verordnen auf Grund der Bestimmung im § 25 des Gesetzes zum Schutz der Warenbezeichnungen vom 12. Mai 1894 (Reichs-Gesetzbl. S. 441) und auf Grund der Bestimmung im § 14 des Gesetzes, betreffend den Schutz von Gebrauchsmustern, vom 1. Juni 1891 (Reichs-Gesetzbl. S. 290) im Namen des Reichs, nach erfolgter Zustimmung des Bundesrats, was folgt:

I. Warenzeichen.

§ 1.

Für die auf Warenzeichen bezüglichen Angelegenheiten wird in dem Patentamt eine besondere Abteilung gebildet, welche die Bezeichnung:

Abteilung für Warenzeichen

führt.

Die Abteilung besteht aus einem rechtskundigen Mitgliede als Vorsitzenden und aus Mitgliedern, welche rechtskundig oder in einem Zweige der Technik sachverständig sind. Die Zuweisung der Mitglieder an die Abteilung erfolgt durch den Reichskanzler.

Im Falle der Verhinderung eines Mitgliedes kann der Präsident des Patentamts einem anderen Mitgliede der Behörde die Vertretung übertragen.

Abs. 1: Es gibt jetzt drei Abteilungen für Warenzeichen und außerdem die Prüfungsstellen. N. 1 zu § 2; N. 1a zu § 10. Geschäftskreis: N. 1a zu § 10 (Kriegsverordnung).

Abs. 2: An Stelle des Reichskanzlers ist der Reichsminister der Justiz getreten (Art. 56 der Reichsverfassung).

§ 2.

Für Beschwerden gegen die Beschlüsse der Abteilung für Warenzeichen, sowie für die Erstattung von Gutachten gemäß § 11 des Gesetzes vom 12. Mai 1894 ist die Beschwerdeabteilung I des Patentamts zuständig.

§ 3.

Die Beschlußfähigkeit der Abteilung für Warenzeichen ist durch die Anwesenheit von mindestens drei Mitgliedern bedingt.

Die Beschwerdeabteilung I entscheidet über Beschwerden gegen die Beschlüsse der Abteilung für Warenzeichen in der Besetzung von fünf Mitgliedern, von denen mindestens zwei rechtskundig sein müssen. Soweit es sich um die Erstattung von Gutachten handelt, genügt die Anwesenheit von drei Mitgliedern.

Die Bestimmungen der Zivilprozeßordnung über Ausschließung und Ablehnung der Gerichtspersonen finden entsprechende Anwendung.

Zu den Beratungen können Sachverständige, welche nicht Mitglieder sind, zugezogen werden; dieselben dürfen an den Abstimmungen nicht teilnehmen.

Besetzung s. N. 1a zu § 10.

§ 4.

Der Beratung und Abstimmung in einer Sitzung bedarf es

a) in der Abteilung für Warenzeichen für die Beschlußfassung über die Versagung der Eintragung eines Warenzeichens, sowie für Beschlüsse, welche die Übereinstimmung von Warenzeichen und in den Fällen des § 8 des Gesetzes vom 12. Mai 1894 die Löschung von Warenzeichen gegen den Widerspruch des Inhabers betreffen;

b) in der Beschwerdeabteilung I für die Beschlußfassung auf Beschwerden gegen Beschlüsse der Abteilung für Warenzeichen.

Zu a). Die Abteilung ist jetzt nur noch in den Fällen des § 8 und bei Übertragung und Löschung zuständig. N. 1a zu § 10.

§ 5.

Die Beschlüsse und Entscheidungen erfolgen im Namen des Patentamts; sie sind mit Gründen zu versehen, schriftlich auszufertigen und allen Beteiligten von Amts wegen zuzustellen.

§ 6.

Über die Eintragung eines Warenzeichens in die Zeichenrolle erhält der Inhaber eine Bescheinigung.

N. 3 zu § 3.

§ 7.

Über Modelle, Probestücke und sonstige Unterlagen einer Anmeldung trifft, insoweit deren Aufbewahrung nicht mehr für erforderlich erachtet wird, der Präsident des Patentamts im Einvernehmen mit der Abteilung für Warenzeichen Verfügung.

§ 8.

Im übrigen finden auf die Einrichtung und den Geschäftsgang des Patentsamts und das Verfahren vor demselben in Angelegenheiten des Schutzes der Warenzeichen die Bestimmungen in den §§ 4, 6, 8 bis 11, 13, 14, 25 bis 30 der Kaiserlichen Verordnung vom 11. Juli 1891 (Reichs-Gesetzbl. S. 349) entsprechende Anwendung.

Die Verordnung ist in Seligsohn PatG. S. 501 abgedruckt.

II. Gebrauchsmuster.

§ 9.

Insoweit in Angelegenheiten des Schutzes von Gebrauchsmustern das Patentamt zur Erstattung von Gutachten ermächtigt wird, sind hierfür die Beschwerdeabteilungen, und zwar jede innerhalb derjenigen Zweige der Technik zuständig, welche ihr hinsichtlich der Patentangelegenheiten gemäß den §§ 1 und 2 der Kaiserlichen Verordnung vom 11. Juli 1891 zugewiesen sind.

Urkundlich unter Unserer Höchsteigenhändigen Unterschrift und beigedrucktem Kaiserlichen Insiegel.

Gegeben Kiel, den 30. Juni 1894,
an Bord meiner Yacht „Hohenzollern".

(L. S.) **Wilhelm.**

von Boetticher.

Die in § 8 in bezug genommenen Bestimmungen der Verordnung vom 11. Juli 1891 lauten:

§ 4.

Die Geschäftsleitung in den Anmeldeabteilungen steht dem zum Vorsitz berufenen rechtskundigen oder technischen Mitgliede, die Geschäftsleitung in den Beschwerdeabteilungen und in der Nichtigkeitsabteilung dem Präsidenten zu. Über die Vertretung des Präsidenten im Vorsitz trifft der Reichskanzler Bestimmung.

„oder technischen" ist durch Kaiserliche Verordnung vom 25. Okt. 1899 (RGBl. S. 661) eingeschoben. An Stelle des Reichskanzlers ist der Reichsminister der Justiz getreten (Art. 46 der Reichsverfassung).

§ 6.

In den Abteilungen trifft der Vorsitzende die für den Fortgang der Sachen erforderlichen Verfügungen.

In den Anmeldeabteilungen bezeichnet er für jede Klasse der Anmeldungen im voraus das Mitglied, welchem die Vorprüfung (§ 21 des Patentgesetzes) obliegt, sowie einen weiteren Berichterstatter für das Verfahren nach Erlaß des Vorbescheides.

In den Beschwerdeabteilungen und in der Nichtigkeitsabteilung bezeichnet der Präsident für jede Klasse im voraus zwei Berichterstatter.

An Stelle der hiernach berufenen Mitglieder können für den einzelnen Fall andere Berichterstatter bezeichnet werden.

Die Berichterstatter halten den mündlichen Vortrag in der Sitzung und entwerfen alle Beschlüsse und Entscheidungen. Der Vorsitzende prüft die Entwürfe und stellt sie fest. Über sachliche Meinungsverschiedenheiten beschließt die Abteilung.

§ 8.

Bei den Abstimmungen entscheidet die absolute Mehrheit der Stimmen, bei Stimmengleichheit die Stimme des Vorsitzenden.

Ist eine Anhörung der Beteiligten (Patentgesetz § 25, § 26 Abs. 3, § 30 Abs. 2) vorhergegangen, so kann ein Mitglied, welches hierbei nicht zugegen gewesen ist, an der Abstimmung nicht teilnehmen.

§ 9.

Dem Präsidenten liegt es ob, auf eine gleichmäßige Behandlung der Geschäfte und auf die Beobachtung gleicher Grundsätze hinzuwirken. Zu diesem Behufe ist er befugt, den Beratungen aller Abteilungen beizuwohnen, auch sämtliche Mitglieder zu Plenarversammlungen zu vereinigen und die Beratung des Plenums über die von ihm vorgelegten Fragen herbeizuführen.

§ 10.

Die Sitzungen der Abteilungen finden der Regel nach an bestimmten Tagen und zu bestimmten Stunden statt. Die Verfügung darüber steht dem Präsidenten zu.

§ 11.

Die Ausfertigungen der Beschlüsse und Entscheidungen der Abteilungen erhalten die Unterschrift:

Kaiserliches Patentamt

und zusätzlich die vorschriftsmäßige Bezeichnung der Abteilung.

Jetzt heißt es: Reichspatentamt.

§ 13.

Zeugen und Sachverständige erhalten Gebühren nach Maßgabe der Gebührenordnung vom 30. Juni 1878 (Reichs-Gesetzbl. S. 173).

Jetzige Fassung vom 21. Dezember 1923 (RGBl. I S. 1239).

§ 14.

Zu den Kosten des Verfahrens, über welche das Patentamt nach § 26 Abs. 5 und § 31 des Patentgesetzes zu bestimmen hat, gehören außer den aus der Kasse des Patentamts bestrittenen Auslagen diejenigen den Beteiligten erwachsenen Kosten, welche nach freiem Ermessen des Patentamts zur zweckentsprechenden Wahrung der Ansprüche und Rechte notwendig waren.

Siehe N. 2 zu § 10.

§ 25.

Die Einrichtung der Bureaus, die Verwaltung der Kasse, der Bibliothek und der Sammlungen werden durch den Präsidenten geordnet. Der Präsident erläßt die erforderlichen Geschäftsanweisungen.

§ 26.

Die Leitung und Beaufsichtigung des gesamten Geschäftsbetriebes steht dem Präsidenten zu. Er verfügt in allen Verwaltungsangelegenheiten.

§ 27.

Sämtliche eingehende Geschäftssachen werden, ohne Rücksicht auf ihren verschiedenen Inhalt, nach der Zeit ihres Eingangs mit einer laufenden Nummer, als Geschäftsnummer, und mit dem Datum bezeichnet.

Geschäftssachen, welche während der Dienststunden eingehen, sind alsbald, andere Geschäftssachen bei dem Wiederbeginn der Dienststunden von dem dazu bestimmten Beamten hiernach zu bezeichnen. Wenn die Reihe des Eingangs nicht feststeht, so sind sie nach der Reihe, in welcher sie von dem Beamten übernommen werden, mit der Bezeichnung zu versehen.

Von zwei an demselben Tage an das Patentamt gelangten Geschäftssachen gilt diejenige als später eingegangen, welche die höhere Geschäftsnummer trägt.

Siehe N. 7 a zu § 2.

§ 28.

Vertreter in Patentangelegenheiten und in Angelegenheiten des Gebrauchsmusterschutzes haben dem Patentamt gegenüber ihre Bevollmächtigung durch eine Vollmacht nachzuweisen.

Die Vollmachten müssen auf prozeßfähige, mit ihrem bürgerlichen Namen bezeichnete Personen lauten.

Sind mehrere Personen bevollmächtigt, so gelten dieselben für befugt, sowohl gemeinschaftlich als auch einzeln die Vertretung wahrzunehmen. Eine abweichende Bestimmung dürfen die Vollmachten nicht enthalten.

Siehe N. 11 zu § 23.

§ 29.

Das Patentamt kann nach seinem Ermessen von den bei ihm beruhenden Eingaben und Verhandlungen, soweit die Einsicht in dieselben gesetzlich nicht beschränkt ist, an jedermann Abschriften und Auszüge gegen Einzahlung der Kosten erteilen.

Siehe N. 3 zu § 3.

§ 30.

Das Siegel des Patentamts enthält in der Mitte den Reichsadler und in der Umschrift die Worte „Kaiserliches Patentamt".

Jetzt: Reichspatentamt.

Gebührentarif.

Weitere Verordnung über die patentamtlichen Gebühren.

Vom 28. Februar 1924 (RGBl. II S. 45, Bl. 24 S. 45).

Gemäß Art. 1 Abs. 2 des Gesetzes über die patentamtlichen Gebühren vom 9. Juli 1923 (Reichs-Gesetzbl. II S. 297) wird mit Zustimmung des Reichsrats folgendes verordnet:

Art. I. Für die patentamtlichen Gebühren, die nach dem Inkrafttreten dieser Verordnung gezahlt werden, tritt an die Stelle des im Art. I Abs. 1 der Verordnung vom 29. November 1923 (Reichs-Gesetzbl. II S. 432) vorgeschriebenen Tarifs der anliegende Tarif.

Art. II. 1. Ist eine Patentjahresgebühr in der Zeit vom 1. Dezember 1923 bis zur Veröffentlichung dieser Verordnung vor der Fälligkeit entrichtet worden, so gilt sie als vorschriftsmäßig gezahlt, sofern der gezahlte Betrag dem Tarife der Verordnung vom 29. November 1923 entspricht.

2. Wird nach dem Inkrafttreten der vorliegenden Verordnung eine der unter I Nr. 2, 3 und 5, II Nr. 2 und III Nr. 4, 9 und 11 des anliegenden Tarifs bezeichneten Gebühren noch in Höhe des Tarifs der Verordnung vom 29. November 1923 bezahlt, so steht dem Beteiligten zur Zahlung eine weitere Frist von einem Monat seit dem Inkrafttreten der vorliegenden Verordnung zu. Nachzuzahlen ist der Unterschied zwischen dem durch die vorliegende Verordnung bestimmten Tarifsatz und dem bereits entrichteten Betrage. Die Nachzahlung wirkt auf den Zeitpunkt der früheren Zahlung zurück.

Art. III. Diese Verordnung tritt am 1. März 1924 in Kraft.

Gebührentarif.

Es beträgt die Gebühr:

I. bei Patenten

		Goldmark
1.	für die Anmeldung (§ 20 Abs. 3 Patentgesetzes) . . .	15
2.	a) für das 1. Patentjahr (§ 24 Abs. 1)	30
	b) „ „ 2. „ (§ 8 Abs. 1)	30
	c) „ „ 3. „ (desgl.)	30
	d) „ „ 4. „ „	50
	e) „ „ 5. „ „	100
	f) „ „ 6. „ „	150
	g) „ „ 7. „ „	200
	h) „ „ 8. „ „	250
	i) „ „ 9. „ „	300
	k) „ „ 10. „ „	400
	l) „ „ 11. „ „	500
	m) „ „ 12. „ „	600
	n) „ „ 13. „ „	700
	o) „ „ 14. „ „	800
	p) „ „ 15. „ „	1000
	q) „ „ 16. „ „	1300
	r) „ „ 17. „ „	1600
	s) „ „ 18. „ „	2000
3.	für die Einlegung der Beschwerde (§ 26 Abs. 1) . . .	20
4.	für den Antrag auf Erklärung der Nichtigkeit oder auf Zurücknahme oder auf Erteilung einer Zwangslizenz (§ 28 Abs. 4, § 11)	50
5.	für die Anmeldung der Berufung (§ 33 Abs. 1) . . .	150

II. bei Gebrauchsmustern

1.	für die Anmeldung (§ 2 Abs. 5 des Gesetzes, betreffend den Schutz von Gebrauchsmustern)	10
2.	für die Verlängerung der Schutzfrist (§ 8 Abs. 1) . . .	100

III. bei Warenzeichen

1.	für die Anmeldung — Anmeldegebühr — (§ 2 Abs. 3 des Gesetzes zum Schutze der Warenbezeichnungen) . . .	15
2.	für die Anmeldung — Klassengebühr — (§ 2 Abs. 3) .	5
3.	für die Eintragung (§ 6a)	15
4.	für die Erneuerung — Erneuerungsgebühr — (§ 2 Abs. 5)	100
5.	für die Erneuerung — Klassengebühr — (§ 2 Abs. 5) .	5
6.	für die Anmeldung eines Verbandszeichens — Anmeldegebühr — (§ 24a Abs. 3, § 2 Abs. 3)	100

	Goldmark
7. für die Anmeldung eines Verbandszeichens — Klassengebühr — (§ 24a Abs. 3, § 2 Abs. 3)	15
8. für die Eintragung eines Verbandszeichens (§ 24a Abs. 3, § 6a)	100
9. für die Erneuerung eines Verbandszeichens — Erneuerungsgebühr — (§ 24a Abs. 3, § 2 Abs. 5)	500
10. für die Erneuerung eines Verbandszeichens — Klassengebühr — (§ 24a Abs. 3, § 2 Abs. 5)	15
11. für die Einlegung der Beschwerde (§ 10 Abs. 2) . . .	20
12. für den Antrag auf Löschung (§ 8 Abs. 2 Nr. 2) . . .	50

IV. Sonstige Gebühren

1. für den Antrag auf Ausfertigung eines Prioritätsbelegs 1
2. Zuschlagsgebühr für die Nachholung
   a) der Zahlung einer Patentjahresgebühr (I Nr. 2a bis s des Tarifs; § 24 Abs. 2 Satz 2, § 8 Abs. 3 Satz 2 des Patentgesetzes), ...
   b) der Zahlung der Gebühr für die Verlängerung eines Gebrauchsmusters (II Nr. 2 des Tarifs; § 8 Abs. 1 Satz 4 des Gesetzes, betreffend den Schutz von Gebrauchsmustern), ...
   c) der Erneuerung eines Warenzeichens (III Nr. 4 und 9 des Tarifs; § 8 Abs. 4, § 24a Abs. 3 des Gesetzes zum Schutze der Warenbezeichnungen) . . . .

   } 25 v. H. der nachträglich zu zahlenden Patentjahres-, Verlängerungs- oder Erneuerungsgebühr.
3. Reichsgebühr für den Antrag auf internationale Markenregistrierung (§ 2 Abs. 2 des Gesetzes über den Beitritt des Reichs zu dem Madrider Abkommen über die internationale Registrierung von Fabrik- oder Handelsmarken vom 12. Juli 1922 — Reichsgesetzbl. II S. 669, 779 —) . 50

Berlin, den 28. Februar 1924.

Der Reichsminister der Justiz.

Pariser Verbandsübereinkunft vom 20. März 1883 zum Schutze des gewerblichen Eigentums,

revidiert in Brüssel am 14. Dezember 1900 und in Washington am 2. Juni 1911. Vom 2. Juni 1911 (RGBl. 13, 209, Bl. 13, 146).

Gemäß dem Vorschlage des PA. (Bl. 03, 128) werden die durch die Brüsseler Zusatzakte abgeänderte Pariser Übereinkunft nachstehend als „Unionsvertrag" und der durch den Unionsvertrag begründete Staatenverband als „Internationale Union" bezeichnet werden.

Maßgebend ist der französische Text des Unionsvertrages, da dieser allein von den vertragschließenden Staaten genehmigt worden ist. Die im RGBl. neben diesem Originaltexte noch veröffentlichte deutsche Übersetzung, die nachstehend wiedergegeben wird, ist nur eine — allerdings amtliche — Privatarbeit.

Der Beitritt Deutschlands zu der Internationalen Union ist am 1. Mai 1903 erfolgt.

Die nachstehenden Erläuterungen beziehen sich nur auf die Bestimmungen des Unionsvertrages, welche Warenbezeichnungen, Handelsnamen und unlauteren Wettbewerb betreffen.

Die Streitfrage, ob der Unionsvertrag zwischen den kriegführenden Mächten durch den Krieg außer Kraft getreten war (dafür: Japanisches Reichsgericht im Bl. 15, 234; Osterrieth in GewRschutz 14, 291; Rathenau in Recht und Wirtschaft 14, 242; Abel in Allg. Österreich. Gerichtszeitung 14, 377; Seligsohn in DJZ. 16, 61; OLG. Dresden im Bl. 16, 100; dagegen: RG. 85, 374, Bl. 15, 342; Österr. Oberster Gerichts- und Kassationshof im Bl. 17, 46) kann jetzt dahingestellt bleiben, denn Art. 286 FV. bestimmt ausdrücklich, daß von seinem Inkrafttreten ab das Pariser Übereinkommen vom 20. März 1883 zum Schutze des gewerblichen Eigentums, revidiert in Washington am 2. Juni 1911, erneute Geltung und Wirksamkeit erlangt. Er geht also davon aus, daß er außer Kraft war.

Literatur: Lau in „Der Anschluß des Deutschen Reichs an die Internationale Union" 1902 (als „Anschluß" zitiert) S. 89; Osterrieth ebenda S. 139; Osterrieth-Axster Kommentar zur Pariser Konvention 1903 (woselbst auf S. XXIVff. weitere Literaturangaben); Osterrieth Die Washingtoner Konferenz in GewRschutz 12, 1.

Art. 1. Die vertragschließenden Länder bilden einen Verband zum Schutze des gewerblichen Eigentums.

1. Verbandsländer.
2. Gewerbliches Eigentum.

Art. 1, 1, 2. Verbandsländer.

1. Zur Zeit (Januar 1925) gehören der Internationalen Union folgende Länder an: Belgien, Brasilien, Bulgarien, Cuba, Dänemark nebst Faröer-Inseln, Danzig, Deutsches Reich, Dominikanische Republik, Estland, Finnland, Frankreich und Algerien nebst Kolonien und den Mandatsländern Syrien und Libanon, Griechenland, Großbritannien nebst Australischem Staatenbund, Kanada, Ceylon, Neuseeland, Trinidad und Tobago, Italien, Japan, Luxemburg, Marokko (mit Ausnahme der spanischen Zone), Mexiko, Niederlande, nebst Niederländisch-Indien, Surinam und Curaçao, Norwegen, Österreich, Polen, Portugal nebst Azoren und Madeira, Rumänien, Schweden, Schweiz, Serbien-Kroatien-Slowenien, Spanien, Tschecho-Slowakei, Tunis, Ungarn und die Vereinigten Staaten von Amerika.

Gewerbliches Eigentum.

2. Die Gegenstände, auf welche der Unionsvertrag sich erstreckt, sind nach Art. 2: Patente, Gebrauchsmuster, Muster, Modelle, Marken, Handelsnamen, Herkunftsbezeichnung und unlauterer Wettbewerb; vgl. dazu das Schlußprotokoll zu Art. 1.

Art. 2. Die Untertanen oder Bürger der vertragschließenden Länder sollen in allen übrigen Ländern des Verbandes in betreff der Erfindungspatente, der Gebrauchsmuster, der gewerblichen Muster oder Modelle, der Fabrik- oder Handelsmarken, der Handelsnamen, der Herkunftsbezeichnungen und der Unterdrückung des unlauteren Wettbewerbes die Vorteile genießen, welche die betreffenden Gesetze den Staatsangehörigen gegenwärtig gewähren oder in Zukunft gewähren werden. Demgemäß sollen sie denselben Schutz wie diese und dieselbe Rechtshilfe gegen jeden Eingriff in ihre Rechte haben, vorbehaltlich der Erfüllung der Förmlichkeiten und Bedingungen, welche den Staatsangehörigen durch die innere Gesetzgebung auferlegt werden. Die Verpflichtung, einen Wohnsitz oder eine Niederlassung in dem Lande zu haben, wo der Schutz beansprucht wird, darf den Verbandsangehörigen nicht auferlegt werden.

Untertanen. Bürger.

1. Erste Voraussetzung für den Anspruch auf Gewährung der durch den Unionsvertrag gewährten Rechte ist, daß der Beanspruchende einem der Verbandsländer angehört. Er muß in einem derselben die Staatsangehörigkeit besitzen: dieses wollen die Ausdrücke „Untertanen und Bürger" besagen; wegen der Einzelfragen vgl. Propriété Industrielle 22 S. 142 u. 151. Wie die Staatsangehörigkeit in einem Staate erworben und verloren wird, dafür sind die Gesetze dieses Staates maßgebend. Wer die Staatsangehörigkeit in einem Staate für sich beansprucht, muß dieselbe durch eine Bescheinigung der Behörden dieses Staates dartun. Da die Staatsangehörigkeit maßgebend ist, so darf sich auch ein Franzose, der in Rußland wohnt, in Deutschland auf den Unionsvertrag berufen, ebenso nach Art. 3 ein Russe, der in Frankreich wohnt.

Art. 2 2, 3 Die Frage, ob sich eiu Deutscher in Deutschland auf den Unionsvertrag berufen darf (vgl. Propriété Industrielle 22, 147), liegt für das Zeichenrecht einfach. Sie kommt für das Prioritätsrecht des Art. 4 in Betracht, und zwar für den Fall, daß der Deutsche eine Marke zuerst in dem Unionslande A und dann in Deutschland anmeldet. Hier ist zu unterscheiden. Hat der Anmelder seine Niederlassung in Deutschland, so kann wegen der akzessorischen Natur der Marke der Fall überhaupt nicht eintreten, da die Marke in A erst angemeldet werden kann, nachdem sie in Deutschland eingetragen ist. Hat er dagegen seine Niederlassung in A oder in einem anderen Unionslande, so kann er sich auf den Unionsvertrag berufen.

Ist jemand Angehöriger mehrerer Staaten, so genügt es, wenn nur einer von diesen ein Unionsstaat ist. Wollen mehrere Personen (z. B. solche, die zusammen ein Warenzeichen anmelden) gemeinsam Rechte aus Art. 2 herleiten, so müssen sie alle einem, wenn auch nicht demselben Unionsstaate angehören (PA. im Bl. 04, 259).

Förmlichkeiten. Bedingungen. 2. Es ist selbstverständlich, daß der Unionsangehörige, welcher die gleichen Rechte wie der Deutsche genießt, auch dieselben Förmlichkeiten und Bedingungen wie dieser erfüllen muß. Er wird also z. B. bei der Anmeldung eines Zeichens alle Vorschriften des § 2 des deutschen Gesetzes, sowie der patentamtlichen Bekanntmachung beobachten, ferner, wenn er in Deutschland keine Niederlassung hat, gemäß § 23 Abs. 2 unseres Gesetzes Klagen wegen Zeichenverletzung nur durch einen Vertreter anstellen usw.; vgl. Schlußprotokoll zu Art. 2 Abs. c.

Gleichberechtigung. 3. Das Grundprinzip des Unionsvertrages besteht darin, daß die Angehörigen der Unionsstaaten in betreff des gewerblichen Eigentums in jedem Verbandslande ebenso wie die Angehörigen des betreffenden Staates behandelt werden sollen, oder — mit anderen Worten — daß sie nicht schlechter gestellt sein dürfen als diese.

Dieser Grundsatz ist durch den Friedensvertrag durchbrochen, indem die Deutschen in verschiedener Hinsicht schlechter gestellt sind (Bing in Mitt. v. V. 20, 129; vgl. auch die Errörterungen zum FV.); über sonstige Erschütterungen dieses Grundsatzes siehe Isay in GewRschutz 22 29.

Es ist Streit darüber, was im Sinne des Art. 2 unter den „Staatsangehörigen", denen die Unionsangehörigen gleichstehen sollen, zu verstehen ist. Im französischen Text der Konvention lautet der erste Satz des Art. 2:

> „Les sujets ou citoyens de chacun des États contractants jouiront, dans tous les autres États de l'Union, en ce qui concerne les brevets d'invention, les dessins ou modèles industriels, les marques de fabrique ou de commerce et le nom commercial, des avantages que les lois respectives accordent actuellement ou accorderont par la suite aux nationaux."

Nach dem französischen Sprachgebrauch des täglichen Lebens bedeutet „nationaux" den Gegensatz zu „étrangers", im technisch-staatsrechtlichen Sinne bezeichnet es die Angehörigen des eigenen Staates im Gegensatze zu fremden Staatsangehörigen. Hier in Art. 2 ist es nach dem ganzen Zusammenhange mit „sujets ou citoyens" identisch, nur daß man bei letzteren an die Angehörigen (N. 1) der übrigen Unionsstaaten, bei „nationaux" an die Angehörigen des eigenen Staates denkt.

Aus Vorstehendem folgt, daß z. B. ein Franzose, welcher in Deutschland ein Warenzeichen anmeldet, nicht schlechter gestellt sein darf, als ein Angehöriger des Deutschen Reiches. Nun stellt § 23 WarenZG. für denjenigen, der im Inlande, d. h. im Deutschen Reiche, eine Niederlassung nicht besitzt, drei Erfordernisse auf: Gegenseitigkeit, Bestellung eines Vertreters, Markenschutz im Staate seiner Niederlassung. Das erste Erfordernis kommt nicht in Betracht (N. 2 zu § 23 WarenZG.), wohl aber das zweite und dritte. Diesen Erfordernissen muß auch ein Deutscher, welcher nicht im Deutschen Reiche seine Niederlassung hat, genügen. Demnach müssen sie auch für einen Franzosen, der nicht im Deutschen Reiche, sondern in seinem Heimatsstaate seine Niederlassung hat, gelten. In bezug auf den Vertreterzwang ist dies auch unbestritten (vgl. PA. im Bl. 03, 136), dagegen wollen einzelne Schriftsteller die akzessorische Natur des Markenschutzes für Unionsangehörige nicht gelten lassen; letztere sollen die Eintragung von Marken in Deutschland verlangen können, auch wenn sie in ihrem Heimatsstaate für diese Marke Schutz nicht besitzen (Osterrieth-Axster S. 25; Osterrieth in GewRschutz 03, 63 und im Lehrbuch S. 467). Sie fassen das Wort „nationaux" nicht in dem Sinne von „Staatsangehörige", sondern von „Inländer" auf; unter letzteren verstehen sie für das Warenzeichenrecht diejenigen, die im Inlande eine Niederlassung besitzen. Die gemeine Meinung ist dem nicht gefolgt, sondern steht auf dem hier vertretenen Standpunkt (RG. im Bl. 05, 225; Kohler S. 238; ebenso die Praxis des PA.).

Art. 2 3, 4, 5, 6

Schutz und Rechtshilfe.

4. Dem Unionsangehörigen sollen Rechtsschutz und Rechtshilfe in demselben Umfange wie den Angehörigen des betreffenden Staates gewährt werden. Dies bezieht sich auf jede Verfolgung der Rechte im Zivil- oder Strafverfahren. Zu beachten ist Art. 2 Abs. c des Schlußprotokolls.

Durch Art. 2 ist die Bestimmung des § 110 ZPO., daß Ausländer, welche als Kläger auftreten, auf Verlangen des Beklagten wegen der Prozeßkosten Sicherheit zu leisten haben, nicht aufgehoben. Nach dieser Richtung kommt indessen Art. 11 des Haager Abkommens vom 17. Juli 1905 (RGBl. 09, 409) bezüglich der demselben beigetretenen Staaten in Betracht (N. 9 zu § 23).

Ausstattung.

5. Wenn auch Art. 2 nur von Fabrik- und Handelsmarken spricht, so fällt darunter doch auch die Ausstattung im Sinne des § 15 des deutschen Gesetzes. Der Begriff der Fabrik- und Handelsmarke im Art. 2 geht über den Begriff des deutschen Warenzeichens hinaus. Ihm liegt die französische Auffassung der Marke zugrunde, welche die Ausstattung einschließt.

Die Frage ist deshalb nicht von praktischer Bedeutung, weil alle Angehörigen eines Unionsstaats sich auf § 23 Abs. 1 WarenZG., der sich auch auf Ausstattungen bezieht (N. 6 zu § 23), stützen können (N. 8 zu § 23).

Handelsname.

6. Der Unionsvertrag hat nicht den Schutz der bürgerlichen Namen, sondern nur den der Handelsnamen zum Gegenstande. Sofern indessen jemand unter seinem bürgerlichen Namen Handel treibt, ist dieser Name sein Handelsname. Das Nähere über den Schutz des Handelsnamens bestimmt Art. 8.

Unionsangehörige können für ihren lediglich bürgerlichen Namen in Deutschland auf Grund des § 14 WarenZG. (vgl. den Schlußsatz der vorhergehenden Note) und in umfassenderer Weise auf Grund des § 12 BGB. Schutz finden. Voraussetzung ist aber, daß ihr Name in ihrem Heimatsstaate Schutz genießt (N. 6 zu § 23 WarenZG.).

Art. 3 **Art. 3.** Den Untertanen oder Bürgern der vertragschließenden
1, 2 Länder werden gleichgestellt die Untertanen oder Bürger der dem Verbande nicht beigetretenen Länder, welche im Gebiet eines der Verbandsländer ihren Wohnsitz oder tatsächliche und wirkliche gewerbliche oder Handelsniederlassungen haben.

Literatur: Propriété Industrielle 22, 145.

1. Wohnsitz.
2. Niederlassung.

Wohnsitz. 1. Der Begriff des Wohnsitzes setzt ein objektives und ein subjektives Moment voraus. Ersteres besteht in der ständigen Niederlassung an einem Orte, letzteres darin, daß diese ständige Niederlassung gewollt ist. Wann eine ständige Niederlassung vorliegt, ist eine Tatfrage. Der Aufenthalt braucht kein ununterbrochener zu sein; kürzere oder längere Abwesenheit schließt, auch wenn sie von vornherein beabsichtigt ist, die Ständigkeit nicht aus, sofern nur nach jeder Abwesenheit die Rückkehr an den Ort des Wohnsitzes erfolgt (Kommentare zu § 7 BGB.).

Hat jemand mehrere Wohnsitze, so genügt es, wenn sich einer derselben in einem Verbandsstaate befindet.

Nach Vorstehendem kann sich auch ein Argentinier, welcher in Frankreich wohnt, in Deutschland auf den Unionsvertrag berufen; ebenso ein Argentinier, welcher gleichzeitig in Buenos Aires und in Paris seinen Wohnsitz hat, und auch ein Argentinier, welcher in Berlin wohnt (N. 1 zu Art. 4).

Niederlassung. 2. Über den Begriff der Niederlassung vgl. N. 3 zu § 23 WarenZG. In Übereinstimmung mit der dortigen Bestimmung braucht auch hier (vgl. die Mehrzahl „Handelsniederlassungen") die Niederlassung keine Hauptniederlassung zu sein. Andererseits aber ist hervorzuheben, daß im Art. 3 neben der Handelsniederlassung noch ausdrücklich eine *gewerbliche* Niederlassung für ausreichend erklärt wird. Daraus folgt, daß hier die Niederlassung nicht zur unmittelbaren Abschließung von Geschäften dienen muß; eine Fabrik ist auch eine gewerbliche Niederlassung.

Die Bestimmung bezieht sich nicht bloß auf physische, sondern auch auf juristische Personen und gesellschaftliche Vereinigungen.

Die Worte „*tatsächliche und wirkliche*" sind durch die Brüsseler Zusatzakte eingeschoben, um *simulierte* Niederlassungen und solche, die ihrem Umfange und ihrer Bedeutung nach in gar keinem Verhältnis zum Hauptgeschäfte stehen (*Osterrieth-Axster* S. 57) auszuschließen. Die Niederlassung muß demjenigen, welcher sich auf Art. 3 berufen will, *gehören*. Dies ist z. B. nicht der Fall, wenn er nur einem selbständigen Kaufmann ein Kommissionslager anvertraut hat (*Osterrieth-Axster* S. 58).

Art. 4 **Art. 4.** a) Derjenige, welcher in einem der vertragschließenden Länder ein Gesuch um ein Erfindungspatent, ein Gebrauchsmuster, ein gewerbliches Muster oder Modell, eine Fabrik- oder Handelsmarke vorschriftsmäßig hinterlegt, oder sein Rechtsnachfolger soll zum Zwecke der Hinterlegung in den anderen Ländern während der unten bestimmten Fristen und vorbehaltlich der Rechte Dritter ein Prioritätsrecht genießen.

b) Demgemäß soll die hiernächst in einem der übrigen Verbandsländer vor Ablauf dieser Fristen bewirkte Hinterlegung durch inzwischen eingetretene Tatsachen, wie namentlich durch eine andere Hinterlegung, durch die Veröffentlichung der Erfindung oder deren Ausübung, durch das Feilbieten von Exemplaren des Musters oder Modells, durch die Anwendung der Marke nicht unwirksam gemacht werden können. **Art. 4** 1

c) Die oben erwähnten Prioritätsfristen sollen zwölf Monate für Erfindungspatente und Gebrauchsmuster und vier Monate für gewerbliche Muster oder Modelle und für Fabrik- oder Handelsmarken betragen.

d) Wer die Priorität einer vorhergehenden Hinterlegung in Anspruch nehmen will, hat eine Erklärung über die Zeit und das Land dieser Hinterlegung abzugeben. Jedes Land bestimmt, bis wann die Erklärung spätestens abgegeben werden muß. Die Angaben sind in die von der zuständigen Behörde ausgehenden Veröffentlichungen, insbesondere in die Patenturkunden und die zugehörigen Beschreibungen, aufzunehmen. Die vertragschließenden Länder können von demjenigen, welcher eine Prioritätserklärung abgibt, fordern, daß er die frühere Anmeldung (Beschreibung, Zeichnungen usw.) in einer Abschrift vorlegt, die von der Behörde, welche die Anmeldung empfangen hat, als übereinstimmend bescheinigt ist. Diese Abschrift soll von jeder Legalisation befreit sein. Es kann gefordert werden, daß ihr eine von dieser Behörde ausgestellte Bescheinigung über die Zeit der Hinterlegung und eine Übersetzung beigefügt wird. Andere Förmlichkeiten für die Prioritätserklärung dürfen bei der Hinterlegung des Gesuchs nicht gefordert werden. Jedes vertragschließende Land wird die Folgen der Außerachtlassung der durch den gegenwärtigen Artikel vorgesehenen Förmlichkeiten bestimmen, jedoch dürfen diese Folgen über den Verlust des Prioritätsrechts nicht hinausgehen.

e) Später dürfen andere Nachweisungen gefordert werden.

Literatur: Wirth-Ganz im Jahrbuch der Intern. Vereinigung 1904 I S. 42—70; Damme in GewRschutz 11, 153; Specht ebenda 12, 331.

Stammanmeldung.

1. Um das Prioritätsrecht zu erhalten, genügt es, daß der Anmelder die Marke vorher in einem anderen Verbandslande angemeldet hatte. Es ist nicht notwendig, daß die Anmeldung dort zur Erteilung eines Schutzes geführt hat. Dagegen muß die Anmeldung vorschriftsmäßig erfolgt sein, d. h. sie muß den gesetzlichen Vorschriften dieses Staates entsprechen (PA.

Art. 4 1, 2 im Bl. 06, 32). Ist dies nicht der Fall, so gewährt sie kein Prioritätsrecht (Damme a. a. O.; Specht a. a. O.). Die Frage, ob die Anmeldung den gesetzlichen Vorschriften entspricht, wird regelmäßig durch ein Zeugnis der Behörden des betreffenden Staates erledigt werden.

Die frühere Anmeldung muß in einem der Verbandsländer erfolgt sein. Nach der Vorschrift des Art. 4 ist es unerheblich, in welchem der Verbandsländer die Anmeldung zuerst erfolgte, insbesondere braucht nach der herrschenden Ansicht dies nicht der Heimatsstaat (Art. 2, 3) des Anmelders zu sein. Diese Frage hat aber für das Markenrecht keine sonderliche Bedeutung, weil wegen der akzessorischen Natur der Marke ihre erste Anmeldung im Heimatslande zu erfolgen hat (N. 3 zu Art. 2). Das PA. hat früher den Standpunkt vertreten, daß sowohl die erste wie die zweite Anmeldung zu einer Zeit erfolgt sein müssen, wo beide in Betracht kommenden Länder bereits der Union angehörten, und deshalb die Berufung auf eine frühere Anmeldung zur Erlangung der Priorität dann nicht zugelassen, wenn diese Anmeldung vor dem 1. Mai 03, dem Tage, an dem Deutschland der Union beitrat, stattgefunden hatte (Bl. 03, 136; 05, 118). Mit zutreffenden Gründen hat RG. 80, 375 diese Ansicht bekämpft: es sei unerheblich, daß die erste Anmeldung vor dem 1. Mai 03 erfolgt sei, selbstverständlich könne aber die Unionspriorität erst von diesem Tage ab gewährt werden (ebenso: Kohler Handbuch S. 297; RG. im Bl. 13, 238).

Angehörige eines Verbandslandes. 2. Die durch Art. 4 eingeführte Vergünstigung kommt nur den Angehörigen eines Verbandslandes (Art. 2, 3) zugute (PA. im Bl. 14, 222). Ein Argentinier, bei dem nicht die Voraussetzungen des Art. 3 zutreffen, kann das Prioritätsrecht nicht beanspruchen, auch wenn er dasselbe Zeichen innerhalb vier Monaten in Frankreich und in Deutschland angemeldet hat. Dasselbe würde auch zu gelten haben, wenn Deutschland oder Frankreich mit Argentinien ein dem Art. 4 entsprechendes Sonderabkommen getroffen hätte. Einige Unionsländer gewähren die Vergünstigung des Art. 4 jedem, der in einem Unionsstaate vorher angemeldet hatte, ohne Rücksicht darauf, ob er selbst einem Unionsstaate angehört. So: England, die Vereinigten Staaten von Nordamerika, der Australische Bund (Michaelis in GewRschutz 08, 322), Dänemark (Schmehlik ebenda 09, 104).

Die Voraussetzung, daß der Anmelder Angehöriger eines Vertragslandes ist, muß sowohl zur Zeit der ersten Anmeldung als auch zur Zeit der zweiten vorliegen; dies trifft auch für den Rechtsnachfolger (N. 3), der die zweite Anmeldung einreicht, zu. Es genügt also nicht, wenn die erste Anmeldung seitens eines Argentiniers erfolgt war, daß dieser in der Zwischenzeit bis zu der zweiten Anmeldung das Zeichenrecht auf einen Unionsangehörigen überträgt, oder umgekehrt (vgl. Propriété Industrielle 24, 13). Dagegen ist der Übergang der Marke von einem Angehörigen eines Verbandslandes auf einen Angehörigen desselben oder eines anderen Verbandslandes der Erlangung der Priorität nicht hinderlich. Wesentlich ist nur die Zeit der beiden Anmeldungen; das Recht auf Priorität wird demnach nicht hinfällig, wenn die Marke nach der ersten Anmeldung von einem Franzosen auf einen Argentinier übertragen wird, sofern dieser sie vor der zweiten Anmeldung wieder an den Angehörigen eines Verbandsstaates abtritt. Kohler (Handbuch S. 297) will, falls der Anmelder erst nach der Anmeldung Angehöriger eines Verbandslandes geworden ist, von dem Augenblicke an, wo dies geschehen, die Wirkungen des Unionsvertrages eintreten lassen — es gilt, als ob erst in diesem Momente angemeldet worden wäre. **Art. 4** 2, 3, 4

Wenn eine Anmeldung von mehreren Personen eingereicht wird, so müssen die Anmelder sowohl der ersten wie der zweiten Anmeldung sämtlich zur Zeit der Anmeldung einem Verbandslande angehört haben (N. 1 zu Art. 2). Haben nicht alle Erstanmelder die zweite Anmeldung eingereicht, so müssen die fehlenden ihre Zustimmung erklären (Österr. PA. im Bl. 13, 379). Haben nicht alle Zweitanmelder die erste eingereicht, so müssen die Zugekommenen die Ableitung ihres Rechts von den anderen nachweisen (PA. im Bl. 10, 5).

3. Es muß hinsichtlich der ersten und zweiten Anmeldung Identität bestehen, und zwar in dreifacher Hinsicht: **Identität.**

a) dieselbe Person muß anmelden,
b) dieselbe Marke muß angemeldet werden,
c) die Anmeldung muß für dieselben Geschäftsbetriebe und für dieselben Waren erfolgen.

Zu a. Das Erfordernis der subjektiven Identität setzt nicht voraus, daß genau dieselbe Person, welche die erste Anmeldung bewirkt hat, auch die zweite vornimmt. Der Rechtsnachfolger des ersten Anmelders hat vielmehr auch nach der ausdrücklichen Bestimmung unter Abs. a auf das Prioritätsrecht Anspruch. Das ist nicht bloß der Erbe, sondern auch der Sondernachfolger. Es ist zu beachten, daß nach vielen Gesetzgebungen, z. B. der deutschen, die Marke nur zusammen mit dem Geschäftsbetriebe, zu welchem sie gehört, auf einen anderen übergehen kann (vgl. N. 3 zu § 7 WarenZG.). Infolgedessen wird der, welcher die Marke in Deutschland als zweitem Lande anmeldet, in der Regel schon auf Grund des Art. 3 prioritätsberechtigt sein (N. 2 zu Art. 4).

Der Anspruch der Priorität ist ein unselbständiges Zubehör der früheren Anmeldung und geht ohne weiteres auf denjenigen über, der die Rechte aus derselben erwirkt, gleichviel, ob er von dem Prioritätsrecht Kenntnis hatte oder nicht.

Zu b. Über die Frage, ob die beiden Zeichen voneinander abweichen dürfen, vgl. N. 17 zu § 23 WarenZG.

Zu c. Geschäftsbetrieb und Waren müssen identisch sein. In Bezug auf die Waren wird die Prüfung häufig nicht leicht sein, da im Gegensatz zu der deutschen Vorschrift, daß die Waren, für welche das Zeichen bestimmt ist, im einzelnen angegeben werden müssen (N. 6 zu § 2), andere Gesetzgebungen sich an der allgemeinen Angabe der Warenklassen genügen lassen.

4. Es ist streitig, ob die Prioritätsfrist von der ersten Anmeldung der Marke in einem Verbandsstaate abläuft, oder ob der Zeicheninhaber, welcher die Marke in mehr als zwei Staaten anmeldet, seine Priorität auch von der zweiten oder einer noch späteren Anmeldung ableiten darf (GewRschutz 03, 118). Nach dem Wortlaute muß man sich für die zweite Alternative entscheiden. Auch der Zweck der Vorschrift steht dieser Auslegung nicht entgegen, da durch sie die Prioritätsfrist nicht ins Endlose verlängert wird. Diejenige Anmeldung, von welcher der die Priorität Ansprechende dieselbe ableitet, wird nach ihrem wirklichen Anmeldedatum beurteilt. Der Anmelder darf für sie nicht auf Grund des Unionsvertrages eine frühere Priorität **Zweite Anmeldung.**

Art. 4 geltend machen. Das PA., welches lange Zeit die erste Alternative vertreten
4, 5 hatte, hat sich in seiner Entsch. vom 27. Juni 1913 der diesseitigen Anschauung angeschlossen (PA. in IndustrieR. 13, 183 und in Mitt. v. V. 13, 160, woselbst vollständige Literaturangabe), und zwar auch für den Fall, daß die erste Anmeldung in Deutschland, die zweite in einem Verbandslande und eine dritte wieder in Deutschland erfolgt. Wenn hier die erste Anmeldung in Wegfall kommt, kann man für die dritte die Priorität der zweiten beanspruchen (PA. im Bl. 14, 10). Daran ändert es nichts, wenn seiner Zeit für die zweite die Priorität der ersten in Anspruch genommen war, aber für die dritte ist natürlich nur das Datum der wirklichen Anmeldung der zweiten maßgebend.

Das Österr. PA. (vgl. Bl. 16, 41) und das Schweizerische Gesetz vom 3. April 1914 Art. 1 Abs. 2 (Bl. 14, 343) stehen auf einem dem unserigen entgegengesetzten Standpunkte.

Wenn in diesem Kommentar von der „ersten" und „zweiten" Anmeldung die Rede ist, so sind diese Worte nicht in absolutem Sinne zu verstehen, vielmehr sind damit nur die beiden Anmeldungen gemeint, welche für die Prioritätsfrist in Betracht kommen.

Die Prioritätsfrist beträgt für Marken vier Monate. Verlängerung der Prioritätsfristen durch das Berner Abkommen vom 30. Juni 1920 (RGBl. S. 1557, Bl. 20, 103) ist jetzt für Marken ohne praktische Bedeutung.

Der Beginn und das Ende der Prioritätsfrist werden, da der Unionsvertrag keine Bestimmungen enthält, nach den Gesetzen des Landes berechnet, in dem man die Priorität geltend macht (PA. im Bl. 07, 29). Maßgebend ist aber nur der Zeitpunkt der tatsächlichen Anmeldung. Läßt ein Landesgesetz z. B. für den Fall einer Ausstellung eine Verschiebung der Priorität zu, so kommt dies für die Unionspriorität nicht in Betracht.

Für Deutschland kommen bezüglich der Fristberechnung §§ 187, 188 BGB. zur Anwendung. Danach beginnt die Frist mit dem auf die erste Anmeldung folgenden Tage und endigt mit dem Ablaufe desjenigen Tages des letzten Monats, welcher durch seine Zahl dem Tage der ersten Anmeldung entspricht. Fehlt in dem letzten Monat der für ihren Ablauf maßgebende Tag, so endigt die Frist mit dem Ablauf des letzten Tages dieses Monats; fällt der letzte Tag der Frist auf einen Sonntag oder einen in dem Staate, in welchem die zweite Anmeldung erfolgt, anerkannten allgemeinen Feiertag, so endigt sie gemäß § 193 BGB. erst am nächstfolgenden Werktage. Innerhalb der Prioritätsfrist muß die Anmeldung dem zu ihrer Annahme berufenen Organ des PA. zugegangen sein. Es genügt nicht, daß sie nach Schluß der Amtsstunden in den Briefkasten des PA. geworfen wird (PA. im Bl. 07, 29).

Gegen die Versäumung der Prioritätsfrist gibt es Wiedereinsetzung in den vorigen Stand, wenn deren Voraussetzungen vorliegen (N. 4 zu § 10 WZG.); a. M. Jüngel-Magnus I, S. 101 auf Grund eines Beschlusses des PA. vom 20. Oktober 1917, der aber jetzt, seitdem durch das Gesetz vom 27. April 1920 die Wiedereinsetzung auch abgesehen vom Kriegszustand zulässig ist, ohne Bedeutung ist. Vgl. übrigens noch N. 7 zu Art. 4.

Priorität. 5. Das Prioritätsrecht kommt für das deutsche Warenzeichengesetz in bezug auf §§ 5, 6 und 9 Nr. 1 in Betracht. Folgende Beispiele mögen seine Bedeutung veranschaulichen. Wenn ein Franzose eine Marke am 5. Mai 1922 um 11 Uhr vormittags in Paris und am 5. September 1922 in Berlin anmeldet, so geht seine deutsche Anmeldung jeder Anmeldung vor, welche beim deutschen PA. am 5. Mai 1922 vormittags 11 Uhr 1 Minute oder später eingegangen ist. War die Anmeldung beim PA. ebenfalls am 5. Mai um 11 Uhr erfolgt, so stehen beide Zeichen gleichberechtigt nebeneinander. Art. 4 5, 6, 7

War die zweite Anmeldung am 1. August 1922 beim PA. eingegangen und hatte der Franzose, welcher am 5. September in Berlin anmeldete, sein Prioritätsrecht geltend gemacht, so wird ihm das PA. gemäß § 5 Mitteilung von der zweiten Anmeldung machen müssen. Versagt das PA. wegen Übereinstimmung der Zeichen dem Zweitanmelder die Eintragung, so kann dieser, wenn er der Ansicht ist, daß die Voraussetzungen des Prioritätsrechts nicht vorliegen, gegen den Franzosen gemäß § 6 Abs. 2 des Gesetzes Klage erheben.

War das von dem Zweiten am 1. August angemeldete Warenzeichen bereits eingetragen, bevor die Anmeldung des Franzosen beim PA. einging, so darf das PA. die Eintragung des Zeichens für den Franzosen nicht deshalb ablehnen, weil es dasselbe bereits für den Zweiten eingetragen hatte, ebensowenig darf es das Verfahren des § 5 des Gesetzes einleiten, sondern es muß, wenn sonst keine Anstände vorliegen, das Zeichen für den Franzosen eintragen. Letzterer kann dann gegen den anderen auf Grund des § 9 Nr. 1 WZG. auf Löschung klagen.

Der Abs. 1 des Art. 4 bestimmt, daß das Prioritätsrecht nur vorbehaltlich der Rechte Dritter gelten soll. Bei dem konstitutiven Charakter, welcher der Eintragung nach § 12 des deutschen Gesetzes innewohnt, finden aber alle Rechte Dritter keine Berücksichtigung, welchen nicht eine frühere Anmeldung zur Zeichenrolle zur Seite steht (Osterrieth-Axster S. 92).

Andere Wirkungen?

6. Weitere Wirkungen als die in N. 5 angegebenen hat das Prioritätsrecht nicht. Der Abs. 2 des Art. 4 kommt für das deutsche Recht nicht in Betracht, da das Zeichen nicht neu zu sein braucht.

Unrichtig wäre es, wenn man die Rückziehung der Priorität zu einer Vordatierung der Anmeldung verallgemeinern wollte, denn nicht nach allen Richtungen wird es so angesehen, als ob, um bei dem Beispiel in N. 5 zu bleiben, der Franzose sein Zeichen hier am 5. Mai 1922 angemeldet hätte. Insbesondere gilt dies nicht für die Dauer der zehnjährigen Schutzfrist: diese läuft vielmehr erst am 5. September 1932 ab. Auch bei der Prüfung, ob das Zeichen ein Freizeichen war, ist als der maßgebende Tag der Anmeldung der 5. September 1922 anzusehen.

Geltendmachung der Priorität.

7. Der Prioritätsberechtigte muß seine Priorität geltend machen, von Amts wegen wird sie nicht berücksichtigt. Bezüglich der Zeit und Art der Geltendmachung gilt in Deutschland folgender Rechtszustand:

1. Bei der Anmeldung des Warenzeichens muß der Anmelder die in Art. 4 Abs. d vorgesehene Prioritätserklärung über Zeit und Land der Voranmeldung abgeben, widrigenfalls er den Prioritätsanspruch für die Anmeldung verwirkt (PA. in Mitt. v. V. 19, 24; MarkschWettbew. 19, 171). Die gleichzeitige Beibringung der Beweisurkunden ist nicht erforderlich (Reichsgesetz vom 31. März 1913 Art. II im RGBl. S. 236, Bl. 13, 155 und Bekanntmachung des Reichskanzlers vom 8. April 1913 in RGBl. S. 241, Bl. 13, 157). Die Erklärung des Anmelders bei der Anmeldung muß sich auf beides, sowohl auf die Zeit wie auf das Land der ersten Hinterlegung erstrecken, eine Nachholung ist unstatthaft (PA. im Bl. 14, 219). Die zeitliche Angabe verlangt ein bestimmtes Datum, so daß z. B. die Angabe einer ausländischen Marke nach Nummer und Jahrgang nicht ausreicht

(PA. im Bl. 17, 121). Die Angabe eines unrichtigen Datums oder Landes erfüllt nicht die gesetzliche Vorschrift, auch wenn bald nachher eine Berichtigung erfolgt (PA. im Bl. 15, 29). Ebensowenig die unbestimmte Angabe eines Datums („vermutlich"), selbst wenn sich nachher diese Angabe als richtig erweist (PA. in DJZ. 22, 577). Hatte der Anmelder die vorgeschriebenen Angaben nicht bei der Anmeldung gemacht, so ist Wiedereinsetzung in den vorigen Stand nicht zulässig, da es sich nicht um Versäumung einer Frist handelt (PA. in MarkschWettbew. 19, 171); vgl. dagegen N. 4 zu Art. 4.

Diese Angaben sind in die Veröffentlichungen aufzunehmen.

2. Der Anmelder wird mit der Anmeldung gemäß § 23 Abs. 3 WZG. den Nachweis erbringen müssen, daß er in dem Heimatslande für das Zeichen den Markenschutz nachgesucht und erhalten hat (N. 17 zu § 23). Dieser Nachweis reicht auch für die Unionspriorität aus; einer Übersetzung der bezüglichen in einer nichtdeutschen Sprache abgefaßten Schriftstücke bedarf es regelmäßig nicht (§ 9 der patentamtlichen Bestimmungen in N. 2 zu § 2 WZG.).

Eine Legalisation der Urkunden wird vom PA. nicht erfordert. Werden diese Urkunden nicht mit der Anmeldung überreicht, so hat dies nicht die Verwirkung des Prioritätsanspruchs zur Folge, sondern es tritt das Verfahren des § 21 Abs. 2 PatG. ein (vgl. N. 1, 1a zu § 10 WZG.).

3. Im Laufe des Erteilungsverfahrens kann das PA. noch andere Nachweisungen verlangen.

Das PA. schreitet im Erteilungsverfahren zu einer Prüfung der beanspruchten Priorität nur, wenn diese Prüfung aus den in N. 5 erörterten Gesichtspunkten erforderlich ist.

Die Entscheidung des PA. über die Priorität ist für die Gerichte nicht bindend.

Art. 4b. Die Patente, deren Erteilung in den verschiedenen vertragschließenden Ländern von den zur Wohltat der Übereinkunft nach Maßgabe der Art. 2 und 3 verstatteten Personen beantragt wird, sollen von den für dieselbe Erfindung in anderen zum Verbande gehörenden oder nicht gehörenden Ländern erteilten Patenten unabhängig sein.

Diese Bestimmung ist ohne jede Einschränkung zu verstehen, insbesondere in dem Sinne, daß die während der Prioritätsfrist angemeldeten Patente sowohl hinsichtlich der Gründe der Nichtigkeit und des Verfalls als auch hinsichtlich der gesetzmäßigen Dauer unabhängig sind.

Sie findet auf alle zur Zeit ihres Inkrafttretens bestehenden Patente Anwendung.

Für den Fall des Beitritts neuer Länder soll es mit den im Zeitpunkt des Beitritts auf beiden Seiten bestehenden Patenten ebenso gehalten werden.

Art. 5. Die durch den Patentinhaber bewirkte Einfuhr von Gegenständen, welche in einem oder dem anderen Verbandsland hergestellt sind, in das Land, in welchem das Patent erteilt worden ist, soll den Verfall des letzteren nicht zur Folge haben.

Gleichwohl soll der Patentinhaber verpflichtet bleiben, sein Patent nach Maßgabe der Gesetze des Landes, in welches er die patentierten Gegenstände einführt, auszuüben, jedoch mit der Einschränkung, daß der Verfall eines Patents wegen Nichtausübung in einem Verbandsland erst nach Ablauf von drei Jahren seit der Hinterlegung des Gesuchs in diesem Lande und nur dann ausgesprochen werden kann, wenn der Patentinhaber Gründe für seine Untätigkeit nicht dartut. Art. 5, 6

Art. 6. Jede in dem Ursprungslande vorschriftsmäßig eingetragene Fabrik- oder Handelsmarke soll so wie sie ist in den anderen Verbandsländern zur Hinterlegung zugelassen und geschützt werden.

Es können jedoch zurückgewiesen oder für ungültig erklärt werden:

1. Marken, die geeignet sind, Rechte zu verletzen, die von Dritten in dem Lande, wo der Schutz beansprucht wird, erworben sind.
2. Marken, die jeder Unterscheidungskraft entbehren oder ausschließlich aus Zeichen oder Angaben zusammengesetzt sind, die im Verkehre zur Bezeichnung der Art, der Beschaffenheit, der Menge, der Bestimmung, des Wertes, des Ursprungsorts der Waren oder der Zeit der Erzeugung dienen können, oder die in der üblichen Sprache oder in den redlichen und ständigen Verkehrsgepflogenheiten des Landes, wo der Schutz beansprucht wird, gebräuchlich geworden sind.

   Bei der Würdigung der Unterscheidungskraft einer Marke sind alle Tatumstände zu berücksichtigen, insbesondere die Dauer des Gebrauches der Marke.
3. Marken, die gegen die guten Sitten oder die öffentliche Ordnung verstoßen.

Als Ursprungsland soll das Land angesehen werden, in welchem der Hinterlegende seine Hauptniederlassung hat.

Liegt die Hauptniederlassung nicht in einem der Verbandsländer, so soll als Ursprungsland dasjenige angesehen werden, welchem der Hinterlegende angehört.

Literatur: Julius L. Seligsohn Art. 6 der Pariser Übereinkunft in GewRschutz 23, 68.

Art. 6 1, 2, 3, 4

Abs. 1.

Marke. 1. Der Art. 6 bezieht sich auf alle Marken, die in einem Verbandslande eingetragen sind, also auch auf Etiketten, Ausstattungen, Firmen, Namen, die als Marken hinterlegt sind (a. M. bezüglich Firmen und Namen Osterrieth-Axster S. 164).

Die im Ursprungslande eingetragene Marke muß mit der im zweiten Lande angemeldeten identisch sein; hier sind die Ausführungen in N. 3 zu Art. 4 anwendbar.

Eintragung. 2. Es genügt nicht, daß die Marke im Ursprungsland auch ohne Eintragung Schutz genießt. Wer sich auf Art. 6 berufen will, muß nachweisen, daß sie dort eingetragen ist. Diesen Nachweis wird er regelmäßig gemäß dem Schlußprotokoll zu Art. 6 Abs. 1 durch eine Bescheinigung der Behörde des Ursprungslandes führen (N. 17 zu § 23 WZG.).

Es ist aber zu beachten, daß Art. 6 nicht etwa den allgemeinen Grundsatz aufstellt, daß jeder, der eine Marke in einem fremden Lande eintragen lassen will, sie zuvor in seinem Heimatslande eintragen lassen muß. Diese Frage ist Sache der inländischen Gesetzgebung (vgl. § 23 Abs. 3 WZG.). Der Art. 6 beschäftigt sich nur mit dem Fall, daß jemand in einem fremden Lande ein Zeichen anmeldet, das den gesetzlichen Bestimmungen dieses Landes nicht entspricht (Propriété Industrielle 04, 219).

Wann die Eintragung im Ursprungslande erfolgt war, ist unerheblich; die Fristen des Art. 4 kommen hier nicht in Betracht.

Telle quelle. 3. Über die Bedeutung der Vorschrift, daß die Marke so wie sie ist, telle quelle zugelassen werden muß, bestand früher erhebliche Meinungsverschiedenheit, auch die Praxis des PA. hat geschwankt (Osterrieth in GewRschutz 05, 216 und 12, 16; PA. im Bl. 04, 366; 06, 310; 08, 39; 10, 121). Nachdem aber durch die Washingtoner Konferenz von 1911 der jetzige Text festgelegt ist, kann man den Inhalt des Art. 6 dahin fassen, daß die Verbandsländer verpflichtet sind, jede im Ursprungsland vorschriftsmäßig eingetragene Marke so wie sie ist einzutragen und zu schützen, wofern nicht einer der im Abs. 2 unter Nr. 1—3 aufgezählten Abweisungsgründe vorliegt (Osterrieth in GewRschutz 12, 18).

Abs. 2.

Abschließend. 4. Die Bedeutung des Abs. 2 besteht darin, daß er abschließend die Gründe aufzählt, aus denen eine den Anforderungen des Abs. 1 entsprechende Marke zurückgewiesen oder für ungültig erklärt werden darf. Die zweite Alternative bezieht sich auf den Fall, daß die Marke eingetragen worden war und daß nachträglich ihre Löschung von Amts wegen oder auf Antrag erfolgen soll. Durch diese Bestimmung sind Wortmarken auch in den Unionsländern, wo sie bisher nicht zulässig waren, eingeführt.

Wird die Auslandsmarke nachträglich gelöscht, so ist dies nur dann für das Recht aus Art. 6 von Bedeutung, wenn die Löschung mit rückwirkender Kraft erfolgte. In diesem Falle kann aber wegen dieser Löschung nicht ohne weiteres beim PA. die Löschung der deutschen Marke beantragt werden, sondern es muß außerdem gemäß § 8 Nr. 2 des deutschen Gesetzes feststehen, daß die Eintragung der Marke in Deutschland nach deutschem Recht unzulässig gewesen war (ebenso Osterrieth-Axster S. 176; a. M. teilweise

Lau im „Anschluß" S. 125). Dasselbe gilt, wenn sich nachträglich herausstellt, daß die Bescheinigung der ausländischen Behörde nicht den Tatsachen entsprach. **Art. 6** 5, 6, 7

5. Der Hauptfall ist, daß die Marke in die Rechte eines älteren Zeicheninhabers eingreift (§§ 5, 6, 9 WZG.). Außerdem gehören hierher die Fälle, in denen durch die Marke ein Urheberrecht, ein Namen- oder Firmenrecht oder irgendein absolutes oder obligatorisches Recht verletzt oder durch ihre Eintragung eine unerlaubte Handlung, namentlich unlauterer Wettbewerb begangen ist (N. 13 zu § 1, N. 1 zu § 9 WZG.). **Nr. 1.**

6. Hier werden drei Kategorien zusammengefaßt: **Nr. 2.**

a) Marken, die jeder Unterscheidungskraft entbehren;

b) Marken, die ausschließlich aus Zeichen oder Angaben zusammengesetzt sind, die im Verkehre zur Bezeichnung der Art, der Beschaffenheit, der Menge, der Bestimmung, des Wertes, des Ursprungsorts der Waren oder der Zeit der Erzeugung dienen können;

c) Marken, die in der üblichen Sprache oder in den redlichen und verständigen Verkehrsgepflogenheiten des Landes, wo der Schutz beansprucht wird, gebräuchlich geworden sind.

Zu a. Dies entspricht dem deutschen Recht; vgl. N. 9, 10 zu § 1 WZG.

Zu b. Dies entspricht dem § 4 Abs. 1 Nr. 1 WZG.; vgl. deshalb N. 8 bis 16 zu § 4. Dort sind noch Zeichen, die ausschließlich in Zahlen oder Buchstaben bestehen, genannt. Diese dürften hier regelmäßig in die Kategorie zu a) fallen, so daß materiell kein Unterschied vorhanden ist.

Zu c. Hierher gehören die Freizeichen (N. 2—7a zu § 4 WZG.) und die freien Warennamen (N. 3a zu § 13, N. 13 zu § 4 WZG.).

Wenn im Schlußabsatz der Nr. 2 noch vorgeschrieben ist, daß alle Tatumstände bezüglich der Unterscheidungskraft zu berücksichtigen sind, so gilt dies nicht nur für die Kategorie zu a, sondern trotz des scheinbar entgegenstehenden Wortlauts wegen der ratio legis auch für die zu b (ebenso: PA. in GewRschutz 13, 181, Jüngel-Magnus I S. 109; a. M. die österreichische Praxis, vgl. Bl. 18, 61; 22, 167; unentschieden PA. in MarkschWettbew. 15, 396). Vgl. N. 13 zu § 4 WZG., wo auch gezeigt ist, von welchem Einfluß die Unionsbestimmung auf die Anwendung unseres inländischen Gesetzes gewesen ist. Neben der Dauer des Gebrauchs können noch andere Umstände in Betracht kommen, z. B. Größe des Absatzes oder der Reklame. Die Beweislast für diese Tatumstände liegt an sich dem Ausländer ob; dies schließt jedoch nicht aus, daß das PA. in geeigneten Fällen auch von Amts wegen Erhebungen anstellt (Österr. Verwaltungsgerichtshof im Bl. 16, 140). Bescheinigungen von Kunden des Anmelders werden regelmäßig nicht genügen, um den Nachweis zu führen, daß das Zeichen sich im deutschen Verkehr durchgesetzt hat; es kommt vor allem auch die Anschauung der Verbraucher in Betracht (PA. im Bl. 18, 63; 20, 26); vgl. N. 4b, 5 zu § 4 WZG.

7. Nach dem Schlußprotokoll zu Art. 6 Abs. 2, 3 fällt auch der unbefugte Gebrauch von Wappen und Ehrenzeichen unter diese Bestimmung. Es sind deshalb die Erörterungen zu § 4 Abs. 1 Nr. 2 und 3 WZG. hier anwendbar. Nach Abs. 2 des Schlußprotokolls soll auch der Gebrauch der amtlichen Prüfungs- und Gewährzeichen und -stempel wider die öffentliche Ordnung verstoßen; vgl. dazu N. 9 zu § 1 WZG. Wegen des Begriffes der öffentlichen Ordnung vgl. noch den Schlußabsatz des Schlußprotokolls zu Art. 6. **Nr. 3.**

Art. 6, 7, 8, 9

Abs. 3.

Haupt-niederlassung.

8. Während nach Art. 3 die Geltendmachung der Rechte aus Art. 2 auch denjenigen zusteht, die im Gebiete eines Verbandsstaates überhaupt eine gewerbliche oder Handelsniederlassung haben, verlangt der Art. 6 für den Begriff des Ursprungslandes in erster Reihe das Vorhandensein einer Hauptniederlassung. Ob eine solche vorliegt, ist nach dem Gesetze des Staates, in dem sich diese Niederlassung befindet, zu entscheiden. Bisweilen wird das Handelsregister darüber Auskunft erteilen. Im allgemeinen ist davon auszugehen, daß eine einzige Niederlassung eines Gewerbetreibenden stets eine Hauptniederlassung ist und daß beim Vorhandensein mehrerer Niederlassungen diejenige, an deren Spitze der Prinzipal bzw. der Vorstand tätig ist, die Hauptniederlassung bildet. Im übrigen wird man die Ausführungen der Kommentare zu § 13 des Deutschen HGB., mit Bezug auf ausländische Staaten allerdings mit Vorsicht, benutzen dürfen.

Daß die Waren, für welche das Zeichen eingetragen ist, Gegenstand des Betriebes der Hauptniederlassung sind, ist nicht vorgeschrieben (Osterrieth-Axster S. 157).

Abs. 4.

Land des Hinterlegenden.

9. Die Ausdrucksweise „so soll als Ursprungsland dasjenige angesehen werden, welchem der Hinterlegende angehört", läßt den Zweifel entstehen, ob man nur auf die Staatsangehörigkeit Rücksicht zu nehmen hat oder ob den Staatsangehörigen auch hier gemäß Art. 3 des Unionsvertrages diejenigen gleichstehen, die in einem der Verbandsstaaten ihren Wohnsitz oder ihre Niederlassung haben. Die Frage ist zugunsten der zweiten Alternative zu entscheiden (ebenso: Lau im „Anschluß" S. 101, Osterrieth-Axster S. 158, B. Alexander-Katz im Jahrbuch der Internationalen Vereinigung für gewerbl. Rechtsschutz 04 I S. 180). Es wird also ein Argentinier, der in Buenos Aires seine Hauptniederlassung hat, für sich in Deutschland Rechte aus Art. 6 herleiten können, wenn er in Paris seinen Wohnsitz oder eine Zweigniederlassung hat, aber natürlich nur bezüglich der für ihn in Frankreich, nicht in Argentinien eingetragenen Marken. Denn als „Ursprungsland" im Sinne des Art. 6 können nur solche Staaten in Betracht kommen, die dem Unionsvertrage beigetreten sind (N. 1 zu Art. 3).

Art. 7. Die Natur des Erzeugnisses, auf welchem die Fabrik- oder Handelsmarke angebracht werden soll, darf in keinem Falle die Hinterlegung hindern.

Die Bestimmung will verhindern, daß eine Marke deshalb von der Hinterlegung ausgeschlossen wird, weil die Ware, auf der sie angebracht werden soll, nach den Landesgesetzen nicht feilgehalten werden darf (unzüchtige Gegenstände, monopolisierte Waren); bezüglich der letzteren vgl. Bl. 22, 119.

Diese Vorschrift hat für Deutschland keine Bedeutung. Das Wort „Erzeugnis" (produit) deckt sich mit dem Begriffe der Ware im § 1 des deutschen Gesetzes (N. 7 zu § 1), schließt also unbewegliche Sachen nicht ein. Eine Vorschrift aber, nach welcher für gewisse Waren ein Warenzeichen nicht eingetragen werden soll, besteht bei uns nicht (N. 21 zu § 4 WZG.).

Art. 7b. Die vertragschließenden Länder verpflichten sich, Marken, die Verbänden angehören, deren Bestehen dem Gesetze des Ursprungslandes nicht zuwiderläuft, auch dann zur Hinterlegung zuzulassen und zu schützen, wenn diese Verbände eine gewerbliche oder Handelsniederlassung nicht besitzen. **Art. 7b, 8, 9** 1, 2

Es steht jedoch jedem Lande zu, frei darüber zu bestimmen, unter welchen besonderen Bedingungen ein Verband zum Schutze seiner Marken zugelassen werden kann.

In Deutschland wurden die Verbandszeichen durch das Reichsgesetz vom 31. März 1913 (RGBl. S. 236) eingeführt, welches die §§ 24a bis 24h in das WZG. einfügte.

Art. 8. Der Handelsname soll in allen Verbandsländern, ohne Verpflichtung zur Hinterlegung, geschützt werden, gleichviel, ob er den Teil einer Fabrik- oder Handelsmarke bildet oder nicht.

1. Voraussetzungen. | 2. Wirkung.

1. Unter Handelsname ist zunächst die Firma zu verstehen, d. h. der Name, unter welchem der Vollkaufmann seine Geschäfte betreibt, der bürgerliche Name fällt nur dann darunter, wenn jemand — auch ein Minderkaufmann — unter ihm sein Gewerbe betreibt. Wegen des Schutzes des bürgerlichen Namens außer diesem Falle vgl. N. 6 zu Art. 2. Etablissementsnamen werden auf Grund des Art. 10b in Verbindung mit § 16 UWG. geschützt. **Voraussetzungen.**

Der Handelsname genießt nur akzessorischen Schutz (N. 6 zu § 23 WZG.). Wer sich auf Art. 8 berufen will, muß dartun, daß in seinem Heimatsstaate (Art. 2, 3) dieser Name geschützt wird (Lau in GewRschutz 04, 114). Außerdem müssen auch die Voraussetzungen erfüllt sein, welche in dem Staate, dessen Schutz in Anspruch genommen werden soll, vorgeschrieben sind. Nur von einer Voraussetzung befreit Art. 8, nämlich von der Pflicht der Hinterlegung.

2. Der Umfang des Schutzes bestimmt sich nach den einzelnen Landesgesetzen. In Deutschland kommen insbesondere § 37 HGB., § 14 WZG., § 16 UWG. und § 12 BGB. in Betracht. Auf letzteren können sich auch Aktiengesellschaften und andere juristische Personen des Handelsrechts berufen, und zwar auch dann, wenn nicht die vollständige Firma, sondern nur ein schlagwortartiger Bestandteil derselben unbefugt gebraucht wird (RG. in GewRschutz 23, 202). **Wirkung.**

War die Firmenführung von vornherein eine unbefugte, z. B. weil sie gegen § 18 Abs. 2 HGB. verstieß, so kann ein Unionsangehöriger gegen sie auf Grund des Art. 8 vorgehen, selbst wenn jene Firmenführung schon vor dem 1. Mai 1903 begonnen hatte (Entsch. des RG. vom 20. April 1904 I 14/1904).

Art. 9. Jedes widerrechtlich mit einer Fabrik- oder Handelsmarke oder mit einem Handelsnamen versehene Erzeugnis ist bei der Einfuhr in diejenigen Verbandsländer, in welchen diese Marke oder dieser Handelsname Recht auf gesetzlichen Schutz hat, zu beschlagnahmen.

Art. 9
1 Läßt die Gesetzgebung eines Landes die Beschlagnahme bei der Einfuhr nicht zu, ist die Beschlagnahme durch das Verbot der Einfuhr zu ersetzen.

Die Beschlagnahme ist auch in dem Lande vorzunehmen, wo die widerrechtliche Anbringung stattgefunden hat, oder in dem Lande, wohin das Erzeugnis eingeführt worden ist.

Die Beschlagnahme erfolgt gemäß der inneren Gesetzgebung jedes Landes auf Antrag entweder der Staatsanwaltschaft oder einer anderen zuständigen Behörde oder einer beteiligten Partei, sei diese eine Einzelperson oder eine Gesellschaft.

Die Behörden sollen nicht gehalten sein, die Beschlagnahme im Falle der Durchfuhr zu bewirken.

Läßt die Gesetzgebung eines Landes weder die Beschlagnahme bei der Einfuhr noch das Einfuhrverbot noch die Beschlagnahme im Inland zu, so sind diese Maßnahmen durch diejenigen Klagen und Rechtsbehelfe zu ersetzen, die das Gesetz dieses Landes im gleichen Falle den Staatsangehörigen sichert.

1. Voraussetzungen. | 2. Wirkung.

Voraussetzungen. 1. Der Art. 9 hat seine jetzige Fassung durch die Washingtoner Konferenz von 1911 erhalten. Die wesentlichste Änderung ist, daß Beschlagnahme und Einfuhrverbot, die früher nur zulässig waren, jetzt obligatorisch sind; anders bei Transitwaren (Abs. 5). Eine eingehendere Erörterung des früheren Art. 9 gibt Seligsohn im Jahrb. der IVGewRschutz 1904 I S. 219.

Voraussetzung der im Art. 9 zugelassenen Maßnahmen ist:

a) daß eine Ware widerrechtlich mit einer Marke oder einem Handelsnamen versehen ist,
b) daß die Ware in einem Verbandslande eingeführt wird oder eingeführt werden soll,
c) daß die Marke oder der Name in diesem Verbandslande geschützt ist,
d) daß ein Antrag gestellt ist.

Zu a. Auf das subjektive Verschulden kommt es nicht an, es genügt objektive Widerrechtlichkeit. Wegen des Handelsnamens vgl. Art. 8; daß außer diesem Namen sich noch eine Ortsbezeichnung auf der Ware befindet (Art. 10), wird hier nicht gefordert.

Auf Ausstattungen bezieht sich der Art. 9 ebenfalls (vgl. N. 5 zu Art. 2).

Zu b. Die Beschlagnahme soll bei, vor oder nach der Einfuhr erfolgen; vgl. N. 4 zu § 17 WZG. Auf Waren, die die Grenze nicht passieren sollen, erstreckt sich die Vorschrift nicht, ebenso nach Abs. 5 nicht auf Transitwaren (anders nach § 17 WZG.).

Zu c. Die Beschlagnahme der Ware ist vor, bei oder nach der Einfuhr in diejenigen Verbandsstaaten zulässig, in welchen die Marke oder der Handelsname, mit denen sie versehen ist, geschützt ist. Dies ergibt sich aus dem Wortlaute wie aus der Entstehungsgeschichte der Bestimmung (Seligsohn a. a. O.). Infolgedessen wird ein Franzose, der seine Marke zwar in Frankreich, nicht aber auch in Deutschland sich hat schützen lassen, sich den deutschen Behörden gegenüber nicht auf Art. 9 berufen können.

Zu d. Die Maßnahmen des Art. 9 werden nicht von Amts wegen verhängt, sondern gemäß Abs. 4 nur auf Antrag. Im übrigen finden die Ausführungen in N. 5 zu § 17 WZG. Anwendung, nur kann hier der Antrag auch von der Staatsanwaltschaft oder einer anderen zuständigen Behörde gestellt werden. **Art. 9, 10** 1

2. Liegen die vorstehenden Voraussetzungen vor, so muß die Ware mit Beschlag belegt werden. Der Abs. 2, welcher den Ländern, deren Gesetzgebung die Beschlagnahme bei der Einführung nicht zuläßt, vorschreibt, diese durch ein Einfuhrverbot zu ersetzen, hat für Deutschland keine Bedeutung. Er wendet sich nur an solche Staaten, welche die Maßregel der Beschlagnahme überhaupt nicht kennen. Die Beschlagnahme setzt voraus, daß es sich um eine Ware handelt, die von einem Lande A in ein Verbandsland B eingeführt werden soll oder wird. Ist das Land A auch ein Unionsland oder war die falsche Bezeichnung in dem Unionsland C angebracht, so ist jedes der drei Länder verpflichtet, die Maßnahmen, insbesondere die Beschlagnahme, vorzunehmen. **Wirkung.**

Der Art. 9 hat für Handelsnamen insofern besondere Bedeutung, als § 17 WZG. zur Voraussetzung hat, daß die Ware auch eine Ortsbezeichnung enthält und daß es sich um eine deutsche Firma handelt. Beide Beschränkungen kommen beim Art. 9 in Wegfall, so daß jetzt die deutsche Behörde auf Grund dieser jüngeren Gesetzesbestimmung, auch wenn diese beiden materiellen Voraussetzungen nicht vorliegen, zugunsten von Unionsangehörigen die Beschlagnahme verfügen muß (Seligsohn a. a. O. S. 221). Von der im § 17 vorgeschriebenen Sicherheitsleistung kann dagegen nicht abgesehen werden, weil diese Vorschrift das Verfahren betrifft (Abs. 3).

Zu beachten ist § 2 des weiter unten abgedruckten Gesetzes über den Beitritt des Reichs zu dem Madrider Abkommen, betr. die Unterdrückung falscher Herkunftsangaben auf Waren, vom 21. März 1925 (RGBl. II S. 115).

Art. 10. Die Bestimmungen des vorigen Artikels sollen auf jedes Erzeugnis anwendbar sein, welches als Bezeichnung der Herkunft fälschlich den Namen eines bestimmten Ortes trägt, wenn diese Bezeichnung einem erfundenen oder einem zum Zwecke der Täuschung entlehnten Handelsnamen beigefügt wird.

Als Beteiligter gilt jeder Produzent, Fabrikant oder Kaufmann, welcher die Produktion oder die Fabrikation des Erzeugnisses oder den Handel mit demselben betreibt und in dem fälschlich als Herkunftsort bezeichneten Orte oder in der Gegend, in der dieser Ort liegt, seine Niederlassung hat.

1. Voraussetzungen. | 2. Wirkungen.

1. Art. 10 stellt dieselben Voraussetzungen wie Art. 9 auf, nur daß es sich hier nicht um die widerrechtliche Benutzung einer Marke oder eines Handelsnamens, sondern um eine falsche Herkunftsbezeichnung handelt. Diese liegt vor, wenn die Ware den Namen eines bestimmten Ortes und außerdem einen Handelsnamen, beides zu Unrecht, als Herkunfts- **Voraussetzungen.**

Art. 10, 1, 2 10b, 11 bezeichnung trägt. Ortsname oder Handelsname allein genügt nicht. Wegen der falschen Ortsnamen vergleiche die Ausführungen in N. 3, 4 zu § 16 WZG., die hier zutreffen. Ebenso gilt hier die Vorschrift des Abs. 2 des § 16 über die Verwendung solcher Ortsnamen, die durch Handelsgebrauch Qualitätsbezeichnungen geworden sind (N. 8 zu § 16). Wegen des Handelsnamens vgl. Art. 8. Der Handelsname darf nicht dem Bezeichnenden zustehen. Er muß entweder einem anderen zum Zwecke der Täuschung entlehnt oder überhaupt erfunden sein. Durch die letztere Alternative geht die Bestimmung über den § 17 WZG. hinaus. Der Ort muß in einem der Verbandsländer liegen; nicht notwendig ist, daß er gerade in dem Verbandslande liegt, welches die Beschlagnahme erläßt. Daß Art. 10 nicht zutrifft, wenn der Ort außerhalb des Unionsgebietes liegt, ergibt sich aus Abs. 2, welcher die Antragsbefugnis nur den Ein- und Umwohnern dieses Orts verleiht, da auf den Unionsvertrag sich Nichtangehörige eines Verbandsstaats nicht berufen können.

Außer den im Abs. 2 aufgeführten Personen können auch die im Abs. 4 des Art. 9 genannten Behörden den Antrag stellen.

Wirkungen. 2. Vgl. die Ausführungen in N. 2 zum Art. 9. Weitere Maßregeln gegen falsche Herkunftsbezeichnungen gewähren § 16 WZG. und §§ 3, 4 UWG.

Art. 10b. Alle vertragschließenden Länder verpflichten sich, den Angehörigen des Verbandes einen wirksamen Schutz gegen unlauteren Wettbewerb zu sichern.

Seitens Deutschlands ist durch das Reichsgesetz gegen den unlauteren Wettbewerb vom 7. Juni 1909 und durch §§ 823, 826 BGB., auf die sich Unionsangehörige ohne weiteres stützen können, ein solcher Schutz gesichert. Damit hat § 28 des Gesetzes gegen den unlauteren Wettbewerb, welcher die Gewährung des Schutzes grundsätzlich von dem Vorhandensein einer Hauptniederlassung im Inlande abhängig macht, nach der gemeinen Meinung Unionsangehörigen gegenüber keine Bedeutung (ebenso: RG. 60, 217). Infolgedessen bestimmt Art. I des Deutschen Ausführungsgesetzes vom 31. März 1913 (vgl. unten), daß er auch auf Reichsangehörige keine Anwendung findet.

Art. 11. Die vertragschließenden Länder werden den patentfähigen Erfindungen, den Gebrauchsmustern, den gewerblichen Mustern oder Modellen sowie den Fabrik- oder Handelsmarken für Erzeugnisse, welche auf den im Gebiet eines von ihnen veranstalteten, amtlichen oder amtlich anerkannten internationalen Ausstellungen zur Schau gestellt werden, in Gemäßheit der Gesetzgebung jedes Landes einen zeitweiligen Schutz gewähren.

Dieser zeitweilige Schutz tritt nur ein, wenn und soweit die Landesgesetzgebungen ihn gewähren. Dies ist in mannigfachster Weise geschehen. Über die Einzelheiten vgl. Osterrieth-Axster S. 229 und Propriété Industrielle 23, 49 und 101.

Für Deutschland ist das Gesetz betr. den Schutz von Erfindungen, Mustern und Warenzeichen auf Ausstellungen vom 18. März 1904 (RGBl. S. 141) ergangen; vgl. N. 2 zu § 5 WZG.

Art. 12. Jedes der vertragschließenden Länder verpflichtet sich, eine besondere Behörde für das gewerbliche Eigentum und eine Zentral-Hinterlegungsstelle zur Mitteilung der Erfindungspatente, der Gebrauchsmuster, der gewerblichen Muster oder Modelle und der Fabrik- oder Handelsmarken an das Publikum einzurichten. Art. 12, 13

Dieses Amt wird nach Möglichkeit eine amtliche Zeitschrift herausgeben.

Diese Behörde ist für Deutschland das PA., für inländische Geschmacksmuster gibt es keine Zentralstelle.

Art. 13. Das unter dem Namen „Internationales Bureau zum Schutze des gewerblichen Eigentums" zu Bern errichtete internationale Amt ist der hohen Autorität der Regierung der Schweizerischen Eidgenossenschaft unterstellt, die seine Einrichtung regelt und seine Geschäftsführung überwacht.

Das internationale Bureau hat die auf den Schutz des gewerblichen Eigentums bezüglichen Mitteilungen aller Art zu sammeln und in einer allgemeinen Statistik zu vereinigen, welche an alle Regierungen zu verteilen ist. Es hat sich mit gemeinnützigen Studien, welche für den Verband von Interesse sind, zu beschäftigen und mit Hilfe des ihm von den verschiedenen Regierungen zur Verfügung gestellten Aktenmaterials ein periodisches Blatt in französischer Sprache zu redigieren, welches die den Gegenstand des Verbandes betreffenden Fragen behandelt.

Die Nummern dieses Blattes sowie alle von dem internationalen Bureau veröffentlichten Schriftstücke sind auf die Regierungen der Verbandsländer im Verhältnis der Zahl der unten erwähnten Beitragseinheiten zu verteilen. Die außerdem von den genannten Regierungen oder von Gesellschaften oder Privatpersonen etwa beanspruchten Exemplare und Schriftstücke sind besonders zu bezahlen.

Das internationale Bureau hat sich jederzeit zur Verfügung der Verbandsmitglieder zu halten, um ihnen über die auf die internationale Verwaltung des gewerblichen Eigentums bezüglichen Fragen die besonderen Mitteilungen zu machen, deren sie bedürfen könnten. Über seine Amtsführung hat es jährlich einen Bericht zu erstatten, welcher den Mitgliedern des Verbandes mitzuteilen ist.

Die Amtssprache des internationalen Bureaus soll die französische Sprache sein.

Die Ausgaben des internationalen Bureaus werden gemeinsam von den vertragschließenden Ländern getragen. Sie dürfen in keinem Falle die Summe von 60000 Franken jährlich übersteigen.

Art. 13, 14, 15 Um den Beitrag jedes Landes zu dieser Gesamtsumme der Kosten zu bestimmen, werden die vertragschließenden Länder und diejenigen, welche dem Verbande später beitreten möchten, in sechs Klassen geteilt, von denen jede im Verhältnis einer bestimmten Zahl von Einheiten beiträgt, nämlich:

die	1.	Klasse . . .	25	Einheiten
„	2.	„ . . .	20	„
„	3.	„ . . .	15	„
„	4.	„ . . .	10	„
„	5.	„ . . .	5	„
„	6.	„ . . .	3	„

Diese Koeffizienten werden mit der Zahl der Länder jeder Klasse multipliziert, und die Summe der so erhaltenen Produkte bildet die Zahl von Einheiten, mit der die Gesamtausgabe zu dividieren ist. Der Quotient ergibt dann den Betrag der Ausgabeeinheit.

Jedes der vertragschließenden Länder wird bei seinem Beitritt die Klasse angeben, welcher es zugeteilt zu werden wünscht.

Die Regierung der Schweizerischen Eidgenossenschaft wird die Ausgaben des internationalen Bureaus überwachen, die nötigen Vorschüsse leisten und die Jahresrechnung aufstellen, welche allen anderen Regierungen mitgeteilt wird.

Art. 14. Die vorliegende Übereinkunft soll periodischen Revisionen unterzogen werden, um Verbesserungen herbeizuführen, welche geeignet sind, das System des Verbandes zu vervollkommnen.

Zu diesem Zwecke werden der Reihe nach in einem der vertragschließenden Länder Konferenzen zwischen den Delegierten der genannten Länder stattfinden.

Die Regierung des Landes, in welchem die nächste Konferenz tagen soll, hat mit Hilfe des internationalen Bureaus die Arbeiten dieser Konferenz vorzubereiten.

Der Vorsteher des internationalen Bureaus hat den Sitzungen der Konferenzen beizuwohnen und an den Verhandlungen ohne beschließende Stimme teilzunehmen.

Art. 15. Man ist einverstanden, daß die vertragschließenden Länder sich das Recht vorbehalten, einzeln miteinander besondere Abmachungen zum Schutze des gewerblichen Eigentums zu treffen, sofern diese Abmachungen den Bestimmungen der vorliegenden Übereinkunft nicht zuwiderlaufen.

Hierher gehören z. B. die Abkommen des Deutschen Reichs mit Österreich, Ungarn und der Schweiz sowie die beiden Madrider Abkommen.

Art. 16. Die Länder, welche an der vorliegenden Übereinkunft nicht teilgenommen haben, sollen auf ihren Antrag zum Beitritt zugelassen werden. Art. 16, 16b, 17, 17b

Dieser Beitritt ist auf diplomatischem Wege der Regierung der Schweizerischen Eidgenossenschaft und von dieser den übrigen anzuzeigen.

Er hat mit voller Rechtswirkung den Anschluß an alle Bestimmungen und die Zulassung zu allen Vorteilen zur Folge, welche in der vorliegenden Übereinkunft vereinbart sind und tritt einen Monat nach der Absendung der Anzeige durch die Regierung der Schweizerischen Eidgenossenschaft an die übrigen Verbandsländer in Kraft, sofern das beitretende Land nicht einen späteren Zeitpunkt angibt.

Das Deutsche Reich hat als Zeitpunkt des Inkrafttretens seines Beitritts den 1. Mai 1903 angegeben (RGBl. 03 S. 147).

Art. 16b. Die vertragschließenden Länder haben das Recht, der gegenwärtigen Übereinkunft jederzeit für ihre Kolonien, Besitzungen, abhängigen Gebiete und Protektorate oder für einzelne von ihnen beizutreten.

Sie können zu diesem Zwecke entweder eine allgemeine Erklärung abgeben, durch die alle ihre Kolonien, Besitzungen, abhängigen Gebiete und Protektorate in den Beitritt einbegriffen werden oder ausdrücklich diejenigen nennen, welche darin einbegriffen sind, oder aber sich darauf beschränken, diejenigen anzugeben, welche davon ausgeschlossen sind.

Diese Erklärung soll schriftlich der Regierung der Schweizerischen Eidgenossenschaft und von dieser allen übrigen bekanntgegeben werden.

Die vertragschließenden Länder können in gleicher Weise die Übereinkunft für ihre Kolonien, Besitzungen, abhängigen Gebiete und Protektorate oder für einzelne von ihnen kündigen.

Art. 17. Die Ausführung der in der vorliegenden Übereinkunft enthaltenen gegenseitigen Verbindlichkeiten unterliegt, soweit nötig, der Erfüllung der Förmlichkeiten und Vorschriften, welche die verfassungsmäßigen Gesetze derjenigen vertragschließenden Länder erfordern, die deren Anwendung herbeizuführen gehalten sind, was sie in möglichst kurzer Frist zu tun sich verpflichten.

Art. 17b. Die Übereinkunft soll auf unbestimmte Zeit bis zum Ablauf eines Jahres vom Tage der Kündigung ab in Kraft bleiben.

Diese Kündigung soll an die Regierung der Schweizerischen Eidgenossenschaft gerichtet werden. Sie erstreckt ihre Wirkung nur auf das Land, welches sie ausspricht; für die übrigen vertragschließenden Länder bleibt die Übereinkunft wirksam.

Art. 18, 19 **Art. 18.** Die gegenwärtige Akte soll ratifiziert und die Ratifikationen sollen in Washington spätestens am 1. April 1913 hinterlegt werden. Sie tritt in den Ländern, welche sie ratifiziert haben, einen Monat nach Ablauf dieser Frist in Kraft.

Diese Akte mit ihrem Schlußprotokoll tritt in den Beziehungen zwischen den Ländern, die sie ratifiziert haben, an Stelle folgender Akte: Pariser Übereinkunft vom 20. März 1883, Schlußprotokoll dazu, Madrider Protokoll vom 15. April 1891, betreffend die Ausstattung des Internationalen Bureaus, und Brüsseler Zusatzakte vom 14. Dezember 1900. Jedoch bleiben die angeführten Akte in den Beziehungen zu denjenigen Ländern in Kraft, welche die gegenwärtige Akte nicht ratifiziert haben.

Art. 19. Die gegenwärtige Akte wird in einem einzigen Exemplar unterzeichnet, das im Archiv der Regierung der Vereinigten Staaten hinterlegt werden wird. Eine beglaubigte Abschrift wird von dieser den Regierungen der Verbandsländer übermittelt werden.

Schlußprotokoll.

Im Begriffe, die Unterzeichnung der am heutigen Tage abgeschlossenen Akte zu vollziehen, sind die unterzeichneten Bevollmächtigten über Nachstehendes übereingekommen:

Zu Artikel 1.

Die Worte „gewerbliches Eigentum" sollen in ihrer weitesten Bedeutung verstanden werden; sie umfassen jede Produktion auf dem Gebiete der Landwirtschaft (Wein, Getreide, Früchte, Vieh usw.) und der Gewinnung der Bodenschätze (Mineralien, Mineralwässer usw.).

Zu Artikel 2.

a) Unter der Bezeichnung „Erfindungspatente" sind die von den Gesetzgebungen der vertragschließenden Länder zugelassenen verschiedenen Arten gewerblicher Patente, wie Einführungs-, Verbesserungs- usw. Patente einbegriffen, und zwar sowohl für Verfahren als auch für Erzeugnisse.

b) Es besteht Einverständnis, daß die Bestimmung des Artikel 2, welche die Verbandsangehörigen von der Verpflichtung eines Wohnsitzes und einer Niederlassung befreit, auslegender Art ist und daher auf alle Rechte Anwendung finden muß, die auf Grund der Übereinkunft vom 20. März 1883 vor dem Inkrafttreten der gegenwärtigen Akte entstanden sind.

c) Es besteht Einverständnis, daß die Gesetzgebung der vertragschließenden Länder über das Verfahren vor den Gerichten und die Zuständigkeit dieser Gerichte sowie die Vorschriften der Gesetze, betreffend Patente, Gebrauchsmuster, Marken usw. über die Wahl des Wohnsitzes oder die Bestellung eines Vertreters durch die Bestimmungen des Artikel 2 in keiner Weise berührt werden.

Zu Artikel 4.

Es besteht Einverständnis, daß, wenn in einem Lande ein gewerbliches Muster oder Modell unter Inanspruchnahme eines auf die Anmeldung eines Gebrauchsmusters gegründeten Prioritätsrechts hinterlegt wird, die Prioritätsfrist nur diejenige sein wird, die der Artikel 4 für gewerbliche Muster und Modelle bestimmt hat.

Zu Artikel 6.

Es besteht Einverständnis, daß die Bestimmung des ersten Absatzes des Artikel 6 nicht die Befugnis ausschließt, vom Hinterlegenden eine von der zuständigen Behörde ausgestellte Bescheinigung der ordnungsmäßigen Eintragung im Ursprungslande zu verlangen.

Es besteht Einverständnis, daß der Gebrauch von öffentlichen Wappen, Abzeichen oder Ehrenzeichen, der nicht durch die zuständigen Stellen gestattet wurde, oder der Gebrauch der in einem Verbandsland eingeführten amtlichen Prüfungs- und Gewährzeichen und -stempel als gegen die öffentliche Ordnung verstoßend im Sinne der Nr. 3 des Artikel 6 angesehen werden kann.

Es sollen jedoch Marken nicht als gegen die öffentliche Ordnung verstoßend angesehen werden, wenn sie mit Ermächtigung der zuständigen Stellen die Darstellung von öffentlichen Wappen, Abzeichen oder Ehrenzeichen enthalten.

Es besteht Einverständnis, daß eine Marke nicht schon deshalb als gegen die öffentliche Ordnung verstoßend angesehen werden kann, weil sie einer Vorschrift des Markenrechts nicht entspricht, es sei denn, daß diese Bestimmung selbst die öffentliche Ordnung betrifft.

Das gegenwärtige Schlußprotokoll, welches gleichzeitig mit der am heutigen Tage geschlossenen Akte ratifiziert werden soll, soll als wesentlicher Teil dieser Akte angesehen werden und dieselbe Kraft, Gültigkeit und Dauer haben.

Übereinkommen

1. zwischen dem Deutschen Reiche und Österreich,
2. zwischen dem Deutschen Reiche und Ungarn.

Vom 17. November 1908 (RGBl. S. 655, 659, Bl. 08, 285).

Der Wortlaut beider Übereinkommen ist bis auf die wenigen eingeklammerten Worte derselbe.

Art. 1. Im gegenseitigen Verkehre zwischen dem Deutschen Reiche und Österreich [Ungarn] finden nach Beitritt Österreichs [Ungarns] zur Internationalen Übereinkunft zum Schutze des gewerblichen Eigentums vom 20. März 1883 und der diese Übereinkunft ergänzenden oder abändernden Zusatzakte in bezug auf den gewerblichen Rechtsschutz neben den Bestimmungen dieser Übereinkunft nachstehende Bestimmungen Anwendung.

Art. 2. Die Einfuhr einer in den Gebieten eines der vertragschließenden Teile hergestellten Ware in die Gebiete des anderen Teiles soll in den letzteren den Verlust des für diese Ware erworbenen Schutzrechts, auch soweit es ein Muster oder Modell betrifft, nicht zur Folge haben.

Art. 3. Öffentliche Wappen aus den Gebieten des einen vertragschließenden Teiles werden in den Gebieten des anderen Teiles nicht als Freizeichen angesehen werden. Dies gilt auch für solche Ausführungen der Wappen, welche Abweichungen von der amtlichen Ausführungsform aufweisen, sofern trotz dieser Abweichungen Verwechselungen im Verkehre zu erwarten sind.

Warenzeichen, welche solche Wappen als Bestandteile enthalten, soll, sofern diese Wappen nachweisbar berechtigterweise von dem Anmelder in dem Warenzeichen geführtwerden, in den Gebieten des anderen Teiles die Eintragung in die Zeichenrolle (das Markenregister) wegen Führung solcher Wappen nicht versagt werden können.

Außer demjenigen, welcher die Berechtigung zur Führung solcher Wappen besitzt, hat niemand Anspruch auf Schutz dieser zusammengesetzten Warenzeichen.

Diese Bestimmungen finden insbesondere auch auf das österreichische Erblandswappen [die ungarische Sankt-Stephanskrone] Anwendung.

Warenzeichen, welche in den Gebieten eines der vertragschließenden Teile als Kennzeichen der Waren von Angehörigen eines bestimmten gewerblichen Verbandes, eines bestimmten Ortes oder Bezirkes Schutz genießen, sind, sofern die Anmeldung dieser Warenzeichen vor dem 1. Oktober 1875 in den Gebieten des anderen Teiles erfolgt ist, hier von der Benutzung als Freizeichen ausgeschlossen.

Außer den Angehörigen eines solchen Verbandes, Ortes oder Bezirkes hat niemand Anspruch auf Schutz dieser Warenzeichen.

Art. 4. Muster und Modelle, sowie Warenzeichen, für welche deutsche Angehörige in Österreich [Ungarn] einen Schutz erlangen wollen, sind bei der Handels- und Gewerbekammer in Wien [Budapest] oder bei der künftig an deren Stelle tretenden Registrierungsbehörde anzumelden.

Art. 5. Jeder der vertragschließenden Teile wird, soweit dies noch nicht geschehen ist, Bestimmungen gegen den Verkauf und das Feilhalten solcher Waren treffen, welche zum Zwecke der Täuschung in Handel und Verkehr unbefugterweise mit öffentlichen Wappen aus den Gebieten des anderen vertragschließenden Teiles oder mit Namen bestimmter, in den Gebieten des anderen Teiles gelegenen Orte oder Bezirke behufs Bezeichnung des Ursprunges versehen sind.

Art. 6. Im Falle einer der vertragschließenden Teile aus dem Verbande der Internationalen Union zum Schutze des gewerblichen Eigentums austreten sollte, hat er über die erfolgte Kündigung dem anderen Teile sofort Mitteilung zu machen und gleichzeitig die Verhandlungen behufs Revision des gegenwärtigen Übereinkommens einzuleiten.

Sollten diese Verhandlungen bis zu dem Zeitpunkt, in welchem laut Artikel 18 der Internationalen Übereinkunft vom 20. März 1883 der Austritt wirksam wird, nicht zum Abschlusse gelangen, so haben bis zum Zustandekommen eines neuen Übereinkommens auch weiterhin die Bestimmungen jener Übereinkunft nebst den sie ergänzenden oder abändernden Zusatzakten im gegenseitigen Verkehre der vertragschließenden Teile in Anwendung zu bleiben.

Art. 7. Für die im Deutschen Reiche als Gebrauchsmuster, in Österreich [Ungarn] hingegen als Erfindungen angemeldeten Gegenstände wird die im Artikel 4 der durch die Zusatzakte vom 14. Dezember 1900 abgeänderten Internationalen Übereinkunft vom 20. März 1883 gewährleistete Prioritätsfrist, wenn die Anmeldung zuerst im Deutschen Reiche erfolgte, auf vier Monate, wenn die Anmeldung zuerst in Österreich [Ungarn] erfolgte, auf zwölf Monate bemessen.

Art. 8. Das gegenwärtige Übereinkommen tritt mit dem Zeitpunkt in Kraft, zu welchem der Beitritt Österreichs [Ungarns] zu der Internationalen Union zum Schutze des gewerblichen Eigentums wirksam wird. Mit diesem Zeitpunkte treten vorbehaltlich der Bestimmung im Artikel 9 Abs. 1 des gegenwärtigen Übereinkommens die auf den gegenseitigen Patent-, Muster- und Markenschutz Bezug habenden bisherigen Vereinbarungen außer Kraft.

Dieses Übereinkommen bleibt bis zum Ablauf eines Jahres nach erfolgter Kündigung von seiten eines der vertragschließenden Teile in Kraft.

Art. 9. Diejenigen Erfindungen, Muster und Modelle, sowie Warenzeichen, welche vor dem Zeitpunkte des Inkrafttretens des gegenwärtigen Übereinkommens in den Gebieten des einen vertragschließenden Teiles angemeldet sind und innerhalb der Frist von drei Monaten nach diesem Zeitpunkt in den Gebieten des anderen Teiles angemeldet werden, genießen ein Vorrecht entweder nach Maßgabe der Artikel 3 und 4 des Übereinkommens vom 6. Dezember 1891 oder nach Maßgabe des Artikel 4 der durch die Zusatzakte vom 14. Dezember 1900 abgeänderten Internationalen Übereinkunft vom 20. März 1883, je nachdem die eine oder die andere Vereinbarung dem Anmelder günstiger ist.

Die Bestimmungen des Artikel 3 finden auch auf diejenigen Warenzeichen Anwendung, für welche im Zeitpunkte des Inkrafttretens des gegenwärtigen Übereinkommens eine noch nicht endgültig erledigte Anmeldung zur Eintragung in die Zeichenrolle (das Markenregister) vorliegt.

Diese Übereinkommen sind am 1. Januar 1909 in Kraft getreten. Das im Artikel 9 erwähnte frühere Übereinkommen vom 6. Dezember 1891 steht im RGBl. 92, 289. Vorstehende Übereinkommen gelten nur noch Deutsch-Österreich und dem jetzigen Ungarn, nicht aber den Nachfolgestaaten gegenüber.

Übereinkommen

zwischen dem Deutschen Reiche und der Schweiz, betreffend den gegenseitigen Patent-, Muster- und Markenschutz.

Vom 13. April 1892 (RGBl. 1894 S. 511).

Die Art. 1—4 sind durch das nachfolgende Abkommen vom 26. Mai 1902 aufgehoben.

Art. 5. Die Rechtsnachteile, welche nach den Gesetzen der vertragschließenden Teile eintreten, wenn eine Erfindung, ein Muster oder Modell, eine Handels- oder Fabrikmarke nicht innerhalb einer bestimmten Frist ausgeführt, nachgebildet oder angewendet wird, sollen auch dadurch ausgeschlossen werden, daß die Ausführung, Nachbildung oder Anwendung in dem Gebiete des anderen Teiles erfolgt.

Die Einfuhr einer in dem Gebiete des einen Teiles hergestellten Ware in das Gebiet des anderen Teiles soll in dem letzteren nachteilige Folgen für das auf Grund einer Erfindung, eines Musters oder Modells oder einer Handels- oder Fabrikmarke gewährte Schutzrecht nicht nach sich ziehen.

Vorstehende Bestimmungen finden auf diejenigen Erfindungen nicht Anwendung, welche nach den Gesetzen eines der vertragschließenden Teile vom Patentschutz ausgeschlossen sind. Jedoch bleiben die Vergünstigungen, welche dem Inhaber eines Patents im Artikel 2 der Zusatzakte vom 14. Dezember 1900 zur internationalen Konvention zum Schutze des gewerblichen Eigentums vom 20. März 1883 zugesichert sind, unberührt.

Rechtsnachteile, welche nach den Gesetzen der vertragschließenden Teile bei Erfindungspatenten im Falle der Lizenzverweigerung eintreten, werden durch die im zweiten Absatz enthaltenen Bestimmungen nicht ausgeschlossen.

Abs. 3 und 4 sind durch Art. II des Abkommens vom 26. Mai 1902 eingefügt.
Art. 6 ist durch das Abkommen vom 26. Mai 1902 aufgehoben.

Art. 7. Angehörige des einen der vertragschließenden Teile, welche ein Patent in dem Gebiete des anderen Teiles erlangt haben, sind in dem letzteren von jeder gesetzlichen Verpflichtung befreit, behufs Geltendmachung der aus dem Patent sich ergebenden Rechte, die nach dem Patent hergestellten Gegenstände oder deren Verpackung als patentiert zu kennzeichnen. Ist eine solche Kennzeichnung nicht erfolgt, so muß behufs Verfolgung des Nachahmers der Nachweis schuldhaften Verhaltens besonders geführt werden.

Art. 8, 9 sind durch das Abkommen vom 26. Mai 1902 aufgehoben, ebenso Schluß- und Zusatzprotokoll.

Abkommen zwischen dem Deutschen Reiche und der Schweiz zur Abänderung des Übereinkommens vom 13. April 1892, betreffend den gegenseitigen Patent-, Muster- und Markenschutz.

Vom 26. Mai 1902 (RGBl. 03, 181).

Art. I. Die Artikel 1 bis 4, 6, 8 und 9 des Übereinkommens, betreffend den gegenseitigen Patent-, Muster- und Markenschutz, vom 13. April 1892 sowie das Schlußprotokoll und das Zusatzprotokoll zu diesem Übereinkommen werden aufgehoben.

Art. II. Dem Artikel 5 des Übereinkommens werden folgende Absätze hinzugefügt.

Die Absätze sind in den oben abgedruckten Text eingefügt.

Art. III. Das vorliegende Abkommen tritt mit dem Zeitpunkt in Kraft, zu welchem der Beitritt des Deutschen Reichs zu der in Paris am 20. März 1883 geschlossenen internationalen Konvention zum Schutze des gewerblichen Eigentums nebst der Brüsseler Zusatzakte vom 14. Dezember 1900 wirksam wird.

Der Beitritt des Deutschen Reichs zur Internationalen Union und folglich auch dieses Abkommen sind am 1. Mai 1903 in Kraft getreten.

Art. IV. Für diejenigen Erfindungen, Muster und Modelle, Fabrik- und Handelsmarken, welche vor dem in dem Artikel III bezeichneten Zeitpunkt angemeldet worden sind, kommt eine Prioritätsfrist entweder nach Maßgabe der Artikel 3 und 4 des Übereinkommens vom 13. April 1892 oder nach Maßgabe des revidierten Artikel 4 der Pariser Konvention zur Geltung, je nachdem die eine oder die andere dem Anmeldenden günstiger ist.

Die Übereinkommen zwischen dem Deutschen Reiche und Italien vom 18. Januar 1892 (RGBl. S. 293) und vom 4. Juni 1902 (RGBl. 03, 178) sind durch den Krieg aufgehoben und nicht wieder in Kraft getreten.

Madrider Abkommen I

vom 14. April 1891, betreffend die internationale Registrierung von Fabrik- und Handelsmarken, revidiert in Brüssel am 14. Dezember 1900 und in Washington am 2. Juni 1911

(RGBl. 1922 II, 670).

Vorbemerkung.

1. Engerer Verband	3. Berner Büro.
2. Länder.	4. Französischer Text.

Engerer Verband. 1. Das Abkommen begründet einen engeren Verband (union restreinte) innerhalb der Pariser Union auf Grund des Art. 15 des Unionsvertrages (im Text des Abkommens „Hauptvereinbarung" genannt, nachstehend mit UV. abgekürzt). Es können ihm nur Länder, welche der Union angehören, beitreten; vgl. Art. 11.

Länder. 2. Gegenwärtig (Anfang 1925) gehören zu dem engeren Verband folgende Länder: Belgien, Brasilien, Cuba, Danzig, Deutsches Reich, Frankreich (nebst Algerien und den Kolonien), Italien, Luxemburg, Marokko (mit Ausnahme der spanischen Zone), Mexiko, Niederlande (nebst Niederländisch-Indien, Surinam und Curaçao), Österreich, Portugal (nebst den Azoren und Madeira), Rumänien, Schweiz, Serbien-Kroatien-Slowenien, Spanien, Tschechoslowakei, Tunis, Ungarn. Deutschland ist dem Abkommen mit Wirkung vom 1. Dezember 1922 beigetreten.

Berner Büro. 3. Die Verbandsländer verkehren nicht direkt miteinander, sondern ausschließlich durch das Internationale Büro für gewerbliches Eigentum in Bern, Helvetiastraße 7, nachstehend „Berner Büro" genannt. Diesem Büro werden die Anträge auf internationale Registrierung von den Behörden der Länder übermittelt, es trägt die Marken in seinem Register ein, veröffentlicht sie in seiner Zeitschrift und zeigt die Registrierung den Behörden der Einzelländer an.

Französischer Text. 4. Maßgebend ist der französische Text des Abkommens, der im RGBl. II 22, 669, Bl. 22, 93, abgedruckt ist. Nachstehend wird nur die ebenda beigefügte deutsche Übersetzung wiedergegeben.

In den Erläuterungen wird für die internationalen Marken der Ausdruck „Marke", für die in der deutschen Zeichenrolle eingetragenen der Ausdruck „Warenzeichen" gebraucht.

Art. 1. Die Untertanen oder Bürger eines jeden der vertragschließenden Länder können sich den Schutz ihrer im Ursprungslande zur Hinterlegung zugelassenen Fabrik- oder Handelsmarken in allen übrigen vertragschließenden Ländern dadurch sichern, daß sie die Marken durch Vermittlung der Behörde des Ursprungslandes bei dem Internationalen Büro in Bern hinterlegen.

Art. 2
1, 2

Art. 2. Den Untertanen oder Bürgern der vertragschließenden Länder werden gleichgestellt die Untertanen oder Bürger der dem gegenwärtigen Abkommen nicht beigetretenen Länder, die in dem Gebiete des durch dieses Abkommen begründeten engeren Verbandes den durch Artikel 3 der Hauptübereinkunft festgesetzten Anforderungen genügen.

Berechtigte. 1. Berechtigt, von diesem Abkommen Gebrauch zu machen, sind:

a) gemäß Art. 1 die Untertanen oder Bürger (vgl. N. 1 zu Art. 2 UB.) eines jeden Landes, das diesem Abkommen beigetreten ist; auf den Ort des Wohnsitzes oder der Handelsniederlassung kommt es nicht an. Es kann also auch ein Deutscher, der in England wohnt, eine internationale Marke anmelden.

b) Gemäß Art. 2 jeder, der in einem diesem Abkommen beigetretenen Lande seinen Wohnsitz oder eine tatsächliche und wirkliche gewerbliche oder Handelsniederlassung hat (vgl. N. 2, 3 zu Art. 3 UB.). Auf seine Staatsangehörigkeit kommt es nicht an. Das Abkommen kommt also nicht bloß dem Unionsangehörigen (Engländer), sondern auch dem Bürger eines Landes, das außerhalb der Union steht (Argentinier) zugute, wofern sie im Deutschen Reich, in Frankreich usw. Wohnsitz oder Niederlassung haben.

Ursprungsland. 2. Wer eine internationale Marke sich eintragen lassen will, muß für diese Marke zunächst in seinem Ursprungsland den Schutz erworben haben. Als Ursprungsland ist gemäß Art. 6 Abs. 3, 4 UB. das Land anzusehen, in dem der Anmelder seine Hauptniederlassung hat, oder, falls diese nicht in einem diesem Abkommen angehörigen Lande liegt, das Land, dem der Anmelder angehört (N. 1 zu a). Der Österreicher, Engländer oder Argentinier, der in Berlin seine Hauptniederlassung hat, muß also zuvor Markenschutz in Deutschland erlangt haben, ebenso der Deutsche, der in London oder in Buenos Aires die Hauptniederlassung hat. Dagegen ist für den Deutschen, der in Wien seine Hauptniederlassung hat, Österreich das Ursprungsland.

Wie ist es bei Personen, die weder in einem Verbandslande eine Hauptniederlassung haben, noch einem solchen angehören, deren Wohnsitz oder Zweigniederlassung aber in einem Verbandsstaate liegt, also z. B. bei einem Engländer, der in London seine Haupt- und in Berlin und Paris Zweigniederlassungen hat? Nach der Praxis (Jüngel-Magnus I S. 7) wird jedes Verbandsland, in dem er Wohnsitz oder Zweigniederlassung hat, als Ursprungsland angesehen. In unserem Beispiel kann also die Anmeldung entweder in Deutschland oder in Frankreich erfolgen.

Da der internationale Schutz nur akzessorisch ist, so ist für seine Nachsuchung Voraussetzung, daß die Marke im Ursprungsland bereits eingetragen ist. Allerdings kann der, welcher eine internationale Marke anmeldet, auch bereits vor ihrer Eintragung den internationalen Schutz beantragen, seine Heimatsbehörde gibt den Antrag aber an das Berner Büro erst ab, nachdem die Eintragung erfolgt ist.

Der Schutz im Ursprungsland muß aber nicht nur zur Zeit der Eintragung vorhanden sein, sondern er ist auch fernerhin Voraussetzung, wenn Schutz für die internationale Marke in einem Verbandslande verlangt wird (N. 2 zu Art. 6). Art. 2 2, 3

Der § 2 des Reichsgesetzes vom 12. Juli 1922 (S. 381) bestimmt, daß der Antrag auch für solche Warenzeichen zulässig ist, die vor dem Beitritt des Reichs zu dem Abkommen d. h. vor dem 1. Dezember 1922 in die Rolle eingetragen worden sind.

3. Der Anmelder einer internationalen Marke reicht sein Gesuch nicht beim Berner Büro direkt ein, sondern bei der Behörde seines Ursprungslandes. Aus N. 2 ergibt sich, daß an das Reichspatentamt solche Anträge zu richten sind: Reichs-patentamt.

a) von Gewerbetreibenden, die in Deutschland ihre Hauptniederlassung haben, also auch von Italienern, Engländern usw.
b) von Reichsdeutschen, die in keinem der Länder, welche dem Abkommen beigetreten sind, sondern z. B. in London oder Buenos Aires ihre Hauptniederlassung haben. Ist die Hauptniederlassung dagegen in Mailand, so muß die Anmeldung in Italien erfolgen.
c) von Nichtverbandsangehörigen, deren Hauptniederlassung in keinem Verbandsstaate liegt, die aber im Deutschen Reich Wohnsitz oder Zweigniederlassung haben (N. 2).

Der Antrag ist in deutscher Sprache zu stellen, und zwar im Falle zu b durch den gemäß § 23 Abs. 2 WZG. bestellten Vertreter.

Über seinen Inhalt sagt das vom PA. herausgegebene Merkblatt (Bl. 22, 143) unter Nr. II:

Wer sein deutsches Warenzeichen international registrieren lassen will, hat folgendes zu beachten:

1. Der Antrag auf internationale Registrierung ist an das Reichspatentamt zu richten und soll, falls der Antragsteller seine Hauptniederlassung nicht im Inlande hat, den Staat angeben, dem er angehört.
2. Anträge in bezug auf Zeichen, die bei dem Reichspatentamt überhaupt nicht angemeldet wurden, sind gegenstands- und zwecklos. Anträgen, die ein noch der Prüfung unterliegendes Zeichen betreffen, wird keine Folge gegeben, wenn die Anmeldung nicht zur Eintragung führt.
3. In dem Antrag muß das Zeichen deutlich bezeichnet werden; dazu gehört je nach den Umständen die Angabe des Aktenzeichens und der Rollennummer.
4. Der Antrag kann mehrere Zeichen umfassen. Für jedes Zeichen ist die Reichsgebühr an die Kasse des Reichspatentamts zu entrichten; die Reichsgebühr beträgt bis auf weiteres 500 M. (heute nach dem Tarif vom 28. Febr. 1924: 50 RM.). Die Reichsgebühr zu einem Antrage, der ein angemeldetes, noch der Prüfung unterliegendes Zeichen betrifft, wird zweckmäßig erst dann eingezahlt, wenn das Zeichen eingetragen worden ist.

Art. 2
3

5. Der Antragsteller hat glaubhaft zu machen, daß die internationale Abgabe entrichtet worden ist. Diese Abgabe beträgt 100 Schweizer Franken und, wenn gleichzeitig die Registrierung mehrerer Zeichen desselben Inhabers beantragt wird, für das zweite und jedes weitere Zeichen 50 Schweizer Franken. Die internationale Abgabe ist nicht an das Reichspatentamt, sondern unmittelbar an das internationale Büro für gewerbliches Eigentum in Bern (Schweiz), Helvetiastr. 7, abzuführen. Schecks müssen in Bern zahlbar gemacht sein. Dem Internationalen Büro sind Name und Wohnort (bei größeren Orten auch Straße und Hausnummer) des Zeicheninhabers, für den die Abgabe gezahlt wird, und des Einzahlenden selbst genau anzugeben; dabei ist das Zeichen nach seiner Rollennummer oder seinen wesentlichen Merkmalen anzuführen.
6. Dem Reichspatentamt ist ferner der für die Veröffentlichung der Marke in der Zeitschrift des Internationalen Büros bestimmte Druckstock einzureichen oder es ist zu erklären, daß der Druckstock vom Reichspatentamt auf Kosten des Antragstellers angefertigt werden soll. Der Druckstock muß eine Schrifthöhe von 2,4 cm haben; er darf in Länge und Breite nicht weniger als 15 mm und nicht mehr als 10 cm messen. Unvorschriftsmäßige Druckstöcke werden vom Internationalen Büro auf Kosten des Antragstellers zurückgesandt.

   Der zu der Veröffentlichung benutzte Druckstock wird dem Antragsteller auf Wunsch von dem Internationalen Büro nach Ablauf von zwei Jahren seit der Veröffentlichung zurückgegeben; ist die Rückgabe nicht verlangt, so wird er nach Ablauf von drei Jahren vernichtet.
7. Ist die Farbengebung als ein wesentliches Merkmal des Zeichens in Anspruch genommen, so sind dem Antrage 40 farbige Darstellungen des Zeichens und eine kurze Beschreibung der beanspruchten Farbe oder Farbenzusammenstellung beizufügen. Bei einem Zeichen, das aus mehreren einzelnen Teilen besteht, muß jede der 40 Darstellungen aus einem starken Papierblatt, auf dem alle Teile fest aufgeklebt sind, bestehen.

In einer späteren Bekanntmachung (Bl. 23, 116) hat das PA. die mit dem Berner Büro vereinbarte französische Übersetzung der deutschen Warenklasseneinteilung (s. oben S. 10) veröffentlicht und den Zeicheninhabern zur Beschleunigung des Geschäftsgangs im PA. empfohlen, dem Antrage ihr Warenverzeichnis alsbald in französischer Sprache beizufügen.

Das Berner Büro hat eine Zusammenstellung der hauptsächlichen Gründe veröffentlicht, aus denen Marken, die zur internationalen Registrierung angemeldet waren, nachher in den einzelnen Vertragsländern der Schutz versagt wurde (Les Marques internationales 24, 146). Es empfiehlt sich, daß die Gewerbetreibenden bei der Wahl einer Marke, für die sie internationalen Schutz nachsuchen wollen, diese Veröffentlichung berücksichtigen. Es sei aus ihr beispielsweise erwähnt, daß, wenn die Marke ein Kreuz enthält, das mit dem der Genfer Konvention (N. 19a zu § 4 WarenZG.)

verwechselt werden kann, man zweckmäßig in dem Antrag vermerkt, daß das in der Marke enthaltene Kreuz weder in rot noch in ähnlicher Farbe verwendet werden soll. Art. 2 3, 4

Über das Verfahren beim PA. bestimmen Näheres die §§ 1—3 der VO. vom 9. Nov. 1922 (S. 381).

4. Für die Zahlung der internationalen Abgabe (Art. 8) hat das Berner Büro in erster Linie die Benutzung einer Postanweisung, in zweiter Linie die Beauftragung einer Schweizer Bank oder Person empfohlen. Bei Einsendung von Schecks, die nicht in Bern zahlbar sind, ist eine Sondergebühr von zwei Schweizer Franken zu entrichten. (Les Marques internationales 24, 145.) Bei Benutzung der Postanweisung hat der Anmelder dem PA. die Quittung der Post, bei dem zweiten Wege die Quittung des Berner Büro oder zum mindesten die Bestätigung einer Bank über die erfolgte Zahlung zu überreichen. Für die Zahlung der Reichsgebühr vgl. § 2 WarenZG. und die Erläuterungen dazu. Zahlung.

Art. 3. Das Internationale Büro trägt die gemäß Artikel 1 hinterlegten Marken ohne weiteres in ein Register ein. Es zeigt diese Registrierung den verschiedenen Behörden an. Die registrierten Marken werden in einem von dem Internationalen Büro regelmäßig herausgegebenen Blatt unter Verwendung der in dem Registirierungsgesuch enthaltenen Angaben und eines vom Hinterleger gelieferten Druckstocks veröffentlicht. Art. 3

Wenn der Hinterleger die Farbe als unterscheidendes Merkmal seiner Marke in Anspruch nimmt, so ist er verpflichtet:

1. es ausdrücklich zu erklären und seiner Anmeldung einen Vermerk beizufügen, der die in Anspruch genommene Farbe oder Farbenzusammenstellung angibt;
2. seinem Antrag farbige Darstellungen der Marke beizulegen, die den Anzeigen des Internationalen Büros beigefügt werden. Die Zahl dieser Darstellungen wird durch die Ausführungsordnung festgestellt.

Um die registrierten Marken in den vertragschließenden Ländern zur allgemeinen Kenntnis zu bringen, erhält jede Behörde von dem Internationalen Büro unentgeltlich die von ihr gewünschte Anzahl von Stücken der obenerwähnten Veröffentlichung. Diese Bekanntgabe hat in allen vertragschließenden als in jeder Hinsicht ausreichend zu gelten; vom Hinterleger darf keine weitere gefordert werden.

1. Ausführungsordnung.
2. Les Marques internationales.
3. Vertreter.

1. In Gemäßheit des Art. 10 des Abkommens ist die nachstehende Ausführungsordnung ergangen (Bl. 22, 121). Ausführungsordnung.

Art. 1. Jeder Antrag auf internationale Registrierung einer Fabrik- oder Handelsmarke gemäß dem revidierten Abkommen vom

Art. 3 14. April 1891 ist von dem Eigentümer der Marke an die Behörde des
1 Ursprungslandes in der von dieser vorgeschriebenen Form zu richten.

Art. 2. Sobald die Marke im Ursprungslande vorschriftsmäßig registriert worden ist, übersendet die Behörde dieses Landes dem Internationalen Büro für das gewerbliche Eigentum in Bern:

A. Ein Gesuch um Registrierung in zwei Stücken; das Gesuch ist in französischer Sprache abzufassen und hat eine Darstellung der Marke sowie folgende Angaben zu enthalten:

1. den Namen des Eigentümers der Marke,
2. seine Anschrift,
3. die Erzeugnisse oder Waren, für welche die Marke bestimmt ist,
4. den Tag der Registrierung der Marke im Ursprungsland und ihre Ordnungsnummer.

B. Einen Druckstock der Marke für den Abdruck in der von dem Internationalen Büro zu veranlassenden Veröffentlichung der Marke. Der Druckstock muß die Marke genau wiedergeben, so daß alle ihre Einzelheiten daraus sichtbar hervortreten; er soll nicht weniger als 15 mm und nicht mehr als 10 cm lang und breit sein. Die genaue Druckhöhe des Druckstocks soll 24 mm betragen, entsprechend der Höhe der Drucklettern. Der Druckstock wird zwei Jahre nach seiner Veröffentlichung dem Eigentümer der Marke auf seine Kosten zurückgesandt, sofern er es beantragt hat. Jeder am Ende des dritten Jahres nicht zurückgeforderte Druckstock kann vernichtet werden.

Das Büro rückt in das dem Hinterleger zugehende Formular einen Vermerk ein, der auf die Rückgabe hinweist und angibt, ob der Eigentümer wieder in den Besitz seines Druckstocks zu kommen wünscht.

C. Wenn der Hinterleger die Farbe als unterscheidendes Merkmal seiner Marke in Anspruch nimmt:

Vierzig farbige Darstellungen der Marke auf Papier. Besteht die Marke aus mehreren getrennten Teilen, so müssen sie bei jedem einzelnen der 40 Stücke auf einem Blatte von steifem Papier zusammengesetzt und aufgeklebt sein.

In diesem Falle muß das Gesuch einen kurzen Vermerk in französischer Sprache enthalten, der die in Anspruch genommene Farbe oder Farbenzuammenstellung angibt.

Falls die eine oder die andere Anforderung in Ansehung der Farbe nicht erfüllt ist, schreitet das Internationale Büro zu der Registrierung der Marke und zu ihrer Anzeige, ohne auf die Farbe Rücksicht zu nehmen.

D. Den Betrag der internationalen Abgabe, die durch Postanweisung oder auf irgendeinem anderen Wege unter Angabe des Namens und der Anschrift des Eigentümers der Marke zu zahlen ist.

Für das Registrierungsgesuch ist ein Vordruck zu benutzen, der den Behörden von dem Internationalen Büro unentgeltlich geliefert wird.

Art. 3. Das Internationale Büro schreitet unverzüglich zur Eintragung der Marke in ein Register, das nachstehende Angaben enthält: Art. 3 1

1. die Ordnungsnummer der Marke,
2. den Namen des Eigentümers der Marke,
3. seine Anschrift,
4. die Erzeugnisse oder Waren, für welche die Marke verwendet wird,
5. das Ursprungsland der Marke,
6. den Tag der Registrierung und die Ordnungsnummer im Ursprungslande,
7. die Vermerke über die Rechtslage der Marke; z. B. Versagung des Schutzes, Beschränkungen, Übertragungen, Verzichtleistungen, Löschungen usw.
8. den Tag der Registrierung bei dem Internationalen Büro,
9. das Datum der Anzeige an die Behörden der vertragschließenden Länder.

Art. 4. Nach erfolgter Eintragung im Register bescheinigt das Internationale Büro auf den beiden Stücken des Gesuchs, daß die Registrierung stattgefunden hat, und versieht beide mit seiner Unterschrift und mit seinem Amtssiegel. Das eine Stück bleibt im Archiv des Büros, das andere wird der Behörde des Ursprungslandes zurückgeschickt.

Außerdem gibt das Internationale Büro den Behörden die erfolgte Registrierung bekannt, indem es einer jeden von ihnen einen Abdruck der Marke übersendet und ihnen mitteilt:

1. den Tag und die Ordnungsnummer der internationalen Registrierung,
2. den Namen und die Anschrift des Hinterlegers,
3. die Erzeugnisse oder Waren, für welche die Marke bestimmt ist,
4. das Ursprungsland der Marke sowie den Tag ihrer Registrierung und ihre Ordnungsnummer in diesem Lande.

In dem im Art. 2 zu C vorgesehenen Falle wird in der Anzeige außerdem auf die Hinterlegung in Farben hingewiesen und eine farbige Darstellung der Marke beigefügt.

Art. 5. Das Internationale Büro veröffentlicht hierauf die Marke in einem regelmäßig erscheinenden Blatte. Diese Veröffentlichung besteht in der Wiedergabe der Marke und bringt daneben die im Art. 4 Abs. 2 und gegebenenfalls die im Art. 2 zu C bezeichneten Angaben.

Jede Behörde erhält durch das Internationale Büro unentgeltlich die die internationale Registrierung betreffende Veröffentlichung in der von ihr gewünschten Anzahl von Stücken.

Zu Beginn eines jeden Jahres veröffentlicht das Internationale Büro ein alphabetisch und nach den vertragschließenden Ländern geordnete Übersicht der Namen der Eigentümer der im Vorjahr veröffentlichten Marken.

Art. 6. Die im Art. 5 des Abkommens vorgesehene Anzeige von der Versagung des Schutzes wird dem Internationalen Büro in drei gleichlautenden Ausfertigungen übermittelt, von denen die eine für

Art. 3 das vorerwähnte Büro, die zweite für die Behörde des Ursprungs-
1 landes, die dritte für den Eigentümer der Marke bestimmt ist.

Wird die Versagung mit dem Vorhandensein einer früheren Hinterlegung begründet, so hat die Anzeige die Marke anzugeben, mit der Kollision besteht, unter Bezeichnung des Namens und des Wohnsitzes ihres Eigentümers, des Tages ihrer Registrierung und ihrer Ordnungsnummer. Eine Darstellung ist womöglich der Anzeige beizufügen.

Art. 6b. Die im Art. 5b des Abkommens vorgesehene Gebühr für Abschriften oder Auszüge aus dem Register wird auf zwei Franken für jeden Auszug festgesetzt.

Sofern sich die auf mehrere Marken bezüglichen Angaben auf demselben Blatte vereinigen lassen, so ermäßigt sich die Gebühr auf einen Franken für die zweite und jede folgende Marke.

Abgesehen von den Urkunden, zu deren Ausstellung eine Verpflichtung besteht, wird für jeden bei dem Internationalen Büro nachgesuchten Auszug, für jede Bescheinigung oder Nachforschung eine entsprechende Gebühr erhoben.

Art. 7. Die in den Eigentumsverhältnissen eingetretenen Veränderungen, die den Gegenstand einer in den Art. 9 und 9b des Abkommens vorgesehenen Anzeige gebildet haben, werden im Register des Internationalen Büros verzeichnet, es sei denn, daß gemäß dem dritten Absatz des letztgenannten Artikels die Übertragung nicht registriert werden kann. Das Internationale Büro gibt seinerseits die eingetragenen Veränderungen den Behörden der vertragschließenden Länder bekannt und veröffentlicht sie in seinem Blatte, wobei den Bestimmungen des Art 9b Abs. 1 des Abkommens für den Fall Rechnung zu tragen ist, daß der neue Eigentümer in einem anderen vertragschließenden Lande als dem Ursprungslande der Marke ansässig ist.

Art. 8. Die Erneuerung der internationalen Hinterlegung erfolgt in derselben Weise wie die ursprüngliche Hinterlegung.

Der im Art. 7 des Abkommens vorgesehene Hinweis ist vom Internationalen Büro im Laufe der ersten sechs Monate des letzten Jahres der Schutzfrist abzusenden.

Art. 9. Zu Beginn eines jeden Jahres stellt das Internationale Büro eine Rechnung über die im Laufe des vorangegangenen Jahres für den Dienst der internationalen Registrierung gemachten Ausgaben auf; der so berechnete Betrag wird von der Gesamtsumme der Einnahmen abgezogen und der Überschuß zu gleichen Teilen unter allen vertragschließenden Ländern verteilt.

Art. 10. Die durch Art. 11 des Abkommens vorgeschriebene Sammelanzeige umfaßt dieselben Angaben wie die in den Art. 4 und 7 der vorliegenden Ausführungsordnung vorgesehenen Mitteilungen.

Art. 11. Die gegenwärtige Ausführungsordnung tritt gleichzeitig mit dem Abkommen, auf das sie sich bezieht, in Kraft und soll die gleiche Dauer haben.

Die vertragschließenden Behörden können daran jederzeit in gegenseitigem Einverständnis, entsprechend den Bestimmungen des Art. 10 des Abkommens, die ihnen notwendig erscheinenden Abänderungen vornehmen.

Zu beachten ist, daß zu den Tatsachen, die im Register zu vermerken sind, der Ablauf der Schutzdauer nicht gehört. Eine Löschung der Marke im Register findet nicht statt. Da die Priorität der deutschen Anmeldung sich nicht nach dem Tage der Eintragung in die Zeichenrolle, sondern nach dem Tage der Anmeldung richtet, trägt das Berner Büro über die Bestimmung der Nr. 6 des Art. 3 hinaus auch den Tag der deutschen Anmeldung ein und veröffentlicht ihn auch in der Zeitschrift (N. 2) in der Weise, daß es bei den deutschen Marken zwei Daten angibt, von denen das erste der Anmelde-, das zweite der Eintragungstag ist. Art. 3 1, 2, 3

2. Das im Art. 5 der Verordnung erwähnte Blatt ist die allmonatlich erscheinende Zeitschrift Les Marques internationales. Sie wird dem Warenzeichenblatt beigelegt. Sie kann auch unmittelbar von der Genossenschaftsbuchdruckerei zu Bern, Neuengasse 34, zum Preise von zehn Schweizer Franken für das Kalenderjahr bezogen werden. Die Veröffentlichung in diesem Blatt ersetzt im Interesse des Anmelders die mannigfachen, mit Kosten und Schwierigkeiten verknüpften Einzelveröffentlichungen in den verschiedenen Ländern; vgl. den Schlußsatz des Abs. 3 des Art. 5. **Les Marques internationales.**

3. Weder das Abkommen, noch die Ausführungsordnung erwähnen den Vertreter des Anmelders. Da das Berner Büro im allgemeinen nur mit den Behörden korrespondiert, die ihrerseits mit den Anmeldern oder deren Vertretern im Verkehr stehen, so hat das Büro kein Interesse an der Person des Vertreters. Er wird weder in der internationalen Rolle noch in den Marques internationales vermerkt. Es ist Sache der Gesetzgebung des Einzellandes, zu bestimmen, ob und in welchen Fällen ein Vertreter notwendig ist und welche Eigenschaften er haben muß. Für Deutschland ist § 23 Abs. 2 WarenZG. maßgebend, der durch § 8 Abs. 1 der deutschen VO. vom 9. Nov. 1922 eine Einschränkung erfahren hat (N. 2 zu Art. 5). **Vertreter.**

Bei Beanstandung einer international registrierten Marke durch die Behörde eines Einzellandes verpflichtet Art. 5 Abs. 3 das Berner Büro, dem Eigentümer der Marke eine direkte Mitteilung zu machen. Aus Zweckmäßigkeitsgründen gibt in diesem Falle das Büro, falls ihm die Behörde des Landes bei Übermittelung des Antrages Namen, Stand und Anschrift des Vertreters angegeben hat, diesem Nachricht von der dem Eigentümer gemachten Mitteilung. Dabei ist zu bemerken, daß das Büro die Vollmacht als erloschen ansieht, wenn ihm in der Zwischenzeit eine Übertragung der Marke angezeigt worden ist, ohne daß gleichzeitig die Fortdauer der Vollmacht erwähnt wurde (Les Marques internationales 24, 145).

Art. 4. Von dem Zeitpunkt der hiernach im Internationalen Büro vollzogenen Registrierung an ist die Marke in jedem der vertragschließenden Länder ebenso geschützt, wie wenn sie dort unmittelbar hinterlegt worden wäre. **Art. 4**

Jede Marke, die innerhalb von vier Monaten seit dem Tage der Hinterlegung im Ursprungsland international registriert worden ist, genießt das durch Artikel 4 der Hauptübereinkunft festgesetzte Prioritätsrecht.

Abs. 1.

1. Nicht Ursprungsland.
2. Schutzbeginn.
3. Deutsches Markenregister.

Abs. 2.

4. Prioritätsrecht.

Art. 4 **Abs. 1.**

1, 2, 3

Nicht Ursprungsland. 1. Die Wirkungen, welche durch die Berner Registrierung eintreten, erstrecken sich **nicht auf das Ursprungsland**, sondern nur auf die anderen Vertragsländer. Dies geht nicht bloß aus dem Wortlaut des Art. 1 hervor (in allen „übrigen" vertragschließenden Ländern), sondern z. B. auch aus Art. 4 und 6. Im Ursprungslande bleibt die nationale Gesetzgebung über Schutzdauer, Gebührenzahlung, Erneuerung usw. unverändert wirksam.

Schutzbeginn. 2. Aus der Entstehungsgeschichte dieser Bestimmung und aus ihrem Wortlaut (A partir de l'enregistrement ... la protection de la marque ... sera la même ...) folgt, daß die Marke mit ihrer Eintragung in das internationale Register zu Bern sofort in allen Ländern, die dem Abkommen beigetreten sind, Schutz genießt (Züngel in GewRschutz 22, 237 und in MarkschWettbew. 22, 1). Die früher bisweilen vertretene Anschauung, daß diese Eintragung nur ein Prioritätsrecht gewährt und daß der Schutz in den Einzelländern erst durch die Eintragung in die nationalen Register und deren Veröffentlichung in den amtlichen Blättern dieser Länder erfolgt, ist unrichtig. Dementsprechend tragen die beteiligten Länder fast ausnahmslos die internationalen Marken nicht in ihre Register ein und veröffentlichen sie auch nicht in ihren Blättern.

Der Umfang des Schutzes, den die internationalen Marken in den Einzelländern genießen, richtet sich nach der inneren Gesetzgebung des betreffenden Landes. Er deckt sich mit dem Schutze, den die in dem Lande unmittelbar hinterlegten Marken haben, kann also in den verschiedenen Ländern verschieden sein.

Der Schutz ist infolge der Vorschrift des Art. 5 ein **resolutiv bedingter**, d. h. er wird in dem Lande hinfällig, dessen Behörde dem Berner Bureau die im Art. 5 Abs. 1 vorgesehene Erklärung abgibt (N. 4 zu Art. 5).

Vorstehenden Ausführungen entspricht § 7 der VO. vom 9. Nov. 1922 (S. 382). Das patentamtliche Merkblatt, vom 16. Nov. 1922, bemerkt hierzu unter Nr. VIII Abs. 1 (Bl. 22, 144):

> Die international registrierten Marken, ihre Erneuerung und etwaigen Nachträge werden nicht in die Zeichenrolle eingetragen, auch nicht im Reichsanzeiger oder im Warenzeichenblatt veröffentlicht.

Bezüglich der deutschen Marken, die in das internationale Register aufgenommen werden, vgl. § 4 der VO vom 9. Nov. 1922 (S. 382).

Deutsches Markenregister. 3. Damit die Interessenten sich aber über die in Deutschland geltenden Zeichenrechte, die nicht aus der Rolle ersichtlich sind, unterrichten können, wird beim PA. ein **deutsches Markenregister** geführt, das alle seit dem 1. Dezember 1922 veröffentlichten internationalen Marken enthält und in welches vom 1. Dezember 1922 an die weiterhin in Bern registrierten Marken fortlaufend aufgenommen werden. Dieses Register hat indessen keinen öffentlichen Glauben und keine rechtliche Bedeutung. Außerdem bringt das **Warenzeichenblatt** in vierteljährlicher Wiederkehr eine Zusammenstellung derjenigen Marken, denen in der Zwischenzeit der inländische Zeichenschutz versagt oder nachträglich im Löschungsverfahren entzogen worden ist oder deren Inhaber auf den Schutz im Inlande verzichtet haben.

Abs. 2.

4. Der Abs. 2 überträgt das **Prioritätsrecht** des Art. 4 des Unionsvertrages derart auf die internationalen Marken, daß an Stelle der Anmeldung im Zweitlande die Registrierung in Bern tritt. Die viermonatige Frist, die mit der Anmeldung im Ursprungslande beginnt, ist also nicht schon mit dem Eingang des Antrags bei der Heimatbehörde oder mit dem Eingang des Gesuchs der Behörde bei dem Berner Büro gewahrt, sondern erst mit der Eintragung der Marke im internationalen Register. Fällt diese Eintragung noch in die Frist, so kann sich der Zeicheninhaber in allen Ländern, welche dem Abkommen beigetreten sind, auf das Prioritätsrecht berufen. Ist das Ursprungsland Deutschland, so wird wegen der längere Zeit dauernden Prüfung nicht immer erreicht werden können, daß die Marke in Bern rechtzeitig registriert ist. Art. 4 4 Prioritätsrecht.

Neben der Bestimmung des Abs. 2 steht aber unabhängig das Prioritätsrecht, welches der UV. gewährt. Der Zeicheninhaber kann also, wenn er glaubt, daß sein Antrag auf internationale Registrierung nicht innerhalb der Frist zur Eintragung in Bern führen wird, vor Ablauf der Frist in einem Einzellande den Antrag auf nationale Registrierung stellen. Dadurch wahrt er sich für das betreffende Land die Priorität; im übrigen vgl. Art. 4b.

Art. 4b. Wenn eine in einem oder mehreren der vertragschließenden Länder bereits hinterlegte Marke später von dem Internationalen Büro zugunsten desselben Inhabers oder seines Rechtsnachfolgers registriert worden ist, so tritt die internationale Registrierung an die Stelle der früheren nationalen Registrierungen, unbeschadet der durch letztere erworbenen Rechte. Art. 4b

1. Voraussetzungen.
2. Wirkung.

1. Die **Voraussetzungen** dieser Bestimmung sind: Voraussetzungen.
   a) Eine Marke war in einem oder mehreren Ländern für einen Ausländer eingetragen.
   b) Später wird diese Marke in das internationale Register für den Inhaber der Marke zu a oder seinen Rechtsnachfolger eingetragen.
   c) Die Länder zu a sind sämtlich oder teilweise diesem Abkommen beigetreten.

2. Die **Wirkung** ist, daß in den Ländern, in welchen die Voraussetzungen (N. 1) vorliegen, die internationale Registrierung an Stelle der nationalen tritt. Wenn also für einen Deutschen, der seine Marke zunächst in Berlin, dann in Stockholm und Wien hatte eintragen lassen, später diese Marke international registriert wird, so untersteht zunächst unzweifelhaft nach wie vor die deutsche Marke der deutschen und die schwedische der schwedischen Gesetzgebung. Die deutsche deshalb, weil der internationale Schutz sich nie auf die Marke des Ursprungslandes erstreckt (N. 1 zu Art. 4), die schwedische nicht, weil Schweden nicht zu den Vertragsländern gehört. Aber auch die alte österreichische nationale Marke hat trotz des Wortlauts des Art. 4b nicht aufgehört. Sie bleibt weiter eingetragen und ist in ihrem Bestande von der internationalen Marke unabhängig. Jede Marke kann selbständig erneuert und übertragen werden, jede hat ihre besondere Schutzfrist. Wirkung.

Art. 5 Die österreichische Marke behält auch ihre ursprüngliche Priorität, was für
1, 2 Löschungsklagen von Bedeutung sein kann.

Vorstehendes gilt auch für den hin und wieder vorkommenden Fall, daß der Inhaber einer internationalen Marke nachträglich dieselbe Marke noch in einzelnen Vertragsländern zum Schutze anmeldet.

Art. 5. Die Behörden, denen das Internationale Büro die Registrierung einer Marke anzeigt, sind in den Ländern, deren Gesetze sie hierzu ermächtigt, zu der Erklärung befugt, daß dieser Marke der Schutz in ihrem Gebiete nicht gewährt werden kann. Eine solche Zurückweisung ist jedoch nur unter denjenigen Voraussetzungen zulässig, die auf Grund der Hauptübereinkunft bei einer zur nationalen Registrierung hinterlegten Marke Anwendung finden würden.

Von dieser Befugnis müssen sie binnen der von ihrem Heimatsgesetze vorgesehenen Frist, spätestens aber innerhalb eines Jahres nach der im Artikel 3 vorgesehenen Anzeige Gebrauch machen, wobei sie die Zurückweisungsgründe dem Internationalen Büro anzugeben haben.

Die derart dem Internationalen Büro bekanntgegebene Erklärung wird von ihm unverzüglich der Behörde des Ursprungslandes und dem Eigentümer der Marke übermittelt. Der Beteiligte hat dieselben Rechtsmittel, wie wenn die Marke von ihm unmittelbar in dem Lande hinterlegt worden wäre, in welchem der Schutz versagt worden ist.

Abs. 1.

Prüfung? 1. Nachdem das Berner Büro die im Art. 4 Abs. 2 der Ausführungsordnung (N. 1 zu Art. 3) vorgeschriebene Mitteilung den Behörden der Vertragsländer gemacht hat, sind diese, wenn ihre nationalen Gesetze es gestatten, befugt zu prüfen, ob die Marke den Erfordernissen dieser Gesetze entspricht. In den Ländern, in denen das Anmeldeprinzip herrscht, findet also eine Prüfung überhaupt nicht statt, aber auch für die Länder, in denen eine Vorprüfung besteht, schreibt Art. 5 eine solche nicht vor, sondern läßt sie nur zu. Es hängt von der Gesetzgebung der betreffenden Einzelländer ab, ob sie die Prüfung auch gegenüber den internationalen Marken anwenden wollen. Hier greift § 3 des deutschen Beitrittgesetzes vom 12. Juli 1922 (unten S. 381) ein. Danach ist in Deutschland, abgesehen von den Übergangsmarken (N. 3), die Prüfung obligatorisch.

Reichspatentamt. 2. Das Reichspatentamt nimmt die Prüfung in dem durch das WarenZG. vorgeschriebene Verfahren vor (vgl. Niebour in MarkschWettbew. 24, 97); hinsichtlich der Versagungsgründe ist Art. 6 UV. maßgebend (vgl. die Noten zu diesem).

Von den Verfahrensvorschriften gibt es eine Ausnahme. Nach § 23 Abs. 2 WarenZG. kann der, welcher im Inlande eine Niederlassung nicht besitzt, den Anspruch auf den Schutz eines Warenzeichens und das durch die Eintragung begründete Recht nur durch einen im Inland bestellten Vertreter geltend machen. Diese Bestimmung kann nicht Platz greifen, soweit es sich um die Entstehung des Zeichenschutzes in Deutschland handelt, denn dieser ist bereits mit der Eintragung der Marke in das internationale Register entstanden (N. 2 zu Art. 4). Wie ist es aber für die Zukunft? Hier greift § 8 Abs. 1 der VO. vom 9. Nov. 1922 (vgl. unten S. 382) ein: Danach hängt es vom Ermessen des Prüfers ab, ob er Erklärungen des Zeicheninhabers selbst zulassen will. Er wird dies regelmäßig tun, wenn es sich um Bedenken handelt, die kurz erledigt werden können. Zeigt aber die Antwort, daß diese Voraussetzung nicht zutrifft, oder liegt der Fall von Anfang an nicht ganz einfach, so wird der Prüfer mit seinem beanstandenden Bescheide die Aufforderung verbinden, einen Vertreter zu bestellen, und zugleich darauf hinweisen, daß bei Nichtbestellung der Schutz in Deutschland versagt wird. Art. 5 2, 3, 4

Von den Versagungsgründen gibt es ebenfalls eine Ausnahme. Der Art. 8 Abs. 2 der oben erwähnten Verordnung bestimmt nämlich:

„Die Gewährung des Schutzes soll nicht deswegen beanstandet werden, weil die Bezeichnung des Geschäftsbetriebes fehlt."

Im Gegensatz zu anderen Vertragsländern verlangt bekanntlich § 2 Abs. 1 WarenZG. bei der Anmeldung eines Zeichens die Angabe des Geschäftsbetriebes. Aus Entgegenkommen gegen die Verbandsländer, die eine ähnliche Vorschrift nicht haben, wird von diesem Erfordernis abgesehen. Die Ausnahme darf natürlich weder auf Angehörige anderer Länder noch sonstwie ausgedehnt werden.

Ergeben sich bei der Prüfung keine Anstände, so veranlaßt der Prüfer nichts, die Sache ist für ihn erledigt. Kommt er dagegen zu einem versagenden Bescheide, so stellt er ihn gemäß der Vorschrift des WarenZG. dem Zeicheninhaber oder dessen Vertreter zu. Außerdem teilt das PA. dem Berner Büro gemäß Satz 1 mit, daß dieser Marke der Schutz im Deutschen Reiche nicht gewährt werden kann, und gibt ihm gleichzeitig Abschrift des Bescheides (Abs. 2). Dabei hat es die Bestimmung des Art. 6 der Ausführungsordnung (N. 1 zu Art. 3) zu beachten.

Übergangsmarken.

3. Nach Satz 2 des § 3 des deutschen Beitrittgesetzes (N. 1) sind von der Prüfung die sogenannten Übergangsmarken ausgenommen, d. h. alle Marken, welche in der Sammelanzeige, die das Berner Büro am 16. November 1922 dem PA. übersandt hat, enthalten waren (N. 3 zu Art. 11). Ihre Zahl betrug nach der Begründung zum § 3 etwa 28000 bis 29000. Bei diesen durfte eine Prüfung nicht stattfinden. Dagegen ist niemand gehindert, gegen diese Marken in derselben Weise wie gegen andere Warenzeichen auf Grund der §§ 8, 9 WarenZG. oder des UnlWG. oder des BGB. (N. 1 zu § 9 WarenZG.) vorzugehen.

Erklärung.

4. Welche Bedeutung kommt der Erklärung des PA. zu, daß der Marke der Schutz im Deutschen Reiche nicht gewährt werden kann? Da der Schutz unter dieser auflösenden Bedingung erteilt war (N. 2 zu Art. 4), so ist jetzt mit Eintritt der Bedingung der Schutz weggefallen. Der Eintritt der Bedingung hat rückwirkende Kraft, d. h. es wird so angesehen, als ob

Art. 5 niemals ein Schutz bestanden hätte (ebenso Jüngel-Magnus I S. 17). Dem-
4, 5, 6 nach können Ansprüche aus der Marke für die Zwischenzeit nicht geltend gemacht werden.

Abs. 2.

Frist. 5. Im deutschen Recht ist die Befugnis des PA., ein angemeldetes Zeichen zurückzuweisen, nicht an eine Frist gebunden, folglich kommt nur die im Abs. 2 bestimmte einjährige Frist in Betracht, deren Beginn von dem Tage abhängt, an dem die in Art. 3 Abs. 1 Satz 2 vorgeschriebene Anzeige dem PA. zugegangen ist. War ihm die Anzeige am 5. Januar 1924 zugegangen, so läuft die Frist gemäß §§ 187, 188 BGB. am 5. Januar 1925 ab.

In der ersten Zeit nach dem Beitritt Deutschlands kam der Fall wiederholt vor, daß Beanstandungen einer Marke durch das PA. in Bern erst nach Ablauf der einjährigen Frist einliefen. Das Berner Büro erachtete diesen refus als verspätet, und es entstand nun die Frage, ob und welche Bedeutung eine solche Zurückweisung habe. Um diese Unstimmigkeiten zu vermeiden, wird jetzt im PA. bei internationalen Marken gleichzeitig auf absolute Versagungsgründe und auf Kollision mit älteren Zeichen geprüft, und es wird darauf gehalten, daß Beanstandungen nach beiden Richtungen binnen der Jahresfrist dem Anmelder mitgeteilt werden, damit dieser vor Ablauf eines Jahres über die Rechtslage seiner Anmeldung unterrichtet ist. Ebenso wird, falls das Prüfungsverfahren noch nicht abgeschlossen ist, vor Ablauf des Jahres an das Berner Büro ein refus provisoire abgesandt, womit den Wünschen dieses Büros Rechnung getragen ist; der endgültige Zurückweisungsbeschluß (refus définitif) kann dann nachfolgen. Nur muß der provisorische refus ein refus total sein, d. h. er darf sich z. B. nicht bloß gegen einzelne Waren richten. War letzteres der Fall, so darf der spätere refus définitif sich nur auf diese Waren beziehen. Hat sich das Verfahren so hingezogen, daß der refus total provisoire nicht binnen Jahresfrist dem Berner Büro übersandt werden konnte, so werden die etwa auf Grund des § 5 WarenZG. eingegangenen Widersprüche als nicht mehr rechtswirksam verworfen. Selbstverständlich sind die Widersprechenden dadurch nicht gehindert, die Löschungsklage auf Grund des § 9 Nr. 1 WarenZG. anzustrengen (PA. in MarkschWettbew. 25, 95).

Über die Frage, ob eine Marke, bezüglich deren das PA. zu spät die Schutzversagung angezeigt hat, in Deutschland Schutz genießt, haben die deutschen Gerichte zu entscheiden, denn eine internationale Spruchbehörde gibt es nicht, außerdeutsche Behörden kommen nicht in Frage. Folglich bleiben nur unsere Gerichte übrig, vor denen der Inhaber einer internationalen Marke, bezüglich deren das PA. die Erklärung verspätet abgegeben hat, wegen Verletzung des Zeichens klagt, oder sich gegenüber der Unterlassungsklage eines Zeicheninhabers auf § 12 beruft (N. 2 zu § 12 WarenZG.). Die Gerichte hätten in diesem Falle zunächst darüber zu entscheiden, ob die verspätete Erklärung als rechtsgültig anzusehen ist, ohne die Versagungsgründe nachprüfen zu dürfen. Bei der peremtorischen Fassung des Abs. 2 ist meines Erachtens die Frage zu verneinen.

Abs. 3.

Berner Büro. 6. Das Berner Büro übersendet ohne Verzug gemäß Art. 6 der Ausführungsordnung (N. 1 zu Art. 3) je eine Ausfertigung der ihm zugegangenen Anzeige der Behörde des Ursprungslandes und dem Inhaber der Marke. Außerdem gibt es, wenn ihm der Vertreter des letzteren benannt worden war, diesem Naricht (N. 3 zu Art. 3). **Art. 5 6, 7**

7. Dem Inhaber der internationalen Marke stehen gegen den versagenden Beschluß dieselben Rechtsmittel zu, wie wenn er sie als nationale Marke in dem betreffenden Lande unmittelbar, d. h. ohne Vermittlung des Berner Bureaus hinterlegt hätte. In Deutschland kommt gemäß § 10 Abs. 2 WarenZG. die Beschwerde in Betracht. Die Beschwerdefrist läuft von dem Tage ab, an dem das PA. dem Zeicheninhaber oder seinem Vertreter den Beschluß zugestellt hat (N. 2 a. E.); die Anzeige des PA. an das Berner Büro oder ihre Weitergabe an den Zeicheninhaber kommen für den Beginn der Beschwerdefrist nicht in Betracht. Ebenso sind lediglich die Bestimmungen des WarenZG. über Beschwerdegebühr, Vertreter usw. maßgebend. **Rechtsmittel.**

Art. 5 b. Das Internationale Büro erteilt auf Antrag jedem gegen eine Gebühr, die durch die Ausführungsordnung festgesetzt wird, eine Abschrift der mit Bezug auf eine bestimmte Marke in das Register eingetragenen Angaben. **Art. 5 b**

Nähere Bestimmungen trifft Art. 6b der Ausführungsordnung (N. 1 zu Art. 3).

Art. 6. Der durch die Registrierung bei dem Internationalen Büro erlangte Schutz dauert zwanzig Jahre von dem Zeitpunkt dieser Registrierung an; er kann jedoch nicht für eine Marke in Anspruch genommen werden, die in dem Ursprungslande keinen gesetzlichen Schutz mehr genießt. **Art. 6**

1. Schutzdauer.
2. Akzessorisch.

1. Die Schutzdauer der internationalen Marken ist für alle Verbandsländer einheitlich auf 20 Jahre festgesetzt, gleichviel wie lang die Frist nach den Gesetzen der einzelnen Länder dauert. Die Frist beginnt mit dem Tage der Registrierung bei dem Internationalen Büro, deshalb wird dieser Tag sowohl im Register, wie in den Veröffentlichungen angegeben (Art. 3, 4, 5 der Ausführungsordnung; vgl. N. 1 zu Art. 3). Während also nach § 8 Abs. 2 Nr. 1 WarenZG. die Schutzdauer eines Zeichens, das ein Deutscher oder ein Ausländer beim PA. anmeldet, nur zehn Jahre beträgt, ist sie für die internationalen Marken doppelt so lang. Hatte ein nichtdeutscher Verbandsangehöriger zunächst seine Marke gemäß § 23 WarenZG. beim PA. eintragen lassen und später sie beim Berner Büro angemeldet, so erlangt er für sie nach Art. 4b auch in Deutschland den längeren Schutz. **Schutzdauer.**

2. Der durch die Registrierung erlangte Schutz ist insofern akzessorisch, als er davon abhängig ist, daß die Marke im Ursprungsland (N. 2 zu Art. 1, 2) noch gesetzlichen Schutz genießt. Diese Abhängigkeit geht über die durch § 23 WarenZG. bestimmte hinaus, indem dort der Schutz im Heimatlande nur im Augenblick der Eintragung in die deutsche Zeichenrolle bestehen muß, während nach der Eintragung der Bestand und die Wirksamkeit des deutschen Zeichens von dem Schicksal der Heimatsmarke ganz unabhängig sind (N. 17 **Akzessorisch.**

Art. 6 zu § 23 WarenZG.). Das vorstehende Abkommen dagegen setzt sowohl für
2 die Eintragung den Schutz im Ursprungslande voraus (N. 2 zu Art. 1, 2), als auch für die spätere Rechtswirksamkeit. Wenn also z. B. das deutsche Warenzeichen auf Grund der §§ 8, 9 WarenZG. gelöscht wird, so hört damit ipso jure der Schutz der internationalen Marke, die auf Grund dieses Zeichens eingetragen war, auf; über das weitere Verfahren vgl. Art. 9. Voraussetzung ist aber, daß das Zeichen in der Rolle gelöscht ist; ein rechtskräftiges Löschungsurteil genügt nicht, ebensowenig der Ablauf der Schutzfrist (Jüngel-Magnus I S. 24).

Ebenso ist, wenn jemand auf Grund einer internationalen Marke z. B. in Deutschland klagen will, Voraussetzung, daß die Marke noch im Ursprungsland registriert ist. Es genügt nicht, daß sie dort auf Grund des gemeinen Rechts oder unter dem Gesichtspunkt des unlauteren Wettbewerbs irgendeinen Schutz genießt, sondern der Schutz muß ein zeichenmäßiger sein. Ebenso wird ein Zeichen, das in die deutsche Zeichenrolle eingetragen und darauf in Bern registriert worden ist, in den übrigen Verbandsländern nur dann 20 Jahre Schutz genießen, wenn in Deutschland vor Ablauf der zehnjährigen Schutzdauer die Erneuerung gemäß § 8 WarenZG. erfolgt war. Dasselbe gilt natürlich entsprechend für den Schutz der internationalen Marken in Deutschland.

Diese Regelung hat wie die Begründung (Bl. 22, 139) zutreffend bemerkt, für den Hinterleger den Vorteil, daß er, unabhängig von den mannigfach verschiedenen Vorschriften der einzelnen Länder über die Schutzdauer, nur zwei Verfalltermine im Auge zu behalten hat, den nationalen des Ursprungslandes und den internationalen des Berner Büros.

Art. 7
1 **Art. 7.** Die Registrierung kann nach Maßgabe der Vorschriften der Artikel 1 und 3 jederzeit erneuert werden.

Sechs Monate vor Ablauf der Schutzzeit weist das Internationale Büro die Behörde des Ursprungslandes und den Eigentümer der Marke auf den Fristablauf hin.

Abs. 1.	Abs. 2.
1. Erneuerung.	2. Hinweis.

Abs. 1.

Erneuerung.

1. In Ergänzung bestimmt Art. 8 Abs. 1 der Ausführungsordnung:

> Die Erneuerung der internationalen Hinterlegung erfolgt in derselben Weise, wie die ursprüngliche Hinterlegung.

Der Antrag auf Erneuerung ist demnach an die Behörde des Ursprungslandes, bei uns an das PA. zu richten, er hat allen Vorschriften, die für die Neueintragung gegeben sind, zu entsprechen, also auch in betreff des Druckstocks, der farbigen Darstellung, der Gebühren usw. (vgl. die Erläuterungen zu Art. 1 bis 3), ebenso muß die Heimatsmarke noch im Register eingetragen sein (N. 2 zu Art. 6). Entspricht der Antrag diesen Erfordernissen, so übermittelt ihn das PA. dem Berner Büro. Dieses trägt die Marke unter einer neuen Nummer ein, verweist aber bei ihr im Register auf die frühere Eintragung. Die alte Nummer wird nicht gelöscht (N. 1 zu Art. 3).

Die neu eingetragene Marke behält die Priorität der alten, wofern die Erneuerung vor Ablauf der Schutzfrist erfolgt. Ist die Marke z. B. am 20. August 1908 beim Berner Büro ursprünglich eingetragen worden, so muß die Erneuerung spätestens am 20. August 1928 erfolgen, d. h. spätestens an diesem Tage muß die Erneuerungsmarke im internationalen Register eingetragen sein (Österreich. PA. im Bl. 25, 16). Art. 7 1, 2

Die Erneuerung kann beliebig oft wiederholt werden.

Abs. 2.

2. Der **Hinweis** ist nach Art. 8 Abs. 2 der Ausführungsordnung (N. 1 zu Art. 3) während der ersten sechs Monate des letzten Jahres der Schutzfrist abzusenden und zwar sowohl an die Behörde, wie an den Inhaber der Marke. In dem anderen Falle, wo das Berner Bureau dem letzteren direkt eine Mitteilung macht (Art. 5 Abs. 3), gibt es aus Zweckmäßigkeitsgründen dem Vertreter davon Nachricht (N. 3 zu Art. 3). Dies dürfte auch für den vorliegenden Fall sich empfehlen. **Hinweis.**

Aus der Unterlassung des Hinweises entspringt kein Anspruch gegen das Berner Büro oder einen Beamten auf Schadensersatz wegen des Verlustes der alten Priorität; eine Wiedereinsetzung in den vorigen Stand aus diesem Grunde ist ebenfalls ausgeschlossen.

Art. 8. Die Behörde des Ursprungslandes kann nach ihrem Ermessen eine Gebühr festsetzen und zu ihren Gunsten von dem Eigentümer der Marke, deren internationale Registrierung beantragt wird, erheben. Zu dieser Gebühr tritt eine internationale Abgabe von hundert Franken für die erste Marke und von je 50 Franken für alle weiteren von demselben Anmelder gleichzeitig hinterlegten Marken. Das Jahreserträgnis dieser Gebühr wird, nach Abzug der durch die Ausführung dieses Abkommens verursachten gemeinsamen Kosten, zu gleichen Teilen unter die vertragschließenden Länder durch das Internationale Büro verteilt. **Art. 8** 1, 2

1. Reichsgebühr.
2. Internationale Abgabe.

1. Wegen der **Reichsgebühr** bestimmt § 2 Abs. 2 des Beitrittsgesetzes (vgl. unten S. 381) Näheres. Gegenwärtig (Januar 1925) beträgt die Gebühr 50 RM. (Bl. 24, 46), sie ist auch bei jeder Erneuerung zu zahlen (§ 5 der VO. vom 9. Nov. 1922; siehe unten S. 382). Fällig wird sie mit der Stellung des Antrags beim PA.; falls jedoch in diesem Zeitpunkt die Marke noch nicht in der deutschen Zeichenrolle eingetragen war, erst mit dieser Eintragung. Wegen der Zahlungsweise vgl. N. 13 zu § 2 WarenZG. **Reichsgebühr.**

2. In der verhältnismäßig geringen Höhe der **internationalen Abgabe** liegt der wesentlichste Vorteil des Abkommens. Ohne dieses müßte der Anmelder in jedem einzelnen Lande die dort vorgeschriebene Anmeldegebühr zahlen, sich auch meist, wie die Begründung zutreffend bemerkt, schon wegen der Sprachschwierigkeiten, der vermittelnden Tätigkeit eines dort ansässigen Vertreters bedienen, für Beschaffung, Übersetzung und Beglaubigung der erforderlichen Urkunden Kosten aufwenden. Die Begründung schätzt die **Internationale Abgabe.**

Art. 8b, 9 Ersparnis, die demgegenüber durch die Zahlung der internationalen Abgabe entsteht, auf etwa 90 v. H.; außerdem kommen noch die Ermäßigung bei gleichzeitiger Anmeldung mehrerer Marken und die im Verhältnis zur nationalen Schutzdauer ungleich längere internationale Schutzfrist von 20 Jahren in Betracht.

Die Franken, von denen Art. 8 spricht, sind Schweizer Franken.

Wegen der Zahlung der Abgabe siehe N. 4 zu Art. 2.

Wegen der Verteilung des Überschusses vgl. Art. 9 der Ausführungsordnung (N. 1 zu Art. 3).

Art. 8b. Der Eigentümer einer internationalen Marke kann jederzeit durch eine an die Behörde des Ursprungslandes gerichtete Erklärung auf den Schutz in einem oder in mehreren der vertragschließenden Länder verzichten; die Erklärung wird dem Internationalen Büro mitgeteilt und von diesem den durch den Verzicht betroffenen Ländern bekanntgegeben.

Die Bestimmung trifft nicht den Fall, wenn ein Zeicheninhaber auf das Zeichen seines Ursprungslandes Verzicht leistet. Für diesen Verzicht gelten die Vorschriften der Landesgesetze, bei uns also § 8 WarenZG. Da er aber nach Art. 6 auch für die internationale Marke von größter Bedeutung ist, trifft Art. 9 in Abs. 1 und 2 für ihn Bestimmungen.

Der Art. 8b behandelt dagegen den Fall, wenn der Verzicht den Schutz der Marke in den anderen Vertragsländern — einem, mehreren oder allen — betrifft. Dieser Verzicht ist der Behörde des Ursprungslandes, bei uns also dem PA. mitzuteilen, die Behörde gibt die Mitteilung dem Berner Büro weiter, das die betroffenen Länder benachrichtigt. Hier findet im Gegensatz zu dem obigen Fall keine Eintragung in das internationale Register gemäß Art. 9 statt, denn der Verzicht berührt nicht den Bestand der Marke, sondern betrifft nur ihren Schutz in den betreffenden Vertragsländern.

Art. 9. Die Behörde des Ursprungslandes teilt dem Internationalen Büro die Nichtigkeitserklärungen, Löschungen, Verzichtleistungen, Übertragungen und anderen Veränderungen mit, die in bezug auf das Eigentumsrecht an der Marke eintreten.

Das Internationale Büro trägt diese Veränderungen in das Register ein, zeigt sie den Behörden der vertragschließenden Länder an und veröffentlicht sie sogleich in seinem Blatte.

Das gleiche Verfahren greift Platz, wenn der Eigentümer der Marke den Antrag stellt, die Liste der Erzeugnisse zu verkürzen, für welche die Marke Anwendung findet.

Die nachträgliche Hinzufügung eines neuen Erzeugnisses zu der Liste kann nur durch eine neue, gemäß den Vorschriften des Artikel 3 bewirkte Hinterlegung erlangt werden. Der Hinzufügung steht der Ersatz eines Erzeugnisses durch ein anderes gleich.

Abs. 1.

1. Die Mitteilungspflicht der Behörde des Ursprungslandes, bei uns also des PA. (N. 2, 3 zu Art. 1, 2) erstreckt sich auf alle Veränderungen, welche den Bestand der internationalen Marke oder das Eigentumsrecht an ihr betreffen. Zu den ersteren gehören bei uns: Löschung des Zeichens auf Grund der §§ 8, 9 WarenZG., auch Teillöschungen (N. 1 zu § 8); zu den letzteren: gänzlicher oder teilweiser Übergang unter Lebenden oder von Todes wegen (§ 7 WarenZG.). Das PA. braucht aber z. B. von den Übertragungsakten (Zession, Testament, gesetzliche Erbfolge) keine Kenntnis zu haben und trotzdem geht die Marke über. Deshalb wird man die Bestimmung dahin auslegen, daß das PA. dem Berner Büro Mitteilung machen muß, sobald es das Warenzeichen in der Rolle löscht oder einen neuen Inhaber einträgt. Dies entspricht auch der Praxis des PA.

Art. 9 1, 2, 3, 4

Mitteilungspflicht.

Abs. 2.

2. Bezüglich der Eintragung ist Art. 7 der Ausführungsordnung (N. 1 zu Art. 3) zu beachten. Danach muß man bei einem Übergang der Marke unterscheiden:

Eintragung.

a) der Erwerber ist in dem Ursprungslande der Marke ansässig — das Berner Büro nimmt sofort Eintragung, Anzeige und Veröffentlichung vor (Art. 9 Abs. 2).

b) Der Erwerber ist in einem anderen Verbandslande ansässig — die Eintragung findet sogleich statt, Anzeige und Veröffentlichung dagegen erst nach Eingang der Zustimmung der Behörde dieses Landes (Art. 9b Abs. 1).

c) Der Erwerber ist in keinem Verbandslande ansässig — das Berner Büro trägt weder ein, noch erläßt es Anzeigen oder Veröffentlichung (Art. 9b Abs. 3).

Abs. 3.

3. Der Inhaber der Marke kann jederzeit eine Einschränkung des Warenverzeichnisses beantragen. Er stellt den Antrag bei der Behörde des Ursprungslandes, das weitere Verfahren unterliegt den Bestimmungen des Abs. 1 und Abs. 2.

Einschränkung des Warenverzeichnisses.

Abs. 4.

4. Unzulässig ist der Antrag auf Erweiterung des Warenverzeichnisses bei einer eingetragenen Marke, auch wenn die neue Ware an Stelle einer alten treten soll. Wünscht der Inhaber der Marke ihren Schutzbereich auf neue Waren auszudehnen, so muß er die Marke für diese Waren neu anmelden; diese Anmeldung untersteht den Vorschriften der Art. 3, 8.

Erweiterung des Warenverzeichnisses.

Eine Ausnahme bildet der Fall, wenn auf Grund des § 6 Abs. 2 WarenZG. im Klageweg die Erweiterung des Warenverzeichnisses durchgesetzt wird. Hier findet die Eintragung in die Zeichenrolle nach dem Schlußsatze der Bestimmung unter dem Zeitpunkte der ursprünglichen Anmeldung statt. Dies zeigt, daß das Prozeßverfahren nur eine Fortsetzung des patentamtlichen Verfahrens war. Deshalb wird auch im Berner Register die nachträgliche Ergänzung bei der eingetragenen Marke zu erfolgen haben (ebenso: Jüngel-Magnus I S. 29).

Art. 9b
1 **Art. 9b.** Wenn eine im internationalen Register eingetragene Marke auf eine Person übertragen wird, die in einem anderen vertragschließenden Lande als dem Ursprungslande der Marke ansässig ist, so ist die Übertragung durch die Behörde dieses Ursprungslandes dem Internationalen Büro anzuzeigen. Das Internationale Büro trägt die Übertragung in das Register ein, zeigt sie, sobald die Zustimmung der für den neuen Markeninhaber zuständigen Behörde eingegangen ist, den anderen Behörden an, und veröffentlicht sie in seinem Blatte.

Die vorstehende Bestimmung berührt in keiner Weise die in den vertragschließenden Ländern geltenden Gesetze, durch welche die Übertragung einer Marke ohne gleichzeitige Übertragung des Gewerbe- oder Handelsunternehmens, dessen Erzeugnisse durch die Marke gekennzeichnet werden, verboten wird.

Die Übertragung einer im internationalen Register eingetragenen Marke auf eine Person, die in keinem der vertragschließenden Länder ansässig ist, wird in das Register nicht eingetragen.

Abs. 1.	Abs. 2.	Abs. 3.
Übertragung.	Deutschland.	Wirkungslos.

Abs. 1.

Übertragung. 1. Hier wird der Fall der Übertragung behandelt, der in N. 2 zu Art. 9 unter b) erwähnt ist. Er liegt z. B. vor, wenn ein Engländer A, der in Zürich seine Hauptniederlassung hat und dessen Antrag auf Eintragung der internationalen Marke daher durch das Eidgenössische Amt dem Berner Büro übermittelt war, die Marke auf einen in Berlin ansässigen Schweizer B überträgt. Das Eidgenössische Amt zeigt, nachdem es den Übergang in seinem Register vermerkt hat, ihn dem Berner Büro an, dieses verzeichnet ihn im internationalen Register und teilt dies dem Reichspatentamt mit. Dieses wartet ab, ob B die Marke bei ihm anmelden wird, denn § 9 der VO. vom 9. Nov. 1922 (RGBl. II S. 778; Bl. 22, 141) bestimmt:

> Die im Art. 9b Abs. 1 des Abkommens vorgesehene Zustimmung wird dem Internationalen Büro nur erklärt, wenn und soweit die Marke von dem neuen Inhaber bei dem Reichspatentamt angemeldet und in die Zeichenrolle eingetragen worden ist.

Hat das PA. seine Zustimmung erklärt, so erläßt das Berner Büro die Anzeigen an die Behörden der anderen Verbandsländer und die Veröffentlichung in der Zeitschrift. Wie ist es aber, wenn B die Marke nicht anmeldet oder wenn seine Anmeldung, z. B. weil sie mit einem eingetragenen deutschen Warenzeichen übereinstimmt, nicht zur Eintragung führt? B kann zwar in der Schweiz wegen Markenverletzung vorgehen, er wird auch dem dortigen PA. gegenüber als Inhaber der Marke zu gelten haben. Dagegen ist er in den anderen Verbandsländern nicht markenberechtigt, denn in den dortigen Registern ist die Marke nicht eingetragen und auf die Eintragung im internationalen Register kann er sich nicht berufen, weil ihre Mitteilung an die anderen Länder und ihre Veröffentlichung unterblieben sind. Man würde dieses Unterbleiben, auf das in Art. 7 der Ausführungsordnung (N. 1 zu Art. 3) noch ausdrücklich hingewiesen ist, der rechtlichen Bedeutung entkleiden, wenn die Umschreibung im internationalen Register zur Legitimation ausreichte. Andererseits kann aber auch A in den anderen Verbandsländern die Rechte aus der Marke nicht mehr geltend machen, denn nicht er, sondern B ist im internationalen Register als ihr Inhaber eingetragen. Daraus ergibt sich, daß nur der aktiv legitimiert ist, auf dessen Namen die Marke registriert ist und bezüglich dessen die Veröffentlichung in der Zeitschrift erfolgt ist, und daß diese Legitimation nur für das Land gilt, dem das Berner Büro die Mitteilung gemacht hat. **Art. 9b 1, 2, 3**

Die hier geschilderte unangenehme Rechtslage, deren Entwirrung meines Erachtens unmöglich ist (vgl. Jüngel in GewRSchutz 22, 245), kann nur durch eine Gesetzesänderung beseitigt werden. Es ist deshalb auch vorgeschlagen, daß das Berner Büro die Umschreibung im Register erst vornehmen soll, nachdem die Zustimmung der für den neuen Markeninhaber zuständigen Behörde eingegangen ist.

Abs. 2.

2. Für Deutschland kommt § 7 WarenZG. in Betracht; vgl. die Erläuterungen dazu. **Deutschland.**

Abs. 3.

3. Das ist der Fall, der in N. 2 zu § 9 unter c) erwähnt ist. Da das Berner Büro von einer solchen Übertragung keine Notiz nimmt (vgl. auch Art. 7 der Ausführungsordnung), so ist sie — abgesehen von dem Rechtsverhältnis zwischen den Parteien — wirkungslos. Deshalb macht die Behörde des Ursprungslandes von ihr dem Büro keine Mitteilung; sie registriert nur den Übergang der nationalen Marke, vorausgesetzt, daß der heimischen Gesetzgebung genügt ist. **Wirkungslos.**

Art. 10. Die Behörden werden die Einzelheiten wegen der Ausführung des gegenwärtigen Abkommens gemeinschaftlich ordnen. **Art. 10 1**

1. Die gemeinsame Ausführungsordnung vom 2. Juni 1911, die in Washington von den Vertragsstaaten genehmigt wurde, ist in N. 1 zu Art. 3 abgedruckt.

Art. 11. Die dem Verbande zum Schutze des gewerblichen Eigentums angehörenden Länder, die an dem gegenwärtigen Abkommen nicht teilgenommen haben, werden auf ihren Antrag und in der durch die Hauptübereinkunft vorgeschriebenen Form zum Beitritt zugelassen. **Art. 11**

Sobald das Internationale Büro von dem Beitritt eines Landes oder einer seiner Kolonien zu dem vorliegenden Abkommen in Kenntnis gesetzt worden ist, sendet es der Behörde dieses Landes gemäß Artikel 3 eine Sammelanzeige über diejenigen Marken, die zu diesem Zeitpunkt den internationalen Schutz genießen.

Art. 11 1, 2, 3 Diese Anzeige sichert von selbst den bezeichneten Marken die Vorteile der vorangehenden Bestimmungen in dem Gebiete des beitretenden Landes und setzt die Jahresfrist in Lauf, während welcher die beteiligte Behörde die im Artikel 5 vorgesehene Erklärung abgeben kann.

Abs. 1. Beitritt.	Abs. 2. Sammelanzeige.	Abs. 3. Deutschland.

Abs. 1.

Beitritt. 1. Wegen der Form und des Inkrafttretens des Beitritts vgl. Art. 16 des UV.

Abs. 2.

Sammelanzeige. 2. Wegen des Inhalts der Sammelanzeige vgl. Art. 10 der Ausführungsordnung (N. 1 zu Art. 3).

Abs. 3.

Deutschland. 3. Die Sammelanzeige an Deutschland erging am 17. November 1922 (Bekanntmachung des PA. im Bl. 22, 142). Allen Marken, die in diese Anzeige aufgenommen waren, war damit der Schutz im Deutschen Reiche gesichert. In Kraft trat der Schutz aber erst am 1. Dezember 1922, mit welchem Tage der Beitritt des Reichs wirksam wurde (RGBl. II 22, 779; Bl. 22, 142). Wegen dieser Übergangsmarken vgl. N 3 zu Art. 5.

Art. 12 **Art. 12.** Das gegenwärtige Abkommen soll ratifiziert und die Ratifikationsurkunden sollen in Washington spätestens am 1. April 1913 hinterlegt werden.

Es tritt einen Monat nach Ablauf dieser Frist in Kraft und soll dieselbe Geltung und Dauer haben wie die Hauptübereinkunft.

Zu Urkund dessen haben die Bevollmächtigten das gegenwärtige Abkommen unterzeichnet.

So geschehen zu Washington, in einem einzigen Exemplar, am zweiten Juni 1911.

Gesetz über den Beitritt des Reichs zu dem Madrider Abkommen über die internationale Registrierung von Fabrik- oder Handelsmarken. Vom 12. Juli 1922 (RGBl. II S. 669, Bl. 22, 93).

§ 1. Dem Beitritt des Reichs zu dem Madrider Abkommen vom 14. April 1891 über die internationale Registrierung von Fabrik- oder Handelsmarken, revidiert in Brüssel am 14. Dezember 1900 und in Washington am 2. Juni 1911, wird zugestimmt.

Das Abkommen wird nachstehend veröffentlicht.

§ 2. Der beim Reichspatentamt einzureichende Antrag auf internationale Registrierung (Artikel 1 des Abkommens) ist auch für solche Warenzeichen zulässig, die vor dem Beitritt des Reichs in die Rolle eingetragen worden sind.

Für jedes Zeichen ist außer der im Artikel 8 Satz 2 des Abkommens vorgesehenen internationalen Gebühr eine dem Reiche zufallende Gebühr von fünfhundert Mark an die Kasse des Reichspatentamts zu entrichten. Im Falle einer wesentlichen Änderung der wirtschaftlichen Verhältnisse kann die Reichsregierung mit Zustimmung des Reichsrats eine entsprechende Erhöhung oder Ermäßigung der letztgenannten Gebühr anordnen.

§ 3. Die international registrierten ausländischen Marken unterliegen nach Maßgabe der inneren deutschen Gesetze der Prüfung, ob ihnen der Warenzeichenschutz gewährt werden kann (Artikel 5 des Abkommens). Von der Prüfung sind jedoch die im Artikel 11 Abs. 2 des Abkommens bezeichneten Marken ausgenommen.

§ 4. Die zur Ausführung dieses Gesetzes erforderlichen Vorschriften erläßt die Reichsregierung.

§ 5. Der § 1 dieses Gesetzes tritt mit der Verkündung, im übrigen tritt das Gesetz mit dem Tage in Kraft, an dem nach einer im Reichsgesetzblatt enthaltenen Bekanntmachung der im § 1 vorgesehene Beitritt wirksam wird.

Verordnung über die internationale Registrierung von Fabrik- und Handelsmarken. Vom 9. November 1922

(RGBl. II S. 778, Bl. 22, 141).

Auf Grund des § 4 des Gesetzes über den Beitritt des Reichs zu dem Madrider Abkommen über die internationale Registrierung von Fabrik- oder Handelsmarken vom 12. Juli 1922 (Reichsgesetzbl. II S. 669) wird hierdurch bestimmt:

§ 1. Die Vorschriften über den Geschäftsgang und das Verfahren in Warenzeichensachen sind in Angelegenheiten der internationalen Markenregistrierung sinngemäß anzuwenden, soweit in dieser Verordnung nichts anderes bestimmt ist.

§ 2. Für die Anträge auf internationale Registrierung von Warenzeichen wird in dem Reichspatentamt eine besondere Stelle errichtet, welche die Bezeichnung „Markenstelle" führt. Die Leitung dieser Stelle liegt einem von dem Präsidenten bezeichneten Mitglied ob.

Die Markenstelle bearbeitet auch die sonstigen auf die internationale Markenregistrierung bezüglichen Angelegenheiten, soweit nicht die Zuständigkeit anderer Stellen gesetzlich begründet ist.

Rechtsmittel gegen Bescheide der Markenstelle finden nicht statt. Über Beschwerden befindet der Präsident.

§ 3. Wer bei dem Reichspatentamt die internationale Registrierung seines Zeichens beantragt, hat glaubhaft zu machen, daß die internationale Abgabe (Artikel 8 des Abkommens) an das Internationale Büro in Bern abgeführt ist. Die Zahlung dieser Abgabe an die Kasse des Reichspatentamts ist unwirksam.

Die Reichsgebühr (§ 2 Abs. 2 des Gesetzes) ist mit dem Antrag zu entrichten. Ist jedoch das Warenzeichen bei Einreichung des Antrags noch nicht in der Rolle eingetragen, so wird die Gebühr erst mit der Eintragung fällig.

§ 4. Tag und Nummer der internationalen Registrierung sind in der Zeichenrolle zu vermerken. Der Vermerk wird nicht veröffentlicht.

§ 5. Wird die Erneuerung der internationalen Registrierung bei dem Reichspatentamt beantragt, so ist die Reichsgebühr erneut zu zahlen. Die erneute Entrichtung der internationalen Abgabe ist glaubhaft zu machen.

§ 6. Der Verzicht des Berechtigten auf den internationalen Schutz in einem oder in mehreren der Verbandsländer wird in die Zeichenrolle nicht eingetragen.

§ 7. Die internationale Registrierung einer ausländischen Marke hat die gleiche Wirkung, wie wenn die Marke für die dabei angegebenen Waren zur Eintragung in die Zeichenrolle angemeldet und eingetragen worden wäre. Die Wirkung tritt für die vor dem 1. Dezember 1922 international registrierten Marken mit dem Tage der Sammelanzeige (Artikel 11 des Abkommens), frühestens aber mit dem genannten Kalendertage, für die später registrierten Marken mit dem Tage der Registrierung ein. Die Wirkung entfällt und gilt als niemals eingetreten, wenn und soweit der Marke der Warenzeichenschutz versagt wird.

In die Zeichenrolle werden die Marken nicht eingetragen.

§ 8. Der durch die Vermittelung des Internationalen Büros erworbene Warenzeichenschutz kann weiterhin nur durch einen im Inland bestellten Vertreter geltend gemacht werden. Es kann jedoch, wenn ein Vertreter nicht bestellt ist, bei der Prüfung der Marke (§ 3 des Gesetzes) eine Erklärung, durch die das gegen die

Gewährung des Zeichenschutzes erhobene Bedenken entkräftet wird, zugelassen werden.

Die Gewährung des Schutzes soll nicht deswegen beanstandet werden, weil die Bezeichnung des Geschäftsbetriebs fehlt.

§ 9. Die im Art. 9b Abs. 1 des Abkommens vorgesehene Zustimmung wird dem Internationalen Büro nur erklärt, wenn und soweit die Marke von dem neuen Inhaber bei dem Reichspatentamt angemeldet und in die Zeichenrolle eingetragen worden ist.

§ 10. Werden die Vorschriften im § 8 Abs. 2 Nr. 2, Abs. 3 (Artikel 4 Nr. 4 des Gesetzes vom 27. Juni 1922, Reichsgesetzbl. II S. 619) und im § 9 Abs. 1, 3, 4, 5 des Gesetzes zum Schutze der Warenbezeichnungen vom 12. Mai 1894 (Reichsgesetzbl. S. 441) gegen eine international registrierte ausländische Marke in Anwendung gebracht, so tritt an die Stelle der Löschung die Entziehung des Schutzes.

Madrider Abkommen II

vom 14. April 1891,

betreffend

die Unterdrückung falscher Herkunftsangaben auf Waren,

revidiert in Washington am 2. Juni 1911,

abgeschlossen zwischen

Brasilien, Cuba, Spanien, Frankreich, Großbritannien, Portugal, der Schweiz und Tunis.

Die Unterzeichneten haben auf Grund ordnungsmäßiger Vollmachten ihrer Regierungen die folgende Vertragsfassung vereinbart, die an die Stelle des zu Madrid am 14. April 1891 unterzeichneten Abkommens treten soll:

Art. 1. Jedes eine falsche Herkunftsangabe tragende Erzeugnis wird, wenn in ihr eines der vertragschließenden Länder oder ein darin belegener Ort unmittelbar oder mittelbar als Land oder als Ort des Ursprunges angegeben ist, bei der Einfuhr in ein jedes der genannten Länder beschlagnahmt.

Die Beschlagnahme erfolgt ebenso in dem Lande, wo die falsche Herkunftsangabe angebracht, oder in dem, wohin das mit der falschen Angabe versehene Erzeugnis eingeführt worden ist.

Läßt die Gesetzgebung eines Landes die Beschlagnahme bei der Einfuhr nicht zu, so tritt an die Stelle dieser Beschlagnahme das Verbot der Einfuhr.

Läßt die Gesetzgebung eines Landes die Beschlagnahme im Innern nicht zu, so treten an die Stelle dieser Beschlagnahme die Klagen und Rechtsbehelfe, die das Gesetz dieses Landes im gleichen Falle den Staatsangehörigen sichert.

Art. 2. Die Beschlagnahme erfolgt auf Antrag entweder der Staatsanwaltschaft oder einer zuständigen Behörde, zum Beispiel der Zollverwaltung, oder einer beteiligten Partei, sei sie ein einzelner oder eine Gesellschaft, gemäß der inneren Gesetzgebung jedes Landes.

Im Falle der Durchfuhr sind die Behörden nicht verpflichtet, die Beschlagnahme zu bewirken.

Art. 3. Die gegenwärtigen Bestimmungen hindern den Verkäufer nicht, seinen Namen oder seine Adresse auf den Erzeugnissen anzugeben, die aus einem anderen Lande als dem des Verkaufs herkommen; in diesem Fall muß jedoch in Verbindung mit der Adresse oder dem Namen das Land oder der Ort der Herstellung oder der Erzeugung genau und in deutlichen Buchstaben angegeben werden.

Art. 4. Die Gerichte eines jeden Landes haben zu entscheiden, welche Bezeichnungen gattungsmäßig sind und deswegen nicht unter die Bestimmungen des gegenwärtigen Abkommens fallen; die geographischen Herkunftsbezeichnungen für die Erzeugnisse des Weinbaues sind jedoch in dem Vorbehalte dieses Artikels nicht inbegriffen.

Art. 5. Die dem Verbande zum Schutze des gewerblichen Eigentums angehörenden Staaten, die an dem gegenwärtigen Abkommen nicht teilgenommen haben, sollen auf ihren Antrag zum Beitritt in der durch Artikel 16 der Hauptübereinkunft vorgeschriebenen Form zugelassen werden.

Art. 6. Das gegenwärtige Abkommen soll ratifiziert und die Ratifikationsurkunden sollen in Washington spätestens am 1. April 1913 hinterlegt werden.

Es tritt einen Monat nach Ablauf dieser Frist in Kraft und hat die gleiche Geltung und Dauer wie die Hauptübereinkunft.

Dem durch dieses Abkommen gebildeten engeren Verbande (union restreinte) gehörten am 1. Januar 1925 folgende Staaten an: Brasilien, Cuba, Danzig, Frankreich und Algerien nebst Kolonien und den Mandatsländern Syrien und Libanon, Großbritannien nebst Neuseeland, Marokko (mit Ausnahme der spanischen Zone), Portugal nebst Azoren und Madeira, Schweiz, Spanien, Tschechoslowakei und Tunis (Bl. 25, 16).

Das Deutche Reich ist diesem Abkommen durch das nachstehende Gesetz, das im RGBl. II S. 115 am 31. März 1925 verkündet worden ist, beigetreten; die im § 4 vorgesehene Bekanntmachung ist noch nicht ergangen.

Gesetz über den Beitritt des Reichs zu dem Madrider Abkommen, betreffend die Unterdrückung falscher Herkunftsangaben auf Waren.

Vom 21. März 1925.

Der Reichstag hat das folgende Gesetz beschlossen, das mit Zustimmung des Reichsrats hiermit verkündet wird:

§ 1. Dem Beitritt des Reichs zu dem Madrider Abkommen vom 14. April 1891, betreffend die Unterdrückung falscher Herkunftsangaben auf Waren, revidiert in Washington am 2. Juni 1911, wird zugestimmt.

Das Abkommen wird nachstehend veröffentlicht.

§ 2. Waren, die an sich selbst oder auf ihrer Aufmachung oder ihrer äußeren Verpackung irgendwelche Warenzeichen (Marken), Namen, Aufschriften oder sonstige Zeichen tragen, die unmittelbar falsche Angaben über Ursprung, Gattung, Art oder charakteristische Eigenschaften dieser Waren darstellen, unterliegen bei ihrer Einfuhr oder Ausfuhr der Beschlagnahme zum Zwecke der Beseitigung der unrichtigen Angaben.

Die Beschlagnahme erfolgt durch die Zollbehörde; diese ordnet auch die zur Beseitigung der falschen Angaben erforderlichen Maßnahmen an. Wird den Anordnungen der Zollbehörde nicht entsprochen oder ist die Beseitigung untunlich, so setzt die Zollbehörde durch Strafbescheid (§ 419 der Strafprozeßordnung) die Einziehung der Waren fest.

§ 3. a) Im § 14 Abs. 2 und im § 15 des Gesetzes zum Schutze der Warenbezeichnungen vom 12. Mai 1894 (Reichsgesetzbl. S. 441) fallen die beiden letzten Sätze fort.

b) § 22 des Gesetzes gegen den unlauteren Wettbewerb vom 7. Juni 1909 (Reichsgesetzbl. S. 499) erhält folgende Fassung:

> Die Strafverfolgung tritt, mit Ausnahme der in den §§ 4, 6, 10, 11 bezeichneten Fälle, nur auf Antrag ein. In den Fällen der §§ 8, 12 hat das Recht, den Strafantrag zu stellen, jeder der im § 13 Abs. 1 bezeichneten Gewerbetreibenden und Verbände.
>
> Die Zurücknahme des Antrags ist zulässig.
>
> Wegen der nach § 4 strafbaren Handlungen ist ebenso wie bei den nur auf Antrag verfolgbaren Handlungen (§§ 8, 12) neben dem Verletzten (§ 374 Abs. 1 Nr. 7 der Strafprozeßordnung) jeder der im § 13 Abs. 1 bezeichneten Gewerbetreibenden und Verbände zur Privatklage berechtigt.

§ 4. Der § 1 dieses Gesetzes tritt mit dem auf die Verkündung folgenden Tage, im übrigen tritt das Gesetz mit dem Tage in Kraft, an dem nach einer im Reichsgesetzblatt enthaltenen Bekanntmachung der im § 1 vorgesehene Beitritt wirksam wird.

Friedensvertrag von Versailles

vom 28. Juni 1919 (RGBl. 19, 687, Bl. 20, 34).

Hier werden nur die Bestimmungen erörtert, die sich auf Warenzeichen und unlauteren Wettbewerb beziehen und die heute noch von Bedeutung sind. Letzteres ist nur in sehr geringem Maße der Fall.

Eine ausführliche Erläuterung der Art. 306—311 FV. findet sich in Seligsohns Kommentar zum Patentgesetz, 6. Aufl.

Teil X.

Wirtschaftliche Bestimmungen.

Kapitel III.

Unlauterer Wettbewerb.

Art. 274. Deutschland verpflichtet sich, alle erforderlichen Gesetzgebungs- oder Verwaltungsmaßnahmen zu treffen, um die Roh- oder Fertigerzeugnisse einer jeden alliierten oder assoziierten Macht gegen jede Art von unlauterem Wettbewerb im Handelsverkehr zu schützen.

Deutschland verpflichtet sich, durch Beschlagnahme und durch alle anderen geeigneten Rechtsbehelfe die Ein- und Ausfuhr sowie für das Inland die Herstellung, den Umlauf, den Verkauf und das Feilbieten aller Erzeugnisse oder Waren zu unterdrücken und zu verhindern, die auf dem betreffenden Gegenstand selbst oder seiner unmittelbaren Aufmachung oder seiner äußeren Verpackung irgendwelche Marken, Namen, Aufschriften oder Zeichen tragen, welche unmittelbar oder mittelbar falsche Angaben über Ursprung, Gattung, Art oder charakteristische Eigenschaften dieser Erzeugnisse oder Waren darstellen.

Literatur: Wassermann in MarkschWettbew. 19 S. 35, 55, 79. Die Verpflichtungen, die hier Deutschland einseitig (vgl. dagegen in Art. 275 „unter der Bedingung der Gegenseitigkeit") auferlegt werden, sind eigentlich gegenstandslos, da unsere Gesetze, namentlich das Gesetz gegen den unlauteren Wettbewerb, das vorn abgedruckt ist, das WarenZG. und § 826 BGB. bereits die gewünschten Bestimmungen enthalten. In bezug auf den letzten Satz des Art. 274 sei hervorgehoben, daß für den Gebrauch fremder Sprachen dieselben Grundsätze gelten, die in N. 25 zu § 4 WarenZG. entwickelt sind. Es kommt also darauf an, ob das Land, dessen Sprache gebraucht wird, gerade für die betr. Ware einen besonderen Ruf genießt (PA. im Bl. 22, 164).

Art. 275. Deutschland verpflichtet sich unter der Bedingung der Gegenseitigkeit auf diesem Gebiet, die in einem alliierten oder assoziierten Lande geltenden und durch die zuständigen Behörden Deutschland gehörig bekanntgegebenen Gesetze und in Übereinstimmung mit diesen Gesetzen ergangenen Verwaltungs- oder Gerichtsentscheidungen zu beobachten, wodurch das Recht auf eine Lagebezeichnung für die in dem betreffenden Lande erzeugten Weine oder geistigen Getränke bestimmt oder geregelt wird oder wodurch die Bedingungen bestimmt oder geregelt werden, an welche die Erlaubnis zum Gebrauch einer Lagebezeichnung geknüpft ist. Die Ein- und Ausfuhr, die Herstellung, der Umlauf, der Verkauf oder das Feilbieten von Erzeugnissen oder Waren, die den oben genannten Gesetzen oder Entscheidungen zuwiderlaufende Lagebezeichnungen tragen, sind von Deutschland zu untersagen und durch die im vorigen Artikel vorgeschriebenen Maßnahmen zu unterdrücken.

Literatur: Wassermann in MarkschWettbew. 19, 99.

Die Bestimmung in Satz 1 des Art. 275 hat ihr Vorbild in dem Art. 4 des Madrider Abkommens zur Unterdrückung der falschen Herkunftsbezeichnungen, das vorstehend abgedruckt ist.

In Ausführung der hier Deutschland auferlegten Bestimmungen ist das Reichsgesetz zur Änderung des Weingesetzes vom 1. Febr. 1923 (RGBl. I S. 107; Bl. 23, 13) ergangen; vgl. N. 9 zu § 16 WarenZG. Da Frankreich und Portugal die im Art. 275 vorausgesetzte Gegenseitigkeitserklärung abgegeben hatten, bestimmt Art. I des Ges. vom 1. Febr. 1923, daß der § 6 Abs. 2 Satz 2 und § 7 des Weingesetzes vom 7. April 1909 (RGBl. S. 393; Bl. 09, 165) für die Verwendung von französischen und portugiesischen Bezeichnungen nicht gelten. Diese Bestimmungen enthalten Einschränkungen des im § 6 Abs. 1 des Weingesetzes ausgesprochenen Grundsatzes, daß im gewerbsmäßigen Verkehr mit Wein geographische Bezeichnungen nur zur Kennzeichnung der Herkunft verwendet werden dürfen — jenen Weinen gegenüber gilt also der Grundsatz ohne Einschränkung. Außerdem gestattet das Ges. vom 1. Febr. 1923 die Bezeichnung Kognak (Cognac) nur für solche Getränke, welche nach französischem Rechte diese Bezeichnung tragen dürfen und in trinkfertigem Zustand, entweder in Frankreich oder unter deutscher Zollaufsicht auf Flaschen gefüllt, mit den für den Verkehr innerhalb des Ursprunglandes vorgeschriebenen Begleitscheinen zur Einfuhr gelangt und unverändert geblieben ist. Dementsprechend wird das Wort „Kognak" im Weingesetz durchweg durch Weinbrand ersetzt.

Gewerbliches Eigentum.

Art. 306. Die gewerblichen, literarischen und künstlerischen Eigentumsrechte im Sinne der im Artikel 286 bezeichneten internationalen Abkommen von Paris und Bern werden unter Vorbehalt der Bestimmungen des gegenwärtigen Vertrags zugunsten der Personen, die bei Beginn des Kriegszustands in ihrem Genuß standen, oder zugunsten ihrer Rechtsnachfolger mit dem Inkrafttreten des gegenwärtigen Vertrags in den Gebieten der Hohen vertragschließenden Teile wieder in Kraft gesetzt oder wiederhergestellt. Desgleichen werden Rechte, die, wenn es nicht zum Kriege gekommen wäre, während des Krieges zufolge eines Gesuchs um Schutz gewerblichen Eigentums oder zufolge der Veröffentlichung eines literarischen oder künstlerischen Werkes hätten erlangt werden können, mit dem Inkrafttreten des gegenwärtigen Vertrags zugunsten der Personen, die sie zu beanspruchen gehabt hätten, anerkannt und begründet.

Sind indes während des Krieges durch eine gesetzgebende, ausführende oder verwaltende Stelle einer alliierten oder assoziierten Macht hinsichtlich der Rechte deutscher Reichsangehöriger auf dem Gebiete des gewerblichen, literarischen oder künstlerischen Eigentums Sondermaßnahmen ergriffen worden, so behalten die auf Grund derselben getroffenen Anordnungen weiterhin ihre Gültigkeit und volle Wirksamkeit.

Wegen der Ausnutzung von gewerblichen, literarischen oder künstlerischen Eigentumsrechten, die während des Krieges durch die Regierung einer alliierten oder assoziierten Macht oder durch irgendeine Person für Rechnung oder mit Zustimmung dieser Regierung erfolgt ist, sowie wegen des Verkaufs, des Feilbietens und des Gebrauchs irgendwelcher Erzeugnisse, Geräte, Sachen oder Gegenstände, die unter diese Rechte fielen, stehen Deutschland und deutschen Reichsangehörigen keinerlei Ersatzansprüche oder Klagen zu.

Geldbeträge, die auf Grund irgendeiner in Ausführung der in Absatz 1 dieses Artikels genannten Sondermaßnahmen getroffenen Anordnung oder Maßregel geschuldet werden oder gezahlt worden sind, werden, falls die bei Unterzeichnung des gegenwärtigen Vertrags geltende Gesetzgebung einer der alliierten oder assoziierten Mächte nicht anders darüber verfügt hat, in gleicher Weise wie die anderen Forderungen der deutschen Reichsangehörigen nach den Bestimmungen des gegenwärtigen Vertrags verwendet; die Geldbeträge, die durch besondere, von der deutschen Regierung hinsichtlich der gewerblichen, literarischen oder künstlerischen Eigentumsrechte von Staatsangehörigen der alliierten oder assoziierten Mächte ergriffene Maßnahmen aufgebracht worden sind, werden wie alle übrigen Schulden der deutschen Reichsangehörigen angesehen und behandelt.

Haben deutsche Reichsangehörige nach der Gesetzgebung einer alliierten oder assoziierten Macht vor dem Kriege oder in seinem Verlaufe gewerbliche, literarische oder künstlerische Eigentumsrechte erworben oder erwerben sie solche künftig, so bleibt der betreffenden alliierten oder assoziierten Macht die Befugnis vorbehalten, diese Rechte (soweit es sich dabei nicht um Fabrik- oder Handelsmarken handelt) in der für notwendig erachteten Weise zu begrenzen, an Bedingungen zu knüpfen oder einzuschränken. Solche Beschränkungen dürfen im Interesse der Landesverteidigung oder um des Gemeinwohls willen oder zu dem Zwecke auferlegt werden, auf deutscher Seite eine gerechte Behandlung der gewerblichen, literarischen oder künstlerischen Eigentumsrechte der betreffenden fremden Staatsangehörigen auf deutschem Gebiet sicherzustellen; ferner auch zu dem Zwecke, die vollständige Erfüllung aller Verpflichtungen aus diesem Vertrage durch Deutschland zu verbürgen. Die gedachten Beschränkungen erfolgen in der Form, daß die betreffende alliierte und assoziierte Macht die eingangs bezeichneten deutschen Rechte entweder selbst ausübt oder Lizenzen für ihre Ausübung erteilt oder die Ausübung weiterhin unter ihrer Überwachung hält oder in sonst einer anderen Form. Bei den nach Inkrafttreten des gegenwärtigen Vertrags erworbenen gewerblichen, literarischen oder künstlerischen Eigentumsrechten darf die vorstehend den alliierten und assoziierten Mächten vorbehaltene Befugnis nur ausgeübt werden, wenn die Begrenzungen, Bedingungen und Einschränkungen im Interesse der Landesverteidigung oder des Gemeinwohls notwendig erscheinen.

Gelangen die vorstehenden Bestimmungen seitens der alliierten und assoziierten Mächte zur Anwendung, so werden angemessene Entschädigungen oder Vergütungen gewährt, die in der gleichen Weise wie alle anderen den deutschen Reichsangehörigen geschuldeten Summen gemäß den Bestimmungen des gegenwärtigen Vertrags verwendet werden.

Jede der alliierten oder assoziierten Mächte behält sich die Befugnis vor, jede seit dem 1. August 1914 vollzogene und jede künftige Abtretung oder Teilabtretung oder jede Einräumung gewerblicher, literarischer oder künstlerischer Eigentumsrechte, die die Anwendung der Bestimmungen dieses Artikels vereiteln könnte, als null und nichtig anzusehen.

Die Bestimmungen dieses Artikels finden auf die gewerblichen, literarischen oder künstlerischen Eigentumsrechte von Gesellschaften oder Unternehmungen, deren Liquidation von den alliierten oder assoziierten Mächten entsprechend den Kriegsausnahmegesetzen vorgenommen worden ist oder auf Grund des Artikels 297 Absatz b noch vorgenommen wird, keine Anwendung.

Während Abs. 5 und Abs. 6 auf Marken nicht anwendbar sind, erstrecken sich die anderen Bestimmungen auch auf diese (RG. in JW. 24, 701; MarkschWettbew. 22, 40). Wenn ein ehemaliger Feind gemäß Abs. 1 die Rückumschreibung eines deutschen Zeichens, das infolge einer Kriegsmaßnahme auf einen anderen übergegangen war, auf sich beantragt, so bedarf es weder der Einwilligung des gegenwärtig eingetragenen Zeicheninhabers noch der nach § 7 WarenZG. sonst erforderlichen Übertragung des Geschäftsbetriebes (PA. im Bl. 23, 88).

Art. 307. Soweit Staatsangehörige eines jeden der Hohen vertragschließenden Teile bereits vor dem 1. August 1914 gewerbliche Eigentumsrechte besaßen oder solche, wenn es nicht zum Kriege gekommen wäre, auf Grund eines vor oder im Verlauf des Krieges angebrachten Gesuches seitdem hätten erwerben können, wird ihnen zur Erhaltung oder zum Erwerb dieser Rechte eine Mindestfrist von einem Jahre nach Inkrafttreten des gegenwärtigen Vertrags gewährt, um ohne jeden Aufschlag oder irgendwelche Strafgebühr jede Handlung nachzuholen, jede Förmlichkeit zu erfüllen, jede Gebühr zu entrichten, überhaupt jeder Verpflichtung zu genügen, die die Gesetze oder Verwaltungsverordnungen des einzelnen Staates vorschreiben. Das gleiche gilt für die Geltendmachung eines Widerspruchs gegen solche Rechte. Indessen verleiht dieser Artikel kein Recht auf die Wiedereröffnung eines Interferenzverfahrens, in den Vereinigten Staaten von Amerika, in dem die Schlußverhandlung stattgefunden hat.

Gewerbliche Eigentumsrechte, die infolge der Nichtvornahme einer Handlung, der Nichterfüllung einer Förmlichkeit oder der Nichtbezahlung einer Gebühr verfallen sind, treten wieder in Kraft. Haben jedoch dritte Personen Patente oder Muster, während sie verfallen waren, verwertet oder benutzt, so bleibt jeder alliierten oder assoziierten Macht die Befugnis vorbehalten, die Anordnungen zu treffen, die sie zur Wahrung der Rechte dieser dritten Personen billigerweise für geboten erachtet. Ferner unterliegen die Patente und Muster, welche deutschen Reichsangehörigen zustehen und hiernach wieder in Kraft treten, hinsichtlich der Lizenzbewilligung auch weiterhin den Vorschriften, die während des Krieges auf sie Anwendung fanden, sowie allen Bestimmungen des gegenwärtigen Vertrags.

Der Zeitraum zwischen dem 1. August 1914 und dem Inkrafttreten des gegenwärtigen Vertrags wird auf die für die Ausübung eines Patents oder für den Gebrauch von Fabrik- oder Handelsmarken oder von Mustern vorgesehene Frist nicht angerechnet; auch wird vereinbart, daß ein Patent, eine Fabrik- oder Handelsmarke oder ein Muster, das am 1. August 1914 noch in Kraft war, wegen bloßer Nichtausübung oder bloßen Nichtgebrauchs nicht vor Ablauf einer Frist von zwei Jahren nach Inkrafttreten des gegenwärtigen Vertrags verfällt oder für ungültig erklärt werden darf.

Satz 2 und 3 des Abs. 2 gelten nicht für Marken; auch die übrigen Bestimmungen haben für diese heute keine Bedeutung mehr.

Art. 308. Die Prioritätsfristen, die im Artikel 4 des im Jahre 1911 in Washington revidierten internationalen Pariser Abkommens vom 20. März 1883 oder in irgendeinem anderen geltenden Abkommen oder Gesetze für die Einreichung oder Eintragung der Gesuche um Verleihung von Patenten, um Schutz von Gebrauchsmustern, Fabrik- oder Handelsmarken, Mustern und Modellen vorgesehen sind und die am 1. August 1914 noch nicht abgelaufen waren, sowie diejenigen, die während des Krieges begonnen haben oder, wenn es nicht zum Kriege gekommen wäre, hätten beginnen können, werden durch jeden der Hohen vertragschließenden Teile zugunsten der Staatsangehörigen der anderen Hohen vertragschließenden Teile bis zum Ablauf einer Frist von sechs Monaten nach Inkrafttreten des gegenwärtigen Vertrags verlängert.

Diese Fristverlängerung läßt jedoch die Rechte jedes Hohen vertragschließenden Teils oder jeder Person unberührt, die sich bei Inkrafttreten des gegenwärtigen Vertrags im gutgläubigen Besitze von gewerblichen Eigentumsrechten befindet, welche mit den unter Beanspruchung der Priorität nachgesuchten Rechten in Widerspruch stehen; sie behalten den Genuß ihrer Rechte für ihre Person oder in der Person von Vertretern oder Lizenzinhabern, denen sie diese Rechte vor dem Inkrafttreten des gegenwärtigen Vertrags eingeräumt haben, und dürfen dieserhalb in keiner Weise als Nachahmer in Anspruch genommen oder verfolgt werden.

Der Abs. 2 kann auch heute noch für Warenzeichen von Bedeutung sein.

Art. 309. Deutsche Reichsangehörige oder in Deutschland wohnende oder dort ihr Gewerbe treibende Personen einerseits und Staatsangehörige der alliierten oder assoziierten Mächte oder im Gebiete dieser Mächte wohnende oder dort ihr Gewerbe treibende Personen andererseits sowie Dritte, denen die bezeichneten Persönlichkeiten etwa während des Krieges ihre Rechte abgetreten haben, können auf Grund von Vorgängen auf dem Gebiete des anderen Teils in der Zeit zwischen der Kriegserklärung und dem Inkrafttreten des gegenwärtigen Vertrags, in denen Verletzungen der zu irgendeinem Zeitpunkt während des Krieges geltenden oder der gemäß den vorstehenden Artikeln 307 und 308 wiederhergestellten gewerblichen, literarischen oder künstlerischen Eigentumsrechte erblickt werden könnten, keine Klage erheben und keinerlei Anspruch geltend machen.

Sind des ferneren in der Zeit zwischen der Kriegserklärung und der Unterzeichnung des gegenwärtigen Vertrags Erzeugnisse oder Gegenstände hergestellt oder literarische oder künstlerische Werke veröffentlicht worden, so gibt weder ihr Erwerb noch ihre Benutzung oder Verwendung durch Dritte den vorbezeichneten Personen jemals ein Klagerecht wegen Verletzung von gewerblichen oder künstlerischen*) Eigentumsrechten; auch der Verkauf und das Feilbieten begründet ein solches Klagerecht nicht, wenn dieser Verkauf und dieses Feilbieten während eines Jahres nach der Unterzeichnung des gegenwärtigen Vertrags in den Gebieten der alliierten und assoziierten Mächte einerseits oder Deutschlands andererseits stattfindet. Diese Bestimmung findet jedoch keine Anwendung, wenn die Berechtigten ihren Wohnsitz oder ihre gewerbliche oder Handelsniederlassung in den von Deutschland im Laufe des Krieges besetzten Gebieten hatten.

Dieser Artikel gilt nicht im Verhältnis zwischen den Vereinigten Staaten von Amerika einerseits und Deutschland andererseits.

Diese Bestimmungen finden auch auf Marken Anwendung (vgl. RG. 104, 376, Bl. 22, 132), haben aber heute kaum noch praktische Bedeutung. Im Schlußsatze des Abs. 1 muß es nicht „Art. 307 und 308", sondern „Art. 306 und 307" heißen (Seligsohn PatG. zu Art. 309).

Art. 310. Lizenzverträge über Ausübung von Rechten des gewerblichen Eigentums oder über Vervielfältigung von literarischen oder künstlerischen Werken**), die vor der Kriegserklärung zwischen Staatsangehörigen der alliierten oder assoziierten Mächte oder in ihrem Gebiete wohnenden oder dort ihr Gewerbe treibenden Personen einerseits und deutschen Reichsangehörigen andererseits geschlossen sind, gelten vom Zeitpunkt der Kriegserklärung zwischen Deutschland und der alliierten oder assoziierten Macht ab als aufgelöst. In allen Fällen hat jedoch der auf Grund eines solchen Vertrages ursprünglich Lizenzberechtigte das Recht, binnen einer Frist von sechs Monaten nach Inkrafttreten des gegenwärtigen Vertrags von dem Inhaber der Rechte die Einräumung einer neuen Lizenz zu verlangen. Die Bedingungen der neuen Lizenz werden mangels einer Einigung zwischen den Parteien von dem zuständigen Gerichte des Landes, unter dessen Gesetzgebung die Rechte erworben sind, festgesetzt, es sei denn, daß die Lizenzen auf Rechten beruhen, die unter deutscher Gesetzgebung erworben sind; in diesem Fall werden die Bedingungen durch den in Abschnitt VI dieses Teiles vorgesehenen Gemischten Schiedsgerichtshof festgesetzt. Der Gerichtshof kann alsdann gegebenenfalls den Betrag der ihm angebracht erscheinenden Vergütung für die Ausnutzung der Rechte während des Krieges festsetzen.

Lizenzen für gewerbliche, literarische oder künstlerische Eigentumsrechte, die kraft der besonderen Kriegsgesetzgebung einer alliierten oder assoziierten Macht verliehen sind, werden von

*) Der englische Text sagt: „gewerblichen, literarischen und künstlerischen."

**) Der englische Text sagt: „Lizenzverträge über gewerbliches, literarisches und künstlerisches Eigentum, die vor".

der Fortdauer einer schon vor dem Kriege bestehenden Lizenz nicht berührt, sondern behalten ihre volle Gültigkeit und Wirksamkeit. Ist eine solche Lizenz dem auf Grund eines vor dem Kriege abgeschlossenen Lizenzvertrages ursprünglich Lizenzberechtigten verliehen, so gilt sie als an die Stelle der früheren Lizenz getreten.

Sind auf Grund eines vor dem Krieg abgeschlossenen, auf Ausübung von Rechten des gewerblichen Eigentums oder Vervielfältigung oder Aufführung literarischer, dramatischer oder künstlerischer Werke gerichteten Vertrags oder auf Grund einer vor dem Krieg erteilten Lizenz solchen Inhalts während des Krieges Geldsummen gezahlt worden, so finden sie die gleiche Verwendung wie dem gegenwärtigen Vertrag zufolge die sonstigen Schulden oder Forderungen der deutschen Reichsangehörigen.

Dieser Artikel gilt nicht im Verhältnis zwischen den Vereinigten Staaten von Amerika einerseits und Deutschland andererseits.

Art. 311. Die Einwohner der auf Grund des gegenwärtigen Vertrags von Deutschland abgetrennten Gebiete behalten ungeachtet dieser Trennung und des sich daraus ergebenden Wechsels der Staatsangehörigkeit in Deutschland den vollen, uneingeschränkten Genuß aller gewerblichen, literarischen und künstlerischen Eigentumsrechte, deren Inhaber sie nach der deutschen Gesetzgebung zur Zeit dieser Trennung waren.

Die gewerblichen, literarischen und künstlerischen Eigentumsrechte, die in den nach Maßgabe des gegenwärtigen Vertrags von Deutschland abgetrennten Gebieten zur Zeit der Abtrennung dieser Gebiete von Deutschland in Kraft sind oder zufolge Artikel 306 des gegenwärtigen Vertrags wiederhergestellt werden oder in Kraft treten, werden von dem Staate, auf den das Gebiet übergeht, anerkannt und bleiben in diesem Gebiete solange in Kraft, wie dies nach deutschem Rechte der Fall ist.

1. Abs. 1. | 2. Abs. 2.

1. Die Bestimmung setzt voraus, daß physische oder juristische Personen in den abgetrennten Gebieten zur Zeit der Abtrennung Wohnsitz oder Niederlassung hatten und daß sie infolge der Abtrennung ihre deutsche Staatsangehörigkeit gegen eine andere eingetauscht haben. Sie gewährt diesen Personen auch fernerhin den Genuß aller Schutzrechte, die sie zur Zeit der Trennung in Deutschland hatten. Der Art. 76 FV. gibt den Inhalt des Abs. 1 nochmals für die Elsaß-Lothringer wieder. Es ist streitig, ob für jene Personen, also z. B. für eine Straßburger Firma, die Bestimmung des § 23 Abs. 2 WarenZG. Geltung hat, nach welcher der, welcher im Inlande keine Niederlassung hat, sein Zeichenrecht nur durch einen Inlandsvertreter geltend machen kann. Diese Frage wird bejaht von: Seligsohn PatG. 6. Aufl. S. 584; Wertheimer in MarkschWettbew. 20, 68; Mettetal in GewRschutz 24, 56; Jüngel-Magnus I S. 165; verneint von: RG. in JW. 24, 701, MarkschWettbew.

23, 40; Osterrieth in GewRSchutz und Urheberrecht im FV. 1920 S. 51. Die Begründung des RG., daß die abgetrennten Gebiete nach obiger Bestimmung als Inland zu gelten haben, ist wenig überzeugend. Der Art. 311 Abs. 1 schreibt nur vor, daß die Einwohner dieser Gebiete den „vollen, uneingeschränkten Genuß" ihrer Schutzrechte behalten. Dieser Genuß wird durch den Vertreterzwang nicht beeinträchtigt. Letzterem liegt die Absicht zugrunde, sowohl den beteiligten Kreisen als auch dem PA. den geschäftlichen Verkehr mit den im Auslande wohnhaften Berechtigten zu erleichtern. Deshalb müssen Deutsche, die im Auslande wohnen, einen Vertreter bestellen, wie dies auch früher für alle Gewerbetreibende in den ehemaligen deutschen Schutzgebieten galt (N. 2 zu § 23). Trotzdem kann wohl kein Zweifel darüber bestehen, daß sie den vollen Genuß ihrer Zeichenrechte haben oder hatten.

Abs. 2.

2. Die Voraussetzungen für die Anwendbarkeit der Vorschrift, deren Vorbild der Art. 10 Abs. 2 der Zusatzkonvention zu dem deutsch-französischen Friedensvertrage von 1871 (RGBl. 1872 S. 7) war, sind:

a) Warenzeichen müssen bestanden haben, die Anmeldung genügt nicht.

b) Diese Rechte müssen in Deutschland an dem Tage in Kraft gewesen sein, an welchem Gebiete von Deutschland auf Grund des FV. — unmittelbar oder infolge einer Abstimmung — abgetrennt wurden, sei es, daß sie an andere Staaten abgetreten sind (Posen), sei es, daß sie selbständige Staaten werden (Danzig). Der Tag der Abtrennung ist für Elsaß-Lothringen nach § 51 der 11. November 1918, sonst im allgemeinen der 10. Januar 1920; für die einzelnen Abstimmungsgebiete ist der Tag besonders festgesetzt.

Zeichen, die am Trennungstage nicht in Kraft waren, fallen unter die Bestimmung, wenn sie vorher in Deutschland bestanden hatten und gemäß Art. 306 Abs. 1 Satz 1 wiederhergestellt werden oder in Kraft treten; die durch Satz 2 des Art. 306 begründeten Rechte kommen nicht in Betracht.

Unerheblich ist die Person des Inhabers dieser Rechte, insbesondere seine Staatsangehörigkeit oder sein Wohnsitz.

Die Wirkung der Vorschrift tritt ohne weiteres auf Grund des Art. 311 ein und darf nicht von dem Staate, an den deutsches Gebiet fällt, von formellen oder materiellen Voraussetzungen, die er aufstellt, abhängig gemacht werden.

Das Warenzeichen ist im abgetrennten Gebiet so lange in Kraft, bis einer der Endigungsgründe des deutschen Rechts vorliegt; eine Erneuerung (N. 3 zu § 8 WarenZG.), die nach der Abtrennung des Gebiets erfolgte, hat nur für das Deutsche Reich, nicht für das abgetrennte Gebiet Wirksamkeit. Wegen der Rechtslage in den einzelnen fremden Staaten sind die dortigen Vorschriften maßgebend. Vgl. für: Belgien Bl. 21, 225; Danzig Bl. 21, 165; 22, 146; Frankreich Bl. 20, 84; 22, 146; Polen Bl. 20, 174; Tschechoslowakei Bl. 21, 199; 22, 100.

Übersicht

über die wichtigsten Zeichengesetze des Auslandes.

1. Argentinien. Ges. vom 23. Nov. 1900 (Bl. 01, 58) nebst VO. vom 5. Dez. 1900 (Bl. 01, 62) und vom 10. Juni 1912 (Bl. 12, 339); Ges. vom 10. Nov. 1923 (Bl. 24, 206).

2. Australischer Bund. Ges. vom 21. Dez. 1905 (Bl. 06, 230); vom 6. Nov. 1912 (Bl. 13, 195) nebst Bestimmungen (Bl. 14, 283); Ges. von 1919 (Bl. 21, 102).

3. Belgien. Ges. vom 1. April 1879; VO. vom 7. Juli 1879 (Bl. 96, 195).

4. Brasilien. Ges. vom 24. Sept. 1904 (Bl. 05, 16); VO. vom 19. Dez. 1923 (Bl. 24, 221).

5. Bulgarien. Ges. vom 31. Dez. 1903 (Bl. 04, 314); Reglement vom 15. April 1904 (Bl. 04, 371).

6. Chile. Ges. vom 12. Nov. 1874 (Bl. 98, 204), vom 12. Aug. 1905 (Bl. 05, 297).

7. China. Ges. vom 3. Mai 1923 (Bl. 24, 126).

8. Dänemark. Ges. vom 11. April 1890 (Bl. 99, 119); vom 29. März 1904 (Bl. 04, 280); 12. Jan. 1915 (Bl. 15, 158); 20. März 1918 (Bl. 18, 83).

9. Danzig. Ges. vom 14. Juli 1921 (Bl. 21, 162).

10. Estland. Ges. vom 21. Mai 1921 (Bl. 24, 312) nebst Bestimmungen (Bl. 24, 314).

11. Finnland. VO. vom 11. Febr. 1889; VO. vom 4. April 1889 (Bl. 99, 184); Ges. vom 3. Juni 1921 (Bl. 22, 33); vom 8. Febr. 1924 (Bl. 24, 171).

12. Frankreich. Ges. vom 23. Juni 1857; 3. Mai 1890 nebest VO. vom 27. Febr. 1891 (Bl. 94/95, 261); Ges. vom 26. Juni 1920 (Bl. 20, 156).

13. Griechenland. Ges. vom 10. Febr. 1893 (Bl. 99, 230); Ges. vom 18. Juli 1922 (Bl. 23, 8); Ges. vom 6. Aug. 1921; VO. vom 3. Okt. 1922 (Bl. 23, 192); vom 29. Aug. 1923 (Bl. 24, 263).

14. Großbritannien. Ges. vom 11. Aug. 1905 (Bl. 06, 12 und 267); nebst Bestimmungen vom 24. März 1906 (Bl. 06, 285); Ges. vom 7. Aug. 1914 (Bl. 20, 143); vom 23. Dez. 1919 (Bl. 20, 143) nebst Bestimmungen vom 9. März 1920 (Bl. 20, 157).

15. Italien. Ges. vom 30. Aug. 1868 nebst VO. vom 7. Febr. 1869 (Bl. 95, 237); Ges. vom 20. März 1913 (Bl. 14, 207) nebst Weisungen (Bl. 14, 322); VO. vom 30. Jan. 1921 (Bl. 23, 49).

16. Japan. Ges. vom 29. April 1921 (Bl. 24, 208).

17. Jugoslawien. Ges. vom 17. Febr. 1922 (Bl. 24, 56 und 111) nebst VO. (Bl. 24, 188 und 250).

18. Kanada. Ges. vom 10. Juli 1891 (Bl. 00, 399); Bestimmungen dazu (Bl. 22, 36); Ges. vom 13. Juni 1923 (Bl. 23, 140).

19. Lettland. Bestimmungen (Bl. 22, 25).

20. Luxemburg. Ges. vom 29. März 1883 nebst VO. (Bl. 00, 219).

21. Marokko. VO. vom 23. Juni 1916 (Bl. 21, 107 uud 133).

22. Marokko (Spanische Zone). VO. vom 19. Febr. 1919 (Bl. 23, 105).

23. Mexiko. Ges. vom 25. Aug. 1903 (Bl. 04, 100).

24. Neuseeland. Ges. von 1911 (Bl. 13, 356) nebst Bestimmungen von 1912 (Bl. 14, 327).

25. Niederlande. Ges. vom 30. Sept. 1893 und 30. Dez. 1904 (Bl. 05, 211); Ges. vom 7. Jan. 1911 und 8. Febr. 1912 (Bl. 12, 180); Ges. vom 17. Juli 1911 (Bl. 13, 286).

26. Niederländ.-Indien. VO. vom 29. Aug. 1912 (Bl. 13, 25); ferner Bl. 19, 86).

27. Norwegen. Ges. vom 2. Juli 1910 (Bl. 11, 7); Ges. vom 28. März 1919 (Bl. 19, 139); Ges. vom 9. Juli 1923 (Bl. 24, 139).

28. Österreich. Ges. vom 6. Jan. 1890 (Bl. 96, 20); Ges. vom 30. Juli 1895 (Bl. 96, 23); Ges. vom 29. Dez. 1908 (Bl. 09, 4); Ges. vom 17. März 1913 (Bl. 13, 260); Anweisung vom 13. Mai 1919 (Bl. 19, 60).

29. Polen. Dekret vom 4. Febr. 1919 (Bl. 19, 39) nebst Bestimmungen (Bl. 19, 127).

30. Portugal. Ges. vom 15. Dez. 1894 (Bl. 94/95, 171); Bestimmungen (Bl. 96, 209). Ges. vom 21. Mai 1896 (Bl. 04, 4).

31. Rumänien. Ges. vom 14. April 1879 (Bl. 06, 150) nebst Bestimmungen.

32. Rußland. Dekret vom 10. Nov. 1922 (Bl. 23, 110 und 124); s. Bl. 24, 38.

33. Schweden. Ges. vom 5. Juli 1884 (Bl. 97, 220); vom 16. Juni 1905 (Bl. 07, 284); Ges. vom 7. Aug. 1914 (Bl. 16, 86); VO. vom 27. Okt. 1916 (Bl. 17, 31); Ges. vom 15. März 1918 (Bl. 18, 55); VO. vom 6. Juni 1918 (Bl. 18, 102).

34. Schweiz. Ges. vom 26. Sept. 1890 (Bl. 94/95, 213) nebst VO. vom 7. April 1891 (Bl. 94/95, 216).

35. Spanien. Ges. vom 16. Mai 1902 (Bl. 02, 259) nebst VO. (Bl. 04, 282); Ges. vom 15. Jan. 1924 (Bl. 24, 196).

36. Südafrikanische Union. Ges. vom 7. April 1916 (Bl. 19, 90 und 110); VO. vom 17. Mai 1923 (Bl. 23, 136) betr. Südwestafrika.

37. Tschechoslowakei. Ges. vom 24. Juli 1919 (Bl. 19, 83); Ges. vom 30. Juni 1921 (Bl. 21, 199; Bl. 24, 213).

38. Türkei. Ges. vom 10. Mai 1888 (Bl. 01, 270); vgl. auch Bl. 12, 124.

39. Ukraine. Ges. vom 3. März 1922 (Bl. 23, 10).

40. Ungarn. Ges. vom 4. Febr. 1890 (Bl. 96, 198); vom 30. Juli 1895 (Bl. 96, 201); Ges. von 1921 (Bl. 22, 55).

41. Vereinigte Staaten. Ges. vom 20. Febr. 1905 (Bl. 05, 150); vom 4. Mai 1906 (Bl. 06, 297); vom 2. März 1907 (Bl. 07, 223); vom 18. Febr. 1909 (Bl. 10, 292); vom 18. Febr. 1911 (Bl. 11, 180); Bestimmungen (Bl. 12, 237 und 17, 23).

Sachregister.

A

F

G

H

L

X

Z

FSC
www.fsc.org
MIX
Papier | Fördert gute Waldnutzung
FSC® C083411

Kolibri 360 GmbH
Ferdinand-Jühlke-Straße 7
99095 Erfurt, Deutschland
produktsicherheit@kolibri360.de